Konrad Löw

„Das Volk ist ein Trost"

Konrad Löw

„Das Volk ist ein Trost"

Deutsche und Juden
1933 – 1945 im Urteil der
jüdischen Zeitzeugen

OLZOG

Bibliografische Information Der Deutschen Bibliothek

Die Deutsche Bibliothek verzeichnet diese Publikation in der
Deutschen Nationalbibliografie;
detaillierte bibliografische Daten sind im Internet
über http://dnb.ddb.de abrufbar.

Danken möchte ich allen,
die auf die eine oder andere Weise die Arbeit gefördert haben,
insbesondere Lothar Groppe SJ, Horst Haun und Angelika Rücker.
Doch für den Inhalt bin allein ich verantwortlich.
Baierbrunn, im November 2005
Konrad Löw

Bildnachweis:
Bayerische Staatsbibliothek München: S. 333
Bildarchiv Preußischer Kulturbesitz, Berlin: S. 334
Document-Center, Berlin: S. 225
Stadtarchiv München: S. 191

ISBN 3-7892-8156-5
© 2006 Olzog Verlag GmbH, München
Internet: http://www.olzog.de

Umschlagentwurf: Gruber Grafik, Augsburg,
unter Verwendung eines Fotos von Bildarchiv Pisarek/akg-images, Berlin
Satz: Fotosatz & Werbetechnik Reinhard Amann, Aichstetten
Druck- und Bindearbeiten: Grafik + Druck GmbH, München
Printed in Germany

Allen Juden gewidmet,
die ihre Erfahrungen
mit der nichtjüdischen Bevölkerung Deutschlands
1933 bis 1945
aufgezeichnet haben.

Aber je aufgeklärter die Deutschen werden,
um so eindimensionaler erscheint ihre Geschichtspolitik.
Selbst das leise Zögern oder ein Innehalten,
Zeichen des echten Gedankens und Gedenkens,
erträgt die Staatshistorie nicht mehr.
Daran vor allem merkt man, daß es um Parolen geht.
An ihnen wirkt die schiere Massivität abstoßend;
wer sie hört, und wäre er der Gutwilligste, merkt irgendwann,
daß er nicht als Wesen mit eigener Urteilskraft gesehen wird,
sondern als einer, dem man die Linie einhämmern muß.

Lorenz Jäger[1]

Andererseits begegne ich hin und wieder Deutschen,
die sich mit seltsamer, begeisterter Hingabe
in überwältigenden, alles vereinnahmenden Schuldgefühlen suhlen,
die im Grunde jedem sachlichen Dialog im Wege stehen.
Vielleicht sogar einem aufrichtigen Dialog mit sich selbst.

David Grossman, Tel Aviv[2]

Das Prinzip des Bösen hat seine Heimat nicht bei einem Volk,
wie dies eine falsche Propaganda predigt, eine Irrlehre,
die auf die Menschen eine wahrhaft hypnotische Wirkung ausübte
und durch die so viel Unglück über die Welt gekommen ist.

Jakob Littner, Überlebender der Shoa[3]

---

[1] Lorenz Jäger: „Zweierlei Sprache", Frankfurter Allgemeine Zeitung, 8.6.2004.
[2] Grossman, David: „Diesen Krieg kann keiner gewinnen", Tel Aviv 2003, S. 22.
[3] Littner, Jakob: „Mein Weg durch die Nacht", Berlin 2002, S. 12

Inhalt

Einleitung

1. Die große Streitfrage

Am 4. Oktober 1941, mitten im Inferno des Zweiten Weltkrieges und des Völkermordens, notierte der in Dresden wohnhafte Jude Victor Klemperer in sein Tagebuch: „Fraglos empfindet das Volk die Judenverfolgung als Sünde."[4]

Diese Sicht, dass die NS-Judenverfolgung damals in den Augen des deutschen Volkes eine Sünde gewesen sei, ist heute, zwei Generationen danach, durchaus nicht die herrschende. Der Vizepräsident des Zentralrates der Juden in Deutschland, Salomon Korn, vertritt die Auffassung, daß in Deutschland kaum „das Bewußtsein einer zwischen 1933 und 1945 verursachten tiefgreifenden kulturellen und zivilisatorischen Selbstamputation [zu spüren sei]. Dazu hätte es eines Unrechtsbewußtseins der Deutschen nach Kriegsende bedurft"[5], das heißt, doch des Bewußtseins aller Deutschen oder zumindest der großen Mehrheit, daß sie selbst schwerstes Unrecht begangen haben.

Wer hat recht, Klemperer[6] 1941 oder Korn[7], sechzig Jahre später, in der Tradition des israelischen Ministerpräsidenten Yitzhak Schamir, der, als die Wiedervereinigung Deutschlands auf der Tagesordnung der Weltpolitik erschien, äußerte: „Die große Mehrheit des deutschen Volkes entschied, Millionen Juden zu töten."[8] Am 31. Mai 2005 äußerte Israels Staatspräsident, Moshe Katsav, vor dem Deutschen Bundestag und dem Deutschen Bundesrat: „Für die Shoa kann es weder Vergeben noch Verzeihen geben."[9] Von wessen Schuld die Rede ist, die nicht vergeben wer-

---

[4] Klemperer, „Tagebücher 1940–1941", Berlin 1998, Eintrag vom 4.10.1941.

[5] Salomon Korn: „Die viel beschworene deutsch-jüdische Symbiose ist bloß ein Mythos", Frankfurter Rundschau, 15.6.2002. Ähnlich Joachim Lege („Ist Alteigentum geschützt?", Frankfurter Allgemeine Zeitung, 5.5.2004): „Das deutsche Volk hat im 20. Jahrhundert über Millionen Menschen unsagbares Unrecht gebracht."

[6] Klemperer wurde 1881 als achtes Kind eines Rabbiners in Landsberg/Warthe geboren. 1890 übersiedelte die Familie nach Berlin. 1912 schloß er sich dem christlichen Glauben (Protestantismus) an. Während des Ersten Weltkrieges als Kriegsfreiwilliger an der Front. 1919 a.o. Professor für Romanistik an der Universität München, 1920 Ordinarius an der Technischen Hochschule Dresden. 1935 wegen seiner jüdischen Herkunft entlassen. Ab 1940 Zwangseinweisung in verschiendene Dresdner Judenhäuser. Nach seiner Flucht im Februar 1945 Rückkehr im Juni von Bayern nach Dresden. Im November wurde er reaktiviert. Eintritt in die KPD. Mitglied der Volkskammer. 1960 starb er in Dresden.

[7] Salomon Korn wurde am 4 Juni 1943 in Lublin geboren.

[8] Philipp Gessler: „Die Schatten sind lebendig", Rheinischer Merkur, 21.2.1990. Auf ähnliche jüdische Verlautbarungen stößt man immer wieder. So schreibt der häufig gedruckte Maxim Biller („Herzog, ein Lügenmärchen", ZEITmagazin 7/1998): „Denn noch nie hat sich ein deutscher Politiker [gemeint ist der deutsche Exbundespräsident] so geschickt wie er aus der historischen Nazi-Erbschuld herausgeredet".

[9] Moshe Katsav: „Die deutsche Demokratie ist widerstandsfähig", Das Parlament 23/24 2005. Katsav lobte: „Die junge Generation in Deutschland hat gegen Ende der 60er-Jahre ebenfalls zur Aufnahme der Beziehungen beigetragen, als sie verlangte, das Schweigen zu durchbrechen und zu erfahren, was in den furchtbaren Jahren tatsächlich vorgefallen war."

den kann, ist doch klar! Wirklich? Die Angesprochenen hätten sicherlich ganz unterschiedliche Antworten gegeben.

In einer Untersuchung mit dem Titel „Der deutsche Umgang mit dem Nationalsozialismus in der Nachkriegszeit" stellt Hans-Ulrich Thamer zutreffend fest:

> „Die deutsche Zusammenbruchsgesellschaft, die von Millionen Flüchtlingen, Vertriebenen, Ausgebombten und Kriegsinvaliden geprägt war und eine Gesellschaft in Bewegung darstellte, haderte vor allem mit dem eigenen Schicksal und war auf dessen Bewältigung bedacht; sie war weniger dazu bereit, über die persönliche oder kollektive Mitverantwortung an dieser Situation nachzudenken: Man verstand sich als Opfer, nicht als Täter."[10]

Dann kam Ende der 60er Jahre die rebellische Generation der Töchter und Söhne, die, so Thamer, „ihre Väter pauschal als Täter oder Helfershelfer anklagten, die Bundesrepublik als neofaschistischen Nachfolgestaat des Dritten Reiches denunzierten, sich selber allzu rasch auf das hohe Roß des Anklägers setzten…"[11] – (Es versteht sich von selbst, daß es auf beiden Seiten Ausnahmen gab.) Welche der beiden Altersgruppen trifft mit der mehrheitlich vertretenen Ansicht ins Schwarze, jene, die die Zeit am eigenen Leibe erlebt hat, aus eigener Erfahrung spricht, andererseits in gewisser Weise über sich selbst zu Gericht sitzt, oder jene, die als rebellische Generation ohne schlimme eigene Erfahrungen den Segen des Wirtschaftswunders genießen durfte, zugleich aber – ohne eigene historische Schuld – die moralischen Spätfolgen des Krieges und der NS-Verbrechen mit auszutragen hatte?

Da es sich bei der Shoa um eines der größten Verbrechen der Menschheitsgeschichte handelt, ist die Frage der Schuld und Mitschuld von überragender Bedeutung. Über die Hauptschuldigen gibt es unter denen, die sich zu Worte melden, keine Meinungsverschiedenheiten. Doch die zitierten Texte stellen die Frage in den Raum: Trägt die große Mehrheit der damals lebenden Deutschen Mitschuld an diesem Megaverbrechen, sind sie gar ein Volk von Verbrechern gewesen? Falls diese Annahme zutrifft, so stammen die meisten heute lebenden Deutschen von Verbrechern ab. Manches spricht dafür, daß nicht wenige diese Sicht verinnerlicht haben. Nach nationalem Selbstbewußtsein, nach Nationalstolz gefragt, lag Österreich – „Hitlers erstes Opfer" – auf Platz eins, gefolgt von den USA, Deutschland aber auf dem vorletzten Platz, vor der Slowakei.[12]

---

[10] Thamer, Hans-Ulrich: „Der deutsche Umgang mit dem Nationalsozialismus in der Nachkriegszeit", in: Bayerische Landeszentrale für politische Bildungsarbeit: „Geschichtsdeutungen im internationalen Vergleich", München 2003, S. 15.

[11] Thamer, a.a.O., S. 19.

[12] Wohl deshalb war die Verteidigungsbereitschaft Deutschlands in der Zeit des Kalten Krieges die geringste. Siehe Detlef Junker: „History Wars' – Geschichte und nationale Identität der USA", in: Bayerische Landeszentrale für politische Bildungsarbeit: „Geschichtsdeutungen im internationalen Vergleich", München 2003, S. 51. Ralph Giordano („Islam, Islamismus…", Mut, Juli 2002): „Noch prekärer wirkt sich die falsche Toleranz durch den NS-Schulddruck auf die Sicherheitspolitik aus."

Ich habe früher mehrmals Joachim Fest und Sebastian Haffner beifällig zitiert, die die Ansicht vertreten: „Wenn Hitler Ende 1938 einem Attentat zum Opfer gefallen wäre, würden nur wenige zögern, ihn einen der größten Staatsmänner der Deutschen, vielleicht den Vollender ihrer Geschichte zu nennen."[13] Seit ich die „Deutschlandberichte der Sozialdemokratischen Partei Deutschlands (Sopade)", „Die Juden in den geheimen Stimmungsberichten" und – neben anderem – das Buch „Die öffentliche Meinung im Hitlerstaat" von David Bankier gelesen habe, neige ich zu einem großen Fragezeichen, wie an anderer Stelle ausführlich zu belegen ist.[14] Wie auch immer: Wer Hitler angesichts der innen- und außenpolitischen Erfolge bewundert hat, trägt nicht ohne weiteres Mitschuld an einem Massenmord, der damals, nach heute durchaus herrschender Ansicht, noch nicht einmal geplant gewesen ist, haben doch Partei und Staat alles darangesetzt, den Juden den Aufenthalt in Deutschland zu verleiden.

Das Verbrechen der Shoa als solches ist unstreitig, und die Hauptverantwortlichen sind weithin namentlich erfaßt. Die bekannten wie die unbekannten freiwilligen Helfer zählen dazu. Aber wer sind die Deutschen, von denen oben die Rede war, welches Verhalten wird ihnen zur Last gelegt, und was heißt schuldig? Ferner: Ist diese Frage überhaupt noch aktuell?

Die Ereignisse der Jahre 1933 bis 1945 scheinen heute brisanter denn je in der Nachkriegszeit. Zutreffend ist von einer Vergangenheit, die nicht vergehen will, die Rede. Presse, Funk und Fernsehen legen täglich Zeugnis davon ab. An welchem Tag ist Hitler nicht im Fernsehen? Das bleibt nicht ohne Folgen: „Deutschland präsentiert sich wegen seiner Nazi-Vergangenheit als Musterschüler rechtsstaatlicher Demokratie", schreibt Bassam Tibi Ende 2004 im FOCUS, „und bietet den Islamisten eine Bewegungsfreiheit wie kein anderes Land des Kontinents."[15] Also: „wegen der Nazi-Vergangenheit"! Vieles spricht dafür, daß sich an dieser Aktualität so schnell auch nichts ändert. Die Shoa ist zu Recht Bestandteil der deutschen Identität und soll es bleiben, mögen andere Völker noch so eindeutig ihre Identität mit Mythen ausstaffieren und die Schattenseiten ihrer Geschichte ausblenden. Sehr bedenklich und daher einer sorgfältigen Prüfung wert ist die Position, die der deutsche Außenminister Joschka Fischer glaubt vertreten zu müssen: „Alle Demokratien... haben eine Basis. Für Frankreich ist das 1789. Für die USA die Unabhängigkeitserklärung. Für Spanien der Spanische Bürgerkrieg. Nun, für Deutschland ist das Auschwitz."[16]

---

[13] Fest, Joachim C.: „Hitler", 2 Bde., Frankfurt am Main 1983, S. 25; Haffner, Sebastian: „Anmerkungen zu Hitler", München 1978, S. 54; Löw, Konrad: „Die Schuld. Christen und Juden im Urteil der Nationalsozialisten und der Gegenwart", Gräfelfing 2003, S. 241.

[14] Siehe Teil II, Kapitel 1.2.

[15] Bassam Tibi: „Islamisten nutzen den Rechtsstaat aus", FOCUS 45/2004, S. 52.

[16] Joschka Fischer nach Bernhard-Henri Lévy, in: Schirrmacher, Frank (Hg.): „Die Walser-Bubis-Debatte. Eine Dokumentation", Frankfurt am Main 1999, S. 648.

Wer ohne zu zögern bejaht, daß die Shoa Deutschen anzulasten ist, einer – demokratisch nicht legitimierten[17] – deutschen Regierung, ihren Mitgliedern und ihren Helfershelfern, bejaht nicht zugleich die Mitschuld der damals lebenden Deutschen. Jeder, der, wie Bundespräsident Horst Köhler in seiner Antrittsrede, versichert: „Ich liebe dieses Land!", „Unser Land sollte uns etwas wert sein!"[18] – muß auf die gewissenhafte Beantwortung der aufgeworfenen Frage drängen. Vor der Knesset in Jerusalem äußerte Bundespräsident Johannes Rau am 16. Februar 2000:

> „Heute sorgen wir uns darum, wie die Nachgeborenen mit der Schuld ihrer Väter umgehen werden. Wir müssen unseren Kindern diese Zusammenhänge immer wieder erklären. Darum ist die Schärfung des historischen Bewußtseins eine der wichtigsten politischen Aufgaben im deutsch-israelischen Verhältnis. Wenn die Zeitzeugen gestorben sind, muß das Wissen sicher in die Hände der Jugend übergeben worden sein. Das sind wir auch denjenigen Deutschen schuldig, die sich damals, als es darauf ankam, gerecht verhalten haben."

Voraussetzungen dafür sind nicht nur fundierte Geschichtskenntnisse, sondern auch Vertrautheit mit den einschlägigen Begriffen und Normen. Sie sollen daher vorab in der gebotenen Kürze definiert werden.

2.   Begriffliches

„Schuld" meint, entsprechend dem Sprachgebrauch jeder neuzeitlichen Rechtskultur, Vorwerfbarkeit. Schuld hat zur Voraussetzung, daß ein geschriebenes oder ungeschriebenes Gesetz verletzt worden ist und kein Schuldausschließungsgrund, wie Minderjährigkeit, Störung der Zurechnungsfähigkeit, ein unvermeidlicher Irrtum oder ein Notstand, die Täter entlastet. Schuld hat Verantwortlichkeit zur Voraussetzung. Aber nicht jeder Verantwortliche trägt die Schuld an allem Gesetzwidrigen, was in seinem Kompetenzbereich geschieht. Ihm muß nachgewiesen werden, daß er seine Pflichten verletzt hat. Auch durch Unterlassen kann das Gesetz verletzt werden, falls eine Pflicht zum Handeln bestanden hat. Nicht rechtlich, aber moralisch ist jener nicht frei von Schuld, der zwar nicht Hand angelegt, aber von den Verbrechen gewußt und sie gebilligt hat. Schuld ist zu unterstellen bei den antisemitischen Agitatoren, den Ausgrenzern, den Denunzianten, den willigen Kollaborateuren, von den Tätern ganz abgesehen. Schwieriger ist die Frage zu beantworten: Welche Gesetze wurden verletzt? Ohne Rückgriff auf naturrechtliche Überlegungen – mögen auch andere Bezeichnungen gewählt werden – kann eine befriedigende Antwort kaum gelingen, da sich die heute für schuldig

---

[17] Zu den obersten Grundsätzen demokratischer Herrschaft zählt die zeitliche Begrenzung der Legitimation. Sie endete spätestens 1937, vier Jahre nach der Wahl vom 5. März 1933. Die sogenannten Wahlen im Deutschen Reich nach dem März 1933 waren nur Scheinwahlen, da es zur NSDAP keine Alternative gab.

[18] Horst Köhler nach Doris Neujahr: „Wir sind als ein Volk gefordert", Junge Freiheit vom 9.7.2004.

Befundenen meist im Rahmen dessen bewegten, was damals von den Inhabern der Staatsgewalt als legal erachtet wurde. Doch soweit der NS-Staat die ethischen Mindestanforderungen, die beispielsweise die zweite Tafel des Dekalogs zum Gebot erhebt, so: „Du sollst nicht morden!"[19], mißachtet hat, waren seine Befehle ohne rechtliche Grundlage.

Das Wort „Kollektivschuld" ist fester Bestandteil der deutschen Sprache. Doch wird Kollektivschuld, also die automatische Einbeziehung Dritter, d. h. der Kinder, der Eltern, der Nachbarn, der Volkszugehörigen usw., in den Schuldvorwurf, kaum noch bejaht.[20] Um so wichtiger ist es, jenen ihre Inkonsequenz vorzuhalten, die in ihren einschlägigen Texten das pauschalisierende „die" verwenden, also *die* Deutschen, *die* Juden, *die* Christen ansprechen. Alfred Grosser geißelt diese Praxis mit geradezu drastischen Worten: „Nichts bewirkt stärker Ausschluß und Mord als der entsetzliche bestimmte Artikel: *die* Juden, *die* Araber, *die* Russen, *die* Deutschen …"[21]

Der naheliegende Einwand dürfte lauten, mit „die Deutschen" seien zwar nicht alle Deutschen gemeint, aber die große Mehrheit. Das gerade gilt es zu prüfen.

Wer zählt zu *den* Deutschen? Alle deutschen Staatsangehörigen? Doch das sprengt jeden Rahmen und macht die gängigen Vorwürfe eklatant unsinnig. Welcher Stichtag oder Zeitraum bietet sich an? Bei Hitlers Machtantritt am 30. Januar 1933 stand die Mehrheit der Deutschen nicht hinter Hitler,[22] auch nicht bei der letzten halbwegs freien Wahl am 5. März 1933. Seine Partei kam am 5. März 1933 „nur" auf 43,9 Prozent der abgegebenen gültigen Stimmen. Wer das Kriegsende als Stichtag wählt, muß zumindest die Minderjährigen ausklammern, da er sonst eklatant gegen elementare Errungenschaften der modernen Rechtsentwicklung und jeder passablen Ethik verstößt. Was ist mit den deutschen Hitlergegnern,

---

[19] Ex 20,13.
[20] Als eine Ausnahme wird gelegentlich Giordano („Die zweite Schuld oder Von der Last Deutscher zu sein", Hamburg 1987, S. 276) erwähnt. Bei ihm heißt es: „Der Begriff Kollektivschuld bezieht sich hier auf die ebenso verantwortliche wie überwältigende Mehrheit der damaligen Deutschen, die den Nationalsozialismus unterstützt, Hitler blind geglaubt, für ihn gekämpft, besetzt und getötet haben… Ich bin immer, ohne je geschwankt zu haben, ein Anhänger der Kollektivschuldthese gewesen…" Weitere Ausnahmen sind Posener („In Deutschland 1945 bis 1946", Berlin 2001) und Maxim Biller („Herzog, ein Lügenmärchen", ZEITmagazin 7/1998): „Denn noch nie hat sich ein deutscher Politiker so geschickt wie er [Roman Herzog] aus der historischen Nazi-Erbschuld herausgeredet…" . Der Jude Erich Leyens schreibt in seinen Erinnerungen (Leyens, Erich; Andor, Lotte: „Die fremden Jahre. Erinnerungen an Deutschland", Frankfurt am Main 1991, S. 22): „Der traditionsreiche Rechtsstaat fand ein Ende… Es entstand der Begriff der kollektiven Schuld (‚Die Juden sind unser Unglück')."
[21] Grosser, Alfred: „Ermordung der Menschheit. Der Genozid im Gedächtnis der Völker", München 1990, S. 28.
[22] Bei den letzten Reichstagswahlen (November 1932) vor Beginn der Kanzlerschaft hatte seine Partei 33,1 Prozent erhalten.

was mit den deutschen Juden und den anderen Verfolgten? Soweit ersichtlich, ist bisher jeder Ankläger dieser Art einer begründeten Antwort ausgewichen. Wer auf dem Boden des personalistischen Grundgesetzes steht – „Die Würde des Menschen ist unantastbar" – und jede kollektivistische, völkische Betrachtungsweise ablehnt, wird der Zuordnung zu einzelnen Völkern und Volksgruppen ohnehin nur untergeordnete Bedeutung zusprechen. Im Zweifel sind mit „die Deutschen" alle jene gemeint, die die deutsche Staatsangehörigkeit besitzen. Sie wurde auch den Juden nicht aberkannt.[23]

Häufig wird „verantwortlich" und „Verantwortung" mißbräuchlich verwendet. Wenn Elie Wiesel in einem Interview die Ansicht vertritt: „Denen, die für diese Verbrechen verantwortlich sind, dürfte nicht verziehen werden"[24], so denkt er sicherlich an die Schuldigen. Wer beispielsweise als Schulleiter oder Lehrer für eine Schule oder Klasse Verantwortung trägt, muß nicht schuld sein, wenn sich dort Furchtbares ereignet, so das Drama am Gutenberg-Gymnasium Erfurt 2002. Doch steht er unter einem anderen Rechtfertigungsdruck als ein beliebiger Dritter.

Einige weitere Klarstellungen scheinen vorab geboten: Die Worte *Antisemitismus* und *Antisemit*[25] werden nicht selten beliebig gebraucht und mißbraucht, von manchen in rufmörderischer Absicht zur Diffamierung politischer Gegner verwendet, selbst von Juden untereinander. (In einem Interview räumt Amos Oz im Hinblick auf Israel ein: „Hier nennt jeder jeden Hitler."[26]) Im Folgenden meint „Antisemitismus" jede feindselige Einstellung den Juden und dem Judentum gegenüber. Wer leichtfertig oder gar wider besseres Wissen wahrheitswidrige Tatsachenbehauptungen aufstellt oder verbreitet, die geeignet sind, das Ansehen der Juden oder des Judentums zu schmälern, macht sich des Antisemitismus schuldig. Entsprechendes gilt für Werturteile, Vorwürfe, Schuldzuweisungen.

Nahum Goldmann, der „Führer des Weltjudentums", wie er in seinen Memoiren genannt wird, spricht von zehn Definitionen des Judentums: „die Juden als Volk, als Rasse, als Kultur, als Schicksalsgemeinschaft, als Leidensgemeinschaft und so fort und so fort. Jeder Jude kann sich, wenn er will, aussuchen, welcher Aspekt des Judentums ihn selbst betrifft".[27] Dies führt zu Irritationen.

---

[23] Siehe Teil I, Kapitel 5.2.
[24] Semprun, Jorge; Wiesel, Elie: „Schweigen ist unmöglich", Frankfurt am Main 1995, S. 36.
[25] Ausführlich zum Begriff „Antisemit": Benz, Wolfgang; Bergmann, Werner (Hg.): „Vorurteil und Völkermord. Entwicklungslinien des Antisemitismus", Bonn 1997
[26] Amos Oz: „Hier nennt jeder jeden Hitler", SPIEGEL SPEZIAL: „Juden und Deutsche", S. 137. „In der orthodoxen Presse werden die nichtreligiösen Israelis abfällig als ‚Satan', ‚Vampire' oder gar ‚Nazis' bezeichnet" (Joseph Croitoru: „Von der Kultur zum Kult", Frankfurter Allgemeine Zeitung, 13.3.1997).
[27] Goldmann: „Leben", Bd. 2.; S. 12.

Nach dem Recht des Staates Israel gilt als *Jude,* wer von einer jüdischen Mutter geboren wurde oder nach orthodoxer Norm zum Judentum übergetreten ist. Der Jude verliert diese Eigenschaft, wenn er sich zu einer anderen Religion bekennt, ja selbst dann, wenn er den Juden Jesus von Nazareth für den verheißenen Messias hält. Soweit nichts Gegenteiliges vermerkt ist, findet in diesem Buch das Wort Jude im eben genannten Sinne seine Verwendung.[28]

3.   „In Schuldgefühlen suhlen"[29]

Von den Deutschen, die sich in Schuldgefühlen suhlen, spricht heute, wie im Vorspann ausführlich zitiert, ein in Israel lebender Jude. Rund fünfzig Millionen Deutsche, 1945 achtzehn oder mehr Jahre alt, sitzen auf der Anklagebank. Ihnen wird vorgeworfen, mitschuldig an einem – wie man zu sagen pflegt – historisch einmaligen Verbrechen zu sein. Die Anklage wurde schon rasch nach dem Kriege erhoben, von manchen bereits während des Krieges, aber bisher nicht, wie es für einen juristischen Schuldspruch notwendig ist und für einen moralischen selbstverständlich sein sollte, näher mit Blick auf einzelne Personen, die dann jeweils für viele stehen könnten, konkretisiert – abgesehen von den Kriegsverbrecherprozessen.

Die Ankläger argumentieren, Millionen seien von Hitlers Schergen ermordet worden. Da müsse doch das Volk in seiner großen Mehrheit zumindest durch Kopfnicken und beifälliges Dulden mitgewirkt haben. Das ist eine plausible Vermutung. Aber kein Strafrecht der Welt kennt zu Lasten der Angeklagten eine unwiderlegliche Vermutung. Gerade bei Kapitalverbrechen ist eine sorgfältige Überprüfung des scheinbar Evidenten, ein akkurater Nachweis geboten.

Warum fehlt offenbar diese Überprüfung bis heute? Der Herausgeber des Buches „Die Täter der Shoa", Gerhard Paul, schreibt einleitend:

> „Die Angst der deutschen NS-Forschung vor den Tätern war auch die Angst der nachwachsenden Generation vor ihren Fragen an die Väter und deren Rolle bei der Shoa. Ich selbst habe niemals meinen Vater, der drei Jahre ‚im Osten' war, gefragt, was er von der Judenvernichtung wußte, ob er gegebenenfalls selbst in sie involviert war ... Die Holocaustforschung im allgemeinen und die NS-Täterforschung im besonderen bilden kein isoliertes akademisches Terrain, sondern spiegeln die Tabus und Verdrängungen, die Ängste und Interessen der deutschen Nachkriegsgesellschaft und der Geschichtswissenschaft wider."[30]

---

[28] Neuesten Datums ist wohl die Forderung, es der Entscheidung des einzelnen zu überlassen, ob er Jude ist oder nicht: „Jew by choice". Im März 2005 entschied nach langem Rechtsstreit das Oberste Gericht Israels, daß auch nichtorthodoxe Juden Anspruch darauf haben, eingebürgert zu werden.

[29] Grossman, David, a.a.O., S. 22.

[30] Paul, Gerhard (Hg).: „Die Täter der Shoah. Fanatische Nationalsozialisten oder ganz normale Deutsche?", Göttingen 2002, S. 13. Siehe dazu auch Teil II, Kapitel 6.4.

„Tabus und Verdrängungen" beherrschen die veröffentlichte Meinung, offenbar
aus der Sorge heraus, ein Verstoß gegen das von der Political Correctness vorgege-
bene Urteil könnte als Revisionismus mißdeutet werden und zur beruflichen wie
gesellschaftlichen Ächtung führen. Die Stimmung ist entsprechend. Als Daniel
Goldhagen, der Verfasser von „Hitlers willige Vollstrecker – Ganz gewöhnliche
Deutsche und der Holocaust" zur Präsentation eines neuen Buches in Deutschland weilte, da wurde ihm eine Aufmerksamkeit zuteil, wie sie einhundert seriöse
Wissenschaftler zusammengenommen in ihrem ganzen Leben nicht für sich ver-
buchen können. Alle Blätter und Sender berichteten ausführlich. Vom 11. bis
18. Oktober 2002 bereiste er Frankfurt am Main, Berlin, Hamburg, Köln, München und Wien. Obwohl Eintritt verlangt wurde, füllten sich große Säle, und
überall standen namhafte Sparringspartner zu einem Schaukampf bereit, so in
München der langjährige bayerische Kultusminister, Hans Maier, in Berlin der
sächsische Wissenschaftsminister, Hans Joachim Meyer, in Frankfurt der Leiter
des Hannah-Arendt-Instituts in Dresden, Gerhard Besier. In Hamburg war ich
unter denen, die zweimal ein Statement von wenigen Minuten abgeben durften.
Der Sieger stand jedoch überall von vornherein fest, wie die Süddeutsche Zeitung
zutreffend titelte: „Widerspruch zwecklos. Der Politologe Daniel Goldhagen hat…
die Sympathien auf seiner Seite."[31] Was lesen wir in „Hitlers willige Vollstrecker"?
Einige Kernsätze seiner beleidigenden Äußerungen:

> „Hitlers willige Vollstrecker' befaßt sich mit der Weltsicht, den Handlungen und den Entschei-
> dungen des einzelnen, der Verantwortung, die jeder einzelne für seine Taten trägt, und mit der
> politischen Kultur, aus der diese Individuen ihre Überzeugungen herleiten. Es zeigt, daß ein be-
> stimmter Komplex von Vorstellungen und Auffassungen über ‚die Juden' im politisch-kulturellen
> Leben Deutschlands bereits weit verbreitet war, bevor die Nationalsozialisten an die Macht kamen,
> und daß eben diese Vorstellungswelt darüber entschied, was gewöhnliche Deutsche, als einzelne
> oder als Kollektiv, in der NS-Zeit hinzunehmen oder zu tun bereit waren… Der Holocaust hatte
> seinen Ursprung in Deutschland, er ist darum in erster Linie ein deutsches Phänomen… Wer den
> Holocaust verständlich machen will, muß ihn als eine Entwicklung aus der deutschen Geschichte
> heraus begreifen."[32]

An anderer Stelle:

> „Genauso wesentlich war aber die große Bereitschaft der meisten Deutschen, die rabiate Verfol-
> gung der Juden in den dreißiger Jahren zunächst zu tolerieren, zu unterstützen, oft sogar tätig
> daran mitzuwirken…"[33]

Schließlich zwölf Seiten weiter:

> „Wenn man die Ausrottung der Juden nicht in den Mittelpunkt seiner Überlegungen stellt, kann
> man die deutsche Gesellschaft weder angemessen analysieren noch verstehen, noch charakteri-
> sieren."

---

[31] Andreas Bock: „Widerspruch zwecklos", Süddeutsche Zeitung, 18.10.2002.
[32] Goldhagen, Daniel: „Hitlers willige Vollstrecker. Ganz gewöhnliche Deutsche und der Holocaust",
Berlin 1996, S. 6 f.
[33] Goldhagen, a.a.O., S. 9.

Goldhagen unterläßt es auch nicht, allen Lesern deutlich zu sagen, welche Einsicht die Wissenschaft, ja alle Welt gerade ihm verdanke: „Meine Erklärung lautet – und dies ist neu in der wissenschaftlichen Literatur über die Täter –, daß die ganz ‚normalen Deutschen' durch eine bestimmte Art des Antisemitismus motiviert waren, die sie zu dem Schluß kommen ließ, daß die Juden *sterben sollten*.[34]

Wer in dem mehr als 700 Seiten umfassenden Buch die Beweise für die Richtigkeit seiner ungeheuerlichen Anschuldigungen sucht, sucht vergeblich. Und dennoch wird der Mann, der so leichtfertig ein ganzes Volk mit Schuldvorwürfen überhäuft, von beachtlichen Teilen eben dieses Volkes mit Jubel empfangen!

Gibt es wirklich keine Möglichkeit, die Tabus zu brechen, die Verdrängungen abzubauen, Licht in dieses unheimliche Kapitel der deutschen Geschichte hineinzutragen, die Annahme, die den Titel dieses Buches bildet, überzeugend zu untermauern oder zu falsifizieren?

4. Licht ins Dunkel

Es gibt diese Möglichkeit. Sie hat zur Voraussetzung, daß wir die Zeitzeugen, die sich mit Tagebüchern, Briefen, Biographien, Erinnerungen, Fragebögen und Interviews anbieten, kritisch heranziehen und ihre Aussagen auswerten. Dieser Versuch soll im Folgenden anhand aller aufgefundenen Dokumente unternommen werden, wobei insbesondere solche Aussagen Beachtung finden, die Rückschlüsse auf größere Teile der Bevölkerung zulassen.

Besonders glaubwürdige Zeitzeugen sind die Opfer, also hier die Juden, da sie kaum der Versuchung ausgesetzt sein dürften, aus Eigenliebe oder patriotischen Gefühlen heraus dem Umfeld der Täter Persilscheine auszustellen. Den Impuls dazu verdanke ich gerade dem eingangs schon erwähnten Victor Klemperer, der in diesem Zusammenhang wichtige Eigenschaften in ganz außergewöhnlicher Weise in sich vereinigt. Niemand sonst hat die Zeit, den Alltag, die Menschen des Alltags minutiöser beschrieben als er.

1881 in Deutschland als Sohn eines Rabbiners geboren, in der NS-Ära eigentlich „in den besten Jahren", Agnostiker, Deutscher aus Überzeugung und nach dem Register, Jude der Abstammung nach, evangelischer Christ auf Grund der Taufe, Hitlergegner der ersten Stunde, Opfer des Regimes ab 1933, ist Klemperer spätestens seit 1941 ständig vom Tode bedroht.

Damit nicht genug. Er wird ganz zu Recht als *der* Chronist dieser Ära gefeiert. In einer Besprechung seiner einschlägigen Veröffentlichungen heißt es: „Die Tage-

---

[34] Goldhagen, a.a.O., S. 28. (Hervorhebung im Original.)

bücher, in denen genaueste Beobachtungsgabe, sprachliche Meisterschaft und menschliche Größe sich aufs glücklichste vereinen, stellen alles in den Schatten, was jemals über die Zeit des Nationalsozialismus geschrieben wurde."[35] Martin Walser ergänzt: „Ich kenne keine Mitteilungsart, die uns die Wirklichkeit der NS-Diktatur faßbarer machen kann, als es die Prosa Klemperers tut."[36]

1918 beginnt Klemperer, akribisch ein Tagebuch zu führen. Allein seine Aufzeichnungen der Jahre 1933 bis Mitte 1945 füllen acht Bände, die der Jahre 1918 bis 1932 ergeben 1700 Seiten reinen Text. Wer sie gelesen hat, weiß mehr über die Menschen von damals, ihre Sorgen und Nöte, ihre Ansichten, Einsichten und Irrtümer, ihre Taten und Untaten. Er hat Individuen vor Augen, Menschen mit Namen und einem je eigenen Gesicht, nicht „Kollektive", „Völker", „Nationen" und „Generationen", er kann sich zu der aufgeworfenen Frage ein fundiertes eigenes Urteil bilden. Dies ist auch deshalb der Fall, weil Klemperer als Folge mehrerer Wohnungswechsel und Arbeits-Zwangsverpflichtungen mit sehr vielen Menschen unterschiedlicher Herkunft, Bildung und Weltanschauung zu tun hatte; zugleich war er ein mit dem Gelben Stern Gebrandmarkter.

Wer Klemperers Einschätzungen nicht teilt, wird dennoch schwerlich daran zweifeln, daß seine Schilderungen einzelner Fakten und Begebenheiten ein genaues Abbild der Wirklichkeit liefern. Die Aufzeichnungen sind unerbittlich und scheuen keine Kritik, nicht einmal der geliebten Gattin. Seine Ehrlichkeit sich selbst gegenüber ist, wie wir sehen werden, für den Leser geradezu peinlich; sie gewährt Einblick in die schwächsten Seiten menschlicher Existenz. Doch auch deshalb ist er über den Verdacht erhaben, seine Darstellung sei irgendwie tendenziell, bewußt gefärbt, pro oder contra aus Voreingenommenheit. Am 16. April 1922 notierte er: „Auch ich bin ja subjektiv, aber ich habe ein innerliches Forum, vor dem alle Subjektivitäten, auch meine eigenen, klar liegen, u. so glaube ich, objektiver zu sein als alle Menschen meiner Umgebung."[37] Wegen dieses Bemühens ist Klemperer nicht nur eine Geschichtsquelle erster Güte, sondern das geradezu unverzichtbare Medium, wenn es um die Beurteilung der Menschen von damals geht.

Bei seinen Aufzeichnungen war er sich stets der Gefahr bewußt, die er damit auf sich nahm. Hätten Hitlers Schergen bei den Hausdurchsuchungen die Notizen entdeckt, der Abtransport in ein Vernichtungslager wäre die sichere Folge gewesen. Da ihnen dies nicht gelang und Klemperers treue Frau eine „Arierin" war, blieb ihm das bitterste Los erspart, die Deportation in ein Lager mit der großen Wahrscheinlichkeit des Todes, und er konnte zusammen mit seiner Frau im

---

35 DIE ZEIT nach dem Buchprospekt.
36 Klemperer: „Tagebücher 1945", S. 2.
37 Klemperer: „Tagebücher 1918–1924", 16.4.1922, S. 578.

Juni 1945 in sein Dresdner Heim zurückkehren, aus dem er vertrieben worden war.[38]

Neben Klemperer werden alle anderen jüdischen Zeitzeugen „befragt", die sich in dem Autor zugänglichen Tagebüchern und Memoiren zum Thema Deutsche und Juden in der NS-Zeit geäußert haben.[39] Auch der hochangesehene Literat Jochen Klepper, mit einer Jüdin verheiratet und schließlich mit ihr und deren Tochter Renerle 1942 in den Tod gegangen, obgleich selbst nicht vom Tode bedroht, leistet einen beachtlichen Beitrag und gehört hierher, da seine Aufzeichnungen die Erfahrungen und Gefühle seiner Frau sowie der im Haushalt lebenden Stieftochter widerspiegeln und sich in seine Worte fassen lassen: „Das Volk ist ein Trost."[40] Schon am 29. März 1933 notierte er in sein Tagebuch: „Warum soll es mir besser gehen als den Juden? Lieber dort sein, wo Gott leiden läßt, als jetzt ‚mit Gott für das Vaterland' emporgetragen zu werden!"

Jede bewußt einseitige Auswahl des Gebotenen wird als wissenschaftswidrig prinzipiell abgelehnt. Die Verläßlichkeit der Informanten dürfte um so größer sein, je genauer die Schilderungen, je zeitnaher die Aufzeichnungen, je größer die Betroffenheit, je geringer die Versuchung, sich selbst ins rechte Licht zu setzen. Um tunlichst jede Entstellung durch Nacherzählung und indirekte Wiedergabe zu vermeiden, ist der chronologisch aufgebaute Teil des Buches, die erste Buchhälfte, gespickt mit Zitaten. Diesen Zitaten aus den Aufzeichnungen der Zeitzeugen gehen jeweils kürzere Kapitel voraus, in denen zunächst die Entwicklung des Deutschen Reiches allgemein, seine Judenpolitik und die Einstellung der Juden zum Reich dargestellt werden, um die Zeugenberichte verständlicher zu machen und in einen systematischen Rahmen einzufügen. Insoweit wird auf einschlägige Standardveröffentlichungen zurückgegriffen. Auf die Wiedergabe der jüdischen Zeitzeugen folgt eine Zusammenfassung und Abrundung durch nichtjüdische Autoren, meist unbestrittene Regimegegner.

Der zweite Teil befaßt sich zunächst mit jenen Stimmen, die den Resultaten aus dem ersten Teil widersprechen. Dann geht es um Wissen, Reden/Schweigen, die stille Hilfe und ihre Helden. Das Folgende bietet Betrachtungen und Bewertungen relevanter gesellschaftlicher Gruppen und Kräfte jener Zeit: der Christen, des Widerstandes, des Auslandes. Abschließend: Wie lautet das Vermächtnis jüdischer

---

[38] Die intensive Ausbeutung seines Werkes im Dienst an der Historie soll auch eine Hommage an ihn sein, der am 16. Juni 1942 seinem Tagebuch (S. 133) anvertraute: „Aber wenn ich es nicht schreibe, werde ich meiner Aufgabe untreu! Die Sehnsucht, in historische Arbeit, in Erinnerung, in Geistiges unterzutauchen."

[39] Ich bin auf Lückenlosigkeit bedacht, mir stets bewußt, daß Lücken unvermeidlich sind. Daher danke ich allen, die mir tatsächliche oder vermeintliche Lücken mitteilen.

[40] Ein Buch von Martin Wecht, das Klepper ehrt, trägt den bezeichnenden Titel: „Jochen Klepper. Ein christlicher Schriftsteller mit jüdischem Schicksal."

Opfer? Haben wir es erfüllt? Sind wir auf dem rechten Wege? War das Volk ein Trost?

5.   Eigene Erfahrungen und Erinnerungen

Für den Autor, für mich, sind Klemperers Aufzeichnungen auch deshalb besonders glaubwürdig, da sie meinen eigenen Erlebnissen und Erinnerungen entsprechen. Freilich, ich war in der NS-Zeit noch sehr jung (geb. 1931), führte kein Tagebuch, kam wenig herum (immerhin kriegsbedingt – zwischen 1942 und 1945 – in vier Schulen und an drei Wohnorte), war verwurzelt in *einer* Familie und überwiegend *einer* katholischen Pfarrei. Vor der Lektüre von Klemperers Tagebüchern führte ich meine Anti-NS-Erfahrungen auf das strengkatholische Milieu zurück. Über die Einstellung und das Verhalten der Eltern und Geschwister habe ich an anderer Stelle ausführlicher berichtet.[41] Im Kreis derer, zu denen die Eltern Bekanntschaft pflegten, mit denen wir in der Kirche zusammen waren, gab es niemanden, der als NS-Sympathisant eingeschätzt worden wäre. Ein Kaplan unserer Pfarrei St. Korbinian, München, Johannes Hammer, und der Pfarrer der Nachbargemeinde St. Andreas, Dr. Emil Muhler, machten Bekanntschaft mit dem Konzentrationslager Dachau. Mein Schwager Karl W. SJ, geboren 1927, in der fraglichen Zeit Ministrant in der Pfarrei St. Korbinian, erinnert sich, daß er zusammen mit zwei Gleichgesinnten einmal den Stürmer-Schaukasten am Gotzingerplatz zertrümmert hat. Diese Antihaltung war auch eine Selbstverständlichkeit in der Verwandtschaft.

Was für manche beim ersten Lesen unglaubwürdig klingen mag, findet eine Bestätigung durch jüdische Zeitzeugen, so Heinrich Liebrecht:

> „Verlaß… war fast ausnahmslos auf die kirchlichen Kreise, die Pfarrer und Anhänger der Bekenntniskirche, vor allem aber auf die katholische Kirche und ihre Organisationen. Insbesondere die unteren Instanzen, die Priester, Kapläne, Mönche und Nonnen dachten nicht nur so…, sie handelten auch *entsprechend*."[42]

Der jüdische Emigrant Arthur Berg bekundete im November 1938 in Amsterdam seine Erfahrungen: „Die Stimmung unter der christlichen Bevölkerung in München ist durchaus gegen die Aktion [Pogrom]. Alle Christen benahmen sich tadellos."[43]

Die beiden engsten Freunde meines Vaters, Peter Löw, waren Konrad Lotter und August P.[44] Von ersterem erzählt man noch heute, daß er an seinem Wohnsitz in Unterbrunn, heute ein Ortsteil von Gauting, den Nationalsozialisten vor 1933

---

[41] Löw: „Die Schuld", a.a.O., S. 18 ff., 308f.

[42] Liebrecht, Heinrich F.: „„Nicht mitzuhassen, mitzulieben bin ich da'. Mein Weg durch die Hölle des Dritten Reiches", Freiburg i. B. 1990, S. 32.

[43] Heusler, a.a.O., S. 156.

[44] Aus Gründen des Ehrenschutzes nur die Initialen.

mutig entgegengetreten sei.[45] Letzterer verriet meinen Vater, als die Geheime Staatspolizei (Gestapo) 1941 bei ihm verbotenes Schrifttum gefunden hatte. Als mein Vater bei seiner Vernehmung durch die Gestapo bestritt, die Schriften zu kennen, wurde August P. ins Zimmer gerufen, der dann sagte: „Peter, das hast doch Du mir gegeben." – Zu P.s Entlastung läßt sich anführen, daß er bereits einen politisch bedingten Freiheitsentzug hinter sich hatte und sein Sohn sich durch Flucht ins Ausland der Einberufung entzogen hatte, was dem Vater schwer angekreidet wurde. Doch die Freundschaft zwischen meinem Vater und August P. war dauerhaft zerbrochen.

Ein weiterer guter Duzfreund war Alois Hundhammer, Landtagsabgeordneter der Bayerischen Volkspartei und stellvertretender Generalsekretär des Bayerischen Christlichen Bauernvereins, nach dem Zweiten Weltkrieg bayerischer Kultusminister und Landtagspräsident. In seinen „Staatsbürgerlichen Vorträgen für die Jugend" wandte er sich um 1930 gegen das Programm der NSDAP. Über den von der Partei propagierten Antisemitismus heißt es darin in Fettdruck: „Der Antisemitismus der Nationalsozialisten ist mit den Grundsätzen des katholischen Christentums nicht zu vereinbaren."[46] So nimmt es nicht wunder, daß er zu den ersten zählte, die ins Konzentrationslager Dachau eingeliefert wurden. Nach seiner Entlassung mußte er sich beruflich neu orientieren und betrieb nun ein Schuhgeschäft, das insbesondere Gleichgesinnte aufsuchten, was ich Gesprächen meiner Eltern entnehmen konnte.

Zu erwähnen ist auch Dr. med. Anton Kohl, praktischer Arzt in München, Augsburgerstraße 8, Erdgeschoß. Aus Aufzeichnungen meines Vaters geht hervor, daß er und Freund Anton verbotene Drucksachen aus Österreich über die Berge (Wilder Kaiser) nach Bayern schmuggelten. Dr. Kohl war es auch, der mir einen Herzfehler attestierte, um mich vor der Hitlerjugend zu bewahren.

Schließlich sei noch Dr. Otto Hipp erwähnt, bis 1933 Oberbürgermeister von Regensburg, gleich nach dem Zweiten Weltkrieg bayerischer Kultusminister von Gnaden der Amerikaner. Er war es, von dem mein Vater jene verbotenen Schriften erhalten hatte, die dann die Gestapo bei August P. fand. Um den Namen „Hipp" nicht preisgeben zu müssen, ließ sich mein Vater auf Zuraten seiner Freunde innerhalb weniger Tage als Soldat reaktivieren. So sollten weitere Verhöre vermieden werden, eine Hoffnung, die zunächst aufging.

---

45 Buchner, Franz: „Kamerad! Halt aus! Aus der Geschichte des Kreises Starnberg der NSDAP", München 1938, S. 262 f.; i.V. mit dem Schreiben eines Unterbrunners (M.S.) an den Autor vom 2.1.2004.
46 Höpfl, Bernhard: „Katholische Laien im nationalsozialistischen Bayern. Verweigerung und Widerstand zwischen 1933 und 1945", Paderborn 1997, S. 34.

Die beste Freundin meiner Mutter seit der Schulzeit war Josepha Obermeier, mit ihrer Familie wohnhaft in München, Winzererstraße 122. Eine biblische Hiob-Gestalt des 20. Jahrhunderts! Aus ihrer Ehe sind drei Söhne hervorgegangen: Der erste, Franzi, geisteskrank, wurde, da „lebensunwert", 1939 oder 1940 ermordet, der zweite, Karl, fand während eines Fronturlaubs in München bei einem Fliegerangriff den Tod, der dritte, Rudi, beging Selbstmord, einen Tag vor dem Ende seines Fronturlaubs. Das Warum blieb stets unbeantwortet. Vermutlich konnte er die Schrecken des Krieges nicht länger ertragen.[47] Der Gatte und Vater der inzwischen verstorbenen Söhne, Franz Obermeier, ließ sich scheiden mit der Begründung, seine Frau habe ihn mit den Worten beschimpft: „Du mit deinem Teufelszeichen" – gemeint war das NSDAP-Parteiabzeichen. Das war natürlich ein absoluter Scheidungsgrund, zumal die Gattin es nicht bestritt.

Bei diesen für mich so eindeutigen politischen Reminiszenzen bedachte ich zu wenig, daß die meisten Bewohner unseres Mietshauses (zwölf Parteien), Gotzingerstraße 46, zwar keine Kirchgänger waren, trotzdem aber nicht für Hitler schwärmten, obgleich sie wohl alle zu Hitlers Geburtstag zumindest ein Hakenkreuzfähnchen vor die Fenster steckten – meine Eltern ausgenommen.

Nur einer der Mitbewohner, Herr A. Wagner, trug häufiger das Parteiabzeichen. Vor ihm und seiner Frau nahm man sich in acht, grüßte kurz und höflich. Neben ihm, auch im zweiten Stock, wohnten Herr Joseph und Frau N. Scheitzach. Vom Hörensagen habe ich noch heute die Warnung der Frau im Ohr: „Seppe, bi staad!"[48] Der Angesprochene war ihr Mann, der immer wieder einmal am späten Abend, angetrunken aus der Wirtschaft kommend, im Treppenhaus auf die Machthaber schimpfte. Offenbar wurde er nie denunziert. Unser Nachbar, Georg Höfle, ein Metzger, wurde mit der Funktion des Hauswartes betraut; Herr Wagner war wohl zu alt. Höfle, völlig unpolitisch, hat – meiner Erinnerung nach – niemanden schikaniert.

Wer daran zweifelt, daß damals in München fast alle Mieter eines fünfstöckigen Hauses so wenig regimetreu, so unpolitisch gewesen sein können, lese, was der Jude Walter Bloch über seine Tante Gretel zu berichten weiß:

> „Im Herbst 1941 hatte spätabends ein Nachbar bei ihr geklingelt, der bei der Gestapo arbeitete. Er sagte, daß sie ab sofort nicht mehr ihre Wohnung verlassen dürfe. Ihr Name stand auf einer Deportationsliste, aber dieser Mann hatte ihn wieder ausgestrichen. ‚Von jetzt ab existieren Sie nicht mehr!' – so hatte er sich ausgedrückt. Meine Tante Gretel hat seit dem Abend ihre Wohnung nicht

---

[47] Klemperer notiert vom Hörensagen („Tagebücher 1944", S. 154): Einige Leute hätten Selbstmord verübt, „um das nicht ein zweitesmal mitansehen und auf das Gewissen nehmen zu müssen."

[48] „Joseph, halt den Mund!"

mehr verlassen – fast vier Jahre lang! Versorgt wurde sie in dieser Zeit von den nichtjüdischen Nachbarn. Es war bemerkenswert: in dem Haus wußte jeder Bescheid, und alle haben die geschwiegen."[49]

Wo war das? „... in ihrer Heimatstadt München", wie es ausdrücklich heißt.[50]

Ähnlich unpolitisch verhielten sich meine Lehrer. Natürlich hing ein Hitlerbild an der Wand, und wir mußten im Englischunterricht nachsprechen: „This is our leader". Doch nur einer aus dem Lehrerkollegium versuchte, uns rassistisch zu beeinflussen – J. Dietl, Studienprofessor, wohnhaft in München, Implerplatz 1, Erdgeschoß. Er war an der Klenzeoberrealschule Kunsterzieher, ein unbeliebter Außenseiter. Seine Indoktrinationsversuche blieben auch wegen seiner Schrullen ohne wahrnehmbare Resonanz: Seine Devise: Wer keinen Artfremden getötet hat, hat selbst kein Lebensrecht. Sonst begegnete mir Antisemitismus nur in den amtlichen und den gelenkten Medien, den öffentlichen Verlautbarungen. Mit den wenigen Trägern des Gelben Sterns, denen ich begegnete, hatte ich scheues Mitleid wie mit allen anderen politisch Verfolgten, für die wir täglich beteten. In unserem Haus und in der unmittelbaren Nachbarschaft wohnten keine Juden. Dennoch fanden die Eltern Wege, Juden zu helfen.[51]

Vor fast drei Jahrzehnten bat mich einer meiner Verleger, ich möge eine Kurzbiographie verfassen. Damals schrieb ich:

> „Ich schäme mich nicht meiner Abstammung, bekenne mich zu meiner Familie, zu meiner politischen Gemeinde, bin ein bayerischer Patriot, singe mit Ergriffenheit ‚Einigkeit und Recht und Freiheit'. Freilich – die erste Strophe unserer Nationalhymne kommt mir nicht über die Lippen. Sie ist mir zu sehr Historie, zu vieldeutig."[52]

Zu dieser Aussage stehe ich auch heute noch. Ich erwähne sie, um glaubhafter versichern zu können, daß es mir nicht um eine Ehrenrettung „der Deutschen" um jeden Preis, auch auf Kosten der historischen Wahrheit geht – übersteigerter deutscher Nationalismus ist beim katholischen Bayern ohnehin nicht zu unterstellen –,[53] sondern um ein möglichst wirklichkeitsgetreues Geschichtsbild. (1930 schrieb Alfred Wiener: „Gäbe es einen Nobelpreis für deutsche Gesinnung, die

---

[49] Salewsky, Anja: „,Der olle Hitler soll sterben!' Erinnerungen an den jüdischen Kindertransport nach England", München 2001, S. 110.

[50] In anderen Städten war es ähnlich. P. H. aus Köln (Matzerath, Horst: „,...vergessen kann man die Zeit nicht, das ist nicht möglich...' Kölner erinnern sich an die Jahre 1929–1945", Köln 1985, S. 96): „Unsere Straße[!] war mit ganzen fünf Nazifamilien bestückt. Eine Familie W. war in der Partei, weil sie mußte." Dann werden die vier anderen Familien aufgezählt.

[51] Löw: „Die Schuld", a.a.O., S. 308 f.

[52] Löw: „Konrad Löw", a.a.O., S. 90.

[53] Aus eigener Beobachtung schreibt Karl Stern (Stern, Karl: „Die Feuerwolke", Salzburg 1954, S. 207): „Diese lateinische und europäische innere Verwandtschaft war, wie jeder weiß, der hauptsächliche Grund, warum Bayern ursprünglich keinerlei Begeisterung für Bismarcks Imperialismus aufbrachte."

deutschen Juden würden ihn gewinnen."[54] Ich füge hinzu: Bayerns Katholiken hätten nicht die geringsten Chancen gehabt.)

Die Voraussetzungen dafür, die richtige Antwort auf die eingangs gestellte Frage zu finden, lauten: Keine Tabus, keine Vergleichsverbote, auch wenn die Vergleiche anstößig erscheinen sollten, keine neue Ethik zugunsten oder zulasten der Deutschen, gleiche Maßstäbe für alle Völker und Menschen, *in dubio pro reo*, die Wirklichkeit ist zumutbar.

Vom 28. bis 31. Oktober 1985 fand in Berlin eine große Konferenz statt zum Thema: „Selbstbehauptung in der Not. Die Juden im nationalsozialistischen Deutschland, 1933–1939." Der weltbekannte Hitlerforscher Jan Kershaw referierte über „Die öffentliche Meinung in Deutschland und die ‚Judenfrage', 1939–1943". In der Diskussion fiel die Anregung, man müsse versuchen, Aussagen von Zeitzeugen zu sammeln, und zwar vor allem von denen, die auf die eine oder andere Art mit den verfolgten Juden sympathisiert hätten, und von denen, die sich entweder indifferent verhalten hätten oder ihrem Eigeninteresse gefolgt wären…[55]

Dieser Anregung wurde bisher deutschlandweit kam entsprochen. Die Untersuchung des Statistikers und Psychologen Fritz Süllwold „Deutsche Normalbürger 1933–1945"[56] befragt nichtjüdische Deutsche, die damals schon lebten, nach ihren Erinnerungen, die Juden betreffend. „Schöne Zeiten'. Judenmorde aus der Sicht der Täter und Gaffer",[57] beleuchtet die Mörder und ihre Hintermänner. Die vorliegende Arbeit will das Verhältnis von Juden und nichtjüdischen Deutschen während der Zeit des Nationalsozialismus anhand der Tagebuchaufzeichnungen und Erinnerungen der verfolgten Juden, der denkbar besten Zeitzeugen, in möglichst umfassender Weise darstellen.

---

[54] Blumenthal, Werner Michael: „Die unsichtbare Mauer. Die dreihundertjährige Geschichte einer deutsch-jüdischen Familie", München 2000, S. 343.

[55] Paucker, Arnold (Hg.): „Die Juden im Nationalsozialistischen Deutschland 1933–1943", Tübingen 1986, S. 408.

[56] Süllwold, Fritz: „Deutsche Normalbürger 1933–1945. Erfahrungen, Einstellungen, Reaktionen", München 2001

[57] Klee, Ernst; Dressen, Willi; Riess, Volker (Hg.): „„Schöne Zeiten'. Judenmord aus der Sicht der Täter und Gaffer", Frankfurt am Main 1988

I. Ausgrenzung und Vernichtung – Geschichte in Dokumenten

1. Vor der Herrschaft des Nationalsozialismus

1.1 Die Juden als bedeutender Teil der Gesellschaft

1928 schrieb der Jude Dr. Felix Goldmann eine Broschüre mit dem Titel „Vom Wesen des Antisemitismus". Sie beginnt mit der überraschenden Feststellung:

> „Der Antisemitismus ist eine Erscheinung, welche sich unter so verschiedenen Umständen und zu so verschiedenen Perioden findet, daß man von vornherein kaum die Aussicht haben kann, auf ein einheitliches Entstehungsprinzip schließen zu dürfen. Von den Zeiten des alten Rom bis in unsere Tage hinein, in allen Ländern, welche überhaupt von Juden und Judentum Kenntnis hatten, ist der Antisemitismus nachzuweisen."[1]

Goldmann, der in Leipzig, also mitten in Deutschland, lebte, weiß nichts von einem damals in diesem Lande besonders ausgeprägten Antisemitismus. Hätte man ihn gefragt, wo in der jüngeren Vergangenheit Antisemitismus virulent gewesen sei, so hätte er wohl auf Rußland mit den zahlreichen Pogromen (dieses russische Wort steht für Terror, Verwüstung) und Frankreich (Stichwort: Dreyfus-Affäre 1894–1906) hingewiesen.

Deutschland blieb von Antisemitismus nicht verschont:

> „Je nach Tagesinteressen, z.B. wenn es von irgendwelchen Ereignissen oder Personen abzulenken galt, wurde er von höchster Stelle beschworen. Der autoritäre Staat brauchte seine Feinde und Sündenböcke. Abwechselnd waren dies im Wilhelminischen Zeitalter die ‚übernationalen' Katholiken, die ‚jüdischen Weltverschwörer' oder die ‚verräterischen' Sozialdemokraten."[2]

Aber der Antisemitismus gewann im politischen Raum keine Oberhand, so daß die rechtliche Emanzipation der Juden unangetastet blieb und sogar noch weiter ausgebaut werden konnte.[3] Daher fühlten sich die Juden mehrheitlich in Deutschland wohl, verstanden sich die meisten in erster Linie als Deutsche. Im europäischen Kontext galt bis zum Aufkommen des Nationalsozialismus die deutsch-jüdische Geschichte durchaus als eine Erfolgsgeschichte. In kaum einem anderen Land war die Integration, aber auch die Assimilation der Juden so weit fortgeschritten wie in Deutschland.[4] Martin Buber pries die „Symbiose von deutschem und jüdischem Wesen" und ihre große „Fruchtbar-

---

[1] Goldmann, Felix: „Vom Wesen des Antisemitismus", Berlin 1928, S. 7.
[2] Elbogen, Ismar; Sterling, Eleonore: „Die Geschichte der Juden in Deutschland", Frankfurt am Main 1988, S. 254 f. mit weiteren Hinweisen.
[3] Scheil („Die Entwicklung des politischen Antisemitismus in Deutschland...", Berlin 1999, S. 271) in seiner Zusammenfassung einer gründlichen wissenschaftlichen Untersuchung: „Insgesamt ergibt sich für die antisemitische Parteipolitik der wilhelminischen Ära ein diffuses Bild: Diese Politik scheiterte, soweit sie sich als grundsätzliche Alternative zum bestehenden Partei-, Regierungs- und Wirtschaftssystem verstand und das deutsche Judentum als Repräsentanten dieses Systems angriff."
[4] Blasius, Dirk u.a. (Hg.): „Zerbrochene Geschichte. Leben und Selbstverständnis der Juden in Deutschland", Frankfurt am Main 1991, S. 7; ebenso Nahum Goldmann: „Juden und andere Deutsche", „Die Zeit", 26.1.1979.

keit".[5] Niemand wäre damals auf die Idee gekommen, die USA als Vorbild her-
auszustellen. Die Schwierigkeiten, die Juden in Deutschland zu meistern hatten,
begegneten ihnen auch jenseits des Atlantiks, wo Manifestationen des Antisemitismus keine Seltenheit waren.

Viele Juden sahen in gesellschaftlichen Brüskierungen die geradezu notwendigen
Begleiterscheinungen einer normalen heterogenen Gesellschaft, in der die Bayern
und Sachsen ihre antipreußischen Ressentiments kultivierten und umgekehrt,
in der die Diskriminierung der Katholiken als rückständige, unzuverlässige Ul-
tramontanisten an der Tagesordnung war, die ihrerseits das Laisser-faire der Liberalen tadelten. So urteilt auch Victor Klemperer: „Vor der Stoeckerzeit", – angesprochen ist der Berliner Hof- und Domprediger Adolf Stoecker[6] – „hat es in
Deutschland eine lange Periode gegeben, in der der Antisemitismus vielfach ein
sehr geringer war. Es herrschte im allgemeinen eine ungleich stärkere Spannung
etwa zwischen Fabrikanten und Arbeitern oder Bayern und Preußen als zwischen
Juden und Christen."[7]

Moses Oppenheimer räumt in seiner Antwort auf Stoeckers antisemitische Äußerungen unumwunden ein, daß sich an dem Hickhack auch Juden beteiligt haben:

> „Es ist ja leider wahr, daß während der letzten zehn Jahre ein Teil der deutschen Journalistik,
> im sogenannten ‚Kulturkampf‘, eine Haltung eingenommen hat, welche mit den Begriffen eines
> Ehrenmannes über politischen Anstand nicht übereinstimmte. Es ist richtig, daß an einzel-
> nen dieser Blätter auch Publizisten jüdischer Abstammung mitgearbeitet und nicht immer die
> Linie eingehalten haben, welche ihnen sowohl die Klugheit als der Ehrbegriff vorschreiben
> mußte."[8]

Aber, so macht er glaubhaft, das waren doch die Ausnahmen.

Wer konvertieren wollte, dem standen die Tore offen. Und in diesem Punkt hat
auch die Stoecker-Zeit nichts geändert. In den katholischen Landesteilen fand der

---

[5] Blaschke, Olaf: „Katholizismus und Antisemitismus im Deutschen Kaiserreich", Göttingen 1997,
     S. 228. Zum Stichwort „Symbiose" ist die Kontroverse zwischen Schumann (Schumann, Peter: „Jü-
     dische Deutsche im Kaiserreich und in der Weimarer Republik, Geschichte in Wissenschaft und
     Unterricht 92, S. 32 ff.) und Rohrbacher (Rohrbacher, Stefan: „Kaiserreich und Weimarer Repu-
     blik – Horte innigster deutsch-jüdischer Symbiose?", Geschichte in Wissenschaft und Unterricht 92,
     S. 681 ff.) bemerkenswert. Dabei geht es um die Frage, ob das Kaiserreich und die Weimarer Repu-
     blik „Horte innigster deutsch-jüdischer Symbiose" waren.
[6] Stoecker (1835–1909) war Mitglied des preußischen Abgeordnetenhauses und des Reichstages, Füh-
     rer des äußersten rechten Flügels der Deutschkonservativen Partei und trat u. a. durch antisemiti-
     sche Hetzreden hervor.
[7] Klemperer, Victor: „Curriculum vitae. Erinnerungen eines Philologen. 1881–1918", Berlin 1989,
     S. 17.
[8] Oppenheimer, Moses: „Offener Brief an Herrn Adolph Stöcker", in: Heid, Ludger; Schoeps, Julius H.
     (Hg.): „Juden in Deutschland. Von der Aufklärung bis zur Gegenwart. Ein Lesebuch", München
     1994, S. 191 ff.; S. 194.

Berliner Adolf Stoecker ohnehin wenig Gehör, da er sich ein Bündnis zwischen Thron und protestantischem Altar wünschte. An die gleiche Beobachtung erinnert sich Hans Jochen Horchem: „In Mechernich und in den Dörfern der Voreifel war die Distanz [der Katholiken] zu Protestanten größer als zu Juden."[9] Eine Untersuchung der „Bildungsgeschichte im Kaiserreich" kommt zu dem Ergebnis: „Karrieren im Militär oder in der Beamtenschaft blieben Katholiken weitgehend versperrt"[10]; was wiederum zeigt, daß Diskriminierung sich nicht nur auf Juden bezog.

Es waren auch Juden, die den gewaltigen Zustrom von Ostjuden mißbilligten. Walther Rathenau (1867–1922) kommentierte ihn mit den Worten:

> „Inmitten deutschen Lebens ein abgesondert fremdartiger Menschenstamm... Auf märkischem Sand eine asiatische Horde... In engem Zusammenhang unter sich, in strenger Abgeschlossenheit nach außen: so leben sie in einem halb freiwilligen, unsichtbaren Ghetto, kein lebendes Glied des Volkes, sondern ein fremder Organismus in seinem Leibe."[11]

Und Theodor Wolff, der Chefredakteur des „Berliner Tageblatts" und Mitbegründer der Demokratischen Partei, sprach von „unerfreulichen Schacherfiguren" und „lichtfeindlich wirkenden Gestalten"[12].

Dazu schreibt Meynert:

> „Die Distanzierung oder energische Abgrenzung von den Ostjuden war nicht nur ein charakteristisches Verhaltensmerkmal reformorientierter und religiös indifferenter Gemeindemitglieder, sondern war ebenso kennzeichnend für die kleine Fraktion der religiösen deutschen Juden... Die Belege für negative innerjüdische Verhaltensweisen gegenüber den Ostjuden sind vielfältig."[13]

Werner Blumenthal, 1926 bei Berlin geboren, 1939 zur Auswanderung gezwungen, unter Präsident Jimmy Carter US-Finanzminister, seit 1997 Direktor des Jüdischen Museums in Berlin, schreibt in seinen Erinnerungen:

> „Die [jüdischen] Kinder wurden [von ihren Eltern] angehalten, ‚jüdische Manieren' zu vermeiden; darunter verstand man Angeberei, lautes Reden, heftiges Gestikulieren und Mangel an Selbstbeherrschung. Eben deshalb fürchteten und verachteten die deutschen Juden auch ihre erst vor kurzem zugereisten polnischen und russischen Glaubensgenossen... Wenn im Simplizissimus verzerrte Karikaturen des ‚typischen Juden' erschienen..., dann stimmten viele Juden in das allgemeine Gelächter ein..."[14]

---

9 Horchem, Hans Jochen: „Kinder im Krieg. Kindheit und Jugend im Dritten Reich", Hamburg 2000, S. 102.
10 Gernot Kramper: „Kluge Langschädel, tumbe Rundschädel"; Frankfurter Allgemeine Zeitung, 30.6.1993.
11 Rathenau, Walther: „Impressionen", Leipzig 1902, S. 4.
12 Julius Schoeps: „Auf der Straße und in den Köpfen", Frankfurter Allgemeine Zeitung, 17.9.2001.
13 Meynert, Joachim: „Was vor der ‚Endlösung' geschah. Antisemitische Ausgrenzung und Verfolgung in Minden-Ravensberg 1933–1945", Münster 1988, S. 53 f.
14 Blumenthal, a.a.O., S. 325.

Über drei Jahrzehnte hinweg stand Kaiser Wilhelm II. an der Spitze des Deutschen Reiches bis zum Untergang der Monarchie 1918. Die judenfeindlichen Tiraden des schon erwähnten Hofpredigers Stoecker blieben bei ihm nicht ohne Resonanz.[15] Trotzdem schenkte er Theodor Herzl Gehör, weshalb sich in Haifa, also einer der drei großen Städte Israels, ganz oben auf dem Berg Karmel ein Obelisk befindet, errichtet zu Ehren eben dieses Kaisers und seiner Gemahlin anläßlich ihres Palästinabesuches. Daß der Obelisk heute noch steht, ist ein hinlänglicher Beweis dafür, daß in Israel die Antisemitismuskeule den deutschen Kaiser nicht zur Unperson entstellt hat. Der vom Kaiser geadelte Jude Eduard von Simson war 1871 zum ersten Reichstagspräsidenten des neuen Reiches gewählt worden und bekleidete von 1879 bis 1891 das Amt eines Präsidenten des Reichsgerichts in Leipzig. Als die Erfolge des Hauses Wertheim antisemitische Attacken der Neider auslösten, stattete der Kaiser 1910 dem Warenhaus in der Leipziger Straße, Berlin, demonstrativ einen Besuch ab, was die Kritiker verstummen ließ.

Aufschlußreich auch: Einer der Hofchronisten war der Jude Karl Rosner. Anläßlich des silbernen Thronjubiläums schrieb er in der „Deutschen Israelitischen Zeitung":

> „Der Kaiser hat sich in 25 Jahren als Friedensfürst des innern und äußern Friedens, als des Reiches Mehrer im Frieden bewährt. Der Herr, von dem der Friede ausgeht, gebe ihm auch weiter Kraft, den Frieden zu erhalten und Gerechtigkeit zu pflegen und schenke ihm eine noch lange, reich gesegnete Regierung. Am nächsten Sabbath wird in den Synagogen Bayerns die Fürbitte für den Kaiser dem Gebete für unsern Prinz-Regenten und das Königliche Haus angeschlossen werden."[16]

Als während des Ersten Weltkrieges den Juden Palästinas ein ähnliches Schicksal wie den Armeniern drohte, intervenierte die deutsche Botschaft. Kaum war die Gefahr vorüber, schrieb Arthur Ruppin, der Leiter der Zionistischen Organisation in Palästina, an den deutschen Repräsentanten vor Ort:

> „Es kann kein Zweifel darüber herrschen, daß unsere Lage hier ganz unhaltbar geworden wäre, wenn es Ihnen dank der energischen Unterstützung, die Sie dort bei der amerikanischen und deutschen Botschaft gefunden haben, nicht gelungen wäre, Djemal Pascha zum Einlenken zu veranlassen."[17]

Weil schon vom Hochadel die Rede ist, soll auch der bekannteste bayerische König nicht unerwähnt bleiben, Ludwig II. Er hat sich dafür eingesetzt, daß im Jahre 1882 mit dem Bau einer Hauptsynagoge gegenüber der Münchener Maxburg begonnen werden konnte – also in unmittelbarer Nähe der Frauenkirche. Die jüdischen Bürger sollten nicht länger gezwungen sein, sich hinter unscheinbaren Fassaden in den Vorstädten zu versammeln. „Ein beeindruckender Sakralbau ent-

---

[15] Röhl, John C. G.: „Kaiser Wilhelm II. und der deutsche Antisemitismus", in: Benz; Bergmann, a.a.O., S. 252 ff.

[16] Deutsche Israelitische Zeitung, 26.6.1913.

[17] Hansjörg Eiff „Keine Mitverantwortung", (Lb.) Frankfurter Allgemeine Zeitung, 25.6.2004.

stand – Zeugnis der Emanzipation und Integration der Juden in Bayern"[18], wie ein ausgewiesener Fachmann urteilt.[19]

Der Jude Karl Stern, geboren in Cham, der im Lauf der Jahre München lieben und schätzen gelernt hat, urteilt:

> „Während die Wittelsbacher regierten, hatte es etwas in Bayern gegeben, was wir später den ‚guten alten Vorkriegsantisemitismus' nannten. Die Juden hatten mit ähnlichen Erschwerungen zu kämpfen wie die zahlreichen Rassen- und Glaubensminoritäten in anderen Teilen der Welt."[20]

Die Jüdin Bella Fromm erinnert sich:

> „Als ich noch ein Kind war, pflegten die bayerischen Prinzen uns oft zu besuchen. Das waren reine Freundschaftsbesuche, ohne Etikette und Formalitäten. Prinz Ludwig von Bayern, später der letzte König des Landes, rief einfach an und wanderte dann mit uns durch unsere alten Weinberge…"[21]

Auch antisemitische Hysterie nach dem Ersten Weltkrieg kommt zur Sprache[22] und eine Begegnung mit dem späteren Pius XII., Eugenio Pacelli: „Seine ruhige Ausgewogenheit entzückte mich. Er plauderte ein Weilchen mit mir, und ich war glücklich darüber."[23] Am Ende der Weimarer Zeit ist es Kanzler Brüning, den sie bewundert: „Ein großartiger Mann…"[24]

Ludwig Feuchtwanger, Bruder des bekannteren Lion, schreibt über die Zeit des Kaiserreiches: „Die Mehrzahl der Juden in München hielt nach 1870 treu zu Bismarck, zum Reiche und zu Bayern."[25] Doch zitiert er ausführlich eine anonyme Flugschrift, die das jüdische Leben in der Stadt kritisch, gleichwohl mit Gerechtigkeitsempfinden, wie Feuchtwanger ausdrücklich betont, glossierte.

Während des Ersten Weltkrieges verglich J. Wohlgemuth die „Deutschenhetze" und den „Deutschenhaß" der Kriegsgegner mit dem aufkommenden Judenhaß. Beides basiere auf Unwissenheit.[26]

Die turbulenten Jahre nach dem Ersten Weltkrieg, die Vorgänge in Rußland, die Massenimmigration von Juden aus dem Osten, die von Juden angeführte Räte-

---

[18] Albert Schäffer: „Ein großer Tag", Süddeutsche Zeitung vom 10.11.2003.

[19] Einen ausgezeichneten Einblick bietet das von Hans Lamm hreausgegebene Buch: „Vergangene Tage. Jüdische Kultur in München", München 1982.

[20] Stern: „Feuerwolke", S. 142.

[21] Fromm, Bella: „Als Hitler mir die Hand küßte", Berlin 1993, S. 9. Das Buch ist zunächst in englischer Sprache erschienen. Es erweckt den Eindruck, Tagebuch zu sein. Aber allein schon die englische Fassung spricht entschieden dagegen. Darüber hinaus bringt sie Ereignisse, die sich erst nach dem Tagebuchdatum zugetragen haben, so die Verfügung, daß Juden nicht mit „Heil Hitler!" grüßen dürfen.

[22] Fromm, a.a.O., S. 18.

[23] Fromm, a.a.O., S. 25.

[24] Fromm, a.a.O., S. 37.

[25] Feuchtwanger, Ludwig: „Gesammelte Aufsätze zur jüdischen Geschichte", Berlin 2003, S. 93.

[26] Hecht, Cornelia: „Deutsche Juden und Antisemitismus in der Weimarer Republik", Bonn 2003, S. 69.

republik in Bayern (und Ungarn) gaben dem Antisemitismus Auftrieb, obwohl, bildlich gesprochen, in München Juden auf beiden Seiten der Barrikaden standen.[27] So bekennt der Jude Alfred Neumeyer: „So sehr gehörte auch ich fraglos zu jenem alten München, daß ich mit Begeisterung dem Freikorps Epp beitrat, das Anfang Mai in München die rote Herrschaft beseitigte."[28]

In einem offenen Brief distanzierte sich der Sprecher der Münchner jüdischen Orthodoxie von den jüdischen Anführern der kurzlebigen Räterepublik: „Unsere Hände sind rein von den Greueln des Chaos und von dem Jammer und Leid, das Ihre Politik über Bayerns zukünftige Entwicklung heraufbeschwören muß."[29]

In ihren Erinnerungen veranschaulicht die Münchner Ärztin Rahel Straus, was sie und ihresgleichen damals empfanden:

> „Am schlimmsten war es wohl in München; hier waren nicht nur unter den Führenden viele Juden, sondern noch mehr unter all den Angestellten, die man im Regierungsgebäude traf... Es war ein Unglück und der Anfang der jüdischen Katastrophe... Und es ist nicht so, daß wir das erst heute wissen, wir haben es damals schon gewußt und ausgesprochen."[30]

Thomas Mann schlug schon am 8. November 1918 deutlich antisemitische Töne an: „München, wie Bayern, regiert von jüdischen Literaten. Wie lange wird es sich das gefallen lassen?"[31]

In Berlin wurde die Jüdin Rosa Luxemburg zusammen mit dem Nicht-Juden Karl Liebknecht, beide Mitbegründer der antiparlamentarischen Kommunistischen Partei, ermordet – nachdem beide zum Bürgerkrieg aufgefordert hatten. Der Jude Kurt Eisner, Ministerpräsident der Räterepublik, fand in München einen gewaltsamen Tod. Doch auch der Mörder, Anton Graf Arco von Valley, war ein Jude, ein Sohn der Baronesse Oppenheimer.[32] Der oben zitierte Walther Rathenau mußte

---

[27] Zum Phänomen „Antisemitismus" in der Weimarer Zeit siehe Hecht, a.a.O.

[28] Neumeyer, Alfred: „Lichter und Schatten. Eine Jugend in Deutschland", München 1967, S. 103.

[29] Michael Brenner: „Die Steine mit Leben erfüllen"; Süddeutsche Zeitung vom 8./9.11.2003.

[30] Barkai, Avraham: „,Wehr dich!' Der Centralverein deutscher Staatsbürger jüdischen Glaubens (C.V.) 1893–1938", München 2002, S. 102. In der eingehenden Untersuchung „Die Juden und die deutsche Linke in der Weimarer Zeit" kommt Hans-Helmut Knütter (S.222 f.) zu dem Ergebnis, „daß die Identifizierung in politisch-soziologischer Hinsicht auf einer Fehleinschätzung beruht... In allen Gruppen hat es mehr oder weniger starke Vorbehalte gegen die Juden gegeben... In soziologischer Hinsicht gehörten die Juden der westlichen Welt zum Bürgertum und standen damit auf der anderen Seite der ,Klassenfront'".

[31] Large, David Clay: „Hitlers München. Aufstieg und Fall der Hauptstadt der Bewegung", München 1998, S. 124.

[32] Daß Eisner Jude war, wird immer wieder betont, verschwiegen jedoch dieses Merkmal seines Mörders. In der Zeitschrift des Zentralvereins deutscher Staatsbürger jüdischen Glaubens stand 1922 zu lesen (Barkai, a.a.O., S. 114): „Eisner hatte bereits Jahrzehnte vor seinem Tode das Judentum verlassen und jüdischen Dingen nie die geringste Zuneigung gewidmet." Er sei durch die Hand eines „waschechten, wahnwitzigen Ariers" ermordet worden (Hecht, a.a.O., S. 80).

als „Erfüllungspolitiker", wie das Schimpfwort lautete, sterben, ebenso wie auch der nichtjüdische Zentrumsabgeordnete Matthias Erzberger[33] und andere.

Der Münchener Kardinal Faulhaber wurde bestürmt, dem Anschwellen juden-feindlicher Haßgesänge entgegenzutreten. Nur wenige Tage vor Hitlers „Marsch zur Feldherrnhalle" am 9. November 1923 sprach er in seiner Allerseelenpredigt „von der gegenseitigen Liebe im gemeinsamen Leid". Mit blindem Haß gegen Bauern und Bayern, gegen Juden und Katholiken würden keine Wunden geheilt.[34] Der Text verdeutlicht, wie weite Teile der Bevölkerung gegenseitig Animositäten schürten und keineswegs nur die Juden zur Zielscheibe solcher Angriffe wurden. Das Ende der Inflation 1923 verbesserte die wirtschaftliche Lage und hob so die allgemeine Stimmung.

Viele deutsche Juden als Teil der deutschen Gesellschaft sonnten sich nun im Licht der „Golden Twenties", wie wir den Erinnerungen Nahum Goldmanns, 1949 zum Präsidenten des Jüdischen Weltkongresses gewählt, entnehmen:

> „Der Höhepunkt jüdischen Einflusses wurde in der Weimarer Republik erreicht, die ... wohl eine der größten Kulturepochen deutscher Geschichte war. Die vier bedeutendsten deutschen Ban-ken – Deutsche Bank, Dresdner Bank, Handelsgesellschaft und Discount-Gesellschaft – hatten jü-dische Direktoren; die drei größten Tageszeitungen – Berliner Tageblatt, Vossische Zeitung und Frankfurter Zeitung – gehörten Juden und wurden meist von Juden redigiert; die zwei ein-flußreichsten deutschsprachigen Zeitschriften – Die Fackel und Die Weltbühne – wurden von Ju-den geleitet; die zwei wichtigsten Theaterdirektoren dieser Epoche – Max Reinhardt und Brahms – waren ebenfalls Juden..."[35]

Also kann man mit Fug und Recht behaupten, daß gerade Juden den Geist dieser Jahre nachhaltig mitbestimmt haben.

Die Bilanz der zwanziger Jahre wurde getrübt durch antisemitische Kriminalität, schwankend entsprechend der Stärke der Nationalsozialistischen Deutschen Ar-beiterpartei (NSDAP), der Partei Hitlers.[36] Die Ideologie, die sie propagierte, war jedoch nicht tonangebend, wenngleich sie gerade in akademischen Kreisen ein positives Echo auslöste. Dazu Blumenthal:

---

[33] Es entbehrt nicht einer gewissen Pikanterie, daß ausgerechnet der jüdische Chefredakteur des „Ber-liner Tageblatts", Theodor Wolff, den Zentrumspolitiker Erzberger wegen seiner Bereitschaft, den Vertrag zu unterzeichnen, scharf attackierte. (Georg Reißmüller: „Nein zu Versailles", Frankfurter Allgemeine Zeitung vom 26.11.2003.)

[34] Volk, Ludwig (Bearb.): „Akten Kardinal Michael von Faulhaber 1917–1945, Bd. 1, 1917–1934", Mainz 1975, S. 18.

[35] Nahum Goldmann: „Juden und andere Deutsche"; DIE ZEIT, 26.1.1979. Auch Eva Reichmann hat sich in diesem Sinne geäußert, siehe Barkai, a.a.O., S. 334; ferner Dippel, John: „Die große Illusion. Warum deutsche Juden ihre Heimat nicht verlassen wollten", Weinheim 1997, S. 48 f.

[36] Siehe Walter, Dirk: „Antisemitische Kriminalität und Gewalt. Judenfeindschaft in der Weimarer Republik", Bonn 1999.

„Die Juden trösteten sich oft damit, daß die meisten Deutschen solche Vorfälle nicht weiter beachteten und daß ihre eigenen Beziehungen zu Deutschen durchaus freundlich und harmonisch waren. Zwar wählten jetzt immer mehr Deutsche rechts, doch es gab eigentlich kaum Anzeichen dafür, daß bei dieser Entscheidung Antisemitismus eine Hauptrolle spielte.... Andererseits versicherten die Christen ihren jüdischen Freunden, die Ansichten des Pöbels seien belanglos..."[37]

Mit dem Antisemitismus in dieser Zeit verhält es sich ähnlich wie mit der Kriminalität allgemein. Wer sucht, der findet.[38] Aber die allermeisten sind persönlich nicht davon betroffen und hoffen, daß es zumindest so bleibt.

Ein klarer Beleg für jüdische Integration ist die Tatsache, daß noch 1932, als der FC Bayern zum ersten Mal deutscher Fußballmeister wurde, sowohl der Präsident, Kurt Landauer, als auch der Trainer, Richard Dombi, ein Jude war.[39] Der Löwenbräu, weltbekannt, war auch in jüdischer Hand, was der „Völkische Beobachter" mit Hetzereien kommentierte.[40]

Speziell Köln betreffend gibt es eine Untersuchung, die zu dem Ergebnis kommt, dass das Verhältnis zwischen Juden und Nichtjuden vor 1933 im allgemeinen eher spannungsfrei, geradezu ‚friedlich' war, auch wenn wenig gesellschaftlicher Verkehr bestand. Politisch verstand man sich vorwiegend gut, was sich daran zeigte, daß insbesondere die konservativen Juden das Zentrum wählten.[41]

Nettolöhne und Existenzminimum, 1924 bis 1932 (in Mark)					
Jahr	Wochenlohn	Existenzminimum	Jahr	Wochenlohn	Existenzminimum
1924	26,50	41,20	1929	42,20	49,65
1925	35,60	45,15	1930	36,95	47,55
1926	33,90	45,60	1931	30,10	43,85
1927	40,55	47,65	1932	21,75	39,05
1928	42,70	49,00			

Zahlen aus J. Kuczynski: Die Geschichte der Lage der Arbeiter in Deutschland; Band I

Juden waren unbestritten als Anwälte und Ärzte sehr erfolgreich und daher in diesen Berufen weit überproportional vertreten. Der Erfolg gerade in diesen Lebensbereichen hat Vertrauen zur Voraussetzung. Also ist der Schluß naheliegend, daß das Gros der Deutschen keine Aversion gegenüber den Juden empfand. Der Auf-

---

[37] Blumenthal, a.a.O., S. 392 f.
[38] Dazu Hecht, a.a.O.
[39] Michael Brenner: „Die Steine mit Leben füllen", Süddeutsche Zeitung vom 8./9.11.2003.
[40] Salewsky, a.a.O., S. 249.
[41] Luig, Klaus: „...weil er nicht arischer Abstammung ist. Jüdische Juristen in Köln während der NS-Zeit", Köln 2004, S. 20. Namhafte Mitglieder der Zentrumspartei mißbilligten in öffentlichen Erklärungen den Antisemitismus, so Wilhelm Marx im August 1922 (Barkai, a.a.O., S. 193): „Die Katholiken lehnen jedenfalls den Antisemitismus als solchen grundsätzlich und bewußt ab."

	4. Reichstag 20. Mai 1928			5. Reichstag 14. Sept. 1930			6. Reichstag 31. Juli 1932			7. Reichstag 6. Nov. 1932			8. Reichstag 5. März 1933		
	a	b v.H.	c	a	b v.H.	c	a	b v.H.	c	a	b v.H.	c	a	b v.H.	c
a) Wahlberechtigte (Mio.)	41,2	31,2	75,6	43,0	35,2	82,0	44,2	37,2	84,0	44,4	35,7	80,6	44,7	39,7	88,7
b) Abgeg. Stimmen (Mio.)															
c) Wahlbeteiligung (v.H.)															
a) Stimmenzahl	a	b	c	a	b	c	a	b	c	a	b	c	a	b	c
b) Stimmenanteil	Millionen v.H.			Millionen v.H.			Millionen v.H.			Millionen v.H.			Millionen v.H.		
c) Mandate															
1. NSDAP	0,810	2,6	12	6,410	18,3	107	13,746	37,4	230	11,737	33,1	196	17,277	43,9	288
2. DNVP	4,382	14,2	73	2,458	7,0	41	2,177	5,9	37	2,959	8,8	52	3,137	8,0	52
3. Kons. Volkspartei	–	–	–	0,291	0,8	4	–	–	–	–	–	–	–	–	–
4. Christl.-soz. VD	–	–	–	0,869	2,5	14	0,364	0,9	3	0,413	1,2	5	0,384	1,0	4
5. Landbund	0,200	0,7	3	0,194	0,6	3	0,097	0,3	2	0,105	0,3	2	0,084	0,2	1
6. Landvolkpartei	0,582	1,9	10	1,108	3,2	19	0,091	0,2	1	0,046	0,1	–	–	–	–
7. Bauernpartei	0,481	1,6	8	0,340	1,0	6	0,137	0,4	2	0,149	0,4	3	0,114	0,3	2
8. Volksrechtspartei	0,483	1,6	2	0,271	0,8	–	0,041	0,1	1	–	–	–	–	–	–
9. DVP	2,680	8,7	45	1,578	4,5	30	0,436	1,2	7	0,662	1,9	11	0,432	1,1	2
10. Wirtschaftspartei	1,397	4,5	23	1,362	3,9	23	0,147	0,4	2	0,110	0,3	1	–	–	–
11. Deutsch-hann. P.	0,196	0,6	3	0,144	0,5	3	0,047	0,1	–	0,064	0,2	1	0,048	0,1	–
12. BVP	0,946	3,1	16	1,059	3,0	19	1,193	3,2	22	1,095	3,1	20	1,074	2,7	18
13. Zentrum	3,712	12,1	62	4,128	11,8	68	4,589	12,5	75	4,231	11,9	70	4,425	11,2	74
14. DDP	1,506	4,9	25	1,322	3,8	20	0,372	1,0	4	0,337	1,0	2	0,334	0,9	5
15. SPD	9,153	29,8	153	8,578	24,5	143	7,960	21,6	133	7,248	20,4	121	7,182	18,3	120
16. USPD	0,021	0,1	–	0,012	–	–	–	–	–	–	–	–	–	–	–
17. KPD	3,265	10,6	54	4,592	13,1	77	5,283	14,6	89	5,980	16,9	100	4,848	12,3	81
18. Sonstige	0,941	3,0	2	0,257	0,7	–	0,203	0,2	–	0,336	1,0	–	0,005	–	–
Insgesamt	30,753	100	491	34,571	100	577	36,882	100	608	35,471	100	584	39,343	100	647

Aus: E. R. Huber, Dokumente zur deutschen Verfassungsgeschichte, Bd. 3, Stuttgart 1966, S. 606f.

stieg der NSDAP beweist nicht das Gegenteil. Hitlers Partei nahm erstmals an den Reichstagswahlen des Jahres 1924 teil und erhielt die Stimmen von 6,5 Prozent der Wähler im Mai und 3,0 Prozent im Dezember. Am 20. Mai 1928 waren es noch 2,6 Prozent, die NSDAP also eine Splitterpartei. Innerhalb von nur 28 Monaten schnellte der Anteil auf 18,3 Prozent empor. Die Zahl der Abgeordneten stieg von 12 auf 107. Für Hitlers rasanten Aufstieg ist die sprunghaft steigende Arbeitslosigkeit die beste Erklärung, die schier unvorstellbare Not, gegen die die etablierten Parteien offenbar kein Rezept hatten.[42]

Hitlers Antisemitismus spielte auf dem Wege zur Macht eine untergeordnete Rolle. Das ist offenbar die durchaus herrschende Meinung. So resümiert der amerikanische Historiker Norman G. Finkelstein:

> „Was sich für die Zeit bis 1939 nachweisen läßt, ist erstens, daß Hitlers früheste Reden durch und durch antisemitisch waren; daß er aber zweitens von seinen Angriffen auf die Juden abließ, nachdem er seit 1923 öffentlich auftrat, weil er gemerkt hatte, daß er mit antimarxistischer Propaganda besser ankam als mit antisemitischer; daß drittens in Hitlers Reden aus den Jahren unmittelbar vor seinem Wahlerfolg Angriffe auf die Juden nur am Rande vorkamen... In ihrer Verzweiflung versuchten es die Massen mit ‚dem starken Mann‘, der eine rasche Besserung versprach und der nur darum bat: ‚Gebt mir vier Jahre Zeit!‘“[43]

Hans-Ulrich Wehler betont: „...denn die Hitler-Bewegung (wie sie sich seit 1928 auch offiziell auf den Wahlscheinen nannte) wurde bekanntlich trotz, nicht aber wegen ihres Antisemitismus gewählt.“[44]

1.2 Die Juden als Vielheit

Die deutschen Juden sind „nicht Männer der Revolution, sondern der Evolution“, so die Parole, die auf einer Kundgebung des Centralvereins deutscher Staatsbürger jüdischen Glaubens am 2. November 1918 ausgegeben wurde.[45] Die jungen „Burschen jüdischen Glaubens“, die sich als Delegierte des Arbeiter- und Soldatenrates „herrisch und übermütig“ gezeigt hatten, belehrte die „Allgemeine Zeitung des Judentums“, „daß sie durch eigenmächtiges Verfahren, durch herrisches

---

[42] Im einzigen Tagebuch meines Vaters, das die NS-Zeit überlebt hat, taucht der Name Pater Rupert Mayer (er wurde später wegen seines außergewöhnlichen Mutes in der geistigen Auseinandersetzung mit dem Nationalsozialismus bekannt und verehrt) mehrmals auf, so am 25. Februar 1930, also in der Zeit der großen Arbeitslosigkeit: „Ich war bei Pater Rup. Mayer, konnte ihn leider nicht antreffen. Ich brauche Stellungen für meine Brüder Franz, Josef, Alois. Vater und Martin sind z. Zt. auch arbeitslos. Wirklich arg...“ Unter dem 13. März steht zu lesen: „In letzter Zeit bin ich sehr viel für meine Brüder wegen Stellungen gelaufen wie zum... Pater Rupert Mayer u. dgl. Ja, man möchte so gerne helfen und kann nicht...“
[43] Finkelstein, Norman; Birn, Ruth Bettina: „Eine Nation auf dem Prüfstand. Die Goldhagen-These und die historische Wahrheit“, Hildesheim 1998, S. 54 f.
[44] Wehler, Hans-Ulrich: „„Die Urkatastrophe‘: Der Erste Weltkrieg als Auftakt und Vorbild für den Zweiten Weltkrieg“, DER SPIEGEL 8/2004, S. 82 ff., S. 89.
[45] Hecht, a.a.O., S. 77.

Auftreten… die Gemeinschaft gefährden, der sie entstammten, und feindliche Gesinnung gegen das Judentum anfachen und verstärken."[46]

Das Vorwort des Buches „Juden in der Weimarer Republik" beginnt mit einer Frage: „Worin bestand die Identität der Juden in der Weimarer Republik?" Die Herausgeber, Walter Grab und Julius H. Schoeps, fahren fort: „Wer sich mit dem Selbstverständnis der Juden am Vorabend der Katastrophe beschäftigt, der weiß, daß befriedigende Antworten schon deshalb schwer sind, weil es nur sehr bedingt möglich ist, in der Zeit der Weimarer Republik von den Juden als Juden zu sprechen… Ihr Jude-Sein war nur noch schwach ausgeprägt."[47]

Während die Zionisten die Emanzipation als Irrweg bezeichneten, in dem die „Anerkennung der Juden durch ihre Umwelt… mit Verrat, Lüge und Abfall erkauft wurde"[48], bekannten sich die Deutsch-Juden zu ihrem Weg:

> „lebendiges jüdisches Bewußtsein bei hohem geistigen Niveau; ein Hochstand jüdischer Wissenschaft, der Deutschland geradezu zum geistig-jüdischen Zentrum der Welt gemacht hatte… Von allen emanzipierten Ländern hat nur Deutschland diese wirklich fruchtbare Synthese gestaltet. Und wir sollten heute den Fortbestand einer solchen Chance mit Füßen treten?"[49]

Bei der Volkszählung von 1925 betrug die Zahl der Juden 564 397, das waren 0,9 Prozent der deutschen Gesamtbevölkerung. Zwei Drittel der Juden lebten in Großstädten, allein in Berlin 180 000. Assimilation und Integration schritten rasch voran. Doch gab es Auffälligkeiten. Von den Juden waren in Preußen mehr als die Hälfte Selbständige, von der Gesamtbevölkerung etwa ein Fünftel. Der Anteil der Selbständigen, Angestellten und Beamten betrug bei den Juden mehr als drei Viertel, bei der Gesamtbevölkerung nur ein gutes Drittel. Die Geburtenhäufigkeit der Juden war nur halb so hoch. Von 1867 bis 1910 hat die Bevölkerung insgesamt um zwei Drittel, die jüdische nur um ein Drittel zugenommen.[50]

Gleichzeitig wuchs das individuelle Selbstbewußtsein; und so nimmt es nicht wunder, daß man Juden in allen gesellschaftlichen Bereichen antreffen konnte. Auch die Zahl der jüdischen Vereinigungen wuchs. Als wichtigster und stärkster Zusammenschluß ist der Centralverein deutscher Staatsbürger jüdischen Glaubens anzuführen. Er wurde noch im Kaiserreich, am 26. März 1893, gegründet, um nach innen zu missionieren und nach außen gegen den Antisemitismus Front zu machen.[51] Etwa 95 Prozent aller organisierten Juden in Deutschland gehörten

---

[46] Hecht, a.a.O., S. 77.
[47] Grab, Walter; Schoeps, Julius H. (Hg.): „Juden in der Weimarer Republik. Skizzen und Porträts", Darmstadt 1998, S. 7.
[48] Barkai, a.a.O., S. 333 f.
[49] Barkai, a.a.O., S. 334.
[50] Die Zahlen aus Feuchtwanger, a.a.O., S. 116.
[51] Dazu ausführlich Barkai, a.a.O.

ihm an.[52] Daneben gab es eine Zionistische Vereinigung, orthodoxe, ultraorthodoxe und liberale Verbände. Eine wichtige Neugründung der Weimarer Zeit war der Reichsbund jüdischer Frontsoldaten[53], der 1919 seine Tätigkeit aufnahm. Alle seine vielfältigen Aktivitäten dienten der Abwehr des Antisemitismus, wo immer er sich zeigte.

Die damalige Situation beschreibt Silbermann folgendermaßen: „Entgegengesetzt, ja manchmal geradezu kämpferisch standen sich in der Weimarer Republik – wie an vielen Orten übrigens auch heute noch – strenggläubige jüdische Orthodoxie und jüdischreligiöser Liberalismus gegenüber."[54]

Die Gräben zwischen den einzelnen politischen Lagern waren kaum minder tief als außerhalb des Judentums, selbst wenn der linksextreme Flügel, die Anhängerschaft der Kommunistischen Partei, da nach dem Selbstverständnis nicht oder wenig jüdisch, unberücksichtigt bleibt.

Bedenkenswert erscheint Karl Sterns Feststellung: „Die jüdische Religion war rassische Exklusivität; man vergesse nicht, rassische Exklusivität in ihrer edelsten, erhabensten, sozusagen ihrer metaphysischen Form."[55]

Martin Buber (1878–1965) wird als „einer der bedeutendsten Denker des 20. Jahrhunderts"[56] verehrt. Gerade er stand seinem Volke äußerst kritisch gegenüber, wetterte wie ein alttestamentlicher Prophet und konnte so Kritikern seines eigenen Volkes als Zeuge dienen:

> „Es gibt für ein Volk kein anderes Mittel, auf Gott hinzuzeigen, als durch ein ihm gemäßes Volksleben. Bisher hat die jüdische Existenz nur dazu ausgereicht, Götzenthrone zu erschüttern, nicht aber einen Thron Gottes aufzurichten. Das macht die Unheimlichkeit der jüdischen Existenz inmitten der Völker aus. Das Judentum prätendiert, das Absolute zu lehren, aber faktisch lehrt es nur das Nein zum Leben der Völker, vielmehr es ist dieses Nein und nichts mehr. Darum ist es den Völkern ein Grauen geworden."[57]

Der Übergang zum jüdischen Antisemitismus und Selbsthaß lag nicht fern (Otto Weininger, Oskar Levy u.a.).

---

[52] Jaene, Hans Dieter: „Wie wir Hitler fanden. Familiengeschichte für Spätgeborene", Berlin 1998, S. 107.

[53] Siehe Dunker, a.a.O.

[54] Silbermann, Alphons: „Deutsche Juden oder jüdische Deutsche? Zur Identität der Juden in der Weimarer Republik", in: Grab; Schoeps, a.a.O., S. 347 ff. Die „C.V.-Zeitung" richtete an Professor Franz Oppenheimer einen offenen Brief (3.12.1926), in dem es eingangs heißt: „Es wird Ihnen vielleicht nicht unbekannt sein, daß der innerjüdische Kampf Formen angenommen hat, die im Interesse nicht nur der jüdischen Allgemeinheit, sondern im Interesse des allgemeinen Anstandes aufs höchste zu beklagen sind."

[55] Stern: „Feuerwolke", S. 182.

[56] Kulka, Otto Dov; Jäckel, Eberhard (Hg.): „Die Juden in den geheimen NS-Stimmungsberichten 1933–1945", Düsseldorf 2004, S. 670.

[57] Buber, Martin: „Werke" Bd. 2, „Schriften zur Bibel", München 1964, S. 1071 f.

Was die Auseinandersetzung mit dem Nationalsozialismus anlangt, so ist weder eine innerjüdische, die Gräben überbrückende Kooperation feststellbar noch ein energisches Handeln einzelner, von Ausnahmen abgesehen, zu denen der Berliner Polizeivizepräsident Bernhard Weiß, Hauptzielscheibe der antisemitischen Hetze Goebbels', zählt. Weiß beklagte:

> „Und wie verhalten sich die deutschen Juden, die doch in ihrer überwiegenden Mehrheit, sozial und politisch gesehen, jenem ‚freiheitlichen Bürgertum' angehörten?... Leider ist festzustellen, daß ein gewisser Teil der deutschen Juden... mutlos vom politischen Schauplatz abgetreten ist... Wenn wir deutschen Juden im Kampf um unsere Selbsterhaltung kraftlos die Waffen strecken..., dann dürfen wir uns nicht wundern, wenn es mit der staatsbürgerlichen Gleichberechtigung der deutschen Juden bald vorbei sein wird."[58]

Ausnahmen gab es auch in die andere Richtung. Friedrich Heer zitiert in der Besprechung eines Buches von Manès Sperber den Autor mit den Worten: „...es gab jüdische Faschisten in Italien; es hätte jüdische Nazis gegeben, hätte Hitler es zugelassen." Heer fährt fort: „Es gab sie: Ich selbst habe sie in Wien und Berlin erlebt. Das ist ein unübersteigbarer Höhepunkt des Verlustes jüdischer Identität."[59]

Der „Verband nationaldeutscher Juden" hatte zur Reichstagswahl vom 31. Juli 1932 die Parole ausgegeben „Wählt deutsch!", womit eine Stimmabgabe zugunsten der Deutschnationalen Volkspartei, Hitlers Koalitionspartner ab 30. Januar 1933, erreicht werden sollte.[60]

1.3. „In einem liberalen Klima" – Aus Bekundungen jüdischer Zeitzeugen

Betrachten wir die geschilderte Entwicklung im Spiegelbild der von unmittelbar Betroffenen gemachten Aufzeichnungen:

Der Zionist Kurt Blumenfeld, 1884 als Sohn eines Richters in Ostpreußen geboren und in Insterburg aufgewachsen, bietet einen charakteristischen Rückblick:

> „Der Familie meiner Mutter ersetzte deutsche Gesinnung die verlorengegangene jüdische Tradition. Von der Existenz einer besonderen Judenfrage wußte ich nichts... Von der antisemitischen Bewegung war in unserer abgeschlossenen Welt nichts zu merken. Ich erlebte keine Zurücksetzung in der Schule und im gesellschaftlichen Leben."[61]

Eine weitere Stimme, die zunächst aus dem Osten kommt:

---

[58] Barkai, a.a.O., S. 264.
[59] Heer, Friedrich: „Gnade haftet wie ein Höcker an", Rheinischer Merkur, 24.4.1981.
[60] Benz, Wolfgang: „Die deutschen Juden und der Nationalsozialismus 1933–1939", in: Beilage zur Wochenzeitung Das Parlament 43/1988, S. 22 ff.; S. 24.
[61] Blumenfeld, Kurt: „Erlebte Judenfrage. Ein Vierteljahrhundert deutscher Zionismus", Stuttgart 1962, S. 27.

„Im Jahre 1912 übersiedelte ich von Budapest nach München",

schreibt der Jude Jakob Littner, der die NS-Verfolgung, zuletzt versteckt in einem Erdloch, überleben sollte, und fährt fort:

> „Tiefer Frieden, glückliches Bayernland, prächtige Menschen! Man mußte sich wohlfühlen dort, wo so herzlich das ‚Grüß Gott' klang. Welch tiefen, schönen Sinn hatte das bajuwarische ‚Leben und leben lassen'!… Unvergeßlich ist mir dieses Idyll behaglicher und toleranter Lebensfreude. Aber schon nach kurzen Jahren wurde es gestört."[62]

Kaum ist der Zweite Weltkrieg zu Ende und die ständige Lebensgefahr überstanden, schwärmt er in Erinnerungen und Sehnsucht:

> „München! Was mag wohl aus dieser schönen Stadt geworden sein?… Bis 1933 hörte man dort nicht ein Wort von religiösen Anfeindungen."[63]

So schnell wie möglich kehrt er vom fernen Polen in seine geliebte Stadt zurück. Dort angekommen, macht er sich gleich daran, seine Erlebnisse aufzuzeichnen und ergänzt seine Unterschrift mit:

> „München, den 9. November 1945".

Ein begeisterter Münchner ist auch Max Kirschner:

> „Geboren bin ich in der bayerischen Hauptstadt München, einer der schönsten und liebenswertesten Städte, die ich kenne…"[64]

Das war 1886. 1938 wurde er zur Emigration gezwungen. Seinen Erinnerungen ist zu entnehmen:

> „Ich habe nie, weder in der Volksschule noch im Gymnasium und auch danach nicht, etwas wirklich Unangenehmes erlebt.[65] Nur sehr wenige Juden erhielten als Lehrer eine Anstellung, an den Schulen jedoch wurde die jüdische Religion gleichberechtigt neben allen anderen unterrichtet – zumindest in Bayern war das so."[66]

Auch die Erfahrungen mit seinen Kindern weisen in diese Richtung:

> „1926 kam Eva in die Ziehen-Oberrealschule, Fred folgte 1929. 1928 wurde ich in den Elternbeirat der Schule gewählt… Ich sollte sogar Vorsitzender werden. 1930 wurde ich… wiedergewählt."[67]

Kirschner schildert – wie andere – die tiefe Kluft zwischen den West- und den Ostjuden:

> „Sie haßten uns…"[68]

---

[62] Littner, Jakob: „Mein Weg durch die Nacht", Berlin 2002, S. 14. Littner, ein Pole, mußte 1938 Deutschland verlassen und überlebte in Polen. Von ihm ist noch die Rede.

[63] Littner, a.a.O., S. 166.

[64] Kirschner, Max: „‚Weinen hat seine Zeit, und Lachen hat seine Zeit'. Erinnerungen aus zwei Welten", Frankfurt am Main 2004, S. 15.

[65] Kirschner, a.a.O., S. 7 f.

[66] Kirschner, a.a.O., S. 8.

[67] Kirschner, a.a.O., S. 139.

[68] Kirschner, a.a.O., S. 12.

Dann vergleicht er, der zwischenzeitlich US-Bürger geworden ist, seine neue Heimat und seine alte:

„Ein wesentlicher Unterschied ist natürlich der: Wir hatten in Bayern keine Rassenprobleme.[69] Deutschland wird heute als Ungeheuer dargestellt; das war es unter Hitler, aber nicht um die Jahrhundertwende. Damals war es auf künstlerischem wie wissenschaftlichem Gebiete wegweisend."[70]

Ein anderer Zeitzeuge schreibt unter der Überschrift: „Auf dem Heimweg. Aus Tagebüchern eines deutschen Juden 1929–1945". In der Vorbemerkung wird besonders darauf hingewiesen, daß der 1913 geborene Zionist Martin Hauser „sehr früh für sich die Aufgabe einer Chronistenpflicht" entdeckte.[71]

Die erste Eintragung stammt vom 7. Februar 1929:

„Wäre der Antisemitismus nicht gewesen, so hätten wir keine Dreyfus-Affäre gehabt; und hätten wir keine Dreyfus-Affäre gehabt, so hätten wir höchstwahrscheinlich keinen Zionismus in der Gestalt und der Ausbreitung gehabt, wie er heute ist…"[72]

Den Lebensweg, der ihm vorschwebt, beschreibt Hauser am 11. Februar 1929:

„Helfen für die Selbständigkeit Palästinas und um dessen Gewinnung für die Juden zu kämpfen. Das ist mein Lebensweg!"[73]

Am 3. Juli 1929 notiert er, daß er zum ersten Mal als Jude tätlich angegriffen worden sei:

„Ich trage nämlich das Abzeichen des Bar-Kochba… Das ist das erste Mal, daß ich so öffentlich belästigt wurde, denn in der Schule hatte ich sehr wenig unter Antisemitismus zu leiden."[74]

Als er dies schrieb, hatte er bereits vier Schuljahre hinter sich.

Viele Seiten füllt Hauser mit Meldungen und Kommentaren zum Geschehen im Nahen Osten, im britischen Mandatsgebiet Palästina. Die Aufzeichnungen könnten von heute sein. So notiert er am 25. Juli 1929:

„Bittere Nachrichten kommen seit einiger Zeit aus Jerusalem. Und gerade heute hörte ich die Kunde, daß ein schreckliches Gemetzel zwischen Arabern und Juden stattgefunden hat, in dem 20 Araber und zehn Juden getötet und hundert andere schwer verwundet wurden."[75]

Es erstaunt, daß Hauser mit *einer* Absichtserklärung Hitlers übereinstimmt. Am 4. November 1930 kommentiert er die Reichstagswahlen:

„Meiner Meinung nach und wie der Führer der Hauptrichtung in der Nationalsozialistischen Partei, Adolf Hitler, selbst sagte, dient der Antisemitismus ihnen nur als Lockmittel und in dem Mo-

---

[69] Kirschner, a.a.O., S. 17.
[70] Kirschner, a.a.O., S. 18.
[71] Jutta Bohnke-Kollwitz in: Hauser, Martin: „Auf dem Heimweg. Aus dem Tagebuch eines deutschen Juden 1929–1945", Bonn 1975, S. 5.
[72] Hauser, a.a.O., S. 8.
[73] Hauser, a.a.O., S. 9.
[74] Hauser, a.a.O., S. 10.
[75] Hauser, a.a.O., S. 12.

ment, wo sie wirklich die Zügel in die Hand bekämen, würde dieser Punkt eine sekundäre oder tertiäre Rolle spielen."[76]

Am 19. Februar 1931 kommt er auf seine Eltern und Großeltern zu sprechen. Der spätere Schwiegervater zögerte mit seinem Ja zur Verlobung,

> „da mein Vater eben ein Ostjude"[77]

war. Die nächste Eintragung führt wieder zurück in den sich verfinsternden Alltag. Am Berliner Lustgarten vernimmt er von einer Stahlhelm-Kundgebung den Ruf:

> „Deutschland erwache! Juda verrecke!"[78]

Am 5. Juli 1931 schildert er die trostlosen Verhältnisse:

> „Die politische Lage in Deutschland, und in noch größerem Maße die wirtschaftliche Lage, ist außerordentlich brenzlig. Innenpolitisch greift der Nationalsozialismus immer weiter um sich... Durch die wahnsinnigen Reparationszahlungen... sitzt dem deutschen Volk das Messer heute an der Kehle."[79]

Eine andere Eintragung aus demselben Monat wird noch konkreter:

> „Schuften bei höchstem Steuerdruck, Schuften bei fortwährenden Lohnabzügen, Arbeitslosenziffer von 4,5 Millionen, Erdrückung des Mittelstandes durch Warenhäuser und Konzerne..."[80]

Anfang 1932 sollten es 6 Millionen sein.

> „Der Lebensindex der deutschen Bevölkerung ist um 60 Prozent gesunken... Jeden Tag Mord und Totschlag."[81]

Am 16. August 1931 gerät er in eine Schießerei, bei der

> „zwei höhere Polizeibeamte von Kommunisten durch Revolverschüsse hinterrücks erschossen wurden und ein Polizeibeamter schwer verletzt wurde."[82]

Vier Wochen später werden Juden von Nazis überfallen und aufs grausamste mißhandelt.[83]

Das nächste Zitat zeigt Hauser als Bewunderer und Parteigänger Brünings:

> „Nach wochenlangem Bohren und Unterminieren ist es den rechten reaktionären Ohrenbläsern des Reichspräsidenten gelungen, Hindenburg zu beeinflussen, Brüning fallenzulassen. Brüning, der ‚Hungerkanzler', gestürzt; es jubeln und brausen die Herzen der ‚Nationalen Opposition', es frohlockt das Hakenkreuz in treuer Gemeinschaft mit dem Sowjetstern..."

Nochmals eine Zustandsbeschreibung (20. Juli 1932):

[76] Hauser, a.a.O., S. 22.
[77] Hauser, a.a.O., S. 26.
[78] Hauser, a.a.O., S. 27.
[79] Hauser, a.a.O., S. 28.
[80] Hauser, a.a.O., S. 31.
[81] Hauser, a.a.O., S. 38.
[82] Hauser, a.a.O., S. 32.
[83] Hauser, a.a.O., S. 33.

„Nachdem am letzten Sonntag in Deutschland nicht weniger als rund 20 Tote und über 100 Verletzte vom Wahlkampf gefordert wurden, erließ Papen am Montag ein Demonstrationsverbot für das ganze Reich."[84]

Ein sprechendes Zeugnis für die politische Atmosphäre in der Weimarer Zeit liefert auch der Auszug aus einem Brief. Lilli Jahn, Ärztin, 1944 als Jüdin in Auschwitz ermordet, schreibt ihrem späteren Gatten im Frühjahr 1924 betreffend einen ihrer medizinischen Prüfer:

„Bei einer Reichstagsrede in Kalk haben ihn die Kommunisten wahnsinnig angegriffen und ihm gedroht. Wenn sie ihn kriegten, hauten sie ihn tot."[85]

Es ist die Zeit, in der die Nationalsozialisten bei Reichstagswahlen ihren größten Erfolg vor dem „Schwarzen Freitag" erzielen konnten. Die rote Gefahr dürfte, wie später, eine beachtliche Rolle gespielt haben.

Valerie Wolffenstein, die das „Dritte Reich" im Verborgenen überlebte, schreibt in ihren Erinnerungen, daß sie als Berlinerin während der zwanziger Jahre Antisemitismus „nur ganz selten und ausnahmsweise"[86] wahrgenommen habe.

Von Beate Siegel, der 1925 in München geborenen Tochter eines angesehenen Anwalts, heißt es:

„Doch Beate weiß in ihrer frühen Kindheit nichts vom gärenden Münchner Antisemitismus."[87]

Hertha Nathorff (geb. 1895) aus dem oberschwäbischen Städtchen Laupheim entstammte einer angesehenen jüdischen Familie. Der Vater, Arthur Einstein, leitete die Zigarrenfabrik Emil Einstein Co. Hertha selbst überwand alle Schwierigkeiten, die damals noch einer Frau in den Weg gelegt wurden, und machte eine beachtliche Karriere als Ärztin, bis sie der Rassenwahn zur Aufgabe des geliebten Berufes und schließlich, im April 1939, zur Flucht zwang. In den USA schrieb sie ihre Erinnerungen in Tagebuchform nieder, beginnend mit dem 30. Januar 1933. Die vorausgehende Zeit schildert ein zehn eng bedruckte Seiten füllender Essay, ebenso anschaulich wie ansprechend:

„Eine meiner tiefsten Kindheitserinnerungen... ist die Feier der Jahrhundertwende in meinem Elternhaus, und ich sehe noch heute den festlich geschmückten Tisch... – erinnere mich der Freunde und Verwandten, aus allen Konfessionen sich zusammensetzend – eine Rassenfrage existierte ja damals noch nicht – sie kamen, im Hause meiner Eltern froh und glücklich und hoffnungsvoll den Beginn des Jahres 1900, den Anfang des 20. Jahrhunderts zu feiern."[88]

Sie schwärmt von den Erlebnissen am Gymnasium, so von ihrer Rolle in einem Theaterstück kurz vor Ausbruch des Weltkrieges:

---

84 Hauser, a.a.O., S. 43.
85 Doerry, Martin: „„Mein verwundertes Herz'. Das Leben der Lilli Jahn 1900–1944", Stuttgart 2002, S. 33.
86 Kann, Robert A. (Hg.): „Erinnerungen von Valerie Wolffenstein", Salzburg 1981, S. 24.
87 Salewsky, a.a.O., S. 28.
88 Nathorff, Hertha: „Das Tagebuch der Hertha Nathorff. Berlin – New York. Aufzeichnungen 1933 bis 1945", München 1987, S. 21.

„Niemals hatte ich in all diesen Jahren zu spüren bekommen, daß ich etwa nicht dazu gehörte oder
weniger galt als die anderen, weil ich Jüdin war ... und der damalige Kampf zwischen katholischen
und protestantischen Schülern berührte mich persönlich nicht."[89]

Sie verschweigt nicht, daß ihr wenig später ein junger Offizier den Hof machte
und um die Hand anhielt,

„nur muß ich mich taufen lassen, sonst müßte er den bunten Rock ausziehen ... mich aber traf es
wie ein Keulenschlag."[90]

Im Oktober 1914 nimmt sie das Medizinstudium in Heidelberg auf. Jahrzehnte
später, nach Verfolgung und Flucht, bekennt sie:

„In Heidelberg fand ich schnell einen Kreis gleichgestimmter Freunde, mit denen mich bis zum
heutigen Tage eine herzliche Freundschaft verbindet – viele von ihnen haben bis heute die er-
probte Treue der ‚Jüdin' mit ebensolcher Treue vergolten, und das geistige und seelische Band zwischen uns ist auch im Dritten Reich nicht zerrissen."[91]

Mit deutschnationalen Gedanken und Antisemitismus wird sie nach dem Ersten
Weltkrieg in Freiburg konfrontiert, doch ihr Charme überwindet das Vorurteil.
Dann Berlin:

„Jetzt ein Krankenhaus voll jüdischer Assistenten, die mich, die Süddeutsche, überhaupt als
störend, als Fremdkörper in ihrem Kreis betrachteten."[92]

Von einer Mitarbeiterin erzählt sie:

„Hätte sie nicht damals einen kommunistischen Rappel gehabt, wie ich es scherzend meinte, ich
hätte sie sicher gehalten, als das Rote Kreuz sie entließ – dafür ist sie auch eine eifrige Nationalsozialistin geworden, wie ich weiß."[93]

Mediziner ist auch Karl Stern. Gleich von seinem ersten Lehrer glaubt er sagen zu
können:

„Er hatte eine besondere Liebe für die jüdischen Kinder, und dies grenzte bisweilen an Begünsti-
gung."[94]

Was dann kommt, weist zunächst in die andere Richtung. Vom Hörensagen weiß
Karl, daß ein Freund und ein anderer Junge, beide Juden, während der Schulpause
immer abgesondert standen.[95] Doch dann erfahren wir, daß in seiner Klasse der
Lehrer einen Vortrag über die jüdische Frage hielt.

„Von da an verbesserte sich unsere Stellung bei unseren Mitschülern beträchtlich."[96]

---

[89] Nathorff, a.a.O., S. 22.
[90] Nathorff, a.a.O., S. 22 f.
[91] Nathorff, a.a.O., S. 24.
[92] Nathorff, a.a.O., S. 26.
[93] Nathorff, a.a.O., S. 28.
[94] Stern: „Feuerwolke", a.a.O., S. 27.
[95] Stern: „Feuerwolke", a.a.O., S. 70.
[96] Stern: „Feuerwolke", a.a.O. S. 71.

Karl wird sogar vorgeschlagen, die Abituransprache zu halten, ein untrügliches Zeichen für Beliebtheit.

1885 wird in München Ludwig Feuchtwanger geboren. Über die Kindheit heißt es:

„Man lebte in München noch in einem liberalen Klima gegenseitigen Respekts",

und weiter mit Blick auf das renommierte Wilhelms-Gymnasium, das Ludwig ab 1895 besucht:

„Insgesamt aber herrschte bei aller Strenge ein liberal-konservatives Klima, das eine gediegene Ausbildung und Studierfähigkeit garantierte."[97]

Nach abgeschlossener juristischer Ausbildung trat Feuchtwanger in das Verlagshaus Duncker & Humblot, mit Sitz in München, ein.

„Hochachtung, ja freundschaftliche Gefühle hegt Feuchtwanger auch [neben Gustav Schmoller] zu dem Juristen Carl Schmitt", den er verlegerisch betreut. 1934 macht sich Feuchtwanger auf die „Suche nach dem Wesen des Judentums" und trifft die höchst bemerkenswerte, wohl auch selbstkritische Feststellung:

„Es wird sichtbar, daß der deutsche Jude in den letzten 150 Jahren seit der Emanzipation der ehrbarste, anständigste, nur auf Sicherheit und Gefahrlosigkeit bedachte Bürger geworden ist, dem das Ausgesetztsein unserer Väter schlechthin unerträglich ist… Wie wenige von uns wagen es wirklich, unseren Kindern im vollen Ernst ein an Leid, Erschütterungen, an Untergang und Wiederauferstehen reiches, bewegtes, gefährdetes, aber dem ewigen Werte nahes Leben auch nur zu wünschen, geschweige denn, daß wir es uns selbst freiwillig wählen – statt einer kleinen Umwelt des vorsichtigen Ausgleichs, der Schliche und Kompromisse und abgestoßen von der großen Welt der Mächtigen und Herrschenden."[98]

Siegfried Neumann, wie Feuchtwanger deutscher Jude und Jurist[99], schildert ausführlich seine sorgenfreie Jugend, das Aufkommen des Antisemitismus im Gefolge des Ersten Weltkrieges, die Diskriminierung der Juden und ihre Vertreibung. Leider verzichtet er auf präzise Angaben. So verschweigt er sein Geburtsdatum, den Geburtsort, die Namen der handelnden Personen. Dennoch gibt es keine Anhaltspunkte, an der Glaubwürdigkeit des Bekundeten zu zweifeln, so wenn er sich erinnert:

„Zur Stadtverordnetenversammlung, die von den Bürgern gewählt wurde und Organ der Stadtverwaltung war, gehörte auch ein Jude… Als er etwa um die Jahrhundertwende wegen seines hohen Alters sein Amt niederlegte, wurde er u. a. durch die Überreichung eines Ölgemäldes für seine ganz besonderen Dienste von der Stadt geehrt. Ich erwähne dies deshalb, weil die Behandlung der Juden in Deutschland immer ein ganz brauchbarer Gradmesser für das Fehlen oder Vorhandensein demokratischen Geistes war. Niemals hätte die Stadtverwaltung, also der 1. Bürgermeister, so

---

[97] Rolf Reiß in: Feuchtwanger, a.a.O., S. 190 f.
[98] Feuchtwanger, a.a.O., S. 142.
[99] Nähere Angaben werden in den Aufzeichnungen (Neumann, Siegfried: „Vom Kaiserhoch zur Austreibung. Aufzeichnungen aus dem Leben eines jüdischen Rechtsanwalts in Deutschland", Bonn 1978) nicht gemacht.

gehandelt, wenn er hätte befürchten müssen, mit der öffentlichen Ehrung eines Juden irgendwie anzustoßen. Denn Zivilcourage wird in Deutschland immer ein Fremdwort bleiben."[100]

Neumann faßt seine eigenen einschlägigen Schulerlebnisse in die Worte zusammen:

> „Es ist mir nicht erinnerlich, mit meinen christlichen Mitschülern irgendwelche Schwierigkeiten gehabt zu haben. Auch bei den Spielen außerhalb der Schule machte man in dieser Hinsicht keinen Unterschied."[101]

Und zwei Seiten weiter:

> „Es bestand eine Stiftung, deren Zinsen alljährlich gemäß der Stiftungsurkunde an den würdigsten evangelischen Schüler der mittleren Klassen als Prämie zu verteilen waren. Zu meinem größten Erstaunen erhielt ich als Untersekundaner diese Prämie, obwohl ich Jude bin…"

(Etwa zeitgleich besuchte Raymond Aron in Frankreich die Schule und mußte sich Beschimpfungen wie „dreckiger Jude" anhören.[102])

Als Soldat merkt der Kriegsfreiwillige Neumann zum ersten Male eine Diskriminierung, obwohl, wie er betont, auch Juden zu Offizieren befördert werden. Als er Klage darüber führt, widerspricht ihm der Vizewachtmeister nicht, sondern bewilligt acht Tage Extraurlaub.[103]

Kurz nach Kriegsende begegnet er widerwärtigen antisemitischen Parolen und Zeichnungen.

> „Daß Eisner in Bayern die erste Republik ausgerufen hatte und Rosa Luxemburg im Vordergrund vom Spartacus stand, hatte den Antisemitismus bereits so geschürt wie nie zuvor vor dem Krieg. Als in einem Praktikum, in dem Rechtsfälle aus dem täglichen Leben besprochen wurden, ein jüdischer Kommilitone und ich am häufigsten antworteten, erhob sich lebhaftes Scharren, das studentische Zeichen des Mißfallens. Professor K., wie ich später hörte Demokrat, verstand sofort die Bedeutung dieses Scharrens und griff energisch ein, mit dem Hinweis, daß hier jeder eine Antwort geben könne, der eine Antwort wisse… Ich verkehrte damals in Greifswald mehr mit Christen als mit Juden… In unseren geistigen Interessen hatten wir viele Berührungspunkte. Als Träger des Antisemitismus erschien mir vor allem die Generation, die von der Schulbank weg in den Krieg gezogen und Offizier geworden war."[104]

Für sie trugen die Juden die Schuld an der Niederlage und den kommunistischen Umsturzbestrebungen.

Im August 1924 heiratete Neumann und fand

> „gesellschaftlichen Verkehr bei den Richtern und Anwälten, mit wenigen Ausnahmen. Außerdem hatten wir unsere jüdischen Freunde…"[105]

---

[100] Neumann, a.a.O., S. 11.
[101] Neumann, a.a.O., S. 12.
[102] Aron, Raymond: „Erkenntnis und Verantwortung – Lebenserinnerungen", München 1985, S. 23.
[103] Neumann, a.a.O., S. 37 und 43
[104] Neumann, a.a.O., S. 48 f.
[105] Neumann, a.a.O., S. 66.

Die Klientel des Rechtsanwalts wuchs erfreulich.

> „Auf dem Gelände der Sportvereinigung wurde ein Tennisplatz angelegt… Ich wurde sofort zum zweiten Vorsitzenden gewählt, später auch zum Vorsitzenden des Ehrenrates."[106]

Als Bühnenautor ist Neumann ebenfalls erfolgreich. Doch das Erstarken der Nationalsozialisten ab 1930 führt dazu, daß beispielsweise das Stadttheater Mainz eine Aufführung ablehnt, um Schwierigkeiten mit den Nationalsozialisten aus dem Wege zu gehen. Als Mitglied der Demokratischen Partei nimmt Neumann an Versammlungen teil und erinnert sich, wie ein Naziredner äußerte:

> „Wir haben nichts gegen die Juden, die bei uns ansässig sind, sondern nur gegen die Ostjuden, die erst später zugewandert sind."[107]

Im Februar 1932 wurde das zweite Kind geboren.

> „Die Blumenspenden von jüdischer und christlicher Seite flossen so zahlreich, daß wir eine ganze Badewanne mit Blumen füllten, um sie frisch zu halten. In der Gesellschaft, in der wir verkehrten, waren Auswirkungen der steigenden Naziwelle noch nicht zu verspüren."[108]

Anläßlich eines großen Verbandsturniers in Tennis wurde er zum stellvertretenden Oberschiedsrichter bestellt, für ihn ein Beweis dafür, daß es keine erheblichen rassischen Vorurteile gab.

Bemerkenswert erscheint auch noch die Reminiszenz:

> „Wenn ich in meinem Wohnort christliche Bekannte sprach, die Wahlversammlungen der Nationalsozialisten besucht hatten, so versicherten sie regelmäßig, daß der Redner über die Juden gar nichts gesagt habe."[109]

Den Teil der Erinnerungen, der sich mit der Zeit vor 1933 befaßt, beschließt er mit einem Bekenntnis zu Brüning, dem er einen „geraden, ehrlichen Charakter" bescheinigt.[110]

Ähnliches ist den Aufzeichnungen Karl Sterns zu entnehmen. Er belauscht „Nazidoktoren", wie sie beifällig Trotzki zitieren:

> „‚Scheint es Ihnen als Nationalsozialisten nicht ungewöhnlich, Trotzki, einen Bolschewisten und Juden, zu zitieren, als wäre er Ihr Evangelium?'… Sie behaupteten, daß nur ein verschwindender Teil der Naziführung wirklich antisemitisch sei und daß der Antisemitismus ganz bewußt nur als eine politische Handhabe benutzt würde, um die Unterstützung des Kleinbürgertums zu gewinnen."[111]

Eine andere Perspektive öffnet Eric Lucas, 1915 als Kind eines jüdischen Viehhändlers in Aachen geboren. Er vergißt nicht,

---

[106] Neumann a.a.O., S. 71.
[107] Neumann, a.a.O., S. 80.
[108] Neumann, a.a.O., S. 81.
[109] Neumann, a.a.O., S. 81.
[110] Neumann, a.a.O., S. 82.
[111] Stern: „Feuerwolke", a.a.O., S. 129.

„daß die Kinder der Umgebung uns Steine nachwarfen und uns ‚dreckige Juden' nachriefen…
Diese Vorfälle hörten bald auf, weil Vater die Kinder bis in ihre Häuser verfolgte und ihnen, selbst
im Beisein der Eltern, eine ordentliche Tracht Prügel gab."[112]

(Als ich, K. L., mit meiner Mutter im Sommer 1943 evakuiert wurde und ab September die Dorfschule in Tacherting/Alz besuchte, galt ich zunächst – ganz mitleidlos – als Bombenkind, bis die Rauferei mit dem Sohn des Dorfschmieds gleich in der ersten Pause die Hackordnung festgelegt hatte.) Auch sonst beglichen die Lucas' offene Rechnungen nicht selten mit Brachialgewalt, was der Reputation wohl nicht förderlich war.

Nur vom Hörensagen kann Eric wissen, wie es dem Vater erging, als er seiner Mutter den Entschluß mitteilte, ein nichtjüdisches Mädchen zu heiraten. Ihre Reaktion:

„Solange ich lebe, wirst du kein nichtjüdisches Mädchen heiraten. Du magst 30 Jahre alt sein und
ich eine alte Frau, du bist groß und stark und ich nur klein, aber mein Wille wird in diesem Haus
und über jedes meiner Kinder herrschen, solange ich atme, darüber gibt es keine Diskussion. Du
wirst zu dem Mädchen gehen und ihm sagen, daß du es nicht heiraten kannst."[113]

Und so geschah es. Die autoritäre Einmischung in eine höchstpersönliche Angelegenheit wird heute sicher von den allermeisten mißbilligt. Aber wie ist das faktische Verbot einer Mischehe zu bewerten? Der angehende Rechtsanwalt und Notar Neumann, von dem oben die Rede war, nahm, als er 1921 die Zugspitze, Deutschlands höchsten Berg, erklomm, Anstoß an der Äußerung eines hübschen Mädchens, das ihn auf der Angerhütte bediente und von einem Verehrer erzählte, mit dem sie sich aber nicht eingelassen habe. „Das war nämlich ein Jude." Neumann:

„So äußerte sich also damals in den bayrischen Bergen der Rassenstandpunkt nazistischer Prägung, vertreten von einem zwanzigjährigen Bauernmädchen."[114]

1926 wurde der Bau einer Synagoge in Hoengen beschlossen. Nachdem der Plan realisiert worden war, kam der Tag der Einweihung. Vom Gebetsraum wurden in einer feierlichen Prozession die Thorarollen in die neue Synagoge getragen.

„Der Pfarrer schüttelte dem Rabbiner die Hand. Es wäre unmöglich gewesen, daß der katholische
Pfarrer des Dorfes Hoengen hinter den Rollen mit den Gesetzen von Moses gegangen wäre… So
nahm er mit den besten Wünschen für die Zeremonie Abschied. Als Vertreter der Gemeindeverwaltung waren der Bürgermeister und der Brandmeister eingeladen, an der offiziellen Eröffnung
der Synagoge teilzunehmen. Allerdings erwartete niemand, daß sie an der Prozession teilnähmen… So wurde vereinbart, daß Bürgermeister und Brandmeister in die Synagoge kommen wür-

---

[112] Lucas, Eric: „Jüdisches Leben auf dem Lande. Eine Familienchronik", Frankfurt am Main 1991,
S. 69 f.
[113] Lucas, a.a.O., S. 67. Im September 2004 teilte die Presse mit (Frankfurter Allgemeine Zeitung,
9.9.2004), der israelische Atomspion Vanunu, nach 18 Jahren Haft entlassen, habe wegen seines
Übertritts zum Christentum seine Eltern nicht wiedersehen können. „Die streng religiösen Juden
finden sich mit seinem Religionswechsel nicht ab."
[114] Neumann, a.a.O., S. 53.

den… Die Feuerwehrkapelle eröffnete den Zug. Sie spielte die religiösen Lieder, die sie kannte. Sie versuchte sogar, Melodien zu spielen, die in der Synagoge gesungen wurden… Die Zuschauer auf dem Bürgersteig oder oben an den Fenstern waren still, und auf ihren Gesichtern war nur ein Ausdruck des Erstaunens."[115]

Die Hilfe eines Pfarrers erwähnt Lucas auch, als ein Bauer nicht zahlen wollte. Da wandte sich sein Vater an den Bruder des säumigen Schuldners, einen Geistlichen, und der sorgte für Recht und Ordnung.[116]

Den Golden Twenties begegnen wir im „jüdischen Leben auf dem Lande".

„1926 hatte die ‚Herrschaft' ihre eigene Synagoge gebaut. Die nächsten drei Jahre gingen ruhig vorbei. Die ‚Herrschaft', wie auch viele andere jüdische Dorfgemeinden, gingen in ihrer Umgebung ihrer täglichen Arbeit nach und hatten langsam, aber sicher die Schrecken und die Tragödie des Weltkrieges fast vergessen. Ein Gefühl von Sicherheit und Wohlstand verbreitete sich innerhalb der ‚Herrschaft'… ein Wohlstand, für den sie unaufhörlich gekämpft hatten."[117]

Doch dann kam es 1929 zum „Schwarzen Freitag" in den USA mit seinen noch verheerenderen Auswirkungen im Reich.

Durchaus glaubwürdig ist die folgende Schilderung, wobei sich jedoch die Frage aufdrängt, ob die Bauern nicht zahlen wollten oder, was viel wahrscheinlicher ist, nicht konnten:

„Die Wirtschaftskrise erreichte 1932 ihren Höhepunkt. Die Bank forderte alles geliehene Geld auf einmal zurück. Das hatte mein Vater nicht vorausgesehen. Jetzt mußte er alles ihm zustehende Geld von so vielen Bauern zurückfordern, aber keiner wollte bezahlen."[118]

Die Gründe liegen auf der Hand. Gerade in solchen Zeiten verriegelt man den Gläubigern Tor und Tür. Lucas glaubt zu wissen:

„Aber die meisten drohten Vater mit der anwachsenden Macht der NSDAP"[119],

eine Abwehrmaßnahme ebenso naheliegend wie gemein.

Was fast zu vermuten war, wird ausdrücklich bestätigt:

„Die ‚Herrschaft' hatte nie an dem politischen Kampf der Parteien, die es vor 1933 im Lande gab, teilgenommen… Wenn sie ihre Stimmen abgaben, war es für die gemäßigten Parteien… Darüber hinaus waren sie vorsichtig genug, sich von allen politischen Aktivitäten, ja selbst Äußerungen, fernzuhalten."[120]

Der Bericht der Jüdin Inge Deutschkron über diese Jahre betrifft zunächst, altersbedingt (geb. 1922 in Finsterwalde), die Eltern:

„Das politische Engagement meines Vaters wurde von den wenigen jüdischen Freunden, die er noch aus seiner Studienzeit hatte, nicht verstanden und geringschätzig belächelt."

---

[115] Lucas, a.a.O., S. 97 f.
[116] Lucas, a.a.O., S. 74.
[117] Lucas, a.a.O., S. 107.
[118] Lucas, a.a.O., S. 76.
[119] Lucas, a.a.O., S. 76.
[120] Lucas, a.a.O., S. 132.

Eigens betont sie:

> „Gelegentlich äußerten sie auch die Ansicht, daß allein Hitler Ordnung in das politische Durcheinander der Weimarer Republik bringen könnte."[121]

An diesem überraschenden Urteil änderte sich auch nach Beginn der Kanzlerschaft Hitlers nicht sogleich etwas, wie weiter unten zu zeigen ist.

Doch vorab noch Ernest Heppner mit seiner Sicht des Lebens deutscher Juden vor 1933:

> „Die Mehrheit der Juden in der Weimarer Republik war vollkommen assimiliert und gehörte der breiten Mittelschicht an. Juden besuchten Synagogen ihrer Wahl und genossen die kulturellen Annehmlichkeiten, für die Deutschland berühmt war. Die jüdische Gemeinde fühlte sich sicher."[122]

Der französische Soziologe Raymond Aron wirkt 1930/31 am Institut für romanische Sprachen der Universität Köln, das unter der Leitung von Leo Spitzer steht. Aron schreibt:

> „Ich habe keine Erinnerung an irgendeinen Zwischenfall, der mit meinem Judentum zusammengehangen hätte. Im übrigen war Leo Spitzer selbst Jude, ein assimilierter, wie man damals sagte. Nach der Machtergreifung Hitlers beglückwünschte er mich zu einem maßvollen Artikel über den Nationalsozialismus... Er hielt mir vor, nicht genügend betont zu haben, daß der Nationalsozialismus eine „neue Zivilisation" mit sich bringe."[123]

Vom Umfang her ganz gewaltig sind die einschlägigen Aufzeichnungen unseres 1881 geborenen Hauptchronisten Victor Klemperer. Die Erinnerungen und Tagebuchaufzeichnungen, die Jahre vor 1933 betreffend, füllen weit über 2000 Seiten, übertreffen also die Summe dessen, was wir den anderen Zeitzeugen verdanken. Daher ist die Auswahl besonders schwierig.

Über seine Kindheit und seine Spielkameraden weiß er zu berichten:

> „Von Antisemitismus war bestimmt nichts zu spüren, obwohl ich auf Kinderbildern noch weniger arisch aussehe als in späteren Stadien."[124]

Viele Seiten und Jahre weiter stellt er fest:

> „Damit will ich natürlich nicht generell behaupten, daß es damals in Deutschland keinen Antisemitismus gegeben habe, oder auch nur, daß ich selber ihm damals nie begegnet sei. In der Friedrichstraße, dicht am Belle-Alliance-Platz, gab es einen kleinen Laden, ... der ausschließlich mit Judenfeindschaft handelte... Ich stand manchmal vor dem Schaufenster, aber mehr mit interessiertem Befremden, daß es so etwas noch gebe... ich bin jedenfalls aus eigener Erfahrung vollkommen gewiß, daß... nicht nur konfessioneller Friede, sondern gänzliche konfessionelle Gleichgültigkeit herrschte."[125]

---

[121] Deutschkron, Inge: „Ich trug den gelben Stern", München 1985, S. 12 f.
[122] Heppner, Ernest G.: „Fluchtort Shanghai", Bonn 1998, S. 53. Ebenso Stern: „Feuerwolke", a.a.O., S. 164.
[123] Aron, a.a.O., S. 45.
[124] Klemperer: „Erinnerungen", a.a.O., S. 52.
[125] Klemperer: „Erinnerungen", a.a.O., S. 141.

Wieder ein großer Schritt. Victor steht vor dem Abitur (1902):

> „Es gab im Gymnasium keinen Antisemitismus. Offiziell bestimmt nicht und auch inoffiziell kaum. Aber an den jüdischen Feiertagen war man doch „unter sich", und in der Religionsstunde war man es auch."[126]

Klemperer, der anläßlich des Kaiser-Geburtstages einen Kommers, d. h. einen feierlichen Trinkabend, leitet und sich gegen den Antrag ausgesprochen hatte, die Klasse möge an seine Majestät ein Glückwunschtelegramm richten, muß den Affront einstecken:

> „Du hast gar kein Recht, in solchem Fall zu präsidieren, du bist ja kein richtiger Deutscher. Und wer zu dir hält, ist undeutsch."

Fast wäre es zu einer Prügelei gekommen. Der Direktor erschien und, so wurde Klemperer berichtet, nannte

> „den Antisemitismus inhuman und einer deutschen Prima unwürdig."[127]

Ein Nachspiel gab es nicht.

In viele Studentenverbindungen hielt der Antisemitismus schon früh Einzug, wie Klemperer nicht ohne Besorgnis registrierte. Aber ein Freund tröstete ihn:

> „Die Verbindungen umfassen nur einen Teil der deutschen Studentenschaft, und die deutsche Wissenschaft repräsentieren sie schon gar nicht. Die Antisemiten sind nur eine kleine Partei im Reichstag, der Antisemitismus ist kein allgemeines und dominierendes deutsches Gefühl. Mit dem eigentlichen Wesen der sechzig deutschen Millionen, mit der eigentlichen deutschen Kultur haben diese Mittelalterlichkeiten nichts zu schaffen."[128]

Klemperer war ein Deutscher, fühlte deutsch und wollte so gesehen werden:

> „Meine bisher mehr selbstverständliche Anhänglichkeit an des Vaterland wuchs hier in der Fremde [Frankreich, Schweiz] zu bewußter Liebe, zu gläubigstem Vertrauen und Stolz. Wir, wir Deutschen, waren besser als die andern, freier im Denken, reiner im Fühlen, ruhiger und gerechter im Handeln. Wir, wir Deutschen, waren das wahrhaft auserwählte Volk."[129]

An dieser Stelle soll nicht unerwähnt bleiben, was er über die Bayern dachte:

> „München, sagte ich mir, liege in Bayern, und die Bayern seien nun einmal nicht ganz so richtige Deutsche wie die Preußen, und das müsse man hinnehmen."[130]

Klemperer, inzwischen verheiratet, schildert, wer alles das gastfreundliche Haus bevölkerte. Auch diese Aufzählung läßt wichtige Rückschlüsse zu:

> „Es waren tüchtige und begabte junge Menschen, zumeist Studierende oder beginnende Ärzte, Juristen, Ingenieure und so weiter. Sie stammten aus den verschiedensten Teilen Deutschlands, es waren Protestanten, Katholiken, Juden (die Juden nicht in der Überzahl) ... Alles in allem reprä-

---

126 Klemperer: „Erinnerungen", a.a.O., S. 247.
127 Klemperer: „Erinnerungen", a.a.O., S. 253.
128 Klemperer: „Erinnerungen", a.a.O., S. 284.
129 Klemperer: „Erinnerungen", a.a.O., S. 315.
130 Klemperer: „Erinnerungen", a.a.O., S. 287.

sentierten sie durchaus die Jugendschicht und den Durchschnitt, die man damals ‚die Gebildeten‘ und später mit wachsender Feindseligkeit ‚die Intelligenz‘ nannte.“[131]

Als das von Juden redigierte „Berliner Tageblatt“ über Nacht seine Meinung änderte und den Grafen Zeppelin fallen ließ, so als sei man schon immer gegen sein Projekt gewesen, erging sich Klemperer

> „in antisemitischen Schmähungen. Seitdem habe ich hinzugelernt, daß man journalistische Treulosigkeit noch viel weiter treiben kann und daß sie keine spezifisch jüdische Eigenschaft bedeutet.“[132]

Was Klemperer in Aachen zu hören bekam, war ihm wert, notiert zu werden. Es veranschaulicht die vielfältigen Abgrenzungen und Vorbehalte:

> „‚Ich habe das [jüdische] Berliner Tageblatt aufgegeben‘, sagte mir ein Rechtsanwalt, ‚es hetzt zu sehr gegen das Zentrum. Wir hier halten zu den Katholiken, sie sind weniger antisemitisch als die Protestanten.‘ ... Derselbe Rechtsanwalt Franken sagte mir, er habe Nachteile durch seinen christlich klingenden Namen: ‚Die auswärtigen jüdischen Verteidiger schicken ihre Aachener Sachen alle an Kollegen Löwenthal; da sind sie sicher, einen Glaubensgenossen vor sich zu haben.‘“[133]

Die Ostjuden waren nicht nur vielen „Ariern“ ein Stein des Anstoßes:

> „Sie [eine Verwandte] war der wasserpolakischen und ostjüdischen Enge, in der ihr Mann sein Leben verbracht hatte, unsäglich überdrüssig...“[134]

Der Antisemitismus fand in Österreich, insbesondere in Wien, starken Widerhall. Dazu Klemperer anläßlich eines Wienaufenthalts:

> „Nein, was uns in Erstaunen versetzte, war die Überfülle der spezifisch jüdischen, meist (aber nicht immer) durch die hebräische Inschrift gekennzeichneten Restaurants und Kaffeehäuser.“

Er schildert dann u. a., wie sie der Speisegebote wegen auf Milch zum Kaffee verzichten mußten, und fährt fort:

> „Es mag sehr ungeistig sein, aber diese Eßerlebnisse machten mir entschiedeneren Eindruck als der Stephansdom und die kaiserliche Burg, und sooft ich später Wien erwähnt fand, reagierte mein Erinnern mit dem Satz: ‚Es ist eine jüdische Stadt‘.“[135]

Die nun folgenden Aufzeichnungen Klemperers sind nicht Erinnerungen entnommen, sondern Tagebucheintragungen, was die Gefahr einer Gedächtnistrübung noch weiter reduziert. Es ist die Zeit unmittelbar nach dem Ende des Krieges. Die Spartakisten kämpfen um die Macht. Klemperer nimmt am 22. November 1918 an einer Versammlung teil. Er beschreibt die Redner:

> „Solange wir da waren, sprachen ein stockender, aber bedächtig wägender Vorsitzender, ein referierender Pole oder polnischer Jude mit kaltschnäuzig frecher Geschwindigkeit, ein kragenloser grauhaariger Arbeiter...“[136]

Nur zwei Tage später:

[131] Klemperer: „Erinnerungen“, a.a.O., S. 442.
[132] Klemperer: „Erinnerungen“, a.a.O., S. 461.
[133] Klemperer: „Erinnerungen“, a.a.O., S. 498.
[134] Klemperer „Erinnerungen“, a.a.O., S. 502.
[135] Klemperer: „Erinnerungen“, a.a.O., S. 535.
[136] Klemperer: „Tagebücher 1918–1924“, a.a.O., S. 7.

„Überhaupt die Franzosen! Wie kann nur ein so niedriges, so gemeines Volk eine solche herrliche Literatur hervorgebracht haben?!"[137]

Die wilden Gefühle, die ihn leichtfertig urteilen lassen, sind offenbar auf Schritt und Tritt anzutreffen:

„Auch unsere Frau Streller ist erfreulich. Daß sie ständig die edlen Bayern rühmt u. sinnlos auf Preußen schimpft, mag der Bayerin hingehen. Aber erst war sie blutrot; dann rückte sie vom Spartacus ab – u. nun sind die Juden in Berlin an allem schuld."[138]

Doch die Anschuldigungen glichen damals einem Schlagabtausch. Auf beiden Seiten gab es Heißsporne, die ihre Mißstimmungen nicht zügelten. Klemperer berichtet über seine einschlägigen Erlebnisse. Hier nur ein Beispiel:

„Gestern Abend bei Tisch ein böser Zusammenstoß. Ein neu hinzugekommener Sanitätsrat, freches jüdisches eitles Schauspielergesicht, feister Fünfziger, Herausgeber irgend einer ärztlichen Zeitschrift dahier bei Lehmann, redete in unerhörter Weise über die deutsche Schmach. Im Krieg sei nichts geleistet worden, die Deutschen seien alle unehrlich, knechtisch usw. Ich kam ihm furchtbar grob..."[139]

Die Empfindungen vieler sind einer Episode zu entnehmen, die sich im Mai 1919 im Auditorium Maximum der Universität München zutrug, wo ein uniformierter Angehöriger des Freikorps Epp seiner Entschlossenheit Ausdruck verlieh,

„es dürfe nicht wieder geschehen, daß uns land- u. rassefremde junge Burschen die Universität verschlössen, ohne niedergeschlagen zu werden..."[140]

Immer wieder quält ihn auch die Sorge, Antisemitismus könne ihm seine akademische Karriere verbauen. Doch entgegen seinen Befürchtungen wird er nach Dresden berufen und dort in hohe Ämter gewählt. Er jubelt:

„Es ist ein märchenhaftes Glück, das mir mit Dresden zugefallen ist. München, Neapel, Gent, Dresden, Doctor, Privatdozent, Professor – meine ganze akademische Laufbahn ist märchenhaft u. unverdient, wenigstens im Punkte des Fachwissens unverdient."[141]

Und etwas später:

„Dresden ist schön, ich bin hier ein angesehener Mann, Ordinarius, Dekan..."[142]

Eine klare Bestätigung der eingangs erwähnten miesen Stimmung im Volke Anfang 1921 bietet die Wiedergabe dessen, was er auf einer Bahnfahrt nach Wasserburg/Inn zu hören bekam:

„Uns gegenüber Frau aus dem Volk u. Arbeiter; sie haben es bequem, sie schimpfen auf die ‚Großen'. Die Großen sind immer die, die oben sind u. die an allem schuld haben. Gestern der Kaiser, heute Ebert. Aber neu ist hier der Haß auf die Kirche."[143]

---

137 Klemperer „Tagebücher 1918–1924" a.a.O., S. 9.
138 Klemperer „Tagebücher 1918–1924" a.a.O., S 40.
139 Klemperer: „Tagebücher 1918–1924", a.a.O., S. 85.
140 Klemperer: „Tagebücher 1918–1924", a.a.O., S. 113.
141 Klemperer: „Tagebücher 1918–1924", a.a.O., S. 252.
142 Klemperer: „Tagebücher 1918–1924", a.a.O., S. 756.
143 Klemperer: „Tagebücher 1918–1924", a.a.O., S. 225.

Die Juden bleiben nicht verschont:

> „An einem Fenster der [Türken-]Kaserne ein Hakenkreuz, vor der Kaserne neulich furchtbare antisemitische Flugblätter verteilt…"[144]

Zum Handlanger der Weltgeschichte wird Bruder Georg, ein angesehener Berliner Internist, als ihn die Bolschewiki im März 1922 nach Moskau rufen. Zurückgekehrt berichtet er, die Reise habe 18 Tage gedauert und das Honorar für jeden Tag 20 000 Mark betragen:

> „Er untersuchte die ganze Regierung, 50–70 Leute. Lenin u. die meisten sind gesund, nur schwer nervös… Georg hält die Regierung für stabil, die Regierenden für hochbedeutende Menschen u. Märtyrer, er bewundert Lenin u. Trotzki, er hofft auf ein Bündnis mit Rußland, er fand Moskau in gutem Zustand, die Schaudernachrichten von dorther übertrieben. Daß die jetzige Regierung Blut vergossen habe, sei natürlich u. notwendig gewesen, sie habe ihre Henker aus dem Wege geräumt. …Russen u. Juden gingen im neuen Regime einträchtig zusammen. Im Ganzen ist Georg starker Laudator der russ. Regierung u. selber sehr, sehr radical orientiert."[145]

Victor kann folgende Bemerkung nicht unterdrücken:

> „Ganz ohne leise Komik ist diese Stellungnahme Georgs nicht, wenn man bedenkt, daß er 320.000 M. für 18 Tage bekommen hat u. ich bekomme sie in 5 Jahren…, daß ich früher über sein nationalliberales Wesen erbittert war u. ihm jetzt zu weit rechts stehe."[146]

Zum Stein des Anstoßes wird auch der Neffe Kurt Klemperer,

> „seit Ostern Student, 18 Jahre alt und leidenschaftlich communistisch u. sowjetisch, dabei gutmütig, unreif, beeinflußbar, wechselnd – Sohn seines Vaters. Alle Bourgeois müssen erschossen werden („Vater u. Du natürlich auch!"), sonst kommt niemals eine neue Gesinnung. Man muß russischen Weg gehen. Dictatur. Alle Geisteswissenschaft ist unnötiger Luxus. Usw. Sein heißer Anteil am Zorn der schlechtbezahlten Arbeiter, sein Haß gegen den Kapitalismus hindern ihn nicht, vom väterlichen Taschengeld für 35 M. im Flugzeug zurückzufahren."[147]

„Also nicht bloß durch Judentum wird man in seiner Laufbahn gehemmt", notiert Klemperer am 9. März 1923 in sein Tagebuch, nachdem er vorher geschildert hat, wie jemand angeblich nur deshalb nicht Polizeidirektor von Dresden geworden war, weil er „wie ein Offizier" aussehe.

Die Vielfalt des Lebens und der gesellschaftlichen Wirklichkeit begegnet uns auf fast jeder Seite. Klemperer berichtet von einem jungen Zionisten, der „mit Haß von Christentum u. Fremden" spricht,[148] und gesteht angesichts von großem Reichtum:

> „Es regte sich in mir doch etwas von meinem alten Proletarierhaß gegen die Gesellschaft, die Hochfinanz, die Geldjuden."[149]

---

[144] Klemperer: „Tagebücher 1918–1924", a.a.O., S. 250.
[145] Klemperer: „Tagebücher 1918–1924", a.a.O., S. 577 f.
[146] Klemperer: „Tagebücher 1918–1924", a.a.O., S. 578.
[147] Klemperer: „Tagebücher 1925–1932", a.a.O., S. 63.
[148] Klemperer: „Tagebücher 1918–1924", a.a.O., S. 780 f.
[149] Klemperer: „Tagebücher 1918–1924", a.a.O., S. 782.

Diese Aversion wird wenig später noch kräftig ausgemalt.[150]

Daß auch die nationalgesinnten Juden nicht ganz in ihrer Umgebung aufgingen, verrät der folgende Text:

> „G.'s machten sich sehr nett u. wirkten doch als nichtjüdische Fremdkörper. Nachdem sie fort waren, fühlte man sich freier."[151]

Offenbar fühlten sich viele Gäste von Ostseebädern bereits 1926 ohne Juden „freier", weshalb Badeverwaltungen, so die von Hiddensee, in ihren Prospekten Zusätze anbrachten wie: „Es muß gesagt werden, daß die Juden Vitte grundsätzlich meiden."

> „Ich war einen ganzen Tag lang geradezu krank vor Ekel u. Erbitterung",

lautete Klemperers einleuchtender Kommentar.[152] Auch studentische Kreise kämpften für „rassische" Apartheid.[153]

Stets aufs neue lassen Textpassagen auf Vorbehalte gegenüber den Ostjuden schließen:

> „An der Brücke erwartete uns Frau S. Typisch blonde Ostjüdin, grelle blaue Augen, fett, zurechtgemacht, gepudert, geschminkt."[154]

Die Russen genießen nicht mehr Sympathien:

> „Eine neue Generation nach so großer Umwälzung. Und doch die gleiche russische Art, die Breite, das Elend, der Pessimismus – mir absolut widerwärtig. Nichts widersteht mir so wie die Russen. Sie saufen, sie morden, sie sündigen in der gemeinsten Weise…"[155]

Er hält sich für ein Opfer von Intrigen, schließt es zumindest nicht aus, wissend, daß Manipulationen und sachfremde Erwägungen durchaus bei Berufungen eine Rolle spielen können. Dann könnte er einmal der Nutznießer sein:

> „Ob die Partie wirklich ganz verloren ist? Heiß hat den Ruf erhalten. Aber Kapphahn will die Verhandlungen so führen, daß sie scheitern – ihm liegt an Heiß nichts, u. schon gar nicht an seinem Katholizismus…"[156]

Klemperer war zwar nicht Mitglied, aber Wähler der Deutschen Demokratischen Partei (DDP). Die Zahl ihrer Anhänger schrumpfte, so daß sie sich mit dem „Jungdeutschen Orden" zusammentat und damit nationalistisch wurde, für Klemperer Anlaß zu den Fragen:

> „Und wo bleibe ich? Wo bleiben die vielen, die geistig deutsch sind?"[157] – „Welche Schmach!"

---

[150] Klemperer: „Tagebücher 1918–1924", a.a.O., S. 888 f.
[151] Klemperer: „Tagebücher 1925–1932", a.a.O., S. 61.
[152] Klemperer: „Tagebücher 1925–1932", a.a.O., S. 281; ähnlich S. 369, 421.
[153] Klemperer: „Tagebücher 1925–1932", a.a.O., S. 307.
[154] Klemperer: „Tagebücher 1925–1932", a.a.O., S. 561.
[155] Klemperer: „Tagebücher 1925–1932", a.a.O., S. 574.
[156] Klemperer: „Tagebücher 1925–1932", a.a.O., S. 634.
[157] Klemperer: „Tagebücher 1925–1932", a.a.O., S. 643.

– ruft er aus angesichts der Erfolge Hitlers bei den Wahlen im September 1930,

> „aber wir sind politisch abgestumpft. Es hat Krieg gegeben, Revolution, Inflation, u. wir leben noch immer. Also werden auch die 107 Hakenkreuze u. 76 Sowjetsterne vorüber gehen. [Gemeint sind die jeweiligen Sitze im Reichstag.] Und wenn sie uns doch treffen – irgendwie muß man schließlich enden. Ich glaube: dies ist nicht nur meine Stimmung."[158]

Doch die stoische Ruhe ist kein Dauerzustand. Besorgt schreibt er im Dezember 1930:

> „Inzwischen schwellen die Steuern, Abzüge usw. buchstäblich von Tag zu Tag an, die politische Lage wird immer bedrohlicher." Kommentarlos fügt er die Feststellung an: „Die Mehrheit der Schüler und Lehrer ist nationalsozialistisch."[159]

Ein Jahr später hat sich die Lage in Deutschland immer noch nicht gebessert, im Gegenteil:

> „Jetzt nichts als Verzweiflung, keine Zukunft mehr, kein Glaube irgendwelcher Art... Man ist ganz stumpf. So stumpf, daß es vielleicht gar nicht zum Blutvergießen kommt."[160]

Klemperer berichtet von einem Mann, der sein Haus verkaufen muß:

> „Am Schreibtisch: das Hakenkreuz. Es ist für diese Vergrämten, Verarmten nichts anderes als eine Kreuz-Hoffnung."[161]

Klemperer sagt von sich, er sei

> „trostlos nach beiden Seiten. Es ist zwischen Hakenkreuz u. Sowjetstern kein Unterschied des Niveaus. Geistige Freiheit, bloßer geistiger Anstand fehlen."[162]

Bei den Wahlen im November 1932 wählt seine areligiöse Frau erstmals die katholische Partei, das Zentrum.[163] 1996 fand eine Befragung jüdischer Überlebender aus Krefeld statt. Eine der Fragen lautete: „Wie wurde Ihre Familie vor 1933 von nichtjüdischen Bürgern behandelt?" Die Antworten (gerundet): „freundlich" 47 Prozent, „überwiegend freundlich" 27 Prozent, „teils freundlich, teils unfreundlich" 11 Prozent, „überwiegend unfreundlich" 2 Prozent, „unfreundlich" 0 Prozent. Auch wenn eine Befragung, die einen Zeitraum betrifft, der mehr als 60 Jahre zurückliegt, hohen Erwartungen an Zuverlässigkeit kaum genügen kann, so sprechen diese Zahlen doch eine eindeutige Sprache. Wäre der Antisemitismus virulent gewesen, so wären nicht drei von vier „freundlich" oder überwiegend freundlich behandelt worden.[164]

---

[158] Klemperer: „Tagebücher 1925–1932", a.a.O., S. 659.
[159] Klemperer: „Tagebücher 1925–1932", a.a.O., S. 672 f.
[160] Klemperer: „Tagebücher 1925–1932", a.a.O., S. 739.
[161] Klemperer: „Tagebücher 1925–1932", a.a.O., S. 753.
[162] Klemperer: „Tagebücher 1925–1932", a.a.O., S. 752.
[163] Klemperer: „Tagebücher 1925–1932", a.a.O., S. 765.
[164] Johnson, Eric A.: „Der nationalsozialistische Terror. Gestapo, Juden und gewöhnliche Deutsche", Berlin 2001, S. 148; die Zahlen beruhen auf den Angaben von 45 Personen, 9 weitere antworteten mit Briefen.

1.4 Kein Lehrer verhielt sich unkorrekt –
Zusammenschau und Außenansichten

Die Juden, die eben zu Wort gekommen sind, lebten über Deutschland verstreut und besuchten schon vor 1933 die Schule. Gemeinsam ist ihnen eine überdurchschnittliche Ausbildung, was sie in die Lage versetzte, ihre Erlebnisse anschaulich zu Papier zu bringen.

Die Aufzeichnungen widersprechen sich in keinem Punkt, weisen vielmehr zahlreiche Übereinstimmungen auf. In der Schule hatten die Verfasser nicht oder nur ganz wenig unter Antisemitismus zu leiden. Kein Lehrer verhielt sich insofern unkorrekt. Eine Kluft gab es eher zwischen evangelischen und katholischen Schülern. Als Soldaten hatten sie nicht die gleichen Aufstiegschancen. Doch am allgemeinen Aufschwung in den zwanziger Jahren hatten sie einen beachtlichen Anteil.

Antisemitismus wurde vor allem nach dem Krieg und ab 1929 wahrgenommen, also in einer Zeit außergewöhnlicher Not. Eigene Vorbehalte gegen Ostjuden wurden des öfteren artikuliert. Das Verhältnis zu den Christen war bemerkenswert gut. Die Mischehen-Problematik spielte eine Rolle.

Ein Faible für kommunistische Ideen und Bewegungen ist nicht bei allen in Abrede zu stellen. Nur einer, Neumann, nimmt aktiv teil am politischen Leben. Allen, soweit sie sich dazu äußern, ist die Wertschätzung des Reichskanzlers Brüning, Zentrum, gemeinsam, was wieder auf ein gutes Verhältnis zu den Christen/Katholiken schließen läßt. Die Gefährdung durch den Nationalsozialismus wurde nicht ganz übereinstimmend beurteilt, das tatsächliche Ausmaß verkannt.

2. Im Machtrausch – 1933–1934

2.1 Die totalitäre Verfassung des „Dritten Reiches"

Am 30. Januar 1933 wurde Adolf Hitler vom Reichspräsidenten Paul von Hindenburg zum Reichskanzler ernannt. Die neuen Machthaber sprachen von einer Zäsur, einer Revolution, wahrnehmbar auch durch die Bezeichnung „Drittes Reich". Es hat die Weimarer Reichsverfassung, die formale Grundlage des Weges zur Macht, nie förmlich außer Kraft gesetzt. Dennoch blieb, bildlich gesprochen, kein Stein auf dem anderen. Der radikale Umbau begann bereits drei Tage später mit einem allgemeinen Demonstrationsverbot. Am 24. Februar wurden SA, SS und Stahlhelm „Hilfspolizei". Es folgte die „Verordnung zum Schutz von Volk und Staat" (28. Februar 1933), durch die alle politisch relevanten Grundrechte suspendiert wurden. Zur Rechtfertigung hierfür diente der Reichstagsbrand. Der holländische Kommunist Marinus van der Lubbe gestand, am 27. Februar 1933 allein das Gebäude angezündet zu haben. Das gewaltige Feuerzeichen lieferte den plausiblen Vorwand, „die Linken", insbesondere die kommunistische Internationale, als Anstifter und Drahtzieher zu verdächtigen, was der NSDAP bei den Reichstagswahlen vom 5. März sehr zugute kam. Sie gewann 43,9 Prozent der Stimmen, zusammen mit den verbündeten Deutschnationalen die absolute Mehrheit der Stimmen und der Sitze.

Der Historiker August Winkler nennt „die Angst vor dem Bürgerkrieg und der roten Revolution" Hitlers „mächtigste Verbündete"[165]. (Die Kommunisten hatten am 6. November 1932 600 000 Stimmen hinzugewonnen.)

Weitere rasche Schritte auf dem Wege zur absoluten Macht tragen die Namen: Ermächtigungsgesetz, Gleichschaltungsgesetz, NSDAP-Gesetz, Neuaufbaugesetz, Staatsoberhauptgesetz. Das Ermächtigungsgesetz räumte der Reichsregierung die Befugnis ein, neben dem Reichstag als Gesetzgeber zu fungieren. Das Gleichschaltungsgesetz übertrug die Mehrheitsverhältnisse im Reichstag auch auf die Länder, wodurch die NSDAP in allen Ländern die stärkste politische Kraft wurde. Das NSDAP-Gesetz verbot alle anderen Parteien. Das Neuaufbaugesetz machte offiziell aus dem Bundesstaat einen Einheitsstaat. Schon im Sommer 1934, mit Hindenburgs Tod (2. August), war Hitler – dank dem Staatsoberhauptgesetz – in einer Person Reichspräsident und Reichskanzler, zumindest de facto auch Reichsgesetzgeber, oberster Befehlshaber der Wehrmacht, Regierungschef und oberster Gerichtsherr. Alle Merkmale des totalitären Staates waren geradezu idealtypisch erfüllt: eine Partei, Medienmonopol, terroristische Geheimpolizei und die für alle verbindliche einheitliche Weltanschauung. Die ersten Konzentrationslager, so

---

165 August Winkler: „Umkehr nach dem Untergang", DER SPIEGEL 5/2005, S. 64.

Dachau[166] bei München, wurden noch im März 1933 in Betrieb genommen. Die Gründung der Geheimen Staatspolizei (Gestapo) erfolgte am 2. Mai. Am 10. Mai fanden Bücherverbrennungen statt. Im Oktober trat Deutschland aus dem Völkerbund aus. Am 12. November 1933 fanden die ersten Wahlen im Einheitsstaat statt, um diesen Schritt scheindemokratisch zu legalisieren. 92 Prozent votierten mit Ja. Ob freiwillig oder widerwillig, davon wird noch die Rede sein. Zwischen dem 30. Juni und dem 2. Juli 1934 wurde der „Röhmputsch" niedergeschlagen, Dutzende politischer Gegner durch SS und Gestapo liquidiert. Das Morden löste nicht bei allen Hitler-Gegnern Entsetzen aus, da Röhm als der noch radikalere Nationalsozialist eingeschätzt wurde.

2.2 Der Boykott – Das Reich und die Juden

Anfang des Jahres 1933 waren 564 000 Bürger jüdischen Glaubens in den Landesverbänden jüdischer Gemeinden in Deutschland zusammengeschlossen, allein 160 000 in Berlin.[167] Sie bildeten gut ein Prozent der Bevölkerung. Außer diesen Glaubensjuden gab es zwischen 350 000 und 400 000 Bürger jüdischer Abstammung, die anderen Glaubensgemeinschaften angehörten. Sie alle waren das Objekt des rassischen Antisemitismus, den die NSDAP von Beginn an vertreten hat. In ihrem Programm aus dem Jahre 1920 steht zu lesen:

> „Punkt 4: Staatsbürger kann nur sein, wer Volksgenosse ist. Volksgenosse kann nur sein, wer deutschen Blutes ist ohne Rücksichtnahme auf Konfession. Kein Jude kann daher Volksgenosse sein."

Trotzdem wird allgemein angenommen, daß nicht dieser Teil des Programms die Massen anlockte, sondern das Versprechen, die wirtschaftliche Not zu beenden. So schreibt Avraham Barkai in seiner Studie über den Centralverein deutscher Staatsbürger jüdischen Glaubens:

> „Alfred Wiener versuchte die Leser mit der zweifellos zutreffenden Erkenntnis zu ‚trösten', daß von den sechseinhalb Millionen, die ‚nationalsozialistisch' gewählt (haben) ... kaum der tausendste ... das Hitler-Programm kennt oder gar anerkennt und ... daß nicht etwa jeder, der jetzt der Hakenkreuzfahne die Ehre gegeben hat, nun gar ein eingefleischter Judengegner ist oder sein will."[168]

Die Erlangung der Macht enthemmte Hitlers fanatische Rabauken (meist SA) noch weiter. Sie glaubten nun, ihre angestauten Animositäten ungestraft austoben zu dürfen. Die kriminellen Aktionen waren offenbar nicht von der Partei- und Staatsspitze angeordnet, wurden aber bis Ende März auch nicht energisch unterbunden. Zur Veranschaulichung ein Beispiel aus einem amtlichen Dokument. In

---

[166] Siehe Richardi, Hans-Günter: „Schule der Gewalt. Das Konzentrationslager Dachau 1933–1934", München 1983

[167] Die Zahl 180 000, die auch für Berlin genannt wird, enthält offenbar alle Berliner Juden, auch die nicht organisierten.

[168] Barkai, a.a.O., S. 101.

dem Halbmonatsbericht des Regierungspräsidenten von Niederbayern und der Oberpfalz heißt es unter dem Datum 30. März 1933:

> „Am 15. ds. Mts., früh gegen 6 Uhr, erschienen in einem Kraftwagen mehrere Männer in dunkler Uniform vor der Wohnung des israelitischen Güterhändlers Otto Selz in Straubing. Selz wurde von ihnen in Nachtkleidern aus der Wohnung geholt und im Kraftwagen entführt. Etwa um 9.30 wurde Selz in einem Wald bei Wenig, Bezirksamt Landshut, erschossen aufgefunden… Mehrere Landleute wollen bei einigen Insassen des Wagens die rote Armbinde mit dem Hakenkreuz bemerkt haben…"[169]

Diese Verbrechen gelangten zwar nicht in die Presse, aber ins Ausland, weshalb dort, insbesondere von jüdischer Seite, zu einem Boykott deutscher Waren aufgefordert wurde,[170] eine Maßnahme, die die deutsche Exportwirtschaft in einer ohnehin besonders schwierigen Lage schwer gefährdete. (So notierte Reichspropagandaminister Joseph Goebbels am 24. März 1933 in sein Tagebuch: „Die Greuelpropaganda im Ausland macht uns viel zu schaffen."[171]) In der Überzeugung, man müsse mit der gleichen Waffe den Angriff abwehren, beschloß die neue Regierung einen Gegenboykott, der auch als solcher deklariert wurde und der deshalb bei manchen, die von der kriminellen Ursache nichts wußten, sicher auf Verständnis stieß.[172]

Der Boykott betraf insbesondere jüdische Geschäfte. In § 3 der „Rechts"-Grundlage heißt es: *„Es handelt sich… selbstverständlich um Geschäfte, die sich in den Händen von Angehörigen der jüdischen Rasse befinden. Die Religion spielt keine Rolle."*[173]

Er fand reichsweit am 1. April 1933 statt, wurde aber nicht überall durchgesetzt oder beachtet. Auch Ärzte, Richter und Anwälte zählten zu den Betroffenen. In Köln kam es sogar zu einem Sturm auf das Gerichtsgebäude und zum Abtransport der festgenommenen Juden. Doch eine Reihe von Anwälten hatte durch einen Anwaltskollegen, der Träger des „goldenen Parteiabzeichens"[174] war, von den Plänen Kenntnis erhalten. Sie entkamen daher der Festnahme.[175] Klaus Luig, der diese Vorgänge untersucht hat, schildert weitere Hilfsmaßnahmen zugunsten

---

[169] Broszat, a.a.O., S. 432.

[170] Diese Tatsache wird zwar nicht bestritten, da sie exakt nachweisbar ist (siehe Löw: „Im heiligen Jahr der Vergebung. Wider Tabu und Verteufelung der Juden", Osnabrück 1991, S. 28; Sharon Gerwitz: „The Anti-Nazi Boycott and the Board of Deputies of British Jews", in: Journal of Contemporary History, April 1991), aber ausgeblendet, z.B. von Elbogen; Sterling, a.a.O., S. 304.

[171] Goebbels, Joseph: „Die Tagebücher von Joseph Goebbels". Im Auftrag des Instituts für Zeitgeschichte herausgegeben von Elke Fröhlich, Teil I Aufzeichnungen 1923–1941, München 1993 ff.; Teil II Diktate 1941–1945, München 1995 ff.

[172] Ausführlich dazu Kieffer, Fritz: „Judenverfolgung in Deutschland – eine innere Angelegenheit? Internationale Reaktionen auf die Flüchtingsproblematik 1933–1939", Stuttgart 2002, S. 17 ff.

[173] Heid; Schoeps, a.a.O., S. 290.

[174] Parteigenosse der „ersten Stunde".

[175] Luig, a.a.O., S. 30.

der Bedrängten. Dennoch berichtete ein Mittäter dem Justizminister: „Kein Schutz der Behörden, kein Eintreten von Kollegen für Kollegen."[176] Dieser Widerspruch verdient eine Hervorhebung, zeigt er doch, wie vielfältige Hilfe den Häschern verborgen blieb.

Nach dem Kriege bedankte sich der wiederzugelassene Rechtsanwalt Albertini in einem Brief:

> „Im Zusammenhang mit den Ereignissen des 1. April 1933 wurde damals die Zulassung sehr vieler Kollegen, darunter auch meine Zulassung, zurückgenommen. Wir waren damals damit gebrandmarkt. Die meisten Kollegen mißbilligten diese Maßnahme außerordentlich und konnten sich innerlich nicht damit abfinden... Jedoch nur wenige dieser Kollegen haben es damals gewagt, ihren Gefühlen mir gegenüber Ausdruck zu geben."[177]

Auch wenn das Urteil des Reichsgerichts erst am 22. September 1937 erging, es hatte den Boykott zum Gegenstand und es erklärte für „rechtens", daß ein Beamter entlassen wurde, weil er in einem jüdischen Geschäft eingekauft und seiner Ehefrau erlaubt hatte, es auch zu tun. Der Beamte habe sich eines „volksfeindlichen Verhaltens" schuldig gemacht.

Bereits am 7. April 1933 folgte das „Gesetz zur Wiederherstellung des Berufsbeamtentums", dem es jedoch nur darum ging, politisch Unzuverlässige und Juden tunlichst aus dem öffentlichen Dienst zu verdrängen. Dem Reichspräsidenten Hindenburg war es zu verdanken, daß die jüdischen Frontkämpfer zunächst unbehelligt blieben. Das „Gesetz gegen die Überfüllung deutscher Schulen und Hochschulen", im selben Monat erlassen (25. 4.), bestimmte:

> „Bei den Neuaufnahmen ist darauf zu achten, daß die Zahl der Reichsdeutschen, die im Sinne des Gesetzes zur Wiederherstellung des Berufsbeamtentums vom 7. April 1933... nicht arischer Abstammung sind, unter der Gesamtheit der Besucher jeder Schule und jeder Fakultät den Anteil der Nichtarier an der reichsdeutschen Bevölkerung nicht übersteigt."

Vom 26. Juli stammt ein Erlaß des Reichsfinanzministeriums, mit dem die Auswanderung von Juden gefördert werden sollte. Verluste des Reiches infolge der Auswanderung seien durch Erhebung der Reichsfluchtsteuer zu verringern. Durch Verfügung des Wirtschaftsministeriums vom 30. September wurden die Boykotterlasse einzelner Gemeinden aufgehoben. Im Oktober 1933 wurden die Juden mit Hilfe des Schriftleitergesetzes aus den Presseberufen entfernt.

Ausgerechnet das Dritte Reich schloß den ersten Vertrag mit der Zionistischen Weltorganisation, das Haavara(Transfer)-Abkommen vom 28. August 1933, wodurch die Auswanderung deutscher Juden nach Palästina erleichtert werden sollte. Daß Gegner des Zionismus an diesem Pakt Anstoß nahmen, versteht sich von selbst.

---

[176] Luig, a.a.O., S. 31.
[177] Luig, a.a.O., S. 66.

2.3 Gefahr verkannt – Die Juden und das Reich

„Wir begrüßen das neue Jahr 1933, in dem zweimal die Zahl 3 als glückhaftes Symbol wiederkehrt, in der Zuversicht, daß es für Deutschland und die Welt und damit auch für das deutsche Judentum das Jahr des Aufstiegs sein werde",[178] so das Organ des Centralvereins deutscher Staatsbürger jüdischen Glaubens am Jahresende 1932. Die Zuversicht verwandelte sich rasch in bittere Enttäuschung. Schon oben wurde deutlich, daß die Juden die unterschiedlichsten politischen Auffassungen vertraten. Soweit es überhaupt Parteigänger Hitlers gegeben hat, sind sie zahlenmäßig zu vernachlässigen, war doch Hitlers Ideologie unverkennbar gegen ihre Existenz in Deutschland gerichtet. Einer von denen, die später ihre damaligen Sympathien mit dem braunen Robespierre eingestanden, war Julius Posener. Er berichtet von einem Gespräch mit Manfred, einem kommunistischen Freund. Manfred hatte ihm gestanden, warum er nicht an einer Veranstaltung teilgenommen hatte, auf der Hitler sprach:

> „„Weil ich nicht selber ‚Heil Hitler‘ rufen wollte‘, sagte er. Ich sah ihn an. Er hatte meine eigenen, uneingestandenen Gefühle in Worte gefaßt, und weil er es getan hatte, gestand ich ihm, was ich kaum mir selber gestanden hätte. Dem Leser dieser Erinnerungen kann nicht ganz entgangen sein, daß ein gewisser Nährboden für den Nationalsozialismus in mir selbst vorhanden war."[179]

Dann wird Hitler als ein Mann beschrieben, „der den Mut hatte, für seine Überzeugung einzutreten. Er ging aufs Ganze…"[180]

Freilich, die Größe der Gefahr wurde offenbar von niemandem richtig eingeschätzt. Nachdem das Unglück eingetreten war und die Juden verfolgt wurden, gab es recht unterschiedliche Reaktionen: 1933 flüchteten 37 000 ins Ausland, 1934 nochmals 23 000.[181] Das Gros aber hoffte, das Schlimmste überstanden zu haben und im Reich einen Modus vivendi finden zu können.

> „Eine einheitliche ‚jüdische‘ Reaktion auf Hitlers sogenannte ‚Machtergreifung‘ gab es nicht. Die Juden Deutschlands waren interessenmäßig und weltanschaulich zu sehr zersplittert, als daß sie eine gemeinsame Stellungnahme oder gar eine gemeinsame Linie der Abwehr hätten entwickeln können. Jede Gruppierung bewertete die Entwicklung anders."[182]

Die Zionisten fühlten sich bestätigt und bestärkt, die Liberalen vertrauten auf das Ende der revolutionären Exzesse, auf die Normalisierung, die Deutschnationalen auf ihre Verdienste und den Wert ihrer Bereitschaft, vorbehaltlos zu dienen. Für diese Einstellung bietet ein Artikel Ludwig Feuchtwangers einen aufschlußreichen Beleg:

---

[178] Herrmann, Klaus: „Das Dritte Reich und die deutsch-jüdischen Organisationen 1933–1934", Köln 1969, S. 1.
[179] Posener: „Heimliche Erinnerungen", S. 420.
[180] Posener: „Heimliche Erinnerungen", S. 421.
[181] Elbogen/Sterling, a.a.O., S. 306.
[182] Julius H. Schoeps: „Deutscher als die Deutschen", DIE ZEIT, 17.10.1997.

„Die Grundeinstellung des Juden nach seiner Herkunft und der Lehre seiner Väter ist eine durch und durch konservative. Wo praktisch Juden in Westeuropa, besonders in Deutschland, zur aufbauenden Tätigkeit für Volk und Staat herangezogen wurden, haben sie sich als die besten und uneigennützigsten Kräfte bewährt."[183]

Dann verweist er geschickt auf das faschistische Italien, wo Juden in hohen Ämtern wirken. Und weiter heißt es: „Ohne Furcht, ja zuversichtlich und gelassen schreiten wir den Ereignissen entgegen."[184] Der Herausgeber von Feuchtwangers Aufsätzen fügt an: „Auch wenn Feuchtwanger ‚Einwendungen und Zweifel' andeutet, so empfiehlt er doch die pro-nationalsozialistischen Äußerungen des [Oberrabbiners] Dr. Elie Munk zu studieren...", und wirft die Frage auf: „Ob Feuchtwanger wirkliche Sympathien für diese Ansicht gehegt hat?" Der Herausgeber vermutet taktische Gründe.[185] Um ihre eigene Haut zu retten, gingen jüdische Amtsinhaber sogar so weit, ihre jüdischen Mitarbeiter zu entlassen oder sich Hitler als Helfer bei der Lösung der Judenfrage anzubieten.[186]

Der Reichsbund jüdischer Frontsoldaten richtete am 24. März 1933 an die Botschaft der Vereinigten Staaten von Amerika die dringende Bitte,

„von der unverantwortlichen Hetze abzurücken, die von sog. jüdischen Intellektuellen im Ausland gegen Deutschland unternommen wird. Diese Männer... haben das Recht verwirkt, in deutsch-jüdischen Angelegenheiten mitzusprechen... Ihre Berichte strotzen von Übertreibungen."[187]

Ähnliche Appelle gab es in größerer Zahl. Doch Hitler hielt an dem geplanten Boykott fest, auch wenn er auf einen Tag begrenzt wurde.

Als Antwort auf den Boykott richteten Repräsentanten der deutschen Juden einen Appell an den Reichskanzler Adolf Hitler, in dem sie beteuerten, wie sie sich „mit allen Fasern ihres Herzens der deutschen Heimat verbunden" fühlten: „In allen vaterländischen Kriegen haben deutsche Juden in dieser Verbundenheit Blutsopfer gebracht. Im großen Kriege haben von 500 000 deutschen Juden 12 000 ihr Leben hingegeben."[188]

Es gab auch ganz andere Verlautbarungen, so die von Robert Weltsch, Chefredakteur der „Jüdischen Rundschau", dem Publikationsorgan der Zionistischen Vereinigung für Deutschland. In dieser Zeitung wetterte er am 4. April 1933 unter der prophetischen Überschrift:

---

[183] Feuchtwanger, a.a.O., S. 203.
[184] Feuchtwanger, a.a.O., S. 204.
[185] Feuchtwanger, a.a.O., S. 204.
[186] Höhne, Heinz: „Die Zeit der Illusionen. Hitler und die Anfänge des Dritten Reiches 1933–1936", Düsseldorf 1933–1936, S. 72.
[187] Herrmann, a.a.O., S. 68.
[188] Benz, Wolfgang (Hg.): „Die Juden in Deutschland 1933–1945. Leben unter nationalsozialistischer Herrschaft", München 1988, S. 10.

„Tragt ihn mit Stolz, den gelben Fleck![189]: Der 1. April 1933 kann ein Tag des jüdischen Erwachens und der jüdischen Wiedergeburt sein. Wenn die Juden wollen. Wenn die Juden reif sind und innere Größe besitzen. Wenn die Juden nicht so sind, wie sie von ihren Gegnern dargestellt werden... Dies ist ein Denkzettel für alle Verräter am Judentum"[190],

womit er all jene angreift, die auf Assimilation gesetzt haben. (Fast ein Treppenwitz der Weltgeschichte, daß heute in Teilen der USA Proporzquoten gelten, die auf die Rasse abstellen.)

Der namhafte jüdische Jurist Max Hachenburg zeigte viel Verständnis für die Außenpolitik der neuen Regierung. Am 1. April 1933 steht in der „Deutschen Juristen-Zeitung" sein Name unter den Sätzen:

> „Das Schicksal der Abrüstung muß sich jetzt entscheiden... Auf die Dauer ist eine derartige Gewaltherrschaft der Siegermächte unmöglich. Stück für Stück wird davon abbröckeln. Damit verschwindet von selbst die Schuldlüge... Die Tage der Diskriminierung sind zu Ende. Hinter ihm [dem deutschen Außenminister] steht das ganze deutsche Volk."[191]

Der 17. September 1933 ist das offizielle Gründungsdatum der Reichsvertretung der deutschen Juden, mit der sich die Landesverbände und Großorganisationen einen Dachverband schufen.

Alfred Hirschberg, Chefredakteur der „Centralvereins-Zeitung" und einer der richtunggebenden Führer des Centralvereins in der NS-Zeit, sparte in seinem Artikel zum ersten Jahrestag der Machtübernahme nicht mit Worten der Anerkennung, so wenn er schreibt:

> „Was auf gewissen Lebensgebieten unter gesetzgeberischem Zwang sich vollzieht, war seit Jahrzehnten auch Zielsetzung einsichtiger jüdischer Kreise... Aus dem Grundempfinden der Unvergänglichkeit unseres Judentums... und aus der Verknüpfung mit Deutschland... bejahen wir die Zeit, weil sie uns zwingt, uns als Juden und Deutsche zu bewähren... Wir wollen nicht um unsertwillen dem Rad der Geschichte in die Speichen fallen... Wir wollen an unserem Platz mit in die Speichen greifen dürfen, um in der allgemeinen schönen Zukunft unseres deutschen Vaterlandes die eigene Zukunft gewährleistet zu wissen."[192]

Am 23. März 1934 richtete der Reichsbund jüdischer Frontsoldaten (RjF) an den Reichspräsidenten ein Schreiben, in dem er gegen den drohenden „Ausschluß unserer jungen jüdischen Generation vom Dienst in der deutschen Wehrmacht" protestierte. Er bekannte sich zu der Möglichkeit und Notwendigkeit „einer ehrenhaften Eingliederung in den nationalsozialistischen deutschen Staat"[193]. Oberrabbiner Dr. Josef Carlebach, der Schriftführer der Vereini-

[189] Anspielung auf Stigmatisierung im Mittelalter.
[190] Dippel, a.a.O., S. 191.
[191] Hachenburg, Max; Bing, Fritz: „Juristische Rundschau". Deutsche Juristen-Zeitung, 1.4.1933.
[192] Barkai, a.a.O., S. 324.
[193] Militärgeschichtliches Forschungsamt, Potsdam: „Deutsche jüdische Soldaten. Von der Epoche der Emanzipation bis zum Zeitalter der Weltkriege", Hamburg 1996, S. 1. Der volle Wortlaut bei Dunker, Ulrich: „Der Reichsbund jüdischer Frontsoldaten, 1919–1938", Düsseldorf 1977, S. 201 f.

gung traditionell gesetzestreuer Rabbiner, gab noch 1934 der Erwartung Ausdruck:

> „Alles spricht dafür, daß gerade der Nationalsozialismus, der auf die ewigen Grundlagen des deutschen Volkstums zurückzugreifen verstanden hat, die ungeheuere Verantwortung, die seine große Macht mit sich bringt, auch dem letzten deutschen Bürger angedeihen lassen wird."[194]

Ein deutschlandkundiger französischer Beobachter, Raymond Aron:

> „Heute können zahlreiche Deutsche, vor allem die jüngeren, diese kollektive Kapitulation nicht verstehen und noch weniger entschuldigen. Nach dem 31. Januar und erst recht nach dem Reichstagsbrand hatte ich selbst das Gefühl einer schicksalhaften Entwicklung, einer historischen Bewegung, gegen die man auf kurze Sicht nicht ankam."[195]

2.4 „Durch eine ungeheuere Terrorisierung" – Aus Bekundungen jüdischer Zeitzeugen

Peter Gay, damals Peter Fröhlich, hat später als emeritierter Professor für Geschichte, Yale University, darüber Klage geführt, wie schwierig es 1933 gewesen sei, die Zeichen der Zeit richtig zu deuten:

> „Immerhin war Deutschland ein hochzivilisiertes Land; nach den Vereinigten Staaten war es der beliebteste Zufluchtsort der jüdischen Emigranten aus Osteuropa, die eine tolerante Gesellschaft mit vergleichsweise wenig Antisemitismus suchten."[196]

Selbst als die Wehrmacht, sechs Jahre später, Polen angriff, war das Vertrauen der dortigen Juden zu den Deutschen noch größer als zu den Russen: „Die Russen waren eine bekannte und verhaßte Größe. Die Deutschen hatten ihren im Ersten Weltkrieg erworbenen guten Ruf bewahren können."[197]

Fast vorwurfsvoll klingt, was er über die Folgen der Solidarität schreibt:

> „Paradoxerweise haben uns die anständigen Deutschen, die mit uns in Verbindung blieben und uns halfen, wenn wir sie brauchten, keinen Gefallen getan: Sie ließen die Verheißung der Nazis einer neuen Ära der arischen Rasse nur noch irrsinniger erscheinen."[198]

Auch Episoden wie diese waren dazu angetan, die Befürchtungen zu dämpfen: Die Eltern von Käthe, dem Kindermädchen einer jüdischen Familie Gumpel, sehen in Hitler den langersehnten Heilsbringer:

> „Als ich eines Tages zu Besuch bei Käthes Eltern war, stand die ganze Familie im Wohnzimmer, in ihrer Mitte der Volksempfänger. ‚Der Führer spricht!' – wurde mir ehrfurchtsvoll zugeflüstert. Schließlich riß die ganze Gesellschaft den Arm zum Hitlergruß hoch – vor einem Radioapparat! Als Käthes Vater mich dazu aufforderte, es ihnen gleichzutun, wandte ich ein, daß ich jüdisch sei. Er lachte nur auf. ‚Ach, Lore, der Führer hat doch nichts gegen so anständige Leute wie euch!

---

[194] Herrmann, a.a.O., S. 3.
[195] Aron, a.a.O., S. 66.
[196] Gay, Peter: „Meine deutsche Frage. Jugend in Berlin 1933–1939", München 1999, S. 130.
[197] Gay, a.a.O., S. 130.
[198] Gay, a.a.O., S. 131.

Glaub doch so was nicht!' Mein Einwand amüsierte ihn sichtlich. Er war überzeugt, daß Hitler nur ein kleines Grüppchen grundböser und machthungriger Juden verfolgen wollte... So wie er dachten viele."[199]

Ein gewisser E. K. gibt folgendes zu Protokoll: „Ich ging bis Ostern 1942 in die Volksschule Klingelpütz und auf das naturwissenschaftliche Gymnasium in der Spiesergasse [Köln]. Dort hatte ich bis zu meinem Abgang Ostern 1942 weder durch Lehrer noch Schüler irgendwelche Schwierigkeiten. Dies kann ich auch von den Schulen meiner Schwestern berichten."[200]

Die bitteren Erfahrungen Alfred Grossers (geb. 1925 in Frankfurt am Main) förderten dementgegen den Entschluß, Deutschland zu verlassen: „Ein achtjähriger Junge wird ins Krankenhaus eingeliefert, nachdem seine Schulkameraden ihn verprügelt hatten, nur weil man ihnen gesagt hat, daß er als Jude nicht zu ihnen gehöre."[201] Doch pauschale Schuldzuweisungen sind Grosser, wie schon in der Einleitung gezeigt, gänzlich fremd.

Was die 1926 geborene Marguerite Strasser empfand, als sie München verlassen mußte, deutet sie an mit einem Zitat aus Euripides: „Lieber den Tod, ja den Tod, als den Tag der Verstoßung. Kein anderes Leid ist so groß als Heimaterde verlassen."[202] Sie erinnert sich: „Wir wurden von unseren Münchner Mitbürgern anerkannt und geachtet. Es ging uns gut, und wir hatten allen Grund zufrieden zu sein."[203] 1932 erfolgte die Einschulung. Doch schon am ersten Tag mußte sie erleben, daß der Klaßleiter, Lehrer Bauer, wenig Verständnis für sie aufbrachte und sie, den damaligen Gepflogenheiten entsprechend, mit Schlägen auf die Hand bestrafte.

> „Der Religionsunterricht, von einem Priester von ‚Heilig Blut' gehalten, war für mich eine wahre Erholung. Ich folgte – obwohl Israelitin – mit Neugierde und Staunen dem Unterricht. Auch beim täglichen Unterricht bei Lehrer Bauer wurde viel von Jesus Christus gesprochen, und wir wurden immer wieder darauf hingewiesen, daß der Sohn Gottes durch die bösen Juden am Kreuz sterben mußte... Mit meinen Mitschülern kam ich gut aus und hatte sogar mehrere Freundinnen unter ihnen."[204]

Bella Fromm, von 1928 bis zu ihrer Zwangsentlassung aus „rassischen" Gründen 1934 Gesellschaftsreporterin des Ullstein-Verlags, war eine feste Größe in Berlins High Society. Selbst Hitler küßte ihr die Hand, wie der Titel ihres einschlägigen, 1943 in New York erschienenen Buches verrät. Am 10. Februar 1933 ist sie abends beim Reichspräsidenten eingeladen.

---

[199] Salewsky, a.a.O., S. 57.
[200] Matzerath, a.a.O., S. 213 f.
[201] Grosser, a.a.O., S. 28.
[202] Landeshauptstadt München, a.a.O., S. 14.
[203] Landeshauptstadt München, a.a.O., S. 14.
[204] Landeshauptstadt München, a.a.O., S. 15.

„Auf der ganzen großen Gesellschaft waren, soviel ich weiß, nur zwei Jüdinnen: ... die Frauen des sowjetischen beziehungsweise italienischen Botschafters ... Die andere saß – man mag es, wenn man will, ein boshaftes Spiel des Schicksals nennen – neben dem Reichskanzler. Und Hitler verbrachte einen vergnügten Abend mit Elisabeth Cerruti. Sie ist vom Faschismus begeistert. Es wird interessant sein, zu erfahren, ob sich diese Begeisterung auch auf den Nationalsozialismus erstreckt.“[205]

„17. März ... Den größten Erfolg bei dieser Veranstaltung hatte eine andere Jüdin, die blonde Susanne Renzetti, geborene Kochmann, aus Gleiwitz, die Gattin des Präsidenten der italienischen Handelskammer, des Freundes von Mussolini und Göring. Sie bildete den Glanzpunkt des Abends und entzückte Hitler durch ihre funkelnde Schönheit, ihren Reiz, ihre Art, sich zu geben.“[206]

„3. April ... Der Sohn des Gastgebers [des Barons von Behrenberg], ... saß bei Tisch neben mir. Wie gewöhnlich machte er seine Witze über die Nazis. Er sagte auch, wie übel man die Boykottmaßnahmen gegen die Juden in seinen Kreisen aufnehme. ‚Die meisten Leute haben sich geweigert mitzumachen. Ich freue mich, daß die Nazis gezwungen waren, schon am ersten Abend die Sache abzublasen. Ich hoffe jedoch, die Juden haben daraus eine Lehre gezogen. Sie sollten alle Deutschland verlassen und im Ausland abwarten.‘“[207]

Fromm in „eigener“ Sache: „Dann mußte ich zum erstenmal meinen Arm zum Hitlergruß heben, es war nicht zu vermeiden. Alle Anwesenden mußten aufstehen und den Arm zum Gruß erheben ...“[208]

Einige Tage zuvor: „Mein Freund und Kollege Richard ist der Partei beigetreten. Entweder Beitritt oder Entlassung. ‚Ich habe eine Frau, eine Mutter und zwei Kinder zu ernähren‘, sagte er.“[209] So groß war der Druck auf alle! Bedenkenswert, da sicherlich auf viele zutreffend, auch die folgende Notiz:

„Edith von Coler ... lud mich zur nächsten Premiere in das Schauspielhaus ein. Auch sagte sie mir, daß sie die gegenwärtigen ‚Verfolgungen‘ außerordentlich bedaure. ‚Ich bin ein Herz und eine Seele mit der nationalsozialistischen Sache‘, sagte sie, ‚aber ich wünschte bei Gott, ich hätte in der Rassenfrage etwas zu sagen. Sie schadet uns ungeheuer.‘“[210]

Am 20. September 1934 schreibt Bella Fromm:

„Ich unterhielt mich immer wieder mit Ladeninhabern und mit Leuten an Tankstellen und in Gaststätten. Sehr oft ist ihre strenge nationalsozialistische Haltung nur eine Vorsichtsmaßnahme. Juden erzählten mir: ‚Obwohl wir die Läden nicht betreten dürfen, geben uns die arischen Inhaber doch alles, was wir brauchen, meist nach Ladenschluß.‘“[211]

Schon unter dem 24. März 1933 hatte sie notiert:

[205] Fromm, a.a.O., S. 92.
[206] Fromm, a.a.O., S. 105.
[207] Fromm, a.a.O., S. 120.
[208] Fromm, a.a.O., S. 128.
[209] Fromm, a.a.O., S. 121.
[210] Fromm, a.a.O., S. 137.
[211] Fromm, a.a.O., S. 208.

„„Alle Gerüchte über Verfolgung und Mißhandlung von Juden und Katholiken sind billige Lügen und dummes Geschwätz', sagte Putzi Hanfstaengl [ein Hitler-Förderer der ersten Stunde] bei der heutigen Teegesellschaft in der italienischen Botschaft."[212]

Das folgende offenbart die blutige Wirklichkeit: Martin Hauser, uns schon bekannt, gehörte zu den ersten, die fluchtartig ihre Heimat verlassen mußten. Kurz bevor er den Entschluß faßte, notierte er:

„Am 5. März 1933 errangen die Nationalsozialisten und die Deutschnationalen anläßlich der Reichstagswahl 52 Prozent aller Sitze. Durch eine ungeheuerliche Terrorisierung der linken und Mittelpresse... gelang es ihnen, diese Mehrheit zu bekommen... Ein Zeitungsverbot folgte dem anderen. Sogar das Berliner Tageblatt wurde verboten, Überfälle auf Juden, Verbot jüdischer Organisationen (S.V.), Terrorisierung jüdischer Geschäfte nahmen immer mehr überhand... Man darf nichts sagen, nichts schreiben, nicht klagen, man findet nirgends Recht oder Hilfe... Als Reaktion finden im Ausland ungeheuere Demonstrationen und Protestversammlungen statt, und man beginnt, Deutschland zu boykottieren. Daraufhin ordnete die N.S.D.A.P. einen riesigen Boykott der deutschen Juden an, der am 1. April beginnen soll."[213]

„2. April 1933: Ich bin auf der Flucht, sitze im Warteraum der kleinen Bahnstation Teplitz... Ich kann von hier aus den Weg sehen, der sich zur Station schlängelt vom nahen Berg, auf dessen Gipfel kurz hinter Zinnwald die Grenze zwischen Deutschland und der Tschechoslowakei ist, die ich um 13.42 mit meiner Flucht überschritt."[214]

„4. April 1933: Mit mir war es so: Im Laboratorium arbeitete ich zusammen mit einem Kollegen, einem Nazi, mit dem ich schon einmal sehr scharf zusammengestoßen war... Der Hund raffte all das, was er gehört hatte, zusammen, dichtete 90 Prozent hinzu und ging zur SA, um mich zu verraten. Er war nun so dämlich, sich dessen gegenüber verschiedenen Kollegen noch zu brüsten. Diese berichteten mir das... Verrat an die SA bedeutet Auflauern und die schlimmsten Schläge, wenn nicht noch mehr...

Was sich um mich herum abspielte? Am Sonnabend dem ersten April früh um 8 Uhr zogen SA-Leute vor alle jüdischen Warenhäuser, Restaurants... Die persönlichen Überfälle häuften sich, trotzdem man wenig erfuhr, weil allen Tod durch Erschießen bei Verrat der Vorfälle angedroht worden war."[215]

Während Hauser in der Schweiz auf die Weiterreise wartet, sinniert er nach über die Vorgänge in Deutschland:

„Die Lage der deutschen Juden ist trostlos... Nein, nein und nochmals nein! Wir werden keine Nachsicht zeigen, wie wir keine Nachsicht finden, wir werden sie vernichten, wie man uns zu vernichten trachtet; wir werden uns rächen für das, was man uns antut. Wehe dem S.A.-Mann dann, der in meine Hände geriete. Lebend würde er nicht davonkommen. Der Kampf geht hier auf Leben und Tod, da ist Milde fehl am Platz."[216]

Martin Hauser erreichte sein Ziel: Palästina. Während des Krieges meldete er sich zu den britischen Streitkräften. Dort werden wir ihm – elf Jahre später – wieder begegnen.

---

[212] Fromm, a.a.O., S. 108 f.
[213] Hauser, Martin: „Auf dem Heimweg. Aus dem Tagebuch eines deutschen Juden 1929–1945", Bonn 1975, S. 48.
[214] Hauser, a.a.O., S. 50.
[215] Hauser, a.a.O., S. 52.
[216] Hauser, a.a.O., S. 54.

Der Zionist und Journalist Robert Weltsch hält es am 1. April 1933 nicht hinter dem Schreibtisch aus. Mit einem Taxi fährt er ostwärts vom Kurfürstendamm zum Zentrum Berlins und weiter dorthin, wo die meisten jüdischen Geschäfte lagen.

> „Als überaus tröstlich empfand er die Gleichgültigkeit, wenn nicht sogar Verachtung, die viele Berliner gegenüber dieser amtlich autorisierten Drangsalierung der Juden Deutschlands an den Tag legten."[217] „Für ihn", so kommentiert John Dippel, „war der Boykott weniger dazu angetan, die Juden in den Schmutz zu ziehen, als sie moralisch zu erhöhen."

Dem praktischen Arzt Max Kirschner hat sich eingeprägt:

> „Der Boykott-Tag verlief wie geplant. An jedes jüdische Geschäft und jedes jüdische Büro wurde ein gelbes Plakat mit schwarzem Davidstern angebracht, in dessen Mitte in großen, fetten Buchstaben das Wort JUDE prangte. So geschah es auch am Zaun vor meiner Praxis. Doch viele treue Patienten schickten uns Blumen, einige statteten uns am Nachmittag einen privaten Besuch ab. Ein junger Mann, Sohn eines Polizeibeamten, der in unserem Haus wohnte, kam nach Hause, riß angewidert das Plakat ab und warf es fort. Wir sahen das und bewunderten seinen Mut."[218]

„Das Tagebuch der Hertha Nathorff", dem wir nun einige Eintragungen entnehmen, ist kein Tagebuch im üblichen Sinne, sondern eine Rekonstruktion aus dem Jahre 1940. Auch wenn sich einige unbestreitbare Irrtümer eingeschlichen haben, stellen sie den Wert des Ganzen nicht in Frage. Doch unterstreichen sie die Annahme, daß die zeitliche Nähe in aller Regel die Verläßlichkeit erhöht.

> „30. Januar 1933: Hitler Reichskanzler. Alle Leute sind erfüllt davon, meine Patienten reden von nichts anderem. Viele sind erfüllt von Freude, viele machen besorgte Gesichter. Einig sind sich alle in den Worten: ‚Nun wird es anders.' Ich aber ... höre, wie sie an ihn glauben, glauben wollen ..."[219]

Besonders wichtig für unsere Frage ist die Eintragung unter dem 2. Februar 1933. Der Name „Nathorff" läßt ja nicht auf Judesein schließen, so daß der Mehrzahl der Patienten die Abstammung unbekannt gewesen sein dürfte:

> „Zum ersten Mal ist in meiner Sprechstunde heute über Juden in abfälliger Weise gesprochen worden."[220]

Die Nähe zum Zentrum, der katholischen Partei, verrät der folgende Eintrag:

> „... das Zentrum wackelt. Mein alter Freund, Ministerialrat X., ist ganz verstört ... Noch vor einigen Wochen hat er gesagt: ‚Das Zentrum ist unerschütterlich'."[221]

Mit Hinblick auf den 1. April 1933 heißt es:

> „... Ich selber habe heute mit Absicht in Geschäften gekauft, vor denen ein Posten stand. Einer wollte mich abhalten, in ein kleines Seifengeschäft zu gehen. Ich schob ihn aber auf die Seite mit den Worten: ‚Für mein Geld kaufe ich, wo ich will'. Warum machen es nicht alle so? Dann wäre der Boykott schnell erledigt. Aber die Menschen sind ein feiges Gesindel, ich weiß es längst."

---

[217] Dippel, a.a.O., S. 181.
[218] Kirschner, a.a.O., S. 140 f.
[219] Nathorff, a.a.O., S. 35.
[220] Nathorff, a.a.O., S. 35.
[221] Nathorff, .a.a.O.., S. 36.

„*Die* Menschen" – meint alle, und trifft den Nagel nicht genau auf den Kopf. Bereits unter dem 16. April zitiert Nathorff eine Kollegin, „eine gute Katholikin", wie sie ausdrücklich betont, die in einer Ärzteversammlung ein vorsichtiges Widerwort gegen eine Diskriminierung der jüdischen Kollegen wagt."[222]

Nathorffs Urteil über „das Volk" schwankt. Unter dem 1. April lautet es:

> „Die Arztschilder an den Häusern sind besudelt und zum Teil beschädigt, und das Volk hat gaffend und schweigend zugesehen."[223]

2. Juni 1933:

> „Wie dumm und doch wie gut ist dieses Volk im Grunde…"[224]

Auch das folgende Zitat wirft Fragen auf. Nathorffs Verhalten ist korrekt, aber nicht so mutig, wie man auf Grund der vorwurfsvollen Äußerungen hätte vermuten können. Ich denke dabei an den schon in der Einleitung erwähnten Dr. Anton Kohl, der mir einen Herzfehler bescheinigte, um mich vor der Hitler-Jugend zu bewahren. Nathorff am 20. Juni 1933:

> „Immer wieder wollen sie von mir Atteste haben, um sich vor Versammlungen, Aufmärschen etc. zu drücken. Ich bescheinige keine Krankheit, kein Gebrechen, das nicht tatsächlich besteht."[225]

Die letzte Kassensprechstunde darf sie am 30. Juni 1933 abhalten. Beliebtheit und Dankbarkeit finden sichtbaren Ausdruck und beweisen, daß längst nicht alle der antisemitischen Hetze zum Opfer gefallen sind:

> „Meine Wohnung gleicht einem blühenden Garten. Abschiedsblumen."[226]

Zahlreiche weitere Notizen sind überaus aussagekräftig, so zum Beispiel, was ein Vetter der Ärztin erleben mußte:

> „…jedenfalls waren wir alle wochenlang in bitterer Sorge, und als er wieder kam, kam er zu mir, dem weiblichen Arzt, der seine zerrütteten Nerven, seine Hände heilen sollte. Was er erlebte, er spricht nicht davon, aber es war wohl zu viel für den feinnervigen Künstler.[227]
> …Die Freundin meiner Schwester, Frau eines Rechtsanwalts, sie kommt nur noch am Abend nach Eintritt der Dunkelheit, so daß meine Schwester ihr nahelegte, am besten überhaupt nicht mehr zu kommen. Die Katholiken sind zusammengesetzt aus Angst und Schrecken."[228]

Diese Bemerkung zeigt erneut eindeutig, wo, nach ihrem Urteil, die kirchentreuen Katholiken standen, nicht auf Hitlers Seite, sonst wären Angst und Schrecken ganz irrational. Das belegt auch der folgende Text:

---

[222] Nathorff, a.a.O., S. 40.
[223] Nathorff, a.a.O., S. 38.
[224] Nathorff, a.a.O., S. 45.
[225] Nathorff, a.a.O., S. 45 f.
[226] Nathorff, a.a.O., S. 46.
[227] Nathorff, a.a.O., S. 49.
[228] Nathorff, a.a.O., S. 49.

„Der Bräutigam meines Fräuleins kommt ganz aufgeregt. Er ist Mitglied des katholischen Gesellenvereins… In ihrem Verbandshaus war heute Haussuchung. Die Gelder sind ihnen einfach weggenommen worden, das sind die Methoden der Nazis…"[229]

Die Situation wird immer bedrohlicher:

„Ich habe Angst, so oft es klingelt. Ich habe Angst vor neuen Patienten, ich habe Angst vor jedem Wort, ob sie mir nicht eine Falle stellen… Ich habe Angst…"[230]

War es bei Klemperer Bruder Georg, der uns als Arzt Lenins Einblick in Geheimnisse der großen Politik verschafft hat, so ist es im Falle Nathorff Generalmajor Ferdinand von Bredow, mit dem sie im gleichen Mietshaus wohnte. Am 30. Juni 1934 heißt es:

„General von Schleicher und Frau ermordet! Und viele andere noch. Man weiß noch nichts Genaues und ich will es gar nicht wissen!"[231]

Am 5. Juli 1934:

„Ich bin Frau von Bredow auf der Treppe begegnet, ihr und ihrem süßen Jungen. In tiefer Trauer, ein Auto hat vor der Tür gestanden, ich hab' sie nur angestarrt, die ernste totenblasse schlanke Frau, wo fuhr sie hin? Und dann kam unser Portier: ,Ja, wissen Sie denn nicht? In tiefer Nacht ist er am 30. Juni aus dem Bett geholt und mitgenommen worden und sie haben ihn erschossen, weil er Schleichers Adjutant war und Frau von Bredow angerufen, sie könne die Urne abholen'. Ich kann nicht mehr denken, das Blut will mir in den Adern erstarren…"[232]

Else Behrend-Rosenfeld verschlägt es im Herbst 1933 mit ihrem Mann, einem aus rassischen Gründen entlassenen Ministerialbeamten, von Berlin nach Schönau am Königssee. Dort sind die Kinder einem fanatischen Lehrer ausgesetzt,[233] der sogar Mitschüler gegen sie aufstachelt:

„Nach einem Besuch bei dem uns schon bekannten, klugen und wohlgesinnten katholischen Pfarrer, der auch den Religionsunterricht in der Volksschule erteilte und der mir den Rat gab, mich auf seine Empfehlung hin direkt zum Schulrat des Kreises zu begeben, fuhr ich am nächsten Tag zu ihm. Ich fand einen freundlichen alten, durchaus verständnisvollen Schulmann, der selbst lange Jahre Lehrer gewesen war. Er empfahl mir, einen Antrag auf Schulbefreiung der Kinder zu stellen."[234]

Dem Antrag wurde zwar entsprochen, aber der Lehrer ruhte nicht, bis die Gemeinde den Wunsch äußerte, die Familie möge den Ort verlassen. An ihren Mann gewandt schreibt sie:

„Ich sehe Dich noch, niedergeschlagen vom Bezirksamt Berchtesgaden zurückgekehrt, am Tisch sitzen: ,Es ist eine seelische Roheit', hat der Regierungsrat gesagt, aber er kann nichts dagegen tun. … Er schlägt uns die Reichenhaller Gegend vor; dort im Kurort sei man sicher weitherziger."[235]

229 Nathorff, a.a.O., S. 55.
230 Nathorff, a.a.O., S. 57.
231 Nathorff, a.a.O., S. 58.
232 Nathorff, a.a.O., S. 59.
233 Von derlei Lehrern wird auch aus anderen Orten berichtet; siehe Salewsky, a.a.O., S. 157 und 227 und Edgar Hilsenrath von Halle in: „Schuldig, weil ich überlebte", DER SPIEGEL 15/2005, S. 171.
234 Behrend-Rosenfeld, Else: „Ich stand nicht allein. Leben einer Jüdin in Deutschland 1933–1944", München 1988, S. 24.
235 Behrend-Rosenfeld, a.a.O., S. 25.

Die dortige Vermieterin war befreundet mit einem SA-Mann, so daß ein gutes Auskommen auf Dauer nicht möglich war.

Es folgt der Umzug nach Icking ins Isartal:

> „Unsere Kinder haben dort gute Jahre gehabt, sowohl Lehrer wie Kameraden ließen sie ihre jüdische Rassenzugehörigkeit nicht fühlen."[236]

Eric Lucas schildert anschaulich, wie sein Vater um Haus, Hof und Beruf gebracht wurde. Der Vater wehrte sich nach Kräften, aber die Übermacht war zu groß:

> „Ein Bauer, der viele Kühe von meinem Vater gekauft hatte, ohne für sie zu zahlen, wurde Führer der NS-Bauernschaft. Es war kurz nach 1933. Mein Vater besaß noch seinen Wagen und traf den Bauern in Parteiuniform, als er mit zwei anderen sprach. Mein Vater hielt an, sprach mit den beiden Bauern, ohne auch nur einen Blick auf den Uniformierten zu werfen. Verärgert wandte dieser sich meinem Vater zu und schrie ihn an in vollem Vertrauen auf seine neu erworbene Stellung: ‚Ich wünschte, du würdest aus deinem Wagen aussteigen. Dann würde ich es dir, Jude, zeigen'. Mit einem Schwung öffnete Vater die Tür des Wagens, wandte sich an ihn und antwortete: ‚Du bist jetzt vielleicht ein Nazi, hast nicht bezahlt, was du schuldest, wie jeder, der sein Wort gab, es tun würde. Aber wenn du noch ein Wort mehr sagst, schlag ich dich trotz deiner Uniform nieder'. ‚Laß' den Juden in Ruhe, du wirst es sonst bereuen', warnten die beiden anderen. Das war das letzte Mal, daß mein Vater den Judenhassern eine Lektion erteilen konnte…"[237]

Noch war die Zuversicht nicht gänzlich gewichen:

> „Im Frühjahr 1933 sprachen sie nur über das unbegreifliche Ereignis, das nun wirklich eingetreten war… Mein Vater beruhigte Josef Keller, und dieser wiederum erzählte Geschichten, die beweisen sollten, wie recht mein Vater habe. Ja, es ist bestimmt so, daß die meisten Bauern mit dem Regime nicht einverstanden sind, sie haben es gesagt und verbergen ihr Vorhaben nicht… Die neue Theorie über Blut und Boden schien den Bauern überhaupt nicht zu gefallen. Mein Vater nahm das Thema wieder auf. ‚Im übrigen habe ich in 30 Jahren unter den Bauern dieser Gegend so viele Freunde gewonnen. Werden sie jetzt plötzlich aufhören, meine Freunde zu sein? Alle sagen mir dasselbe… In ein paar Monaten wird der ganze Wahnsinn vorbei sein."[238]

Noch gab es Widerstand und deutliche Zeichen der Solidarität:

> „Aber bald wurden die Bauern gezwungen, all ihr Vieh der Kooperative zu verkaufen, und den Juden wurde das Betreten des Marktes untersagt… Die alten Freunde unter den Bauern baten die Juden mit Bedauern, nicht mehr auf ihre Höfe zu kommen, weil das von ‚oben' gegen sie ausgelegt würde. Trotzdem kamen nachts einige Bauern, um eine Kuh zu kaufen oder zu verkaufen, und die Kunden arrangierten sich hier und da, ihr Fleisch dort zu kaufen, wo sie es seit vielen Jahren gekauft hatten… Langsam aber sicher fiel ein Vorhang zwischen die ‚Herrschaft' und die Dorfbewohner."[239]

Rechtsanwalt Neumann verspürt in seiner Umgebung keine rasche Veränderung:

> „In unserer Stadt änderte sich zunächst nicht viel… Einer meiner ersten Mandanten am Tage nach Hitlers Regierungsantritt war ein SS-Mann in voller Uniform."[240]

---

[236] Behrend-Rosenfeld, a.a.O., S. 58.
[237] Lucas, a.a.O., S. 76 f.
[238] Lucas, a.a.O., S. 120.
[239] Lucas, a.a.,O S. 122.
[240] Neumann, a.a.O., S. 84.

Auf der nächsten Seite schreibt er:

> „Nachdem die Partei es mit Hilfe des Reichstagsbrandes und einer darauf basierenden Angst-
> macherei vor dem Kommunismus zu einem fast fünfzigprozentigen Wahlsieg gebracht hatte,
> wurde sie auch bei uns lebendiger … Eines Morgens lagen die Schaufensterscheiben der jüdischen
> Geschäfte in der Hauptgeschäftsstraße in Trümmern. Unsere christlichen Mitbürger standen auf
> der Straße und machten ihrer Empörung laut und ungeniert Luft. Der Erfolg war, daß die Partei
> sich in keiner Weise dieser Tat rühmte, vielmehr eine amtliche Notiz in der Presse erschien, das
> hätten die Kommunisten gemacht und man sei den Tätern bereits auf der Spur … Dann setzte
> ‚schlagartig‘ eine Judenhetze von unerhörtem Ausmaß im Radio ein … Meine Frau wünschte auch,
> den Gashahn aufzudrehen. ‚Ich schäme mich weiterzuleben‘, sagte sie nur immer …“[241]

Neumann appellierte brieflich an Hindenburg, seinen früheren militärischen
Vorgesetzten. Aber Frau und Schwiegermutter, von Angst getrieben, zwangen ihn,
den Brief vom Postamt zurückzuholen.

Gute Beispiele dafür, daß nicht einmal die Mitgliedschaft in der NSDAP zwingend
auf eine antisemitische Einstellung schließen ließ, liefert Neumann. So hatte
er über Jahre einen Mandanten, von dem er später erfuhr, daß es sich dabei um
das älteste Mitglied der NSDAP-Ortsgruppe gehandelt habe. Als der „Stürmer"-
Schaukasten in der Stadt angebracht wurde, rief ein Mandant über die Straße dem
Rechtsanwalt zu:

> „‚Eine Schande ist das, Herr Doktor! Man muß sich schämen.‘ Zweimal waren über Nacht die
> Glasscheiben von Stürmerkästen in unserer Stadt zertrümmert worden."[242]

Hans Rosenthal, 1925 in Berlin geboren, älteren Fernsehzuschauern als quick-
lebendiger Quizmaster im Gedächtnis, überlebte das Dritte Reich unweit des Or-
tes, wo die „Endlösung der Judenfrage" beschlossen worden war. Kaum war Hans
schulpflichtig, „kam Adolf Hitler an die Macht. Und diese Macht griff – fast hätte
ich geschrieben ‚natürlich‘ – auch in das Leben unserer kleinen jüdischen Familie
ein."[243] Bemerkenswert: „In der Städtischen Volksschule wurde ich von meinen
Mitschülern akzeptiert. Wir waren vier jüdische Schüler, die dann später beim Religionsunterricht jeweils Freistunde hatten oder nach Hause gehen durften."[244]

Gut nachempfinden kann ich, welche Gefühle die Dispensierung vom HJ-Dienst
auslöste:

> „Ich muß allerdings gestehen, daß ich anfangs, also nach 1933, noch nicht das ‚richtige Bewusst-
> sein‘ hatte. Als meine Freunde bei den ‚Pimpfen‘ im ‚Jungvolk‘ und in der ‚HJ‘ marschierten, fühlte
> ich mich als Außenseiter – nicht als einer, der nicht dabeizusein brauchte …"[245]

Auch Marcel Reich-Ranicki weiß nur wenig von Antisemitismus an seiner Schule.
Ein Eklat blieb im Gedächtnis:

---

[241] Neumann, a.a.O., S. 85 f.
[242] Neumann, a.a.O., S. 97.
[243] Rosenthal, Hans: „Zwei Leben in Deutschland", Bergisch Gladbach 1980, S. 29.
[244] Rosenthal, a.a.O., S. 30.
[245] Rosenthal, a.a.O., S. 38.

„Es waren zwei tüchtige Spieler, doch der eine ein HJ-Führer, der andere ein Jude. In der Hitze des Gefechts brüllte R. den L. an: ‚Du Drecksjude!‘ Solche Beschimpfungen waren in dieser Schule damals, 1934, noch nicht üblich. So wuchs sich der Vorfall zu einem kleinen Skandal aus.“[246]

Der Klaßleiter mißbilligte vor allen Schülern die Entgleisung und mußte mit Strafversetzung dafür büßen. Er hatte sich auf sein christliches Gewissen berufen.

Peter Gay hat ähnliche Erfahrungen aufgezeichnet:

„Bei den wenigen Malen, wo es unter meinen Klassenkameraden zu antisemitischen Äußerungen kam, war er [ein gewisser Schmidt] der Hauptanstifter; er drängte andere, die schmutzige Arbeit für ihn zu tun, allerdings – wenn mich meine Erinnerung nicht trügt – oft ohne Erfolg… Der Druck, der am Goethe-Gymnasium auf die jüdischen Schüler ausgeübt wurde, blieb selektiv: Soweit ich mich erinnern kann, bin ich nie ausgelacht, belästigt oder angegriffen worden, nicht einmal hinterlistig. Mein Vetter Edgar dagegen wurde mehrfach zum Opfer, man drohte, ihn vor einen ausliegenden ‚Stürmer‘ zu zerren und zum Vorlesen zu zwingen.“[247]

„Viele Jahre später ereiferte sich eine amerikanische Interviewerin darüber, daß meine Eltern es nicht fertiggebracht hätten, mich auf eine jüdische Schule zu schicken, und wollte wissen, wie mir zumute war, als ich den schauerlichen Vers ‚Wenn jüdisch’ Blut vom Messer spritzt‘ mitsingen mußte. Ich konnte ihr nur erwidern, daß ich dieses Lied während meiner Schuljahre am Goethe-Gymnasium nicht einmal gehört hatte… Im großen und ganzen waren unsere Lehrer frei von politischem Eiferertum und hatten es nicht darauf abgesehen, ihren jüdischen Schülern das Leben schwerer zu machen als den nichtjüdischen.“[248]

Aus einem Schreiben der Marianne B. vom 3. März 1968:

„Meine persönlichen Schulfreundinnen waren fast ausschließlich nichtjüdisch, und fast ausnahmslos hielten sie zu mir. Es wurde nicht darüber gesprochen, aber sie kamen weiter zu uns ins Haus, luden mich zu sich ein usw., trotz der ‚Gefahr‘, die besonders in den späteren Jahren damit verbunden war. Es wurde als selbstverständlich hingenommen, daß ich als Jüdin an vielen Dingen nicht teilnehmen konnte, aber das störte im allgemeinen die Freundschaft nicht.“[249]

Marianne erinnert sich auch, daß in den späten 30er Jahren einige Lehrerinnen im Schutze der Dunkelheit kamen, um der Familie ihr Entsetzen über das Geschehen in Deutschland auszudrücken. Eine andere Jüdin, Ellen T., weiß zu berichten, daß die Lehrerin Tränen in den Augen hatte, als sie ihr mitteilen mußte, daß Juden nicht länger am Schwimmunterricht teilnehmen dürfen.[250]

Dazu schreibt der Herausgeber der Erinnerungen von Marianne B.:

„Ob der Lehrer, mit dem man es täglich zu tun hatte, ‚Parteigenosse‘ oder gar überzeugter Nationalsozialist war, ist für die ehemaligen jüdischen Schüler in der Retrospektive weitgehend ohne Bedeutung… Auch konnten keine Fälle ermittelt werden, die während des Unterrichts unter Billigung des Lehrers Tätigkeiten ‚arischer‘ Kinder gegen jüdische Mitschüler dokumentierten.“[251]

---

[246] Reich-Ranicki, Marcel: „Mein Leben“, Stuttgart 1999, S. 48.
[247] Gay, a.a.O., S. 78 f.
[248] Gay, a.a.O., S. 81.
[249] Meynert: „Endlösung“, S. 118.
[250] Meynert: „Endlösung“, S. 120 f.
[251] Meynert: „Endlösung“, S. 121.

Gerhard Löwenthal, ein Redakteur des ZDF-Magazins in der Ära des Kalten Krieges, wurde 1922 als Sohn eines jüdischen Kaufmanns und einer zum Judentum übergetretenen Mutter in Berlin geboren. Das erste Kapitel seiner Erinnerungen trägt die bezeichnende Überschrift: „Unbeschwerte Kindheit 1922–1933."[252] Antisemitismus wurde von ihm nicht wahrgenommen. Das, was er über die Nachbarschaft schreibt, ist nicht minder geeignet, Rückschlüsse zu ziehen:

> „Die Tatsache, daß wir bei aller Grausamkeit der Nazis gegenüber den Juden und bei allen Härten des Krieges… immer ein vertrautes Heim behielten und in einer uns freundschaftlich gesinnten Nachbarschaft weiterleben konnten, war für uns das deutlichste Zeichen der Gnade Gottes."[253]

Diese „freundschaftlich gesinnte Nachbarschaft" währte fast 50 Jahre bis zum Tode der Mutter 1978.

„Ausgestoßen 1933–1939" lautet die Überschrift des nächsten Kapitels. In seiner Klasse stammte etwa die Hälfte der Schüler aus jüdischen Elternhäusern. Erst nach dem Pogrom mußten sie die Schule verlassen. Löwenthal schildert, wie die antisemitische Hetze „bei der jungen Generation", wie er zu schreiben nicht vergißt, Erfolg hatte.

> „In den Schulpausen gab es immer mehr Prügeleien, bei denen es nicht mehr um das übliche Kräftemessen unter Gleichaltrigen ging, sondern Jungvolk und HJ-Mitglieder auf ihre jüdischen Mitschüler eindroschen und dabei antisemitische Beschimpfungen ausstießen."[254]

Aber fast noch wichtiger ist die Feststellung, die folgt:

> „An die Schulzeit habe ich trotz allem überwiegend positive Erinnerungen. Der Direktor sowie die Mehrzahl der Lehrer waren anständige Menschen und gute Pädagogen, so daß wir wirklich etwas lernten…"[255]

Ausdrücklich betont er, daß die meisten von ihnen keine Nationalsozialisten waren. Seinem Vater gelang es noch, sein Geschäft weiter zu betreiben und er war

> „dabei durch die Hilfe vieler ‚arischer‘ Geschäftsleute erfolgreich."[256]

Inge Deutschkron, 1922, also im gleichen Jahr wie Löwenthal geboren, berichtet über die erste Zeit der NS-Herrschaft:

> „Unsere jüdischen Freunde, die nicht von den neuen Gesetzen betroffen worden waren, klopften meinen Eltern auf die Schulter und meinten, es würde sich schon irgendeine Lösung aus der Misere finden lassen. Jemand wie Hitler hätte schließlich kommen müssen, um der Arbeitslosigkeit und der Ausbeutung ein Ende zu machen. So hätte es doch nicht weitergehen können."[257]

---

[252] Löwenthal, Gerhard: „Ich bin geblieben. Erinnerungen", München 1987, S. 15.
[253] Löwenthal, a.a.O., S. 22.
[254] Löwenthal, a.a.O., S. 25. Ähnliches berichtet Eugen Herman-Friede („Für Freudensprünge keine Zeit. Erinnerungen an Illegalität und Aufbegehren 1942–1948", Berlin 2002, S. 54) „Itzig, Itzig!‘, riefen sie in der Schule hinter mir her oder: ‚Alte Judensau!‘ Ich wurde angerempelt, hin- und hergestoßen, geschnitten", S. 31.
[255] Löwenthal, a.a.O., S. 25.
[256] Löwenthal, a.a.O., S. 40.
[257] Deutschkron, a.a.O., S. 17.

Wie sehr auch „die meisten Juden" Hitlers Antisemitismus unterschätzten, zeigen die folgenden Einlassungen:

> „Für diejenigen, die schon damals Deutschland verließen, weil ihnen die neuen Gesetze keinerlei Existenzmöglichkeiten boten, hatten die meisten Juden in Berlin nur ein mitleidiges Lächeln übrig. Wie konnte man sich nur so von Panik erfassen lassen!"[258]

Die Schulzeit betreffend stimmt Deutschkron ein in den Chor derer, die so gut wie nichts Antisemitisches erfahren haben:

> „Da in der weltlichen Schule Jungen und Mädchen gemeinsam unterrichtet wurden, hatte ich gelernt, wie man sich wirkungsvoll zur Wehr setzt. Ich hatte Gelegenheit, das auch jetzt in der neuen Klasse zu beweisen, wenngleich mich keine meiner Mitschülerinnen je angegriffen hat, obschon sie wußten, daß ich Jüdin bin."[259]

Wegen Umzugs mußte sie die Schule wechseln. Als die Mutter sie abmeldete, äußerte der Schulleiter „lebhaftes Bedauern".

In der neuen Schule:

> „Die Lehrer, die nach 1933 gezwungen waren, bei ihrem Eintritt in die Schulräume mit ‚Heil Hitler' zu grüßen, taten dies in dieser Schule mit offensichtlicher Abneigung. Sie machten auch keinerlei Unterschied zwischen uns und den nichtjüdischen Kindern meiner Klasse. Lediglich die Tochter eines hohen SA-Führers war in dieser Hinsicht eine Ausnahme, denn sie durfte ungeachtet ihrer eindeutig erwiesenen mangelnden Schulbegabung nicht sitzenbleiben."[260]

Wieder kam es zu einem Schulwechsel und wieder tiefes Bedauern.[261]

Ernest Heppner machte andere Schulerfahrungen. Lag es mit daran, daß sich seine Schule so weit im Osten des Reiches, in Breslau, befand?

> „Die einsetzende Isolierung der jüdischen Bevölkerung traf die Schulkinder am härtesten. Mit jedem Schultag wurde der antisemitische Druck spürbarer, als nach und nach auch die Lehrer anfingen, sich an den verbalen und manchmal sogar tätlichen Angriffen auf jüdische Schüler zu beteiligen."[262]

Andererseits betont Heppner, daß sein Vater alle Jahre der NS-Ära hindurch auch bei seinen nichtjüdischen Angestellten „sehr beliebt" gewesen sei, der Antisemitismus offenbar im Betrieb keine Rolle gespielt hat.[263]

Erich Leyens, ein jüdischer Kaufmann aus Wesel, zusammen mit zwei Brüdern hochdekorierter Kriegsfreiwilliger, beschreibt in seinen Erinnerungen, wie er den Boykott des Familienbetriebes erlebte und sich zu wehren wußte. Doch vorab schildert er kurz, was in der Stadt beim Tod seines Vaters geschah:

---

[258] Deutschkron, a.a.O., S. 17 f.
[259] Deutschkron, a.a.O., S. 23.
[260] Deutschkron, a.a.O., S. 24.
[261] Deutschkron., a.a.O., S. 25.
[262] Heppner, a.a.O., S. 65.
[263] Heppner, a.a.O., S. 75.

„Am 13. April 1930 starb mein Vater, Hermann Leyens. Am Tag seiner Beerdigung wurde das geschäftliche Treiben in den Straßen stiller. Die Zeitungen würdigten in langen Nachrufen seine Verdienste um die Stadt und beschrieben in vielen Einzelheiten, warum er der geliebte und bewunderte Bürger der Stadt war."

Wohl nahezu exzeptionell mutig sein eigenes Verhalten am Tage des Boykotts:

„Am 1. April 1933 stand ich neben uniformierten SA-Männern auf der Straße und verteilte ein Flugblatt... Ich war nicht im Zweifel darüber, bei der Verteilung erschlagen zu werden... Am Eingang der Hauptstraße stand ich mit meinen Flugblättern neben ihnen. Ich hatte meine alte Felduniform angezogen und auf ihr, neben den Kriegsorden, den gelben ‚Judenfleck' annähen lassen, der von der Nazipresse gefordert wurde... Was folgte, bewies, wie sehr ich mich geirrt hatte. Meine Mitbürger zeigten noch ihre wahre Gesinnung. Erst blieben einige Leute stehen, die ungläubig auf das sonderbare Schauspiel sahen. Dann lasen sie das Flugblatt[264] mit offensichtlicher Bestürzung. Bald rannten Jungens zu mir und baten um Bündel Flugblätter, die sie in der Stadt verteilen wollten. Immer mehr Menschen sammelten sich an, schließlich waren es so viele, daß der Verkehr gestört wurde. Es gab lautstarke Zustimmung. Männer machten ihrer Entrüstung Luft. Frauen kamen, die mich umarmten und weinten. Ein Nachbar aus der altangesehenen katholischen Familie Honnerbach rief Leute zu sich herein, um ihnen ein Buch des Wesseler Regiments 43 zu zeigen, aufgeschlagen auf einer Seite mit Bild und Bericht über mich..."

So geht es weiter, bis die Feststellung folgt:

„Die unmöglich gewordene Lage endete damit, daß die SA-Männer von ihrer Befehlsstelle die Anordnung erhielten, abzuziehen."[265]

Jochen Klepper ist kein Jude. Dennoch erscheint es gerechtfertigt, ihn in diese Reihe aufzunehmen. Er war nicht nur seit 1931 mit einer Jüdin verheiratet. Sie brachte auch noch zwei „voll"-jüdische Kinder in die Ehe mit. Obwohl ihn seine Frau dazu aufforderte, lehnte er jeden Gedanken an Scheidung brüsk ab und ging mit ihr und Tochter Reni, deren Deportation nicht mehr zu verhindern war, am 11. Dezember 1942 in den Tod. So nahm er das Los der Verfolgten freiwillig auf sich, obwohl er ihm mühelos hätte entgehen können. Ansehen und Reichtum winkten. Er aber gab in Solidarität mit Juden sein Leben.[266]

Seine Aufzeichnungen bilden ein echtes Tagebuch, damals und fast täglich geführt. Es füllt – trotz Kürzungen seitens der Herausgeber – über eintausend Seiten, die letzten zehn Lebensjahre umfassend:

„3./4. März 1933... Aber man wird mich immer dort finden,... wo man das in seinen Entschlüssen selbständige, maßvolle Bürgertum suchen zu müssen glaubt."

[264] Aus dem Text: „Unser Herr Reichskanzler Hitler, die Herren Reichsminister Frick und Göring haben mehrfach folgende Erklärung abgegeben: ‚Wer im 3. Reich einen Frontsoldaten beleidigt, wird mit Zuchthaus bestraft!' Die drei Brüder Leyens waren als Kriegsfreiwillige an der Front... Müssen wir uns nach dieser Vergangenheit in nationalem Dienst jetzt öffentlich beschimpfen lassen?..." (Leyens/Andor, a.a.O., S. 18).
[265] Leyens/Andor, a.a.O., S. 17.
[266] Klepper war nicht der einzige, der sich zu dieser äußersten Solidarität durchgerungen hat, auch z.B. der Schauspieler Joachim Gottschalk (Weisenborn, Günther: „Der lautlose Aufstand. Bericht über die Widerstandsbewegung des deutschen Volkes 1933–1945", Frankfurt am Main 1974, S. 388).

Diesmal ist sein Mann Brüning.

> „Und so spielen Hanni und ich an diesem großen Wahltag ‚Nathan der Weise' – die Jüdin und der
> Protestant wählen Zentrum."[267]

Schon drei Tage nach dieser Schicksalswahl ist er der Resignation nahe:

> „Auf dem Funkhaus die Hakenkreuzfahne!…Was uns schon jetzt an Antisemitismus zugemutet
> wird… Wir im Funk können unsere Situation gegenseitig verstehen, aber die Achtung voreinan-
> der ist hin. Müde, dreißigjährige Kompromißler, durch primitive Existenzkämpfe verängstigt. Wie
> wir es drehen und wenden – das sind wir!"[268]

Knapp ein halbes Jahr später trifft er eine Feststellung, die gut hierher paßt:

> „Ich werde die schwere Beklemmung nicht los, daß es mit einem Staate nicht gut werden kann, in
> dem Gesinnungsfestigkeit mit dem Existenzverlust gesühnt werden muß. Ein Staat ohne Warner
> und Kritiker, ohne selbständige Köpfe ist mir unheimlich."[269]

Doch zurück in die chronologische Reihe:

> „26. Mai 1933/Freitag. Nun ist das Damoklesschwert der Denunziation vorüber. Der Intendant
> Arenhövel weiß, daß ich Sozialdemokrat war und eine jüdische Frau habe. – Seine Antwort: Nahe
> Freunde von ihm wären auch religiöse Sozialisten; das störe ihn gar nicht. Meine Ehe sei meine
> Sache…"[270]

Auch der entschiedene Gegner differenziert gewissenhaft:

> „Völlig positiv stehe ich dem Nationalsozialismus in zwei Punkten gegenüber: in der verwaltungs-
> mäßigen Gleichschaltung der Länder des Deutschen Reiches bei stärkerer kultureller Berücksich-
> tigung alles ‚Bodenständigen und Landsmannschaftlichen'. Unüberbrückbare Trennung: Die
> Gleichschaltung von Kirche und Staat, Revolution und Reformation. Und der Antisemitismus.
> Eine antisemitische Reformation kann es nicht geben."[271]

> „5. Juni 1933/Pfingstmontag… Ich werde im Funk von Braun und Arenhövel mühevoll durchge-
> halten, habe keine Aussicht…"[272]

> „7. August 1933… Daß die Deutschen so werden mußten, wie sie nun als Staat sind, verstehe ich:
> in der Mitte Europas – die Grenzen offen! Es ist eine bewegende Parallele zu der dauernden De-
> fensivstellung der Juden."[273]

> „7. September 1933… Hanni will sich durchaus scheiden lassen, um mich für meine ‚Karriere'
> freizubekommen. Ich tue an ihr ein Unrecht, daß ich nicht einwillige und dadurch besser für un-
> sere Existenz sorge. Aber es ist keine falsche Moral, die mich hält. Ich kann diesen Entschluß nicht
> fassen. In diesem ‚jüdischen Schicksal', in das Gott einen einbezieht, ist etwas, wogegen ich nicht
> ankann."[274]

---

[267] Klepper, Jochen: „Unter dem Schatten deiner Flügel. Aus den Tagebüchern der Jahre 1932–1942",
         Stuttgart 1957, S. 40.
[268] Klepper, a.a.O., S. 41.
[269] Klepper, a.a.O., S. 94.
[270] Klepper, a.a.O., S. 60 f.
[271] Klepper, a.a.O., S. 62.
[272] Klepper, a.a.O., S. 65.
[273] Klepper, a.a.O., S. 93.
[274] Klepper, a.a.O., S. 105.

Nur einen Tag später:

> „Noch sind die Kinder völlig unbefangen und haben in der Schule nicht zu leiden."

Aus Kleppers Feder haben die folgenden Betrachtungen ein seltsames Gewicht:

> „Die Deutschen sind so schwer zu begreifen, – schwer zu lieben und unmöglich zu hassen. Die
> SA- und SS-Männer, die gewaltige Miliz dieser Revolution, zogen gestern am ‚Kupfernen Sonntag'
> brav, sauber, adrett in Massen an den Weihnachtsschaufenstern entlang – gute, offene Gesichter,
> behaglich – wie soll man sich auskennen?"[275]

Die folgende Selbstkritik zeigt den Gegner des Regimes in seiner schier ausweg-
losen Lage. Insofern steht Klepper für alle Unangepaßten, die „Arier" wie die Juden.

> „Und nun heißt es nicht mehr, in eine subalterne, mechanische Arbeit abzuleiten, wenn ich den
> Akt der ‚Loyalität', ‚Disziplin', ‚Solidarität', ‚Staatsraison', ‚Kollegialität' nicht begehe. Es geht im-
> mer mehr in mir kaputt, aber ich darf nicht einmal vor mir selber ... ein Wort darüber verlieren,
> weil ich mich in der Situation des tugendhaften Mädchens befinde, das jammert, versichert, weint
> und dann doch tut, was andere ohne viel Aufhebens, selbstverständlich und damit würdevoller
> tun."[276]

Oben war davon die Rede, daß Klepper – wie so viele andere – dem Nationalsozialismus auch einige gute Seiten abgewinnen konnte.[277] Die Mordaktionen im
Sommer 1934 zerstören die letzten Illusionen:

> „Ich spüre nun allmählich gar, gar keine Berührungspunkte mit dem Nationalsozialismus mehr
> und kenne in dieser Hinsicht gar nichts mehr als die schwere Sorge, wie dieses vermessene Aben-
> teuer, zu dem dieses unglückliche Volk kranke Phantasten ermächtigt hat, enden soll."[278]

> „19. August 1934 ... Heute die Volksabstimmung über die Vollmachten Hitlers als Reichspräsident
> und Kanzler auf unbegrenzte Dauer ... Seit Freitag schon muß geflaggt sein, und kaum jemand
> wagt es, sich auszuschließen. Was macht es, daß unsere Fahne fehlt; was werden unsere beiden
> Nein-Stimmen bedeuten! Es ist unfaßlich: spricht man die einzelnen an, ist alles bedrückt – kom-
> men die Kundgebungen, sagt alles zu allem Ja und Amen."[279]

Zwei Tage später:

> „Die Presse verlacht den Wunderglauben und die Ohnmacht der Nein-Sager der Volksabstim-
> mung. Aber Hitler scheint betroffen, daß ‚nur' 90 Prozent des Volkes hinter ihm stehen."[280]

So viel von Jochen Klepper die Jahre 1933 und 1934 betreffend.

Als Frontkämpfer zählt Victor Klemperer zunächst noch zu den Privilegierten.
Aber die Schikanen beginnen rasch: Publikationen werden unmöglich, der Hör-
saal leert sich. Der Leser seiner Tagebuchaufzeichnungen fühlt sich in jene turbulenten Tage zurückversetzt, erlebt Menschen in Siegesrausch und Halluzinatio-

---

[275] Klepper, a.a.O., S. 129.
[276] Klepper, a.a.O., S. 177.
[277] Siehe dazu ferner Klepper, a.a.O., S. 162.
[278] Klepper, a.a.O., S. 196.
[279] Klepper, a.a.O., S. 202 f.
[280] Klepper, a.a.O., S. 203.

nen, andere in Angst und Schrecken, der Verzweiflung nahe. Seit 30. Januar 1933 ist Hitler Reichskanzler.[281]

„21. Februar… Es ist eine Schmach, die jeden Tag schlimmer wird. Und alles ist still und duckt sich, am tiefsten die Judenheit und ihre demokratische Presse."

10. März… Am Sonntag [5. März] wählte ich den Demokraten, Eva Zentrum… Eine entrüstete Zurückweisung, loyalen Juden werde nichts Übles geschehen… Vollkommene Revolution und Parteidiktatur. Und alle Gegenkräfte wie vom Erdboden verschwunden…"

„17. März… Aber leider hatten wir am Dienstag Thiemes hier. Das war entsetzlich und war ein Ende. Mit einer solchen begeisterten Überzeugung und Verherrlichung bekannte sich Thieme – er![282] – zu dem neuen Regime. Alle Phrasen von Einigkeit, Aufwärts usw. gab er mit Andacht wieder. Trude war viel harmloser. Es sei alles schiefgegangen, nun müsse man dies versuchen. ‚Jetzt müssen wir eben einmal in dies Horn blasen!' Er verbesserte heftig: ‚Wir müssen nicht', es sei wirklich und frei gewählt das Richtige. Das verzeihe ich ihm nicht. Er ist ein armer Hund und ängstigt sich um seinen Posten… Ich kann das Gefühl des Ekels und der Scham nicht mehr loswerden. Und niemand rührt sich; alles zittert, verkriecht sich…"

Auch der aufmerksame Beobachter war über das Ausmaß des Terrors nicht ganz im Bilde; erst später ist von verstümmelten Leichen die Rede.

„27. März… Die Regierung ist in übler Tinte. Von außen ‚Greuelpropaganda' wegen ihres Judenkampfes. Sie dementiert ständig, es gebe keine Pogrome, und läßt jüdische Vereine widerrufen. Wiederum droht sie offen, gegen die deutschen Juden vorzugehen, wenn die Hetze der ‚Weltjuden' nicht aufhöre. Inzwischen im Innern kein Blutvergießen, aber…"

„3. April… Am Sonnabend rote Zettel an den Geschäften: ‚Anerkannt deutschchristliches Unternehmen'. Dazwischen geschlossene Läden, SA-Leute davor mit dreieckigen Schildern: ‚Wer beim Juden kauft, fördert den Auslandsboykott und zerstört die deutsche Wirtschaft.'"

„12. April… Die Macht, eine ungeheuere Macht, ist in den Händen der Nationalsozialisten. Eine halbe Million Bewaffneter, alle Staatsämter und -mittel, Presse und Rundfunk, die Stimmung der besoffen gemachten Millionen…"

Fast prophetisch klingen die Worte:

„25. April… Das Schicksal der Hitlerbewegung liegt fraglos in der Judensache. Ich begreife nicht, warum sie diesen Programmpunkt so zentral gestellt haben. An ihm gehen sie zugrunde. Wir aber wahrscheinlich mit ihnen…"

Über seinen Dekan äußert er mehrmals sinngemäß:

„15. Mai… Beste, jetzt Dekan, nimmt sich meiner an, ist innerlich erbittert (Zentrumsmann). Aber überall vollkommene Hilflosigkeit, Feigheit, Angst…"

Mehrmals ist von folgender Gaunerei die Rede, die ihm offenbar nahegeht:

„17. Juni… Ein polnischer Jude, Sandel, hat mich um volle 240 M betrogen, will sie nicht zurückzahlen und rechnet darauf, daß ich ihn aus Angst vor Skandal nicht anzeige…"

---

[281] Die folgenden Zitate sind, soweit nichts anderes vermerkt, entnommen: Klemperer „Tagebücher 1933–1934", Berlin 1998. Das angegebene Datum ersetzt die Seitenzahl.
[282] „Eine Art Pflegesohn", siehe Klemperer: „Tagebücher 1933–1934", S. 179.

Der Hitlergruß wird obligatorisch:

„20. Juli... der Befehl an alle Beamten (und so auch an mich), mindestens im Dienst und an der Dienststelle den ‚Deutschen Hitlergruß' zu benutzen. Erweiterung: ‚Es wird erwartet', daß man auch sonst diesen Gruß anwende, wenn man den Verdacht bewußter Ablehnung des neuen Systems vermeiden wolle (Geßlerhut redivivus)."

„10. August... Sie erzählt mit Tränen in den Augen: ein Kollege ihres Mannes Knall und Fall entlassen, weil er nicht mit Armaufheben gegrüßt hat."

Ein Fall von vielen, die meisten haben darüber aber geschwiegen:

„Ein Freund, aus dem Konzentrationslager freigekommen. Er mußte dort, ein brillentragender Mann, auf den Namen ‚Brillhund' hören, er mußte seinen Eßnapf auf allen vieren apportieren, wenn er Essen haben wollte. Er mußte bei der Entlassung unterschreiben, über alles zu schweigen..."

„6. September... Am Sonnabend, 2.9., bei Köhlers. Hübsch und friedlich wie immer. Es tut wohl, mit ‚Ariern' zusammen zu sein, denen die gegenwärtige Tyrannei so furchtbar ist wie uns selber."

Auch die folgende Stelle wiederholt sich sinngemäß:

„9. Oktober... Besonders widerlich ist uns das Verhalten mancher Juden. Sie fangen an, sich innerlich zu fügen und den neuen Ghettozustand atavistisch als einen hinzunehmenden gesetzlichen Zustand anzusehen. Gerstle, der Direktor des lukrativen Feigenkaffees, nebenbei Schwager des ausgewanderten Jule Sebba, sagt, Hitler sei ein Genie, und wenn nur erst der Außenboykott Deutschlands aufhöre, werde man leben können... Vater Kaufmann – sein Sohn in Palästina! – spricht ähnlich, und seine Frau, die ewige Gans, hat sich an die Schlagwörter der Presse und des Rundfunks gewöhnt und papageit von dem ‚überwundenen System', dessen Unhaltbarkeit sich nun einmal erwiesen hätte... Evas Erbitterung ist noch größer als meine. Der Nationalsozialismus, sagt sie, genauer: das Verhalten der Juden zu ihm, mache sie antisemitisch."

Das rechte Verhalten bei den „Wahlen" beschäftigt Klemperer mehrmals:

„23. Oktober... Das Plebiszit und die famose Reichstags-„wahl" am 12. November[283] sind ein prachtvolles Reklamemittel. Niemand wird wagen, nicht abzustimmen, und niemand wird die Vertrauensfrage mit nein beantworten. Denn 1. traut niemand dem Wahlgeheimnis und 2. wird ja das Neinkreuz doch als Jakreuz gelesen..."[284]

„9. November... Kaufmanns und Frau Rosenberg zum Kaffee bei uns. Es gab eine furchtbar erregte Szene, als Herr Kaufmann erklärte, sich zum ‚Ja' beim Plebiszit entschlossen zu haben, die gleiche Anweisung habe ‚schweren Herzens' auch der Zentralverband deutscher Juden ausgegeben. Ich verlor alle Contenance, hämmerte mit der Faust auf den Tisch und brüllte Kaufmann wiederholt die Frage zu, ob er diese Regierenden, deren Politik er bejahe, für Verbrecher halte oder nicht. Er verweigerte mit schöner Nathansweisheit die Antwort; ich hätte ‚kein Recht, diese Frage zu stellen'."

---

[283]	Am 19. Oktober 1933 trat Deutschland aus dem Völkerbund aus. Am 12. November fand dazu eine Volksabstimmung und eine Reichstagswahl statt. Die Wahlbeteiligung betrug 95,3 Prozent, die NSDAP erhielt 95,1 Prozent der abgegebenen Stimmen.

[284]	Zumindest gelegentlich wurde das Wahlgeheimnis verletzt; siehe Horchem, a.a.O., S. 48 f. Siehe auch Shirer („Berliner Tagebuch. Aufzeichnungen eines Auslandskorrespondenten 1934–1941", Leipzig 1995, S. 93 f.), der schildert, wie 1938 in Österreich das Wahlgeheimnis verletzt wurde.

Beim Plebiszit stimmt Klemperer mit Nein, seine Frau enthält sich. Am 14. November notiert er:

> „Ich glaube nicht, daß man wirklich das Geheimnis verletzt hat. Es war ja aus doppeltem Grunde
> unnötig: 1. genügt es, daß jedermann an den Bruch des Geheimnisses glaubte und also Angst
> hatte; 2. war garantiert für die Richtigkeit des gemeldeten Ergebnisses, da die Partei ohne Gegen-
> kontrolle alles beherrschte... Dabei heißt es ‚aus London‘: Man bewundere besonders, daß selbst
> in den Konzentrationslagern zumeist mit ‚Ja‘ gestimmt worden sei... Denn ganz Deutschland
> zieht Hitler den Kommunisten vor. Und ich sehe keinen Unterschied zwischen beiden Bewegun-
> gen; beide sind materialistisch und führen in Sklaverei.“

Immer wieder übt er Kritik an Menschen, die wie er gefährdet waren. Unter dem 24. Februar 1934 gibt er ein Gespräch mit einer Frau Schaps wieder:

> „Ich fragte nun, da sie eben aus Berlin kam und erzählte, wie dort die ganze junge Generation
> außer Landes sei, was man dort in ihrem Kreise über die Lage denke. Prompte Antwort: ‚Man hält
> den Tiefpunkt für überwunden; wenn Zolleinigungen kommen, muß es wieder aufwärtsgehen.‘
> Das heißt: Diese Menschen sind froh, wenn sie Festigung der Regierung Hitler, Überwindung des
> Außenboykotts erhoffen können. Mögen sie ins Getto zurückgedrückt ganz und gar getreten und
> geschändet sein, mögen ihre Kinder die Heimat verloren haben – wenn sie nur wieder Geschäfte
> machen können, ist ‚der Tiefpunkt überwunden‘.“

Ein Apotheker-Ehepaar namens Scherner kommt am 13. Juni 1934 von der Hofkirche zum Mittagessen:

> „Er erzählt: In Falkenstein darf man nicht beim ‚Juden‘ einkaufen. Also fahren die Falkensteiner
> zum Juden nach Auerbach. Und die Auerbacher ihrerseits kaufen beim Falkensteiner Juden. Zu
> größeren Einkäufen aber fährt man aus den Nestern nach Plauen, wo ein jüdisches Kaufhaus
> größeren Umfangs ist. Trifft man sich dort, so hat man sich nicht gesehen. Stillschweigende Kon-
> vention.“[285]

Bitter klingen die Worte, die er unter demselben Datum festhält:

> „Denn in Zion ist der Arier gerade das, was hier der Jude. Par nobile fratrum [ein edles Brüder-
> paar]! Mir sind die Zionisten, die an den jüdischen Staat von anno 70 p. C. (Zerstörung Jerusalems
> durch Titus) anknüpfen, genauso ekelhaft wie die Nazis... Der Witz, man habe Hitler in Haifa ein
> Denkmal errichtet mit der Inschrift ‚Unserem Herführer‘, hat eigentlich eine tiefe und unwitzige
> Berechtigung.“

Immer noch unter demselben Datum läßt er einen Bekannten namens Bollert zu Worte kommen, der Tröstliches zu berichten weiß:

> „‚Sie glauben nicht, wie wenig Nationalsozialisten es gibt. Es kommen viele Menschen zu mir. Zu-
> erst weit ausgestreckter Arm, Hitlergruß. Dann tasten sie sich im Gespräch heran. Dann, wenn sie
> sicher geworden sind, fällt die Maske. Ich sage ‚Heil‘ – aber ‚Heil Hitler‘ bringe ich nicht über die
> Lippen. Ich war eben in Süddeutschland. Da hört man sehr selten das ‚Heil Hitler‘ – meist ‚Grüß
> Gott!‘“...

Und die Zeichen des nahenden Zusammenbruchs mehren sich... Dann der rätselhafte ‚Befehl‘ des in Urlaub gehenden SA-Chefs Röhm an die in Urlaub gehende SA: ‚Wir wollen unsern Feinden die kurze Hoffnung gönnen, daß wir nicht

---

[285] Klemperer: „Tagebücher 1933–1934“, S. 110.

wiederkommen. Am 1. August sind wir vollzählig wieder da und werden das Nötige tun…' Was heißt das?"

Ein Urteil des Reichsgerichts, das ein Scheidungsurteil aufhob, weil der Mann schon vor der Ehe gewußt habe, daß seine Frau Jüdin sei, löst bei Klemperer Verwunderung aus.[286] Es macht verständlich, warum Hitler nicht gut auf den Juristenstand zu sprechen war.

Notizen vom 14. Oktober und 20. November 1934 gehören zusammen und verraten die Zwänge, mit denen die Abseitsstehenden fertig werden mußten:

> „Bisweilen muß ich zum Gemeindeamt hinauf (‚Heil Hitler!'– es geht nicht anders).

Am Mittwoch, 14.11., die Vereidigung: ‚Treue dem Führer und Reichskanzler Adolf Hitler.' Etwa 100 Leute… Unter den Schwörenden waren Janentzky, Kühn, Stepun, Beyer… Das sind so gute Nationalsozialisten wie ich."

Was unter dem 16. Dezember zu lesen steht, rundet das Gesagte ab:

> „Am 7. Dezember war eine Offerte der ‚Ferd. Pieroth' schen Weingutsverwaltung Burg Layen bei Bingen am Rhein' unterschrieben: ‚Mit freundlicher Empfehlung ergebenst'. Das ist eine Heldentat und eine erste Schwalbe."

Soweit die Tagebuchaufzeichnungen von Klemperer.

Saul Friedländer berichtet eine Reihe von Vorkommnissen, die nach seinem Urteil zeigen, daß die antijüdischen Gewalttaten zwar keinen Widerstand seitens der Bevölkerung auslösten, aber wahrnehmbare Mißbilligung.[287]

Eva Reichmann, die Leiterin der Forschungsabteilung der Wiener Library in London, faßt ihre Erlebnisse wie folgt zusammen:

> „Die geringe Zahl spontaner Gewaltakte gegen Juden vor und selbst nach der nationalsozialistischen Machtergreifung sowie die durchschnittliche Zurückhaltung gegenüber Boykottparolen… lassen Rückschlüsse auf den geringen Tiefgang der antisemitischen Stimmung selbst in diesen kritischen Jahren zu."[288]

Johnsons Befragung von Krefelder Juden im Jahr 1996 darf auch hier nicht unerwähnt bleiben. „Gab es nach 1933 eine Veränderung in der Behandlung Ihrer Familie durch nichtjüdische Bürger?", lautete die Frage. 20 Prozent nannten die Behandlung freundlich oder überwiegend freundlich, 26 sprachen von einer allmählichen Verschlechterung, einer Mischung aus freundlich und weniger freundlich. 33 Prozent antworteten mit deutlich schlechter, überwiegend unfreudlich.

---

[286] Klemperer: „Tagebücher 1933–1934", S. 121.
[287] Friedländer, Saul: „Das Dritte Reich und die Juden. Die Jahre der Verfolgung 1933–1939", München 1997, S. 142 f.
[288] Reichmann, Eva: „Flucht in den Haß. Die Ursachen der deutschen Judenkatastrophe", Frankfurt am Main 1968, S. 288.

22 Prozent gaben keine Antwort.[289] Selbst die ständige infernalische Hetze hatte demnach nur ein Drittel in augenfällige Antisemiten verwandelt.

2.5 Kaum Antisemitismus im Alltag – Zusammenschau und Außenansichten

Eine andere passende Überschrift wäre wohl gewesen: „So viele Freunde gewonnen". Diese Erfahrung aus der Weimarer Zeit wiederholt sich in obigen Bekundungen. Sie legen die Annahme nahe, daß der Prozeß der Annäherung nicht abrupt mit dem 30. Januar 1933 abbrach. Keiner der jüdischen Zeugen beklagt den Verlust dieser Freunde infolge von Hitlers Machtantritt. Doch die Distanz zur Umwelt wuchs. Entfremdung setzte ein.

Von einem allgegenwärtigen aktiven Antisemitismus im Alltag, in der Nachbarschaft ist nirgendwo die Rede, jedoch von dem massiven Druck auf alle, sich den neuen politischen Gegebenheiten anzupassen, von der Angst aller Widerstrebenden, von amtlicher Diskriminierung der Juden, von schweren, jedoch verheimlichten Übergriffen, auch auf Nichtjuden. Die Schulen bleiben davon offenbar weitestgehend verschont. In dem Buch „Meine Freunde aus Davids Geschlecht" schreibt Ruth Hoffmann: „In zehn Schuljahren bin ich nie einer Häßlichkeit gegen sie gewahr geworden oder ungerechter Zurücksetzung der kleinen Töchter Israel [sic]; nicht von den Lehrern, nicht von den Mitschülerinnen."[290] Hans Jochen Horchem ergänzt: „Offenbar haben die jüdischen Kinder in den Pausen völlig unbefangen mit den nicht-jüdischen Kindern gespielt und umgekehrt."[291]

Einem Brief ist zu entnehmen:

> „Geboren bin ich [Klaus D.] 1926 in Berlin und dort auch aufgewachsen. Gewohnt haben meine Eltern in Berlin-Zehlendorf. Ich bin 1936 in das Zehlendorfer Gymnasium aufgenommen worden, das damals ein Humanistisches Gymnasium war. Mir ist von der Grundschule nicht mehr erinnerlich, daß dort von Lehrern oder Mitschülern gegen Juden gehetzt wurde. Ich erinnere mich noch an einige jüdische Mitschüler, die in meiner Erinnerung nicht diskriminiert wurden. Im Gymnasium kann ich mich nicht erinnern, daß dort auch noch jüdische Schüler in meine Klasse aufgenommen wurden. Ich erinnere mich sehr deutlich an zwei Lehrer auf dem Gymnasium, die gegen Juden gehetzt haben. Sie haben aber kein großes Ansehen unter den Schülern gehabt... Von fünf Lehrern war uns bekannt, daß sie nicht mit dem Nazi-Reich sympathisierten. Einer von ihnen mußte die Schule verlassen..."[292]

Die Gleichschaltung, insbesondere der Medien, gelingt jedoch gleichsam über Nacht. Der Boykott vom 1. April wird mit dem Auslandsboykott deutscher Pro-

---

289 Johnson, Eric A.: „Der nationalsozialistische Terror. Gestapo, Juden und gewöhnliche Deutsche", Berlin 2001, S. 148.
290 Hoffmann, Ruth: „Meine Freunde aus Davids Geschlecht", Berlin 1955, S. 37.
291 Horchem, a.a.O., S. 102.
292 Brief vom 8.1.2005 im Archiv des Autors.

dukte gerechtfertigt. Trotzdem wird er längst nicht von allen befolgt und rasch wieder abgebrochen. Manche antijüdischen Maßnahmen fanden Verständnis in weiteren Kreisen, so die Proporzbestimmungen beim Zugang zu höheren Schulen und die Zurückdrängung des jüdischen Einflusses im öffentlichen Leben. So notierte Thomas Mann in sein Tagebuch: „Die Juden… Daß die übermütige und vergiftende Nietzsche-Vermauschelung Kerrs ausgeschlossen ist, ist am Ende kein Unglück. Auch die Entjudung der Justiz am Ende nicht…"[293]

Große Teile des Volkes setzen ihre Hoffnung auf die neue Führung und erwarten eine grundlegende Verbesserung der Verhältnisse. Auch Juden entdecken Positives an den neuen Gegebenheiten oder propagieren die Anpassung. Es erscheint plausibel, wenn behauptet wird,

> „daß die Mehrzahl der nichtjüdischen Deutschen, aber auch der Juden selbst, um 1930 der Überzeugung war, daß eine ‚Judenfrage‘ existiere, die gelöst werden müsse. Die Frage sah man darin, daß die Juden in vielen Berufen, insbesondere in der Ärzteschaft und bei den Juristen, aber auch in der Kultur und in der Finanzwelt ‚überproportional‘ vertreten seien, wie man damals sagte."[294]

Der ehemalige Reichskanzler Heinrich Brüning wie seine Partei, das Zentrum, finden mehrmals in den jüdischen Aufzeichnungen beifällige Erwähnung.[295] Auch soweit Christen als solche erwähnt werden, handelt es sich nicht um Anhänger der „neuen Zeit", vielmehr um den Juden Nahestehende.

In den Jahren 1933 und 1934 ist der Juden-Boykott sichtbarer Höhepunkt der Diskriminierung. Daher zwei unverdächtige Stimmen, die das Verhalten des deutschen Volkes beurteilen. Der in Leipzig amtierende amerikanische Konsul schrieb in seinem Bericht: „Um der Gerechtigkeit gegenüber dem deutschen Volke willen muß gesagt werden, daß der Boykott bei der Arbeiterschaft und dem gebildeten Teil des Mittelstandes unpopulär war."[296]

John Dippel, amerikanischer Schriftsteller und Literaturwissenschaftler, schildert in seinem Werk „Die große Illusion", wie 1933 in einem Berliner Bahnhof eine SA-Truppe „Zur Hölle mit den Juden!" brüllte. Dann fährt er fort:

> „Diese Töne und Bilder hinterließen in den Erinnerungen der Juden untilgbare Narben, aber einen noch tieferen Eindruck machte auf sie die dazu im Gegensatz stehende Haltung der deutschen Öffentlichkeit. Die Deutschen allgemein waren offensichtlich keine antisemitischen Eiferer. In den großen Städten hatten Passanten entweder teilnahmslos zugeschaut oder hinter dem Rücken der SA-Trupps jüdische Geschäfte betreten. Einige gaben sich sogar besondere Mühe,… ihr Wohlwollen zu zeigen… Gegenüber den Juden empfanden viele Zuschauer nur Gleichgültig-

---

[293] Bankier, David: „Die öffentliche Meinung im Hitler-Staat. Die ‚Endlösung‘ und die Deutschen. Eine Berichtigung", Berlin 1995, S. 96.
[294] Luig, a.a.O., S. 67.
[295] Klepper und Stern haben sich ebenfalls in diesem Sinne geäußert; siehe Klepper, a.a.O., S. 200 und Stern: „Feuerwolke", a.a.O., S. 119.
[296] Nach Buchheim, Hans: „Anatomie des SS-Staates", 2 Bde., München 1979, Bd. 1, S. 572.

keit: Ihr Mitleid mit ihnen hielt sich in Grenzen, aber sie hatten auch kein Interesse daran, daß deren mißliche Lage sich noch verschlechtere… Es war eine Reaktion, die die Machthaber nachdenklich stimmte."[297]

Und 70 Seiten weiter:

„Der fehlgeschlagene April-Boykott hatte gezeigt, daß die meisten Deutschen breit angelegte judenfeindliche Maßnahmen nicht guthießen; aus persönlicher Loyalität, wenn nicht sogar echter Sympathie hielten sie ihrem Juwelier an der Ecke oder ihrem Kinderarzt die Treue."[298]

Fritz Süllwold, Jahrgang 1927, Ordinarius für Psychologie an der Johann-Wolfgang-Goethe-Universität in Frankfurt am Main, hat die Erfahrungen, Einstellungen und Reaktionen der deutschen Normalbürger 1933–1945 untersucht. Auf die Frage: „Wie reagierte nach der NS-Machtergreifung die Bevölkerung auf die Boykottaufforderung ‚Deutsche kauft nicht bei Juden!'?" – erhielt er die Antworten: 8 Prozent: der Boykott wurde befolgt; 74 Prozent: der Boykott wurde ebenso oft befolgt wie mißachtet; 18 Prozent: der Boykottaufruf wurde kaum beachtet.[299]

Eine besonders wertvolle, zeitnahe Quelle sind die Deutschlandberichte der Sozialdemokratischen Partei Deutschlands (auch Sopade-Berichte genannt). Sie füllen rund 10 000 Seiten in sieben Bänden, die Jahre 1934 bis 1940 betreffend. Verfaßt hat sie der wegen der nationalsozialistischen Verfolgung aus Deutschland emigrierte SPD-Vorstand zunächst in Prag, später bis 1940 in Paris. Über ein geheimes Berichterstattersystem sollte die Situation im nationalsozialistischen Deutschland analysiert und Informationen im Ausland verbreitet werden, die das nationalsozialistische Regime unterdrückte. Die Sopade-Berichte bieten einen scharfen Kontrast zu den Geheimen Lageberichten des Sicherheitsdienstes der SS. Auch wenn wir unterstellen, die Informanten beider Seiten seien um Wahrhaftigkeit bemüht gewesen, sind die widersprüchlichen Beobachtungen unschwer zu erklären. Die Informanten der SPD waren überwiegend Hitler-Gegner, ebenso wie ihre Gesprächspartner. Da war ein offenes Wort viel leichter möglich als gegenüber einem Amtswalter der Regierenden. Selbst erlauschte Gespräche waren nicht selten trügerisch. „Feind hört mit!"

Aus dem Jahre 1934 ist besonders bemerkenswert – eine Beobachtung die auch Klemperer macht –, daß Hitler häufig in Schutz genommen wird: „Nicht unbeachtet kann bleiben…, daß viele, die nörgeln und klagen, immer noch an die Kraft und den ehrlichen Willen Adolf Hitlers glauben, der eben allein sich auch nicht durchzusetzen vermag."[300]

---

[297] Dippel, a.a.O., S. 189.
[298] Dippel, a.a.O., S. 260.
[299] Süllwold, a.a.O., S. 209.
[300] Sozialdemokratische Partei Deutschlands (Hg.): „Deutschlandberichte der Sozialdemokratischen Partei Deutschlands (Sopade)", 7 Bände 1934–1940, Salzhausen 1982, Bd. 1, S. 10.

Dieser Berichterstatter schätzt die Zahl der Stimmen für die Nationalsozialisten bei einer wirklich freien und geheimen Wahl auf 45 Prozent, ein anderer politisch sehr urteilsfähiger Beobachter aus Berlin sogar nur auf 35 Prozent.[301] Die Berichte des SD hingegen klingen so, als ob fast alle Deutschen hinter der Regierung gestanden hätten.

Ausführlich und glaubwürdig schildern die Sopade-Berichte, so unter der Überschrift „Wahlzwang und Wahlfälschung", wie die Wahlen manipuliert wurden.[302] Plakate im Wahllokal: „‚Jeder Deutsche wählt offen! Wer wählt geheim?' Bei unserem Gewährsmann wartete die SA nicht einmal ab, ob er nicht selbst seinen Zettel ausfüllen wollte. Man steckte ihm einen ausgefüllten Zettel vor der Überreichung in den Umschlag."[303]

---

[301] Sozialdemokratische Partei Deutschlands, a.a.O., Bd. 1, S. 11.
[302] Sozialdemokratische Partei Deutschlands, a.a.O., Bd. 1, S. 282 ff.
[303] Sozialdemokratische Partei Deutschlands, a.a.O., Bd. 1, S. 284.

3. Die Nürnberger Gesetze und die Olympischen Spiele – 1935 –1936

3.1 Außenpolitische Konsolidierung und Profilierung

Schon 1933 gelang es der NS-Regierung, mit einer Reihe von Staaten, darunter dem Vereinigten Königreich von Großbritannien und Nordirland sowie Frankreich und Italien, Verträge abzuschließen. Auch das Reichskonkordat mit dem Vatikan verdient Erwähnung. Hitler, dem Anschein nach, *der* Staatsmann. Doch die Ausschaltung aller innenpolitischen Gegner stand für ihn im Vordergrund. Der Auf- und Ausbau der Konzentrationslager und die reibungslose Ermordung einer Reihe bekannter Persönlichkeiten aus dem bürgerlichen Lager im Sommer 1934 bewiesen, wie fest er die Macht in Händen hielt. Die brutalen Maßnahmen waren so durchschlagend, daß, von den Kirchen abgesehen, jede Antihaltung aus dem öffentlichen Leben verbannt war.

Mit dem Beginn des Jahres 1935 erhielt die Außenpolitik größeres Gewicht. Am 13. Januar 1935 fand, wie vom Völkerbund festgelegt, eine Volksabstimmung über den künftigen Status des Saarlandes statt. 90,5 Prozent der dortigen Bevölkerung votierten in einer geheimen Abstimmung für die Rückgliederung ihrer Heimat ins Reich, von dem sie der Versailler Vertrag getrennt hatte. Wie das Ergebnis schon vermuten läßt, war die Begeisterung ganz gewaltig und kam den neuen Machthabern zugute. So gestärkt, erließ die Regierung Hitler bereits am 16. März 1935 ein Gesetz für den Aufbau der Wehrmacht, das die Fesseln des „Diktat-Friedens von Versailles" sprengte. Der nächste Streich folgte nur ein Jahr später, der Einmarsch der Reichswehr ins demilitarisierte Rheinland. Die Spannung – werden die Siegermächte intervenieren? – machte einem ungeheuren Jubel Luft, als jedermann wahrnahm, daß sie untätig bleiben würden. Deutschland war wieder souverän und der Friede gewahrt.

Eingebettet war dieser Coup zwischen die olympischen Winter- und Sommerspiele. Sie bewiesen die Fähigkeit Deutschlands, ein technisch und organisatorisch perfektes „Fest der Völker" zu inszenieren. Alles verlief friedlich und harmonisch. Zudem bestachen die deutschen Sportler durch ihre alle anderen Nationen überragenden Erfolge. Das gewaltige Medienspektakel ließ all jene vergessen, die da glaubten, sie müßten die Spiele wegen der ständigen Menschenrechtsverletzungen und des Bruches internationaler Verträge boykottieren. Vor allem in Frankreich und den USA waren solche Forderungen laut geworden. Das Vereinigte Königreich aber hatte ein Flottenabkommen unterzeichnet.

Auch Nationalsozialisten hatten gezögert, „mit Negern und Juden" in Wettstreit zu treten. Dann aber siegte die Einsicht, daß es sich um eine einmalige Gelegenheit handle, das neue Reich ins beste Licht zu rücken. Diese Rechnung ist voll aufgegangen. Hitler überzeugte viele Zweifelnde im Inland wie im Ausland. Die Begeisterung der Anhänger kannte kaum Grenzen.

3.2 „Reichsbürger" und „Staatsangehörige" – Das Reich und die Juden

Im Februar 1935 tritt ein Verbot von Versammlungen deutsch-jüdischer Organisationen in Kraft, auf denen für einen Verbleib in Deutschland geworben werden soll.

Um die privilegierte Stellung der Juden, die für Deutschland im Ersten Weltkrieg gekämpft hatten, zu unterstreichen, wurde ihnen im selben Jahr namens „des Führers und Reichskanzlers" das von Hindenburg gestiftete Ehrenkreuz für Frontkämpfer überreicht, eine schöne Geste, die das geplante Unheil nicht aufhielt.[304] Im September fand der Nürnberger Parteitag statt, wenige Monate vor den Olympischen Winterspielen in Garmisch-Partenkirchen. Auf ihm verkündete Hitler zwei neue antisemitische Gesetze, die aus der Sicht seiner Gefolgsleute überfällig waren: das „Reichsbürgergesetz" und das „Gesetz zum Schutze des deutschen Blutes und der deutschen Ehre". Ersteres schuf neben der Staatsangehörigkeit eine eigene Reichsbürgerschaft. Die Juden blieben zwar Staatsangehörige; Reichsbürger aber konnten sie nicht sein. Die Vorgeschichte der Gesetze ist kurios und verdient auch in diesem Zusammenhang kurze Erwähnung, spiegelt sie doch die heterogenen Kräfte selbst innerhalb der Staats- und Parteispitze:

Immer wieder war es zu judenfeindlichen Ausschreitungen gekommen, die, soweit sie nicht von oben angeordnet worden waren, die Autorität des Staates in Frage stellten. Auch hatten sie – von der Parteispitze aus betrachtet – keine positiven Seiten. Schon im Sommer 1933 hatte Hitler vor Gauleitern und Reichsstatthaltern erklärt, die „nationale Revolution" sei abgeschlossen, ein ungestörtes Wirtschaftsleben Gebot der Stunde. In diesem Zusammenhang heißt es bei Adam: „Hitler mochte sehr wohl erkannt haben, daß der Widerstand einiger Minister und eines Teils der Ministerialbürokratie gegen eine allzu ungehemmte Judengesetzgebung im schnellen Anlauf nicht zu überwinden war."[305] Und weiter: „Ihm werde stets gesagt, daß nicht für ein Vorgehen gegen die Juden schlechthin, wohl aber für ein Vorgehen gegen die Ostjuden Verständnis allgemein vorhanden sei."

Die fanatischen Antisemiten in den Reihen der Partei wollten sich mit dem Erreichten nicht zufriedengeben, hatten sie doch, wie ausgeführt, das Parteiprogramm auf ihrer Seite. So schürten sie Unruhe. Das Schwarze Korps, das Organ

---

[304] Deutschkron, a.a.O., S. 18.

[305] Adam, Uwe Dietrich: „Zur Entstehung und Auswirkung des Reichsbürgergesetzes", in: Beilage zur Wochenzeitung Das Parlament B 48/85 vom 30. November 1985, S. 18.

der Reichsführung SS, forderte in einem Leitartikel vom 21. August 1935 „Zur Lösung der Judenfrage" – so die Überschrift auf Seite eins – auf:

> „In Scharen sitzen sie wieder in den Kaffeehäusern und erregen durch die ihnen eigene Aufdringlichkeit den Anstoß der deutschen Bevölkerung. Von Auswandern ist heute kaum noch die Rede. Die jüdische Parole heißt ,und dennoch'. Unter diesem Motto arbeitet die gesamte jüdische Presse in Deutschland… Im übrigen werden seitenlange Eingaben… gerichtet und die Erfolge ebenfalls mitgeteilt und allen Rassegenossen zur Nachahmung empfohlen. Durch diese Methode versucht man systematisch, die Durchführung der nationalsozialistischen Rassegesetzgebung zu hindern."[306]

Doch die staatlichen Stellen ergriffen weder die Initiative noch erhielten sie entsprechende Weisungen, eine grundsätzliche Regelung des Verhältnisses der „Arier" zu den Juden und der Juden zum Reich herbeizuführen. Auf dem Nürnberger Parteitag, dem „Parteitag der Freiheit", der am 10. September begann, wollte Hitler vor dem Hintergrund der Aktivitäten Mussolinis in Abessinien in Gegenwart der geladenen Diplomaten weitere außenpolitische Revisionsforderungen verkünden. Aber der Chef des Auswärtigen Amtes, von Neurath, konnte ihn offenbar davon überzeugen, daß dies nicht opportun sei. Da wollte Hitler Ersatz schaffen und ließ innerhalb weniger Stunden Entwürfe der eingangs erwähnten Gesetze verfassen, die er noch am gleichen Tag dem ebenfalls in Nürnberg anwesenden Reichstag unterbreitete, der einstimmig annahm. In der Kürze der Zeit war es unmöglich, den Begriff „Jude" zu definieren. Das blieb einer Verordnung vorbehalten, die dann am 14. November 1935 im Reichsgesetzblatt veröffentlicht wurde. Vorausgegangen waren langwierige Diskussionen, bei denen die staatlichen Stellen versuchten, den Begriff eng zu interpretieren. Das Ergebnis empfand die Partei als „Niederlage"[307], da weder die Auflösung der Mischehen noch die Zwangssterilisierung der zahlreichen Halbjuden beschlossen worden war.[308] Es folgten weitere Ausführungsbestimmungen, die den Juden nahezu alle Berufe verwehrten und ihnen schließlich jede Erwerbstätigkeit verboten. Hitler pries die Regelungen als: „Eine Ebene, auf der dem deutschen Volke möglich wird, ein erträgliches Verhältnis zum jüdischen Volke finden zu können."[309]

---

[306] Das Schwarze Korps, 25.8.1935.

[307] Dieser Aspekt findet weder bei Gruchmann (Gruchmann, Lothar: „,Blutschutzgesetz' und Justiz. Zu Entstehung und Auswirkung des Nürnberger Gesetzes vom 15. September 1935", in Vierteljahreshefte für Zeitgeschichte 31 (1983), S. 418 ff.) noch bei Przyrembel (Przyrembel, Alexandra: „,Rassenschande' Reinheitsmythos und Vernichtungslegitimation im Nationalsozialismus", Göttingen 2003) Erwähnung. Siehe auch Rürup, Reinhard: „Das Ende der Emanzipation", in: Paucker, a.a.O., S. 97 ff., S. 110, Essner, a.a.O., S. 126 ff. und Bankier, a.a.O., S. 64.

[308] Adam, a.a.O., S. 22. Allein der Gedanke an Zwangssterilisierung läßt aufhorchen. Doch sie galt damals nicht als absurd. Zwischen 1907 und 1935 hatten rund zwanzig amerikanische Bundesstaaten eine entsprechende Rechtsgrundlage geschaffen. Das Oberste Bundesgericht bestätigte die Rechtsgültigkeit (Horchem, a.a.O., S. 85).

[309] Bankier, a.a.O., S. 65.

Fast nur der Kuriosität wegen sei erwähnt, daß es auch die Möglichkeit der Arisierung gab, von der aber nur sehr selten Gebrauch gemacht wurde. So bewog Hermann Göring Adolf Hitler, den jüdischen Großunternehmer Imhausen zum „Vollarier" zu erklären.[310] Ähnliches geschah zugunsten von Stephanie von Hohenlohe, einer geborenen Steffi Richter. Ihr überreichte Hitler sogar das Goldene Parteiabzeichen, wodurch alle „Geburtsfehler" geheilt waren.[311] Dem in München lebenden Nobelpreisträger Richard Willstätter wurde die Würde eines „Ehrenariers" angetragen;[312] doch er ließ sich nicht vereinnahmen.

Mit Wirkung vom 14. November wird den Juden das Wahlrecht aberkannt. Zeitgleich verlieren auch die jüdischen Frontkämpfer ihre Stellungen im öffentlichen Dienst. Am 18. November folgte die Auflösung des Verbandes Nationaldeutscher Juden, einer Splittergruppe, die am entschiedensten für das Deutschtum der deutschen Juden eingetreten war.

Obwohl in besonderer Weise dem Blickfeld der Welt ausgesetzt, unterblieben auch im Olympia-Jahr die schmerzhaften Nadelstiche nicht. Ab März 1936 gab es für kinderreiche jüdische Familien keine Beihilfe mehr, im Oktober 1936 wurde es Juden verboten, Privatunterricht an Nichtjuden zu erteilen, was nicht selten den Verlust der letzten Einnahmequelle zur Folge hatte.

Gegenüber dem Internationalen Olympischen Komitee hatte sich Deutschland verpflichtet, die olympischen Regeln einzuhalten und auch jüdische Sportler in die deutsche Mannschaft aufzunehmen. Da die Suche im Reich nicht erfolgreich war, wurden deutsche Juden importiert.

3.3 Loyale Untertanen – Die Juden und das Reich

Im März 1935 richteten anläßlich der Wiedereinführung der allgemeinen Wehrpflicht der Verband nationaldeutscher Juden und der Reichsbund jüdischer Frontsoldaten an den Herrn Reichskanzler eine Eingabe um generelle Zuerkennung der Wehrfähigkeit an Juden. Den Antragstellern wurde zwar der Eingang bestätigt, aber in der Sache keine Antwort zuteil.[313]

Die Reaktion des Centralvereins auf die Nürnberger Gesetze war folgende:

> „Am Tage nach den Nürnberger Gesetzen... hatte die Leitung des Vereins [Centralverein deutscher Staatsbürger jüdischen Glaubens] beschlossen, dem Registerrichter die Veränderung des Namens und der Vereinssatzung anzumelden... Nürnberg hatte zwar nur stimmungsmäßig und

---

310 Maser, Werner: „Hermann Göring. Hitlers janusköpfiger Paladin", Berlin 2000, S. 276.
311 Stoiber, Rudolf; Celovsky, Boris: „Stephanie von Hohenlohe. Sie liebte die Mächtigen der Welt", München 1988, S. 160.
312 Dippel, a.a.O., S. 436.
313 Akten der Reichskanzlei, Regierung Hitler, Bd. II: 1934/35, München 1999, S. 1083.

großenteils auch schon tatsächlich Bestehendes unserer Lage kodifiziert… Nach diesem Tag [15. September] die alte Fahne des Vereinsnamens… dem deutschen Judentum weiter voranzutragen wäre nicht traditionstreuer Idealismus, sondern Donquichotterie gewesen."[314]

Aus den „Staatsbürgern" waren „Staatsangehörige" geworden, und von nun an ging es um die „Pflege des jüdischen Lebens sowie die seelische, rechtliche und wirtschaftliche Betreuung der in Deutschland lebenden Juden". Der Jüdische Kulturbund sorgte sich um die kulturelle Betreuung der aus dem deutschen kulturellen Leben Ausgegrenzten.[315] Mitglieder durften nur Juden sein.

Offenbar nicht ungern leisteten die zu den Spielen geladenen im Ausland lebenden jüdischen Sportler deutscher Staatsangehörigkeit den Einladungen Folge.

„Die deutsche Medaillenbilanz polierte schließlich Helene Mayer auf, die in den USA lebende Fechterin. ,Die Olympiasiegerin von Amsterdam war so blond, daß die deutschnationale Regenbogenpresse sie einst für ein ,typisch arisches Mädchen' gehalten hatte. Patriotisch, wie so viele deutsche Juden, ließ ,He' keinen Zweifel daran, daß sie in Berlin mitmachen würde, vorausgesetzt, sie werde von der deutschen Seite als vollwertiges Mitglied der Volksgemeinschaft anerkannt."[316] Noch heute wird es der blonden Helene verübelt, daß sie mitgemacht hat: „Wenn selbst bei einer betroffenen Jüdin Ruhmessucht schwerer wog als Abscheu vor den Nazis, durfte man dann den ,gewöhnlichen', nicht diskriminierten Deutschen und Ausländern vorwerfen, den Versuchungen der NS-Machthaber erlegen zu sein?"[317]

Die Zahl der Juden, die Deutschland verließen, betrug in den Jahren 1935 bis 1937 jeweils nur zwischen 20 000 und 25 000, trotz der „Nürnberger Gesetze" und aller anderen Schikanen. In München war der Zuzug sogar größer als die Abwanderung.[318]

3.4 „Wir bleiben immer treu" – Aus Bekundungen jüdischer Zeitzeugen

Auch die Gehilfen Himmlers, des Reichsführers der SS, scheiden als Zeitzeugen nicht von vornherein aus. Daher einleitend eine bewegte Klage der Täter, im Sommer 1935 zu Papier gebracht:

„Leider kann man nur allzu häufig beobachten, daß diesem Treiben [sich in Deutschland festzukrallen] von nichtjüdischer Seite Vorschub geleistet wird. Vereinzelt geben sich sogar Parteigenossen dazu her, Juden zu tarnen, andere wieder kaufen beim Juden… Was von diesen Leuten auf Vorhaltung für Gegenargumente gebracht werden, ist fast unglaublich. Beamte berufen sich mit

---

[314] So Alfred Hirschberg nach Barkai, a.a.O., S. 342.
[315] Geisel, Eike; Broder, Henryk M. (Hg.): „Premiere und Pogrom. Der Jüdische Kulturbund 1933–1941. Texte und Bilder", Berlin 1992 und Dahm, Volker: „Das jüdische Buch im Dritten Reich", München 1993
[316] Koch-Hillebrecht, Manfred: „Hitler. Ein Sohn des Krieges. Fronterlebnis und Weltbild", München 2003, S. 236.
[317] Seligmann, Rafael: „Hitler. Die Deutschen und ihr Führer", München 2004, S. 173 f.
[318] Kulka, Otto Dov; Jäckel, Eberhard (Hg.): „Die Juden in den geheimen NS-Stimmungsberichten 1933–1945", Düsseldorf 2004, S. 209: „Es kamen im November dieses Jahres [1936] 39 Juden nach München, während sich die Abwanderung auf 31 Personen belief."

Vorliebe darauf, daß gesetzliche Bestimmungen, die das Kaufen bei Juden verbieten, noch nicht erlassen sind. Ja, man scheut sich oft nicht, sein volksschädigendes Verhalten mit Berufung auf den Führer zu entschuldigen."[319]

Was spricht für, was gegen die Glaubwürdigkeit? Nichts spricht dafür, daß die Behauptungen aus der Luft gegriffen sind. Frage ist nur, ob hier ganz seltene Ausnahmefälle aufgebauscht wurden. Hören wir die Erlebnisse von Betroffenen:

Erschütternd, was unsere Ärztin, Hertha Nathorff, aus diesen Jahren zu berichten weiß:

„3. Januar 1935… Die Sprechstunde ist eine Qual für mich. Selbst ‚anständige' Arier sagen, ‚laßt uns gehen', wenn es nur nicht von den einzelnen Ländern so schwierig gemacht würde… Die Leute haben Angst, Radio zu hören, die Leute haben Angst, laut zu sprechen, laut ihre Meinung zu äußern… Angst, nichts als Angst, immer wieder verschwinden Menschen, unschuldige Menschen. Die Katholiken haben den Mord an Klausener nicht vergessen."[320]

Ein schwacher Trost für die Juden, daß alle Widerspenstigen Opfer sind:

„Ich war bei unserer alten Käthe… Sie erzählte mir, wie ihr Mann schikaniert wird, er ist ja nicht in der Partei! 1. März 1935… Dieses zum Schweigen verdammt sein ist so grauenhaft und die jüdischen Organisationen sind machtlos, sie ermahnen ja sogar das eigene Publikum zum Schweigen."[321]

Unter den Jugendlichen finden die Hetzparolen offenbar häufig offene Ohren:

„14. August 1935… Frau X. war da, sie kann nicht mehr zu mir kommen, ihre halbwüchsigen Söhne haben gedroht, sie anzuzeigen, wenn sie weiter in meine Sprechstunde kommt! Solche Sachen ereignen sich täglich…"[322]

Hierher paßt auch eine andere Konfrontation. Eine ehemalige Sekretärin drehte sich zur Seite, als ihr Nathorff begegnete, offenbar um nicht grüßen zu müssen.[323]

Die „Nürnberger Gesetze" verursachen schlaflose Nächte:

„Was sagt die Welt, was sagen die fremden Diplomaten zu so viel Schmutz? Die Hakenkreuzflagge, sie wird nun als Reichsflagge wehen."[324]

„Neujahr 1936… Erster Anruf. Herr von S. ‚Neujahrswünsche und Dank für alles, was Sie im letzten Jahr für uns getan. Wir bleiben Ihnen immer treu'. Lieb, aber – warum betont er das so? Ja, die deutsch-nationalen Kreise, der ganze Adel, er hat genug, und er ist machtlos."[325]

Unter dem 3. Januar schildert sie, wie ein Mann sie bedrängt, der Gattin bei der Niederkunft beizustehen.

---

[319] N.N.: „Zur Lösung der Judenfrage", Das Schwarze Korps, 21.8.1935.
[320] Nathorff, a.a.O., S. 67.
[321] Nathorff, a.a.O., S. 68.
[322] Nathorff, a.a.O., S. 72.
[323] Nathorff, a.a.O., S. 75.
[324] Nathorff, a.a.O., S. 72.
[325] Nathorff, a.a.O., S. 79.

> „Ich bitte den Mann, um seinetwillen, um seiner Stellung willen – er ist Leiter eines großen Warenhauses – seine Frau doch zu einem arischen Arzt zu bringen. Ich habe für ihn Angst…"[326]

Doch er riskiert es, im „Stürmer" angeprangert zu werden.

Am 30. Juni empfängt Nathorff einen Brief, beginnend mit den Worten: „Hochverehrte Frau Doktor! In dankbarer Erinnerung all Ihrer gütigen Hilfe…" Der Brief enthält die Bitte, einem Mädchen, das sich in der Hitlerjugend große Verdienste erworben habe, zu helfen. Nathorff bedauert verbittert, rät ihr aber dann doch, eine wohlgesinnte Oberin aufzusuchen. Als die Bittstellerin geht, die mit „Heil Hitler!" gegrüßt hatte, „weint sie, weil ich ihr so leid tue!"[327] Von der Oberin, also wohl einer katholischen Nonne in leitender Funktion, heißt es an anderer Stelle: „und die Oberin hat keine Macht, sie zu entlassen", gemeint ist eine weltliche Schwester, namens Alma, die sich geweigert hatte, eine jüdische Dame zu pflegen.[328] So reiht sich Episode an Episode bis hin zu dem Eingeständnis einer ehemaligen Patientin:

> „Ich habe genug von dem Nazischwindel. Ich bin einst aus Idealismus in die Partei, aber, ich habe genug und ich bin nicht die einzige."[329]

Bella Fromm notiert unter dem 15. September 1935:

> „Staatssekretär von Bülow, den ich am Hoteleingang traf, begrüßte mich mit den Worten: ‚Man muß sich schämen, ein Deutscher zu sein.'"[330]

Offenbar schämte sich ein in SS-Uniform gekleideter Deutscher, als er erfahren mußte, einer Jüdin die Hand geküßt zu haben: „Oh, Herr von Ribbentrop", sagte ich ruhig, „diese Hand ist nichtarisch."[331] „Er war verwirrt", weiß Bella Fromm zu berichten.

> „Ich sprach mit einem Beamten des Wirtschaftsministeriums. ‚Ich beneide die Juden', seufzte er, ‚sie können auswandern. Ein Deutscher muß hierbleiben, bis ihm übel wird…'"[332]

Ein höherer Beamter im Wirtschaftsministerium:

> „Er empfing mich mit einem kräftigen ‚Heil Hitler!' Seine Abschiedsworte waren jedoch sehr aufschlußreich. ‚Ich hoffe, hier herauszukommen, ehe der Krieg ausbricht…'"[333]

Über den späteren General Milch glaubt sie genau im Bilde zu sein, nämlich (Halb-)Jude wider Willen und Arier von Hitlers Gnaden:

---

[326] Nathorff, a.a.O., S. 79.
[327] Nathorff, a.a.O., S. 85 f.
[328] Nathorff, a.a.O., S. 89.
[329] Nathorff, a.a.O., S. 89.
[330] Fromm, a.a.O., S. 233.
[331] Fromm, a.a.O., S. 234.
[332] Fromm, a.a.O., S. 248.
[333] Fromm, a.a.O., S. 295.

„…jener erbärmliche Milch, der den Namen seiner Mutter entehrt hat, indem er die Geschichte erfand, daß er der Sohn eines arischen Liebhabers seiner arischen Mutter sei."[334]

Selbst die „erste Frau im Reich", wie Emmy Göring tituliert wurde, erwies sich immer wieder als hilfsbereit. So traf sie sich heimlich mit einem Juden namens Latz, um ihn zur Ausreise zu drängen, weiß Fromm zu berichten:

> „‚Niemand darf erfahren, daß ich mit Ihnen gesprochen habe, Herr Doktor', sagte sie zu ihm. ‚Aber Sie und Ihre Frau sind mir so viele Jahre hindurch so freundschaftlich verbunden, daß ich mich verpflichtet fühle, Sie zu warnen. Es ist höchste Zeit für Sie beide, dieses Land zu verlassen… ich kann meine alten Freunde nicht länger schützen.'"[335]

Bis in die Gestapo hinein gab es nützliche Helfer, wie Bella Fromm berichtet.[336]

Unsere Münchner Schülerin Marguerite Strasser tritt 1936 in das Anna-Lyzeum über:

> „Dort wurde ich von den Mitschülern und fast allen Lehrern wie alle anderen behandelt, und ich fühlte mich daher sehr wohl. 1938, in der sechsten Klasse, bekamen wir eine neue Mitschülerin. Ihr Vater war ein höherer SS-Offizier und sie war zu einer fanatischen Antisemitin erzogen worden. In kurzer Zeit hatte sie durch List und Gewalt die Klasse in ihrer Hand… Die Lehrer waren großteils weiterhin freundlich zu mir…"[337]

Auch ihre Schilderung bestätigt, daß die Kinder den Einflüsterungen viel leichter erlagen, ferner, wie eine einzige Person, mit der Staatsgewalt im Rücken, die Atmosphäre vergiften konnte.

Rechtsanwalt Neumann war es trotz Schwierigkeiten noch möglich, ein Haus zu bauen und im November 1935 einzuziehen. Am belebtesten Platz seiner Stadt hatte man eine Tafel aufgestellt mit dem Verzeichnis aller hier lebenden Juden und ihrer Berufe. So sollte verhindert werden, daß jemand „irrtümlich" einem Juden ein Geschäft zukommen läßt.

> „Ich hatte eine Reihe von Mandanten, die Kolonialwaren und dergleichen Artikel hatten. Da ein großer Teil solcher Waren damals schon kontingentiert war, drohte man, ihnen die Warenzuteilung zu kürzen. So verlor ich allmählich meine christlichen Mandanten bis auf wenige Ausnahmen, die wirtschaftlich unabhängig waren."[338]

Auf ähnliche Weise wurden die Bauern unter Druck gesetzt. So wurde auf der ganzen Linie die sich immer mehr ausdehnende Staats- und Parteikontrolle der gesamten Wirtschaft zugleich eine wirksame Waffe, um durch Druck auf die „Arier" den Boykott der Juden zu erzwingen.

Besonders aufschlußreich, was Neumann über die Jugend vor Ort festhält:

---

[334] Fromm, a.a.O., S. 248.
[335] Fromm, a.a.O., S. 272.
[336] Fromm, a.a.O., S. 274.
[337] Landeshauptstadt München (Hg.): „Verdunkeltes München. Geschichtswettbewerb 1985/1986. Die nationalsozialistische Gewaltherrschaft, ihr Ende und ihre Folgen", München 1995, S. 17.
[338] Neumann, a.a.O., S. 100.

> „Bei den Gerichten war… selbst der Nachwuchs wenig nazistisch… Einmal schüttete mir plötzlich ein Referendar, mit dem ich zufällig im Anwaltszimmer allein war, sein Herz aus. Er war Katholik. Er sagte: ‚Sie wissen nur, was alles den Juden passiert, aber Sie müßten mal unser katholisches Kirchenblatt lesen, was man mit uns alles macht. Und dazu ist man noch obendrein SA-Mann.‘"[339]

Wenige Sätze weiter, resignierend:

> „Es gab nun keine gesellschaftlichen Beziehungen mehr zwischen Juden und Ariern. Justizrat K. hatte uns im Sommer 1934 noch einmal eingeladen, womit er ganz besonderen Mut bewies."

Dann schildert er Beschimpfungen durch Schulmädchen, auch über Telefon:

> „Auf meine Bitte bekam die Post die Sprecherin heraus, die dann mit ihrer Mutter bei mir erschien, um sich zu entschuldigen… Die Mutter sagte mir, sie und ihr Mann seien keineswegs so eingestellt, aber die Mädchen wären von dem Rektor so aufgehetzt…"[340]

> „Unser Klaviertrio hielt noch bis 1936… Mit Tränen in den Augen verabschiedete sich der siebzigjährige Mann von uns, nachdem wir dreizehn Jahre zusammen musiziert hatten. Er selbst… hätte sich nicht um deren Verbot gekümmert. Aber man hatte ihm zu verstehen gegeben, daß seine Söhne, die bei der Stadt angestellt waren, darunter leiden könnten."[341]

Reich-Ranickis Mutter fragte im Winter 1935 den Direktor des Fichte-Gymnasiums in Berlin:

> „‚Mein Sohn ist Jude und Pole. Wie wird er in Ihrer Schule behandelt werden?‘ Der Herr Direktor versicherte überaus höflich, ihre Befürchtungen seien ihm schlechthin unbegreiflich. Dies sei schließlich eine deutsche, eine preußische Schule, und in einer solchen sei Gerechtigkeit oberstes und selbstverständliches Prinzip."[342]

Marcel, von dem hier die Rede ist, bestätigt, daß es sich nicht um leere Worte gehandelt hat:

> „Ich hatte, wie sich in den nächsten Jahren herausstellte, viel Glück. Denn auch am Fichte-Gymnasium verhielten sich die Lehrer, ob Nazis oder nicht, den Juden gegenüber alles in allem anständig und korrekt."[343]

Nur einer der Lehrer gab sich als eifriger, ja fanatischer Nationalsozialist zu erkennen. Dennoch:

> „Auch die jüdischen Schüler konnten sich nicht beklagen – und ich am allerwenigsten: Er war zu mir freundlich… Eines Tages teilte er der Klasse überraschenderweise mit, daß die jüdischen Schüler von der nächsten Geschichtsstunde ‚befreit‘ seien: Die Stunde war, wie sich später herausstellte, der Auseinandersetzung mit dem ‚Weltjudentum‘ gewidmet. Dies sollte, immerhin, den jüdischen Schülern erspart bleiben."[344]

Noch mehrmals äußert sich Reich-Ranicki sinngemäß ebenso:

> „Von keinem dieser Mitschüler habe ich je ein Wort gegen die Juden gehört."[345]

---

[339] Neumann, a.a.O., S. 102.
[340] Neumann, a.a.O., S. 103.
[341] Neumann, a.a.O., S. 103.
[342] Reich-Ranicki, a.a.O., S. 68 f.
[343] Reich-Ranicki, a.a.O., S. 69 f.
[344] Reich-Ranicki, a.a.O., S. 74.
[345] Reich-Ranicki, a.a.O., S. 76.

Und als ein Lehrer ohne böse Absicht die Unruhe in der Klasse mit „Judenschule" charakterisierte, stand ein Schüler auf und bemerkte, das mit der Judenschule sei nicht nötig gewesen.[346]

Auch Werner Blumenthal hat seine Schulerlebnisse aufgezeichnet:

> „Meine Eltern waren voller Befürchtungen und nervös und flüsterten hinter verschlossenen Türen. Aber ich war jung und ließ mich dadurch in meinem sorglosen Leben nicht stören. Eine Zeitlang ging ich auf die normale deutsche Volksschule; da gab es natürlich auch die üblichen Rabauken, die die anderen Kinder schikanierten, doch ich kann mich nur an einige wenige antisemitische Zwischenfälle erinnern."[347]

Trotz aller persönlicher Schicksalsschläge notiert und kommentiert Jochen Klepper das große Zeitgeschehen. Es überrascht, daß der lupenreine Hitlergegner für einige spektakuläre Schritte des Diktators Verständnis aufbringt und Hitlers Widersacher nicht schont:

> „17. März 1935… Die allgemeine Wehrpflicht ist eingeführt… Es ist besser als das heimliche Rüsten. Und vielleicht erschrecken die europäischen Völker noch in vorletzter Stunde vor dem, was sie alle gemeinsam unter entsetzlicher Nichtachtung aller Opfer des vergangenen Krieges heraufbeschworen haben."[348]

> „1. Mai 1935… Über den großen Tag der Nation kann ich nun mitreden… Ein zum großen Teile stumpfsinniges, zum kleinen Teile stumpfgewordenes Volk marschiert, steht herum, zeigt Galgenhumor oder Albernheit – das Desinteressement war der entscheidende Eindruck; es grenzt ans Fatale. Die Begeisterung spielt sich nur in unmittelbarer Nähe der Festtribüne und namentlich als Rufe von Sprechchören ab. Die aber und aber Hunderttausende standen völlig unbeteiligt."

Knapp drei Monate später wieder der gleiche Eindruck. Doch zunächst:

> „… gleichzeitig einsetzende drohende Abwehrpropaganda gegen… die Kirche, das Judentum… Es ist nicht zu fassen, was da über ein Sechzig-Millionen-Volk gekommen ist. Alle klagen, toben – und nehmen alles stumpf hin und sehen keinen Ausweg und spielen verängstigt das begeisterte, geeinte Volk… Die Juden und Menschen in meiner Situation werden sich weitaus immer mehr in ihren allerengsten Kreis zurückziehen."[349]

Am 9. September 1935 verläßt Klepper gezwungenermaßen seinen Arbeitsplatz beim Ullstein-Verlag:

> „Die Menschen, mit denen man immerhin zwei Jahre zusammengearbeitet hat, waren völlig gleichgültig, machten ihre Witzchen wie immer…"[350]

Die Nürnberger Gesetze wurden, heute schwer nachvollziehbar, damals von den Betroffenen offenbar überwiegend begrüßt:

> „Späteren Zeiten werden diese Durchführungsbestimmungen ungeheuerlich erscheinen – uns, in der Erwartung von sehr viel Schrecklicherem, kamen sie mild vor…"[351]

---

[346] Reich-Ranicki, a.a.O., S. 76 f.
[347] Blumenthal, a.a.O., S. 412.
[348] Klepper, a.a.O., S. 243.
[349] Klepper, .a.a.O., S. 270 f.
[350] Klepper, .a.a.O., S. 283.
[351] Klepper, .a.a.O., S. 309.

Der Bürgerkrieg in Spanien offenbart eine weitere Kalamität, in der sich viele Hitlergegner befanden:

> „In Spanien wurden Mönche auf dem Dach ihres Klosters gekreuzigt. Und doch darf das Herz nicht bei den Nationalisten sein, die so bis in die schwersten Konsequenzen den Kampf gegen den Kommunismus aufgenommen haben. Denn unter dem Zeichen des Kreuzes, an der Seite der wahrhaft Frommen kämpft der Faschismus einen durchaus gottlosen Kampf."[352]

Margot Schmidt, 1924 in Berlin als Tochter des jüdischen Kaufmannes Herrmann Mendelsohn geboren, besucht in der Reichshauptstadt die Schule und wohnt in einem katholischen Heim. Dementsprechend die geistige Ausrichtung. Und doch wurde die Rückkehr des Saarlandes groß gefeiert und begeistert gesungen: „Deutsch ist die Saar, deutsch immerdar…"

> „Wir waren alle patriotisch eingestellt, jedoch stand es ganz außer Frage, daß auch nur eines von uns Schulmädchen je in den BDM (Bund deutscher Mädchen) eintrat."[353]

In ihren Erinnerungen listet Schmidt auf, was jedermann und besonders den Deutschen 1936 vor Augen stand:

> „Die rassendiskriminierenden Gesetze spielten offensichtlich in der ganzen Welt zu diesem Zeitpunkt… keine Rolle. Im Gegenteil: ‚Die Jugend der Welt' strömte vom 1. bis 16. August 1936 zu den 11. Olympischen Sommerspielen nach Berlin."

Deutschland hatte im Hinblick auf seine internationalen Beziehungen unter Hitler eine neue Position der Stärke errungen, hatte das als Schande empfundene Versailler Diktat abgeschüttelt und stand mit 30 Goldmedaillen an der Spitze der konkurrierenden Nationen. Die Reporter berichteten in alle Welt: keine Streiks, kein Hunger, keine Arbeitslosen, Ordnung und vorbildliche Organisation. Der Schwarze Jesse Owens war der Liebling der Berliner, ungeachtet seiner Rasse. Wieso sollte vor solchem Hintergrund die Mehrheit des Volkes eine Regierung ablehnen, wenn ausländische Regierungen diese mit Respekt und Bewunderung behandeln?[354] – lautet eine naheliegende Frage, die das Kommende nicht berücksichtigt und begangenes Unrecht vergessen hat. Zu Hause wurden der Zwölfjährigen die Augen geöffnet, und bald erfuhr sie in der Schule die Auswirkungen der Nürnberger Gesetze: Aus rassischen Gründen mußte der Klaßlehrer aus dem Schuldienst entlassen werden. Da er nicht die Kraft hatte, sich von den Kindern zu verabschieden, besuchten ihn einige, darunter Margot, bedankten sich sehr und überreichten einen „großen Blumenstrauß". Der Mann war gerührt.

Zum Rassenkundeunterricht schreibt Margot Schmidt:

> „Der Rassenkundeunterricht als Teil des Biologie- und des Geschichtsunterrichts wurde in unserer öffentlichen staatlichen katholischen Volksschule nie dazu benutzt, um die Juden als mindere

---

[352] Klepper, a.a.O., S. 376.
[353] Schmidt, a.a.O., S. 22; damals war Mitgliedschaft „nur" eine staatsbürgerliche Pflicht.
[354] Schmidt, a.a.O., S. 27.

Rasse zu diffamieren. Das habe ich erst später auf der Abendschule bei meiner Vorbereitung auf das Abitur 1942–1944 in den entsprechenden Fächern kennengelernt."[355]

Victor Klemperers Aktionsradius wird immer weiter eingeschränkt. Schließlich wird ihm die Lehrbefugnis entzogen. Doch die Emigration betreibt er nicht ernsthaft. Zu den immer noch zahlreichen Gästen der Klemperers zählt auch ein Geistlicher. Ausführlich berichtet der Hausherr die Beurteilung der politischen Lage durch den Priester.

> „3. April [1935]… Heute als unser Kaffeegast der Kaplan Dr. Baum bei uns, der im Winter mein französisches Kolleg gehört hat… Baum ist vollkommen pessimistisch. Die Kirche vermeide Streit, solange sie könne, das sei ihr alles nicht so wichtig, sie meine, das gehe vorüber, und sie bleibe – wozu sich da Unannehmlichkeiten aussetzen?… In einer Geistlichenversammlung habe der Vorsitzende ruhig erklärt, der gegenwärtige Zustand sei nicht so wichtig –‚wir haben das dritte Reich erlebt und werden das vierte erleben‘. Freilich gehe die Regierung neuerdings sehr scharf gegen die Katholische Kirche vor – Verhaftungen, kein Ende der Konkordatsverhandlungen –, vielleicht könne das zu einem entschiedeneren Widerstand der Kirche führen. Er, Baum, glaube es nicht. Er glaube nicht, daß das Ende der Regierung nahe sei, sie habe zuviel Macht, das Volk sei allzu versklavt und von Lügen idealistisch-nationaler Art betäubt – und wenn das Ende komme, dann mit viel Blut. – Auch Baum, der als Geistlicher hinkommt, berichtete… von ungemein überfüllten Gefängnissen."[356]

Das Gespräch verdeutlicht: keine Berührungsängste, sondern ein echtes Vertrauensverhältnis zwischen dem Priester und dem jüdischen Agnostiker.

Vielen, auch Verfolgten, wozu eine Frau Wilbrandt gehört, drängt sich die Frage auf: „‚Kommt nicht noch Schlimmeres, wenn Hitler gestürzt wird, noch schlimmerer Bolschewismus?‘ (Das hält ihn immer wieder)" – so Klemperer am 17. April 1935.[357]

Am 21. Juli schreibt er:

> „… Die Judenhetze und Pogromstimmung wächst Tag für Tag. Der ‚Stürmer‘, Goebbels' Reden (‚wie Flöhe und Wanzen vertilgen!‘), Gewalttätigkeiten in Berlin, Breslau, gestern auch hier in der Prager Straße. Es wächst auch der Kampf gegen Katholiken, ‚Staatsfeinde‘ reaktionärer und kommunistischer Richtung…"[358]

Am gleichen Tag notiert Victor die Stimmung seiner Frau:

> „Eva sagte, der neueste jüdische Snobismus bestehe im Sympathisieren mit den Nazis."

Und über sich selbst urteilt er:

> „Ich bin für immer Deutscher, deutscher ‚Nationalist‘… Die Nazis sind undeutsch."

Obgleich die Eheleute Klemperer mit Religion nichts anzufangen wissen, tauchen die Kirchen, insbesondere die katholische, immer wieder auf, so auch am 11. August 1935:

---

[355] Schmidt, a.a.O., S. 33.
[356] Klemperer: „Tagebücher 1935–1936", a.a.O., S. 21.
[357] Klemperer: „Tagebücher 1935–1936", a.a.O., S. 21 f.
[358] Klemperer: „Tagebücher 1935–1936", S. 39.

„Fast ebenso wilde Hetze gegen ‚politischen‘ Katholizismus, der sich mit der ‚Kommune‘ verbinde...“[359]

„5. Oktober... Kaufmann erzählte von der Abwehrstellung der französischen Juden gegen die deutsch-jüdischen Emigranten. Er sagte: Für sie seien wir die gefürchteten ‚Ostjuden‘.“[360]

„19. Oktober... Schülercharakteristiken... Ein Lehrer soll von einem siebenjährigen Judenjungen geschrieben haben, ... er ‚zeige alle Merkmale seiner Rasse‘. Hingegen soll im Benno-Gymnasium ein katholischer Lehrer einem kleinen Juden ‚besondere Eignung für Gemeinschaft‘ nachgesagt haben.“[361]

Klemperer ahnte, welch schreckliche Folgen ein Attentat von Juden haben kann. 1936 blieb der Mord an Wilhelm Gustloff noch ohne Konsequenzen für alle deutschen Juden, anders als im November 1938:

„11. Februar... In Davos hat ein jüdischer Student den deutschen Parteiagenten der NSDAP erschossen. Im Augenblick, da hier das Olympiaspiel stattfindet, wird alles totgeschwiegen. Hinterher wird man sich an die Geiseln, an die deutschen Juden halten.“[362]

„23. März... Es wird ein ungeheurer Triumph der Regierung. Sie erhält Abermillionen Stimmen für ‚die Freiheit und den Frieden‘. Sie braucht keine Stimme zu fälschen. Die Innenpolitik ist vergessen. – Exemplum: Martha Wiechmann, neulich bei uns, bisher ganz demokratisch. Jetzt: ‚Nichts imponiert mir so wie die Aufrüstung und der Einmarsch im Rheinland.‘ Und dann: ‚Ich habe einen Vortrag über Rußland gehört, das ist doch zu gräßlich, da haben wir es besser.‘“[363]

Kritik und Selbstkritik, Hand in Hand:

„10. Mai... Und ich glaube durchaus nicht mehr, daß sie innerdeutsche Feinde hat. Die Mehrzahl des Volkes ist zufrieden, eine kleine Gruppe nimmt Hitler als das geringste Übel hin, niemand will ihn wirklich los sein, alle sehen in ihm den außenpolitischen Befreier, fürchten russische Zustände ..., halten es, soweit sie nicht ehrlich berauscht sind, für realpolitisch inopportun, sich um solcher Kleinigkeiten willen wie der Unterdrückung bürgerlicher Freiheit, der Judenverfolgung, der Fälschung aller wissenschaftlichen Wahrheit, der systematischen Zerstörung aller Sittlichkeit zu empören. Und alle haben Angst um ihr Brot, ihr Leben, alle sind so entsetzlich feige. (Darf ich es ihnen vorwerfen? Ich habe im letzten Amtsjahr auf Hitler geschworen, ich bin im Lande geblieben – ich bin nicht besser als meine arischen Mitmenschen.)“[364]

„27. Mai... Auf die Nazis ist man bei den Leuten nicht gut zu sprechen, aber auch hier das blödsinnige, aller Welt eingehämmerte, ja selbst Juden geläufige: Aber nach ihnen kämen die Kommunisten, und das wäre noch schlimmer!“[365]

Mit dem Prädikat „mutig!“ versieht Klemperer die Notiz über den Besuch eines Gymnasiasten, den der Vater, ein Rektor, geschickt hat, um sich über französische

---

359 Klemperer: „Tagebücher 1935–1936“, S. 42.
360 Klemperer: „Tagebücher 1935–1936“, S. 52.
361 Klemperer: „Tagebücher 1935–1936“, S. 54.
362 Klemperer: „Tagebücher 1935–1936“, S. 75.
363 Klemperer: „Tagebücher 1935–1936“, S. 81.
364 Klemperer: „Tagebücher 1935–1936“, S. 94.
365 Klemperer: „Tagebücher 1935–1936“, S. 97.

Literatur zu informieren. Klemperer, der jede Gelegenheit wahrnimmt, um die Stimmung zu erforschen, erfährt:

> „Wir sind alle in der HJ; die meisten würden liebend gern nicht dabei sein… Sie sind zu 60, 80 und 100 Prozent gegen die Nazis, nur die drei Dümmsten, die keiner achtet, sind ganz dafür."[366]

Selbsttäuschung, Schmeichelei? Klemperer stellt die Frage nicht. Nach dem Elternhaus des jungen Mannes zu schließen, lautet die Antwort: Nein, da ist schon etwas dran an dieser miesen Stimmung.

> „28. Juni… Die merkwürdige Komik der gegenwärtigen politischen Situation besteht darin, daß Frankreich gerade jetzt von einem Juden regiert wird. Und daß Blum sich Hitler gegenüber sehr höflich ausdrückt (Nicht ohne sousentendus[367]), und daß die deutsche Presse ihm gegenüber sehr höflich verfahren muß und, seit er regiert, sein Judentum verschweigt (während der Russe Litwinow bei uns regelmäßig Litwinow-Finkelstein genannt wird)."[368]

> „2. Juli… Aber am Nachmittag erschien zu Besuch die letzte und intelligenteste unserer Wendinnen, Anna, die jetzt eine Stelle in Bautzen hat und mehrere Jahre nicht hier war, mit ihrem Bruder Tischler. Es ist hübsch, wie diese Mädchen Treue halten. Die Wenden sind alle gut katholisch, und also ist eine tröstliche Gemeinsamkeit der politischen Verzweiflung gegeben."[369]

> „13. August… Übrigens ist ein Neger aus USA am allerhöchsten gesprungen, und die silberne Fechtmedaille für Deutschland hat die Jüdin Helene Meyer gewonnen (ich weiß nicht, wo die größere Schamlosigkeit liegt, in ihrem Auftreten als Deutsche des Dritten Reichs oder darin, daß ihre Leistung für das Dritte Reich in Anspruch genommen wird)."[370]

> „9. September… Die jüdischen Kulturbünde (man sollte sie hängen) haben eine Erklärung abgegeben, sie hätten nichts mit den ausländischen Hetznachrichten über die Lage der deutschen Juden zu tun. Nächstens werden sie dem ‚Stürmer' bescheinigen, daß er lautere Wahrheit in liebevollster Weise veröffentlicht."[371]

> „14. September… Man denkt immer, es müßten sich doch irgendwo innerhalb Deutschlands Stimmen der Scham und Angst erheben, es müßte ein Protest aus dem Ausland kommen, das überall (auch Italien, der Alliierte!) Juden auf höchsten Posten sitzen hat – nichts! Bewunderung für das dritte Reich, für seine Kultur, zitternde Angst vor seinem Heer und seinen Drohungen."[372]

3.5 „In ständiger Angst" – Zusammenschau und Außenansichten

Aus der Warte des deutschen Durchschnittsbürgers gibt es in dieser Zeit durchaus Erfreuliches, so die Wiedererlangung der Souveränität nach außen und die Olympischen Spiele. Ein ganz unverdächtiger Zeuge, Sebastian Haffner, aus politischen

---

[366] Klemperer: „Tagebücher 1935–1936", S. 100 f.
[367] Deutsch: Hintergedanken.
[368] Klemperer: „Tagebücher 1935–1936", S. 106.
[369] Klemperer: „Tagebücher 1935–1936", S. 108.
[370] Klemperer: „Tagebücher 1935–1936", S. 122.
[371] Klemperer: „Tagebücher 1935–1936", S. 134.
[372] Klemperer: „Tagebücher 1935–1936", S. 135.

Gründen 1938 nach England emigriert, füllt zwei Kapitel seines Bestsellers „Anmerkungen zu Hitler" mit „Leistungen" und „Erfolge".[373] Sie stärken Hitlers Ansehen. Wer jedoch nicht mit den weltanschaulichen Vorgaben konform geht, wie viele Christen, wer gar zu Juden Kontakte unterhält, lebt in ständiger Angst, steht unter massivem Druck, muß schließlich klein beigeben. Auch die Juden sind faktisch gezwungen, alles zu tun, was die Führung von ihnen erwartet, ohne deshalb in Sicherheit leben zu können. Offenbar ist für manche die Annahme ein Trost, daß das NS-System das kleinere Übel verglichen mit der Welt Stalins verkörpere, und sie fürchten, daß ein Umsturz Stalin den Weg zur Macht ebnen würde. Der amerikanische Journalist William L. Shirer notiert am 21. April 1935 in sein Tagebuch:

> „Im Hotel sind hauptsächlich Juden; es überrascht uns ein wenig, wie viele von ihnen immer noch unbeschwert und offenbar ohne Angst hier leben. Ich glaube, sie sind zu Unrecht optimistisch."[374]

Genau einen Monat später über Hitler: „Der Mann ist wahrhaftig ein ausgezeichneter Redner…"[375]

Die rassenpolitischen Gesetze spielen offenbar weder im Reich noch im Ausland eine große Rolle. Ein Grund dafür mag gewesen sein, was der Amerikaner Finkelstein über sein Land festhält:

> „Die Schwarzen im amerikanischen Süden hatten unter denselben Restriktionen zu leiden: Das Wahlrecht für sie war nicht gesichert, und die Gesetze gegen die Rassenmischung wurden erst Mitte der sechziger Jahre vom Obersten Gerichtshof aufgehoben. Diese Vorschriften erfreuten sich unter den weißen Südstaatlern großer Beliebtheit."[376]

Auch gab es in den USA ungezählte Hinweise: „Nur für Weiße!"[377] Das Apartheid-Regime in Südafrika, zu dem England eine besonders enge Beziehung unterhielt, kannte ebenfalls ähnliche Diskriminierungen, wie sie nun in Deutschland gelten sollten.

Es gab sogar Juden, die den Nürnberger Gesetzen positive Seiten abgewinnen konnten und dies auch noch in der Zeitung des Reichspropagandaministers bekundeten. Unter der Überschrift: „Reinliche Scheidung sehr erwünscht" ließ „Der Angriff" den „führenden Staatszionisten" Georg Kareski am 23. Dezember 1935 zu Worte kommen: „Ich habe seit vielen Jahren eine reinliche Abgrenzung der kulturellen Belange zweier miteinander lebender Völker als Voraussetzung für ein konfliktloses Zusammenleben angesehen…"[378] Unter der Überschrift „Misch-

---

[373] Haffner, Sebastian: „Anmerkungen zu Hitler", München 1978, S. 34 und 62.
[374] Shirer, a.a.O., S. 37.
[375] Shirer, a.a.O., S. 38.
[376] Finkelstein; Birn, a.a.O., S. 69.
[377] Finkelstein; Birn, a.a.O., S. 70.
[378] Herrmann, a.a.O., S. 9.

ehen auch eine jüdische Sorge" stellt er fest: „Die Unterbrechung des Auflösungs-
prozesses in weiten jüdischen Kreisen, wie er durch die Mischehe gefördert
wurde, ist daher vom jüdischen Standpunkt rückhaltlos zu begrüßen."[379]

Gewaltaktionen gegen Juden stoßen in Deutschland weitgehend auf Ablehnung.
Mit mehreren Belegen untermauert Finkelstein seine Annahme, daß „es in
Deutschland viel weniger Beteiligung an und Einverständnis mit der gewalttätigen
rassistischen Hetze als in den amerikanischen Südstaaten"[380] gegeben habe. Hingegen lassen sich in Deutschland viele Jugendliche durch die Haßparolen zu Judenfeindschaft verleiten.

Die Sopade-Berichte unterstreichen Finkelsteins Annahme:

> „Man kann ohne Übertreibung sagen, daß vier Fünftel der Bevölkerung die Judenhetze ablehnt.
> Zwar sind nach wie vor an fast allen Ortseingängen und Ausgängen Schilder angebracht mit der
> Aufschrift: ‚Juden sind hier unerwünscht', auch gibt es nur ganz vereinzelt noch Mutige, die mit
> einem Juden freundschaftlichen Verkehr pflegen – diese sind dann als Judenknechte geächtet –
> aber die ganz barbarischen Transparente… sind wieder verschwunden."[381]

An anderer Stelle geben die Berichte widersprüchliche Informationen wieder.[382]

David Bankiers Untersuchung „Die öffentliche Meinung im Hitlerstaat" kommt,
das Jahr 1935 betreffend, zu dem Ergebnis: „Große Kreise der Bevölkerung fühlten sich von den Methoden des ‚Stürmer' abgestoßen und lehnten die Aufforderung zur Teilnahme an Aktionen gegen die Juden ab."[383]

Wer von der Warte des Grundgesetzes aus die Nürnberger Gesetze betrachtet,
nimmt mit Erstaunen wahr, daß Stimmen des Protestes kaum laut wurden. Dafür
gibt es viele Gründe. Manche Juden erhofften sich eine Festigung der instabilen
Lage. Nun wisse man, woran man sei und könne sich recht und schlecht einrichten. Die Juden in Deutschland konnten auch keinen Protest wagen, zu sehr mußten sie Repressalien befürchten. Einige versprachen sich sogar eine Stärkung der
eigenen Substanz, da nun die häufigen Mischehen unterbunden seien.[384] Die Juden im Ausland waren von deutschen Juden oft genug gewarnt worden, sich nicht
in deutsche Angelegenheiten einzumischen, was auch als Vorwand für Repressalien dienen könnte. Hinzu kam die Erinnerung, daß Rechtsgleichheit aller im

---

[379] Herrmann, a.a.O., S. 10.
[380] Finkelstein; Birn, a.a.O., S. 74.
[381] Berichte der SPD, a.a.O., Bd. 2, S. 1028.
[382] Berichte der SPD, a.a.O., Bd. 3, S. 24 ff.
[383] Bankier, a.a.O., S. 98.
[384] Die Thora verbietet die Mischehe mit entschiedenen Worten (so Esra 9,2 ff.; 10,11 ff.), weshalb sie
bis heute in Israel verboten ist. Wer sie dennoch eingehen will, muß dazu ins Ausland reisen. Auch
sind Juden und Araber im Staate Israel nicht gleichberechtigt, handelt es sich doch den Grundge-
setzen des Landes gemäß um einen Judenstaat. Klepper schreibt in sein Tagebuch (a.a.O., S. 637):
„Esra 10 kann man in seiner Beziehung auf das ‚Dritte Reich' nur mit bebendem Herzen lesen."

Staate Lebenden keine Selbstverständlichkeit sei, sondern in Deutschland eine Errungenschaft der 2. Hälfte des 19. Jahrhunderts.

Viel anders sah es auch im Ausland nicht aus, so in den USA – von der Sowjetunion ganz zu schweigen –, wo der schwarze Bevölkerungsanteil verglichen mit dem weißen weder vor dem Gesetz noch im Leben gleichgestellt war und daher jeder Protest an die Adresse Deutschlands die entsprechende Antwort ausgelöst hätte.

Inge Deutschkron faßt zusammen:

> Dem NS-Regime „war gelungen, was die Demokratie in den Jahren der Weimarer Republik nicht erreicht hatte: Das Ausland respektierte das Dritte Reich. Die Arbeitslosigkeit war beseitigt worden. Der Versailler Vertrag gehörte der Vergangenheit an."[385]

---

[385] Deutschkron, a.a.O., S. 33.

4. Reichspogromnacht und Vertreibung 1937–1939

4.1 Das Großdeutsche Reich

Vom Saarland und seiner Rückkehr ins Reich war schon die Rede. Der nächste, völkerrechtswidrige Akt traf Hitlers Heimatstaat Österreich. Dem durch den Friedensvertrag von St. Germain amputierten ehemaligen Vielvölkerstaat waren nahzu alle fremdsprachigen Gebiete genommen worden – und nicht nur sie, auch deutschsprachige Gebiete: Südtirol, Sudetenland. Aus einer Großmacht war über Nacht flächenmäßig betrachtet ein Kleinstaat geworden. Größe und Ansehen waren nur wiederzuerlangen durch die Wiederherstellung des alten Reiches auf neuer verfassungsmäßiger Grundlage. Die Vorenthaltung des Selbstbestimmungsrechts der dortigen Menschen seitens jener, die dieses Recht lauthals proklamiert hatten, verursachte Mißmut und das Verlangen nach einer Revision auch dieses Vertrages. So war der Boden bereitet, als Hitler im März 1938 gewaltsam die Fesseln sprengte und den Anschluß bewirkte (13. März), den dort wie hier weit über 90 Prozent der Abstimmenden bejahten. Wieder blieb der Bruch völkerrechtlicher Vereinbarungen ohne Sanktionen des Auslandes, nicht zuletzt deshalb, weil mehrere Staaten aus den oben genannten Gründen ein schlechtes Gewissen haben mußten und tatsächlich hatten.

Auch was das Sudetenland anlangt, entbehrten die Argumente der Revisionisten nicht jeder Plausibilität, handelte es sich doch um Gebiete, die fast ausschließlich von Deutschsprachigen bewohnt wurden. Doch die dominanten Tschechen dachten nicht daran, auf diese Gebiete zu verzichten. Hitler drohte mit Krieg, und die großen europäischen Demokratien strebten nach *peace in our time*. Mit ihrer Zustimmung auf der Münchener Konferenz am 29. September 1938 konnte die Wehrmacht einmarschieren, ohne daß ein Schuß fiel. Die allermeisten atmeten auf. Doch war der Appetit des Diktators gestillt? Hitlers Reputation hatte sich jedenfalls weiter gefestigt. Alle waren sich einig, daß die Weimarer Republik derartige Erfolge niemals hätte erzielen können. Noch ein Gewaltakt gelang, ohne daß ein Krieg ausgelöst wurde: Böhmen und Mähren erhielten den Status eines Protektorats des deutschen Reiches (15. März 1939).

Das amerikanische Nachrichtenmagazin „Time" vom 4. Januar 1939 kürte Hitler zum „Man of the Year". Die Begründung war keine Laudatio. Sie bestand in einer nüchternen, kritischen Auflistung des von Hitler Erreichten. Zwischenüberschriften unterstreichen das Wesentliche: „Ohne Blutvergießen" und „Kuschender Kontinent". Deutschlands Vertragspartner in München wurden vorgeführt: Frankreich, das Vereinigte Königreich von Großbritannien und Nordirland sowie Italien. Dann heißt es: „Die dominierende Erscheinung jedoch war der Gastgeber, Deutschlands Adolf Hitler." Das mußte vielen Deutschen imponieren, die sich seit Versailles für diskriminiert hielten. Hatte man seither auf Deutschland hinunter geblickt, so blickte man nun zu ihm auf.

Hitlers Appetit wuchs mit den Erfolgen. Am 1. September 1939 überschritten deutsche Soldaten die polnische Grenze, nachdem Hitler mit Stalin einen Nichtangriffsvertrag abgeschlossen hatte. Jetzt besannen sich das Vereinigte Königreich und Frankreich ihrer Bündnispflichten. Der europäische Krieg begann. Und wieder gelang es Hitler, Freund und Feind durch die „Blitzkriege" seiner Wehrmacht in Erstaunen zu versetzen. Bereits am 17. September kapitulierte Warschau. Doch von einer allgemeinen Kriesbegeisterung wie 1914 konnte in Deutschland nicht die Rede sein. Die Schrecknisse des Ersten Weltkrieges, der nur zwei Jahrzehnte zurücklag, waren noch gegenwärtig.

Auf den Kriegsbeginn zurückdatiert wurde Hitlers Ermächtigung an Ärzte, unheilbar geistig Behinderte „gnadenhalber" töten zu dürfen. Eine schlecht kaschierte Massentötung begann, in deren Verlauf weit über einhunderttausend unschuldige Menschen wegen ihrer Gebrechen eines gewaltsamen Todes sterben mußten. Noch vorhandene moralische Schranken fielen, während die effektivsten Methoden erprobt wurden.

In den der ordentlichen Gerichtsbarkeit entzogenen Konzentrationslagern lebten bei Kriegsbeginn im ganzen Reich 20 000 Häftlinge, davon mehr als die Hälfte Kriminelle. Während des Krieges nahm die Zahl der Lager und der Insassen rapide zu. In den 394 Lagern für Männer und 17 für Frauen befanden sich am 1. August 1944 insgesamt 524 277 In- und Ausländer.[386] Die Zahlen veranschaulichen besser als Worte das Anschwellen des Terrors.

4.2   „Sonderrecht"[387] und Sonderbehandlung – Das Reich und die Juden

Mit erstaunlichem Erfindungsreichtum und sturer Unerbittlichkeit sollte den Juden auch auf gesetzlichem Wege der Aufenthalt in ihrer deutschen Heimat vergällt werden. Die Auflistung der Schikanen macht schier sprachlos, und Vollständigkeit würde den Rahmen sprengen. Daß es damals aber noch um das Loswerden ging, veranschaulicht am besten eine bemerkenswerte Verordnung, die es den Behörden sogar gestattete, in einem Führungszeugnis hinsichtlich Vorstrafen falsche Angaben zu machen, wenn dadurch die Ausreise erleichtert oder ermöglicht wird. Der Runderlaß trägt das Datum 3. Juni 1940. Er steht fast am Ende einer Reihe legaler Maßnahmen, die der Positivist, so Ludwig Feuchtwanger, für

---

[386] Ploetz, Carl: „Der Große Ploetz", Freiburg 2002, S. 900.
[387] Siehe Walk, Joseph (Hg.): „Das Sonderrecht für die Juden im NS-Staat. Eine Sammlung der gesetzlichen Maßnahmen und Richtlinien – Inhalt und Bedeutung", Heidelberg 1981

gültig und verbindlich halten mußte – „Theoretisch bietet auch die Weimarer Verfassung einen ‚legalen‘ Weg, mittels qualifizierter Mehrheit die Juden zu entrechten"[388] –, was der Durchsetzung des Unrechts Vorschub leistete.

Ab April 1937 durfte der Doktortitel nicht mehr an Juden verliehen werden. Im Frühjahr 1938 wurde verfügt, daß alle Juden ihr gesamtes Vermögen, wenn es den Wert von 5 000 RM überstieg, anmelden mußten. Die freie Verfügung konnte so unterbunden werden, und von dieser Möglichkeit wurde reichlich Gebrauch gemacht. Am 23. Juli folgte eine Verordnung, die alle Juden verpflichtete, „unter Hinweis auf ihre Eigenschaft als Jude" eine Kennkarte zu führen. Nur einen Monat später: Den nichtjüdischen Vornamen eines Mannes ist „Israel", denen einer Frau „Sara" hinzuzufügen. In jede Seite des Ausweises war ein großes „J" eingeprägt oder eingestempelt.[389]

Die 4. Verordnung zum Reichsbürgergesetz entzog mit Wirkung vom 30. September 1938 allen jüdischen Ärzten die Approbation. Die Krankenkassenzulassung hatten sie bereits ein Jahr zuvor verloren. Mit Genehmigung konnten sie noch als „Krankenbehandler" weitermachen. Jüdische Rechtsanwälte durften nur noch als Rechtskonsulenten für Juden tätig sein. Im November 1938 trat für Juden das Verbot in Kraft, Badeanstalten, Unterhaltungseinrichtungen und näher bestimmte Stadtteile zu betreten. Auch durften die jüdischen Kinder nicht länger deutsche Schulen besuchen. Untersagt war ferner der Besitz und das Führen eines Kraftfahrzeuges, bald auch eines Haustiers. Nach dem Pogrom kam das jüdische Gemeinschaftsleben zum Erliegen, da die jüdischen Organisationen und Zeitungen nicht länger geduldet wurden.

Die „Verordnung zur Ausschaltung der Juden aus dem deutschen Wirtschaftsleben" untersagte Juden ab 1. Januar 1939 den Betrieb von Einzelhandel- und Versandgeschäften. Am 21. Februar 1939 folgte eine Anordnung, nach der alle Juden die in ihrem Besitz befindlichen Gegenstände aus Gold, Platin und Silber sowie Edelsteine und Perlen abzuliefern hatten. Wie nicht anders zu erwarten, entsprachen die jeweiligen „Entschädigungen" auch nicht annähernd dem Verkehrswert. Zudem war den Inhabern der Konten, auf die die Entschädigungen eingezahlt werden mußten, die Verfügungsgewalt entzogen. Von ihrem Grundbesitz mußten sich die Juden ebenfalls trennen.

Mit Kriegsbeginn folgten weitere einschneidende Maßnahmen, so Ausgehverbote, das Verbot, ein Rundfunkgerät, ein Telefon zu besitzen. In den besetzten pol-

---

[388] Feuchtwanger, a.a.O., S. 203. Nach der damals herrschenden Auffassung konnte eine verfassungsändernde Mehrheit jede politische Zielvorgabe in geltendes Recht verwandeln (Rechts-Positivismus).

[389] Der Hinweis darf nicht unterschlagen werden, daß in den Pässen des Staates Israel die Eigenschaft „Jude" herausgestellt wird, also nicht alle Staatsangehörigen schlicht als „Israeli" ausgewiesen sind.

nischen Gebieten wurde der Judenstern noch im November 1939 eingeführt, im Reichsgebiet ab dem 19. September 1941.

In diese Zeit der sich stets verschärfenden Reglementierungen fällt ein Racheakt, der führenden Nationalsozialisten wieder (Reichstagsbrand!) wie gerufen kam: die Ermordung eines Mitarbeiters der deutschen Botschaft in Paris durch den Juden Herschel Grynszpan. Er wollte die Vertreibung seiner polnischen Eltern seitens des Dritten Reiches rächen. Die Vorgeschichte ist genau erforscht[390] und auch das, was dann kam: Am 9. November 1938 war das Opfer den Verletzungen erlegen. Nun inszenierte Reichspropagandaminister Goebbels eine Hetz-Kampage, die ihn als Meister seines Metiers auswies: Kampf „gegen das Weltjudentum und seine schwarzen und roten Bundesgenossen für die Freiheit und Sicherheit der Nation und aller Deutschen in der Welt" – verkündete das „Kampfblatt der national-sozialistischen Bewegung Großdeutschlands", der „Völkische Beobachter". Vorab stand zu lesen:

> „Reichsminister Dr. Goebbels gibt bekannt: ‚Die berechtigte und verständliche Empörung des deutschen Volkes über den feigen jüdischen Meuchelmord an einem deutschen Diplomaten in Paris hat sich in der vergangenen Nacht in umfangreichem Maße Luft verschafft. In zahlreichen Städten und Orten des Reiches wurden Vergeltungsaktionen gegen jüdische Gebäude und Geschäfte vorgenommen. Es ergeht nunmehr an die gesamte Bevölkerung die strenge Aufforderung, von allen weiteren Demonstrationen… abzusehen. Die endgültige Antwort… wird auf dem Wege der Gesetzgebung… erteilt…'"[391]

Die „Empörung des deutschen Volkes" – war sie Wunschdenken Goebbels oder Wirklichkeit? – Die Antwort geben jüdische und andere Zeitzeugen, wie wir gleich sehen werden. Die insbesondere von Goebbels geplanten „Vergeltungsaktionen" waren blutige Wirklichkeit. Hunderte Juden wurden Opfer der Exzesse, 30 000 Juden, meist wohlhabende, auf Wochen in die Konzentrationslager Dachau, Buchenwald oder Sachsenhausen deportiert, über 1 000 Synagogen und Gebetshäuser schwer beschädigt oder zerstört, 7 500 Geschäfte verwüstet.[392] Der Sachschaden betrug hunderte Millionen. Die Täter vor Ort wurden selbst bei Mord nicht zur Verantwortung gezogen, sondern nur bei „Rassenschande" und Plünderung.[393] Die Leistungen der Versicherungen durften nicht an die Geschädigten ausbezahlt werden. Das angedrohte Gesetz ließ nicht lange auf sich warten. Als

---

[390] Zuletzt Tomaszewski, a.a.O. Wissenswert ist, daß die Initiative von Polen ausging, das im Begriffe war, allen Auslandspolen die Staatsangehörigkeit zu entziehen, weshalb die in Deutschland lebenden rasch in ihre Heimat befördert werden sollten, um Staatenlosigkeit zu vermeiden.

[391] Völkischer Beobachter, Münchener Ausgabe, 11.11.1938.

[392] Der Pogrom wurde auch von namhaften Nationalsozialisten mißbilligt, ebenso wie das Hetzblatt „Der Stürmer"; siehe Maser, Werner: „Fälschung, Dichtung und Wahrheit über Hitler und Stalin", München 2004, S. 298.

[393] IMT (Internationales Militärtribunal), Bd. 32, Dokument 3063-PS, S. 20 ff. „Bericht des Obersten Parteigerichts an Göring vom 13. Februar 1939". Darin ist auch dokumentiert, daß der Befehl zum Pogrom von oben kam, der angebliche Volkszorn pure Lüge war.

„Buße" wurde den Juden die Zahlung von einer Milliarde Reichsmark aufgebürdet.

Eine kleine Vergünstigung erfuhren die jüdischen Frontkämpfer, die verhaftet worden waren: Sie wurden umgehend wieder auf freien Fuß gesetzt.[394]

4.3 „Flucht und Beharren" – Die Juden und das Reich

> „Nachdem all die Beschimpfungen und Schikanen, die wilden Schlägereien und mitternächtlichen Verhaftungen, die Diffamierungen und Verunglimpfungen, die sukzessive Entrechtung und wirtschaftliche Strangulation nichts genutzt hatten, ging dem Hitler-Regime die Geduld aus"[395],

– schreibt John Dippel. Die Formulierung ist nicht ganz korrekt. Von den rund fünfhunderttausend Juden, die Anfang 1933 im Reich gelebt hatten, waren nur noch 371 000 im Lande. 129 000, das entspricht einem guten Viertel, hatten es bereits verlassen. Doch den Nationalsozialisten war dies nicht genug. Deutschland sollte „judenrein" werden, und das nicht irgendwann. Da kam ihnen, wie allgemein angenommen wird, das Pariser Attentat sehr gelegen, denn sie konnten nun die Juden und ihre Helfer mit Mord und Totschlag in Verbindung bringen und die verhängten Maßnahmen als eine Art vorverlagerte Notwehr kaschieren, hatte doch schon 1936 der Jude David Frankfurter den Schweizer NS-Landesgruppenleiter Wilhelm Gustloff aus Rache für die Nürnberger Gesetze getötet.

Den Juden, die in den Lagern schmachteten, sollte mit aller Deutlichkeit zu Bewußtsein kommen, daß sie und ihresgleichen auf keinen erträglichen Modus vivendi in Deutschland hoffen durften. Ihre Entlassung geschah in der Erwartung ihrer raschen Auswanderung, eine Erwartung, der meist entsprochen wurde. So verringerte sich die Zahl der Juden in Deutschland in den nächsten zehn Monaten, die auf den November 1938 folgten, um rund 150 000. Die Zahl der Juden, die im Sommer 1941 immer noch in Deutschland lebten, wird auf 164 000 geschätzt.[396]

Der Anteil der Auswanderer wäre weit größer gewesen, hätte das Ausland nicht so hohe Hürden aufgerichtet. Leo Baeck, der Präsident der Reichsvertretung der Juden in Deutschland, hatte an den Präsidenten der USA, Roosevelt, appelliert, er möge sich der verfolgten Juden annehmen, und war deshalb beglückt, als in Évian, Frankreich, vom 6. bis zum 14. Juli 1938 eine Konferenz tagte, die sich mit der Not der Vertriebenen befaßte. 32 Länder hatten Delegierte entsandt. Doch einer nach dem anderen bedauerte, daß sein Land nicht in der Lage sei, den Erwartungen zu entsprechen, Juden in nennenswerter Zahl aufzunehmen.

---

[394] Dunker, a.a.O., S. 177.
[395] Dippel, a.a.O.. S. 368.
[396] Dippel, a.a.O., S. 441.

Als die jüdischen Gemeinden und andere jüdische Organisationen keine Beiträge mehr erheben durften, konstituierte sich die Reichsvertretung der Juden in Deutschland als privater Verein unter der Bezeichnung: Reichsverband der Juden in Deutschland. An seine Spitze trat Leo Baeck. Die ehemaligen Landesverbände lösten sich freiwillig auf. Unter dem massiven Druck der Machthaber wurde der Reichsverband genötigt, für die Judenverfolgung Hilfsdienste zu leisten. Die anderen jüdischen Vereinigungen stellten ihre Tätigkeit ein, so der Reichsbund jüdischer Frontsoldaten.

Der Versuch, sich und den anderen Mut zu machen, den der Leitartikler der „Jüdischen Rundschau", Robert Weltsch, am 3. März 1938 unter dem Titel „Erwachte Kräfte" unternahm, erscheint aufschlußreich: Wenngleich wir viel verloren hätten, so sei „die Bilanz... nicht eine durchaus negative". In dieser dunklen Stunde hätten die Juden „Kräfte entwickelt, die wir selbst niemals in ihnen, d. h. in uns, vermutet hätten."[397]

Nach der erzwungenen Ausreise schlug er in Jerusalem andere Töne an: „Es ist eine bittere Erkenntnis, die jeder Zionist von einer Reise durch Europa mitbringt... Die Juden haben die Nazis nicht systematisch bekämpft." Während dieser fünf Jahre (1933–1938) hätten die Juden keinen einzigen Versuch unternommen, der antisemitischen Verleumdung der Nazis Paroli zu bieten. Statt dessen hätten sie jedes Risiko vermieden, in der Hoffnung, auf diese Weise ihre Folterknechte nicht gegen sich aufzubringen und zu provozieren. Das alles sei Dummheit gewesen.[398]

Wo ist der Nachweis, daß diese bittere Abrechnung gerechtfertigt ist? Die Beschäftigung mit den Einzelschicksalen zeigt Menschen in Not und Angst, denen gegenüber jeder Vorwurf reiflich bedacht sein will.

4.4 „Und sie weint fassungslos" –- Aus Bekundungen jüdischer Zeitzeugen

Im „Editorial" eines „Christlichen Medienmagazins", verfaßt in Jerusalem, steht im Frühjahr 2004 zu lesen: „Um der Palästinenser willen sollten wir daran erinnern, was dabei herausgekommen ist, als wir Deutschen alle unsere Synagogen verbrannt haben."[399]

Haben *die* Deutschen gehaßt, zerstört, gebrandschatzt, gemordet? Wer hat was getan und woran erinnern sich die unverdächtigen Zeugen? Lassen wir als jüdische Zeitzeugin zuerst Hertha Nathorff zu Worte kommen. Mitunter sind es die Juden selbst, die andere bitten, auf der Promenade Anrede und Gespräch zu unterlassen:

---

[397] Dippel, a.a.O., S. 374.
[398] Dippel, a.a.O., S. 418 f.
[399] Johannes Gerloff „Um der Palästinenser willen", pro 2/2004.

> „Der Gefahr, heimlich geknipst und mit mir im Stürmer abgebildet zu werden, wollte ich sie nicht aussetzen."[400]

Im Oktober 1937 kann sie zusammen mit ihrem Gatten in Italien den Urlaub verbringen:

> „In Lugano habe ich auf der Rückreise gesagt, nun geht es wieder ins Gefängnis – und so fühle ich es auch hier."[401]

– Vermutlich das Gefühl aller Hitlergegner.

> „28. Januar 1938: Ich habe es wieder gewagt, ich habe meine armen Akademikerinnen wieder eingeladen, trotzdem es meinem Mann nicht recht war, meine Freunde mich warnten und mir Angst machten, daß ich eingesperrt werde. 56 Frauen in meiner Wohnung!"[402]

Daß jemand die Einladung ausgeschlagen hätte, davon ist nicht die Rede.

Ein Besuch in der Heimatstadt, April 1938:

> „Viele jüdische Geschäfte sind verkauft, die Inhaber ausgewandert, die Häuser der Katholiken sind mit unflätigen Worten beschmiert…"

Öfter werden wir darauf stoßen, daß Geschäftsleute besonders entgegenkommend sind:

> „‚Wenn es nicht ganz dringend ist, warten Sie lieber‘, sagte das Fräulein zu mir. Sie sieht sich dabei scheu nach allen Seiten um, ob es auch niemand hört… Der Weg ins Gefängnis ist nicht weit."[403]

Nathorff zitiert die Volksstimme:

> „Wir haben kein Fleisch, keine Butter, kein Ei,
> Dafür eine neue Reichskanzlei",

und stellt die Frage:

> „Ob das Volk nicht wirklich bald genug hat? Aber sie haben ja alle Angst und auch keine Möglichkeit, sich zu organisieren."[404]

> „10. November 1938… Was haben sie bloß wieder gemacht?, denke ich. Da höre ich eine gutangezogene Dame im Vorbeigehen zu ihrem Mann sagen: ‚Recht geschieht es der verdammten Judenbande, Rache ist süß!‘"

Nur fünf Zeilen weiter:

> „Wohl höre ich einige unwillige Bemerkungen über diese Vorgänge aus den Reihen der Passanten; die meisten aber gehen scheu und still durch die Straßen."[405]

---

[400] Nathorff, a.a.O., S. 95.
[401] Nathorff, a.a.O., S. 99.
[402] Nathorff, a.a.O., S. 104.
[403] Nathorff, a.a.O., S. 108.
[404] Nathorff, a.a.O., S. 118.
[405] Nathorff, a.a.O., S. 120 f.

Ihr Mann wird in der Pogromnacht verhaftet und in ein Konzentrationslager gesteckt. Erst nach Wochen kommt er wieder frei. Sie selbst lebt zwischenzeitlich in größter Angst und Sorge:

> „Ich weiß, daß arische Freunde oft in tiefer Nacht noch an meinem Hause vorbeigehen, um zu sehen, ob das Licht noch brennt und ob die Lampen nicht demoliert, unsere Wohnung ausgeraubt ist…"[406]

> „Auf dem Nachhauseweg begegnete mir eine frühere Patientin. Sie hat mich im Augenblick kaum mehr erkannt. Auch sie weiß von dem Judenpogrom und frägt mich nach meinem Mann. Ich konnte nur sagen: Auch er! Sie nahm mich mit in ihre Wohnung. Ich ließ es geschehen, daß sie mich mitzog, trotzdem es eine Gefahr für sie bedeutet hätte, hätte man mich in ihrem Hause gesehen."[407]

Diese gefährliche Gastfreundschaft wiederholt sich:

> „Wo wir diese Nacht verbrachten, ich möchte es nicht einmal diesen Blättern anvertrauen. Es möchte einem gewissen Herrn Minister doch wohl nicht recht sein, daß unter seinen Beamten und Angestellten auch solche sind, die ihr eigenes Bett zur Verfügung stellen, um… Schutz und Sicherheit gegen seine Verfolger zu bieten."[408]

Als sie die Sühneabgabe ins Finanzamt bringt, sagt der Beamte:

> „Wir müssen Ihnen das Geld doch abnehmen. Wir Beamten können doch nichts dafür. Wir müssen tun, was man uns vorschreibt."[409]

> „Heute kam eine alte Patientin von der Straße heraufgestürzt. Sie hat gesehen, daß man mein Lieblingszimmer… abgeholt hat… Ich ziehe sie eilig in mein Speisezimmer. Man darf sie ja bei uns nicht sehen, sie ist Beamtin. Und ich sage ihr, was geschah und daß wir in wenigen Wochen das Land, das unsere Heimat war, verlassen werden. Und sie weint fassunslos."[410]

Jakob Littner, dem es nach dem 9. November 1938 gelungen war, sich zu verstecken, schwärmt wieder von den Menschen seiner Wahlheimat:

> „Wir konnten ja nichts kaufen. Überhaupt zeigte sich wieder das goldene, unverdorbene Herz vieler Münchner. Wieviel heimliche Hilfsbereitschaft wurde da bewiesen. Von nicht wenigen Juden konnte man erfahren, daß sie vor ihren Türen heimlich dorthin gelegte Lebensmittel, Milch, Brot usw. gefunden haben. So und auf ähnliche Weise wurde geholfen."[411]

Littner, ein Pole, mußte Deutschland schon vor Kriegsbeginn verlassen. In Polen erlebt er die Okkupation:

> „Die deutschen Soldaten waren alle durchwegs sehr anständig und menschlich… Wie konnte es nur kommen, daß sich diese Menschen, die alles andere als Untiere waren, für so grausame Ziele einsetzen ließen?"[412]

---

[406] Nathorff, a.a.O., S. 131.
[407] Nathorff, a.a.O., S. 132.
[408] Nathorff, a.a.O., S. 150 f.
[409] Nathorff, a.a.O., S. 138.
[410] Nathorff, a.a.O., S. 154.
[411] Littner, a.a.O., S. 24.
[412] Littner, a.a.O., S. 50.

Josef Schlüchterer, Großvater des späteren Bundesjustizministers Gerhard Jahn – seine Mutter wurde 1944 in Auschwitz ermordet –, schreibt am 9. Mai 1938 einen ergreifenden, ganz offenbar Wort für Wort reiflich überlegten Brief an einen seiner Enkel. Daraus die einschlägigen Zeilen:

> „Seit fünf Jahren sind die Juden in Deutschland einem erbarmungslosen Prozeß der Ausstoßung aus dem Volkskörper überliefert... In Verwirklichung dieser als ‚Weltanschauung‘ aufgemachten These ist eine Orgie von Rassenhaß gemacht und eine totale systematische Disqualifizierung des jüdischen Menschen ins Werk gesetzt worden... Das tragische Schicksal der Betroffenen zu schildern, gehört nicht hierher... Ihnen gegenüber steht das ‚arische‘ Volk. Es unterzieht sich dieser befohlenen Judenverfolgung zum Teil bereitwillig... Aber zu einem sehr großen Teil lehnt das Volk im Wissen um die Unwahrheit und Ungerechtigkeit der Schlagworte die Verfolgung ab, ohne aber den Betroffenen helfen zu können.“[413]

Else Behrend-Rosenfeld lebt mit ihrem Mann seit vier Jahren südlich von München im Isartal:

> „Dann kam der 10. November 1938! Völlig ahnungslos waren wir am Morgen aufgestanden. Wir wollten uns gerade zum Frühstück setzen..., als es klingelte. Unser guter Bürgermeister stand draußen, schwitzend vor Verlegenheit. ‚Die Kreisleitung der Partei hat mich angerufen und beauftragt, Ihnen zu sagen, Sie müßten innerhalb von drei Stunden von hier fort... Ich hoffe, es ist nur für kurze Zeit.‘“[414]

„Der gute Bürgermeister“ war sicher ein Mitglied der NSDAP, zugleich offenbar ein anständiger Mensch.

Auf der Fahrt durch München:

> „Die Menge verhielt sich ruhig, auch den Gesichtern war ganz selten einmal anzumerken, was ihre Besitzer dachten. Hier und da fielen Worte der Schadenfreude, aber auch solche des Abscheus konnte man gelegentlich hören.“[415]

Beifall war risikolos, nicht jedoch die geäußerte Abscheu.

Frau Behrend-Rosenfeld wollte aus der Staatsbibliothek entliehene Bücher zurückbringen. Auch dort das Schild „Juden ist der Zutritt verboten“. Behrend-Rosenfeld wird zu einem Dr. X. gebeten. Der erkundigt sich und erfährt, daß der Mann „Volljude“ ist und sie auch als solche gilt, da sie als „Halbjüdin“ einen „Volljuden“ geheiratet hatte. Dr. X. zeigt sich großzügig:

> „Das trifft für uns nicht zu‘, sagte er, ‚für uns sind Sie Mischling, und denen ist das Entleihen von Büchern erlaubt... Wir werden Ihnen gleich heute eine Leihkarte auf Ihren Namen ausstellen lassen. Wem Sie in Ihrer Familie die Bücher geben, geht uns nichts an... Wir hoffen, das häßliche Plakat am Eingang bald wieder fortnehmen zu dürfen... Noch eins: Sollten Sie oder Ihr Gatte hier einmal nicht mit der unter anständigen Menschen üblichen Höflichkeit behandelt werden, so bitte ich, mir das sofort zu melden – wir sind entschlossen, das hier unter allen Umständen nicht zu dulden!‘“[416]

---

[413] Doerry, a.a.O., S. 113.
[414] Behrend-Rosenfeld, a.a.O., S. 60.
[415] Behrend-Rosenfeld, a.a.O., S. 64.
[416] Behrend-Rosenfeld, a.a.O., S. 68.

Es gelingt noch im August 1939, also unmittelbar vor Kriegsbeginn, für den Gatten die Ausreise zu bewerkstelligen. Sie muß zurückbleiben. Immer wieder begegnen ihr hilfsbereite, zumindest korrekte Leute, was sie an Polizisten, sonstigen Beamten, einem Gepäckträger und einem Kohlenhändler veranschaulicht. Sie fährt fort, an ihren in der Ferne weilenden Mann gerichtet:

> „Übrigens hat es mir wohlgetan, im Dorf deutlich die Sympathien für uns und unser Schicksal zu spüren, als ich am Tage nach deiner Abreise bei den verschiedenen Leuten Deine Abschiedsgrüße bestellte."[417]

Valerie Wolffenstein schreibt über die anderen Mieter des Hauses, über gewöhnliche Arbeiter, Lebensmittelhändler, Freunde, fremde Passanten: Ein Ehepaar war „erschreckend judenfeindlich":

> Glücklicherweise wohnten diese Leute nur kurze Zeit in unserem Hause. Sonst wohnten wir sehr gern in der Lichtenfelder Wohnung, die wir 1941 zwangsweise räumen mußten.[418]

> „Überhaupt haben sich die arischen Dienstboten jüdischer Familien vielfach ausgezeichnet benommen, und umgekehrt haben die Hausherren oder Hausfrauen bei ihrer Auswanderung ihre Angestellten mit Geld und Sachen großzügig ausgestattet."[419]

> „Ich habe z.B. unter den Möbelpackern, mit denen ich jahrelang viel zu tun hatte, kaum einen Nazi gefunden, aber sehr viele Nazigegner. ‚Ich habe schon 1929 gesagt, der Kerl taugt nichts', äußerte sich ein Packer ganz gemütlich über Hitler am Frühstückstisch, um den nicht nur fünf seiner Kollegen, sondern auch noch drei ihm völlig fremde Bediente saßen, in den besonders gefährlichen Tagen nach dem 9. November 1938…"[420]

> „An den meisten Läden stand ‚An Juden kein Verkauf', es gab aber auch solche Ladeninhaber, die heimlich den Juden etwas zusteckten, wenn man allein im Laden war. Auch in der S-Bahn wurde denen, die besonders jämmerlich aussahen, öfters etwas in die Tasche geschoben, mir drückte am Heiligenabend ein Urlauber einen riesigen Apfel in die Hand, ‚damit Sie doch auch eine Freude haben'. Immer wieder empörten sich Mitfahrende, besonders die Arbeiter in den Frühzügen, daß wir nicht sitzen durften…
> Unsere Sonntage waren immer schön… Und unsere vielen arischen Freunde wetteiferten, uns den Tag zu einem Festtag zu machen, kamen mit Blumen, mit Lebensmitteln und waren jedesmal erleichtert, uns noch vorzufinden. Als die Wohnungstüren mit dem Judenstern gekennzeichnet waren, bat ich jeden einzelnen inständig, nicht mehr zu uns zu kommen, aber alle diese Menschen riskierten alles für sich und ihre Familien, um uns zu helfen und um ihrer tiefen Empörung über die Naziherrschaft tätigen Ausdruck zu geben."[421]

> „Immer wieder gaben Arier, auch ganz unbekannte, ihrer Empörung über all diese Schikanen Ausdruck. So hielt mich auf dem Potsdamer Platz inmitten eines Strudels vorüberhastender Menschen einmal eine fremde Dame an und rief ganz laut: ‚Ich schäme mich, daß Ihnen soviel angetan wird, ich schäme mich, daß ich eine Deutsche bin, und so wie ich denken Tausende deutscher Frauen.'"[422]

[417] Behrend-Rosenfeld, a.a.O., S. 15.
[418] Kann, a.a.O., S. 27.
[419] Kann, a.a.O., S. 33.
[420] Kann, a.a.O., S. 38.
[421] Kann, a.a.O., S. 41.
[422] Kann, a.a.O., S. 42.

Peter Gay, damals noch Peter Fröhlich, pflichtet seinem Freund, dem Psychoanalytiker Peter Loewenberg bei. Nach Ansicht beider kam der Pogrom mit seinen Ergebnissen dem Regime recht gelegen:

> „Es sonderte die jüdische Bevölkerung Deutschlands noch stärker als zuvor von den ehemaligen Mitbürgern ab und diente der Einschüchterung nichtjüdischer Deutscher; jeder Versuch, den Opfern sein Mitgefühl zu bezeugen oder ihnen gar zu helfen, war gefährlich."[423]

> „Die Geschichte der Kristallnacht ist oft erzählt worden, bisweilen in grausigen Einzelheiten; dennoch muß ich darüber sprechen, weil ich dort war…. Ich interpretiere sie – nein, ich empfinde sie – als eine Katastrophe, die meinen Groll auf Deutschland und die Deutschen noch steigerte und in einen Haß verwandelte, der lange Zeit unvermindert anhielt. In diesen Jahren habe ich die Emil Busses zu wenig in die Waagschale geworfen."[424]

„Die Busses" halfen den Fröhlichs auf jede nur erdenkliche Weise. Dort war auch Peters Vater während der Verhaftungswelle versteckt. Doch lassen wir Peter Gay wieder zu Wort kommen mit der Schilderung eines Vorfalls, der beispielhaft zeigt, wie tief sich auch mancher nichtjüdische Deutsche von der Verfolgung seiner jüdischen Nachbarn innerlich betroffen fühlte:

> „Als ich vor unserem Haus ankam, traf ich die Frau des Hausmeisters weinend an der Haustür. Ich fragte sie, was los sei, und sie erzählte, ‚sie' wären gekommen und hätten Herrn Schreiber mitgenommen."[425]

Dann zitiert Gay noch, was der Korrespondent der „New York Times" geschrieben hat:

> „Während große Teile der deutschen Bevölkerung sich angesichts dieser Pöbelherrschaft gründlich zu schämen schienen, konnten die an den antisemitischen Aktionen Beteiligten sich voll ausleben."[426]

Auch den „Manchester Guardian" läßt er zu Worte kommen:

> „Seinem Sonderkorrespondenten zufolge reagierte die Berliner Öffentlichkeit entweder mit Apathie oder – bestenfalls – mit ‚schockiertem Staunen'."[427]

Gerhard Löwenthal erinnert sich an den Pogrom und seine Resonanz:

> „Ich war, als der Tumult auf der Straße begann, sofort hinuntergelaufen, um zu sehen, was los sei. Da wir noch keinen Judenstern tragen mußten, kam mir gar nicht die Idee, daß ich mich in große Gefahr begab. Das wurde mir erst klar, als ich beim Anblick meiner brennenden Synagoge in Tränen ausbrach. Obwohl viele Menschen stumm und betroffen, einige offenbar in ohnmächtiger Wut, die Feuersbrunst beobachteten, war es doch nicht ausgeschlossen, daß mich fanatische Nazis erwischt und an Ort und Stelle entsprechend ‚behandelt' hätten."

Auch *der* Satz gehört zum vollständigen Erinnerungsbild, nämlich der Rückweg

---

[423] Gay, a.a.O., S. 150.
[424] Gay, a.a.O., S. 151.
[425] Gay, a.a.O., S. 151 f.
[426] Gay, a.a.O., S. 154.
[427] Gay, a.a.O., S. 154.

> „vorbei an dem tobenden Mob, der seine Zerstörungswut an jüdischen Geschäften und Wohnun-
> gen am Kurfürstendamm … ausließ."[428]

Und schließlich:

> „…zwei Gestapo-Beamte forderten meinen Vater und mich höflich, aber bestimmt auf, ihnen zu
> folgen, da sie den Befehl hätten, uns festzunehmen."[429]

Anklänge an das eben Geschilderte finden sich auch bei Hans Rosenthal:

> „Ich ging auf den Balkon und sah die Glassplitter auf der Straße. In unserem Hause wohnten drei
> jüdische Familien. Der Mann, der unter uns wohnte, war Rabbiner. Aber in unserem Hause pas-
> sierte nichts… Einen Tag später sah ich in der Immanuelkirchstraße einen jüdischen Elektro-
> händler mit verbundenem Kopf. Ich erfuhr, daß man ihn geschlagen hatte. So etwas war für mich
> bis zu diesem Zeitpunkt überhaupt nicht denkbar gewesen."[430]

Werner Blumenthal befiel Angst, als er die brennende Berliner Synagoge sah:

> „Vor einigen jüdischen Geschäften versuchten die Eigentümer, Schutt und Glasscherben zusam-
> menzukehren. Niemand half ihnen, die Menschen schauten hin und gingen weiter; sie schienen
> angesichts dessen, was sie sahen, ebenso sprachlos und verstört zu sein wie ich selbst."[431]

Anschaulich und weitgehend aus eigener Anschauung schildert Notar Neumann, was er damals erleben und erleiden mußte. Er wurde in der Pogromnacht als pro-minenter Jude festgenommen, mißhandelt und ins KZ Oranienburg deportiert. Er will es nicht verschweigen, daß einer der Polizisten sogar Tränen in den Augen hatte, als es zum Abtransport kam. Über das KZ schreibt er:

> „Es wurden Leute herausgesucht, die als Soldaten Vorgesetzte gewesen waren. So machten wir
> Juden denn Fußdienst unter jüdischem Kommando."

Er wundert sich:

> „Es ist bemerkenswert, mit wie wenigen SS-Leuten diese große Masse von Häftlingen in Schach
> gehalten wurde",[432]

eine Beobachtung, die auch andere machen.

Nach Folterungen und dadurch erzwungenen falschen Geständnissen wird er entlassen. Doch vorher müssen sich er und die anderen vom Lagerkommanden-ten sagen lassen:

> „Ihr werdet entlassen, damit Ihr schnellstens aus Deutschland verschwindet."[433]

Dieser Aufforderung entsprach Neumann unverzüglich. Für unsere Fragestellung weit wichtiger sind die folgenden Aufzeichnungen:

> „Jetzt hörte ich, daß man den Hauswirt, übrigens ein Arier, aber als Deutschnationaler bei der Par-
> tei nicht beliebt, verhaftet habe. Die Frau Oberstleutnant, unsere Mietsnachfolger in der Oberge-

---

428 Löwenthal, a.a.O., S. 41 f.
429 Löwenthal, a.a.O., S. 43.
430 Rosenthal, a.a.O., S. 37.
431 Blumenthal, a.a.O., S. 439.
432 Neumann, a.a.O., S. 114 f.
433 Neumann, a.a.O., S. 125.

schoßwohnung, mit denen wir noch auf Grußfuß standen [sic], hatte alles [den Vandalismus] mitangesehen und saß da und weinte. Der Herr Oberstleutnant sei halb bekleidet auf die Straße geeilt und hätte nur gesagt: ‚Was ist denn hier los?‘ Da habe die SS gleich geantwortet: ‚Scheren Sie sich in Ihre Wohnung!‘ Als vom Haus her ein ähnlicher Ausruf gekommen wäre, habe die SS gleich zweimal nach dem Fenster geschossen."[434]

Und auf Grund eigener Beobachtung fügt er hinzu:

„Es schien, als ob das gewohnte Bürgertum von der Straße verschwunden sei.[435] Als wir auf die Straße traten, um die Wagen zu besteigen, stand dort ein Menschenhaufen, der antisemitische Schimpfworte und Drohungen ausstieß, offenbar bestellte Arbeit, denn man hörte dasselbe nachher auch aus anderen Orten erzählen."[436]

Auch der Arzt Max Kirschner wurde im Zusammenhang mit dem Pogrom verhaftet:

„Um etwa zehn Uhr abends wurden wir zu einem Polizeiauto gebracht und zum Gefängnis an der Zeil [Frankfurt am Main] gefahren. Die Wachen waren sehr nett, offenbar gefielen ihnen ihre momentanen Pflichten nicht im geringsten."[437]

Zum Spießrutenlauf wurde der Abtransport aus Frankfurt:

„Es war zutiefst widerwärtig, die Straße entlangzugehen und zu sehen, wie all diese Menschen grinsten, lächelten, winkten und den Arm zum Hitlergruß streckten… Indem ich in die meisten Gesichter sah, wußte ich, daß die Masse dieser Menschen ebenso verdorben war wie ihre Herren und daß gewiß nur eine winzige Minderheit die menschliche Würde wahrte."[438]

Der scharfe Kontrast zu den sonstigen Aussagen Kirschners wie der meisten anderen Zeugen ist unverkennbar. Was er wahrnahm, war der Pöbel. Schwer vorstellbar, daß sich Anständige unter die schadenfrohen Gaffer mischten, da es doch keine Möglichkeit gab, Sympathie zum Ausdruck zu bringen oder gar dem Unheil Einhalt zu gebieten. Wer in München nicht die Hand zum Hitler-Gruß zu Ehren der an der Feldherrnhalle am 9. November 1923 Gefallenen erheben wollte, verließ die Residenzstraße und ging durch die Viscardigasse, vom Volksmund deshalb in „Drückebergergasse" umbenannt.

Eric Lucas berichtet überwiegend das, was ihm von Verwandten erzählt worden ist:

„Im ganzen gesehen war es im Dorf noch ruhig. Die Bauern verrichteten ihre tägliche Arbeit, und selbst als die Zeit fortschritt und die neue Regierung den Menschen mehr Zwang auferlegte, grüßten einige Bauern, wenn man sie traf…"[439]

Dann schildert er die Ereignisse am Ort, als die Synagoge zerstört wurde und Michael, in sein Haus verbannt, dabei ohnmächtig zusehen mußte:

---

[434] Neumann, a.a.O., S. 108.
[435] Neumann, a.a.O., S. 110.
[436] Neumann, a.a.O., S. 111.
[437] Kirschner, a.a.O., S. 160.
[438] Kirschner, a.a.O., S. 161.
[439] Lucas, a.a.O., S. 135.

> „Zwölf Jahre vorher säumten die Bauern und ihre Kinder stumm den Weg, über den die Gesetzesrollen zu ihrem neuen Gebetshaus getragen wurden. Jetzt waren dieselben Bauern und ihre Kinder von wildem Haß und von Zerstörungswut erfüllt."[440]

Hier wüßte man gerne etwas mehr, nämlich wie viele Bauern aus der Nachbarschaft an den Exzessen beteiligt gewesen und ob sie nach dem Krieg zur Rechenschaft gezogen worden sind.

Auch Tante Rosal, ein weiteres Mitglied des Famililenclans, durfte an diesem Tag das Haus nicht verlassen. Der Befehl kam von einem SA-Mann, dem Sohn eines Bauern,

> „der ein paar hundert Meter weiter wohnte. ‚Was, du Schwindler, du junger Lümmel, du Faulenzer, du willst einer alten Frau Befehle geben? Geh heim und sag deiner Mutter, sie soll dir den Hintern versohlen, oder ich werde es tun.' Das Gesicht des jungen Mannes wurde feuerrot. Ein paar Dorfbewohner, welche die Beschimpfung… mit angehört hatten, grinsten, wagten aber nicht laut zu lachen… Einer der Dorfbewohner ging zu der empörten Tante Rosal, um teils durch Überredung, teils durch langsames Gegen-das-Haus-Ziehen einen weiteren, ernsthaften Zwischenfall zu verhindern. Man kann sich unschwer vorstellen, was der wütende junge Mann mit der alten Frau getan hätte."[441]

Zwei Jahre später starb die Tante eines natürlichen Todes. Die meisten Angehörigen der Großfamilie konnten sich noch rechtzeitig ins Ausland absetzen.

Inge Deutschkron kann nicht vergessen,

> „wie der Polizeibeamte unseres Reviers in der Grolmannstraße meine beiden Finger behutsam, fast zärtlich von der schwarzen Farbe [des Stempelkissens für Fingerabdrücke] säuberte. Trog mich mein Instinkt? Mir schien, als wäre ihm die ganze Prozedur peinlicher als mir."[442]

In der Kennkarte der Juden, die sie stets mit sich führen mußten, war nicht nur ein großes J für Jude, sondern auch ein Fingerabdruck.

Als sich die Eltern vom Vandalismus der Pogromnacht überzeugen wollten, wurden sie von einem Friseur, der vor seinem Laden stand, als Juden beschimpft. Die Mutter aber, nicht ängstlich, fuhr ihn an: „Sie verfluchtes Schwein!", und zum Vater gewandt: „Man darf sich schließlich nicht alles gefallen lassen."[443]

Inge Deutschkron weiß aber auch von Solidarität zu berichten:

> „Immer mehr Gegenstände nahmen die Riecks zu sich. Sie waren unsere ‚Aufbewarier', wie man diese Menschen scherzhaft zu nennen pflegte. Fast jeder Jude hatte einen solchen guten nichtjüdischen Freund, der ihm diesen Liebesdienst erwies."[444]

Schier unglaublich klingt, woran sich Deutschkron sonst noch, die Hilfsbereitschaft betreffend, erinnert:

[440] Lucas, a.a.O., S. 138.
[441] Lucas, a.a.O., S. 140.
[442] Deutschkron, a.a.O., S. 30.
[443] Deutschkron, a.a.O., S. 35.
[444] Deutschkron, a.a.O., S. 58.

> „Die jüdische Bevölkerung Berlins hatte fast ausnahmslos alles, was ihr nach den Lebensmittel-
> karten versagt bleiben sollte. Berliner Mitbürger sorgten dafür. Da waren zunächst die Inhaber
> der Lebensmittelgeschäfte, die ihren alten Stammkunden die ‚Extras‘ zusteckten. Meine Mutter
> und ich fuhren einmal in der Woche zu Richard Junghans… Er versorgte uns mit Obst und
> Gemüse, als sei das das Selbstverständlichste von der Welt. Ähnlich war es mit unserem Fleischer
> … Nun gab er meiner Mutter die gleiche Menge Fleisch, die unsere Familie in jenen vielen Jahren
> pro Woche zu verbrauchen pflegte, ohne daß wir auch nur eine einzige Lebensmittelmarke hätten
> abgeben können… Das ‚Hohelied‘ dieser braven Menschen, die ungeachtet der Gefahr, von Nazi-
> Mitbürgern denunziert zu werden, ihren jüdischen Kunden wenigstens auf diese Weise zur Seite
> standen, wird nie geschrieben werden, weil diejenigen, die es tun könnten, nicht mehr am Leben
> sind.“[445]

Auch völlig fremde Amtswalter konnten sehr fürsorglich sein, so ein Polizist, der eines Abends stürmisch läutete:

> „‚Bei Ihnen ist die Verdunklung nicht dicht genug‘, sagte er, und nähertretend flüsterte er Tante
> Olga zu: ‚Sie sind doch Juden.‘ Diese Tatsache war seit einiger Zeit an den Wohnungstüren durch
> einen Stern vermerkt worden. ‚Um Himmels willen, machen Sie sofort dicht. Wenn mein Kollege
> das entdeckt, hat er einen Grund, Sie zu verhaften. Bitte, tun Sie es ganz schnell!‘ Dann verschwand
> er eilig.“[446]

Klemperer mußte wegen dieses Delikts acht Tage ins Gefängnis und war heilfroh, daß es damit sein Bewenden hatte.

Eugen Herman-Friede, 1926 geboren und in Berlin-Kreuzberg aufgewachsen, ist „Volljude“. Da seine Mutter in zweiter Ehe mit einem „Arier“ verheiratet ist, genießt sie einige Privilegien, die jedoch dem Sohn kaum zugute kommen. Er lebt bei ihr, bis ihm 1943 die Deportation droht. In der gemeinsamen Zeit erfährt er das „satanische Vergnügen“ anderer Hausbewohner, „uns zu ärgern“[447]. Vier Schwestern, die im Hochparterre wohnten, hielten Eugen und seiner Mutter schadenfroh den „Stürmer“ entgegen, wenn sie das Haus betraten. Auch die meisten anderen Mieter änderten ihr Verhalten.

> „Nicht aber die alte Frau Freude… Sie hielt immer ein paar Klümpkes für mich bereit. Es verging
> auch kein Heiliger Abend, ohne daß wir zu ihr hinuntergingen… Dann bekam ich von ihr meinen
> bunten Teller mit Obst und Süßigkeiten… Auch die Portiersleute hatten sich nicht geändert.“[448]

Jochen Klepper, der tiefreligiöse Literat und unermüdliche Tagebuchschreiber, gibt Einblick in die widerstreitenden Ängste und Werte der Zeit:

> „…ich bange mich vor der Vergöttlichung des Blutes und der Rasse – aber ich füge mich allen Ein-
> sichten in die entsetzlichen Gefahren des Bolschewismus; und ich sehe keinen Weg, die letzten
> Konsequenzen des begonnenen Bruches mit dem Versailler Vertrag nicht zu ziehen; auch habe ich
> sogar das Zutrauen, daß nun ein Ende sein wird mit der Politik der ‚Überraschungen‘.“[449]

---

[445] Deutschkron, a.a.O., S. 59 f. So auch Schmalz-Jacobsen, a.a.O., S. 10 u. 111.
[446] Deutschkron, a.a.O., S. 69.
[447] Herman-Friede, a.a.O., S. 15.
[448] Herman-Friede, a.a.O., S. 16.
[449] Klepper, a.a.O., S. 419.

Er, der vom Schreiben lebt, erhält am 27. März 1937 die Mitteilung, daß er aus der Reichsschrifttumskammer ausgeschlossen wurde.

„Sie sehen alle nur die jüdische Frau als das Hindernis meines beruflichen Lebens… Die berufen sich alle darauf, daß gegen meine Person nichts vorläge… Spät abends noch ein Anruf von Harald Braun: Wir sollen nur stolz und glücklich sein. – Es wird alles für mich geschehen."[450]

Und in der Tat, es geschah sehr viel für ihn. Selbst höhere Beamte in Goebbels Ministerium wurden für ihn tätig:

„Anruf Dr. Braun, Dr. Pagel, Roesseler – alles aufs herzlichste. Nicht nur, daß man in Fühlung mit mir bleibt – noch viel erstaunlicher ist, wie in meiner Sache alle untereinander die Verbindung aufrechterhalten."[451]

Das geschah, obwohl offiziell Kleppers „Rassenschande" angeprangert wurde: daß er

„unmittelbar vor dem Umbruch [gemeint ist der Beginn von Hitlers Kanzlerschaft] eine Jüdin mit gleich dreiköpfigem Anhang heiratete und die Unverfrorenheit besaß, unter diesem jüdischen Schutz einen Roman über den Vater Friedrichs des Großen zu schreiben."[452]

Auch das Ergebnis spricht Bände:

„Gewiß springen einige Buchhändler nun ab, dafür legen sich andere doppelt ins Zeug; einige haben zurückgeschickt – und wieder genommen; einer hat sofort 25 Stück nachbestellt."

Immer wieder beschreibt er Begebenheiten wie die folgenden:

„Die neuen Nachbarn, der Buchhändler Andrews und seine Frau, machten uns einen sehr artigen Besuch; über solches Beibehalten alter, guter Sitten sind wir immer hoch erfreut. Zumal unter den politischen Umständen; keine Fahne bei uns; der Ausschluß im Buchhändler-Börsenblatt."[453]

Klepper kommt geradezu ins Schwärmen über das Erlebnis einer Hauseinladung:

„So etwas von allgemeinem Wohlwollen, allgemeiner Munterkeit, natürlichen Gruppenbildungen, glänzend und leicht geführten Gesprächen war noch nicht da."[454]

Dank der Interventionen wird der Hinausschmiß aus der Reichsschrifttumskammer bis zu einer endgültigen Entscheidung ausgesetzt. Klepper kämpft:

„Den Brief an Goebbels muß ich mit ‚Heil Hitler!' unterzeichnen. Ich habe nun das Letzte auf mich genommen."[455]

Wie schwer sind solche unvermeidlichen Konzessionen den Gegnern gefallen!

„24. Juni 1938… Das erneute ‚Aufflackern' des Antisemitismus im Zusammenhang mit den Wiener Hetzereien – Bemalen der Berliner jüdischen Schaufenster – scheint vorüber. Es hat ostentative Ablehnung der Bevölkerung gefunden."[456]

---

[450] Klepper, a.a.O., S. 438.
[451] Klepper, a.a.O., S. 447.
[452] Klepper, a.a.O., S. 460.
[453] Klepper, a.a.O., S. 446.
[454] Klepper, a.a.O., S. 447.
[455] Klepper, a.a.O., S. 528.
[456] Klepper, a.a.O., S. 607.

„30. Juli 1938… Wo Juden jetzt mit Hanni [seiner Frau] zusammenkommen, erfahren wir das Gleiche: viele Arier sind zu den vernichteten Juden so sehr anständig; die wohlhabenden Juden sind gegen die ärmeren so hart."[457]

Klepper erwähnt, daß die Vornamen, die für neugeborene jüdische Kinder zur Auswahl stehen, zu achtzig Prozent eine sadistische Verhöhnung bedeuten. Dann wieder:

„Das deutsche Volk steht nicht dahinter."[458]

Während eines Urlaubs in Schlesien macht er die Beobachtung:

„Die Bauern im Dorf reden selbst davon, ,daß doch die Auseinandersetzung zwischen Faschismus und Demokratie' – und sie glauben mit Hitler an den Sieg – kommen müsse!… Dabei diese Herzlichkeit der schlesischen Dörfler… Staat ist nicht Volk, und das Volk nicht ,die Menschen' – wie sollen Herz und Geist sich herausfinden aus alledem!"[459]

Die große Friedenssehnsucht der allermeisten spricht aus der Beobachtung:

„Alle Menschen, die heute miteinander sprachen, wirkten erschöpft und glückselig! Selbst die Stimmen am Telefon wirkten anders. Und nun am Abend noch die Hitler-Chamberlain-Erklärung ,England und Deutschland wollen nie wieder einen Krieg gegeneinander führen'.[460]…
3. Oktober… und beim Gesang von ,Nun danket alle Gott' haben viele Menschen geweint. – Jede Zeile, die man bekommt, atmet die Glückseligkeit über den Frieden."[461]

„Mit den Juden geschieht etwas so Ungeheuerliches, daß man sich der lähmenden Wirkung kaum mehr erwehren kann! Diese entsetzliche Ohnmacht des Volkes gegenüber dem, was im Namen des Volkes geschieht, ohne daß es – über Numerus-clausus-Maßnahmen hinaus – dahinterstünde.[462]
… Menschen, die Einspruch erhoben gegen die Plünderung jüdischer Geschäfte, sind von der Straße weg verhaftet worden."[463]

„10. November 1938… Heute sind alle Schaufenster der jüdischen Geschäfte zertrümmert… Daß die Bevölkerung wieder nicht dahintersteht, lehrt ein kurzer Gang durch jüdische Gegenden; ich habe es selber gesehen, denn ich war heute morgen gerade im Bayerischen Viertel… Aus den verschiedenen ,jüdischen' Gegenden der Stadt hören wir, wie ablehnend die Bevölkerung solchen organisierten Aktionen gegenübersteht. Es ist, als wäre der 1933 noch reichlich vorhandene Antisemitismus seit der Übersteigerung der Gesetze in Nürnberg 1935 weit, weithin geschwunden. Anders steht es aber wohl bei der alle deutsche Jugend erfassenden und erziehenden Hitler-Jugend. Ich weiß nicht, wie weit die Elternhäuser da noch ein Gegengewicht sein können… Wie man im Schlaf aufschrickt – als würden Hanni [Gattin], Brigitte, Renerle [deren Töchter] abgeholt –, das sagt genug."[464]

„Auch das, was Hanni heute von dem Verhalten selbst der recht nationalsozialistischen Südender und Steglitzer von der Marineoffiziersfrau bis zu den Frauen im Bäckerladen, von den Männern am Zeitungsstand bis zum kleinen Nachbarn des – wohl letzten – jüdischen, demolierten Geschäf-

457 Klepper, a.a.O., S. 619.
458 Klepper, a.a.O., S. 631.
459 Klepper, a.a.O., S. 641 f.
460 Klepper, a.a.O., S. 657.
461 Klepper, a.a.O., S. 658.
462 Klepper, a.a.O., S. 667 f.
463 Klepper, a.a.O., S. 680.
464 Klepper, a.a.O., S. 674 f.

tes hier zu sagen hat, bestätigt, daß man am deutschen Volke nach wie vor nicht zu verzweifeln
braucht. Das Volk ist ein Trost, seine moralische Ohnmacht eine furchtbare Sorge."[465]

Immer wieder wird das Gesagte konkretisiert, veranschaulicht. Seine Frau muß
zur Reichsbahndirektion, wo sie durchaus freundlich behandelt wird:

> „Und das ist das Bezeichnende für die ‚Volkswut' in Berlin: nach einer solchen Feststellung [Jude]
> werden die Menschen höflicher, interessevoller, herzlicher."[466]

> „In Wolfshau hatten auf Anordnung des... Ortsgruppenleiters die kleinen Läden dort an Frau
> Milch und Renerle nicht mehr verkaufen dürfen... Der Bauer Vicent Häring brachte ihnen einen
> Korb Brot, Butter und Käse als Geschenk."[467]

Aber auch Kleppers Aufschrei über die Hartherzigkeit der „Guten" im Zusammenhang mit der den Juden auferlegten Sondersteuer von einer Milliarde Reichsmark darf hier nicht fehlen:

> „Die menschliche Härte feiert heute Orgien. Denn keiner der über die Regierungsmaßnahmen
> empörten, den Juden gegenüber mitleidigen arischen Deutschen bietet Hilfe an."[468]

Doch rasch folgt eine fast gegenteilige Feststellung. Klepper klagt über die Behandlung der Juden in den Konzentrationslagern.

> „Aber wunderbar das Verhalten der Bevölkerung bei der Rückfahrt: Liebesgaben wie im Kriege,
> Bewirtung ohne Bezahlung."[469]

Immer wieder auch die Beobachtung, daß die Beamten, soweit sie nicht im Dienste von SA, SS oder Gestapo stehen, besondere Freundlichkeit an den Tag legen:

> „Nach Brigitte war nun Hanni zur Anfertigung des Fingerabdruckes für die Kennkarte auf die
> Polizei bestellt. Auch diesmal die Beamten nicht bloß väterlich, sondern auch ritterlich zu den Jü-
> dinnen, aber auch den Juden. Es ist ergreifend, wenn Hanni – so einfach – die Töchter ermahnt,
> nie zu vergessen, daß die nationalsozialistische Regierung nicht Deutschland ist..."[470]

Der so hart Verfolgte kennt offenbar ein noch schlimmeres Übel:

> „16. März 1939... Protektorat Böhmen und Mähren gehört dem Reichsgebiet an. Kein Krieg!...
> Aus allen Ereignissen muß man entnehmen, daß die Sowjetunion überhaupt kein Machtfaktor
> mehr ist; und hier kann man nur sagen: Gott sei Dank!"[471]

Knapp 14 Tage später noch einmal:

> „Hitlers Erfolge als Staatsmann sind zu groß! Wäre nicht all das Furchtbare um das Judentum...
> Hitler hätte wirklich... das ganze Volk hinter sich..."[472]

Schockierend wirkt die Äußerung der jüdischen Stieftochter, die deutlich macht,

---

[465] Klepper, a.a.O., S. 676.
[466] Klepper, a.a.O., S. 679.
[467] Klepper, a.a.O., S. 680.
[468] Klepper, a.a.O., S. 687.
[469] Klepper, a.a.O., S. 720; ebenso beispielsweise S. 746 und 827. Eine Ausnahme: S. 819.
[470] Klepper, a.a.O., S. 735.
[471] Klepper, a.a.O., S. 739.
[472] Klepper, a.a.O., S. 760.

wie sehr die nationalsozialistische Verfolgung ihr Selbstbewußtsein und ihren Lebenswillen bereits vernichtet hatte:

> „Was wird nach einem Sieg aus den Juden? Aber besser, die wenigen Juden gehen unter als das ganze deutsche Volk."[473]

Besonders aussagekräftig ist die folgende Feststellung, betrifft sie doch Beobachtungen an einer Vielzahl von Menschen:

> „Aber welche Wohltat, wie hier in diesen Angelegenheiten alles nur eines Sinnes ist. In anderen Stadtteilen könnte es anders sein … Da die antisemitischen Maßnahmen so unpopulär geworden sind, veröffentlicht man sie nicht mehr."[474]

Auch Klepper intoniert ein Hohelied auf die Kaufleute:

> „Und wer uns etwas Besonderes, Rares vermitteln kann zum [Christ-]Fest [1939], tut es. Wir haben alles, was nur je Sitte für die Festmahlzeiten war. Ja, die Geschäfte hier reagieren auf die gestrichenen Stellen in Hannis und Renerles Karten mit besonders großen Rationen, die alles ausgleichen sollen. Ganz stillschweigend.[475]"

Ende 1940 wird Klepper Soldat. Aus dieser Zeit berichtet der Herausgeber seines Tagebuches aufgrund der Briefe von Hanni Klepper an ihren Mann:

> „Mit den engeren Freunden, die in diesem Hause aus- und eingegangen waren, blieb Frau Klepper auch während Jochens Abwesenheit in naher Verbindung.[476] … Zu allem Kummer und aller Sorge kommt nun auch mehr und mehr das Gefühl des Isoliert- und Verlassenseins."[477]

Immer stärker wird die aufgenötigte Isolierung, die Victor Klemperer beschreibt: Kino- und Konzertverbot, zeitliche Begrenzung der Ausgeherlaubnis, Hausdurchsuchung und die ständige Gefahr der Wiederholung. Immer leerer das Haus, da die jüdischen Verwandten und Bekannten fast ausnahmslos Deutschland verlassen. Schließlich müssen die Klemperers das Haus verkaufen und in ein „Judenhaus" ziehen. Das Tagebuch gewinnt für sein Leben an Bedeutung, trotz des Risikos, das mit dem Aufzeichnen verbunden ist, und der großen Gefahr des Verlusts:

> „Auf Rädern besuchten uns Agnes und ihr Mann aus Piskowitz. Der ruhige Scholze politisch jetzt erbittert, behauptend, es ‚koche' in der katholischen Wendei. Seit Wochen wimmelt auch die Zeitung von Schmutzprozessen gegen Pfarrer; es scheint mir das Trommelfeuer vor einem Schlag gegen die katholische Kirche."[478]

Auslöser ist insbesondere die Enzyklika „Mit brennender Sorge", die den Nationalsozialismus in außergewöhnlich scharfer Form angegriffen und auch den Rassismus verurteilt hat. Davon schreibt Klemperer am 22. Mai 1937:

> „Mit dem verbotenen päpstlichen Hirtenbrief soll es ebenso sein, ‚jeder' habe ihn schon gelesen."[479]

---

[473] Klepper, a.a.O., S. 845.
[474] Klepper, a.a.O., S. 825.
[475] Klepper, a.a.O., S. 831.
[476] Klepper, a.a.O., S. 955.
[477] Klepper, a.a.O., S. 957.
[478] Klemperer: „Tagebücher 1937–1939", S. 23 f.
[479] Klemperer: „Tagebücher 1937–1939", S. 29.

Weit mehr als das Übliche wagt ein früherer Kollege:

> „Zaunick… kommt neulich an den Wagen, als wir am Bismarckplatz stehen. Parteiabzeichen. Könnte bequem vorbeigehen, ohne uns zu bemerken, könnte allenfalls grüßen. Parteiabzeichen! kommt aber mit offenbar herzlicher Freude heran. Wie es mir gehe… Herzliches Händeschütteln und betrübter Abzug. Mitglied der Partei!"[480]

Von einem anderen Bekannten schreibt er:

> „Der Mann… nicht unintelligent, nicht Judenfresser, äußert Gedanken, die in Form und Inhalt rein nationalsozialistisch sind… Und ich sagte mir wieder einmal, daß die Hitlerei vielleicht doch tiefer und fester im Volke wurzelt und der deutschen Natur entspricht, als ich wahrhaben möchte."[481]

Beide Schilderungen zeigen, daß selbst Parteigänger Hitlers dessen Antisemitismus nicht notwendig teilten.

Typisch für Klemperers ungehemmte Ehrlichkeit:

> „Es ist überhaupt, wie ich schon oft konstatiert habe, nicht mehr viel Gefühl für die Menschen in mir übriggeblieben. Eva – und dann kommt schon der Kater Mujel."[482]

Auch später gesteht er sich die „vollkommene Gefühlskälte"[483].

Nach einer Rundfunkansprache Hitlers („rein jüdischer Bolschewismus") ist Klemperer gepeinigt:

> „Und ich bin immer überzeugter, daß Hitler wahrhaftig der Sprecher so ziemlich aller Deutschen ist,"[484]

– eine Überzeugung, die rasch wieder den persönlichen Erfahrungen weicht…

> „In politicis immer das gleiche, fortdauernder Triumph der nationalsozialistischen Sache, innen und außen. Es ist, als wäre die übrige Welt gelähmt."[485]

> „31. Januar [1938]… Übrigens ist in den letzten Wochen der Antisemitismus wieder besonders im Vordergrund (das wechselt ab: mal die Juden, mal die Katholiken, mal die protestantischen Pfarrer)…"[486]

> „5.April… Unter den täglichen Zeitungsbekenntnissen zu Hitler gestern eines von Kowalewski [einem Kollegen der Uni Dresden, damals Rektor]: Er ist uns von der Vorsehung gesandt. Vielleicht hat Kowalewski wirklich recht, jedenfalls tut die Vorsehung für Hitler seit fünf Jahren, was sie ihm nur an den Augen absehen kann…"[487]

---

[480] Klemperer: „Tagebücher 1937–1939", S. 38.
[481] Klemperer: „Tagebücher 1937–1939", S.42 f.
[482] Klemperer: „Tagebücher 1937–1939", S. 50.
[483] Klemperer: „Tagebücher 1940–1941", S. 26.
[484] Klemperer: „Tagebücher 1937–1939", S. 55.
[485] Klemperer: „Tagebücher 1937–1939", S. 61.
[486] Klemperer: „Tagebücher 1937–1939",, S. 71.
[487] Klemperer: „Tagebücher 1937–1939", S. 77.

Dieses Empfinden war weitverbreitet und der Hauptgrund für Hitlers Verehrung seitens so vieler. Daneben Zwang und Furcht:

> „Am Donnerstag ließen wir vom alten Prof. von Pflugk unsere Brillen nachprüfen. Wir waren lange nicht bei ihm, weil er nie eine Rechnung stellt… ‚Wir sind hier eine Hetzzentrale', sagte er, ‚was meinen Sie, was hier alles erzählt wird!' Und gleich darauf zu einem eintretenden Kunden: ‚Heil Hitler!'… Er, mit Leidenschaft: ‚Ich muß doch.' Das ist es: Alle müssen; die Hälfte ist dumm gemacht, und an das Wahlgeheimnis glaubt keiner, und alle zittern."[488]

Jedes Steinchen trägt zu einem kompletten Bild bei:

> „Am Donnerstag erschien Frau Lehmann. Sie war zum Amtswalter bestellt worden: Es sei bekannt, daß sie bei einem jüdischen Professor und einem jüdischen Rechtsanwalt Aufwärterin sei. – Sie sei über 46, also berechtigt. – ‚Gewiß, aber Ihr Sohn kommt um seine Beförderung im Arbeitsdienst, und Ihre Tocher…'"[489]

Nochmals Frau Lehmann, zwei Monate später:

> „Sie wolle doch Eva zum Geburtstag gratulieren. Sie kam am späten Abend, echauffiert: Sie habe völlige Dunkelheit abwarten und ganz ungesehen hereinschlüpfen wollen… Sie empfand nicht, wie entsetzlich deprimierend das auf uns wirkte; ihre Angst entsprach fraglos der Angst sämtlicher ‚Volksgenossen'."[490]

> „Edith Aulhorn ist schon mehrfach auf die Gestapo gerufen und gewarnt worden; man gehe mit arischen Judenfreunden schlimmer um als mit den Juden selber."[491]

Aus der Fülle nur zwei Fußnoten zur Lösung der Sudetenkrise:

> „Für das Volk in der ‚Aufmachung' der deutschen Presse ist es natürlich der absolute Erfolg des Friedensfürsten und genialen Diplomaten Hitler. Und wirklich ist es ja auch ein unausdenkbarer ungeheurer Erfolg. Kein Schuß fällt."[492]

Eine Woche später:

> „Alle Judäer schreiben beglückt über den erhaltenen Frieden… sie sehen nicht, daß damit unser Schicksal besiegelt ist."[493]

Die Reichspogromnacht findet bei Klemperer kaum Erwähnung, eine Tatsache, die zeigt, daß nicht einmal alle in Deutschland lebenden Juden damit konfrontiert waren.

> „Vor der Fahrt hatte ich eben… gehört, daß man die Nacht zuvor ‚spontan' die hiesige Synagoge niedergebrannt und jüdische Fensterscheiben eingeschlagen habe."[494]

Ihm gehe es um „das eng Persönliche und konkret Tatsächliche". Doch am 2. Januar 1939 folgt eine Ergänzung. Eine Besucherin – im Schutze der Dunkelheit – erzählt,

---

[488] Klemperer: „Tagebücher 1937–1939", S. 78 f.
[489] Klemperer: „Tagebücher 1937–1939", S. 84.
[490] Klemperer: „Tagebücher 1937–1939", S. 93.
[491] Klemperer: „Tagebücher 1937–1939", S. 115 f.
[492] Klemperer: „Tagebücher 1937–1939", S.101.
[493] Klemperer: „Tagebücher 1937–1939", S.105.
[494] Klemperer: „Tagebücher 1937–1939", S.110.

„sie habe am Katastrophentag auf der Straße unwillkürlich ‚Pfui!‘ gesagt, sei festgenommen worden, habe erklärt, nicht die Regierung gemeint zu haben, sei losgekommen, würde nun aber beobachtet. Sie war sehr eingeschüchtert und sehr verbittert."[495]

Von grundsätzlicher Aussagekraft sind folgende Überlegungen:

„Bis 1933 und mindestens ein volles Jahrhundert hindurch sind die deutschen Juden durchaus Deutsche gewesen und sonst gar nichts. Beweis: die Abertausende von ‚Halb-, Viertel-‘ etc. Juden und ‚Judenstämmlinge‘, Beweis für gänzlich reibungsloses Leben und Mitarbeiten in allen Bezirken deutschen Lebens. Der immer vorhandene Antisemitismus ist gar kein Gegenbeweis. Denn die Fremdheit zwischen Juden und ‚Ariern‘, die Reibung zwischen ihnen war nicht halb so groß wie etwa zwischen Protestanten und Katholiken, oder zwischen Arbeitgebern und -nehmern, oder zwischen Ostpreußen etwa und Südbayern, oder Rheinländern und Berlinern. Die deutschen Juden waren ein Teil des deutschen Volkes, wie die französischen Juden ein Teil des französischen Volkes waren etc."[496]

Der Zweite Weltkrieg bricht aus, die Lebensmittel werden rationiert, die tätige Hilfe beginnt:

„Aus den neuen Lebensmittelkarten hat man uns alle Sonderausgaben herausgeschnitten… So sind wir sehr tief herabgedrückt. Erfolg: Vogel steckt mir eine Tafel Schokolade nach der andern zu, und der Schlächter schreibt auf die Rückseite eines Zahlzettels: ‚Zu Weihnachten haben wir Ihnen eine Zunge zurückgelegt.‘"[497]

„Wahrhaft rührend", nennt Klemperer, was folgt:

„Frau Maria Häselbarth… kennt unsere Situation, wir sprachen mehrfach miteinander. Heute also erscheint sie: weil wir doch eine Reihe Marken nicht bekämen, und weil sie durch ihre drei Kinder bessergestellt sei, bringe sie ein paar Weihnachtsgaben. Nämlich: zwei große Kalbsschnitzel, ein Ei, eine Büchse Kunsthonig, eine Tafel Schokolade… Wir waren beide wirklich erschüttert."[498]

Besondere Betonung verdient seine konkret anschauliche Schilderung dessen, was ihm, dem Juden, täglich widerfährt:

„Ich frage mich oft, wo der wilde Antisemitismus steckt. Für meinen Teil erfahre ich so viel Sympathie, man hilft mir aus, aber natürlich angstvoll. Die Frauen im Fischgeschäft, Vogel, Berger, Frau Häselbarth. – … Gestern traf ich oben den Gemüsehändler Moses, der nur noch selten herkommt – Mangel an Ware. ‚Wenn Sie sich nicht schämen, einen Sack zu tragen?‘ Ich schämte mich nicht und erhielt einen unerfrorenen Weißkohl, eine Kohlrübe und Möhren – lauter seltene Delikatessen. Dazu eine Brotmarke geschenkt. Moses hat Eva schon wiederholt Kartoffeln gegeben."[499]

Klemperer ist nicht blind für die Einsicht, daß es hier wie dort solche und solche gibt. Über einen Angestellten der jüdischen Gemeinde:

„Estreicher ist ein merkwürdiger Mensch. Jude und Leiter der Wohnungsvermittlung. Feder, Neumann usw. warnen vor ihm: Spion, Denunziant, nehme Schmiergelder."

Einige Tage später:

---

[495] Klemperer: „Tagebücher 1937–1939", S. 130.
[496] Klemperer: „Tagebücher 1937–1939", S. 132 f.
[497] Klemperer: „Tagebücher 1937–1939", S. 181.
[498] Klemperer: „Tagebücher 1937–1939", S. 182 f.
[499] Klemperer: „Tagebücher 1940–1941", S. 9.

„Der Mann ist eine üblere Erscheinung als irgendein richtiger Nazi."[500]

Auch der frühere Kaufmann Katz ist eine solche Type:

> „…ist Monomane des deutschen Soldatentums, gebärdet sich nationalistischer als jeder Nazi, freut sich der deutschen Siege, verachtet die Entente. ‚Wir' werden England aushungern. ‚Wir sind unwiderstehlich, unbesiegbar.'[501] Und was wird aus uns im Fall des deutschen Sieges? Und was im Fall der deutschen Niederlage? Katz sagt: ‚In Berlin beten die Juden für Hitlers Sieg.'"[502]

Natürlich ist diese Verallgemeinerung keinesfalls richtig. Schlägt der Prozentsatz zu Buche? Nochmals in diese Richtung:

> „Einmal bei Feders. Gute Leute – aber wären sie nicht als Juden betroffen, würden sie Nazis sein."[503]

> „So wechseln die Stimmungen bei uns im Judenhaus. Frau Voß… muß einen ‚arischen' Geburtstag besuchen, am liebsten bliebe sie fort, sie kann keinen Arier mehr sehen. Während wir beim Abendbrot sitzen, kommt sie zurück, aufs freudigste erregt… ‚Und eine andere war da, ich glaubte, eine Nationalsozialistin, und war vorsichtig, und sie konnte unmöglich ahnen, daß ich nichtarisch bin. Die sprach mit Tränen von ihrer eben verstorbenen jüdischen Freundin, die soviel gelitten habe. Das hat mir alles so gut getan.'"[504]

> „Das Brot: Vogel hat jetzt eine Verkäuferin. Ich bitte Vogel sen. um ein halbes Brot ohne Marken. Er flüstert: ‚Um Gottes willen verlangen Sie das nie vor unserem Fräulein.' Die Verkäuferin… steht im Nebenraum. Der Alte sehr laut: ‚Also erst die Marken.' Nimmt meine Karten und die Schere, schneidet in der Luft. Gibt sie mir zurück, bringt mir das Brot und flüstert: ‚Sie machen mir sonst den Laden zu.'"[505]

> „In der jüdischen Zeitung, die ich manchmal durch Katz sehe, steht oft und ekelerregend *der jüdische Mensch*. Katz sagt: Herzls Rassenlehre ist Quelle der Nazis, sie kopierten den Zionismus, nicht umgekehrt."[506]

Von Ludwig Feuchtwanger ist hier nur so viel zu berichten, daß er, vom ungeheuren Druck gebeugt, im Frühjahr 1939 Deutschland in Richtung England verlassen hat. Seine ehemalige Heimat entzieht ihm nach zwei Jahren die Staatsangehörigkeit und den akademischen Titel.

4.5 „80 Prozent" gegen Ausschreitungen – Zusammenschau und Außenansichten

> „Der antisemitische Terror hat sich während der Berichtszeit weiter verschärft. Ämter, Parteistellen, Gerichte und Polizei wetteifern darin, die wehrlosen Juden zu verfolgen und zu quälen. Läßt irgendeine Amtsstelle auch nur ein wenig Milde walten, so fährt sofort die Parteipresse dazwi-

---

[500] Klemperer: „Tagebücher 1940–1941", S. 12.
[501] Klemperer: „Tagebücher 1940–1941", S. 28.
[502] Klemperer: „Tagebücher 1940–1941", S. 33.
[503] Klemperer: „Tagebücher 1940-1941", S. 31.
[504] Klemperer: „Tagebücher 1940–1941", S. 43.
[505] Klemperer: „Tagebücher 1940–1941", S. 57 f.
[506] Klemperer: „Tagebücher 1940–1941", S. 61.

schen – mit dem ‚Stürmer' an der Spitze – und prangert die lässigen Richter, Beamten und Volksgenossen an"[507],

so die Deutschlandberichte der Sopade im Jahre 1937. Das ist die eine Seite.

Die andere zeigt folgendes Bild: Schon 1936 hat dieselbe Stelle ausgeführt:

> „Aber es handelt sich nicht nur um den Terror gegen die Juden, der Terror ist nicht nur eine Folge der Rassengrundsätze des nationalsozialistischen Parteiprogramms, sondern der Terror ist ein wesentlicher (und unentbehrlicher) Bestandteil des gesamten Regierungssystems im Dritten Reich… Das ist es, was im Ausland oft übersehen wird. Denn man weiß nicht, daß es neben dem Terror gegen die Juden einen allgemeinen Terror gibt, der in der vielfältigsten Form das ganze deutsche Volk erfaßt…"[508]

– „Stumm und betroffen", „scheu und still", so lauten die Urteile über die Durchschnittsdeutschen. Unbestritten, es gibt sie, die enthemmten Antisemiten, einzelne Menschen und ganze Gruppen, die als Pöbel wahrgenommen werden.[509] Sie haben die Macht in Händen. Doch es ist besonders aussagekräftig, daß in allen angesprochenen Fällen nicht nur die Familienangehörigen Solidarität unter Beweis stellten, die „Arier" nicht ihre Gatten verließen (Klemperer, Klepper), sondern auch in den Mietshäusern die Antisemiten nicht tonangebend wurden, ja kaum wahrnehmbar waren. So war der kriminelle Antisemitismus eine Sache der Partei[510], des Staates, von Teilen der Gesellschaft, aber nicht der Mehrheit, der ganzen Gesellschaft als Summe der Individuen. Anteilnahme und Hilfsbereitschaft sind keine exzeptionellen Verhaltensweisen, sie werden täglich wahrgenommen, sogar von Tätern. So klagt „Das Schwarze Korps", das Hauptpresseorgan der SS, am 17. November 1938:

> „Jeder von uns hatte in den letzten Tagen wohl mit einem solchen treuherzigen Vertreter erzchristlicher Nächstenliebe mehr oder weniger gründliche Gespräche, weil sie in jedem Fleischerladen, an jedem Zeitungsstand und an jedem Kaffeehaustisch ungerufen auftauchten."

Schon 1966 urteilte der 1933 aus Deutschland geflohene Jude Heinz David Leuner mit Blick auf das Hauptereignis dieser Jahre, den Pogrom: Die Durchschnittsdeutschen

> „waren sicherlich überrascht und sahen mit einer Mischung von Erschütterung und Schrecken zu. Vom Schock bis zur Apathie betäubt, schämten sich wohl viele, aber nur wenige wagten, ihren Gefühlen Ausdruck zu verleihen… Es hatte keinen öffentlichen Schrei der Empörung gegeben. Dem Fehlen allgemeiner Unterstützung entnahmen die Machthaber jedoch, daß es angebracht sein würde, ihre zukünftigen Gewaltakte möglichst geheim zuhalten."[511]

---

[507] Berichte der SPD, a.a.O., Bd. 4, S. 931.
[508] Berichte der SPD, a.a.O., Bd. 3, S. 9.
[509] Daran erinnert sich Kirschner, a.a.O.
[510] In einer Rundfunksendung (BR 2. Programm, 21.06.04, 6.55 Uhr) wurde berichtet, daß „die Partei" in ganz Reichenhall nicht genug Rabauken fand, die bereit gewesen wären, die Schaufenster der jüdischen Geschäfte zu zerstören. Man mußte das Gesindel herankarren. Die Glaser sollen anschließend auf die Erstattung der Kosten für die Instandsetzung verzichtet haben.
[511] Leuner, a.a.O., S. 56 f.

David Clay Large schildert das Schicksal der Familie Schohl, die ihren Wohnsitz in Flörsheim hat und Opfer des Pogroms wird:

> „An dem Morgen, der auf die Verwüstung ihres Hauses folgte, brachten die Nachbarn Hoffman den Schohls ein Frühstück und bekundeten erneut ihre Scham über das Geschehene. Etwas später erschien ein Polizeibeamter und teilte Max und seiner Familie mit, sie müßten den Unrat auf der Straße vor ihrem Haus selbst wegräumen – auf Weisung des Führers… Nachdem er seine amtliche Botschaft losgeworden war, versicherte der Polizeibeamte Max, er und seine Kollegen hätten nichts von einer bevorstehenden Aktion gegen die Flörsheimer Juden gewußt und seien von dem, was geschehen sei, vollkommen überrascht worden."[512]

Francis Carsten, noch rechtzeitig aus Deutschland emigriert, füllt Seiten mit Schilderungen, die die Anteilnahme der Bevölkerung am Los der Juden unterstreichen: „Nur *ein* Bericht aus dem Südwesten erwähnt, die ‚Empörung' sei nicht so einheitlich gewesen, es gebe auch Arbeiter, die nicht für die Juden einträten."[513] Die Nichtanteilnahme als die Ausnahme!

Dieses Urteil entspricht genau dem, was eine ganze Reihe unverdächtiger ausländischer Zeugen an ihre Auftraggeber berichteten, so der Berliner Korrespondent der „New York Times":

> „Meistens schaute die Menge stumm zu, und die Mehrheit schien tief verstört… Manche in der Menge… ließen sich hören, daß es den Juden nun schlecht dafür gehe, daß die Deutschen seit 1918 zu leiden hatten. Aber es gab auch Männer, welche protestierten. Die meisten sprachen dabei von ‚bolschewistischen Methoden'. Ein Mann, anscheinend ein Arbeiter, schrie vor der Synagoge in der Fasanenstraße: ‚Brandstiftung bleibt Brandstiftung.' Sein Protest wurde schnell von den Schlägern mit Gewaltandrohung erstickt."[514]

Sinngemäß ebenso äußerte sich der amerikanische Botschafter in Berlin, Wilson. Er wurde offiziell vom amerikanischen Außenminister Hull zur Berichterstattung nach Washington zurückbeordert. Die Rückberufung werde die gerecht denkenden Leute in Deutschland ermutigen, „die in der Mehrheit sind, wenngleich machtlos". Die Maßnahme werde der deutschen Regierung zu denken geben. Sie „wird zwar nicht Aktionen gegen die Juden und Katholiken stoppen, aber die Orgie eindämmen."[515] Am 16. November, unmittelbar vor seiner Abreise, telegraphierte Wilson seinem Minister:

> „Im Hinblick darauf, daß dies ein totalitärer Staat ist, besteht ein überraschendes Charakteristikum der Situation in der Intensität und im Umfang der Verurteilung der Aktionen gegen die Juden unter deutschen Bürgern… einerseits äußerste Scham über die Regierung… Solche Äußerungen sind nicht auf Mitglieder der gebildeten Schichten beschränkt. Man trifft sie in allen Klassen an…"

---

[512] Large, David Clay: „Einwanderung abgelehnt. Wie eine deutsche Familie versuchte, den Nazis zu entkommen", München 2004, S. 158.

[513] Carsten, Francis L.: „Widerstand gegen Hitler. Die deutschen Arbeiter und die Nazis", Frankfurt am Main 1996, S.141.

[514] Gillessen, Günther: „Die Benennung des Fürchterlichen. ‚Reichskristallnacht' oder Pogrom? Auswärtige Berichte", Frankfurter Allgemeine Zeitung Nr. 259 III, 1999.

[515] Gillessen: „Die Benennung".

Damit stimmt überein, was der amerikanische Geschäftsträger in Berlin, Prentiss Gilbert, der amerikanische Konsul in Leipzig („mindestens 80 Prozent der Bevölkerung lehnen die Ausschreitungen ab"), der britische Geschäftsträger in Berlin, Sir George Ogilvie-Forbes, der britische Konsul in Frankfurt, der französische Geschäftsträger in Berlin, der belgische Generalkonsul in Köln, schriftlich festgehalten haben. Günter Gillessen, der diese Fakten zusammengetragen hat, resümiert:

> „Fast alle diplomatischen Berichte stellten die Passivität der Bevölkerung heraus, das stumme Entsetzen, Zornesausbrüche einiger weniger, die Scham der meisten. Die Diplomaten beobachteten Leute, die die Entehrung der Juden unmittelbar als Verletzung der eigenen Ehre, als Entehrung des deutschen Namens empfanden. Die auswärtigen Beobachter nahmen vor allem ein Volk in tiefer Depression wahr. Jeder, der widersprechen wollte, hatte längst begriffen, daß er auf keinerlei Schutz durch Behörden, Gerichte oder Nachbarn hoffen durfte."[516]

Eine junge Berliner Journalistin, von der es heißt, „daß sie nicht auf der Seite des Regimes steht und viele jüdische Freunde hat",[517] Ruth Andreas-Friedrich, notierte am 9. November 1938 in ihr Tagebuch:

> „Im Omnibus, auf der Straße, in Geschäften und Kaffeehäusern wird der Fall Grünspan laut und leise diskutiert. Nirgends merke ich antisemitische Entrüstung, wohl aber eine drückende Beklommenheit, wie vor dem Ausbruch eines Gewitters."[518]

Dieselbe einige Tage später:

> „Ist das ein Pogrom? Springt der Funke über, fällt ins Pulverfaß und entlädt den verhaltenen Grimm einer ganzen Nation mit donnernder Explosion? Nein und abermals nein.[519]… Während die SS wütete, vergingen unzählige Volksgenossen vor Erbarmen und Scham.[520]"

Karl Dürkefälden, kein Jude, hat eine ähnliche Leidenschaft wie Victor Klemperer. „Schreiben, wie es wirklich war", ist ihm zur Leidenschaft geworden, auch wenn er weit seltener seine Erfahrungen zu Papier bringt. Mit Blick auf die Tage nach der Reichspogromnacht notierte er:

> „Schwiegermutter, die sich leicht durch die Propaganda beeinflussen läßt und vor allen Dingen am 1. Oktober [1938] von der Friedensliebe und Friedenskunst des Führers überzeugt war, ist nun aber gegenteiliger Meinung geworden. So, wie es den Synagogen gegangen sei, ginge es unseren Kirchen auch noch mal. Die Regierung sei nicht christlich eingestellt."[521]

---

[516] Gillessen: „Die Benennung".
[517] Pehle, Walter H. (Hg.): „Der Judenpogrom 1938. Von der Reichskristallnacht zum Völkermord", Frankfurt am Main 1988, S. 16 f. Andreas-Friedrich schreibt einleitend in ihren Tagebuchaufzeichnungen (Andreas-Friedrich, Ruth: „Der Schattenmann. Aufzeichnungen 1938–1945", Frankfurt am Main 1986, S. 7): „Dieses Buch ist Wahrheit. – Als am 10. November 1938 die Synagogen brannten, entstand in mir der Entschluß, es zu schreiben. Seine Aufzeichnung… erfolgte Tag für Tag in den Jahren 1938 bis 1945." Näheres über Andreas-Friedrich in Friedrich, Karin: „Er ist gemein zu unseren Freunden…' Das Rettungsnetz der Gruppe ‚Onkel Emil'", in: Benz (Hg.) „Überleben", S. 97 ff.
[518] Andreas-Friedrich, a.a.O., S. 26.
[519] Andreas-Friedrich, a.a.O., S. 32 f.
[520] Andreas-Friedrich, a.a.O., S. 36.
[521] Dürkefälden, Karl: „‚Schreiben, wie es wirklich war…' Die Aufzeichnungen Karl Dürkefäldens aus der Zeit des Nationalsozialismus", Niedersächsische Landeszentrale für politische Bildung, Hannover 1985, S. 88.

Offenbar dämmerte es den Nationalsozialisten, daß mit Pogromen bei der Bevölkerung keine positive Stimmung zu erzeugen war. Daher:

> „So fand ich nirgends geschrieben, daß eine Synagoge gebrannt hat und dabei verloren ging."[522]

> „Emma... scheint sich sehr umgestellt zu haben. Sie ist von der Friedensliebe Adolf Hitlers nicht mehr überzeugt. Seine immerwährend bissigen Reden usw... Franz hat sich über ,die da oben' in ziemlich grausamen Worten ihr gegenüber geäußert. ,Daß man den Juden die Gotteshäuser zerstörte' usw., ging meiner frommen Schwester bestimmt sehr an die Seele. Sie sah die öden Fensterhöhlen der Synagoge in Peine."[523]

Nur der Vater sucht immer noch die Schuld bei den Juden. Daher lohnt mit ihm kein Gespräch. Schließlich heißt es unter dem 29. Januar 1939 zusammenfassend:

> „Das Volk hat den Mord an dem Gesandtschaftsrat vom Rath genauso verurteilt wie das Zerschlagen der jüdischen Geschäfte in Deutschland."[524]

Die Berichte der SPD zum Jahresende 1938:

> „So war das Volk an der Jahreswende von dem unheimlichen Gefühl beherrscht, daß die Hitler-Diktatur einen Weg geht, der nicht gut enden kann. Dieses Gefühl ist durch die Judenverfolgungen, deren stimmungsmäßige Rückwirkungen nachhaltiger zu sein scheinen, als zunächst angenommen wurde, noch verstärkt worden."[525]

Die nächste Ausgabe läßt einen „Berichterstatter bürgerlicher Herkunft ohne Beziehungen zur Sozialdemokratie, aber mit zahlreichen Verbindungen zu Wirtschaftlern, Intellektuellen und Offizieren" zu Worte kommen:

> „Es ist grauenhaft, in einem Lande leben zu müssen, dessen Regierung so schamlose Dinge wie die Judenpogrome nicht nur duldet, sondern sie sogar anordnet und ihnen noch eine gesetzliche Grundlage geben will. Man müßte sich schämen, Deutscher zu sein, wenn man nicht wüßte, daß sich die Mehrheit des Volkes in der leidenschaftlichen Ablehnung dieser Brutalitäten einig wäre. In meinem Bekanntenkreis gibt es nicht einen Menschen, der nicht mit Entsetzen erfüllt ist über diesen Ausbruch einer Bestialität, die man nur in den düstersten Epochen der Menschheitsgeschichte gekannt hat."[526]

Einen Monat später äußert dieselbe Quelle, nachdem sie vorher Hitler mit den Worten zitiert hat: „Man bleibe uns vom Leibe mit Humanität!" (Sitzung des Großdeutschen Reichstags am 30. Januar 1939):

> „In Deutschland vollzieht sich gegenwärtig die unaufhaltsame Ausrottung einer Minderheit mit den brutalen Mitteln des Mordes, der Peinigung bis zum Wahnwitz, des Raubes, des Überfalls und der Aushungerung. Was den Armeniern während des Krieges in der Türkei geschah, wird im Dritten Reich langsamer und planmäßiger an den Juden verübt. Die uns zugehenden Berichte bestätigen immer wieder, daß die überwiegende Mehrheit des deutschen Volkes diesen Prozeß verabscheut... Aber selbst unterdrückt, vermag die Bevölkerung den Mißhandelten nicht oder nur sehr unvollkommen zu Hilfe zu kommen."[527]

---

[522] Dürkefälden, a.a.O., S. 89.
[523] Dürkefälden, a.a.O., S. 90 f.
[524] Dürkefälden, a.a.O., S. 93.
[525] Berichte der SPD, a.a.O., Bd. 5, S. 1307.
[526] Berichte der SPD, a.a.O., Bd. 6, S. 9.
[527] Berichte der SPD, a.a.O., Bd. 6, S. 201 f.

Ulrich von Hassell, am 8. September 1944 als Mitverschwörer des Hitlerattentats hingerichtet, schildert ein Gespräch mit guten Bekannten:

„Ebenhausen, 27. 11. 38. Bruckmann und Alex v. Müllers zum Tee hier. Das Entsetzen über die schamlose Judenverfolgung ist bei ihnen so groß wie bei allen anständigen Menschen. Durch und durch treue Nationalsozialisten, die in Dachau wohnen und bisher ‚durchgehalten' haben, sind nach Erzählungen Bs jetzt restlos erledigt… Unterhaltung… ergebnislos: ohne Macht hat man kein wirksames Mittel; einzige Folge wäre vielmehr Mundtotmachen oder Schlimmeres."[528]

Einer meiner Freunde, am 3. Februar 1933 geboren, schreibt mir:

„In dem Mietshaus, in dem ich als Kind gewohnt habe…, hatten es die beiden Pg-Familien [Parteigenossen-Familien] nach der ‚Reichskristallnacht' sehr schwer, denn bei den übrigen Familien war die Empörung einhellig. Der Mieter Leo Schreck, mit meinem Vater befreundet, hat am Abend bei seiner Heimkehr bei uns an der Wohnungstür geklingelt und bevor ihn meine Mutter noch hereinbitten konnte, laut gerufen, so als ob der das ganze Treppenhaus beschallen wollte: ‚Ich schäme mich, ein Deutscher zu sein.' Das war sicher im begrenzten Umfeld der Mietergemeinschaft als Provokation gedacht. Aber, wie gesagt, auch die beiden Pg-Familien hielten sich zurück…

Als ein Schmierfink die Glasscheiben des Bäckerladens, unserer Wohnung in der Eschersheimer Landstraße gegenüber,… mit der Aufschrift ‚Saujud' beschmieren ließ, war die belebte Straße unverzüglich menschenleer. Die Leute wollten ihm seine üblen Provokationen nicht verwehren, einfach weil sie Angst hatten… Meine Mutter hat übrigens die Frau Track, die jüdische Frau des Bäckermeisters Track, nachdem diese nicht mehr in der Bäckerei erscheinen durfte, regelmäßig in ihrer Wohnung aufgesucht, um die Isolierung etwas zu mildern. Und als abends ein SA-Mann an unserer Wohnungstür sie zur Rede stellte mit den Worten: ‚Sie kaufen bei einem Juden?' hat sie ihn abblitzen lassen: ‚Der Bäcker Track ist kein Jude.' Natürlich würden die Nachgebornen verlangen, daß meine Mutter sich deutlicher geäußert hätte, aber das kann nur jemand wollen, der die Verhältnisse in einer Diktatur nicht kennt."[529]

Hans Jochen Horchem erinnert sich:

„Nach dem November-Pogrom 1938 schien man in Mechernich den Atem anzuhalten. Die Bürger hatten mit solchen Ausschreitungen nicht gerechnet und diesen Barbarismus nicht für möglich gehalten. Es mag sein, daß gerade deshalb die Beerdigung von Robert Heilbron zu einer späten und stillen, aber doch besonderen Demonstration der Solidarität wurde."[530]

Dann schildert er, wie dem Sarg „etwa 30 Christen, vorwiegend Kaufleute, also Kollegen des Verstorbenen" folgten.

Klaus D., der in Berlin lebte, schreibt:

„Ich kann mich auch gut daran erinnern, als die Synagogen gebrannt hatten, und ich habe damals niemand gekannt, der nicht durch dieses Ereignis auf das höchste betroffen war. Das galt sowohl für Freunde, Bekannte und Nachbarn meiner Eltern als auch für die eigenen Freunde und Kameraden selbst derjenigen aus dem Jungvolk. Das hing vermutlich damit zusammen, daß unser Wohnbezirk in Berlin weitgehend deutsch-national oder liberal und kirchlich, aber nicht nationalsozialistisch eingestellt war."[531]

---

[528] Hassell, Ulrich von: „Die Hassell-Tagebücher 1938–1944. Aufzeichnungen vom anderen Deutschland", Berlin 1988, S. 67 f.

[529] H. H. in Brief an den Autor; Archiv.

[530] Horchem, a.a.O., S. 109.

[531] Brief vom 8.1.2005 im Archiv des Autors.

Klaus Süllwold, der Statistiker und Psychologe, aus dessen einschlägiger Untersuchung schon oben zitiert worden ist, hat auch zu den Vorgängen der Pogromnacht Ermittlungen angestellt:

> „Nach den Beobachtungen der Zeitzeugen reagierte die Normalbevölkerung auf die Ausschreitungen… vornehmlich ‚mit Befremden' (44%) sowie ‚bedrückt' (44%) und auch ‚mit Sorge' (35%)… Daß die Bevölkerung die Ausschreitung mit ‚Gleichgültigkeit' zur Kenntnis nahm, hat lediglich eine Minderheit der Zeitzeugen (15%) beobachtet. Zustimmung zu den Aktionen der oft ortsfremden Rollkommandos der SA bemerkten nur 1% der Zeitzeugen."[532]

---

[532] Süllwold, a.a.O., S. 122; Mehfachzustimmung war möglich.

5. Deportation und Shoa – 1940–1945

5.1 Hitler-Deutschland – Triumph und Fall

„Man muß sich einmal bewußt machen: Die Hakenkreuzfahne über Berlin, Wien, Prag, Warschau, Oslo, Kopenhagen, Amsterdam, Brüssel, Luxemburg, Paris!" – schrieb der „Evening Standard" im Sommer 1940[533], und es sollten noch weitere Hauptstädte hinzukommen, so Belgrad und Athen, in gewisser Weise auch Budapest und Rom. Die deutschen Truppen eilten von Sieg zu Sieg („Blitzkriege"), bis sie in den Weiten Rußlands steckenblieben und mit dem gegnerischen Potential an Menschen und Material, das ab Dezember 1941 der neue Feind USA aufstockte, nicht mehr mithalten konnten. Der Historiker Friedrich Meinecke stand dem Nationalsozialismus ablehnend gegenüber. Dennoch schrieb er am 4. Juli 1940 einem Kollegen: „Freude, Bewunderung und Stolz auf dieses Heer müssen zunächst auch für mich dominieren. Und Straßburgs Wiedergewinnung! Wie sollte einem da das Herz nicht schlagen."[534]

Einige wichtige Daten: 6. April 1941: Einmarsch deutscher Truppen in Jugoslawien und Griechenland. Am 22. Juni 1941 beginnt der Ostfeldzug gegen die Sowjetunion, mit raschem Landgewinn bis vor Leningrad und Moskau. Auch der Kaukasus wird teilweise erobert. Weite Teile Nordafrikas werden von Deutschland beherrscht.

Am 11. Dezember 1941 erklärt Hitler – mit Japan als Verbündetem (Pearl Harbour) – den USA den Krieg.[535] Die verlorene Schlacht um Stalingrad 1942/43 bringt im Osten die Wende. Die Kriegslage zwingt Verbündete Deutschlands, Finnland, Rumänien, Bulgarien und Italien, zum Frontwechsel.

Am 6. Juni 1944 landen die Westalliierten in der Normandie. Am 20. Juli scheitert das aussichtsreichste Attentat auf Hitler. Am 25. September werden alle waffenfähigen Männer zwischen 16 und 60 Jahren, soweit sie nicht ohnehin schon Waffendienst verrichten, zum Volkssturm aufgerufen. Am 19. März 1945 befiehlt Hitler die Zerstörung Deutschlands („verbrannte Erde") und scheidet am 30. April durch Selbstmord aus dem Leben. Ein Dreifrontenkrieg zwingt Anfang Mai Deutschland zur bedingungslosen Kapitulation.

---

[533] Klepper, a.a.O., S. 898 f.

[534] August Winkler: „Umkehr nach dem Untergang", DER SPIEGEL 5/2005 S. 64.

[535] Als ich, damals knapp zehn Jahre alt, diese Sondermeldung über den Rundfunk vernahm, ich weiß noch wo, stand selbst für mich der Ausgang des Krieges fest: Zweifrontenkrieg, zwei Weltmächte als Gegner. Doch er dauerte noch weit länger als erwartet.

5.2 Das Reich und die Juden

Im Februar 1940 beginnen die ersten Deportationen von Juden aus Deutschland (Stettin, Stralsund) nach Polen. Ab 7. März 1941 stehen die deutschen Juden unter Arbeitszwang. Am 31. Juli wird SS-Gruppenführer Heydrich beauftragt, alle Vorbereitungen „für eine Gesamtlösung der Judenfrage im deutschen Einflußgebiet in Europa" zu treffen. Die Endlösung soll konkrete Gestalt annehmen.[536] Mitte September 1941 wird das Tragen des „Judensterns" für alle Juden ab dem 6. Lebensjahr zur Pflicht. Ab dem 23. Oktober ist den Juden die Ausreise aus Deutschland untersagt. Praktisch zeitgleich wird verfügt, daß „Deutschblütige", die sich freundlich gegenüber Juden verhalten, in Schutzhaft zu nehmen, d. h. in ein KZ einzuweisen sind.[537] Am 15. Januar 1942 tagt die „Wannsee-Konferenz", auf der organisatorische Einzelheiten der „Endlösung" zwischen den betroffenen Dienststellen des Reiches abgestimmt werden.[538] Ab Sommer gibt es für jüdische Kinder keinen Unterricht mehr. Am 19. Juni 1943 erklärt Goebbels, Berlin sei „judenfrei". Die Ermordung der deportierten Juden ist im Gange.

Victor Klemperer hat auch, was in dieser Phase die Schikanen des Reiches gegen die Juden anlangt, beispielhafte Aufzeichnungen aus der Warte des Betroffenen hinterlassen.

> „11. April[1942]…. Neue Bestimmungen in judaeos: 1) Vom 15. April ab wird jede Wohnung durch einen Judenstern an der Außentür kenntlich gemacht. 2) Auch auf dem Weg zur Arbeit dürfen Juden die Tram nur dann noch benutzen, wenn die Entfernung von Wohnung zur Arbeitsstätte in Dresden mehr als fünf, in Berlin mehr als sieben Kilometer beträgt.

> „2. Juni… Ich stelle einmal die Verordnungen zusammen: 1) Nach acht oder neun Uhr abends zu Hause sein. Kontrolle! 2) Aus dem eigenen Haus vertrieben. 3) Radioverbot, Telephonverbot. 4) Theater-, Kino-, Konzert-, Museumsverbot. 5) Verbot Zeitschriften zu abonnieren oder zu kaufen. 6) Verbot zu fahren; (dreiphasig:) a)Autobusse verboten, nur Vorderperron der Tram erlaubt, b) alles Fahren verboten, außer zur Arbeit, c)auch zur Arbeit zu Fuß, sofern man nicht 7 km entfernt wohnt oder krank ist (aber um ein Krankheitsattest wird schwer gekämpft): Natürlich auch Verbot der Autodroschke.) 7) Verbot ,Mangelware' zu kaufen. 8) Verbot Zigarren zu kaufen oder irgendwelche Rauchstoffe. 9) Verbot, Blumen zu kaufen. 10) Entziehung der Milchkarte. 11) Verbot, zum Barbier zu gehen. 12) Jede Art Handwerker nur nach Antrag bei der Gemeinde bestellbar. 13) Zwangsablieferung von Schreibmaschinen, 14) von Pelzen und Wolldecken, 15) von Fahrrädern – zur Arbeit darf geradelt werden (Sonntagsausflug und Besuch zu Rad verboten), 16) von Liegestühlen, 17) von Hunden, Katzen, Vögeln. 18) Verbot, die Bannmeile Dresden zu verlassen, 19) den Bahnhof zu betreten, 20) das Ministeriumsufer, die Parks zu betreten, 21) die Bürgerwiese

---

[536] Was ihre Genesis anlangt, so gehen die Meinungen auseinander; siehe Graml, Hermann: „Zur Genesis der ‚Endlösung'", in: Pehle, a.a.O., S. 160 ff.; Browning, Christopher: „Die Entfesselung der ‚Endlösung'", Berlin 2003; Naimark, Norman: „Flammender Haß. Ethnische Säuberungen im 20. Jahrhundert", München 2004.

[537] Ginzel, Günther: „Jüdischer Alltag in Deutschland", Düsseldorf 1984, S. 13.

[538] Siehe dazu Breitmann, Richard: „Der Architekt der ‚Endlösung'. Himmler und die Vernichtung der europäischen Juden", Paderborn 1991, S. 302 ff.

und die Randstraßen des Großen Gartens (Park- und Lennéstraße, Kachlerallee) zu benutzen. Diese letzte Verschärfung seit gestern erst. Auch das Betreten der Markthallen seit vorgestern verboten. 22) Seit dem 19. September der Judenstern. 23) Verbot, Vorräte an Eßwaren im Haus zu haben. (Gestapo nimmt auch mit, was auf Marken gekauft ist.) 24) Verbot der Leihbibliotheken. 25) Durch den Stern sind uns alle Restaurants verschlossen... 26) Keine Kleiderkarte. 27) Keine Fischkarte. 28) Keine Sonderzuteilung wie Kaffee, Schokolade, Obst, Kondensmilch. 29) Die Sondersteuern. 30) Die ständig verengte Freigrenze... 31) Einkaufsbeschränkung auf eine Stunde... Ich glaube, diese 31 Punkte sind alles. Sie sind aber alle zusammen gar nichts gegen die ständige Gefahr der Haussuchung, der Mißhandlung, des Gefängnisses, Konzentrationslagers und gewaltsamen Todes."

Max Krakauer ergänzt:

„Das Eigenartigste bei diesem System aber bestand darin, daß alle die sogenannten ,Judenverordnungen', abgesehen vom Wortlaut der Nürnberger Gesetze, nirgends veröffentlicht, sondern lediglich einer Zentralstelle der früheren jüdischen Gemeinde bekanntgegeben wurden. Von dort mußten sie mündlich weitergesagt werden."[539]

Auf diese Weise, so ist zu vermuten, sollte die Zahl der Mitwisser tunlichst auf die Juden und ihre Verfolger beschränkt bleiben, ein Indiz dafür, daß man nicht glaubte, sich mit derlei schikanösen Verordnungen bei den „Volksgenossen" beliebt zu machen.

Eine 454 Seiten starke Untersuchung listet alle Gesetze, Verordnungen, Runderlasse etc. auf, die das Reich in den Jahren 1933 bis 1945 speziell gegen die Juden erließ, insgesamt weit mehr als eintausend. Die letzte Eintragung hat den Wortlaut: „Wenn der Abtransport von Akten, deren Gegenstand antijüdische Tätigkeiten sind, nicht mehr möglich ist, sind sie zu vernichten, damit sie nicht dem Feind in die Hände fallen."[540]

Jochen Klepper erfährt, gleichsam aus Goebbels Vorzimmer, „es sei der Wunsch des Führers, daß alle Kulturschaffenden in Mischehe sich scheiden ließen."[541] – Dieser „Wunsch" war kein Gesetz, keine Verordnung, und doch...

5.3 „99 Prozent judenfreundlich" – Aus Bekundungen jüdischer Zeitzeugen

„,Gut, seien Sie übermorgen vor dem Arbeitsamt für Juden. Dort werden noch andere auf mich warten. Wir werden sehen, was sich machen läßt.' Ich war schon an der Tür, als er mir nachrief: ,Und übrigens, wundern Sie sich nicht, wenn ich dort nicht so nett mit Ihnen spreche.' Ich lachte und verabschiedete mich von ihm wie von einem guten Freund."[542]

[539] Krakauer, Max: „Lichter im Dunkel. Flucht und Rettung eines jüdischen Ehepaares im Dritten Reich", Stuttgart 1979, S. 20.
[540] Walk, Joseph (Hg.): „Das Sonderrecht für die Juden im NS-Staat. Eine Sammlung der gesetzlichen Maßnahmen und Richtlinien – Inhalt und Bedeutung", Heidelberg 1981.
[541] Klepper, a.a.O., S. 1034.
[542] Deutschkron, a.a.O., S. 71.

So Inge Deutschkron im Rückblick. Der Text zeigt, daß selbst mutige Freunde die Maske des Häßlichen aufsetzen mußten, um ihre guten Dienste verrichten zu können. Von derlei berichtet Deutschkron mehrmals.

Die öffentlichen Verkehrsmittel sind Stätten der Begegnung:

> „Es war der 19. September 1941, der erste Tag, an dem wir dazu gezwungen waren [den Judenstern zu tragen. Offenbar wurde diese Anordnung – entgegen Krakauer – doch publik gemacht]. Ein kleiner, untersetzter Mann erhob sich von seinem Sitzplatz in der U-Bahn. ‚Ich bitte Sie darum, sich sofort zu setzen!‘, sagte er sehr laut und energisch. Die meisten anderen Fahrgäste taten so, als hörten sie nichts… Erst als ich ihm zuflüsterte, daß es mir gesetzlich verboten sei und nicht er, sondern ich Gefahr liefe, bestraft zu werden, gab er nach.“[543]

Auf derselben Buchseite betont sie:

> „Vor der Berliner Bevölkerung hatten wir keine Angst.“

Zwei Seiten weiter:

> „Wie auch andere Juden hatte ich gelegentlich sehr erfreuliche Erlebnisse. Ich erinnere mich, wie Unbekannte in der Untergrundbahn oder auf der Straße, meist im dichten Gewühl der Großstadt, ganz nahe an mich herantraten und mir etwas in die Manteltasche steckten, während sie in eine andere Richtung schauten… Es gab Menschen, die mich mit Haß ansahen; es gab andere, deren Blicke Sympathie verrieten, und wieder andere schauten spontan weg.“[544]

Leider unterläßt es Deutschkron, die Gruppen anteilmäßig zu taxieren. Bemerkenswert noch folgende Feststellungen. Sie werfen nicht nur ein gutes Licht auf weltweit renommierte Firmen. Sie verraten zugleich die Prioritäten der NS-Machthaber:

> „Es war zum Beispiel in Berlin bekannt, daß Siemens und AEG ‚ihre Juden‘ gut behandelten, im Gegensatz zu den IG-Farben.[545] Die Firmen AEG und Siemens wurden gegen die Auskämmung ihrer Betriebe bei der Gestapo vorstellig. Sie erklärten…, daß der Arbeitsprozeß gestört würde, wenn ihnen die fleißigen jüdischen Arbeiter, für die es zu jener Zeit keinen Ersatz gab, genommen würden. Aber die Züge mit Deportationen rollten weiter.[546] Für den ersten Transport war die ‚Fracht‘ noch von der Gestapo abgeholt worden, entweder weil die Aktion geheim bleiben sollte oder um die ‚Reaktion‘ zu prüfen. Aber die Juden fügten sich ohne Widerstand. Im Gegenteil – sie führten die ihnen erteilten Befehle genau aus…‚Wir bitten Sie herzlich, diese Anweisungen genauestens zu befolgen und die Transportvorbereitungen in Ruhe und Besonnenheit zu treffen… Es ist selbstverständlich, daß wir… alles tun werden, um unseren Gemeindemitgliedern beizustehen…‘“[547]

Die Sammelplätze waren zunächst nahe dem Stadtzentrum.

> „Die Deportationszüge fuhren nun vom Bahnhof Grunewald ab, weil einige Berliner am Lehrter Bahnhof… nicht unbedingt zustimmende Bemerkungen gemacht hatten.“[548]

---

[543] Deutschkron, a.a.O., S. 81.
[544] Deutschkron, a.a.O., S. 83.
[545] Deutschkron, a.a.O., S. 70.
[546] Deutschkron, a.a.O., S. 92.
[547] Deutschkron, a.a.O., S. 94.
[548] Deutschkron, a.a.O., S. 100.

Da die Berliner Gestapo offenbar zu wenig effektiv gearbeitet hatte, kam Wiener Polizei zum Einsatz:

> „Sie hatte eine andere Methode entwickelt. Sie setzte große Möbelwagen bekannter Umzugs-firmen ein, mit denen die Wiener Gestapoleute bei den jüdischen Häusern vorfuhren. Dann ging alles sehr schnell. Wie sie gingen und standen, wurden die Menschen in die Wagen getrieben."[549]

Es folgt bei Deutschkron ein Kapitel mit der aussagekräftigen Überschrift: „Von einem Versteck ins andere." So kam es auch, daß sie als „Scheinarierin" in einer Leihbücherei arbeitete.

> „Die Zahl der Nazikunden war sehr klein. Sie grüßten mit ‚Heil Hitler'. Ich tat es auch, im Gegen-satz zu Grete… Sie wagte dies natürlich nicht bei Beamten vom nahen Polizeirevier…"[550]

> „Und wieder klingelte es eines Tages. Und wieder drang die neugierige Nachbarin schneller in die Küche ein, als Frau Garn sie daran hindern konnte. ‚Sie haben aber lange Besuch', sagte sie. Wir [Inge und ihre Mutter] waren in der Tat bereits mehrere Wochen bei Garns. Frau Garn hatte kaum die Tür hinter ihr geschlossen, als sie mit mühsam unterdrückter Angst erklärte: ‚Ihr müßt weg, es geht nicht mehr. Ich habe Angst. Ihr wißt doch, ich bin herzkrank…' Sie hatte Tränen in den Augen, als sie das sagte. Paul Garn wandte sich ab. Er sagte nichts und machte sich am Ofen zu schaffen. Meine Mutter entgegnete: ‚Aber natürlich, ich verstehe.' Aber sie fügte kaum hörbar hinzu: ‚Was machen wir jetzt?'"[551]

Und doch, sie fanden wieder und wieder uneigennützige, tapfere Helfer, bis die Rote Armee sie aus Todesgefahr befreite. Der Schrecken hatte damit aber noch immer kein Ende – auch jetzt konnte Inge sich nicht frei bewegen:

> „Es war klar, ich mußte mich verstecken – wieder verstecken. Auf dem Dachboden des Nachbar-hauses der Hentzes verbrachte ich mit anderen jungen Mädchen, einer Frau, die bereits [von Sol-daten der Sowjetarmee] vergewaltigt worden war, und ihrem Mann die nächsten Tage und Nächte."[552]

Else Behrend-Rosenfeld feiert am 1. Mai 1941 ihren 50. Geburtstag zuhause in Icking, Isartal,

> „mit allen hier gewonnenen Freunden, unter denen weder die Nachbarn und die Familie Pr. noch unsere wirklich prachtvolle Lebensmittelhändlerin fehlte, die durch Tillas Sondereinkäufe für die-sen Tag nach der Ursache gefragt hatte."[553]

Wenige Wochen später beginnt für sie der Arbeitszwang.

> „Meine Arbeitskolleginnen gefallen mir gut, es herrscht ein netter, kameradschaftlicher Ton unter ihnen."[554]

Behrend-Rosenfeld darf nicht länger „privat" wohnen. Sie muß in ein Judenhaus einziehen, in das ein Teil des Klosters der Barmherzigen Schwestern in Berg am

---

[549] Deutschkron, a.a.O., S. 100 f.
[550] Deutschkron, a.a.O., S. 121.
[551] Deutschkron, a.a.O., S. 126.
[552] Deutschkron, a.a.O., S. 179.
[553] Behrend-Rosenfeld, a.a.O., S. 97.
[554] Behrend-Rosenfeld, a.a.O., S. 102.

Laim, München, umgewandelt worden ist. Die Juden werden verpflichtet, den
Gelben Stern zu tragen.

> „Wie reagiert die Bevölkerung darauf? Die meisten Leute tun, als sähen sie den Stern nicht, ganz
> vereinzelt gibt jemand in der Straßenbahn seiner Genugtuung darüber Ausdruck, daß man nun das
> ,Judenpack' erkennt. Aber wir erlebten und erleben auch viele Äußerungen der Abscheu über diese
> Maßnahme und viele Sympathiekundgebungen für uns davon Betroffene... Einer älteren Frau aus
> unserm Heim schenkte ein Soldat die Marken für eine wöchentliche Brotration, einer anderen, die
> zur Arbeit in der Tram fuhr und keinen Platz fand, bot ein Herr mit tiefer Verbeugung ostentativ sei-
> nen Sitzplatz an. Mir erklärten unser Metzger und unser Butterlieferant, daß sie uns nun erst recht
> gut beliefern würden; sie schimpften kräftig auf diese neue Demütigung, die uns angetan wird.[555]
>   Viele Freundlichkeiten in der Öffentlichkeit und noch viel mehr im geheimen werden uns er-
> wiesen, Äußerungen der Verachtung und des Hasses uns gegenüber sind selten."[556]

In München – und meist wohl auch sonst – kamen die Juden längst vor ihrem Abtransport in „Judenhäuser". Dort wurde den namentlich Bestimmten von den eigenen Leuten mitgeteilt, wann die „Abreise" stattfindet.

> „Schon hörte man das Rollen des großen Gesellschaftsautos [vermutlich ein Bus], das mit seinem
> Anhänger für das Gepäck in den Hof fuhr. Schnell hinunter!... Wir drei von der Leitung hatten
> uns ausbedungen, beim ersten Transport zu sein. Dreimal mußte das Auto fahren, um die rund 75
> Menschen aus unserem Heim ins Sammellager zu bringen."[557]

Die Abfahrt vom Sammellager erfolgte einige Tage später, morgens um vier Uhr,
um tunlichst jede Wahrnehmung durch Dritte zu verhindern. Doch Behrend-
Rosenfeld wurde wieder zurückbeordert, da unentbehrlich für die Verwaltung des
„Judenhauses" im Klostergebäude Berg am Laim. Mit vielen Blumen wird sie dort
wieder begrüßt, herrliche weiße Azaleen vom Kloster. Wußte sie eigentlich, wofür
die Transporte bestimmt waren? Lange läßt sie den Leser im Zweifel, läßt ihn
glauben, sie wüßte es nicht, so wenn sie schreibt:

> „Von unseren Deportierten bekommen wir regelmäßig Nachrichten, sie sind wirklich nach Piaski
> gekommen... Wir schicken, soviel wir können."[558]

Doch am 5. Juli 1942 notiert sie in ihr Tagebuch, ein Mitglied der jüdischen Gemeinde habe sie informiert, daß die Privilegierten, so Frontkämpfer und besonders tüchtige Angestellte der jüdischen Gemeinden, nach Theresienstadt kämen.

> „Wie weit das zutreffe, wisse er nicht sicher, immerhin sei es entschieden besser als nach Polen ge-
> schickt und – umgebracht zu werden, woran wir nun nicht mehr zweifeln. Seit 14 Tagen fehlt jede
> Nachricht von unseren Deportierten aus Piaski, und wir geben uns keiner Hoffnung mehr hin, sie
> nach dem Kriege wiederzusehen."[559]

Als erneut ihr Abtransport bevorsteht, flieht Frau Behrend-Rosenfeld und gelangt
auf abenteuerlichen Umwegen mit der Hilfe vieler in die Schweiz. Dort erlebt sie

---

[555] Behrend-Rosenfeld, a.a.O., S. 116.
[556] Behrend-Rosenfeld, a.a.O., S. 117.
[557] Behrend-Rosenfeld, a.a.O., S. 138 f.
[558] Behrend-Rosenfeld, a.a.O., S. 160.
[559] Behrend-Rosenfeld, a.a.O., S. 166.

das Kriegsende. So bald wie möglich kehrt sie nach Icking zurück, wo sie sich mit Lastenausgleichszahlungen in unmittelbarer Nachbarschaft von ihrer letzten Bleibe ein Häuschen baut, ein untrügliches Zeichen dafür, wie sehr sie sich ihrer Heimat verbunden fühlte. Heute trägt in dieser Isartalgemeinde ein Weg ihren Namen.

Heinrich Liebrecht, Richter in Berlin, 1933 aus rassischen und politischen Gründen aus dem Beamtendienst entfernt, bis 1941 Mitarbeiter im Berliner Anwaltsbüro der US-Botschaft, dann im Konzentrationslager, das er überlebte, schildert seinen Weg durch die Hölle des Dritten Reiches. Bevor es zur Verhaftung kommt, fragt er, um einen Fluchtweg zu erkunden:

> „Lenchen, wie stehen Sie eigentlich mit Ihren Nachbarn?' – ‚Die meisten sind ganz ordentlich, aber einige dafür um so ekeliger.'"[560]

Noch eine Textstelle, die allgemeine Rückschlüsse zuläßt:

> „Auch Lies in Hamburg schien nicht besonders gefährdet. Sie wohnte mit ihrer Mutter im eigenen Haus in Harvestehude. Die wenigen Mieter waren ruhige, gemäßigte Leute, nur die Hausmeisterin war etwas undurchsichtig… Hamburg galt überhaupt als eine Art Oase. Es war ja der Berührungspunkt mit der großen Welt draußen."[561]

Zugunsten der Bevölkerung Berlins, wo ja mit Abstand die meisten Juden wohnten, und anderer Städte, so Krefeld, gab es ähnlich positive Bemerkungen. So schreibt Gerhard Löwenthal:

> „Friseure durften Juden nicht mehr bedienen. Ich erinnere mich noch genau daran, daß sich unser treuer Friseur alle vier Wochen zu uns schlich, um uns zu Hause die Haare zu schneiden. Und ohne unseren ‚Tante-Emma-Laden' direkt im Haus und ohne unseren Metzger gegenüber, die uns, soweit es überhaupt ging, mit zusätzlichen Lebensmitteln versorgten, hätten wir nicht überleben können. Daß das alles für die guten Leute äußerst gefährlich war, versteht sich von selbst, denn die Partei und die Gestapo hatten ein fast lückenloses Netz über das Volk geworfen."[562]

> „Auch an dieser Stelle muß wieder betont werden, daß ein Überleben für uns ohne die vielen kleinen, schlichten Gesten, manchmal auch sehr kräftige Hilfe nicht-jüdischer Berliner nicht möglich gewesen wäre. Lebensmittelgaben spielten eine Hauptrolle dabei. Nicht weniger wichtig aber war die moralische Hilfe, z. B. wenn ein Nichtjude sich mit einem jüdischen Mitbürger, der den Stern tragen mußte, offen und freundschaftlich unterhielt oder nur so grüßte wie in früheren Zeiten. Dies alles war ja bereits lebensgefährlich und sollte auch manchem Helfer zum Verhängnis werden."[563]

Kann man jenen, die aus Angst und Sorge nicht mehr gegrüßt haben, einen Vorwurf machen?

560　Liebrecht, Heinrich F.: „„Nicht mitzuhassen, mitzulieben bin ich da'. Mein Weg durch die Hölle des Dritten Reiches", Freiburg i. B. 1990, S. 14.
561　Liebrecht, a.a.O., S. 18.
562　Löwenthal, a.a.O., S. 51 f.
563　Löwenthal, a.a.O., S. 77.

Laut Löwenthal haben über 5 000 Juden illegal in Berlin überlebt. Auch Margot Schmidt nennt diese Zahl. Manche hatten „zwanzig bis dreißig verschiedene Quartiere". Also müssen es zehntausende Helfer und Mitwisser gewesen sein, die diese erstaunliche Tatsache ermöglichten.

Einer dieser vom Volksmund „U-Boote" Getauften war Hans Rosenthal, am 2. April 1925 geboren. Er mußte ebenfalls mehrere Male sein Quartier wechseln.

> „‚Hansi', sagte meine Großmutter, ‚bei uns kannst du nicht bleiben. Wenn Großvater nicht jüdisch wäre, aber so… die Gestapo kann heute oder morgen hier sein… Du kennst doch Frau Jauch', sagte Großmutter, ‚vielleicht nimmt sie dich in der Laube auf. Sie hat ein gutes Herz, ist fromm und haßt die Nazis. Und feig ist sie nicht.'"[564]

Dort fand er eine Bleibe, bis Frau Jauch starb. Nun war es unvermeidlich, daß mehr und mehr Personen in das Geheimnis eingeweiht wurden, auch ein fremder Soldat, dessen Mutter als Fürsprecherin auftrat:

> „Der Sohn war wie versteinert. Empört, betroffen, zornig. ‚Wenn das herauskommt, bin ich auch dran', sagte er, ‚da machen die kurzen Prozeß. Nein, Sie können nicht hierbleiben. Das ist zuviel verlangt. Das können Sie meiner Mutter und mir nicht aufbürden. Bitte gehen Sie.' Frau Schönbeck weinte. Auch ich kämpfte mit den Tränen. Der Sohn hatte ja recht! Aber die Mutter bat für mich bei ihrem Sohn. Und stimmte ihn um."[565]

So hat Rosenthal überlebt.

Erich Hopp liefert ebenfalls Mosaiksteinchen, die Rückschlüsse auf Gesinnung und Haltung der Berliner Bevölkerung zulassen:

> „Die Leute im Hause Mulackstraße waren sehr gut zu uns. Sie brachten für Wolfgang Süßigkeiten und für mich Zigaretten und Detektivromane. Sie stellten sogar ein Radio in unseren Raum."[566]

Margarete Bihrle, geborene Friedmann, gelang in München das Überleben. Ab Herbst 1941 mußte sie sich verstecken. Alle Bewohner des fünfstöckigen Mietshauses, Bergmannstraße 31, mit dreizehn bunt zusammengewürfelten Parteien, wußten um Gretels illegale Existenz. Sie hielten alle dicht, ja sie versorgten Frau Bihrle mit dem Lebensnotwendigen.[567] Ein ähnlicher Fall wird aus Berlin berichtet.[568] Andere hatten weniger Glück und wurden denunziert.[569]

Ein weiterer Überlebender ist Eugen Herman-Friede. Er erinnert sich:

> „Meine Mutter beginnt zu weinen, näht mit zitternden Händen den Stern wieder an…"

---

564 Rosenthal, a.a.O., S. 60.
565 Rosenthal, a.a.O., S. 80.
566 Hopp, Erich: „„Your Mother has twice given you Life'", in: Boehm a.a.O., S. 98 ff., S. 100.
567 Salewsky, a.a.O., S. 110. Die Recherche im Münchner Stadtarchiv hat ergeben, daß Frau Bihrle in „privilegierter" Ehe lebte. Warum sie sich gleichwohl verstecken mußte, konnte nicht geklärt werden. Denkbar wäre, daß sich der Gatte distanziert hat.
568 Neiss, Marion: „Berlin Wielandstraße 18 – Ein ehrenwertes Haus", in: Benz (Hg.): „Überleben', a.a.O., S. 51 ff.; S. 58.
569 Salewsky, a.a.O., S. 261.

Dann begibt sich der junge Mann zur Straßenbahn.

> „Der Schaffner beachtete mich nicht, er lief an mir vorbei und kassierte bei den anderen Fahrgästen. Am Halleschen Tor endlich, als viele Leute ausstiegen und niemand außer mir hinten auf der Plattform stand, kam er auf mich zu, hielt eine Hand an den Mund und flüstere vordergründig: ‚Is doch jut Bengel… Steck det Jeld ma wech‘. Dann ging er ins Wageninnere, klappte den Sitz auf der Längsbank hoch, brachte eine lappige alte Aktentasche zum Vorschein und nahm zwei große Butterbrote in Pergamentpapier aus einer Blechbüchse…: ‚Da, nimm det man…‘ Mir war Ähnliches schon öfter passiert, in der Straßenbahn, oder in der U-Bahn. Im letzten Moment vor dem Aussteigen drückte mir jemand ein Essenspaket oder auch eine Schachtel Zigaretten in die Hand… Es gab auch andere, die mich schubsten, wenn sie meinen gelben Stern sahen, oder mir ein Bein stellten.“[570]

Eugen muß untertauchen, um den Häschern zu entgehen. Er erlebt dabei – wie die meisten Schicksalsgefährten – nicht nur aufregende, sondern auch bittere Stunden:

> „Wenn ich ihr Kartoffeln schälen oder Gemüse putzen helfen will, sagt sie nein. Sie kann mich offensichtlich nicht leiden. Warum sollte sie auch? In ihren vier Wänden bin ich ein Fremdkörper, nicht nur störend und ungewohnt, sondern auch noch sehr gefährlich.“[571]

Doch er findet ein neues Zuhause in Blankenburg, einem Vorort im Nordosten von Berlin, bei Familie Horn, wo er sich so wohl fühlt, wie es unter diesen Umständen nur möglich ist.

> „Blankenburg ist ein kleines Nest, und jeder kennt dort jeden… Der Fleischer und auch der Milchmann in diesem Teil Blankenburgs werden von Frau Horn ins Vertrauen gezogen und verkaufen ihr Lebensmittel, ohne dafür Marken zu verlangen. Es geht uns allen gut… Am 27. Mai, genau vier Monate nachdem ich morgens unsere Wohnung verlassen habe, ist es schlagartig vorbei mit dem schönen Leben. Frau Horn kommt vom Einkaufen nach Hause, total aufgelöst, am ganzen Leib zitternd…‚Eugen muß hier weg, schnellstens, heute noch. Stellt euch vor, das ganze Dorf weiß Bescheid, was bei uns los ist… Im Milchladen unterhalten sich die Leute ganz offen darüber, daß wir einen Juden versteckt halten, bei uns zuhause.‘“[572]

Für Eugen wird bei Verwandten nachgefragt:

> „Verwandtschaft hin, Verwandtschaft her, du weißt, Willi ist in der Partei. Wir können uns so was nicht leisten, wo kämen wir da hin? In des Teufels Küche‘, höre ich Tante Grete zu Vater sagen. Trotzdem nahmen sie mich auf. Nicht mit offenen Armen, zähneknirschend und ausdrücklich nur kurzfristig. ‚Keinen Tag länger als unbedingt nötig.‘“[573]

Und wieder waren einige Tage gewonnen im Kampf ums Überleben. Doch was ereignete sich in Blankenburg, wo doch alle von dem versteckten Juden wußten?

> „Mein Vater hat damals, als der ganze Ort darüber sprach, daß ich bei Horns versteckt war, telephonisch erfahren, daß nichts weiter passiert sei. Die Leute haben alle dicht gehalten.“[574]

Also gab es unter ihnen nicht einen fanatischen Judenhasser.

---

[570] Herman-Friede, a.a.O., S. 19 f.
[571] Herman-Friede, a.a.O., S. 28.
[572] Herman-Friede, a.a.O., S. 28 f.
[573] Herman-Friede, a.a.O., S. 40.
[574] Herman-Friede, a.a.O., S. 100.

Herman-Friede entgeht der Verhaftung nicht:

> „Alle Wachen, die auf diesem Flur Dienst haben, kennen mich bald … Die Beamten hier unten be-
> nehmen sich mir gegenüber recht anständig. Sie geben mir gelegentlich Zigaretten und auch
> schon mal eine Zeitung."[575]

> „Es ist der 23. April [1945] …, als ein SS-Mann das Schloß öffnet und ruft: ‚Herman, mitkommen.'
> … Es geht die schmalen, niedrigen Treppen hinauf bis zur Toreinfahrt. Dort erwartet mich ein SS-
> Offizier in eleganter Uniform … Er blättert in aller Ruhe in der Akte, liest einige Stellen scheinbar
> sehr sorgfältig, schlägt dann den Pappdeckel zu, sieht mich an und fragt: ‚Herman?'
>   Ich nicke.
>   ‚Vorname?'
>   ‚Eugen.'
>   ‚Israel.' Das Wort kommt wie ein Peitschenschlag. Ich nicke schnell und zustimmend."[576]

Auf die „Peitsche" folgt das „Zuckerbrot". Der Allgewaltige öffnet eine Tür und
gibt Eugen einen Fußtritt, der ihn ins Freie und in die Freiheit befördert.

Auch Ernst Sachs schildert selbst Erlebtes, das über Einzelfälle hinausweist:

> „Während ein großer Teil der Belegschaft neutral, teilweise aber freundschaftlich gegenüber den
> Juden war, war die Vorarbeiterin Frl. Frieda Schulze den jüdischen Arbeiterinnen in jeder Weise
> behilflich, ihr schweres Los und die ihnen ungewohnte Arbeit zu erleichtern … Als wir auf den Rat
> christlicher Freunde am 1. Januar 1943 in die Illegalität gingen, haben wir die ersten sechs Wochen
> bei unserem Nachbarn zugebracht. Wir gingen also nur drei Schritte über den Flur, und dies in
> einem Haus mit dreißig Parteien, in dem wir sechzehn Jahre gewohnt hatten."[577]

Eine Odyssee des 20. Jahrhunderts, neben der das Epos Homers verblaßt, beschreibt Max Krakauer. Über zwei Jahre hinweg flüchtet das jüdische Ehepaar
von Versteck zu Versteck. Doch zunächst ab 1941, also noch vor der Flucht, sind
beide dienstverpflichtet.[578] Frau Krakauer gerät dabei in die Hände von Blut-
saugern:

> „Der Arbeitgeber, ein Herr Otto Schade und seine Freundin, die offizielle Inhaberin des Betrie-
> bes, waren der Prototyp jener Deutschen, die sich an Juden und ihren Leiden schwer bereicher-
> ten."[579]

Nach einem Jahr erhält Frau Krakauer einen anderen Arbeitsplatz:

> „Glücklicherweise gehörte hier der Arbeitgeber, ein Herr Karl Berger, zum Gegenteil der vorher
> geschilderten, zu denen, die Verständnis hatten für die schwere Lage der bei ihm beschäftigten und
> speziell für diese Tätigkeit ausgesuchten Juden. Denn trotz ausdrücklichem Verbot versuchte er, so
> oft es ihm möglich war, den geplagten Frauen Milch zu beschaffen … Auch sonst tat er manches

---

575 Herman-Friede, a.a.O., S. 138.
576 Herman-Friede, a.a.O., S. 147.
577 Grossmann, Kurt: „Die unbesungenen Helden. Menschen in Deutschlands dunklen Tagen", Berlin
     1961, S. 60.
578 Ab Dezember 1938 bestanden die rechtlichen Voraussetzungen für Zwangsarbeit von Juden; siehe
     Gruner, Wolf: „Der geschlossene Arbeitseinsatz deutscher Juden. Zur Zwangsarbeit als Element der
     Verfolgung 1938–1943", Berlin 1997.
579 Krakauer, a.a.O., S. 18.

für seine jüdischen Arbeiter, was er nicht durfte, und hatte mehr als einmal Unannehmlichkeiten mit den aufsichtsführenden Behörden."[580]

Auch bei Krakauer ein hohes Lob für Lebensmittelhändler:

„Als Folge der Unterernährung… wäre noch vor Auschwitz eine viel größere Anzahl von Juden ge-storben als so schon, wenn es nicht unter den Geschäftsleuten mitfühlende Menschen gegeben hätte, die die Aushungerungsmaßnahmen von Partei und Staat, die Methode der Vernichtung auf kaltem Wege nicht auf ihre Weise sabotiert hätten und oft unter großen Gefahren und drastischer Maßnahmen gewärtig an Juden Lebensmittel abgaben, die diese eigentlich nicht haben durften. Das Gefahrenmoment lag vor allem bei einem Punkt: Im September 1941 war der ‚Judenstern‘ eingeführt worden, und jeder Polizist konnte ebenso wie jeder Zivilist auf der Straße die Juden herausfinden. ‚Tasche aufmachen!‘, war der Ruf, mit dem man dann bei jeder Gelegenheit ange-brüllt wurde; denn es gehörte zum festen Programm der Gestapobeamten, sich die Einkaufs-taschen… öffnen zu lassen. Wehe, wenn sich dann etwas darin fand, was den Geächteten nicht zu-stand. Nicht nur, daß er genau angeben mußte, wo er diese Lebensmittel her hatte, der Jude wurde abgeführt, und der barmherzige Geschäftsmann konnte sich auf einiges gefaßt machen."[581]

Ebenso schlimme Folgen hatte es, wenn verbotene Waren bei einer Hausdurchsu-chung gefunden wurden.

Nun aber kommt Krakauer auf den eigentlichen Anlaß seiner Aufzeichnungen zu sprechen:

„Ihr Sinn ist es, zu zeigen, daß es im Deutschland jener Jahre, das sich dem außenstehenden Be-trachter so ganz und gar im Gewand des Mörders präsentierte, noch eine ganze Anzahl von einzel-nen Menschen, von Familien und Institutionen gab, die unter Einsatz ihres eigenen Lebens und der Existenz ihrer Angehörigen, zum Teil unter Entbehrungen und Strapazen die Fürsorge für zwei von der Gestapo verfolgte und gehetzte Menschen auf sich nahmen. Und das war unendlich schwer!… Nie werden wir oder andere, die von dieser edlen Haltung wissen, ihnen unsere Rettung aus den Klauen der Schergen Himmlers lohnen können."[582]

Dann folgt die akkurate Schilderung eines Kreuzweges, ebenso spannend wie herzergreifend. Er dauert mehr als zwei Jahre, jeder Tag bis zum Rande angefüllt mit Ängsten und Sorgen:

„Frierend und elend schleppte sich meine Frau am Abend des 29. Januar 1943 von ihrer Arbeits-stelle nach Hause. Als sie nach der Klinke des Tores tastete, löste sich eine Gestalt aus dem Dunkel der Mauern, eine zitternde Hand packte ihren Arm und eine Stimme flüsterte: ‚Die Gestapo ist in der Wohnung. Machen Sie schnell, daß Sie wegkommen!… Eine christliche Bekannte hatte auf meine Frau gewartet, um sie zu warnen."[583]

Auch Krakauer selbst wurde rechtzeitig gewarnt, und so entkamen beide den Häschern, die in der Wohnung auf sie warteten. Nun begann die Herbergssuche:

„Es bedurfte einer langen Verhandlung, ehe wir die Erlaubnis bekamen, im Zimmer unserer Freun-din gemeinsam auf einem Sofa zu übernachten. Wir wußten wohl, was wir verlangten, denn die Gefahr, in die wir die ganze Familie brachten, war groß."[584]

---

[580] Krakauer, a.a.O., S. 19.
[581] Krakauer, a.a.O., S. 19.
[582] Krakauer, a.a.O., S. 21.
[583] Krakauer, a.a.O., S. 22.
[584] Krakauer, a.a.O., S. 23.

Vom 29. Januar bis zum 9. März 1943 schlagen sie sich in Berlin durch, vom 9. März bis 15. Juli 1943 in Pommern, vom 15. Juli bis zum 7. August wieder in Berlin, vom 8. August 1943 bis Kriegsende in Württemberg, immer ohne einen Ausweis, also stets in größter Sorge, einer der so zahlreichen Personenkontrollen auf den Verkehrswegen in die Hände zu laufen, immer ohne eigenes Geld, immer ohne eigene Lebensmittelkarten. Namen und Orte werden genannt, für Berlin in den ersten fünf Wochen: Familie Krause, Fräulein Balzer, Dr. Rabenau, Helene Jakob, Pfarrer Burkhardt, Pfarrer Dr. Jannasch, nochmals Balzer, nochmals Jannasch. Die Liste der Helfer in Pommern ist mehr als doppelt so lang. Dann wieder Berlin und weitgehend die gleichen Namen wie beim ersten Fluchtaufenthalt, plus Pfarrer Guddas, Zahnarzt Malinowsky und Frau Burkhardt. Die Liste der Helfer in Württemberg füllt fast vier Seiten, auch wenn manche Namen immer wieder auftauchen, einfach weil sie immer wieder um Hilfe angegangen werden mußten. Insgesamt sind es 66 Häuser, die den Flüchtlingen Asyl boten. In den meisten Häusern ist es nicht nur eine Person, die den Grund des Asylbegehrens kennt, sondern ein halbes Dutzend oder mehr. Hinzu kommt die große Zahl derer, die zwar um Hilfe angegangen wurden, aber keine Möglichkeit sahen, nennenswert zu helfen. Keiner von ihnen hat das anvertraute Geheimnis preisgegeben.

Aus der Fülle einige Passagen, die den Alltag unter Extrembedingungen veranschaulichen:

> „Nun lebten wir von den käuflich erworbenen Lebensmittelkarten, von dem, was bekannte Geschäftsfreunde uns heimlich abließen, und dem, was Freund Ackermann uns von seiner eigenen schmalen Ration zurückließ.[585] Die Furcht war zur alles bestimmenden Kraft im Leben der Menschen geworden. Was hatten wir noch zu hoffen.[586] Man nötigte uns sogar, die für den Säugling der einen Familie bestimmte Milch zu trinken und steckte uns einige zu dieser Zeit bereits sehr rare Leckerbissen in die Tasche.[587] Als wir dem Ehepaar nun erzählten, weshalb wir zu ihnen kamen, war es nicht im mindesten überrascht. Abermals diese frappierende Selbstverständlichkeit des Helfens, kein erstauntes Fragen nach dem Warum und Wieso, kein bedenkliches Wenn und Aber, sondern ein schlichtes, liebevolles Reichen der Hand, als ob es sich um etwas handele, was zum täglichen Geschehen gehört."[588]

Die Schilderungen blenden Vorgänge nicht aus, die Mißbilligung verdienen, so eigennütziges Handeln von Helfern, die sich bereit erklärten, in die versiegelte Wohnung der Krakauers einzudringen:

> „Ein gefährlicher Plan, doch wir willigten ein mit übergroßer Freude, da wir nicht einmal die notwendigsten Gegenstände besaßen, nichts außer dem, was wir auf dem Leibe trugen. Elend und hilflos standen wir da. Hilflos und machtlos allerdings auch dagegen, daß unsere braven Helfer uns nur das aushändigten, was sie oder ihre Freundinnen nicht selbst gebrauchen konnten…"[589]

---

[585] Krakauer, a.a.O., S. 26.
[586] Krakauer, a.a.O., S. 28.
[587] Krakauer, a.a.O., S. 33.
[588] Krakauer, a.a.O., S. 65.
[589] Krakauer, a.a.O., S. 24.

Die Frau eines Pfarrers, der bereits Opfer des Krieges geworden war, nahm sie auf:

> „Man verpflegte uns zwar gut, nahm aber sonst von uns keinerlei Notiz. Unsere Niedergeschlagenheit war entsprechend."[590]

Ein anderes Mal wurden sie abgewiesen, weil sie Glaubensjuden waren und keine Christen.[591] Daß Krakauer derlei bittere Erfahrungen erwähnt, macht die lange Liste positiver Erfahrungen um so glaubwürdiger und das Schlußwort verständlich:

> „In tiefer Demut danken wir Gott… Wir danken auch den vielen Menschen, die um unsretwillen Freiheit und Leben aufs Spiel setzten, unsretwegen, die sie vorher nie gesehen noch gekannt."[592]

Was Günther Ginzel in seinem Buch „Jüdischer Alltag in Deutschland" einleitend kurz zur Sprache bringt, könnte wohl ebenso breit dargestellt werden wie die Abenteuer des Ehepaares Krakauer, wäre der Autor nicht erst nach dem Kriege zur Welt gekommen und hätte das Leben des Vaters nicht schon in der Nachkriegszeit sein Ende gefunden. So heißt es nur ganz lapidar:

> „Frühjahr 1945. Befreiung! Aus den Ötztaler Alpen steigt ein junges jüdisches Ehepaar ins Tal. Meine Eltern. Die letzten zwei Jahre hatten sie sich in den Bergen versteckt, in Höhlen gehaust, zeitweilig in Almhütten… Bergbauern, die zu den Widerständlern gehörten, versorgten sie mit den notwendigsten Lebensmitteln."[593]

„150 Tiroler haben ein Geheimnis" – überschreibt Irma Dann ihre Erinnerungen an den Kampf um das Überleben. Der Gatte war bereits 1938 in die USA ausgewandert und wollte seine Frau und die beiden Töchter nachholen. Doch dies gelang nicht mehr. Von Berlin aus reiste Frau Dann mit den Mädchen nach Tirol. Jemand hatte ihr die Adresse eines edlen Menschen anvertraut. Ein Netzwerk der Hilfe wurde geknotet, alles natürlich streng geheim, denn die SS war dort im Frühjahr 1945 noch überall präsent. Als die ersten Amerikaner ins Dorf kamen, stellten sich die Töchter vor

> „in perfektem Englisch: ‚Wir sind Eva und Marion Dann, und unser Vater ist ein amerikanischer Arzt und lebt in New York. Wir sind jüdisch, und das ist Herr Oberlehrer Ahlert, der uns versteckte und dem wir unser Leben zu verdanken haben.' Dem Offizier kamen die Tränen in die Augen… Dann erzählten sie ihm, daß ich noch in den Bergen sei und man mich benachrichtigen werde."[594]

Es kann kaum überraschen, daß die Geretteten ihren Rettern weiterhin, auch nach dem Abschied, verbunden blieben. Am 15. Juli 1946 schrieb der Lehrer:

> „Liebe Marion, Du dankst mir in Deinem Brief nochmals für alles, was ich für Dich getan habe. Ich nehme Deinen Dank freudig an… Doch muß ich den Dank mit all den andern teilen, die Dir auch gut gesinnt waren und dichtgehalten haben. Ich denke da an… und all die andern Mitverschwore-

---

[590] Krakauer, a.a.O., S. 40.
[591] Krakauer, a.a.O., S. 96.
[592] Krakauer, a.a.O., S. 131.
[593] Ginzel, a.a.O., S. 17.
[594] Grossmann, a.a.O., S. 197.

nen. Wenn ich bedenke, daß es über 150 Mitwisser waren, ist es erstaunlich, daß wir alles heil überstanden haben."[595]

Wieder zurück ins „Altreich". Ein Polizist hatte auf inständige Bitten hin vorgesprochen und den Aufschub einer Deportation erreicht.

> „In der Zwischenzeit rannte ich, um Lebensmittel zu besorgen. Überall in den Läden bekam ich etwas, als ich erzählte: ‚Deutschs müssen weg!' – Die Verkäuferinnen weinten. Niemand wollte das. Was aber sollte einer tun?"

– so Erika Landsberg.[596]

Höchst geheimnisvoll wird noch im Jahre 2005 von einer „Nina" erzählt, geboren 1934, drei Großeltern jüdisch. Das Mädchen berichtet:

> „Und ich erinnere mich noch, daß meine Mutter [in die Schule] kam und mich abholte. Wir sind in eine Kirche gegangen, und sie hat mir da… irgendwo in der Dunkelheit den Stern abgetrennt."

Zunächst wird sie bei der „arischen" Großmutter in Bonn versteckt.

> „Ich bin einmal weggelaufen, bis zum Ende der kleinen Straße, in der wir wohnten, und da kam ein kleiner Junge, und der hat gesagt: Ich hab gehört, Du bist ein Jud! Diesen Satz höre ich noch wie heute. Ich habe den Jungen später wiedergesehen und hatte immer Angst vor ihm."[597]

Doch niemand hat sie und ihre Angehörigen denunziert.

Der Journalist und Literat Erich Hopp, 1888 in Berlin geboren, überlebte im Versteck mit seiner jüdischen Frau und dem gemeinsamen Sohn, immer wieder die Quartiere wechselnd. Meist leben sie getrennt, aber doch in Kontakt. Das alles wäre ohne das Wohlwollen einer Vielzahl von Mitmenschen gänzlich unmöglich gewesen:

> „Die meisten Leute waren nur bereit, ihnen für eine oder zwei Wochen Unterschlupf zu gewähren."[598]

Mitunter hatte jedes Familienmitglied eine eigene Unterkunft. Sogar Angehörige der NSDAP verweigerten sich nicht.[599] Da Männer im wehrfähigen Alter noch weit gefährdeter waren als Frauen, oblag es der Gattin, von den selbst hungrigen Mitmenschen das Lebensnotwendige zu erbetteln. Wenige Zeilen sprechen Bände:

> „Und so, drei Jahre lang, eilte Charlotte von Haus zu Haus, von Wohnung zu Wohnung, von einem Stadtteil zu einem anderen, und bat um Lebensmittel, um ihre Familie am Leben zu erhalten… Sie ließ keine Möglichkeit unversucht, obwohl es ihr oft große Schwierigkeit bereitete."[600]

---

[595] Grossmann, a.a.O., S. 199.
[596] Matzerath, a.a.O., S. 186.
[597] Hartmann, Christian; Hürter Johannes: „Die letzten 100 Tage des Zweiten Weltkriegs", München 2005, o.S. (2. März 1945).
[598] Hopp, a.a.O., S. 102.
[599] Hopp, a.a.O., S. 103.
[600] Hopp, a.a.O., S. 106.

Wie oft mag sie vergebens die Hände aufgehalten haben? Doch offenbar hat auch keiner von denen, die nichts gegeben hatten, die Gestapo verständigt, was für willige Kollaboranten eine Selbstverständlichkeit hätte sein müssen.

Nur mit den Anfangsbuchstaben E. K. meldet sich ein Jude zu Wort:

> „Einer unserer Freunde, der selbst im KZ gesessen hat, wird heute noch in Belgien gefragt, wieso er noch Freunde in Deutschland habe. Er antwortet darauf, daß er mehr anständige Deutsche kennengelernt habe als Nazis."[601]

E. K. und die Seinen, alles Juden, lebten vom 12. September 1944 bis Weihnachten im Trümmerkeller des Archivs des Kölner Erzbischöflichen Palais.

> „Wir bekamen Lebensmittel usw. von vielen befreundeten Familien aus Gereon und Riehl. Die meisten Lebensmittel erhielten wir von einer Familie Weber aus Lindenthal... Herr Kaplan Balloff aus der Pfarre Gereon brachte uns öfters die Kommunion in den Keller. Nach jedem Angriff ging er besorgt um das Palais..., um nach uns zu sehen. Auch die Schwestern des Vinzenz-Krankenhauses, Eintrachtstraße, versorgten uns täglich mit Suppe... Zum Glück verließen wir vor Weihnachten den Keller, denn über die Feiertage setzte starker Schneefall ein. Wir hätten dann wegen der Spuren den Keller nicht verlassen können. Wir zogen in unsere Wohnung in Riehl. Die Nachbarn hatten uns gesagt, daß dies gefahrlos sei, da alle Nazis weg seien. Dem war auch so. Von dem Lebensmittelgeschäft Schweigert in Riehl erhielten wir soviel Lebensmittel, wie sie bei den Abrechnungen erübrigen konnten. Es war bestimmt in der Nachbarschaft bekannt, daß wir wieder zu Haus waren, da wir, um den Luftschutzraum zu betreten, über die Straße mußten."[602]

Ruth Klüger, 1931 in Wien geboren, berichtet, was sie als „Sternträgerin" erlebt hat:

> „Man war nicht sicher, wie die Bevölkerung auf die neue Verordnung reagieren würde."[603]

Offenbar nicht im Sinne der Machthaber. Denn alles, was für sie erwähnenswert ist, schildert tätige Sympathie. Sie wird beschenkt.

> „Meine Gefühle waren aber gemischt... Ich wollte mich als oppositionell statt als Opfer sehen, daher nicht getröstet werden. Kleine geheime Kundgebungen wie diese halfen ja nicht..."[604]

Die Mutter hat sie sogar getadelt, daß sie das Geschenk annahm. Diese Episode zeigt, wie schwer es Menschen hatten, ihre Sympathie auf gefällige Weise zu bekunden.

Die Fülle der Belege, die Klemperer gerade für diesen Zeitabschnitt gesammelt hat, gewährt die wohl beste Einsicht in das Empfinden der durchschnittlichen Deutschen den Juden gegenüber in der Phase schlimmster Gefährdung. Er, seit dem 15. September 1941 mit dem Judenstern gebrandmarkt, begegnet den „Ariern" zuhause, auf der Straße, beim Einkauf, als Dienstverpflichteter in verschiedenen Betrieben und bei öffentlichen Einsätzen. Manches erfährt er auch vom Hörensagen:

---

[601] Matzerath, a.a.O., S. 215.
[602] Matzerath, a.a.O., S. 216.
[603] Klüger, Ruth: „Weiterleben. Eine Jugend", München 1992, S. 74.
[604] Klüger, a.a.O., S. 75.

> 20. Februar [1941] … Eine andere von irgendeiner anderen: Die sei kaltgestellt worden, ‚sie stand
> zu gut mit Juden‘… Ausdruck ‚Judenknecht‘.[605]

Was wenige Worte wiedergeben, war allen, die sie hörten, eine nachdrückliche
Warnung.

> „25. Februar… Der Händler Meinicke ging ziemlich aus sich heraus. Ganz offenbar Antinazi, Ju-
> denfreund, vom Sieg gar nicht überzeugt… Dabei: ‚Ich bin alter Pg. Ich muß in der Partei bleiben.
> Wenn ich jetzt austrete, bin ich erledigt.‘“[606]

Einer von vielen, wie auch der folgende Text vermuten läßt:

> „27. März… Auf der Polizei ist man durchweg sehr höflich, aber da schließlich irgendwelche obe-
> ren Pg's entscheiden und ich Victor Israel heiße…[Abbruch im Original]“[607]

Auch im Finanzamt ist man „mustergültig höflich“.[608]

Immer wieder stellt sich Klemperer die Frage: Darf ich weiter Tagebuch schreiben, obwohl ich auch andere aufs äußerste gefährde? Sein Ja macht wohl nur Sinn,
wenn er bedingungslos Chronist sein will:

> „27. Mai… Um meines Curriculums willen muß ich auch jetzt notieren, ich muß, so gefährlich es
> auch ist. Das ist mein Berufsmut. Freilich bringe ich viele Menschen in Gefahr. Aber ich kann
> ihnen nicht helfen.“[609]

> „21. Juli… Frau Katz sagte neulich: ‚Jeder Jude hat seinen arischen Engel‘. Heute nachmittag bei
> Paschky. Es werden auf Nährmittelkarten Sardinenbüchsen ausgegeben. ‚Ihre Karte, Herr Profes-
> sor.‘ – ‚Der Abschnitt ist weggeschnitten.‘ – Der Mann erstarrt, murmelt leise: ‚Das ist doch…‘,
> geht herüber zur Fischausgabe und schneidet mir ein Stück von dem ungemein knappen und
> seltenen Vorrat herunter. Bei Vogel erhielt ich markenfrei ein Brot. Erhebender, erfolgreicher Ein-
> kaufstag. Aber das Fräulein Zwiener verweigert Tabak. ‚Nur noch an Dauerkunden‘, an ‚einge-
> schriebene‘.“[610]

> „3. August…Gerüchte von abgeblasenen HJ-Unruhen gegen Juden in Berlin. Auch hier sollen im
> Kino nach der Hetzwochenschau Einzelrufe gegen Juden laut werden, aber kein Echo finden.“[611]

> „6. August… Größte Herzlichkeit, beide Arme uns entgegen… Elend und Erbitterung der Katho-
> liken, der Wendei.“[612]

Was eine Heldentat ist, entscheiden die Umstände. Von einem Bekannten erfährt
Klemperer:

> „Stolz, wie man Heldenhaftes berichtet: ‚Ich habe mich absichtlich von Dr. Kohlmann behandeln
> lassen, dessen Frau nichtarisch ist.‘ (Das ist auch wirklich heute eine Heldentat.)“[613]

---

[605] Klemperer: „Tagebücher 1940–1941“, S. 74.
[606] Klemperer: „Tagebücher 1940–1941“, S. 77.
[607] Klemperer: „Tagebücher 1940–1941“,, S. 81.
[608] Klemperer: „Tagebücher 1940–1941“, S. 165.
[609] Klemperer: „Tagebücher 1940–1941“, S. 91.
[610] Klemperer: „Tagebücher 1940–1941“, S. 149.
[611] Klemperer: „Tagebücher 1940–1941“, S. 152.
[612] Klemperer: „Tagebücher 1940–1941“, S. 153.
[613] Klemperer: „Tagebücher 1940–1941“, S. 163.

„22. September... Lissy Meyerhof schreibt aus Berlin: Die Passanten sympathisierten mit den Sternträgern."[614]

Klemperer, 14 Tage später, faßt seine Erfahrungen zusammen:

Ich selber erlebte beim Einkauf dies. Ältere Frau, vom Handwagen verkaufend: ‚Kann ich von den Rettichen haben?' – ‚Aber natürlich!' – Ich werfe einen sehnsüchtigen Blick auf die verbotene ‚Mangelware' Tomaten. ‚Sie sind wohl nicht frei?' – ‚Ich geb Ihnen was, ich weiß wie es ist.' Macht ein Pfund zurecht. Greift dann unter ihren Wagen, holt eine Handvoll der ganz seltenen Zwiebeln hervor: ‚Halten Sie Ihre Mappe auf – also 60 Pf alles zusammen.' Fraglos empfindet das Volk die Judenverfolgung als Sünde."[615]

Auch die folgenden Episoden sind ein Teil der facettenreichen Wirklichkeit:

„1. November [1941] – Vorgestern das erstemal leicht angepöbelt. Am Chemnitzer Platz eine Riege Pimpfe. ‚Ä Jude, ä Jude!' Sie laufen johlend auf das Milchgeschäft zu, in das ich eintrete, ich höre sie noch draußen rufen und lachen. Als ich herauskomme, stehen sie in Reih und Glied. Ich sehe ihren Führer ruhig an, es fällt kein Wort. Nachdem ich vorbei bin, hinter mir, aber nicht laut gerufen, ein, zwei Stimmen: ‚Ä Jude!' – Ein paar Stunden später beim Gärtner Lange, ich hole Sand für Muschel, ein älterer Arbeiter: ‚Du, Kamerad, kennst du einen Herrschmann? – Nein? – Der ist auch Jude, Hausmann wie ich – ich wollte dir bloß sagen: Mach dir nichts aus dem Stern, wir sind alle Menschen, und ich kenne so gute Juden.'"[616]

Frau Voß, eine Leidensgenossin, erzählte Klemperer, der den Wahrheitsgehalt taxiert:

„Morgens fünf Uhr auf der Elektrischen zu Zeiss-Ikon. Allein, Fahrer sieht den Stern. Soldat springt auf, erkennt den Fahrer als seinen Freund, bemerkt mich nicht. Stürmische Begrüßung der beiden, wie es gehe, ich sehe woanders hin, mache mich unauffällig. ‚Du, Emil, wenn wir draußen bloß eine Kartoffel hätten. Bloß mal sattwerden.'... Er bemerkt mich, erschrickt tödlich, die Sprache bleibt ihm weg. – Der Fahrer, lachend: ‚Du kannst ruhig reden...' Ich mußte auch lachen. Ich steige ab. Fahrer und Soldat winken...' Ich glaube nicht, daß Käthchen Sara solche Geschichte erfindet oder auch nur ausschmückt."[617]

Von Estreicher, dem Bindeglied zwischen jüdischer Gemeinde und Gestapo, war schon die Rede.

„9. Dezember... Noch wurde gestern die Verhaftung Estreichers gemeldet. Allgemeiner Jubel. Der Mann ist durchweg verhaßt."[618]

Wieder Behördenkontakt, diesmal Gestapo, und ganz anders:

„Soweit war die Behandlung noch beinahe anständig. Indem erschien ein anderer Polizeimann, vielleicht einen Grad höher, mittelgroß, braune, höhnische Augen. Er duzt mich: ‚Nimm deinen Mist (Mappe und Hut) vom Tisch. Setz den Hut auf. Das ist doch bei euch so. Da wo du stehst, ist geheiligter Boden.' – ‚Ich bin Protestant.' – ‚Was bist du? Getauft? Das ist doch bloß getarnt. Du als Professor mußt doch das Buch kennen von... von einem Levysohn, da steht das alles drin. Bist du beschnitten? Es ist nicht wahr, daß das eine hygienische Vorschrift ist. Das steht alles in dem Buch.

---

[614] Klemperer: „Tagebücher 1940–1941", S. 168.
[615] Klemperer: „Tagebücher 1940–1941", S. 173.
[616] Klemperer: „Tagebücher 1940–1941", S. 173.
[617] Klemperer: „Tagebücher 1940–1941", S. 198.
[618] Klemperer: „Tagebücher 1940–1941", S. 189.

– Wie alt? – Was, erst sechzig? Mensch, mußt du in deine Gesundheit hereingewütet haben…', ‚Wer wird nun den Krieg gewinnen? Wir oder ihr?' – ‚Wie meinen Sie das?' – ‚Nu, ihr betet doch täglich um unsere Niederlage – zu Jahwe, so heißt es ja wohl. Das ist doch der jüdische Krieg. Adolf Hitler hat's gesagt – (pathetisch schreiend:) Und was Adolf Hitler sagt, das ist auch so…'"[619]

Nur sechs Wochen später, nicht Gestapo, sondern gewöhnliche Polizei:

> „Ich werde gestern ‚zur Befragung' auf das hiesige Polizeirevier beordert, wo man übrigens sehr freundlich ist und im offensten Gegensatz zu Gestapo, SS, Partei etc. steht."[620]

Juden wurden auch dann abtransportiert, wenn sie fleißig in Rüstungsbetrieben arbeiteten, also geradezu kriegswichtig waren. Die Proteste der Firmen – erfolgten sie nur aus betrieblichen Gründen oder auch aus Mitleid? Niemand wird je wissen, in wie vielen Fällen das Mitleid überwog. Besondere Betonung verdient, daß Hitler offenbar schon 1942 die Vernichtung der Juden wichtiger war als der (ohnehin schon verspielte?) Endsieg. Aufzeichnungen wie die folgende wiederholen sich:

> „Es scheint durcheinander regiert zu werden, der Evakuierungsbefehl scheint von einer Reichsstelle ausgegangen und plötzlich über Sachsen hergefallen zu sein. Das Zeiss-Ikon-Werk… kämpft um seine jüdische Abteilung, die gut eingearbeitet ist. Es muß da gegen 400 Leute beschäftigen. Erst sollten alle fort. Einer ersten Reklamation gelang gestern die Zurückhaltung von 50 Prozent… Aber es ist offenbar ungeheurer Mangel an Arbeitskräften, und was kann ein toter Jude arbeiten?"[621]

Diese geradezu zwingende Logik ist von falschen Prämissen ausgegangen, der Endsieg habe absolute Priorität.

„Die Unterwelt wütet" – ist man versucht, über diese Schilderung zu schreiben:

> „…so war ich allein bei Neumanns. Die ganze Zeit wurde von der namenlosen Haussuchung bei ihnen (wie bei anderen) gesprochen: ‚Rollkommando' von acht Mann. ‚Da setzt euch auf die Bundeslade' (eine Truhe), gemeinste Beschimpfungen, Stöße, Schläge, Frau Neumann erhielt fünf Ohrfeigen. Alles durchwühlt, wahlloser Raub: Lichte, Seife, eine Heizsonne, ein Koffer, Bücher, ein halbes Pfund Margarine (legitim auf Marken gekauft), Schreibpapier, alle Art Tabak, Schirm, die Militärorden (‚Du kannst sie ja doch nicht mehr brauchen'). – ‚Wo läßt du waschen?' – ‚Zu Haus.' – ‚Daß du dich nicht unterstehst, deine Wäsche außerhalb waschen zu lassen!' – ‚Warum werdet ihr alle so alt? – Hängt euch doch auf, macht doch den Gashahn auf!' Leider auch Briefe, Adressen, Schriftstücke überhaupt mitgenommen. – Zum Schluß unterschreibt man, alles freiwillig dem Deutschen Roten Kreuz zur Verfügung gestellt zu haben. – Zur Verhaftung genügt, daß Beziehung zu einem Arier festgestellt wird."[622]

Nur wer den letzten Satz immer gegenwärtig hat, kann das Verhalten der „Arier" gegenüber den Juden richtig einschätzen.

Februar 1942:

---

[619] Klemperer: „Tagebücher 1942", S. 7 f.
[620] Klemperer: „Tagebücher 1942", S. 16.
[621] Klemperer: „Tagebücher 1942", S. 11.
[622] Klemperer: „Tagebücher 1942", S. 19 f.

„Um sechs Uhr kam ein Bote der Jüdischen Gemeinde, ich hätte morgen früh , acht Uhr, in Räcknitz zum Schneeschippen anzutreten... Ich muß die Sache hinnehmen. Mehr als krepieren kann ich nicht...[623]

Ein Uniformierter (städtische Straßenreinigung) kam im Wagen mit Arbeitsgerät, nahm eine Art Appell ab. Sehr höflich. Mir riet er: ,Versuchen Sie's doch erst, Sie könnten sonst Unannehmlichkeiten haben.'... Hier oben hatte ein gemütlicher, grauhaariger Vorarbeiter in Zivil die Führung. Er sagte ,Herr' (!) und zu mir: ,Sie müssen sich nicht überanstrengen, das verlangt der Staat nicht.'[624]

Ein grauhaariger Spitzbart in Uniform, Straßenaufseher, nicht nur sehr human, sondern deutlichst betont sein Mitleid und seine Unzufriedenheit äußernd. So zu Dr. Magnus und mir. (Es behält dort jeder seinen Titel.)... Mit dem gröbsten und proletarischsten Mann meiner Kolonne, Eisner, Kaufmann aus Löbau, ging ich bis Zschernitz zusammen. Mitten im Gespräch fing er an zu weinen. ,Mein Sohn! Er ist geistig zurückgeblieben, er ist allein hilflos, und ihn haben sie herausgeholt, und ich bin hier!' Bitterste Liebe zu dem zweiunddreißigjährigen Idioten, wärmste Gefühle."[625]

Dieser Sohn war gleich aus zwei Gründen in den Augen der „Herrenmenschen" minderwertig.

„Anderer Rottenführer, anderer Aufseher, wieder beide sehr human und antinazistisch. ,Sagen Sie nicht, daß wir gut zu Ihnen sind, auch nicht auf der Gemeinde, machen Sie uns lieber schlecht, sonst haben wir Ärger.' – ,Schinden Sie sich nicht.'... Gestern eine junge Frau oder Dame, stehenbleibend: ,Das ist doch zu schwer für Sie' (alle meinend) – ,Sie sind zu alt, man sieht auch, Sie haben andere Berufe' – (mit leidenschaftlicher Betonung:) ,So weit ist es mit Deutschland gekommen!'[626]...

Bin bald eine Woche Schipper. Es ist eine Schmach. Zum erstenmal antisemitische Bemerkung eines jungen Passanten: ,Laßt die nur arbeiten! Gut, daß sie auch mal arbeiten.'"[627]

Drei Tage später:

„Verteilung der Lohnbeutel. Name ohne ,Israel'. (Straßenmeister: ,Dazu bin ich zu taktvoll.')... Bei dem Barackenplatz ist Kommen und Gehen städtischer Arbeiter. Alle sehr freundlich zu uns Besternten."[628]

14 Tage nach Beginn des Einsatzes:

„Der Straßenmeister hielt uns eine kleine Ansprache: Er sei mit uns zufrieden gewesen, er hoffe, daß wir es auch weiter gut treffen würden, er habe uns dem Kollegen empfohlen, freilich sei dort einer mit so einem dabei (Kreisbewegung am Rockaufschlag das Parteiabzeichen andeutend)."[629]

„6. März, Freitag: Gestern nach zwanzig Tagen Dienst... Auf dem Schneefeld spielten drei Hasen. Leider spielten in Gorbitz die Pimpfe [die jüngsten der Hitlerjugend] und verfolgten uns mit Hohngeschrei.... Der Pg., vor dem wir gewarnt waren: Fünfzig Jahre, das Gesicht scharf geschnitten, ein bißchen an die Lieblingstypen der NSDAP erinnernd, leidenschaftlicher Arbeiter... Er wurde bald gegen uns alle freundlich zutunlich, plauderte, half, trieb niemanden... Im Verhalten gegen uns lägen Härten, es werde überhaupt manches falsch gemacht – aber davon wisse der Füh-

---

[623] Klemperer: „Tagebücher 1942", S. 21.
[624] Klemperer: „Tagebücher 1942", S. 22.
[625] Klemperer: „Tagebücher 1942", S. 25 f.
[626] Klemperer: „Tagebücher 1942", S. 27.
[627] Klemperer: „Tagebücher 1942", S. 28.
[628] Klemperer: „Tagebücher 1942", S. 29 f.
[629] Klemperer: „Tagebücher 1942", S. 36.

rer nicht… Aber ich glaube, auf einen solchen Gläubigen kommen doch wohl schon fünfzig Ungläubige. Genauso ist wohl das Verhältnis derer, die uns mit Vergnügen arbeiten sehen oder beschimpfen, zu den Sympathiekundgebern… Ein älterer Mann, wohl Handwerksmeister, kam mir entgegen. ‚Sie arbeiten wohl hier draußen?‘ – ‚Ja, als Schneeschipper.‘ – ‚Sie sind doch ooch schon älter?‘ – ‚Ich bin sechzig.‘ – Er im Weitergehn, leidenschaftlich für sich: ‚Diese Lumpen, die verfluchten, gottverdammten.‘ Das tröstet über die Pimpfe."[630]

Andere machen die gleichen Erfahrungen. Klemperer zitiert einen Dr. Fried:

„Ein SS-Soldat sagte: ‚Du hast zu stehen, Jude!‘ Ich zeigte meine Legitimation als Oberstabsarzt und Kriegsteilnehmer. ‚Egal! Du stehst!‘ Später sagte mir ein Grüner (Polizeiuniform): ‚Nehmen Sie meinen Platz, alter Herr, setzen Sie sich!‘"[631]

„12. April [1942]… Gestern ein Novum. Nach fünf Monaten ein Lebenszeichen von Ernst Kreidl: Karte aus Buchenwald. Erschütternd war die Freude darüber. Er lebt, er ist nicht in Auschwitz, er darf alle vierzehn Tage schreiben und Post empfangen, er darf monatlich 15 M haben – man kann hoffen, daß er überlebt!…"[632]

Auch das gehört zum schrecklichen Alltag. Bemerkenswert Klemperers Vermutung („Gestapo-Kreatur"):

„Dicht vor unserm Haus rief mir ein junger Mensch, blond und brutal aussehend, von seinem Auto aus zu: ‚Du Lump, warum lebst du noch?‘ Vielleicht eine Gestapo-Kreatur."[633]

Am nächsten Tag wieder die gegenteilige Erfahrung:

„Der Oberzollinspektor Otto, der mich verhörte und dann das Protokoll in die Maschine diktierte, war ungemein liebenswürdig und bemüht, mich vor der entscheidenden Devisenstelle in all meiner Unschuld erscheinen zu lassen."[634]

„Kätchen Sara wollte den Professor Fetscher konsultieren… Herr Professor werde sie gern am Nachmittag aufnehmen. Sie ging hin und wurde von der Schwester arg deprimiert empfangen: Herr Professor habe soeben eine hohe Strafe wegen Judenfreundlichkeit erhalten, Frau Voß müsse entschuldigen, er könne es nun doch nicht mehr wagen, sie zu behandeln."[635]

Klemperers Kommentar:

„Begründetste Angst der Arier, mit Juden zu verkehren! Die Gestapo wütet gegen jede Verbindung."

„Tröstlich" nennt Klemperer die Begegnung mit dem neuen Hausverwalter. Sie ist auch deshalb aufschlußreich, weil sie wieder zeigt, wie sehr der äußere Anschein trügen konnte:

„Ich mußte einen Hetzhund erwarten, denn als solcher ist er mir aufoktroyiert; statt dessen traf ich einen heimlichen Verbündeten – so kann sich die Partei heute auf ihre Auserwählten verlassen! Das ist Trost, auch wenn mir nicht geholfen wird. Richter, ein Dreißiger, schüttelte mir die Hand, schloß vorsichtig das Zimmer gegen die Sekretärin nebenan, sagte, Heise habe wegen Judenfreundlichkeit niederlegen müssen…"[636]

---

630 Klemperer: „Tagebücher 1942", S. 36 ff.
631 Klemperer: „Tagebücher 1942", S. 45.
632 Klemperer: „Tagebücher 1942", S. 64.
633 Klemperer: „Tagebücher 1942", S. 65.
634 Klemperer: „Tagebücher 1942", S. 66.
635 Klemperer: „Tagebücher 1942", S. 68.
636 Klemperer: „Tagebücher 1942", S. 73.

Wochen später notiert Klemperer über Richter, den „Auserwählten":

> „Richter war entsetzt. Immer wieder: ‚diese Bestialität', ‚dieser Sadismus!', immer wieder: Es herr-
> sche überall tiefe Unzufriedenheit, und dem Volk seien die Grausamkeiten in judaeos kaum be-
> kannt… Nun will er mir von jetzt ab schriftlich über alles Bescheid geben. (‚Aber ich muß Ihnen
> ruppig schreiben!')"[637]

Tatsächlich wurde auch der wohlmeinende „Arier" Richter ein NS-Opfer.

> „Wirken Hitlers Reden doch? Ein älterer Arbeiter (älter und Arbeiter aller Wahrscheinlichkeit
> nach!) rief mir vom Rade herab zu: ‚Du Judenluder!' So etwas macht mich schwankend in meiner
> Zeitangabe 11.59 Uhr."[638]

Der Krieg sollte noch drei Jahre dauern.

> „‚Du Judensau wirfst ja doch nur Junge, um sie zu Hetzern großzuziehen!' Ausspruch der Gestapo
> zu der ‚hinbestellten' siebzigjährigen Frau Kronheim…
> Aber gestern auch dies: Auf dem Wasaplatz zwei grauhaarige Damen, etwa sechzigjährige Leh-
> rerinnen, wie ich sie oft in meinen Vorlesungen und Vorträgen antraf. Sie bleiben stehn, die eine
> kommt mit ausgestreckter Hand auf mich zu, ich denke: eine alte Hörerin, und lüfte den Hut. Ich
> kenne sie aber doch nicht, und sie stellt sich auch nicht vor. Sie schüttelt mir nur lächelnd die
> Hand, sagt: ‚Sie wissen schon, warum!' und geht fort, ehe ich ein Wort finde. Solche Demonstra-
> tionen (gefährlich für beide Teile!) sollen des öftern stattfinden. Gegenstück zum neulichen:
> ‚Warum lebst du noch, du Lump?!' Und dies beides in Deutschland, und mitten im 20. Jahrhun-
> dert."[639]

> „Am Georgsplatz arbeiteten Packer von Thamm. Einer kam gleich auf mich zu mit weit ausge-
> streckter Hand. ‚Das ist aber nett, daß Sie mir die Hand geben' (es ist mehr als nett, es ist gefähr-
> liche Demonstration)."[640]

Gleich auch wieder das Gegenstück:

> „Ich schleppte mit schweren Schlundschmerzen 30 Pfund Kartoffeln von unserem Wagenhändler
> am Wasaplatz her. Als dort der Mann meine Karte schon in der Hand hatte, trat von hinten ein
> junges Weibsbild, blondgefärbt, mit gefährlich borniertem Gesicht, heran, etwa die Frau eines
> Kramhändlers: ‚Ich war eher hier – der Jude soll warten.'"[641]

Immer wieder die Frage: Darf ich schreiben? Muß ich schreiben – ohne Rücksicht
auf mögliche Verluste?

> „27. Mai[1942]… In diesem Notenband liegen weitere Tagebuchblätter. – Diese Teile also gehen
> heute fort. Aber ich schreibe weiter. Das ist mein Heldentum. Ich will Zeugnis ablegen, und exak-
> tes Zeugnis!"[642]

Eine Woche später läßt er einen Leidensgenossen zu Worte kommen:

> „…es würden sehr viele Arier, Soldaten und Zivilisten ‚am laufenden Band' erschossen, in Torgau,
> im Gerichtsgebäude am Münchner Platz, auf den Schießständen in der Heide."

---

[637] Klemperer: „Tagebücher 1942", S. 102.
[638] Klemperer: „Tagebücher 1942", S. 75.
[639] Klemperer: „Tagebücher 1942", S. 79 f.
[640] Klemperer: „Tagebücher 1942", S. 85.
[641] Klemperer: „Tagebücher 1942", S. 90.
[642] Klemperer: „Tagebücher 1942", S. 99.

Sein Kommentar:

„…ob man die nationalsozialistische Theorie nicht auf den buchstäblichen Blutrausch zurückführen müsse, den sich diese Leute im Weltkrieg angetrunken haben – denn irgendwie besoffen… sind sie alle.“[643]

„Frau Pick erzählte uns das, als wir danach bei ihr unten waren. Sie setzte etwas Merkwürdiges hinzu. Drei Kerle hatten sie gepeinigt; ein vierter, einen Augenblick allein mit ihr, habe ihr aufs freundlichste zugeflüstert: ‚Lassen Sie sich gut raten, gehen Sie morgen früh nicht hin.‘ (Wir hörten neulich einen ähnlichen Fall von Kätchen: eine Arbeitskameradin kam nach Haus, der Chauffeur eines Gestapoautos vor der Haustür rief sie an: ‚Fräuleinchen, gehen Sie noch eine Weile spazieren – die sind oben!‘ Selbst unter diesen Leuten also ‚Verräter‘.)“[644]

Die von Klemperer gesetzten Anführungszeichen deuten darauf hin, daß selbst im innersten Kreis der Hölle noch Mitleid anzutreffen ist. In diese Richtung weist auch die folgende Erfahrung:

„Frau Lampen erzählt, sie sei an diesem Morgen von zwei verschiedenen Herrn, beide mit Ordensschnallen, in verschiedenen Straßen fast mit gleichen Worten angesprochen worden: ‚Kopf hoch – es wird wieder schöneres Wetter‘, und ‚Aushalten – die Sonne kommt‘.“[645]

„Der Terror, gegen alle, aber hundertfach gegen die Juden…
    3. Juli… In einem süddeutschen Rüstungsbetriebe waren Hetznachrichten verbreitet. Ein Hauptschuldiger hatte ausländische Sender gehört, ein halbes Dutzend Arbeiter hatte die ‚Lügen‘ weitergegeben. Der Hauptschuldige ist wegen Hochverrat zum Tode verurteilt und bereits hingerichtet worden, die andern haben Zuchthaus… bekommen.“

„Estreicher † im KZ. – Der Jüdischen Gemeinde werden die jüdischen Todesfälle in KZ und Gefängnis gemeldet, dem jüdischen Friedhof die Leichen und Urnen zugestellt… Gestern also kam die Nachricht vom Tode des vielgehaßten, höchst korrupten Estreichers. Er hat lange Wochen im Gefängnis, dann wohl ein ganzes Jahr im KZ ausgehalten… Mit Estreicher habe ich wenig Mitleid, aber das Grauen schüttelt mich wie in allen andern Fällen… Estreicher… trug keinen Stern, war ‚privilegiert‘, war Genosse der Gestapo, Nutznießer des Regimes. Bis er offenbar auf eigene Rechnung langfingerte. Er hat sehr grausam gebüßt. Was mich erschüttert, ist aber nur die gemeine Angst. Cras mihi [morgen mir] – es kommt keiner zurück.“[646]

Vielleicht ist eine gewisse Kälte Voraussetzung, um überhaupt bestehen zu können: Klemperer notiert:

„Ich bin neugierig, dies Altersheim vierundzwanzig Stunden vor der Evakuierung kennenzulernen. Mehr Neugier und eine Art Pflichtgefühl des Chronisten als Mitleid.“[647]

Wenige Tage später ergänzt er:

„Ich bin all diesen Ereignissen und Szenen gegenüber in altruistischer Hinsicht eiskalt, gemein kalt. Ich bemühe mich nur immer, um den Schauder der Todesangst herumzukommen.“[648]

---

[643] Klemperer: „Tagebücher 1942“, S. 109.
[644] Klemperer: „Tagebücher 1942“, S. 121 f.
[645] Klemperer: „Tagebücher 1942“, S. 126.
[646] Klemperer: „Tagebücher 1942“, S. 151 bzw. 153f.
[647] Klemperer: „Tagebücher 1942“, S. 164.
[648] Klemperer: „Tagebücher 1942“, S. 182.

So haben sich viele den typischen Juden vorgestellt, der dann als Zerrbild zur Zielscheibe geworden ist:

> „die charakteristische Erscheinung Glasers, der jüdische Rechtsanwalt mit den starken Kunstinteressen (Musik, bildende Kunst), die Tendenz zur äußersten Moderne, die Tendenz zum Kommunismus (bei eigenem Vermögen und guten Einnahmen)...“[649]

Am 14. Juli 1942 gibt Klemperer Beobachtungen beim Abtransport der Juden aus dem Altersheim und dem Gemeindehaus wieder:

> „Kätchen erzählt, es hätten mehrere Leute, Arier, zugesehen und ihr starkes Mißfallen ausgedrückt. ‚So gehen die mit den Juden um! Verladen sie wie das Vieh.‘“[650]

Klemperer erfährt von Dr. Katz, dem jüdischen Arzt,

> „er habe nachgerechnet, es kämen heute auf einen Juden 1 500, auf einen Arier 1 800 Kalorien. Die notwendige Menge für einen Mittelschwerarbeiter betrüge 2 800 Kalorien...“[651]

Zwischendurch registriert er wieder eine Manifestation von Antisemitismus. Bemerkenswert die Einleitung:

> „Irgendwo müssen die Anhänger des Regimes doch wohl sitzen, irgendwo muß die nationalsozialistische Propaganda doch wirken. Gestern abend rief mir wieder einmal ein graubärtiger Arbeiter vom Rad herunter ‚Du Judenlump!‘ zu...
> Seliksohn sprach gestern mit Dankbarkeit von hilfreichen kleinen arischen Leuten. Die Angestellte einer Wäscherei hatte den Rhabarber zur Torte gestiftet, irgendwer hatte ihm Zigaretten gegeben usw. Gleich darauf forderte er in äußerster Erbitterung, das ganze deutsche Volk müsse vernichtet werden. Ich sagte, er selber erkenne doch an, daß die Greuel keineswegs im Sinne aller wären. Er erwiderte: Um einzelner Guter willen könne man nicht das verbrecherische Ganze bestehen lassen...“[652]

Einerseits positive Erfahrungen mit Vertretern der Staatsmacht:

> „29. Juli [1942]... Am Montag abend... kam die monatliche Polizei-Hauskontrolle. Ich öffnete das Haustor, der große Uniformierte blieb im Flur stehen. ‚Ihr werter Name?‘ (Sie und werter – wo die Gestapo duzt, spuckt, prügelt.) ‚Wer bitte wohnt noch im Haus? Sind alle anwesend? Ja? Danke, guten Abend!‘ Die Polizei ist immer höflich, steht immer im betonten Gegensatz zur Gestapo –

[649] Klemperer: „Tagebücher 1942“, S. 169.
[650] Klemperer: „Tagebücher 1942“, S. 170.
[651] Klemperer: „Tagebücher 1942“, S. 180. Dementgegen heißt es in der Zusammenfassung des Buches von Götz Aly („Hitlers Volksstaat‘. Raub, Rassenkrieg und nationaler Sozialismus“, Frankfurt am Main 2005; Klappentext): „Hitler erkaufte sich die Zustimmung der Deutschen mit opulenten Versorgungsleistungen, verschonte sie von direkten Kriegssteuern, entschädigte Bombenopfer mit dem Hausrat ermordeter Juden, verwandelte Soldaten in ‚bewaffnete Butterfahrer‘ und ließ den Krieg weitgehend von den Völkern Europas bezahlen. Den Deutschen ging es im 2. Weltkrieg besser als je zuvor.“ Es dürfte bereits übertrieben sein, wenn man annimmt, daß diese Schilderung herrlicher Zustände auf einen von einhundert Deutschen zutrifft. Unfreiheit (Hitlerjugend, Arbeitsdienst, Wehrmacht, für Frauen Arbeitszwangsverpflichtung), Not (Lebensmittelmarken seit 1939), Zerstörung (Millionen Gebäude) und Tod (Millionen Tote) prägten die Wirklichkeit. Auch stellt sich die Frage, womit erkauften sich die kommunistischen Potentaten die „Zustimmung“? Die Antwort lautet: Es sind primär Angst und Irreführung. Wolfgang Seibel hat Alys Buch vernichtend kritisiert („Rechnungen ohne Belege“, Frankfurter Allgemeine Zeitung, 25.7.2005).
[652] Klemperer: „Tagebücher 1942“, S. 186.

aber solch eine geradezu pflichtvergessen chevalereske Kontrolle haben wir doch noch nie gehabt. Ich konnte fast glauben, der Mann wisse um das Entsetzen des gegenwärtigen Terrors und opponiere bewußt."[653]

Andererseits:

„Der verhaßteste Mann in Dresden ist fraglos der Statthalter Mutschmann, auch bei den Ariern, auch bei den Nazis verhaßt. (Die verbreitete Sorte derer, die immer betonen, der Führer wisse nicht, was für üble Dinge geschähen, an allem Bösen seien andere schuld.)"[654]

„Am Dienstag geht wieder ein Transport nach Theresienstadt; und schon scheint das mir, scheint es der Judenheit hier eine Selbstverständlichkeit…"[655]

Auch die verschleppten Russinnen, die bei Zeiss-Ikon arbeiten mußten, hatten zu leiden:

„Sie hungern so, daß ihnen die jüdischen Kameraden zu Hilfe kommen. Das ist verboten, aber man läßt eine Schnitte unter den Tisch fallen, nach einer Weile bückt sich die Russin und verschwindet dann mit ihrem Brot aufs Klosett."[656]

Wie funktionieren Wirtschaft und Rüstungsindustrie, wo doch so gut wie alle deutschen Männer im besten Alter als Soldaten Dienst tun müssen?

„Vor einem Jahr noch habe Zeiss-Ikon 7 000 deutsche Arbeiter beschäftigt; jetzt seien es nur noch 500 Deutsche, der Rest, die 6 500, seien durch Ausländer, Russen, Polen, Franzosen, Holländer usw. ersetzt, und doch laufe alles am Schnürchen. ‚Die Neuen, nach zwei Tagen sind sie eingearbeitet.' ‚Aber sie arbeiteten doch widerwillig?' ‚Sie müssen, der Hunger zwingt sie, und alles (das war sein Refrain) läuft am Schnürchen der Organisation und organisierten Gewalt.'"[657]

„24. September [1942]… Heute morgen, als wir beim Frühstück saßen, kamen ein paar Handwerker, den Zustand des Hauses zu untersuchen… Sie klopften an, behielten nicht den Hut auf dem Kopf, sie baten um Entschuldigung und ‚wollten nicht stören', und alles das, trotzdem doch unsere Plätt- und Wohnküche den Judenstern an der Tür trägt. Welche ungewohnte, welche demonstrative, welche für die Ausübenden buchstäblich gefährliche Höflichkeit!"[658]

„Der Elektriker und Zimmernachbar Fränkel ging wie ein Arbeitsmann mit Rucksack über der Joppe und hutlos an mir vorbei, ich erkannte ihn erst nachträglich und bat ihn wegen Nichtgrüßens um Entschuldigung. Er: ‚Nicht grüßen, höchstens mit den Augen winken. Nur nicht auffallen! Besser auch, Sie gehen nicht mit Ihrer Frau zusammen. Arier und Nichtarier sollen doch nicht zusammen gesehen werden…'"[659]

Zum zweiten Mal wird Auschwitz erwähnt, „ein schnell arbeitendes Schlachthaus":

„17. Oktober [1942]… Heute zum erstenmal die Todesnachricht zweier Frauen aus dem KZ. Bisher starben dort nur die Männer. Von diesen zwei Frauen hatte eine verbotenen Fisch im Kühl-

---

[653] Klemperer: „Tagebücher 1942", S. 189.
[654] Klemperer: „Tagebücher 1942", S. 190. Mutschmann wurde am 14.2.1947 hingerichtet.
[655] Klemperer: „Tagebücher 1942", S. 194.
[656] Klemperer: „Tagebücher 1942", S. 194.
[657] Klemperer: „Tagebücher 1942", S. 237.
[658] Klemperer: „Tagebücher 1942", S. 249.
[659] Klemperer: „Tagebücher 1942", S. 253 f.

schrank gehabt, die andere auf dem Weg zum Arzt die Trambahn benutzt, die sie nur zur Arbeitsstätte hätte benutzen dürfen. Beide wurden von dem Frauenlager in Mecklenburg nach Auschwitz transportiert, das ein schnell arbeitendes Schlachthaus zu sein scheint. Todesursache: „Alter und Herzschwäche'. Beide waren um die Sechzig, die eine besonders robust…"[660]

Seine leidenschaftliche Arbeit am Tagebuch verursacht ihm stets aufs Neue Gewissensbisse:

„Ich frage mich immer wieder, ob ich recht tue. Ich frage mich auch immer häufiger, ob denn die Sachen bei Annemarie wirklich in Sicherheit sind. Sie ist schon mehrfach als antinazistisch aufgefallen. Eine Haussuchung bei ihr, und wir sterben alle drei. Zuletzt aber sage ich mir immer wieder, man müsse Fatalist sein, ich täte meine Pflicht."[661]

Nochmals: Wie konnte Klemperer all das Furchtbare durchstehen?

„Das Seltsamste: All das schüttelt mich immer nur minutenlang: dann schmeckt wieder das Essen, die Lektüre, die Arbeit; alles geht weiter comme si de rien n' était [als wenn nichts wäre]. Aber der seelische Druck ist doch immer da.[662] Heute morgen kam Frau Eger zu uns, wir möchten ihr mit einem Judenstern aushelfen. Auf eine Jacke ihres Mannes zu nähen, die sie ihm als warmes Zeug mitgeben wolle. Sie habe erfahren (sie hat einen Bruder bei der SS), daß er morgen in ein KZ abtransportiert werde…
Es ist so grauenhaft, daß ich gar kein Mitleid mit dem Mann fühle, nur immer die Angst, sein Schicksal selber erleben zu müssen."[663]

Der folgende Text drängt uns erneut die Einsicht auf, daß die „Endlösung der Judenfrage" oberste Priorität beanspruchte:

„ 17. Januar [1943]… Im Zeiss-Ikon Werk kündigt man den Juden in Massen. Das ist schon bei der Hälfte der Belegschaft durchgeführt. Vorher kämpfte das Werk gegen die Gestapo: Die Judenabteilung sei besonders gut eingearbeitet, müsse erhalten bleiben. Im vorigen Januar bei der Evakuierung gab es einen großen dramatischen Umschwung: Erst bestimmte die Gestapo, dann holte sich das Werk seine schon zur Abschickung bereitstehenden Juden zurück. Jetzt soll eine Reichsverfügung vorliegen: In Rüstungsbetrieben dürfte kein Jude mehr beschäftigt werden."[664]

In der folgenden Schilderung spielen „Clemens und Weser" die Hauptrolle. Beide waren ranghohe Mitglieder der SS bzw. der SA. Sie waren die in Dresden gefürchtetsten Gestapo-Leute, der eine „der Schläger", der andere „der Spucker":

„Hirschel erzählte mir neulich: Clemens und Weser kamen unvermutet zu ihm, auf Wohnungssuche für einen Standartenführer. Sie benahmen sich wie die Tiere, prügelten unvermittelt auf ihn und Frau Hirschel ein, nahmen ein paar Streichhölzerschachteln und ein paar Papierservietten als verbotene Mangelware fort. Clemens, der große Blonde, der auch mich geschlagen hat, sagte: ,Ich hasse dich so furchtbar, sei gewiß, ich mache dich noch einmal kalt!' Hirschel, der oft mit ihm zu verhandeln hat, erwiderte: ,Warum eigentlich hassen Sie mich so?' Clemens: ,Das kann ich dir ganz genau sagen: Weil du Jude bist…'"[665]

---

[660] Klemperer: „Tagebücher 1942", S. 259.
[661] Klemperer: „Tagebücher 1942", S. 261.
[662] Klemperer: „Tagebücher 1942", S. 269.
[663] Klemperer: „Tagebücher 1942", S. 284.
[664] Klemperer: „Tagebücher 1943", S. 15.
[665] Klemperer: „Tagebücher 1943", S. 18. Clemens wurde nach dem Kriege Agent des sowjetischen Geheimdienstes. Weser beging Selbstmord.

Was Klemperer in der folgenden Textpassage für unerklärlich hält, hat natürlich einen Grund, wohl den, daß diese Täter wußten, wie wenig das Gros des Volkes ihre Brutalität guthieß:

> „Eigentümlich und mir unerklärlich, wie in den Regierungsmaßnahmen der öffentliche Terror der Abschreckung und die geheime Grausamkeit Hand in Hand gehen. Gegen die Juden wird maßlos gehetzt – aber die schlimmsten Maßnahmen gegen sie werden vor den Ariern verheimlicht. Selbst nahestehende Leute kennen weder die kleinen Schikanen noch die grausigen Morde... Frau Eger sagte neulich: ‚Das ist das Schrecklichste für mich, daß die Leute immer sagen: ‚Etwas muß doch Ihr Mann gemacht haben, man tötet doch niemanden ohne Grund.‘ (Ich kenne etwas noch Schrecklicheres, daß nämlich in solchem Fall auch Juden sagen: ‚Etwas wird er sicher getan haben, den Stern verdeckt oder nach acht auf der Straße gewesen.‘)"[666]

Für die eben geäußerte Vermutung, daß die allermeisten „Arier" die Juden-Schikanen im Detail kaum kennen, sprechen Erlebnisse wie die folgenden:

> „Die Inhaberin, als die Reihe an mir: ‚Sauerkraut leider nur auf Kundenkarte; Streichhölzer – nein, Salz – nein.‘ Als captatio benevolentiae [um Wohlwollen auszulösen] habe ich mit einer Kohlrübe angefangen – die mag keiner, der Kohlrübenwinter 17 [gemeint ist das Kriegsjahr 1917] ist wirksam geblieben. Übrigens tut man ihr Unrecht. Die Frau mitleidig, zögernd: Einen Rotkohl könnte ich allenfalls haben. Wiegt ihn aus, legt ihn zur Kohlrübe, holt auch noch eine Tüte Salz (großes Entgegenkommen!). ‚75 Pf.‘ Wie ich die Brieftasche ziehe, sagt die Oma neben mir: ‚Lassen Sie – ich zahle das für Sie.‘ Mir wurde wirklich heiß. Ich dankte ihr und reichte den Markschein über den Tisch. Sie: ‚Aber lassen Sie mich doch zahlen.‘ Ich: ‚Es ist wirklich sehr freundlich von Ihnen, ich danke Ihnen herzlich – aber es geht ja nicht ums Geld, nur um die Karte.‘ Jetzt die Inhaberin: ‚Kommen Sie doch mal gegen Abend, da gebe ich Ihnen mehr. Bei Tage – ich beliefere hier die SA, ich muß vorsichtig sein.‘"[667]

Daß man vorsichtig sein mußte, zeigt auch die folgende Notiz: Wer den zur Evakuierung bestimmten Juden irgend etwas zustelle, werde „polizeilich erschossen".[668]

Trotz der Hetze, trotz der Drohungen:

> „Da drang Frau Jakobi, die Arierin, zum Chefarzt des Friedrichstädter Krankenhauses vor und sagte ihm erbittert: Also lassen Sie meinen Mann sterben, weil er Jude ist. Das muß den Arzt ins Gewissen getroffen haben, er rang selber telephonisch mit der Gestapo. Ergebnis: Die Operation wurde erlaubt, doch mußte Jakobi sofort danach im Krankenauto heimbefördert werden. Die Ärzte und Schwestern behandelten ihn sehr freundlich... Nur eben, alle stehen unter dem Druck der allmächtigen Gestapo."[669]

Ab Montag, 19. April 1943 muß Klemperer bei einer Firma Willy Schlüter arbeiten. Nach knapp einer Woche bringt er seine Erfahrungen zu Papier:

> „... ich bin auch noch nirgends einer antisemitischen Regung im Betrieb begegnet. Aber wer schützt uns? Als der arische Monteur von Juliusburgers Fehlen hörte, sagte er bloß: ‚Um Gottes willen!‘ Er wußte Bescheid.[670] Wie tief haftet der Antisemitismus im Volke? Ich schleppe mit dem

---

666 Klemperer: „Tagebücher 1943", S. 26.
667 Klemperer: „Tagebücher 1943", S. 33.
668 Klemperer: „Tagebücher 1943", S. 41.
669 Klemperer: „Tagebücher 1943", S. 44.
670 Klemperer: „Tagebücher 1943", S. 60.

Obmann Konrad eine schwere Teekiste. Ein arischer Arbeiter zu mir: ‚Das ist nichts für Sie, lassen Sie mich!' – ‚Lassen Sie nur; so klapprig bin ich noch nicht.' – ‚Nun, geben Sie her, soviel Fleisch kriegen Sie nicht.'"[671]

„Lewin, der gutmütige Süddeutsche, erzählt, ein ‚besserer Herr', gut gekleidet, habe ihm morgens vor die Füße gespuckt und dann einen ostentativen Bogen um ihn gemacht. Mir selber rufen oft Kinder nach. Im Betrieb ständige Diskussion, wieweit das Volk antisemitisch sei. Lazarus und Jacobowicz (sic) behaupten den absoluten Antisemitismus aller deutschen Klassen, den eingeborenen, allgemeinen, unausrottbaren; ich bestreite ihn, entschlossener, als ich selber glaube, und finde da und dort Unterstützung. Konrad: ‚Wäre das Volk wirklich judenfeindlich, dann wäre bei dieser Hetze längst kein einziger von uns mehr am Leben.'"[672] „Nirgends unter den männlichen und weiblichen Bureau- und Fabrikleuten des Betriebes ist Antisemitismus zu spüren.[673]"

Mit solchen Feststellungen geht es weiter:

„Immer wieder beobachte ich das durchaus kameradschaftliche, unbefangene, oft geradezu herzliche Benehmen der Arbeiter und Arbeiterinnen den Juden gegenüber; irgendwo wird immer ein Spitzel oder Verräter zwischen ihnen sein. Aber das hindert nichts an der Tatsache, daß sie in ihrer Gesamtheit bestimmt nicht Judenhasser sind. Trotzdem halten einige unter uns immer daran fest, daß alle Deutschen, auch die Arbeiter, durchweg Antisemiten seien. Eine um so unsinnigere These, als ja ihre Vertreter in Mischehen leben."[674]

Muß man sagen, hier stehe Aussage gegen Aussage, die eine hebe die andere auf? Klemperer registriert und notiert haargenau, die Gegenstimmen sind offenbar nicht mit fundierten Argumenten belegt. Die Verbitterung der anderen ist so stark, daß sie nicht einmal die Treue der Gattinnen berücksichtigen.

Um dem Juden-Haß freien Lauf zu lassen, bedurfte es keines Mutes. Um so beachtlicher die gegenteiligen Bekundungen:

„Als ich Sonntag nachmittag vom Friedhof kam, ging im Parkweg der Lothringer Straße ein alter Herr – weißer Spitzbart, etwa siebzig, pensionierter höherer Beamter – quer über den Weg auf mich zu, reichte mir die Hand, sagte mit einer gewissen Feierlichkeit: ‚Ich habe Ihren Stern gesehen und begrüße Sie, ich verurteile diese Verfemung einer Rasse, und viele andere tun das ebenso.' Ich: ‚Sehr freundlich – aber Sie dürfen nicht mit mir reden, es kann mich das Leben kosten und Sie ins Gefängnis bringen.' – Ja, aber er habe mir das sagen wollen und müssen. – Die Orgel der Volksstimmen. Welche Stimme dominiert…?[675]

---

[671] Klemperer: „Tagebücher 1943", S. 74.
[672] Klemperer: „Tagebücher 1943", S. 81.
[673] Klemperer: „Tagebücher 1943", S. 83.
[674] Klemperer: „Tagebücher 1943", S. 89. Es gab, wie nicht anders zu erwarten, auch Betriebe, in denen die Juden den amtlichen Vorgaben gemäß diskriminiert wurden. Valerie Wolffenstein berichtet (Wolffenstein in Boehm, Eric H. (Hg.): „We Survived. Fourteen Histories of the Hidden and Hunted of Nazi Germany", Oxford 1985, S. 79), wie sich Frauen, die in einer Kantine arbeiteten, weigerten, mit Jüdinnen im selben Raum tätig zu sein. Doch wir erfahren nicht, um wie viele es sich handelte, ob eine Fanatische den Ton angab und die anderen sich genötigt sahen, mitzuheulen, oder ob sie alle dem Rassenwahn verfallen waren. Gleich im Anschluß schildert Wolffenstein Solidaritätsbekundungen seitens anderer Belegschaftsmitglieder (S. 80 f.).
[675] Klemperer: „Tagebücher 1943", S. 108.

Wieder zurück im Betrieb:

> „Der allgemeine Umgangston freundschaftlich, fast kameradschaftlich – ganz unantisemitisch. Einmal, in den heißen Tagen – jetzt herrscht Gewitterkühlung – kam Schlüter mit vollen Selterflaschen für unsere Gruppe, Bier ist nicht aufzutreiben. Es wäre fast vergnüglich,… der humanste Chef, gegen Arier und Nichtarier gleich human und weitherzig in Lohnzahlen, Urlaubgeben usw.“[676]

Dann folgen Straßenerlebnisse, eigene und fremde, solche und solche, die erfreulichen wieder deutlich in der Überzahl. Bedenkenswert auch die weitere „Betriebserfahrung“:

> „Und der peinlichste Mann der anderen Schicht, den ich nur einmal sah, aber oft nennen hörte, wechselt zu meiner jetzigen hinüber. Damit wäre auch dort für mich alles anders geworden. Denn dieser quidam Müller, ein blonder Mensch mit falschen hellblauen Augen, ist Jude, Sternjude, war aber vor der Feststellung seiner Judenschaft SA-Mann, ist noch mit seinen Kameraden von damals befreundet, gilt als Denunziant, mindestens als gefährlich…“[677]

Nur neun Tage später:

> „Nächst ihm war mir Stephan SA-Müller der interessanteste Mann. Ich müßte mich sehr täuschen, wenn er wirklich ein Denunziant und Spitzel wäre. Er macht aus seiner Gesinnung gar kein Hehl…, erbitterter Gegner der Judenrasse-Theorie… Mir begegnet man durchweg mit vieler Freundlichkeit und einem bißchen Respekt.“[678]

Mit dem 1. November 1943 hatte Klemperer einen neuen Arbeitsplatz antreten müssen. Doch das Betriebsklima ist nicht schlechter:

> „Der ‚Gefolgschaftssaal‘, in dem wir Juden hausen. ‚Juden‘ an der Tür, ‚Juden‘ im Klosett… Aber die Menge der Arbeiter und Arbeiterinnen ist bestimmt nicht judenfeindlich.“[679]

Der Chef zu Klemperer:

> „Es hat Mühe gekostet, Sie hierher zu bekommen, denn wir haben genug Männer, sollen Frauen einstellen… Mein Freund Möbius gehört auch zur SS, Sie brauchen deshalb aber nichts zu befürchten, er denkt in diesen Dingen noch radikaler als ich. Nur bitte ich Sie dringend, nicht zu sagen, daß Sie es gut bei uns haben. Im Gegenteil, Sie müssen über schlechte Behandlung klagen; sonst bekommen wir Scherereien, und Sie haben erst recht den Nachteil davon. Schlüter ist im wesentlichen daran gescheitert, daß man ihm Judenfreundlichkeit nachsagte… Auch Möbius ein Mann in den Dreißigern. Er sprach noch freundlicher als Bauer, er reichte jedem von uns die Hand, fragte jeden nach seinem Beruf; bei mir sagte er mit einer kleinen Verbeugung, er wisse schon…– Wir bekommen nun in aller Heimlichkeit das Essen umsonst, in aller Heimlichkeit Kartoffeln, die Möbius selber vom Land hereingeholt hat…“[680]

Auch diese Erfahrung will bedacht werden:

> „Eine der Damen… berichtet als verbürgt diese zwei Spitzelfälle… Ein Sternjude wird auf der Straße insultiert, es gibt einen kleinen Auflauf, einige nehmen für den Juden Partei: Nach einer

---

[676]　Klemperer: „Tagebücher 1943“, S. 120.
[677]　Klemperer: „Tagebücher 1943“, S. 134 f.
[678]　Klemperer: „Tagebücher 1943“, S. 141 f.
[679]　Klemperer: „Tagebücher 1943“, S. 135.
[680]　Klemperer: „Tagebücher 1943“, S. 156 f.

Weile zeigt der Jude seine Gestapomarke auf der Innenseite der Rockklappe, und seine Parteigänger werden notiert…"[681]

Noch einige weitere Erfahrungen des Arbeitsalltags:

„Sonnabend vor acht Tagen wurde mir eine junge Arbeiterin beigegeben, deren Maschine streikte. Sie war sofort zutraulich… unser Schicksal ,zerreiße ihr das Herz'… Wenn sie ins Kino gehe, vermeide sie die Wochenschau… Beim Fortgehen drückt sie mir die Hand, in der Fabrik eine ganz ungewöhnliche Sache unter Arbeitern, uns gegenüber beinahe eine Rassenschande… Mit der Frau Loewe, die im ersten Stock in der Druckerei arbeitet, war es ja ganz ähnlich."[682]

Sein Resümee ist geradezu provokativ: „Einzeln genommen sind fraglos neunundneunzig Prozent der männlichen und weiblichen Belegschaft in mehr oder minder hohem Maße antinazistisch, judenfreundlich, kriegsfeindlich, tyranneimüde…, aber die Angst vor dem einen Prozent Regierungstreuer, vor Gefängnis, Beil und Kugel binden sie."[683] Und kurz darauf nochmals: „Einzeln ist die überwiegende Mehrzahl der Arbeiterinnen und Arbeiter so. Aber überall die Angst. ,Zeigen Sie's niemandem, sagen Sie's niemandem!'"[684]

Margot Schmidt, die Tochter eines Berliner Juden, erinnert sich:

„Mein Vater trug am Mantel den gelben Stern, so daß alle verstanden, wer er war. Die Menschen machten alle sehr betretene und beschämte Gesichter, es herrschte tiefes Schweigen. Rechts und links wurde mein Vater von seiner Frau und mir gestützt, um die Stufen [beim Einsteigen in die Straßenbahn] nehmen zu können…. Kein Einziger hat ein verunglimpfendes Wort gesagt, die wartenden Menschen bildeten ganz betreten schweigend ein Spalier."[685]

Das war auch der Grund, warum verfügt wurde:

„Jüdische Krüppel, auch solche, die nur an einem Stock gehen müssen, dürfen sich nicht mehr auf der Straße zeigen, um mit dem Stern nicht Mitleid erregen zu können."[686]

Es darf nicht unerwähnt bleiben, daß Margot auch auf sehr Ängstliche gestoßen ist, die sie ohne zwingenden Grund als Halbjüdin ablehnten,

„denn sie seien beide Parteimitglieder, und zwar nicht, weil sie überzeugte Nazis seien, sondern weil sie dies aus beruflichen Gründen tun müßten und außerdem glaubten, wenn überzeugte praktizierende Katholiken Parteimitglieder wären, könnten sie die Partei von innen her unterlaufen."[687]

Diese bittere Erfahrung wiederholte sich:

„Mit tränenüberströmtem Gesicht kam sie auf mich zu und sagte: ,Meine liebe Margot, es tut mir unendlich leid, daß ich Ihnen kündigen muß, meine Schwester… hat mir alles berichtet… ebenso kann auch ich Sie nicht länger hier bei mir wohnen lassen. Denn als Schriftstellerin bin ich Mit-

---

[681] Klemperer: „Tagebücher 1943", S. 159.
[682] Klemperer: „Tagebücher 1944", S. 38 f.
[683] Klemperer: „Tagebücher 1944", S. 39.
[684] Klemperer: „Tagebücher 1944", S. 43.
[685] Schmidt, Margot: „Durchgestanden. Menschliches und Unmenschliches. Meine Erlebnisse unter den Rassegesetzen", Gräfelfing 2003, S. 104.
[686] Klepper, a.a.O., S. 1081.
[687] Schmidt, a.a.O., S. 80.

glied der Reichsschrifttumskammer.' Wenn es dort bekannt würde, daß ich als Halbarierin bei ihr wohnen würde, bedeute das für sie den Ausschluß... und damit verlöre sie ihre Existenz. Sie habe bereits mit dem Blockwart des Hauses gesprochen, der ein guter Katholik sei, der ebenfalls sagte, ich müsse so schnell wie möglich aus dem Hause. Er würde mich nicht verraten, er wisse von nichts."[688]

Margot Schmidt berichtet von einer Mitschülerin, die bei Helmuth Brandt Anstellung fand, obgleich sie bekannt hatte, daß sie halbarisch sei. Die Antwort der Gattin Brandt:

„Darüber solle sie sich keine Gedanken machen, das ginge schon in Ordnung. Das Pikante daran war, die jüngere Schwester von Frau Brandt arbeitete in der Adjutantur von Heydrich."[689]

Auch Schmidt spricht die Versorgung an:

„Sowohl Leo und Edith [ein jüdisches Paar] als auch mein Vater hatten immer ihre Freunde, die sie mit den notwendigen Lebensmitteln versorgten."[690]

Dorothee Fliess, durch Hans von Dohnanyi, Leiter des politischen Referats Ausland/Abwehr im Oberkommando der Wehrmacht, letztlich gerettet, räumt auf Befragung ein, daß sie oft ohne Stern aus dem Haus gegangen sei:

„Sehr oft. Ich wohnte in der Bleibtreustraße, einer Nebenstraße des Kurfürstendamms. Wir sind da 1928 hingezogen. Also 1942 hat mich da jeder gekannt. Es war wie auf dem Dorf. Da ging ich mal mit Stern, mal ohne. Gegenüber war ein Schokoladengeschäft und ein Zeitungskiosk, und die kannten uns alle mit Namen. Ein Telefongespräch hätte genügt, aber es hat mich niemand angezeigt. Ich hatte großes Glück. Der Stern war schließlich Pflicht."[691]

Bemerkenswert ist auch ihre Erfahrung als Dienstverpflichtete:

„Ich kam sehr gut mit meinen nichtjüdischen Vorarbeitern aus, die alle gegen Hitler und sehr kommunistisch waren. Vier oder fünf von denen verkehrten bei mir zu Hause."[692]

Noch dramatischer, woran sich Rolf Joseph erinnert. Wieder war ihm die Flucht geglückt und wieder war er nach Denunziation in den Fängen der Häscher. Sie führen ihn ab. Mit seinen psychischen und physischen Kräften am Ende, bleibt er stehen:

„Kaum nahm ich noch wahr, was ich tat. So sagte ich ruhig: ‚Sie können mit mir machen, was Sie wollen. Sie können mich gleich hier erschießen. Aber ich gehe nicht mit Ihnen... Ich habe genug.' ... Sie entsicherten ihre Pistolen. Doch ich rührte mich nicht und schaute sie nur an... Unendlich viel Zeit verstrich. In Wirklichkeit wohl weniger als eine Minute. Da sagte der eine Offizier zum anderen mit leiser Stimme: ‚Sollen wir ihn laufen lassen?' ‚Mir macht's nichts', antwortete der andere. ‚Nur darf er nicht zu dem zurückkehren, der ihn ans Messer geliefert hat.'"[693]

---

[688] Schmidt, a.a.O., S. 81.
[689] Schmidt, a.a.O., S. 83.
[690] Schmidt, a.a.O., S. 93.
[691] Kilius, Rosemarie: „Sei still, Kind! Adolf spricht. Gespräche mit Zeitzeuginnen", Leipzig 2000, S. 205.
[692] Kilius, a.a.O., S. 203.
[693] Joseph in: Boehm, a.a.O., S. 160.

Was wäre das für eine günstige Gelegenheit für Judenhasser gewesen, ihrem Haß freien Lauf zu lassen. Doch offenbar war das Mitleid stärker als ihr Gehorsam. Sie schenkten dem Juden das Leben und riskierten dafür ihr eigenes.

Im Oktober 1941 wurde Jochen Klepper seiner Mischehe mit einer Jüdin wegen aus der Wehrmacht als wehrunwürdig entlassen. Er notierte in sein Tagebuch, daß er wie die „in Ehren entlassenen" Soldaten 50 Mark bekam.

> „Sehr herzlichen Abschied vom alten, aber auch vom neuen Spieß, der von Stunde zu Stunde wärmer und interessierter wurde, mir sehr betont den gedruckten Dank des OKW [Oberkommandos der Wehrmacht] an entlassene Soldaten gab. Mit wie herzlichen Wünschen wurde ich in meiner schwierigen Lage aus Fürstenwalde entlassen!"[694]

Zum vollständigen Bild gehört, daß es um Frau und Tochter Klepper sehr still wurde, nachdem er den Waffenrock hatte anziehen müssen:

> „Aber alles Herzliche und Gesellschaftliche bei solcher Rückkehr besticht mich nicht mehr, und ich stelle mir nur die Frage: Wer hat nach Hanni und Renerle überhaupt auch nur gefragt? Wie wenige waren es!"[695]

Drei Tage später:

> „Es ist ein Seufzen ohnegleichen bei allen, denen es um das wahre Deutschland geht. (Wie seufzen z. B. meine katholischen Kameraden.)"[696]

Ganz beiläufig bemerkt Klepper, „daß das Tragen des Gelben Flecks unter der Bevölkerung zu keinerlei Schwierigkeiten führte."[697] Da er selbst und seine Frau nicht auf diese Weise stigmatisiert sind, gibt er offenbar die Erfahrung der Stieftochter und anderer Juden wieder. Wenig später nochmals:

> „Ja, es ist, als wäre selbst der Gelbe Stern schon ganz in den Hintergrund getreten. Die Bevölkerung so vorbildlich."[698]

Bewundernswert das Verhalten von „Ariern", die sich nicht nur nicht von ihren jüdischen Partnern scheiden ließen, sondern gemeinsam den Freitod wählten. Klepper schildert den Fall Gottschalk:

> „Er wurde zu Hans Hinkel zitiert wegen der Goebbelsschen Alternative: Beruf oder Ehe. (Hinkel war ‚Sonderbeauftragter des Reichsministers für Volksaufklärung und Propaganda für die Überwachung der im Reichsgebiet geistig und kulturell tätigen Nichtarier'.) Er antwortete: Ehe und einen anderen Beruf, und sei es: Arbeiter. – Hinkel: Auch das würde ihm nichts nützen; er habe die künftigen Erlasse in seiner Mappe... Gottschalks haben aus ihrem Tod kein ‚Fanal' gemacht. Der Selbstmord, in den sie ihren Jungen einbezogen, erfolgte durch Veronal und Gas, in aller Stille."[699]

---

694 Klepper, a.a.O., S. 961.
695 Klepper, a.a.O., S. 962.
696 Klepper, a.a.O., S. 965.
697 Klepper, a.a.O., S. 967.
698 Klepper, a.a.O., S. 973.
699 Klepper, a.a.O., S. 983.

Der Regisseur Felsenstein, so berichtet Klepper weiter, erklärte offen: „eher würden wir wohl alle den Weg Gottschalks gehen."[700] Nicht minder beeindruckend, was Klepper an anderer Stelle festhält:

> „Bei einem Transport aus Breslau ist der arische Teil, der mit in die Deportation gehen wollte, nicht mit über die Grenze gelassen worden."[701]

Klepper, der ernsthaft den Freitod erwägt, prüft immer wieder sein Gewissen, so auch am 17. November 1941:

> „Eines aber wird auch vor Gott bestehen: daß mich nicht Angst vor dem eigenen Schicksal leitet – ich traue mir im Ertragen sehr viel zu –, sondern daß das Mitleid mit Hanni und Renerle unerträglich wird."[702]

Jüdische Einrichtungen mußten den Mördern in die Hände arbeiten, wie auch aus der folgenden Notiz hervorgeht:

> „Heute kam zum zweiten Male das Schreiben der Jüdischen Gemeinde, die mit der Zusammenstellung der zu Evakuierenden beauftragt ist, an Renerle… Ich war sofort bei der Gemeindestelle. …Als Arier wird man peinlicherweise sofort abgefertigt (unter anderem von einem Juden)."[703]

Trotz eines Lebens am Rande des Todes:

> „Es kam auch heute Gast um Gast, und um des Kindes willen nehmen wir es gern auf uns. In der Dämmerstunde, beim Kerzenschein war's wieder ein großer Teetisch, und die Zimmer leuchteten nur so von all den Blumen…"[704]

Von Görings Ansprechbarkeit in jüdischen Belangen ist öfter die Rede. Am 11. Februar 1942 heißt es resignierend:

> „Helene Körner, wohl die letzte große Schauspielerin zu unserer Zeit, ist häufig mit Bildts zusammen. Sie ist ja die unerschrockene und unermüdliche Fürsprecherin für ehemals namhafte jüdische Kollegen und die Schauspielermischehen. Göring und Frau Göring erklären, sie hätten bei Hiter nichts mehr zu sagen."[705]

Wenig später nimmt Klepper einen schwachen, schwachen Lichtblick wahr:

> „Die Erschießungen der Juden in den Deportationslagern sollen aufgehört haben, weil man die Juden im Osten nun doch zu dringend als Arbeiter braucht."[706]

Noch einmal macht Klepper mit seiner Frau Urlaub. Sie stellen Betrachtungen an:

> „Wenn man nun Würzburg und Nürnberg, dieses als die Stadt der Parteitage, beobachtet: wo, wo eigentlich ist denn der Nationalsozialismus in den Herzen der Deutschen verankert? Welche Sprache der Verbitterung führen die Menschen! Die tiefe Depression und Mißstimmung, auf die

---

[700] Klepper, a.a.O., S. 1034.
[701] Klepper, a.a.O., S. 984.
[702] Klepper, a.a.O., S. 984.
[703] Klepper, a.a.O.. S. 994.
[704] Klepper, a.a.O., S. 1010.
[705] Klepper, a.a.O., S. 1034.
[706] Klepper, a.a.O., S. 1035 f.

wir auf der Reise allenthalben treffen, macht einem die allgemeine Ohnmacht besonders bewußt."[707]

Besonders bemerkenswert: Diese Beobachtung fällt in die Zeit vor Beginn der großen militärischen Niederlagen.

Fast unglaublich klingt es, daß Klepper im Kampf um das Überleben seiner Frau und insbesondere seiner Stieftocher bis zum Reichsinnenminister Frick vordringt. Die Reportage ist geradezu dramatisch. Frick:

> „‚Noch ist Ihre Frau durch die Ehe mit Ihnen geschützt. Aber es sind Bestrebungen im Gange, die die Zwangsscheidung durchsetzen sollen. Und das bedeutet nach der Scheidung gleich die Deportation des jüdischen Teils.' Dies seine Worte. Er war erregt und bedrückt und lief am Schreibtisch auf und ab. ‚Ich kann Ihre Frau nicht schützen. Ich kann keinen Juden schützen. Solche Dinge können sich ja der Sache nach nicht im Geheimen abspielen. Sie kommen zu den Ohren des Führers, und dann gibt es einen Mordskrach.' Für ihn, der seinerzeit Hitler erst die Möglichkeit geschaffen hat, gewählt zu werden."[708]

Die letzte Tagebucheintragung Kleppers hat den Wortlaut:

> „10. Dezember 1942 / Donnerstag
> Nachmittags die Verhandlung auf dem Sicherheitsdienst.
> [Offenbar verlief sie enttäuschend.]
> Wir sterben nun – ach, auch das steht bei Gott –
> Wir gehen heute nacht gemeinsam in den Tod.
> Über uns steht in den letzten Stunden das Bild des Segnenden Christus, der um uns ringt. In dessen Anblick endet unser Leben."[709]

5.4 „93 Prozent der Mischehen blieben intakt" – Zusammenschau und Außenansichten

Drei Gruppen von Deutschen unterscheidet Deutschkron mit Blick auf die fragliche Zeit, die Hasser, die Neutralen, die Sympathisanten/Helfer. Die Hasser hatten die Staatsmacht auf ihrer Seite. Sie verkörperten gleichsam die verbindliche Ideologie. Die Neutralen mögen für ihr Verhalten mancherlei Gründe gehabt haben: Gleichgültigkeit, Herzenskälte, Angst, Vorsicht, angeborene Verschlossenheit und dergleichen. Was von alledem auf wie viele zutrifft, wird immer unbeantwortet bleiben. Alle Helfer waren wohl zugleich Sympathisanten, aber nicht jeder Sympathisant war ein Helfer. Die zahlenmäßige Stärke der einzelnen Kategorien wird immer ein Geheimnis sein. Und doch lassen sich begründete Vermutungen anstellen.

Ein recht deutliches Bild ergeben die Begegnungen von Juden mit Nicht-Juden. Von den Angehörigen der NS-Organe abgesehen, benehmen sich die „Arier"

---

[707] Klepper, a.a.O., S. 1113. Fromm (a.a.O., S. 221) zeichnet ein ähnliches Bild Fricks: „Er ist auch einer der Anstifter zu den rassischen Verfolgungen, aber man muß ihm zugute halten, daß er gegen Himmlers grausame Methoden ... Widerspruch erhoben hat."

[708] Klepper, a.a.O., S. 1130.

[709] Klepper, a.a.O., S. 1133.

durchwegs freundlich, sogar die Polizisten. Die Hilfsbereitschaft ist geradezu erstaunlich, insbesondere seitens der Lebensmittelhändler. Nun sind diese Kaufleute in moralischer Hinsicht sicherlich weder Elite noch das Gegenteil. Alles
spricht dafür, daß sie den durchschnittlichen Deutschen repräsentieren. Und damit erlangt ihre Hilfsbereitschaft ein weit überdurchschnittliches Gewicht. Diese
Menschen taten in beachtlicher Zahl das ihnen Mögliche für das Überleben der
Juden. Unter den Helfern sind sogar Parteigenossen, ja Angehörige jener Organisationen, die nach Kriegsende als kriminell eingestuft worden sind.

Tiefe Bewunderung verdienen all jene, die Obdach gewährten. Bewundernswert
auch die nichtjüdischen Frauen und Männer, die ihren jüdischen Gatten die Treue
hielten, mitunter bis in den Tod. Beide mußten in der Regel in die Judenhäuser.
Armut und offizielle Ächtung, Hausdurchsuchungen und vielfältige andere Schikanen waren die Folge. Sicherlich haben sie als „Arier" die eigenen etwas größeren
Lebensmittelrationen mit den jüdischen Partnern geteilt. Nach Schätzungen blieben 93 Prozent der „Mischehen" intakt.[710] Die Verlockungen der NS-Propaganda
mißlangen also in den allermeisten Fällen. Ein Hohes Lied der Liebe, das bisher
noch kaum angestimmt worden ist. Sehr bedenkenswert ist auch die wiederholte
Feststellung, daß das Regime die Verfolgungsmaßnahmen tunlichst kaschierte,
sicherlich um den Unmut der Bevölkerung nicht weiter zu steigern.

Die Erfahrungen der oben Zitierten dürfen nicht ohne weiteres verallgemeinert
werden. Aber ihre Aufzeichnungen sind doch so dicht, daß sie ein fundiertes Urteil gestatten. Man denke nur an den besternten Klemperer als Schneeschipper
über Wochen hinweg in aller Öffentlichkeit in den Straßen einer Großstadt und
während der Zwangsarbeit in mehreren Betrieben. Auch die anderen Sternträger
erwähnen kaum Anfeindungen wegen des „gelben Fetzens", jedoch immer wieder
Sympathiebekundungen, so Inge Deutschkron: „Vor der Berliner Bevölkerung
hatten wir keine Angst", Jochen Klepper: „Die Bevölkerung so vorbildlich", Margot Schmidt: „Die Menschen machten alle sehr betretene und beschämte Gesichter", Herman-Friede: „Die Leute haben alle dicht gehalten", und nochmals Klemperer: „Die Passanten sympathisierten mit den Sternträgern."

Marga Spiegel: „Ich persönlich wurde mit dem Stern nicht angepöbelt."[711] Das
bestätigt der 1933 emigrierte Jude Heinz David Leuner, sicherlich auf der Basis
zuverlässiger Informationen:

> „Wenn die Regierung gehofft hatte, den Menschen, die den Gelben Stern trugen, würde von seiten
> der Bevölkerung Hohn und Spott entgegenschlagen und sie würden von den Straßen vertrieben,

---

[710] Johnson, a.a.O., S. 453.
[711] Spiegel, Marga: „Retter in der Nacht. Wie eine jüdische Familie im Münsterland überlebte", Münster 1999, S. 79.

so mißlang dieser Plan; zwar gab es einige Fanatiker..., aber weit mehr reagierten mit Ausdrücken des Mitleids und Erbarmens."[712]

Er schildert dann Aufmerksamkeiten, wie sie Juden ostentativ erwiesen wurden, und betont, daß es sich nicht um Einzelfälle handelt. Er zitiert einen geheimen Runderlaß, der sich mit den „sehr harten Maßnahmen" gegen die Juden befasst: „Möglicherweise sind nicht alle Volksgenossen fähig, die Notwendigkeit solcher Maßnahmen genügend einzusehen..., heißt es in ihm."[713]

Zum gleichen Ergebnis wie Leuner und die anderen Opfer gelangt Norman Finkelstein, dessen beide Eltern die NS-Lager durchlitten haben: „Wenn überhaupt, gab es wenige Angriffe gegen die Juden aus der deutschen Bevölkerung. Die überwältigende Mehrheit der Deutschen verurteilte die antisemitischen Greueltaten der Nazis sogar."[714] Er zitiert dann David Bankier, einen Experten auf diesem Gebiet:

> „Eine negative Reaktion auf diese Art der Etikettierung [war die] eher typische Reaktion der Öffentlichkeit. So waren die Menschen laut zuverlässigen Berichten ‚oft demonstrativ freundlich'. Viele zeigten Formen des Ungehorsams, indem sie Juden Zigaretten und Zigarren anboten, Kindern Süßigkeiten zusteckten oder in der Straßenbahn oder U-Bahn Juden ihren Platz anboten. ... Die Deutschen konnten eindeutig kein Verhalten hinnehmen, das in grober Weise gegen ihre Vorstellung von Anstand verstieß, selbst gegenüber gebrandmarkten Juden."[715]

Die Journalistin Ursula von Kardorff ist am 30. Oktober 1942 mit ihren auf Heimaturlaub befindlichen Brüdern in Berlin unterwegs:

> „Begegneten, als die beiden mich... abholen kamen, in der Kochstraße einer kümmerlichen alten Jüdin mit einem kleinen Mädchen. Beide mit Stern. Jürgen wurde blaß. Er leidet unter diesen Dingen mehr als Klaus."[716]

Doch auch das Folgende gehört zum ganzen Bild:

> „Ich kenne keinen überzeugten Nazi, und doch wird alles hingenommen, als sei es unabänderlich.
> Der eine fragt: Was kommt danach?
> Der andere fragt nur: Ist es recht,
> Und also unterscheiden sich
> Der Freie von dem Knecht.
> Papas Lieblingsspruch. Wir sind ein Volk von Knechten geworden."[717]

Die Freiheitskämpferin Ruth Andreas-Friedrich notiert unter dem 19. September 1941 in ihr Tagebuch:

> „Die Juden sind vogelfrei. Als Ausgestoßene gekennzeichnet durch einen gelben Davidstern, den jeder von ihnen auf der linken Brustseite tragen muß: Wir möchten laut um Hilfe schreien. Doch was fruchtet unser Geschrei? Die, die uns helfen könnten, hören uns nicht. Oder wollen uns viel-

---

[712] Leuner, a.a.O., S. 88.
[713] Leuner, a.a.O., S. 89.
[714] Finkelstein, Norman: „Alles und nichts erklärt", DER SPIEGEL 34/1997, S. 60.
[715] Finkelstein, Norman: „Alles und nichts erklärt", DER SPIEGEL 34/1997, S. 60.
[716] Kardorff, Ursula von: „Berliner Aufzeichnungen 1942 bis 1945", München 1992, S. 37.
[717] Kardorff, a.a.O., S. 43.

leicht nicht hören. ‚Jude' steht in hebräischen Schriftzügen mitten auf dem gelben Davidstern, ‚Jude' höhnen die Kinder, wenn sie einen so Besternten durch die Straße wandern sehen. ‚Schämt euch!' schnauzt Andrik zwei solcher Lümmel an und haut ihnen, ehe sie sich's versehen, ein paar rechts und links um die Ohren. Die Umstehenden lächeln zustimmend... Gott Lob und Preis! Das Gros des Volkes freut sich nicht über die neue Verordnung. Fast alle, die uns begegnen, schämen sich wie wir."[718]

N. V., geboren am 1. November 1925 – sein Vater war 1933 als Parteisekretär des Zentrums in Schutzhaft genommen und als vom Tode Gezeichneter aus dem Lager entlassen worden – in einem Brief an den Autor:

> „In Breslau besuchte ich bis Mai 1943 das Gymnasium ‚Am Zwinger'. In unserer Klasse war bis 1942 ein ‚Halbjude'. Nie habe ich erlebt, daß er deshalb in irgend einer Weise belästigt oder gehänselt worden wäre. In der Nähe unseres Gymnasiums waren viele Juden untergebracht, die alle den Stern tragen mußten. Nie habe ich von meinen Klassenkameraden bei ihrem Anblick höhnische Bemerkungen gehört. Es war allen peinlich. Helfen konnten wir freilich nicht."[719]

In sein Tagebuch notierte Goebbels, daß die Razzia gegen die „illegalen" Juden kein geglückter Schlag gewesen sei: „Die besseren Kreise, insbesondere die Intellektuellen, haben die Juden wieder einmal gewarnt."[720] Aussagekräftig auch, was Heinrich Himmler, neben Hitler der Hauptverantwortliche für die Verbrechen, am 6. Oktober in Posen vor Reichs- und Gauleitern ausgeführt hat. Nachdem er zunächst den Konsens der Anwesenden über die Lösung der Judenfrage betont hatte, rief er ins Bewußtsein, wie schwer es war und noch ist, vor Ort diese Absicht zu exekutieren:

> „...es sind nur Juden, bedenken Sie aber selbst, wie viele – auch Parteigenossen – ihr berühmtes Gesuch an mich oder irgendeine Stelle gerichtet haben, in dem es heißt, daß alle Juden selbstverständlich Schweine seien, daß bloß der Soundso ein anständiger Jude sei, dem man nichts tun dürfe. Ich wage zu behaupten, daß es nach der Anzahl der Gesuche und der Anzahl der Meinungen in Deutschland mehr anständige Juden gegeben hat als überhaupt nominell vorhanden waren."[721]

Fritz Süllwold, Statistiker und Psychologe, hat in seiner Untersuchung „Deutsche Normalbürger 1933–1945", aus der oben bereits zitiert wird, auch die Reaktionen auf den „gelben Stern" untersucht und kommt zu dem Ergebnis: 62 Prozent der Normalbürger reagierten „mit Verlegenheit", 43 Prozent „schauten weg oder täuschten Nichtbemerken vor". „Gleichgültigkeit" bemerkten 11 Prozent und nur ganz selten wurde höhnisches (2 Prozent) oder beleidigendes (1 Prozent) Verhalten beobachtet.[722]

---

[718] Andreas-Friedrich, a.a.O., S. 82
[719] Archiv des Autors.
[720] Horbach, Michael: „So überlebten sie den Holocaust. Zeugnisse der Menschlichkeit 1933–1945", München 1979, S. 239.
[721] Smith, Bradley F.; Peterson, Agnes F. (Hg.): „Heinrich Himmler Geheimreden 1933 bis 1945 und andere Ansprachen", Berlin 1974, S. 169
[722] Süllwold, a.a.O., S. 122 f. Da Mehrfachbeantwortung möglich war, liegt die Summe über 100 Prozent.

Eine US-amerikanische Umfrage in ihrer Zone vom Oktober 1945 ergab folgendes Resultat (Zustimmung in Prozent):[723]

1. Hitler was right in his treatment of the Jews.	0
2. Hitler went too far in his treatment of the Jews, but something had to be done to keep them in bounds.	19
3. The actions against the Jews were in no way justified.	77

---

[723] Craig, Gordon A; Gilbert, Felix (Hg.): „The Diplomats", New Jersey 1953, S. 198. 1. Hitler hatte recht mit seiner Behandlung der Juden; 2. Hitler ging mit seiner Behandlung der Juden zu weit. Aber etwas mußte geschehen, um sie in Grenzen zu halten; 3. Die Maßnahmen gegen die Juden waren unter keinem Gesichtspunkt gerechtfertigt.

II. Aufarbeitung und Bewertung

1. „Hitlers willige Vollstrecker" – Gegenstimmen

Die Auswertung jüdischer Zeitzeugen der NS-Zeit hat ein ziemlich einheitliches Bild ergeben: Das Gros jener, die begeistert in NS-Organisationen mitmachten, entsprach weitgehend den Erwartungen ihrer Führer und des „Führers" Adolf Hitler mit seiner „Veterinärphilosophie" und seinem manischen Judenhaß. Weit überdurchschnittlich stark affiziert waren auch die Kinder und die Mitglieder der Hitlerjugend. Viele andere „Volksgenossen" verletzten die Gebote des Anstandes und der guten Sitten schwer. Doch die große Mehrheit benahm sich auf Straßen und Plätzen anscheinend indifferent, im engeren Umgang mit Juden korrekt, ja freundlich, auch Amtswalter. Wie erklären sich dann die Publikationen, die das Gegenteil glaubhaft machen, so Goldhagens Buch „Hitlers willige Vollstrecker"[1]?

Keiner der im folgenden genannten Autoren läßt die jüdischen Zeitzeugen mit jenen Aussagen zu Worte kommen, die oben zitiert worden sind. Es unterbleibt jede Auseinandersetzung mit ihnen und ihren Feststellungen. Das hat mitunter einleuchtende Gründe, so wenn der fragliche Text erschienen ist, bevor sich der Zeitzeuge zu Wort gemeldet hat. Doch das ist die seltene Ausnahme. Von mehreren wird beispielsweise Klemperer beifällig erwähnt, doch nicht beim Wort genommen, sondern entstellt wiedergegeben. Der Verdacht drängt sich auf, daß unlautere Motive dabei eine Rolle spielen. Neueste einschlägige Publikationen verzichten ganz auf die Auswertung der Zeitzeugenberichte.

Allen, die im folgenden mit ihren Gegenstimmen vorgestellt werden, ist offenbar gemeinsam, daß sie über keine eigenen Erfahrungen mit totalitärer Macht verfügen. Wer von ihnen war je politischer Willkür ausgeliefert? Wer auch immer dieses heute fast selbstverständliche Glück der Freiheit von Geburt an genießen durfte, sollte sich anhand der Zeitzeugenberichte tunlichst vergegenwärtigen, was es heißt, ständig mit der Angst im Nacken leben zu müssen, falls man den Erwartungen der Machthaber nicht entspricht.

1.1 „Anpöbeleien und Beleidigungen ausgesetzt" – Limberg/Rübsaat

Während eines Aufenthalts in den USA erhielten Margarete Limberg und Hubert Rübsaat Hinweis auf eine Memoirensammlung der Harvard Universität in Cambridge (Mass). Diese Sammlung geht auf ein Ausschreiben der Universität zurück, das deutsche Immigranten 1940 aufforderte, ihr Leben in Deutschland zu beschreiben, um die gesellschaftlichen und seelischen Auswirkungen des Nationalsozialismus auf die Bevölkerung zu ermitteln. Preise wurden ausgesetzt.

---

[1] Goldhagen a.a.O.

Die Stimmung im Land und die Chance, auf diese Weise zu etwas Geld zu kommen, sind geeignet, die Ausführungen an der vermutlich deutschfeindlichen Jury auszurichten. Dennoch wäre es abwegig zu unterstellen, daß Dichtung die Wahrheit überwiegt. Wohl alle hatten Schlimmes erduldet, der nächstliegende Grund für ihre Ausreise.

Aus den 260 Einsendungen wurden im Jahre 1990 von Limberg und Rübsaat 60 ausgewählt, meist zwischen zwei und zehn Seiten lang. Sie bilden den Inhalt des Buches „Sie durften nicht mehr Deutsche sein". In der Einleitung heißt es:

> „Als besonders bitter empfanden es viele jüdische Deutsche, daß die von Staat und Partei betriebene Ausgrenzung und Isolierung auch im Alltag zusehends spürbar wurden. Nichtjüdische Freunde und Bekannte zogen sich zurück, und selbst Nachbarn grüßten nicht mehr... In der Öffentlichkeit waren sie allen erdenklichen Anpöbeleien und Beleidigungen ausgesetzt. Auf Hilfe oder auch nur moralische Unterstützung durch nichtjüdische Deutsche warteten sie dagegen zumeist vergebens."[2]

Dieses Resümee klingt erheblich anders als das im 1. Teil Gebotene. Wird es den zusammengetragenen Texten gerecht? Es würde den Rahmen dieses Buches sprengen, hier alle 60 Einsendungen daraufhin genauer zu untersuchen. Daher ist eine Auswahl angezeigt. Um den Verdacht der Willkür tunlichst auszuschließen, beschränkt sich die Auswertung auf die drei ersten und die drei letzten Beiträge. Die anderen werden nur kursorisch abgehandelt. Ausnahmslos alle sind jedoch lesenswert.

Schon der erste, drei Seiten lang, überrascht, trägt er doch die Überschrift „Ich hätte Hitler auch gewählt" und bestätigt die berauschende Wirkung des braunen Agitators. Es war eine Ansprache, die so hypnotisierend wirkte. Am nächsten Tag standen Auszüge in der Zeitung: dumme Worte, Gemeinplätze, Lügen. Und doch blieb das spätere Opfer bei seinem Standpunkt: „er sollte eine Chance haben."[3]

Joseph Levy, der den zweiten Artikel beisteuert, unterrichtete jüdische Kinder. Ihnen rief er in der Frühzeit der Verfolgung zu: „Wir sind Deutsche, wir bleiben Deutsche, niemand kann uns unser Deutschtum aus dem Herzen reißen!" Aber die Mehrheit folgte mir nicht mehr in meinen Gedankengängen.[4] Erfahrungen mit Nichtjuden kommen kaum zur Sprache.

Levy ist es auch, der wie manch andere bereits Zitierte die Hilfsbereitschaft der Lebensmittelhändler herausstellt:

> „Lieferanten von Lebensmitteln kamen heimlich, im Dunkeln zu uns, weil sie die lieben Nachbarn fürchteten, und brachten die Ware ins Haus, die man im Laden nicht mehr bei ihnen kaufen und

---

[2] Limberg, Margarete; Rübsaat, Hubert (Hg.): „Sie durften nicht mehr Deutsche sein. Jüdischer Alltag in Selbstzeugnissen 1933–1938", Frankfurt am Main 1990, a.a.O., S. 14.
[3] Elkan, Wolf „Ich hätte Hitler auch gewählt'", in: Limberg; Rübsaat, a.a.O., S. 20 ff.; a.a.O., S. 22.
[4] Levy, Joseph: „Die vaterländische Gesinnung", in: Limberg; Rübsaat, a.a.O., S. 23 ff.; a.a.O., S. 24.

holen konnte. Solche Beispiele könnte ich aus dem täglichen Erleben eine Menge erzählen. Das Gegenteil, die Verweigerung von Lieferungen, kam in den seltensten Ausnahmen vor. Es war tragikomisch, als ich einmal in einer großen Konditorei einen Kuchen kaufte, dann aber, als ich mit Namen und Adresse um Lieferung bat, die Verkäuferin mir leise zuflüsterte, sie dürfe Juden nichts ins Haus schicken. In einer anderen Feinbäckerei bat mich die Besitzerin, doch auch dann weiter ihr Kunde zu bleiben, wenn, wie an vielen andern Schaufenstern, auch bei ihr das Schild erscheine: ‚Deutsches Geschäft' oder gar ‚Juden unerwünscht', denn solche Inschrift entspreche nicht ihrem Wunsch und Willen; sie wie viele andere würden dazu gezwungen."[5]

Den Ausgangspunkt des nächsten Berichts bildet eine Schlägerei, deren Täter SA-Männer sind. Das Opfer heißt Hermann Tuggelin.

„Man läßt von mir ab, da ein Schutzmann erscheint... Ein SA-Mann... hat Verbandszeug bei sich, macht mir einen Notverband. Er verlangt, als er fertig ist, eine Mark dafür. Ich gebe sie ihm. Der Schupo sagt mir leise: ‚Gehen Sie nicht in Ihre Wohnung'... Die Portierfrau sagt: ‚Ist dem Juden ganz recht.' Fahre ins Jüdische Krankenhaus. Man läßt mich nicht herein. Ein Jude, der am Boykott-Tag Schläge bekommt, ist sicherlich ein Kommunist..."[6]

Eine befreundete Ärztin hilft: „Ich weiß, daß sie eine Nationalsozialistin ist." Der Rat des Polizisten wird befolgt und Tuggelin privat bei einer Witwe untergebracht. Zunächst ist sie sehr abweisend. Allmählich taut sie auf und erzählt, daß ihr verstorbener Mann, Amtsrichter in Rostock, wegen seiner NSDAP-Mitgliedschaft während der Weimarer Republik disziplinarisch bestraft worden ist. „Sie pflegt mich jetzt, bleibt viele Stunden an meinem Bett sitzen, tröstet mich. Sie ist altes Parteimitglied... Das war sicherlich nicht im Sinne des Führers, der Überfall auf mich."[7]

Der vierte ausgewählte Beitrag ist für unsere Fragestellung unergiebig. Er schildert die fast unglaubliche Hilfsbereitschaft einer vorübergehend in Deutschland weilenden Amerikanerin, die für fremde Juden bürgt und so die Einreise in die USA ermöglicht. Daher die Überschrift: „Es war wie ein Wunder."[8]

Wenig ergiebig auch, was von Siegfried Neumann, der im Teil I, Kapitel 2.–4. schon mehrmals zitiert worden ist, hier Erwähnung findet: Es sind die schier unglaublichen bürokratischen Hindernisse, die den Ausreisewilligen in den Weg gestellt wurden, obwohl sie doch das Land verlassen sollten. Trotz der Hindernisse stellt Neumann fest: „Die Beamten, die mich jahrelang kannten, waren entgegenkommend genug, meine Sache in aller Geschwindigkeit zu bearbeiten. Mittags hatte ich schon alle Steuerbescheide und die Unbedenklichkeitsbescheinigung in Händen..."[9]

Bevor der letzte Beitrag etwas näher skizziert wird, einige Passagen aus den ande-

---

[5] Levy, a.a.O., S. 179.
[6] Tuggelin, Hermann: „Prügel am Boykott-Tag", in: Limberg; Rübsaat, a.a.O., S. 28 ff.; S. 29.
[7] Tuggelin, a.a.O., S. 30.
[8] Limberg; Rübsaat, a.a.O., S. 348.
[9] Limberg; Rübsaat, a.a.O., S. 354.

ren Kapiteln: Edwin Landau schämt sich für das Vertrauen, das er so vielen geschenkt hatte, die sich am Boykottag 1933 als seine Feinde demaskieren.

> „Trotz alledem kamen auch noch an diesem Tage eine Anzahl Kunden zu mir, besonders Katholiken, und es war auch so mancher dabei, der nur aus Protest gegen das Treiben da draußen mich besuchte. Auch der Bürodirektor des Landrats kam, um, wie er es so schön sagte, mir nur die Hand zu drücken."[10]

Landau dankte und bat den „Kunden", selbst an Beruf und Familie zu denken.

> „Die Postbeamtengattin war eine fanatische Nazi. Trotzdem veränderte diese ausgesprochen gutmütige Frau ihr einwandfreies Benehmen uns gegenüber nicht"[11] – heißt es im nächsten Text.

Eine jüdische Ärztin berichtet, wie sie von einem „Arier" aus ihrer Praxis gedrängt wurde, der dann schließen mußte, weil er das Vertrauen der Patienten nicht zu gewinnen vermochte.[12]

Ein „Judenarzt", dessen Patienten weniger wurden: „Man konnte es auch wirklich den Leuten nicht mehr zumuten, daß sie sich jedes Mal beim Abholen ihrer Krankenscheine erst beschimpfen lassen sollten."[13] Und immer wieder ist von Angst die Rede, von verständlicher Angst auf beiden Seiten.

Unter der Überschrift „Die Verrohung greift um sich" werden Episoden geschildert, die zeigen, daß die Juden, wenn es zu verbalen antisemitischen Entgleisungen kam, keineswegs die Zuschauer und -hörer gegen sich hatten: „Alles grinst in der Bahn, und auch diese Heldin steigt sehr bald und recht verlegen aus."[14]

Andere Quellen bestätigen den Kern der folgenden Sätze:

> „Wir waren Besitzer mehrerer Häuser. Eines davon machte uns auch vor der Diktatur große Sorgen. Die Mieter, Kommunisten, haßten uns als Juden und als sogenannte Kapitalisten. Als die Nazis ans Ruder kamen, wehten plötzlich aus den Fenstern dieser Kommunisten die Hakenkreuzfahnen, sie entpuppten sich als Nazis, und die Schwierigkeiten nahmen kein Ende."[15]

Besonders aussagekräftig der Satz:

> „Ich könnte noch eine ganze Reihe von Männern und Frauen nennen, die zumeist in der Nacht im Schutz der Dunkelheit in mein Elternhaus kamen und ihren Unmut über die Entwicklung der Dinge aussprachen.[16]... Kein einziger Einwohner des Ortes hat meinem Vater die letzte Ehre erwiesen, obwohl... er keinen einzigen Feind im Ort hatte."[17]

---

[10] Landau, Edwin: „Für die standen wir in den Schützengräben", in: Limberg; Rübsaat, a.a.O., S. 31 ff.; S. 32.

[11] Limberg; Rübsaat, a.a.O., S. 36.

[12] Limberg; Rübsaat, a.a.O., S. 52.

[13] Mibberlin, Raffael: „Kesseltreiben gegen ‚Judenärzte'", in: Limbach; Rübsaat, a.a.O., S. 54 ff.; S. 56.

[14] Limberg; Rübsaat, a.a.O., S. 131.

[15] Segal, Erna: „Aus Mietern wurden Feinde", in: Limbach; Rübsaat a.a.O., S. 143 ff.; S. 143.

[16] Klugmann, Hermann: „Wiesenbronn wird antijüdisch", in: Limbach; Rübsaat, a.a.O., S.150 ff.; S. 151.

[17] Klugmann, a.a.O., S. 152.

Der Grund für diese Verweigerung wird auch gleich genannt: „Der Ortsgruppenführer Fröhlich hatte vorher bekannt gemacht, daß jeder, der mit dem Leichenzug gehe, photographiert und sein Bild dem ‚Stürmer' zur Veröffentlichung eingesandt werde." Unter den Sympathisanten der Juden waren auch solche, die nach außen das Gegenteil vertraten. Max Reiner erinnert sich: „Was mich noch mehr anwiderte, war, daß diese verunglimpfenden Kommentare und Artikel von Journalisten geschrieben wurden, von denen ich wußte, daß sie nicht ein Wort von dem dachten oder glaubten, was sie veröffentlichten."[18] Er belegt auch die Richtigkeit der Behauptung.

Der vorletzte Beitrag bietet ebenfalls sehr aussagekräftige Passagen. „Die vielfachen Formalitäten der Auswanderung erledigten sich rasch. Auch hier die alte Erfahrung, daß die Beamten um so entgegenkommender waren, je höheren Grades sie waren."[19] Ein Angestellter der Schiffahrtslinie tröstete: „Im Vertrauen sage ich Ihnen, ich gäbe was drum, wenn ich mit meiner Frau und meinen Kindern jetzt mit Ihnen wieder nach USA fahren könnte." Andere äußerten sich ebenfalls sehr systemkritisch, so der Mietnachfolger. „Direkt gerührt waren wir, als er uns die Ansicht seiner Kreise darlegte. Wörtlich meinte er: ‚Herr Doktor, ich versichere Ihnen, nach dem was vorgefallen ist, schäme ich mich, ein Deutscher zu sein.'"[20]

Und dann der Schluß, der die Beiträge des Buches treffend zusammenfaßt, aber gar nicht zu dem paßt, was die Herausgeber in der oben zitierten Einleitung herausgelesen haben:

> „Wäre das deutsche Volk in seiner überwiegenden Masse so gewesen, wie es die Nazipartei, die Parteihetzpresse oder gar der Stürmer haben wollten, von den Juden Deutschlands und den sonstigen ‚Staatsfeinden' lebte schon lange kein einziger mehr. Als meine Frau und ich aus dem trotz allem so geliebten Vaterland in den ersten Januartagen 1939 schieden, nahmen wir die feste Überzeugung mit: Die Regierung und die Partei sind glücklicherweise nicht das deutsche Volk."[21]

Immerhin, die Herausgeber haben diese Sätze ausgewählt und als Quintessenz an das Ende des Buches gestellt.

1.2 „Hitler und sein Volk" – Robert Gellately

„Ich habe versucht, die Opfer der Unterdrückung zu Wort kommen zu lassen, besonders durch die Auswertung von Tagebüchern und sonstigen Zeugnissen. Mein Hauptaugenmerk gilt den Juden…"[22], schreibt der amerikanische Historiker

---

[18] Reiner, Max: „Der Weg zum Paria", in: Limbach; Rübsaat, a.a.O., S.153 ff.; S. 155.
[19] Limberg; Rübsaat, a.a.O., S. 355.
[20] Mibberlin, a.a.O., S. 357.
[21] Mibberlin, a.a.O., S. 358.
[22] Gellately, Robert: „Hingeschaut und weggesehen. Hitler und sein Volk", Lizenzausgabe für die Bundeszentrale für politische Bildung, Bonn 2004, S. 10.

Robert Gellately, Center for Holocaust Studies, USA, im Vorwort seines Buches: „Hingeschaut und weggesehen. Hitler und sein Volk". Auf der Rückseite des Umschlages heißt es noch deutlicher:

> „Der Autor … beweist stichhaltig, daß die Deutschen nicht nur von den Verbrechen der nationalsozialistischen Machthaber wußten, sondern darüber offen informiert wurden und weit aktiver, als bisher bekannt war, mithalfen – durch Zustimmung, Denunziation oder Mitarbeit."

„Ein Volk, ein Reich, ein Führer" – lautete eine der gängigen Parolen und Zielvorgaben der Nationalsozialisten, und es wurde alles unternommen, den Wunsch in Wirklichkeit zu verwandeln, zumindest als Wirklichkeit erscheinen zu lassen. Doch wie nahe sind sie diesem Ziel gekommen?

Schon in Gellatelys Einleitung fällt auf, daß der Autor von „*die* Deutschen" spricht, wo es schlimmstenfalls „viele Deutsche" heißen dürfte: „Und in der Tat haben *die* Deutschen bis heute beim Rückblick auf die Diktatur freundliche Erinnerungen…"[23] Da Gellately verspricht, die Opfer zu Worte kommen zu lassen, müßten seine Erkenntnisse eigentlich mit den meinigen im Kern übereinstimmen, es sei denn daß er andere Zeugen mit ganz anderen Erfahrungen hat. Doch davon kann nicht die Rede sein.

Erfreulicherweise wird mein Hauptzeuge, Victor Klemperer, auch von ihm als erster in den Zeugenstand gerufen. Doch bei ihm ist das Ergebnis der Auswertung ein gänzlich anderes: „Einen Eindruck von der positiven Reaktion der deutschen Öffentlichkeit auf die verschiedenen Wellen der Judenverfolgung… vermittelt praktisch jede Seite des Tagebuchs von Victor Klemperer."[24] Diese so gewichtige Behauptung wird jedoch durch nichts belegt. Sie ist unrichtig. Von den Dutzenden Zitaten aus Klemperer in den vorausgegangenen Kapiteln meines Buches bietet „Hitler und sein Volk" kein einziges! Es fehlen also Bekundungen wie:

> „Die Passanten sympathisierten mit den Sternträgern."

> „Nirgends unter den männlichen und weiblichen Bureau- und Fabrikleuten des Betriebes ist Antisemitismus zu spüren."

> „Einzeln genommen sind fraglos neunundneunzig Prozent der männlichen und weiblichen Belegschaft in mehr oder minder hohem Maße antinazistisch, judenfreundlich, kriegsfeindlich, tyranneimüde…, aber die Angst vor dem einen Prozent Regierungstreuer, vor Gefängnis, Beil und Kugel bindet sie."

So könnte man Zitat an Zitat reihen, was oben ja auch geschehen ist.

Von all dem nichts bei Gellately. Einmal heißt es so ganz beiläufig, „daß er [Klemperer] die Deutschen insgesamt nicht für besonders antisemitisch halte."[25] – Doch

---

[23] Gellately, a.a.O., S. 16.
[24] Gellately, a.a.O., S. 21.
[25] Gellately, a.a.O., S. 47.

bei Klemperer heißt es wörtlich: „judenfreundlich"; das ist doch zweierlei! An anderer Stelle ringt er sich zu der Bemerkung durch: „ohne die ihm erwiesene Hilfe hätte er [Klemperer] kaum überleben können."[26]

Laut Klemperer ist die Mehrheit „in mehr oder minder hohem Maße antinazistisch", Gellately will alle Deutschen zu Hitlers Volk, zu Nationalsozialisten machen. Wer von beiden hat recht? Oder liegt die Wahrheit in der Mitte und lautet wie?

Die Äußerungen der anderen Zeitzeugen dieses Buches lassen ebenfalls auf eine tiefe Kluft zwischen großen Teilen des deutschen Volkes und seiner Führung schließen, wie David Bankier in seinem Buch „Die öffentliche Meinung im Hitler-Staat" eingehend nachweist. Sein Ergebnis lautet:

> „Viele Forscher schreiben die breite Zustimmung zum Dritten Reich der Bereitschaft fast aller Bevölkerungsschichten zu, an der neuen Ordnung teilzunehmen. Sie argumentieren, daß ein religiöser Eifer die Massen gepackt habe und sie spontan und bereitwillig der Parteiführung folgten. Daraus ergibt sich das Bild einer eindeutigen Unterstützung des nationalsozialistischen Systems und seiner politischen Kultur durch den Großteil der Bevölkerung. Dieses Bild entspricht ziemlich genau dem der Goebbelsschen Propagandamedien und den Hoffnungen des Regimes, nicht aber der historischen Wirklichkeit. Im Gegensatz zu diesen Idealbildern weisen unsere Quellen nach, daß die Euphorie, die den Aufstieg der Partei und ihre Machtergreifung begleitet hatte, schon seit dem Sommer 1934 ständig nachließ."[27]

Daher stehen im Untertitel seines Buches die Worte: „Eine Berichtigung".

Lassen wir unsere Zeugen zu Wort kommen, z. B. Karl Stern:

> „Die wenigen Nazis, die als Gäste im Institut arbeiteten, benahmen sich, als wären sie in Feindesland. Es schien selbst denen, die den richtigen nazistischen Jargon sprachen, irgendwie nicht zu gelingen, in eine anerkannte Schablone hineinzupassen."[28] „Lydia Pasternak und ich wurden immer populärer, weil wir Juden waren."[29]

Die Lage verschlechterte sich erst, als nach der Ermordung von Engelbert Dollfuß (1934) viele Nazi-Ärzte aus Österreich nach Deutschland flohen und etliche von ihnen dem Institut zugewiesen wurden.

Jochen Klepper verschaffte sich vom „großen Tag der Nation", 1. Mai 1935, selbst ein Bild: „Die Begeisterung spielte sich nur in der unmittelbaren Nähe der Festtribüne und namentlich als Rufe von Sprechchören ab. Die aber und aber Hunderttausende standen völlig unbeteiligt. Aber dies ist wohl das Schlimmste."[30]

---

[26] Gellately, a.a.O., S. 193.
[27] Bankier, a.a.O., S. 25.
[28] Stern, „Feuerwolke", S. 149.
[29] Stern, „Feuerwolke", S. 153.
[30] Klepper, a.a.O., S. 254.

Der amerikanische Außenminister William Dodd notierte unter dem 19. September 1935 in sein Tagebuch:

> „Der neue italienische Botschafter Attolico sprach vor. Er berichtete interessante Tatsachen über den Parteitag in Nürnberg… Er meinte, daß man in Deutschland Hitler zu verehren beginnt. Ich stimmte zu, daß dies vielleicht auf 40 Prozent der Bevölkerung zutreffen könne… Ich bin aber überzeugt, daß kaum die Hälfte der Katholiken Hitler ergeben sind [sic]. Von den Protestanten hat sich vielleicht die Hälfte unterworfen, doch von den Calvinisten sympathisiert nicht ein Drittel mit dem Führer."[31]

Eine wertvolle Quelle sind, wie schon erwähnt, die Deutschland-Berichte der SPD (Sopade). Selbst der Sicherheitsdienst der SS mußte einräumen, daß diese Berichte ein ausgezeichnetes Bild von der Lage der Dinge in Deutschland vermitteln.[32] Die Verantwortlichen der Sopade waren sich bewußt, wie schwierig es sei, aus einzelnen Beobachtungen Schlüsse auf die Gesamtheit zu ziehen. Deshalb üben sie große Zurückhaltung. Und doch: „Gleichwohl sprechen die beiden nachstehenden zusammenfassenden Berichte dafür, daß in den letzten Wochen eine wesentliche Verschlechterung der allgemeinen Stimmung in Deutschland eingetreten ist."[33] In einem dieser Berichte, aus Berlin, Mai 1937, heißt es:

> „Es ist schon schwer geworden, sich von dem allgemeinen Geschimpfe fernzuhalten; man fällt auf, wenn man nicht schimpft. Dies ist der Fall, obwohl jeder, und insbesondere die Wirte verpflichtet sind, Beschimpfungen des Staates oder irgend eines Führers sofort anzuzeigen. Freiwillige Denunzianten sind heute jedoch überaus selten geworden. Dafür nehmen allerdings die bezahlten Lockspitzel zu. In der Bahn, auf den Märkten, in den Kneipen und in den Lebensmittelgeschäften kann man auf diese Achtgroschenjungens stoßen, die sich aber meist durch ein allzu provokatorisches Schimpfen kenntlich machen."[34]

Aus München:

> „Das Volk in seiner Mehrheit steht gegen das Regime, das ist die Feststellung, die heute jeder ernste Beobachter in Deutschland machen muß. Es ist vorbei mit dem Glauben an die Wunderkraft Hitlers, es ist vorbei mit der Hoffnung auf Erlösung aus aller Not."[35]

Bereits 1936 war das Stimmungsbild, das Hitler von einem Lakaien geliefert wurde, so unerfreulich, daß er ihn unterbrach: „Die Stimmung im Volk ist nicht schlecht, sondern gut. Ich weiß das besser. Sie wird durch solche Berichte schlecht gemacht. Ich verbitte mir so etwas in Zukunft."[36]

Im September 1943 kursierte ein Flugblatt, das wenig Sinn gemacht hätte, wären die Verfasser von völlig falschen Annahmen ausgegangen:

> Bayern!
> Von Anfang an habt ihr die Vergötzung des Mannes abgelehnt, der sich durch Lügen und betrü-

---

[31] Dodd, a.a.O., S. 306 f.
[32] Bankier, a.a.O., S. 18.
[33] SPD-Berichte, a.a.O., Bd. 4, S. 139.
[34] SPD-Berichte, a.a.O., Bd. 4, S. 139.
[35] SPD-Berichte, a.a.O., Bd. 4, S. 603.
[36] Bankier, a.a.O., S. 22.

gerische Versprechungen in euer Vertrauen eingeschlichen hat. Ihr habt in der Mehrzahl den ‚Deutschen Gruß' abgelehnt. Wie recht ihr gehandelt, zeigt sich jetzt. Welche Scham muß heute alle erfüllen, die dem Mann ‚Heil' wünschten, der ihnen das Unheil gebracht hat."[37]

(Genau so war es. Von Behördengängen abgesehen, wie Vorsprache beim Leiter der Volksschule, war das „Heil Hitler" geradezu unmöglich. Ein Verstoß gegen dieses Tabu hätte die gesellschaftliche Isolierung zur Folge gehabt.)

Bankier vertritt in seiner oben zitierten Untersuchung die Auffassung, daß bereits ein Jahr nach der Machtergreifung weite Kreise der Bevölkerung die Mobilisierung der Massen zu kritisieren begannen, wenn auch die Kritik aus Angst vor Repressalien nur äußerst vorsichtig formuliert wurde.[38]

Im „Stürmer" las man schon im August 1934 eine bewegte Klage:

> „Ein stetes Gemecker und Geflüster herrscht auf den Gängen [der Universität München]. Hier nur einige Beispiele: Im Lesesaal wollte ich kürzlich den Stürmer lesen. Die Außenseite fand ich verschmutzt mit den Worten: Wann wird dieses Schandblatt endlich verboten... Auf den Bänken der Hörsäle sieht man eingekritzelt: Nieder mit der NSDAP. Aber damit nicht genug. Bei der ersten Studentenschaftsversammlung ebenso wie bei der juristischen Fachschaftsversammlung gab es traurige Szenen. Gleich zu Beginn begann ein Radau... Den ersten Redner ließ man nicht zu Worte kommen..."[39]

„Eine Erscheinung macht sich stark bemerkbar. Das Lesen ausländischer Zeitungen. Mindestens 60 Prozent, wahrscheinlich noch mehr, opponieren."[40]

Da drängt sich doch die Frage auf, warum es angesichts dieser Unzufriedenheit nicht zum Umsturz gekommen ist. Der Hauptgrund liegt auf der Hand: Die allgegenwärtige Gefahr einer Einlieferung in ein Konzentrationslager. Einen weiteren Grund nennen die Berichte:

> „Die Nazipropaganda nutzt den Bolschewistenschreck sehr geschickt dadurch aus, daß sie jede oppositionelle Regung als Bolschewismus hinstellt. In der gleichen Richtung wirken aber vor allem die Kommunisten selbst. Der Moskauer Sender..., Stalins Massenschlächtereien unter seinen engsten Mitarbeitern, die Treibereien der Kommunisten in Spanien, die Einheits- und Volksfrontmanöver in Frankreich... wirken als abschreckendes Beispiel."[41]

Der Schweizer Kulturphilosoph Denis de Rougemont, der 1935/36 eine Gastdozentur in Frankfurt am Main innehatte, beobachtete als Gegner des Regimes das Leben im Deutschen Reich und bestätigte das eben Gesagte:

> „Ich begegne vielen Angehörigen des Bürgertums: Professoren, Ärzten, Händlern, Industriellen, Rechtsanwälten, Angestellten, mehr oder weniger ruinierten Rentiers: Ich muß wohl zugeben, daß sie alle gegen das Regime sind. Es ist verkleideter Bolschewismus, wiederholen sie... Aber wenn ich sie danach frage, in welcher Form sie Widerstand leisten wollen, weichen sie aus. Es gelingt mir,

---

[37] Weisenborn, a.a.O., S. 374.
[38] Bankier, a.a.O., S. 26.
[39] N. N. „Der Brief des deutschen Studenten", Der Stürmer 31/1934.
[40] Weisenborn, a.a.O., S. 107.
[41] SPD-Berichte, a.a.O., Bd. 4, S. 1235.

ihnen das Geständnis zu entlocken, daß der braune Bolschewismus in ihren Augen im Grunde weniger schrecklich sei als der rote."[42]

Und an anderer Stelle:

„Das macht mich auf einen Fehler aufmerksam, den wir, die wir Deutschland oder die UdSSR von außen betrachten, häufig begehen: Wir glauben, daß alle, die dort leben, von Haß oder begeisterter Zustimmung gegenüber dem Regime erfüllt seien, das ihnen aufgezwungen ist. Die Wahrheit ist, daß die große Mehrheit das Regime mit Gleichgültigkeit hinnimmt, damit meine ich: es nicht mehr in Frage stellt."[43]

Der Deutschlandbericht der SPD vom Oktober 1938 bietet wieder Informationen aus mehreren Teilen des Reiches, abgefaßt im Vormonat. Sie stimmen im Kern überein. Der Beitrag aus dem Ruhrgebiet lautet: „Man fürchtet, daß es zum Kriege kommen und daß Deutschland dabei zugrunde gehen werde. Nirgends ist Kriegsbegeisterung zu spüren."[44]

Der Deutschlandbericht vom Februar 1939 beginnt mit den Worten:

„Wir haben bereits im Vormonat über den allgemeinen Stimmungsverfall in Deutschland berichtet, der dahin geführt hat, daß die Haltung der Bevölkerung zur Diktatur nach einem Jahr ungeahnter außenpolitischer Erfolge kritischer war als ein Jahr vorher. Die Nationalsozialisten sind sich dieser Tatsache durchaus bewußt."[45]

Wieder ein Jahr später, Februar 1940:

„Das fröhliche rheinische Volk ist direkt griesgrämig geworden. Die Zwangsmaßnahmen tragen natürlich nicht dazu bei, die Stimmung zu verbessern... Die Frauen und Mütter werden mit unzähligen Schriften, Traktätchen, Broschüren... überschüttet. Der Erfolg dieser Propaganda ist recht gering."[46]

Daß die Stimmung im Verlaufe der Kriegsjahre angesichts der stark zunehmenden Entbehrungen und Blutopfer nicht besser wurde, sondern sich weiter verfinsterte, versteht sich von selbst, bedarf keines Beweises. Nicht unerwähnt soll bleiben, daß nicht wenige Hitler exkulpierten in der Annahme, er habe offenbar den Überblick verloren.

Auf die Deutschlandberichte der SPD kann ab 1940 nicht mehr zurückgegriffen werden, da sie kriegsbedingt (Besetzung Frankreichs) eingestellt werden mußten. Eingestellt wurden auch die Berichte des Sicherheitsdienstes der SS, der wahrheitsgetreu über die Stimmung in der Bevölkerung berichten sollte und dessen Berichte daher immer mehr als defätistisch und kontraproduktiv empfunden wurden:

---

[42] Rougemont, Denis de: „Journals aus Deutschland 1935–1936", Wien 1998 (Erstveröffentlichung 1938), S. 21.
[43] Rougemont, a.a.O., S. 78.
[44] SPD-Berichte, a.a.O., Bd. 5, S. 915.
[45] SPD-Berichte, a.a.O., Bd. 6, S. 9.
[46] SPD-Berichte, a.a.O., Bd. 7, S. 95.

> „Im Sommer 1944 war es dann Bormann, der die Berichterstattung in der bisherigen Form zum Erliegen brachte. Er teilte die Meinung eines seiner Mitarbeiter in der Parteikanzlei, ‚die V-Männer des SD kommen offenbar nur in negative Kreise‘, und bezeichnete die Meldungen als Sprachrohr des Defaitismus."[47]

Ähnlich muß sich Himmler geäußert haben. Der Chef der SD-Berichterstattung, Otto Ohlendorf, notierte: „Der Reichsführer wünscht sich im Grunde einen Nachrichtendienst, der ihm frohe, zukunftsfreudige Berichte liefert... Das ist nicht möglich, denn je krisenhafter die Lage wird, um so düsterer werden die Berichte."[48]

2004 ist in der Schriftenreihe des Bundesarchivs ein Standardwerk erschienen: „Die Juden in den geheimen NS-Stimmungsberichten 1933–1945". Es ist knapp 900 Seiten stark und bietet 752 solcher Berichte. Einleitend heißt es:

> „Wie aus den bisherigen Forschungen zur geheimen NS-Berichterstattung hervorgeht, glaubte das Regime nicht an das monolithische Bild von Staat und Gesellschaft, das von ihm selbst in den Massenmedien dargestellt und von der Welt meist entsprechend wahrgenommen wurde. Es entwickelte vielmehr eine eigene interne Berichterstattung..."[49]

Unter diesen Berichten sind solche, die aus heutiger Sicht ein gutes Licht auf die Deutschen von damals werfen, und solche, die beschämen. Dazwischen stehen jene, die sich nicht klar in diese Zweiteilung fügen, so wenn es heißt: „Die Stimmung in der Bevölkerung über die Judenfrage ist sehr verschieden."[50] Oder: „Während sich in Auswirkung der oben genannten Verordnungen eine verstärkte Stellungnahme der Bevölkerung gegen die Juden bemerkbar macht, wird aus fast allen Oberabschnitten nach wie vor von einer indirekten Unterstützung der Juden durch strenggläubige Katholiken und Protestanten, wie auch der Bauernschaft gesprochen."[51]

Bleiben derlei Mitteilungen unberücksichtigt, so sind 44 für die Herrschenden unerfreulich und nur 11 so, daß sie glauben konnten, die amtliche Sicht finde breite Zustimmung. Bei der Bewertung dieses Befundes ist das alte Sprichwort aus Sophokles' Antigone zu bedenken: „Niemand liebt den Boten schlechter Nachricht." Die Zuträger des Regimes waren entweder käuflich oder fanatische Parteigänger. Das Voranschreiten in der ideologischen Führung mußte ihnen ein Anliegen und eine Freude sein. Entsprechendes galt für ihre Adressaten. Alles gute Gründe, um den Berichten im Zweifel einen freundlicheren Anstrich zu geben. Hinzu kam, daß es dieser Typ Mensch schwer hatte, ins Vertrauen gezogen zu werden. Die untergetauchte Marga Spiegel erzählt, wie eine Evakuierte bekannte, sie habe „schon die Nase voll":

---

[47] Boberach, Heinz (Hg.): „Meldungen aus dem Reich. Die geheimen Lageberichte des Sicherheitsdienstes der SS 1938–1945", Herrsching 1984, 17 Bde. inklusive Registerband, Bd. 1, S. 36 f.
[48] Bankier, a.a.O., S. 17.
[49] Kulka, a.a.O., S. 15.
[50] Kulka, a.a.O., S. 250.
[51] Kulka, a.a.O., S. 274.

> „Ich gab eine ausweichende Antwort, denn ich konnte mich nicht der Gefahr aussetzen, in meiner Situation durch eine solche Bemerkung aufzufallen. So konnte die groteske Situation entstehen, daß sie, wie Frau Aschoff mir lachend erzählte, ärgerlich zu verstehen gab: ‚Frau Krone [Tarnname statt Spiegel] scheint noch nicht viel mitgemacht zu haben…, die ist noch ein richtiges Naziweib!‘"[52]

Mit anderen Worten: die hundertprozentige Gegnerin wurde als „Naziweib" wahrgenommen. Das Gegenteil ist kaum vorstellbar.

Alle Verschworenen des 20. Juli 1944 haben sich verstellt, mußten sich verstellen. Und die tolle Meldung der SD Hauptaußenstelle Bielefeld vom 15. März 1942 – „Mit der zunehmenden Kriegsausweitung sind anfängliche Zweifel über die Notwendigkeit des Krieges so gut wie überall beseitigt."[53] – ist so absurd, daß sich jeder Kommentar erübrigt.

Ein Kölner erinnert sich:

> „1935–1938 – die Zeit als Lehrling bei Gottfried Hagen – zeigte mir, daß die Masse der Arbeiterschaft, im Gegensatz zu den meisten Angestellten, nicht viel vom Dritten Reich mit den neuen Bonzen und Goldfasanen hielt. Zeitweilig war ich als Terminjäger eingesetzt und kam dadurch in viele Betriebsabteilungen. In den meisten war man gut beraten, nicht mit ‚Heil Hitler‘ einzutreten, denn dann schaltete alles auf stur, und man wurde ohne viel Eifer abgefertigt."[54]

„Cocktail-Party bei Erich Tuch", schreibt Ruth Andreas-Fischer am 28. Januar 1941 in ihr Tagebuch und fährt fort:

> „Das halbe Auswärtige Amt ist erschienen. Das heißt – genauer gesagt – die ‚andere Hälfte‘ des Auswärtigen Amtes. Die Gegenhälfte. Denn unter den hundertundzwanzig Anwesenden dürfte sich kaum ein Nazi befinden. Man redet getarnt und geschickt. Wie es sich für Diplomaten geziemt."[55]

Und die jubelnden Massen, die aus gegebenem Anlaß Spaliere bildeten, Begeisterung zeigten?

Anläßlich der Münchner Konferenz 1938 wurden sogar die Klosterschulen, die dem Regime ein Dorn im Auge waren und deshalb ab 1936 keine neuen Klassen mehr bilden durften, verpflichtet, geschlossen als jubelnde Menge die Wege zu säumen, durch die Hitler und seine Gäste kamen. Welches Schulkind konnte es wagen, nicht den Arm zu heben? Meine Schwester Gabriele, Jahrgang 1927, Gymnasiastin der Armen Schulschwestern am Anger, war unter den auf diese Weise Vorgeführten und zur Stimmungsmache Mißbrauchten.[56]

---

[52] Spiegel, a.a.O., S. 108.
[53] Kulka, a.a.O., S. 488.
[54] Matzerath, a.a.O., S. 101.
[55] Andreas-Friedrich, a.a.O., S. 75.
[56] Meine Eltern ließen sie bereits nach der 3. Klasse, also mit neun Jahren, ins Gymnasium übertreten, da ab 1937 den Schwestern Neuaufnahmen untersagt waren.

Münchner Schulkinder, die aus Anlaß der Münchener Konferenz Spalier standen

Das Tosen und Toben im Berliner Sportpalast? Schon 1939 klagt Andreas-Friedrich:

> „Dieser unselige Sportpalast! In der ganzen Welt hat er unser Ansehen geschändet. Ein paar tausend Menschen faßt das Etablissement. Etwa vier Millionen Einwohner zählt die Stadt Berlin. Warum begreifen nur so wenige die wahren Zusammenhänge unserer ‚Ja's im Sportpalast? Den Jubel der Spaliermacher, die Ovationen bei allen Bonzenreden, das Siegheilrufen der Reichstagsabgeordneten, die lärmende Volksstimmung bei jeder Naziveranstaltung?"[57]

Dann nennt sie die Gründe, insbesondere:

> „Jeder politisch Unzuverlässige, jeder auch nur im geringsten der Möglichkeit des Nein-Sagens Verdächtige ist in solchen Fällen fernzuhalten."[58]

„Sportpalast" waren auch die Veranstaltungen des Volksgerichtshofes. Pater Delp beobachtete die Anwesenden: „Das Publikum hat durchschnittlich den Typ des ‚einen' Deutschland. Das ‚andere' Deutschland ist nicht vertreten oder wird zum Tode verurteilt."[59]

---

[57] Andreas-Friedrich, a.a.O., S. 53.
[58] Andreas-Friedrich, a.a.O., S. 54.
[59] Weisenborn, a.a.O., S. 384.

Ursula Kardorff, auf das engste liiert mit den Männern des Widerstandes, bringt am 17. November 1942 ihre Erfahrung zu Papier: „Aber diese Tatenlosigkeit ringsum ist erschütternd. Ich kenne keinen überzeugten Nazi, und doch wird alles hingenommen, als sei es unabänderlich…Wir sind ein Volk von Knechten geworden."[60]

Francis Carsten, der politischen Linken eng verbunden, während der NS-Ära aus Deutschland ausgewandert, hat eigene Erfahrungen und die Summe seiner Lesefrüchte in dem Buch „Widerstand gegen Hitler" zusammengefaßt. Nach dem, was er zu wissen glaubt, war die Nazipropaganda im allgemeinen recht erfolgreich: „Anfang 1935 schrieb der Grenzsekretär Hans Dill besorgt an die Parteiführer der SPD in Prag, die Genossen ,konstatierten betrübt eine fortschreitende Verblödung des Volkes infolge der unbeschreiblichen Nazipropaganda'."[61] Doch nachher beschreibt Carsten, welche Druckmittel erforderlich waren, um die Arbeiter zur Teilnahme an den Veranstaltungen der Bewegung zu veranlassen: „Die Bergarbeiter an der Ruhr wußten, sie würden keinen Lohn erhalten, wenn sie sich nicht namentlich zum Festzug meldeten."[62] Von derlei Zwangsmaßnahmen ist immer wieder die Rede, was darauf schließen läßt, daß von echter Begeisterung bei den Massen keine Rede sein konnte.[63] Das ist auch Carstens Resümee am Ende des Buches: „Nach 1933 machte die große Mehrheit der Arbeiter ihren Frieden mit dem Regime und wurde passiv und apathisch, ,weil man ja doch nichts tun könne'."[64] Wenn bei Carsten nur von den Arbeitern die Rede ist, so deshalb, weil der Untertitel seines Buches „Die deutschen Arbeiter und die Nazis" lautet. Die in der Landwirtschaft Tätigen, damals noch ein großer Teil der Bevölkerung, waren eher noch renitenter.

Von all dieser Entfremdung des Volkes und selbst manch elitärer Einrichtungen vom „Führer" und dessen Männern – eine gewisse Annäherung 1933 und Anfang 1934 unterstellt – nichts bei Gellately. Das macht sprachlos, verrät die Machart des ganzen Buches und die Absicht, die dahintersteckt, so wenn zu lesen steht: „Es war gar nicht nötig, daß die Nationalsozialisten die Polizei ,säuberten', weil es den meisten Polizeien [sic] leichtfiel, sich anzupassen."[65] Daß der Beruf für die Polizisten und ihre Familien die Existenzgrundlage war, findet keine Erwähnung, auch nicht, daß die schmutzigste Arbeit von der Gestapo verrichtet wurde und normale Polizisten viel Gutes taten, wie zahlreiche Opfer, darunter oben Zitierte wie Klemperer („die Polizei ist immer höflich"), bekunden.

---

[60] Kardorff, a.a.O., S. 43.
[61] Carsten, a.a.O., S. 49.
[62] Carsten, a.a.O., S. 56.
[63] Carsten, a.a.O., S. 137.
[64] Carsten, a.a.O., S. 262.
[65] Gellately, a.a.O., S. 33.

Bad Reichenhall,d. 16. Aug. 1943.
Luitpoldstr. 23.

127

Sehr geehrter Herr Staatssekretär!

Sie sind der einzige meiner Bekannten aus der Jugendzeit,der heute
an führender Stelle steht.Darum wende ich mich an Sie in der Hoffnung,
daß meine nachfolgenden Zeilen die notwendige Beachtung finden werden,
um die höchste Stelle auf die z. Zt. herrschende Volksstimmung hier
aufmerksam zu machen.

Seit 4 Jahren wohnen wir in Bad Reichenhall.Ich kenne daher die Bayern=
art,möglichst über Alles zu schimpfen,auch wenn es nicht so ernst ge=
meint ist.Doch im Kriege kann diese Eigenschaft,wie sie sich seit Krieg=
beginn allmählich fortentwickelt hat,zur ernsten Gefahr werden.Hier ist
die Mies-u-Gerüchtemacherei derart gestiegen,daß man mit Vernunftgrün=
den nicht dagegen ankommt,leider grassiert sie nicht nur in Frauen=,
sondern auch in Männerkreisen.Kürzlich hielt Kreisleiter Zeitz-Berchtes=
gaden bei einer Mitgliederversammlung eine großartige Ansprache an uns
Parteigenossen,dagegen energisch Front zu machen.Das haben wir selbst=
verständlich stets getan.Man erreicht aber nichts. Man erinnert z. B.
als warnendes Beispiel an den Dolchstoß der Heimat 1918.Man versucht
ihnen unsere großen Erfolge klar zu machen im Gegensatz zu dem,was un=
sere Feindmächte bisher erreichten,daß kein Feind auf deutschem Boden
steht.Was erhält man zur Antwort? ,,Das kann bald anders werden.Warten
Sie nur mit Italien ab.Dann sind wir hier Aufmarschgebiet.Dr. Göbbels
hat ja selbst gesagt:Jetzt blutet Westdeutschland.Dann kommt Bayern dran"
Oder,,da sagte man uns,die Lebensmittelrationen würden ansteigen und g
grade das Gegenteil." Oder,,der Krieg muß in diesem Jahr ein Ende neh=
men. Länger halten wir das nicht aus."(Dabei spürt der Bayer hier kaum
den Krieg)Oder,,schade,daß die rumänischen Ölfelder nicht vernichtet
wurden.Dann wäre der Krieg bald zu Ende."Oder,,Wann kommt nun endlich
die Vergeltungsaktion gegen England? Warum kommt sie nicht jetzt?" Oder

2   **129**

Oder ,Warum spricht der Führer und Göring nie mehr zu uns?Weil so Vieles
nicht eingetroffen ist?"Oder ganz Schlimme,,Warum mußten wir den Krieg
überhaupt.anfangen?Nun noch das große Amerika dazu!"Das Alles sind Stim=
men aus dem Volke!Und Einer beeinflußt in diesem Sinne den Andern.Doch
kürzlich äußerte sogar eine gebildete Dame,,dann schon lieber den Bolsche-
wismus.So geht es nicht mehr weiter!,Gestern besuchte uns eine Pg. aus
München,die noch schlimmere Erfahrungen dort macht,wenn sie mit der Tram=
bahn z.B. in ihren kriegswichtigen Betrieb fährt.Dabei beklagen sich diese Gerüchtemacher noch,,Niemand dürfe seine freie Meinung äußern;die Zeitungen brauchte man nicht zu lesen,sie brächten alle das Gleiche."Man regt
sich dort vor Allem über den Lebensstandard einzelner pol. Leiter auf,der
nicht in Einklang zu bringen wäre mit der allgemeinen Rationierung.Die
Wirtschaft braucht dringend Benzin und ist empört,über die vielen Privat-
fahrten der SS und Partei.Immer wieder wird behauptet,wir regten uns über
die Bolschewistenmorde in K.u.W.auf und die SS. machte es mit den depor=
tierten Juden in Rußland genau so.--Ich führe absichtlich Alles wörtlich
an,um Ihnen ein möglichst klares Bild zugeben.Von den gradezu kindischen
Gerüchten,mit denen anscheinend das Vertrauen zur Führung erschüttert wer=
den soll,spreche ich garnicht.Wenn aber außerdem noch in München behaup=
tet wird,berechtigte Beschwerden über die oben angeführten Mißstände füh=
ten zu keinem Ergebnis,so schadet das Alles gewaltig dem Ansehn der Partei,
die grade im Krieg das feste Fundament des Staates sein und bleiben muß.
Immer wieder hört man in Pg-Kreisen,,wenn der Führer nur einmal direkt
von diesen Verhältnissen Kenntnis erhielte!" Außerdem wird anscheinend
bewußt die bekannte Abneigung der Bayern gegen die ,,Saupreißen" noch in
dieser Zeit geschürt.Es geht so weit,daß im letzten.Winter hier in R. prß.
Schulkinder von der Benutzung der Eisbahn durch bayr. Schulkinder ausge=
schlossen wurden.Sogar über die jetzige Unterbringung der armen Evacouier=
ten im Chiemgau etc.soll man empört sein,,da man sich weder in der Spra=
che noch sonst verstände!" Wir Norddeutsche,besonders aus den Grenzgebie =

3

131

gebi t haben ja eine ganz andere Einstellung dem Kriegsgeschehen gegen=
über.Doch auch viele Kurgäste aus anderen Gebieten äußern sich empört
über die allgemeine Stimmung hier.----Wir versuchten nach der letzten Re=
de unseres Kreisleiters mit Diesem darüber zu sprechen,doch wurden wir
leider durch den Ortsgruppenleiter unterbrochen.

Kürzlich besuchte uns nach langen Jahren zu unserer Freude ein Gumbinner
Schulkamerad von Ihnen-Heinrich Seman,der Sohn des damaligen Steuerrats.
Er wohnt seit einigen Jahren als Bankdir.i.R. in München.Ist jetzt als
Hauptmann bei der Wehrmacht tätig und ist in gleicher Weise ,wie viele
unserer Bekannten,in großer Sorge um die innerpolitische Entwickelung
hier.Sollte Ihnen seine Anschrift von Wert sein -er ist Pg.und ein kern=
deutscher,ehrlicher Mann-- Er wohnt München 19.Aiblinger Straße 1. Ruf:
60 738. Er hat jedoch keine Ahnung davon,daß ich an Sie schreibe. Aber
nach der gestrigen Unterredung mit der Münchener Pg. halte ich es vor
Gott und unserm Führer gradezu für meine Pflicht,Sie in dieser ernsten
Zeit davon in Kenntnis zu setzen. Da ich aber leider nicht in der Lage
bin,Ihnen bestimmte Unterlagen zu geben,bitte ich Sie,diesen Brief ledig=
lich als Privatbrief aufzufassen,der nur für Sie,sehr geehrter Herr Staats
sekretär,in vollem Vertrauen gerichtet ist,gewissermaßen als Hinweis.
(Wir kenn von 1918 her das schleichende Gift der Zersetzung.) Daher bitte
ich von einer Weitergabe dieses Briefes abzusehn.

Mit bestem Gruß und Heil Hitler!

Ihr

Anna Schmitt.
geb. Eckert aus
Gumbinnen.

Brief aus Bayern (Bad Reichenhall) an den Staatssekretär im RMI Pfundtner vom 16.8.1943: Eine dem
„Führer" ergebene Frau schildert die Stimmung.[66]

[66] Kulka, a.a.O., S. 583 ff.

Von Marinus van der Lubbe, dem Brandstifter des Reichstages, heißt es bei Gellately: „ohne besondere Verbindung zu den Kommunisten".[67] Richtig ist jedoch: Er war Kommunist, bis 1931 Mitglied der Kommunistischen Partei. Dann schloß er sich einer rätekommunistischen Splittergruppe an.[68]

Nicht so ganz in den Gedankengang Gellatelys paßt die Feststellung:

> ‚Woher aber die Notwendigkeit einer solchen Polizei, wenn doch, wie Himmler selbst sagte, ‚Millionen' von Menschen ‚ehrlichen Herzens' zu den Nationalsozialisten gekommen waren? Der Grund war laut Himmler, daß es noch immer ‚Tausende und Zehntausende' gab, die Feinde des neuen Systems geblieben sind."[69]

Die vollen KZs beweisen, daß Himmler so unrecht nicht hatte.

Für Gellately ist der Ausgang der Volksbefragung (es ging dabei um den Austritt Deutschlands aus dem Völkerbund) und der Reichstagswahl vom Herbst 1933 ein Indiz dafür, daß das deutsche Volk die Lager und die neue Polizei akzeptierte. Dieser Logik folgend akzeptierten auch die Häftlinge die Lager, denn auch sie gaben weit überwiegend Ja-Stimmen ab. So heißt es mit Blick auf das KZ Dachau und diese „Wahl"/„Abstimmung": Da das Wahlgeheimnis nicht gewährleistet schien, „kamen die Häftlinge überein, mit ‚Ja' zu stimmen, und trösteten sich damit, daß das Wahlergebnis einen Beweis für den Terror im Lager liefern würde. Die Kommandantur verstand dies jedoch nicht so und belohnte die Häftlinge für ihr Votum mit der zeitweiligen Auflösung der Strafkompanie."[70]

Gellatelys „Beweise" zentraler Behauptungen lauten etwa: „Das Beweismaterial bleibt zwiespältig, doch hat Marion Kaplan recht, wenn sie feststellt, daß das Hitlerregime lange vor Beginn des Holocaust die Juden ‚zu Objekten einer allgemeinen, haßerfüllten Tabuisierung' verwandelt habe."[71] Das ist aber kein Beweis, nur ein Verweis.[72]

Geradezu eine Zumutung ist sein „Nachweis" der Denunziationen von Juden durch die deutsche Bevölkerung. Er bietet eine Tabelle. Sie betrifft Unterfranken, weil von dort die Akten erhalten sind. Im Zeitraum 1933–1945 betrug die Anzahl der Fälle 129, jährlich also im Schnitt zehn. Und das bei einer Bevölkerungszahl

---

[67] Gellately, a.a.O., S. 34.
[68] Jesse, Eckart: „Reichstagsbrand und Reichstagsbrandprozeß. Historische Ereignisse und ihre Deutung", in: Bayerische Landeszentrale für politische Bildungsarbeit (Hg.): „Die Anfänge der braunen Barbarei", München 2004, S. 173 ff., S. 174.
[69] Gellately, a.a.O., S. 52.
[70] Zámecnìk, Atanislav: „Das war Dachau", Luxemburg 2002, S. 57. Laut der Fußnote 131 gehen die Erkenntnisse auseinander, ob es eine oder acht Gegenstimmen gegeben hat. Drei Häftlinge, die nicht zur Wahl erschienen, wurden barbarisch geschlagen.
[71] Gellately, a.a.O., S. 176.
[72] Daß Gellately (a.a.O., S. 187) den Breslauer Kardinal Bertram, den Vorsitzenden der Deutschen Bischofskonferenz, nach Fulda versetzt, sei nur am Rande vermerkt.

von 840 663 gemäß der Erfassung von 1939[73]. (In der DDR gab es 1989 ein Spitzel-heer von 172 000 Männern und Frauen, Inoffizielle Mitarbeiter genannt, neben 92 000 Hauptamtlichen.) Wenn Gellately gleichwohl in diesem Zusammenhang schreibt: „Daß die Bevölkerung sogar in dieser Gegend schließlich mit der Ge-stapo zusammenarbeitete, wirft ein eher beunruhigendes Licht auf die Nation als ganze"[74], so kann der Kommentar nur lauten, daß er selbst den Gegenbeweis liefert: Nicht einer unter fünftausend Einwohnern hat sich im Verlaufe von zwölf Jahren einer Denunziation schuldig gemacht, trotz des angeblichen Judenhasses. Darf man diese wenigen mit der Bevölkerung gleichsetzen? (Am Rande sei bemerkt: Gellately muß einräumen, daß nur ein knappes Drittel der Anzeigen überwiegend politisch motiviert gewesen ist.[75]) Im Nachwort zum „Anne-Frank-Tagebuch" heißt es, ihre Festnahme sei durch einen SS-Oberscharführer und „mindestens drei holländische Helfer von der Grünen Polizei" erfolgt. „Es ist sicher, daß das Versteck verraten wurde."[76] In jedem Land gab es Denunzianten und Verräter. Gab es in Deutschland mehr?

Kann es sein, daß Gellately die Ungereimtheiten gar nicht wahrnimmt? Das er-scheint doch ausgeschlossen. Aber offenbar hat er kein besseres Belastungsmate-rial. Ganz unbeeindruckt von diesem Fehlschlag „Denunziation" fährt er fort: „Warum erstatteten die Deutschen [typisch hier wieder die Verallgemeinerung: *die* Deutschen] überhaupt Anzeigen bei der Gestapo…?"

Nun die Antwort liegt auf der Hand: 1. waren es nicht die Deutschen, sondern einige wenige, und 2. weil es auch unter den Deutschen Gesindel gab und gibt!

1.3 „Keinesfalls ein Gefühl der Solidarität" – Christopher Browning

> „Abgesehen von frustrierten Parteiaktivisten, die ihre Wut endlich einmal auf der Straße abreagie-ren durften, schauten die meisten Deutschen während des ‚Kristallnacht'-Pogroms im November 1938 zu und mißbilligten die gewalttätigen und zerstörerischen Übergriffe auf deutsche Juden… In dieser reservierten Haltung äußerte sich indessen keinesfalls ein Gefühl der Solidarität"[77],

glaubt Christopher Browning zu wissen. Doch dem Leser verrät er nicht, wie er zu dieser Einschätzung kommt. Von jenen, die in den Städten unterwegs waren, wur-den viele Zeugen der Verwüstungen. Aber wurde wirklich die Mehrheit der Deut-schen Augenzeuge?

Woher weiß Browning, daß die eingeräumte Mißbilligung „keinesfalls ein Gefühl

---

[73] „Historisches Gemeindeverzeichnis", Heft 192 (1840–1952), hrsg. v. Bayerischen Statistischen Lan-desamt, S. 9.
[74] Gellately, a.a.O., S. 189.
[75] Gellately, a.a.O., S. 195.
[76] Frank, Anne: „Anne Frank Tagebuch", Frankfurt am Main 2001, S. 315.
[77] Browning, a.a.O., S. 610.

der Solidarität" einschloß? Ist es nicht viel wahrscheinlicher, daß das Maß der Solidarität von Zuschauer zu Zuschauer verschieden war? Unsere Zeitzeugen berichten geradezu am laufenden Band von Bekundungen der Solidarität.[78]

„Wenn die ‚gewöhnlichen' Deutschen 1938 schon zusammenzuckten, als Schau-
fensterscheiben zu Bruche gingen…", fährt Browning fort, „wieso waren sie dann
nur drei Jahre später dazu in der Lage, die Juden in Osteuropa massenhaft umzu-
bringen?"[79]

Uns Kindern wurde die Wankelmütigkeit der Massen mit dem biblischen Bericht
verdeutlicht. Am Palmsonntag riefen die Scharen: „Hosianna dem Sohne Davids!", nur fünf Tage später: „Kreuziget ihn, kreuziget ihn!" Schon in der Schule
stellte sich die Frage: Waren es am Sonntag und am darauf folgenden Freitag wirklich dieselben Menschen? Daß sich Henkersknechte in nicht geringer Zahl
fanden, ist furchtbar genug. Haben sie ihr mörderisches Handwerk gerne oder widerwillig verrichtet? Daß der brutale Krieg mit massenhafter Vernichtung von
Menschenleben enthemmend gewirkt hatte, versteht sich von selbst. Aber ohne
entsprechende Nachweise ist es nicht glaubhaft, daß jene, die den Pogrom mißbilligt hatten, in nennenswerter Zahl zu bereitwilligen Helfern mutierten. Wo ist
dieser Nachweis?

Wohl jeder, der ab Herbst 1939 einige Zeit in Polen stationiert war, hat zumindest
Kenntnis von furchtbaren Verbrechen erlangt. Doch welche Möglichkeiten boten
sich ihm, dem Treiben Einhalt zu gebieten? Wilm Hosenfeld ist einer von denen,
an die sich diese Frage zuerst richtete. Das Buch, das sein dortiges Verhalten in
allen Details anhand umfangreicher Tagebücher und Briefe schildert, trägt den
Titel „Ich versuche jeden zu retten".[80] Ihm ist es mehrmals gelungen, jemanden zu
retten. Das steht außer Zweifel, da Gerettete heute noch leben und den Retter benennen. Aber er hatte nicht die geringste Chance, dem Massenmord Einhalt zu
gebieten. Sicherlich zählt er, was Rettungsintensität anlangt, zu den großen Ausnahmen. Doch bis Mitte 2004 wußte kaum jemand von ihm. Seine Hilfe hat ihn in
Todesgefahr gebracht. Wäre das Risiko der Hilfe nicht so groß gewesen, so hätten
sich wohl weit mehr wie er verhalten.

So bitter auch der Inhalt des folgenden Satzes ist, eine scheinbare Kleinigkeit verdient es, herausgestellt zu werden. Browning spricht vom NS-Regime, dem es
gelang, „Deutsche dafür zu mobilisieren, auch Nichtjuden in großer Zahl zu töten"[81], – sonst heißt es fast ausnahmslos bei Browning: *die* Deutschen.

---

[78] Siehe unten, Kapitel 2.3.
[79] Browning, a.a.O., S. 610.
[80] Hosenfeld, Wilm: „‚Ich versuche jeden zu retten'. Das Leben eines deutschen Offiziers in Briefen
und Tagebüchern", München 2004.
[81] Browning, a.a.O., S. 615.

Die Massenmorde geschahen in der Regel auf deutschen Befehl unter deutscher Leitung. Ausnahme beispielsweise Rumänien, wo Hunderttausende Juden auf eigene Faust von den Mächtigen vor Ort liquidiert wurden. In ganz Osteuropa, wo Deutschland das Sagen hatte, gab es einheimische Hilfspolizisten, die häufig bei den Deportationen der Juden in die Vernichtungslager mitwirkten, die Helfershelfer der Ordnungspolizei auch an den Massakern. „Größtenteils unbekannt ist die Rolle der polnischen Polizei, die zwar in Zentralpolen kaum an Erschießungen beteiligt war, in Ostpolen jedoch in den allgemeinen Apparat der Hilfspolizei eingebaut wurde."[82] Es gab Konzentrationslager, die gänzlich ohne deutsches Personal auskamen.[83]

Diese Kooperation, wie willig oder unwillig auch immer, wirft die Frage auf, ob Mordbereitschaft bei entsprechenden Konstellationen wirklich eine nationale Eigenheit ist, wie manche noch immer unterstellen.

1.4 „Der eliminatorische Antisemitismus" – Daniel Goldhagen

> „Selten hat ein Buch, das wissenschaftlichen Anspruch erhebt, so viel allgemeines Interesse erregt wie Daniel Goldhagens Studie ‚Hitlers willige Vollstrecker…' Nach Erscheinen des Buches brachten sämtliche bedeutenden Zeitungen und Zeitschriften innerhalb von wenigen Wochen eine oder mehrere Kritiken",

schreibt Norman Finkelstein mit Blick auf die USA.[84] Es wurde zum zweitbesten Sachbuch des Jahres 1996 gekürt. In Deutschland war die Aufnahme nicht weniger sensationell.

Bietet Goldhagen neue Erkenntnisse oder nur Neuigkeiten, die keiner Nachprüfung standhalten? Eine Provokation ist das Buch auf jeden Fall, vor allem für die Deutschen. Schon in der Einleitung heißt es: „Hitler verkündete mehrmals mit aller Leidenschaft, daß der Krieg mit der Auslöschung der Juden enden würde, und die Tötungen trafen auf allgemeines Verständnis, wenn nicht gar Zustimmung."

Für diese verbrecherische Mentalität hat Goldhagen auch eine Erklärung. Sie lautet: „daß die ganz ‚normalen Deutschen' durch eine bestimmte Art des Antisemitismus motiviert waren, die sie zu dem Schluß kommen ließ, daß die Juden *sterben sollten*"[85] [Hervorhebung im Original].

Betrachten wir die Behauptungen Punkt für Punkt: Ja, es gibt unheilschwangere Andeutungen Hitlers aus seinen frühen Tagen als Politiker, so in „Mein Kampf",

---

[82] Pohl, Dieter: „Ukrainische Hilfskräfte beim Mord an den Juden", in: Paul, a.a.O., S. 205ff.; S. 223.
[83] Finkelstein; Birn, a.a.O., S. 173.
[84] Finkelstein; Birn, a.a.O., S. 24.
[85] Goldhagen, a.a.O., S. 21 bzw. 28.

und aus dem Jahre 1939. „Mein Kampf" wurden nicht oder kaum zur Kenntnis genommen, weder von den „Ariern" noch von den Juden. Als im Januar 1939 die Drohungen zu vernehmen waren, warf der Zweite Weltkrieg schon seine Schatten voraus. Doch in den Jahren, als Hitler die Massen anzog, verzichtete er, wie oben ausgeführt, auf diese ominösen Töne.

Wie viele Deutsche hatten Kenntnis von den Tötungen? Davon wird später ausführlich die Rede sein.[86] Niemand kennt die Zahl auch nur annähernd. Ungeheuerlich die Unterstellung, all jene, die davon Kenntnis hatten, hätten dafür Verständnis aufgebracht. Für Hunderte war die Kenntnis der Verbrechen mit ein Grund, den Sturz Hitlers ins Auge zu fassen. Auch davon wird später die Rede sein.[87] Das Gros der Empörten sah aber keine halbwegs realistische Chance, allein oder mit anderen einen solchen Schritt zu unternehmen. Wie groß der Anteil jener war, die sich empörten, verglichen mit denen, die Verständnis dafür aufbrachten, wird ebenfalls auf Dauer ein Rätsel bleiben.

Neuland im Bereich der Historiographie betritt Goldhagen mit seiner Behauptung, es habe schon vor 1933 einen besonderen deutschen Antisemitismus gegeben, der die Deutschen zu Hitlers willigen Vollstreckern gemacht habe. Goldhagen spricht von „eliminatorischem Antisemitismus"[88], von „exterminatorischem Antisemitismus"[89], der die Deutschen schon beseelt habe, bevor Hitler zum Reichskanzler bestellt wurde.

Alles spricht gegen die Richtigkeit dieser Annahme. Insofern ist auf die Ausführungen über die Zeit vor 1933 zu verweisen.[90] Deutschland hatte weit mehr jüdische Einwanderer als Auswanderer. Deutschland wurde von den meisten Juden geliebt, nicht gefürchtet, trotz antisemitischer Literatur und Eskapaden. Wären die Deutschen in der Weimarer Zeit jene fanatischen Judenhasser gewesen, hätten sie Hitlers Antisemitenpartei nicht erst nach dem Schwarzen Freitag 1929 gewählt. Vorher war die NSDAP nur eine Splitterpartei.

Verdienstvoll an Goldhagens voluminösem Werk von über 700 Seiten ist der Nachweis, wie viele gewöhnliche Deutsche Hitler in Mordgehilfen verwandeln konnte. Dafür gibt es viele Gründe, vom bedingungslosen Gehorsam gegenüber den Machthabern abgesehen. Der Grund, den Goldhagen für den alleinigen hält, der Antisemitismus der Weimarer Zeit, rangiert unter ferner liefen. Drei stehen ganz im Vordergrund: Die Brutalisierung durch massenhaftes Töten im Ersten

---

[86] Siehe Kapitel 2.1.
[87] Siehe Kapitel 4.
[88] Goldhagen a.a.O., S. 487. Dort die Kapitelüberschrift: „Der eliminatorische Antisemitismus: Das Motiv für den Völkermord."
[89] Goldhagen, a.a.O., S. 681, FN 69.
[90] Siehe Teil I, Kapitel 1.

Weltkrieg und seit 1939, die antisemitische Hetze der neuen Machthaber in allen Medien, die Angst, zum Außenseiter zu werden, wenn man die Mitarbeit verweigert. Die Auswirkungen des Verlusts der sittlich-religiösen Bindung, die „Emanzipation" aus den Fesseln tradierter Ethik – „Erlaubt ist, was das Gesetz nicht verbietet!" – darf ebenfalls nicht unberücksichtigt bleiben.

In allen von Deutschland okkupierten Ländern fand Hitler einheimische willige Vollstrecker, die vom Gift des Antisemitismus der Weimarer Zeit nicht infiziert sein konnten, ein Phänomen, auf das Goldhagens Hypothese keine Antwort weiß. Gleiches gilt für das Faktum, daß der Gaseinsatz zur Massentötung nicht mit den Juden als Opfern begann, sondern mit den Geisteskranken. Die Erfahrungen, die dabei gesammelt wurden, kamen später in Auschwitz zum Tragen. Massenweise wurden auch Zigeuner, Polen und Russen getötet, alles unerklärlich, wenn der Antisemitismus das maßgebliche Motiv gewesen wäre.

Daß bei Goldhagen keiner der oben zitierten Zeitzeugen zu Worte kommt, ist nach dem Gesagten geradezu selbstverständlich. Was nicht ins Konzept paßt, wird tunlichst ausgeblendet. Zwar ist immer auch von den Opfern die Rede, aber ihre Erfahrungen werden ignoriert.

1.5 „... sobald die Deutschen Uniform trugen" – Rafael Seligmann

In seinem Buch „Hitler. Die Deutschen und ihr Führer" widerspricht auch Rafael Seligmann der Grundannahme Goldhagens. Für Seligmann steht fest:

> „Das fast vollständige Ausbleiben individueller antisemitischer Morde durch Privatpersonen in Deutschland während der gesamten NS-Regierungszeit zeigt, daß die Deutschen, zumal die Zivilbevölkerung, keineswegs mörderische oder eliminatorische Antisemiten waren. Judenfeindliche Gewaltakte wie die der beiden Novembernächte 1938 wurden von der Mehrheit der Bevölkerung in Deutschland abgelehnt. Doch sobald die Deutschen Uniform trugen oder unter Befehl standen, beteiligten sie sich willig am Völkermord."[91]

Zunächst ist bemerkenswert, daß den Deutschen kein radikaler Antisemitismus angelastet wird, obwohl das Buch immer wieder ihre enge Bindung an den „Führer" unterstellt und damit weit über das hinausgeht, was unsere Zeitzeugen an Loyalität Hitler gegenüber wahrgenommen haben. Konnte bei dem deutlichen Vorbehalt in der Judenfrage dann das Anlegen einer Uniform wirklich einen solchen Mentalitätswandel herbeiführen?

Daß auch Einheiten der Wehrmacht an Verbrechen beteiligt waren, steht außer Zweifel. Es gab jeweils verantwortliche Kommandanten und Vollstrecker. Wie groß war absolut oder prozentual der Anteil jener Ostfrontkämpfer, die an Ver-

---

[91] Seligmann, a.a.O., S. 310 f.

brechen mitwirkten? Seligmann nennt keine Zahlen, wie er auch sonst auf jedweden Nachweis für die Richtigkeit seiner Behauptungen verzichtet. Entsprechende Untersuchungen zeigen, daß sich das Gros der Soldaten im Frontbereich befand, während das Gros der Verbrechen in der Etappe verübt wurde. In den angesehenen Vierteljahrsheften für Zeitgeschichte kommt Christian Hartmann zu dem Fazit: „Aber daß der Anteil an wirklich kriminellen Tätern im Ostheer verhältnismäßig gering war, läßt sich doch mit ziemlicher Sicherheit feststellen."[92] Der Jude Ernst Cramer, der dank Emigration die Verfolgung überlebte, schreibt mit Blick auf die Wehrmachtsausstellung von „Verleumdung von Millionen Soldaten, die sauber blieben. Der Verdacht wird immer stärker, es geht den Organisatoren der Ausstellung... weniger um die damals begangenen Untaten, als um heutige ideologische Auseinandersetzungen."[93]

Noch wichtiger ist die Antwort auf die Frage, wie viele der Mordgehilfen „willig" ihre Untaten verrichteten, sich etwa dazu meldeten, und wie viele in Befehlsnotstand handelten. Christian Hartmann ist diesen Fragen nachgegangen und kommt zu dem Ergebnis:

> „Viele Soldaten haben diese Entwicklung [Völkermord] hingenommen, manche haben sie auch dezidiert gebilligt. Doch waren die meisten dieser Soldaten – wenn überhaupt – nicht mehr als Zeugen des Holocaust. Die Zahl der Komplizen scheint dagegen sehr klein geblieben zu sein, noch kleiner die der Täter selbst."[94]

Jeder willige Mordgehilfe hat es verdient, vor Gericht gestellt zu werden. Wie viele derartige Strafverfahren hat es gegeben? Wer so schwerwiegende Vorwürfe wie Seligmann erhebt, Täterschaft oder Teilnahme an einem Massenmord beklagt, müßte mit einschlägigen Fakten aufwarten. Andernfalls leiden die Vorwürfe an dem Verdacht, daß sie leichtfertig erhoben wurden. Gerade wenn die „Willigkeit" nicht bewiesen werden kann, kommen doch auch Gesichtspunkte zum Tragen, die Seligmann zugunsten der Judenräte ins Felde führt, so der Befehlsnotstand.

> „Der Widerspruch zwischen der Ablehnung der brutalen antijüdischen Ausschreitungen durch die breite Mehrheit der Bevölkerung und deren passive Hinnahme wird noch heute vielfach mit der mangelnden Zivilcourage ‚der Deutschen' gerechtfertigt"[95],

meint Seligmann. Dieses Alibi sei ungenügend. „Späterer Protest und Auflehnung zeigen, daß die vermeintlich feigen Deutschen durchaus zum aktiven Widerstand fähig und bereit waren."

---

[92] Hartmann, Christian: „Verbrecherischer Krieg – verbrecherische Wehrmacht?" in: Vierteljahreshefte für Zeitgeschichte 1/2004, S. 71.

[93] Ernst Cramer: „Verleumdung von Millionen Soldaten, die sauber blieben", Welt am Sonntag, 2.3.1997. Mit Blick auf seine eigenen Erfahrungen im Ersten Weltkrieg schreibt der jüdische Arzt Max Kirschner (a.a.O., S. 89): „Ich finde, die Gefangenen werden zu milde behandelt. ‚Menschlichkeit' ist in Ordnung... Aber einseitige Überlegungen sind ein Fehler: Schließlich hören wir nichts über die Behandlung und das Leiden unserer Soldaten in Frankreich, England oder Rußland."

[94] Hartmann, a.a.O., S. 35 f.

[95] Seligmann, a.a.O., S. 200.

Ist diese Behauptung richtig? Hunderttausende nichtjüdischer Deutscher wurden im Verlaufe der Jahre verhaftet, doch nicht einer davon wurde von den Angehörigen freigepreßt. Die öffentliche Anschuldigung der für die Ermordung zahlreicher Geisteskranker Verantwortlichen durch den Bischof von Münster Graf von Galen war ein einmaliger Affront seitens einer herausragenden Persönlichkeit. Hätte irgendein „gewöhnlicher" Bürger ähnliches gewagt, er wäre ohne große Umstände in einem KZ verschwunden. Die mutigen Worte des Bischofs hatten, wie unbestritten, keinen nachhaltigen durchschlagenden Erfolg. Die Morde wurden hinfort nur noch sorgfältiger kaschiert.

Auch die vielgerühmten „arischen" Frauen von der Rosenstraße in Berlin konnten nur deshalb ihre jüdischen Männer aus den Krallen der Gestapo befreien, weil sich deren Festnahme nicht im Rahmen der Vorgaben bewegte. Der Film „Rosenstraße" von Margarete von Trotta hat wenig mit der Wirklichkeit gemein, obwohl es im Vorspann ausdrücklich heißt, die Schilderung sei authentisch.[96] Es handelte sich, wie oben ausgeführt, um eigenmächtiges Handeln nachgeordneter Stellen, so daß es den Verantwortlichen geraten schien, klein beizugeben. (Ähnliches hatte sich schon 1941 abgespielt, als der Gauleiter von München-Oberbayern und bayerische Innen- und Kultusminister, Adolf Wagner, die Entfernung der Kreuze aus den Schulen angeordnet hatte, ohne Hitlers Placet einzuholen. Er mußte auf die Proteste der Bevölkerung hin seinen Erlaß zurücknehmen, weil er eine Eigenmächtigkeit Hitler gegenüber bedeutete.) Daher geht auch Johnsons Vorwurf fehl, den er unter der Überschrift „Protest in der Rosenstraße" äußert:

> „Wären der Anstand und der Mut, den tausende nichtjüdische Ehepartner in ‚Mischehen' während der Zeit der Deportationen bewiesen haben, in der übrigen Bevölkerung verbreiteter gewesen, hätte das Leben vieler weiterer Juden gerettet werden können."[97]

Johnson wäre zu fragen, ob ihm der wahre Hintergrund des Erfolges nicht bekannt gewesen sei und ob sein Vorwurf nicht auch die Heldinnen trifft, da sie ja „nur" zugunsten ihrer Gatten interveniert hätten.

Schließlich sei noch der Annahme widersprochen, für Hitler habe das Überleben des Regimes „Vorrang gegenüber ideologischen Zielsetzungen und aus ihnen resultierenden Verbrechen"[98] gehabt. Diese Annahme ist naheliegend und hat die jüdischen Zwangsarbeiter veranlaßt, an ihren Arbeitsplätzen das Beste zu geben, um kriegsbedingt unabkömmlich zu sein. Doch bekanntlich vergebens. Die Judentransporte hatten Vorrang vor kriegswichtiger Fracht. Das ist heute unbestritten. Hitler hätte wohl nie dem Druck eines „nennenswerten Teils der Bevölkerung" nachgegeben. Wie auch hätte man ihn organisieren sollen? Hätte Selig-

---

96 Wolfgang Benz: „Kitsch, Klamotte, Klitterei", Süddeutsche Zeitung, 18.9.2003.
97 Johnson, a.a.O., S. 453.
98 Seligmann, a.a.O., S. 236.

mann die Aufzeichnungen der jüdischen Zeitzeugen gelesen, könnte er sich den
Handlungsspielraum der unzufriedenen Mehrheit, ihre Ängste und Gefährdun-
gen realistisch vergegenwärtigen.

Ein kurzer Zeitungsartikel Seligmanns verdichtet seine Kritik an den Deutschen
auf einen Satz: „Sie wählten Hitler an die Macht…, sie bejubelten seine Untaten…,
ermordeten Juden, Zigeuner, Behinderte, hielten ihm… die Treue bis in den
Tod."[99]

Welche dieser Behauptungen hält einer gewissenhaften Prüfung stand?

1.6 „…tiefsitzende antisemitische Gefühle" – David Bankier

David Bankier, aus dessen Untersuchung „Die öffentliche Meinung im Hitler-
Staat" schon mehrmals zitiert worden ist, arbeitet hauptsächlich mit den Berichten der Regierungspräsidenten, den Parteiberichten der NSDAP, den Gestapo-
berichten, den Berichten des Sicherheitsdienstes der SS, den Deutschland-Berich-
ten der SPD. Was die Parteiberichte anlangt, so stellt er nüchtern fest: „Trotz der
Forderung nach objektiver Information sind diese Dokumente offensichtlich gefärbt, so daß man mit ihnen also äußerst vorsichtig umgehen muß."[100] Eine Begründung gibt er nicht. Sie liegt auf der Hand. Wer den positiven Erwartungen
der Adressaten gemäß berichtete, mußte keine ausführliche Schilderung abliefern
und nicht mit Rückfragen rechnen. Doch gilt das nicht auch für die anderen Berichte? Sicherlich ja, auch für die Deutschland-Berichte der SPD, natürlich mit
umgekehrtem Vorzeichen. Freilich, die Mitarbeiter der Sopade dürften so gut wie
alle honorige Idealisten gewesen sein, während die Zuträger der anderen Quellen
für Judaslohn Menschenleben gefährdeten, also, moralisch gesehen, den unter-
sten Schichten der Bevölkerung angehörten und deshalb größte Schwierigkeiten
gehabt haben dürften, überhaupt mit Regimegegnern ein vertrauliches Gespräch
zu führen. Ganz anders die stigmatisierten Juden.

Eine untergeordnete Rolle spielen bei Bankier die Aufzeichnungen der jüdischen
Zeitzeugen. Einen Grund dafür nennt er nicht.

Die antijüdischen Maßnahmen in den Monaten nach Hitlers Machtübernahme
betreffend, äußert Bankier:

> „Auch wenn die Bevölkerung anerkannte, daß das Judenproblem in irgendeiner Art gelöst werden
> müsse, ist die Art der Verfolgung von breiten Kreisen als abstoßend empfunden worden. Nach die-
> sen Darstellungen scheint der Boykott seine Ziele verfehlt zu haben."[101]

---

[99] Rafael Seligmann: „Sehr geehrter Bernd Eichinger!", Rheinischer Merkur, 28.10.2004.
[100] Bankier, a.a.O., S. 14.
[101] Bankier, a.a.O., S. 95.

Ähnlich beurteilt er die Einstellung der Bevölkerung gegenüber der antisemitischen Hetze im Sommer 1935.[102]

Doch was dann kommt, löst Fragen aus, so wenn Bankier schreibt:

> „Nur selten ist der Antisemitismus der Nationalsozialisten aus ethischen Rücksichten oder aus Empörung, daß menschliche Werte verletzt werden, abgelehnt worden... Die wahren Motive hinter der Ablehnung der Aufrufe der Partei werden gewöhnlich in den Berichten selbst erwähnt.[103] Für vereinzelte Mitleidsbekundungen gab es verschiedene Motive..."[104]

In welchen Berichten erfahren wir die wahren Motive? In denen der Nazi-Spitzel sicherlich nicht. Sie zu ergründen ist mitunter sehr schwierig. So auch hier. Die Bekundung von Mitleid hätte die Rabauken zusätzlich gereizt, wohingegen Überlegungen ökonomischer Art durchaus systemkonform waren und die Verfolger nachdenklich stimmen konnten. Mußte man „als guter Mensch" die Machthaber unnötig reizen, durfte man das überhaupt, wenn man effektiv helfen wollte? Darüber lohnt es sich ernsthaft nachzudenken.

Franz Fritsch, der als eine Art Pendant zu Oskar Schindler gefeiert wurde, verdeutlicht in einer Aufzeichnung das eben Gesagte:

> „Als im September 1942 Krakauer Juden in Krakau verladen und in Richtung Tarnow nach dem Vernichtungslager Belcec abtransportiert wurden, intervenierte ich... mit der Begründung (die natürlich nicht den Tatsachen entsprach), daß sich in diesem Transport versehentlich qualifizierte Facharbeiter aus unserem Betrieb befänden..."[105]

Wenig schlüssig auch, was bei Bankier folgt:

> „Es muß darauf hingewiesen werden, daß solche Feindseligkeit nicht allein gegenüber den Juden galt. In Deutschland bestand während des Kriegs allgemein eine Fremdenfeindlichkeit... Die Deutschen kritisierten scharf, daß sie mit ausländischen Arbeitern im selben Wartezimmer bei Ärzten... sitzen... müßten."[106]

Dann erfahren wir von Bankier, daß 1941 ein SD-Agent über „stürmische Entrüstung in Bielefeld" berichtete, weil man den Juden längere Einkaufszeiten zugebilligt hatte und so Nichtjuden gezwungen waren, zusammen mit den „Aussätzigen" einzukaufen. Da sich die genehmigende Stelle kritisiert fühlte, wurde der Klage nachgegangen. Es stellte sich heraus, daß die „stürmische Entrüstung" von einigen Dorffrauen stammte. Ganz sicher wären auch „die Deutschen" aus dem letzten Zitat zu einer Handvoll Querulanten zusammengeschrumpft, hätte man die „Fremdenfeindlichkeit" überprüft. Natürlich gab es Reibereien. Die Zwangsarbeiter waren verständlicherweise häufig unwillig, ihre Arbeitgeber aber –

---

[102] Bankier, S. 98 f.
[103] Bankier, a.a.O., S. 102.
[104] Bankier, a.a.O., S. 164.
[105] Grossmann, a.a.O., S. 168.
[106] Bankier, a.a.O., S. 160.

kriegsbedingt der leistungsfähigsten deutschen Männer beraubt – erwarteten vollwertigen Ersatz.

Verwunderlich auch die Meinung Bankiers im nächsten Abschnitt:

> „Manche Überblicke, die nicht aus nationalsozialistischer Sicht über die Situation in Deutschland und über die Haltung der Öffentlichkeit gegenüber den Juden informieren, halten einer kritischen Prüfung nicht stand. Dazu gehören die von deutschen Exilanten herausgegebenen ‚Nachrichten aus Deutschland‘, in denen das Bild eines ‚anderen Deutschland‘ herausgestellt werden sollte. [Warum?] Vieles von dem dort Angeführten enthält hineinprojizierte eigene Wünsche und steht in starkem Gegensatz zur Darstellung der Vorgänge in den SD-Berichten."[107]

Ist das nicht ein starkes Stück, den Exilanten, durch die Bank honorige Leute, weniger Vertrauen entgegenzubringen als den SS-Spitzeln?

Bankier schreibt:

> „Typisch für diese unkritische und apologetische Haltung ist, daß sie vom Deutschland der Zeit von Ende 1940 ein Bild entwerfen, in dem den Juden offensichtlich mehr Beistand geleistet als Feindseligkeit entgegengebracht wurde. Deutschland als ein Land, in dem es Tausende von Beispielen nonkonformistischen Verhaltens gegeben hat und den Juden heimlich in jeder nur denkbaren Weise geholfen wurde; wo Nachbarn und Bekannte sie mit Bekleidung versorgt und ihnen ihre eigenen Lebensmittelkarten gegeben haben; wo Verkäufer Anstalten getroffen haben, um sie mit Gütern, die sie nicht kaufen durften, zu versorgen... Solche Hilfsaktionen waren eher die Regel als die Ausnahme... Dieses Bild, das allen anderen verfügbaren Darstellungen widerspricht, muß offensichtlich als eine Rechtfertigung der deutschen Exilanten interpretiert werden."[108]

Das Gegenteil ist der Fall. Die Exilanten setzten sich der vorwurfsvollen Frage aus, warum sie bei diesem Wohlwollen der Bevölkerung Deutschland verlassen haben. Nun, es war eben nicht die Bevölkerung, die sie vertrieb, sondern es waren ihre Fronvögte.

Bankier bietet eine psychologische Erklärung für diese angebliche Verklärung der Wirklichkeit:

> „Wir müssen uns hier der Warnung von Zeithistorikern, die mit mündlichen Aussagen arbeiten, bewußt sein, daß die Erinnerung nicht die Wirklichkeit reproduziert... Daher sollten die Erinnerungen ausgewanderter deutscher Juden in den meisten Fällen nur als Illustration oder als Ausmalung der Angaben, die aus weniger subjektiven Quellen stammen, hinzugezogen werden."[109]

Die Skepsis gegenüber „Erinnerungen" ist nur zu berechtigt. Aber die wichtigsten oben zitierten jüdischen Quellen stammen gerade nicht von Ausgewanderten, sondern von Juden, die sich im braunen Hexenkessel befanden, wie Victor Klemperer. Ferner: Welches sind die weniger subjektiven Quellen in diesem Zusammenhang, ganz konkret?

---

[107] Bankier, a.a.O., S. 161.
[108] Bankier, a.a.O., S. 162.
[109] Bankier, a.a.O., S. 162.

Dann bringt Bankier einige Beispiele. Er schildert, was Juden, die ihre Erlebnisse „während der Vorgänge aufgezeichnet" haben, noch während der NS-Herrschaft berichteten,

> „daß es bei den Mittelschichten und der Arbeiterklasse keinen Judenhaß gibt, ... daß das Gros der deutschen Bevölkerung den lautstarken terroristischen Antisemitismus der Nationalsozialisten nicht ausstehen könne, ... daß viele es vermieden, mit Juden auf der Straße zu sprechen, sie aber gern des Abends in ihrer Wohnung aufsuchten ... In vielen Häusern gebe es immer noch freundliche Beziehungen zwischen Juden und Nichtjuden."[110]

Bankiers Fazit lautet: „Diese Zeugnisse müssen aber mit einiger Vorsicht behandelt werden, auch wenn ihre Angaben richtig sind."[111] Offenbar ist es diese Vorsicht, die Bankier entgegen allen Bekundungen der jüdischen Zeitzeugen Sätze wie den folgenden formulieren läßt: „Die Mehrheit scheint jedoch offen feindlich gesonnen gewesen zu sein."[112]

Es versteht sich von selbst, daß immer im Anschluß an die Wahrheitsfrage geprüft werden muß, ob Aussagen verallgemeinert werden können. Doch der Schluß, den Bankier zieht, überrascht: „Viele, die begriffen, was die Politik der Nationalsozialisten beinhalte, und die sich in einer Position befanden, in der sie hätten versuchen können, Hilfsoperationen zu organisieren, haben nichts getan."[113]

Wenn er dann als Beispiel für eine Ausnahme „die Nonnen, die im Kloster außerhalb Münchens für die Juden ein ,Jüdisches Getto' schufen,"[114] erwähnt, so liegt er nicht nur deshalb daneben, weil sich das Kloster auf Münchener Boden befindet (Ortsteil Berg am Laim), sondern vor allem, weil in dieser Zeit niemand in Deutschland ein jüdisches Getto schaffen konnte, ausgenommen die NS-Machthaber selbst. So war es auch in diesem Falle. Die Gestapo hatte einen Teil des Klosters der Barmherzigen Schwestern beschlagnahmt und in ein Judenhaus umgewandelt. Dort halfen die Schwestern auf vorbildliche Weise, wovon noch die Rede sein wird.[115]

Unter der Überschrift „Die Reaktion auf den gelben Stern" informiert Bankier, daß nach SD-Rundfunkberichten die Einführung des gelben Sterns positiv aufgenommen worden sei. Dann fährt er fort: „Welches Bild ergibt sich, wenn wir diese recht problematische nationalsozialistische Quelle mit anderen Dokumenten vergleichen?"[116] Es folgen mehrere Seiten, die ganz konkret die Mißbilligung des gelben Sterns durch die große Mehrheit veranschaulichen. Im Anschluß daran

---

[110] Bankier, a.a.O., S. 163
[111] Bankier, a.a.O., S. 163.
[112] Bankier, a.a.O., S. 166.
[113] Bankier, a.a.O., S. 163.
[114] Bankier, a.a.O., S. 164.
[115] Siehe Kapitel 3.3.
[116] Bankier, a.a.O., S. 171.

folgt die Abwägung: „Wenn wir die verfügbaren Zeugnisse und die SD-Berichte miteinander abwägen, dann scheint die Waage zugunsten der Augenzeugenberichte auszuschlagen.“[117] Um die Richtigkeit dieses Urteils zu unterstreichen, wird auch noch Goebbels bemüht:

> „Die Einführung des Judensterns hat genau das Gegenteil von dem bewirkt, was erreicht werden sollte, mein Führer! Wir wollten die Juden aus der Volksgemeinschaft ausschließen. Aber die einfachen Menschen meiden sie nicht, im Gegenteil, sie zeigen überall Sympathie für sie. Dieses Volk ist einfach noch nicht reif und steckt voller Gefühlsduseleien!“[118]

Eine solche Mitteilung dürfte dem Reichspropagandaminister nicht leicht gefallen sein, war es doch geradezu das Eingeständnis eigenen Versagens.

Der Leser glaubt zu wissen, nun sei die aufgeworfene Frage klar beantwortet. Doch dann folgen zwei Episoden, die das Urteil – nach Bankier – geradezu ins Gegenteil verkehren. Ein Ausländer, der 1942 Deutschland besuchte, beobachtete zwar einerseits, wie Leute ihren Sitzplatz Juden anboten, aber andererseits, „wie ein junges Nazi-Mädchen in der U-Bahn einer älteren Jüdin befahl, aufzustehen. Die alte Dame stand auf, aber niemand nahm davon Notiz.“[119] Noch empörender Fall zwei, wo sowohl die Jüdin als auch die Person, die Platz angeboten hatte, die Bahn verlassen mußten. Niemand wird an der Richtigkeit dieser Schilderungen zweifeln, zumal alle Zeitzeugen darin übereinstimmen, daß systemkonforme Rüpeleien immer wieder stattfanden (aber eben die Ausnahme bildeten). Die Antisemiten hatten die Staatsgewalt auf ihrer Seite, und so war es gefährlich, sich auch nur mit einem „Nazi-Mädchen“ anzulegen. Ein „Nazi-Mädchen“ und ein Schaffner hatten mehr Durchsetzungskraft als alle restlichen Fahrgäste zusammen. So betrachtet beweisen die Gegenargumente nicht viel.

1.7 „Moral Indifference“ – Ian Kershaw

Der namhafte Hitlerbiograph Ian Kershaw hat sich auch darüber Gedanken gemacht, erstens wie viele Deutsche über die „Endlösung“ Bescheid wußten[120], und zweitens wie viele Deutsche recht verstanden, was damit gemeint war (comprehension) und schließlich wie sie darauf reagierten. Im folgenden soll es nur um die Reaktionen gehen.

Kershaw betont gleich zu Beginn,[121] daß die Reaktionen, so zu den Nürnberger Gesetzen und zur „Reichskristallnacht“, recht unterschiedlich gewesen seien. Der

---

[117] Bankier, a.a.O., S. 174.
[118] Bankier, a.a.O., S. 175.
[119] Bankier, a.a.O., S. 178.
[120] Siehe dazu unten bei 2.1.
[121] Kershaw, Ian: „German Popular Opinion during the ‚Final Solution‘: Information, Comprehension, Reactions“, in: Aser Kohen (Hg.): „Comprehending the Holocaust“, Frankfurt am Main 1988, S. 153.

Nachweis gelingt ihm. Er arbeitet vor allem mit Feldpostbriefen und den SD-Berichten. Wie nicht anders zu erwarten, gab es unter den Soldaten begeisterte Anhänger des „Führers", die auch seine radikale Judenpolitik guthießen. Doch wie viele dieser Briefe existieren? Kershaw unternimmt nicht einmal den Versuch, die Frage zu beantworten, ob das vorhandene Material ausreicht, um hinsichtlich der Quantität der Befürworter eine Vermutung anzustellen. Daß die Hitler-Gegner gute Gründe hatten, ihre Einstellung nicht der Feldpost anzuvertrauen, liegt auf der Hand. Dies zugegeben, was nützt dann noch die Auswertung der Briefe?

Kershaw erwähnt die hohe Auflage des Hetzblattes „Der Stürmer", 300 000. Doch wer waren die Abonnenten? Selbst in den kleinen Ortschaften hingen die „Stürmer-Schaukästen". Wissenswert ist, daß die Zeitschrift auf Druck von oben massenweise verbreitet wurde und deshalb von der kriegsbedingten Papierknappheit verschont blieb. Ist die Höhe der Auflage dennoch beweiskräftig?

Eine weitere Quelle sind Gestapoberichte, die das Mitleid von Katholiken und Anhängern der Bekennenden Kirche mit den Juden verdeutlichen. Das ist mehr als eine Quantité négligeable. Auch was er über das Verhalten der Bürger von Minden schreibt, läßt allgemeinere Rückschlüsse zu: Ein großer Teil der Bevölkerung war tief betroffen, als Juden aus der Stadt abtransportiert wurden. Wenn Kershaw dennoch glaubt, auf eine Mentalität moralischer Indifferenz bei den meisten Deutschen schließen zu dürfen, so ist seine Faktenbasis gering. Doch das Gegenteil ist auch nicht beweisbar. Ohne weiteres verständlich ist, daß „die heimlichen Verbündeten" (Klemperer) der Opfer aus ganz naheliegenden Gründen Systemergebenheit heuchelten.

Ist Kershaws Vermutung ein Trost, daß die Bevölkerung anderer Länder unter ähnlichen Umständen nicht ehrenhafter reagiert hätte? Wörtlich: „But there may be little in it which is peculiarly German, or specific only to the ‚Jewish Question'."[122]

---

[122] Kershaw: „Final Solution", S. 155. „Aber da dürfte wenig daran sein, was typisch deutsch oder typisch nur für die ‚jüdische Frage' ist."

2. Wissen, Reden, Helfen

2.1 Wer wußte was?

Als Hitlers Nachfolger im Amt des Reichspräsidenten[123], Großadmiral Dönitz, in Nürnberg vor Gericht stand und mit den Massenmorden des NS-Regimes konfrontiert wurde, erklärte er:

> „Wie kann man mich beschuldigen, solche Dinge zu wissen? Man fragt mich, warum ich nicht zu Himmler gegangen sei, um mich über die Konzentrationslager zu informieren. Aber das ist doch albern! Der hätte mich rausgeschmissen, genauso wie ich ihn rausgeschmissen hätte, wenn er angekommen wäre, um die Marine zu untersuchen."[124]

Bereits am 15. Mai 1945 hatte sein „Leitender Minister", Graf Schwerin von Krosigk, im Auftrag des Großadmirals folgendes Statement an General Dwight D. Eisenhower gerichtet:

> „… Auf Grund der Nachrichten, die alliierte Stellen über die Verhältnisse in früheren deutschen Konzentrationslagern veröffentlicht haben, insbesondere über die Behandlung ihrer Insassen, fühle ich mich zu folgender Erklärung verpflichtet: 1. Bis heute hatte das deutsche Volk keine Kenntnis über die Bedingungen, die in diesen Lagern herrschten…"[125]

Während des Nürnberger Prozesses versicherten 14 763 ehemalige Politische Leiter der NSDAP in eidesstattlichen Erklärungen, „daß sie von den Vorgängen in den Konzentrationslagern" Dachau, Sachsenhausen, Buchenwald, Mauthausen, Flossenbürg, Ravensbrück und in den von 1940 bis 1942 errichteten Lagern Auschwitz, Neuengamme, Gusen, Netzweiler „nicht die geringste Kenntnis hatten."[126]

Glaubwürdiger ist, was ein Leserbriefschreiber, der selbst 1944 in die Fänge der NS-Justiz geraten war, zu berichten weiß:

> „Da ich trotz lebhaften Interesses… keine Kenntnis von dem millionenfachen Judenmord hatte, habe ich 50 damals Erwachsene nach ihrer Kenntnis gefragt. Dabei kam Interessantes heraus… Kenntnis von dem millionenfachen Mord in den Vernichtungslagern hatte keiner dieser Erwachsenen."[127]

Ein fünf Spalten langes Interview mit dem Freiburger Historiker Ulrich Herbert in „Die Welt" trägt die Überschrift „Der Massenmord war nicht geheim".[128]

---

[123] Nachfolger im Amt des Reichskanzlers sollte Joseph Goebbels werden.
[124] Horchem, a.a.O., S. 115.
[125] Horchem, a.a.O., S. 116.
[126] Maser, „Fälschung", S. 308.
[127] Herwig von Heimburg: „Was niemand über Hitler wußte", Rheinischer Merkur 14/2004.
[128] Eckhard Fuhr: „Der Massenmord war nicht geheim", DIE WELT, 27.1.2005. Im Interview wird dazu kaum etwas gesagt. Die Zahl der unmittelbar Beteiligten wird mit 250 000 beziffert. Doch wie groß war die Zahl der Mitwisser?

Hingegen antwortete Joachim Fest, 1926 in Berlin geboren, auf die Frage „Was haben Sie vom Unrecht, vom Terror von der Vernichtung der Juden als Jugendlicher mitbekommen?":

> „Ich habe nichts mitbekommen. Aber mein Vater, der den Nazis jedes Verbrechen zutraute, hatte diese berühmte BBC-Sendung an Weihnachten 1942 gehört[129], in der es hieß, daß im Osten die Menschen zu Zehntausenden im Lager umgebracht würden. Die erste Reaktion war ungläubiges Staunen, so hat er mir das nach dem Krieg erzählt."[130]

Der bekannte Historiker Hans-Ulrich Wehler, 1931 geboren, beteuert auf die Frage: Was wußten Sie damals? „Von den Massenvernichtungen – nichts... Der wirkliche Schock kam für mich im Mai oder Juni 1945."[131]

Helmuth von Moltke, einer der Köpfe des Hitlerattentats vom 20. Juli 1944, schrieb 1943, daß das deutsche Volk nichts von der Tötung Hunderttausender von Juden wisse: „Sie haben immer noch die Vorstellung, daß die Juden nur ausgegrenzt worden sind und nun im Osten in ähnlicher Weise wie vorher in Deutschland weiterlebten."[132]

Eine demoskopische Erhebung stellte die Frage: „Gab es in der Normalbevölkerung Kenntnisse über Massentötungen von Juden?" Antwort: 68 Prozent: „in der Regel nicht", 30 Prozent: „Es gab nur Gerüchte, die kaum glaubwürdig erschienen." 2 Prozent: „Viele hatten zuverlässige Informationen."[133] „Der Spiegel" schätzt, daß „maximal zwei Millionen davon gewußt haben"[134], also von 25 erwachsenen Deutschen einer.

Millionen werden ermordet, aber kaum jemand weiß davon, will davon wissen. Dieser Befund wird noch mysteriöser, wenn wir die jüdischen Zeitzeugen, also die Hauptbetroffenen und -gefährdeten in die Befragung miteinbeziehen.

Der Auschwitzflüchtling Friedemann Bedürftig glaubt zu wissen:

> „Die in Auschwitz Ankommenden hatten samt und sonders nicht nur keine Ahnung, wo sie waren, sondern auch nicht die geringste davon, was ihnen zugedacht war. Sie ließen sich nicht etwa wegen ihrer „rassischen Minderwertigkeit", wie die Nazis gerne behaupteten, fast widerstandslos zur Schlachtbank führen, sondern weil sie gar nicht wußten, daß sie sich auf die Reise dahin begaben..."[135]

---

[129] Laut Fest die einzige zu diesem Thema.
[130] Interview „Fangen Sie einfach mal damit an! Frankfurter Allgemeine Zeitung, 4.6.2005.
[131] „Warum können Sie nie zuviel von Auschwitz hören, Professor Wehler?" Frankfurter Allgemeine Magazin, 19.2.1999. Da ich demselben Jahrgang angehöre wie Wehler, darf ich erwähnen, daß ich mich nicht mehr daran erinnern kann, was mir damals bekannt war. Mein Vater (gest. 1952) hat Hitler alles Böse zugetraut und so auch ich. Die Überraschung kann also nicht groß gewesen sein.
[132] Bankier, a.a.O., S. 140.
[133] Süllwold, a.a.O., S. 124.
[134] DER SPIEGEL, 27/1990, S. 38.
[135] Friedemann Bedürftig: „Nachrichten, die nicht ankamen", Süddeutsche Zeitung, 15./16.2.1997

Lothar Baruch, der als Kind noch rechtzeitig nach England entkommen war, kehrte 1945 als Soldat der englischen Armee zurück und machte sich auf die Suche nach seinen vermißten Eltern. Er fand das Rathaus, eine primitive Baracke.

> „Da gab es tatsächlich einen Eintrag, der meine Eltern und meine Schwestern betraf. ‚Nach Osten verschickt‘, stand in einer Akte, wie man mir ohne weiteren Kommentar sagte. Und immer noch verstand ich nicht."[136]

Erst Monate später ahnte er, daß seine engsten Verwandten schon lange nicht mehr am Leben waren.

„Ungläubig las Warburg in seinem New Yorker Asyl von den Greueln, die in Dachau, Auschwitz, Buchenwald und Treblinka entdeckt wurden" – schreibt John Dippel, Max Warburg und seine Empfindungen in der Nachkriegsära betreffend.[137] Beachtlich ist die Zahl der Opfer, die sich in diesem Sinne äußern. Margot Schmidt:

> „Erst nach dem Krieg erfuhren die deutsche Öffentlichkeit und wir, die Betroffenen, die wirklichen Umstände über die Vernichtung der Juden. Während des Krieges hat keiner von uns je etwas von der Wannseekonferenz vom 20. Januar 1942 gehört, auf der die Endlösung der Judenfrage beschlossen und von Reinhard Heydrich organisiert wurde. Keiner hat den Namen von Auschwitz, Treblinka... etc. gekannt. Wie sollten dann die Millionen Deutschen, die keine Verbindung zu Juden hatten, etwas davon wissen können?"[138]

Aus einem Interview mit Dorothee Fliess:

> „‚Sollten Sie sich an einem bestimmten Platz einfinden?‘ fragte ich Frau Fliess tonlos.
> ‚Nein‘, sagte sie. ‚Man wurde immer abgeholt. Nach 21 Uhr durfte man ja nicht mehr auf der Straße sein. Ich war zufällig einmal bei zwei Freundinnen und habe das miterlebt.‘
> Fassungslos unterbreche ich sie und frage: ‚Was hat das mit Ihnen gemacht [sic], als Sie gelesen haben, ‚wir werden evakuiert‘? Woran haben Sie dabei gedacht? Wohin, glaubten Sie, würden Sie kommen?‘
> Ruhig und langsam sagt sie jetzt: ‚Also, daß man nach Polen käme, war klar. Zum Arbeitseinsatz. Aber wir haben uns alle nicht bewußt gemacht, daß das das Ende des Lebens bedeuten könnte.
> Das Wort Gaskammer kannten wir nicht. Das war etwas völlig Unverständliches: Man stellte sich eben vor, man müsse arbeiten...‘"[139]

Im Kern damit völlig übereinstimmend ein damals schon erwachsener Überlebender, ebenfalls auf Befragung:

> „Herr Professor Goldstein, als Sie von hier in die Züge gepfercht wurden nach Auschwitz, haben Sie gewußt, was Auschwitz ist?
> – Nein, ich hatte das Wort Auschwitz damals nicht einmal gehört. Nach dem Krieg habe ich erfahren, daß Leute was gewußt haben. Wenn wir damals gewußt hätten, was Auschwitz war, glaube ich, hätten wir versucht zu flüchten, oder wir hätten eine Provokation gemacht, um erschossen zu werden.
> – Das heißt, die Täuschung hat funktioniert?

---

136 Salewsky, a.a.O., 197. Dasselbe eine andere Person betreffend, S. 169.
137 Dippel, a.a.O., S. 447.
138 Schmidt, a.a.O., S. 93 f.
139 Kilius, a.a.O., S. 204.

– Ja, das hat funktioniert. Man hat uns gesagt, die jüdischen Belgier werden hier oder in Holland in ein Arbeitslager geschickt, und das war etwas, was man glauben konnte, denn 1941 hat man Juden nach Nordafrika geschickt, um die Atlantikmauer zu bauen.“[140]

Horst Osterheld, Ministerialdirektor unter den Bundeskanzlern Adenauer, Erhard und Kiesinger, schreibt:

„Die mir bekannten Soldaten und ich wußten davon nichts. Das wird auch für die meisten Gefallenen gelten. Selbst Hans Rosenthal, Efraim Kishon und Abba Eban [Außenminister des Staates Israel] haben in jener Zeit, wie sie im Fernsehen erklärten, von der furchtbaren Endlösung nichts gewußt.“[141]

In seinen Lebenserinnerungen äußerte sich der Jude Raymond Aron:

„Wir wußten um die Tätigkeit des Widerstandes, um die Repressionen durch die Gestapo, um die Deportationen von Juden. Aber wie konnten wir in unserer Redaktion in London wissen, daß der Transport von Juden nach dem Osten etwas anderes bedeutete als die Deportation von Widerstandskämpfern, die durch die Gestapo geschnappt worden waren? ... Noch heute quälen mich Zweifel. Was wußten wir in London von diesem Völkermord wirklich? Haben die englischen Zeitungen darüber berichtet? Und wenn sie es getan haben, in Andeutungen, Vermutungen oder in Fakten. Klar war mir nur in etwa folgendes: Die Konzentrationslager waren brutal, und die Zahl der Personen, die dort zu Tode kamen, war sehr hoch, doch an die Gaskammern, an die technisierte Ermordung von Menschen habe ich, das muß ich gestehen, nicht gedacht, weil ich mir das nicht vorstellen konnte, und ich habe deshalb auch nichts davon gewußt.“[142]

Lotte Strauss, der 1943 von Berlin aus die Flucht in die Schweiz gelang, erinnert sich: „So hörten wir in diesem Januar 1942 ... zum ersten Mal, was mit den deportierten Juden in den eroberten Ostgebieten passierte. Den Namen der größten ‚Todesfabrik‘, Auschwitz, hatten wir noch nie gehört.“[143]

Leo Baeck bekundete, er habe erst in Theresienstadt von Auschwitz und dem, was es in der Regel für die dorthin Deportierten bedeutete, erfahren.[144]

Anders lauten Bekundungen aus den Tagen, in denen das Morden stattfand. Klemperer hegte die schlimmsten Befürchtungen Auschwitz betreffend:

„12. April [1942] ... Gestern ein Novum. Nach fünf Monaten ein Lebenszeichen von Ernst Kreidl: Karte aus Buchenwald. Erschütternd war die Freude darüber. Er lebt, er ist nicht in Auschwitz, er darf alle vierzehn Tage schreiben und Post empfangen, er darf monatlich 15 M haben – man kann hoffen, daß er überlebt! ...“[145]

Am 17. Oktober 1942 spricht Klemperer nochmals die Vermutung aus, daß Auschwitz „ein schnell arbeitendes Schlachthaus“ sei.[146] Grund für die 2. Notiz: Zwei gesunde Frauen um die sechzig waren dorthin transportiert worden, und schon

[140] Rosh, Lea; Jäckel, Eberhard: „Der Tod ist ein Meister aus Deutschland“, Düsseldorf 1973, S. 119.
[141] Horst Osterheld: „Die Opfer des Krieges mahnen“, Rheinischer Merkur, 17.11.1989.
[142] Aron, a.a.O., S. 137.
[143] Strauss, Lotte: „Über den grünen Hügeln. Erinnerungen an Deutschland“, Berlin 1997, S. 130.
[144] Bankier, a.a.O., S. 140.
[145] Klemperer: „Tagebücher 1942“, S. 64.
[146] Klemperer: „Tagebücher 1942“, S. 259.

wenig später sei die Todesnachricht gekommen. Das erfuhr er wegen seiner engen Verbindung zur jüdischen Gemeinde. Gleiches gilt für Else Behrend-Rosenfeld, die auch ihr Wissen von einem Leiter der jüdischen Gemeinde bezog und uns nicht verrät, ob sie es an die ihr Schutzbefohlenen weitergab. Wahrscheinlich nicht, sonst hätte es wohl mehr Selbsttötungen gegeben, und vielleicht auch Widerstand.

Am 21. März 1944 schreibt Lilli Jahn:

> „Meine innigstgeliebten Kinder alle. Wir sitzen nun schon seit 3 Uhr hier in Dresden am Bahnhof und hören eben, daß der Zug erst um 10 Uhr heute abend weitergeht. Morgen abend werden wir dann in Auschwitz sein. Die Mitteilungen darüber, wie es dort sein soll, sind sehr widersprechend. Es kann sein, daß ich erst nach vier oder sogar nach acht Wochen schreiben darf, seid also bitte nicht in Sorge…"[147]

Wußte sie mehr als böse Gerüchte? Von dort kam nochmals Post. Dann die Todesmeldung – ohne Angaben über die Todesursache. Angeblicher Todestag 17. oder 19. Juni 1944.

Was erfuhren die Nichtjuden, die nicht wie die Juden gefährdet waren und in Arbeitseinsatz standen? Von englischen Sendern hatte die Jüdin Anne Frank ihr Wissen. Am 9. Oktober 1942 notierte sie in ihr Tagebuch:

> „Wenn es in Holland schon so schlimm ist, wie muß es dann erst in Polen sein? Wir nehmen an, daß die meisten Menschen ermordet werden. Der englische Sender spricht von Vergasungen, vielleicht ist das noch die schnellste Methode zu sterben."[148]

Am 3. Februar wiederholt sie diese Annahme und stellt fest: „Der englische Sender hat immer die Wahrheit gesagt. Und angenommen, daß die Berichte zehn Prozent übertrieben sind, dann sind die Tatsachen noch schlimm genug."[149]

Um die Feindsender hören zu können, genügte kein „Volksempfänger", der damals, da sehr preiswert, üblich war. Er wurde auch propagiert, um die Harmlosen nicht in Versuchung zu führen. Große Vorsicht war zudem geboten, um nicht den Häschern in die Hände zu fallen. Wer Kinder hatte, mußte ferner sicher sein, daß sie nicht, aus welchen Gründen auch immer, das Geheimnis verraten.

Die Franks in ihrem holländischen Versteck hatten 24 Stunden Zeit, das Rundfunkgerät abwechselnd zu bedienen, das Gros der deutschen Männer war aber entweder in Uniform abwesend oder weit mehr als zwölf Stunden außer Haus im Arbeitseinsatz, die Wege miteinbezogen. Letzteres traf auch auf die Mehrzahl der dienstverpflichteten Frauen zu. Mein Vater hat immer Feindsender gehört, wenn er zu Hause war, meine Mutter nie. Warum? Beide waren politisch völlig einer

---

147 Doerry, a.a.O., S. 325.
148 Frank, a.a.O., S. 64.
149 Frank, a.a.O., S. 180.

Meinung. Aber das Radio stand auf dem Küchenschrank. Wer bei uns Feindsender hören wollte, mußte auf einen Stuhl steigen, damit er das Ohr ganz an den auf Flüsterton reduzierten „Lautsprecher" legen konnte.

Manchmal habe auch ich Feindsender gesucht (die nie eingestellt bleiben durften, damit im Falle einer Hausdurchsuchung der Nachweis dieses „Verbrechens" nicht augenscheinlich würde[150]). Daher ist mir in deutlicher Erinnerung, daß die Sendungen immer furchtbar gestört wurden, ein Gesichtspunkt, der bisher offenbar kaum zur Sprache kam. Nur wenige Worte eines Satzes waren halbwegs verständlich. Sie mußten zu einer sinnvollen Aussage ergänzt werden, die dann nach unten zu den übrigen Anwesenden geflüstert wurde.

Richard von Weizsäcker gab auf die Fragen „Was haben Sie mitbekommen als Offizier mit Ihren Verbindungen über das, was an Greueltaten im Osten passiert ist? Wieweit wußten Sie über Konzentrationslager und Massenvernichtungslager Bescheid?" folgende Antwort: „Das ist ganz eindeutig: wenig bis nichts... Ich weiß nicht, wann ich das Wort Auschwitz zum ersten Mal gehört habe, aber sicher nicht vor dem Frühjahr 1945."[151]

Viele der älteren Hörer vergegenwärtigten sich auch, daß gerade die Engländer während des Ersten Weltkrieges scheußliche Greuelmärchen als Kriegswaffen eingesetzt hatten, worauf Anne Frank anspielt.[152] Selbst Juden haben sich das gesagt, zumindest später als Grund für ihre starken Zweifel am Massenmord angegeben.[153] Neben den „Feindsendern" gab es noch den Schweizer Sender Radio Beromünster, von dem eine halbwegs neutrale Berichterstattung zu erwarten war. Offenbar hat er nicht über die Verbrechen im Osten berichtet, was zusätzlich manche Befürchtungen gedämpft haben könnte.

---

[150] Dieser „Komplizenschaft" mit dem Vater wurde ich mir wieder so recht bewußt, als ich bei Behrend-Rosenfeld (a.a.O., S. 237) las: „Aber Sie stellen ihn wahrscheinlich nur ein, wenn Rolf nicht da ist.',O nein', erwiderte der Wackes, ‚Da sind Sie im Irrtum, vor Rolf verbergen wir nichts. Er ist sich auch über unsere politische Einstellung völlig im klaren und teilt sie durchaus. Er ist unbedingt zuverlässig.',Trauen Sie einem Kind – und das ist er mit seinen knapp dreizehn Jahren doch noch – nicht gar zu viel zu?'...,Und da er uns liebt und vertraut, glaubt er uns eben mehr als Lehrern...'" Auch ich war damals knapp dreizehn, und die Autorität des Elternhauses überragte jede andere bei weitem.

[151] Richard von Weizsäcker: „Ich habe meinen Vater seitdem nie wieder lachen sehen", Frankfurter Allgemeine Zeitung, 5.3.2005. In derselben Zeitung meldeten sich schon Jahre zuvor mehrmals Leser zu Wort, deren Äußerungen unter Überschriften wie „Auf keiner Funkwelle von den ermordeten Juden die Rede", „Stumme ‚Feindsender'", „Worüber die ‚Feindsender' eisern schwiegen", „Von BBC kein einziges Wort" zusammengefaßt wurden (26.9., 30.9., 9.10.1996). Ein Widerspruch wurde offenbar nicht geäußert.

[152] Laqueur („Was niemand wissen wollte. Die Unterdrückung der Nachrichten über Hitlers ‚Endlösung'", Frankfurt am Main 1982, S. 16 f.) zählt eindrucksvolle Beispiele auf.

[153] Bankier, a.a.O., S. 157.

Oben war von einem der sicherlich seltenen Juden die Rede, die vorübergehend Sympathien für Hitler empfanden, von Julius Posener. Dieser exzentrische Mann, der rechtzeitig ausgewandert und 1945 als Soldat in seine ehemalige Heimat zurückgekehrt ist, hat ein Buch veröffentlicht: „In Deutschland 1945 bis 1946". Darin ein Kapitel mit der bezeichnenden Überschrift „Kollektivschuld". Schon zu Beginn dieses Kapitels wartet er mit bemerkenswerten Erfahrungen auf: „Ich persönlich habe keine Unterhaltung geführt, die nicht mit der treuherzigen Beteuerung begonnen hätte: ,Aber glauben Sie mir nur, wir haben von alledem nichts, aber auch gar nichts gewußt'". Zumindest das, was folgt, ist absolut unglaubwürdig. „„Mein Vetter freilich, der im Sicherheitsdienst war, nun, wenn der einmal seinen Koller hatte, dann geschah es wohl, daß er losbrüllte...'"[154] und alles verriet. Wer hatte schon einen Vetter im NS-Sicherheitsdienst? Noch dazu einen, der zu Vetter oder Base ging, um dort im Rausche zu plaudern? Vetter und Base müßten zudem von Sinnen sein, wenn sie zunächst alles leugneten, um sich gleich darauf der Lüge zu überführen. Diese Ungereimtheit glaubt nur, wer sie glauben will.

Das Internationale Rote Kreuz durfte im September 1944 Auschwitz besichtigen. Es ist anzunehmen, daß sich Goebbels und die von ihm gelenkte Presse die Gelegenheit nicht hat entgehen lassen, den Besuch auszuschlachten, was wohl ebenfalls zur Beruhigung beigetragen hat, mit der einfältigen Überlegung: „Da kann es doch nicht so schlimm sein, wenn sogar das Rote Kreuz die Erlaubnis erhält, nach dem Rechten zu sehen." In dem Bericht des Internationalen Komitees vom Roten Kreuz heißt es Auschwitz betreffend:

> „Es gibt einen ,Judenältesten', der für die Gesamtheit der inhaftierten Juden zuständig ist.[155] Es war unmöglich, etwas zu beweisen... Wir glauben, daß alles, was geschickt wird, den Häftlingen vollständig ausgehändigt wird."[156]

Schier unglaublich, aber unter Fachleuten unbestritten, daß es Entlassungen gab, auch aus Auschwitz, so von zwei jungen katholischen Niederländern, die dann klagten: „Das Schlimmste war, daß man bei denen, die einem am nächsten standen, einfach kein Verständnis fand."[157] Ein Jahr später (1943) werden vier niederländische Frauen, Zeugen Jehovas, von Auschwitz in die Heimat entlassen und machen die gleiche Erfahrung.[158]

Aus einer Dokumentation des Internationalen Roten Kreuzes:

> „Wir baten um die Erlaubnis, Theresienstadt zu besuchen, was uns schon seit längerer Zeit versprochen worden war. Gruppenführer Müller antwortete, daß der Besuch genehmigt sei und eine

---

[154] Posener: „In Deutschland", S. 24.
[155] Internationales Komitee vom Roten Kreuz: „Die Tätigkeit des IKRK zugunsten der in den Deutschen Konzentrationslagern inhaftierten Zivilpersonen (1939–1945)", o.O. 1985, S. 91.
[156] IKRK, a.a.O., S. 92.
[157] Laqueur: „Unterdrückung", S. 211.
[158] Laqueur: „Unterdrückung", S. 211.

Delegation des IKRK in einigen Tagen in das Lager kommen könne. Müller hoffte, dadurch endlich einen Schlußstrich unter die feindliche Lügenpropaganda setzen zu können."[159]

In Theresienstadt kam es dann zu einem Gespräch mit Eichmann, dem Beauf-
tragten für alle Judenfragen.

Aus dem Bericht über den Besuch im KZ Ravensbrück scheinen die folgenden
Sätze besonders bemerkenswert. Sie offenbaren das Bemühen, die Weltöffentlichkeit tunlichst hinters Licht zu führen:

> „Der Kommandant erzählte mir von dem guten Geist, der unter seinen Frauen herrsche (er nann-
> te die Deportierten ‚meine Frauen‘), und er gefiel sich darin, mir die von den inhaftierten Frauen
> an ihn gerichteten Dankschreiben (sic) zu zeigen… Alles, was man über die Konzentrationslager
> geschrieben und erzählt hatte, wäre eine abscheuliche ‚Greuelpropaganda‘. Ich gab ihm zu ver-
> stehen, die Konzentrationslager hätten im Ausland tatsächlich einen eigenartigen Ruf und bei der
> einfachen Erwähnung dieses Wortes fingen die Menschen an zu zittern… Ich erhielt die Erlaub-
> nis, zu jedem beliebigen Zeitpunkt wiederzukommen."[160]

Bankier zitiert eine Tagebuchnotiz der Ursula von Kardorff, einem Mitglied der
Untergrundbewegung: „Wenn man nur wüßte, was mit den abtransportierten
Juden geschieht?"[161] Dann fährt Bankier fort:

> „Dennoch ist aufgrund der riesigen Zahl an Zeugenaussagen, die Deutsche wie auch Juden
> während und nach dem Krieg gegeben haben, wie auch aus Tagebüchern von Zeitgenossen, der
> Schluß zu ziehen, daß weite Kreise der deutschen Bevölkerung, darunter Juden ebenso wie Nicht-
> juden, entweder gewußt oder geahnt haben, was in Polen und in Rußland vor sich ging."[162]

Wer jedoch erwartet, Bankier würde verraten, wo die „riesige Zahl an Zeugenaussagen" einzusehen sei, sucht vergebens. Dieses Fragezeichen zu seiner Schlußfol-
gerung wird noch größer, wenn wir am Ende des Kapitels, das mit „Kenntnis von
der Judenvernichtung" überschrieben ist, lesen: „Ich muß zugeben, daß das Material, auf dem dieses Kapitel basiert, nicht quantifizierbar und von subjektiven Ein-
drücken geprägt ist und deshalb definitive Schlüsse nicht möglich sind."[163]

Walter Laqueur, ein in Breslau geborener britischer Historiker, bekundet die Quintessenz seiner Forschungsergebnisse schon im Titel der einschlägigen Veröffentlichung: „Was niemand wissen wollte: Die Unterdrückung der Nachrichten über
Hitlers Endlösung."[164]

---

[159] IKRK, a.a.O., S. 97.
[160] IKRK, a.a.O., S.113 ff.
[161] Bei Kardorff, a.a.O., S. 149. Besonders aufschlußreich, was sie unter dem 27. Dezember 1944
(S. 272) notiert: „Las heimlich im Klosett in der Kochstraße eine Nummer des ‚Journal de Genève‘…
Schauerlicher Bericht von zwei Tschechen, die aus einem KZ im Osten entflohen sind. Anscheinend
werden die Juden dort systematisch vergast… Der Artikel wirkte seriös, klang nicht nach Greuelpropaganda. Muß man diesen entsetzlichen Bericht glauben? Er übersteigt die schlimmsten Ahnungen.
Das kann einfach nicht möglich sein… Das Lager soll in einem Ort namens Auschwitz sein."
[162] Bankier, a.a.O., S. 141.
[163] Bankier, a.a.O., S. 157.
[164] Laqueur: „Unterdrückung".

Karl Heinz Reuband kommt in seiner Untersuchung „Zwischen Ignoranz, Wissen und Nicht-glauben-Wollen" zu dem vorzüglich fundierten Ergebnis,

„daß offenbar eine Minderheit der Deutschen vor Ende des Krieges etwas vom Massenmord an der jüdischen Bevölkerung erfuhr. Meist dürfte es sich dabei um Informationen gehandelt haben, die die Systematik des Genozids nur bedingt erkennen ließen. Wie klein auch die Zahl der Personen mit gewisser Kenntnis relativ gesehen sein mag – absolut gesehen geht sie in die Millionen."[165]

2.2 „Es gibt eine Zeit zum Reden und eine Zeit zum Schweigen"[166]

Bundeskanzler Helmut Kohl erntete Beifall, als er 1988 auf dem jährlichen „fundraising dinner" des Simon Wiesenthal Center in New York ausführte: „Es bleibt für uns eine Ursache tiefer Scham, daß am 9. und 10. November 1938 die allermeisten Deutschen in der Öffentlichkeit geschwiegen haben."[167] Solche Verlautbarungen tauchen immer wieder auf. 1989 erschien ein Buch „Offene Wunden – brennende Fragen". Im Vorwort schreiben die Herausgeber: „Es steht außer Zweifel, daß die meisten Christen in dieser historischen Situation nicht hinreichend Widerstand gegen diese Gewaltakte [der Reichspogromnacht] des NS-Regimes geleistet haben."[168] Gefragt, wie sich die Eltern damals verhalten haben, antwortete einer der Herausgeber – der andere war abwesend: Sie hätten nichts davon gewußt. Und auf die Nachfrage, was sie wohl in Kenntnis der Ereignisse getan hätten: Verlegenes Schweigen.

Die vatikanische „Kommission für die religiösen Beziehungen mit dem Judentum" verfaßte 1998 ein Schreiben, in dem es heißt:

„Wir können nicht wissen, wie viele Christen in den von den nazistischen Mächten und ihren Verbündeten besetzten oder regierten Ländern mit Schrecken das Verschwinden ihrer jüdischen Nachbarn konstatierten, aber dennoch nicht stark genug waren, ihre Stimme zum Protest zu erheben... Wir bedauern zutiefst die Fehler und die Schuld dieser Söhne und Töchter der Kirche."[169] – Niemand im Vatikan fand sich bereit, Fragen nach dem persönlichen Hintergrund und nach einschlägigen familiären Erfahrungen der für diese Mißbilligung Verantwortlichen zu beantworten.[170] Der Friedensaktivist und anglikanische Theologe Paul Oestreicher, als jüdisches Flüchtlingskind in Neuseeland aufgewachsen, möchte wissen: „Ist es nicht so, daß die meisten

---

[165] Reuband, Karl-Heinz: „Zwischen Ignoranz, Wissen und Nicht-glauben-Wollen. Gerüchte über den Holocaust und ihre Diffusionsbedingungen in der deutschen Bevölkerung", in: Kosmala; Schoppmann (Hg.): „Überleben im Untergrund. Hilfe für Juden in Deutschland 1941–1945", Berlin 2002, S. 33 ff.; S. 56.

[166] Koh 3,7.

[167] J. v. U.: „Beifall für den Kanzler in New York", Frankfurter Allgemeine Zeitung, 17.11.1988. Im Anschluß an das Zitierte sagte er: „Es wäre freilich ungerecht, dieses Schweigen als Ausdruck einer breiten Zustimmung zu interpretieren."

[168] Gorschenek; Reimers, a.a.O., S. 7.

[169] Kommission für die religiösen Beziehungen mit dem Judentum: „Wir erinnern", Münchner Kirchenzeitung, 29.3.1998.

[170] Die Korrespondenz befindet sich im Archiv des Autors.

in Hitlerdeutschland schwiegen, weil sie Angst hatten, als Judenfreund beschimpft zu werden?"[171]

„Schweigen", „nicht protestieren" suggeriert in diesem Zusammenhang verwerfliches Unterlassen einer sittlich gebotenen Handlung, wie es besonders deutlich einem Buchtitel zu entnehmen ist: „Summa iniuria oder Durfte der Papst schweigen?"[172] Warum haben die Menschen damals in Deutschland geschwiegen? Nochmals eine jüdische Stimme:

> „Ich vermied jeden Kontakt mit ihnen [den ehemaligen Kollegen], wußte ich doch, wie beobachtet sie waren – wie sehr sie jegliches Sprechen mit mir in Gefahr bringen würde. Und ich kannte ihre Angst. So ging ich, wenn ich einen auf der Straße sah..., auf die andere Seite, um ihm den Konflikt zu nehmen, mich nicht anzureden oder zu grüßen – oder der Gefahr, mit einem Juden zu sprechen, auszusetzen."[173]

> „Verbreitet war auch der Wunsch, gerade die aufrechten Nichtjuden nicht zu gefährden. Deshalb zogen sich Juden immer mehr auf den eigenen Kreis zurück."[174]

Oben wurde die Frage nach der Mitwisserschaft an den Geschehnissen in den Lagern gestellt. Überraschend groß die Zahl der Nichtjuden wie der Juden, die ihr Nichtwissen beteuern, wobei die Zeitzeugen, die während der NS-Zeit ihre Erfahrungen und Informationen zu Papier brachten, meist mehr zu wissen vorgeben als jene, die in den Nachkriegsjahrzehnten ihre Erinnerungen aufzeichneten. Kann es sein, daß sich insofern Gedächtnislücken eingeschlichen haben? Angesichts der Schwere der Ereignisse ist es doch viel wahrscheinlicher, daß das angebliche Nichtwissen ein Abblocken weiterer Fragen nach der Reaktion, nach der Bewährung in der Verfolgung oder nach dem Schweigen bewirken sollte, um so – der bequemste Weg – den eingangs zitierten Vorhaltungen aus dem Wege zu gehen.

Jeder zurechnungsfähige Deutsche wußte, daß mit der NSDAP eine radikale, antisemitische Partei an die Macht gelangt war, daß die Juden, ausgegrenzt, verfolgt und stigmatisiert, Deutschland verlassen mußten. Millionen wurden in den Städten am 9. und 10. November 1938 Zeugen des Vandalismus. Hunderttausende erhielten Kunde von den Deportationen.

Viel zu pauschal ist die Annahme Bankiers: „Es gab um die Deportationen kein Geheimnis. Die Leute konnten deutlich mitansehen, wie die Juden in die Synagogen zusammengetrieben und in den Osten deportiert wurden."[175] Seit dem

---

[171] Paul Oestreicher: „Dürfen Christen Israel kritisieren?", Publik-Forum 20/2003, S. 7.

[172] Raddatz, Fritz (Hg.): „Summa iniuria oder Durfte der Papst schweigen?", Reinbek 1963.

[173] Maurer, Trude: „Vom Alltag zum Ausnahmezustand: Juden in der Weimarer Republik und im Nationalsozialismus 1918–1945", in: Kaplan, Chaim: „Buch der Agonie. Das Warschauer Tagebuch", Frankfurt am Main 1967, S. 348 ff.; S. 433.

[174] Maurer, a.a.O., S. 434.

[175] Bankier, a.a.O., S. 181.

Pogrom 1938 gab es in ganz Deutschland kaum noch Synagogen. Keine in ganz München! Was soll also sein Ausgangspunkt? Zunächst mußten die Juden häufig „nur" in Judenhäuser umziehen, so in München und Dresden (anders insbesondere bei den Fabrikaktionen). Von dort waren es im Falle München Bus-Transporte von jeweils ca. 15 Personen nach Milbertshofen in ein Aufnahmelager. (Obgleich seit Geburt Münchner, war ich noch nie in diesem im Norden der Stadt gelegenen Vorort.) Von dort ging es Tage später um 4 Uhr in der Früh zum nahegelegenen Bahnhof. Else Behrend-Rosenfeld schildert das alles aus eigener Erfahrung ganz genau. Nicht einer von hundert Münchnern wurde so zum Zeugen der Deportationen. Ursula von Kardorff, die verfolgten Juden auf vielfältige Weise beistand, später 25 Jahre Mitarbeiterin der Münchener Abendzeitung war und sich selbst als „linksliberal" einstuft, schreibt rückblickend: „Abtransporte jüdischer Familien habe ich nie gesehen. Es geschah nachts, wenn alle schliefen."[176] Aus Baden und der Pfalz wurden die Juden Ende Oktober 1940 nicht nach dem Osten, sondern nach Südfrankreich verschickt, was wohl jeden Gedanken an Vernichtung vereitelte. Erst zwei Jahre später erfolgte der Abtransport aus Frankreich nach dem Osten.[177]

Haben alle Deutschen, ob Juden oder nicht, versagt, die als Zeugen oder, dank Indiskretion, Mitwisser schwiegen? Was taten die Deutschen, wenn andere Deutsche, vielleicht sogar nächste Angehörige, verhaftet, „deportiert" wurden?

In einer Ansprache Heinrich Himmlers tritt diese Brutalität des Regimes deutlich ans Licht. Er sprach am 6. Oktober 1943 über die Befreiung Mussolinis durch deutsche Fallschirmjäger nach dessen Sturz, die so wichtig gewesen sei, um jenen entgegenzutreten, die laut über eine Ablösung Hitlers spekulierten:

> „Ja, da könnte doch eigentlich der Führer auch abtreten. Die Partei ist doch eigentlich völlig überflüssig. – Oder: Der Badoglio ist doch eine Riesenstärkung für Italien gewesen. Können wir das bei uns nicht auch so machen. – Alle, die so sprachen, ob Kellner, ob Regierungsrat, ob Fabrikbesitzer, ob Arbeiter, ob Ingenieur oder sonst etwas, haben wir uns hübsch sauber einsortiert. Dann übernahm sie Pg. Thierack [der Reichsjustizminister]. Aus Erziehungsgründen kamen dann in die Zeitung immer wieder diese lakonisch kurzen Nachrichten, daß dieser und jener Herr seinen Kopf verloren habe. Das wird auch noch eine Zeitlang fortgesetzt."[178]

Früher wurden die Delinquenten in der Öffentlichkeit hingerichtet, in der NS-Ära die Hinrichtungen veröffentlicht, um die Schwankenden abzuschrecken. Auch dieser Ausschnitt der Wirklichkeit wurde also von den allermeisten zur Kenntnis genommen.

---

[176] Kardorff, a.a.O., S. 384.
[177] Ludwig, a.a.O., passim.
[178] Smith; Peterson, a.a.O., S. 171. Als „Waffe" der Justiz gegen die Andersdenkenden diente insbesondere das „Gesetz gegen heimtückische Angriffe auf Staat und Partei…" vom 20. Dezember 1934 (siehe Dörner, Bernward: „‚Heimtücke': Das Gesetz als Waffe. Kontrolle, Abschreckung und Verfolgung in Deutschland 1933–1945", Paderborn 1998).

In den Konzentrationslagern waren nicht nur und anfänglich nicht in erster Linie Juden. Jeder konnte dort ankommen, wenn er den Erwartungen der Machthaber nicht entsprach oder sich nicht an ihre Vorgaben hielt, zum Beispiel Protest anmeldete, statt auf Hitler auf seinen Bischof ein „Heil!" ausrief[179] oder auch nur die Ereignisse in Italien gedanklich auf Deutschland übertrug. Der Schweizer Hohe Kommissar des Völkerbundes für die Stadt Danzig, C. J. Burckhardt, sprach aus eigener Erfahrung, als er äußerte: „Jeder Protest hatte augenblicklich zur Folge, daß Hitler in der brutalsten Weise durchgriff."[180] Wie Hitler handelten seine Schergen.

Ludwig Feuchtwanger, der uns schon begegnet ist, als er noch in München lebte, schreibt in seinem Londoner Exil über die Deutschen und die Konzentrationslager: „The German people... did know and do know exactly what happened and what still happens in the camps."[181]

Gleichzeitig äußert er: „People in Germany, however, are either spoilt or intimidated of attacking or showing the infamy; they express their extreme disapproval only behind tightly closed doors and windows."[182] [183]

So war es damals. Und auch diese Wirklichkeit war all jenen nicht fremd, zu deren Lasten wir unterstellen, sie hätten zumindest die wesentlichen Etappen der Judenverfolgung gekannt. Waren sie dennoch moralisch zum Protest verpflichtet? Wer in dieser satanischen Welt gelebt hat, wird mit seiner Antwort zögern. Aber ihre Zahl wird von Tag zu Tag kleiner. Diejenigen, die eine glückliche Fügung, die „Gnade der späten Geburt", verschont hat, dürfen, wiederum moralisch betrachtet, erst dann urteilen, wenn sie sich nach Kräften in diese Welt zurückversetzt haben, soweit das überhaupt möglich ist. Dazu können Erfahrungsberichte dienen, so die Schilderung der Polin Irene Gut Opdyke: Arbeitskräfte werden zum Einsatz in Deutschland requiriert. Alle in einer Kirche versammelten sollten ohne weiteres ins Reich verfrachtet werden:

---

[179] So wagte es Hermann Lein, in jugendlichem Überschwang „Heil unserem Bischof!" zu rufen. Der „Innitzergardist", als der er später beschimpft wurde, mußte diese Affekthandlung mit seiner Einweisung in das Konzentrationslager büßen, zunächst Dachau, dann Mauthausen. Was er dort an Furchtbarem erlebte, ist jedem als Lektüre zu empfehlen, der dazu neigt, den Gegnern Hitlers mangelnde Risikobereitschaft vorzuwerfen; siehe Lein, Hermann: „Als Innitzergardist in den Konzentrationslagern Dachau und Mauthausen", Wien 1997. Einem ähnlichen Schicksal entging der spätere Kardinal Johannes Joachim Degenhardt nur ganz knapp; siehe Matthias Drobinski: „Für den Vorgänger ins Gefängnis gegangen", Süddeutsche Zeitung, 26.7.2002.

[180] Koch-Hillebrecht, a.a.O., S. 268.

[181] „Das deutsche Volk wußte und weiß genau, was in den Lagern vor sich gegangen ist und noch vor sich geht."

[182] Feuchtwanger, a.a.O., S. 212 f.

[183] „Die Leute in Deutschland sind entweder verführt oder eingeschüchtert, so daß sie es nicht wagen, das Ruchlose anzugreifen oder aufzuzeigen. Sie äußern ihre entschiedenste Mißbilligung nur hinter sorgfältig verschlossenen Türen und Fenstern."

„Ein Mann mittleren Alters mit einem würdevollen Gebaren trat aus der Menge heraus und sprach den Offizier an: ‚Ich muß energisch protestieren. Sie haben nicht das Recht, uns so zu behandeln‘, sagte er. ‚Sie müssen uns erlauben, Kontakt zu unseren Familien aufzunehmen.‘ Ohne ein Wort zu verlieren, traten zwei Wachmänner auf ihn zu und hieben mit ihren Gewehrkolben auf ihn ein. Der Mann ging sofort zu Boden, aber sie schlugen ihn immer noch weiter. Wir anderen beobachteten die schreckliche Szene wie betäubt, während das dumpfe Geräusch der furchtbaren Schläge in unseren Ohren dröhnte. Als die Soldaten endlich von dem Mann abließen, sickerte Blut aus seinen Ohren.“[184]

Hat der Mann nur seine Pflicht getan oder mehr? Oder hätte er schweigen müssen angesichts der voraussehbaren Sinnlosigkeit seines Protests? Darin werden wohl alle übereinstimmen, daß er zu diesem Protest nicht verpflichtet war, sonst würden aus den meisten Opfern im Handumdrehen Versager.

Dieselbe Autorin schildert eine Hinrichtung:

„SS-Männer in schwarzen Mänteln befahlen den Leuten, stehen zu bleiben und sich nicht von der Stelle zu rühren, bevor sie die Erlaubnis dazu gaben… Die Menschen standen dicht gedrängt um den Galgen herum… Wir sahen, wie ein polnisches Ehepaar, das seine zwei kleinen Kinder auf dem Arm trug, gezwungen wurde, auf die Plattform unterhalb des Galgens zu klettern. Hinter ihnen stand ein weiteres Ehepaar mit einem Kleinkind… An dem Galgen hingen sieben Schlingen. Dann wurden die Verbrechen verkündet, die den beiden Familien vorgeworfen wurden. Die Juden waren Feinde des Deutschen Reiches und die polnische Familie war verhaftet worden, weil sie ihnen Unterschlupf gewährt hatte… Wir Zuschauer standen wie betäubt da, sahen wie die Körper hin und her pendelten, sahen die kleinen Füßchen der Kinder, die in der Luft baumelten… Jetzt war es ganz still.“[185]

„Ganz still“, keiner der Zuschauer protestierte. Ob es jemand wagt, ihnen ob ihres Schweigens einen Vorwurf zu machen?

Der Einwand liegt nahe: Aber das waren doch Polen, das ereignete sich in Polen! Auch in Deutschland mußte jeder mit seiner Verhaftung rechnen, der seiner Mißbilligung deutlich Ausdruck verlieh, wie mehrere der Zeitzeugen bekundeten, so Jochen Klepper in seiner Aufzeichnung vom 19. November 1938:

„Menschen, die Einspruch erhoben gegen die Plünderung jüdischer Geschäfte, sind von der Straße weg verhaftet worden.“[186]

Kardorff:

„Die Synagoge brannte… Ich ging wie betäubt durch die Straßen. Plötzlich schlugen sie vor dem Kadewe ein Mädchen nieder, ein junges, hübsches Mädchen, das fotografiert hatte. Niemand half ihr. Auch nicht die Großen, Starken, die um mich herumstanden. Es schnürte mir die Kehle zu, ich dachte, ich müßte ersticken. Ich rannte fort.“[187]

Avraham Barkai läßt den Juden Fritz Goldschmidt zu Worte kommen:

[184] Gut Opdyke, Irene; Armstrong, Jennifer: „Wer ein Leben rettet… Eine wahre Geschichte aus dem Holocaust“, München 1999, S. 102.
[185] Gut Opdyke/Armstrong, a.a.O., S. 218 f.
[186] Klepper, a.a.O., S. 680.
[187] Kardorff, a.a.O., S. 105.

„Im Polizeirevier wurde ich zuerst in eine Zelle gesperrt, in der sich bereits mehrere Leidensgenossen befanden. Ein etwa siebzigjähriger Mann wurde hereingeführt. Er erzählte, er habe beim Anblick der brennenden Synagoge in der Fasanenstraße die Worte ‚Diese Verbrecher!' ausgerufen. Daraufhin sei er festgenommen worden."[188]

Das spielte sich ab mitten im Reich, in Berlin. Wir erfahren nicht mehr, was mit diesem Mann geschehen ist. Vermutlich wurde er in ein Lager eingewiesen. Spätestens dort verließ alle der Mut und sie schwiegen zu den schlimmsten Verbrechen, die sie mitanschauen mußten, soweit sie nicht sogar selbst diese Verbrechen zu exekutieren hatten.

Eugen Kogon, von 1939 bis 1945 politischer Häftling des KZ Buchenwald, hat gleich nach seiner Entlassung seine Lagererfahrungen und -kenntnisse zu Papier gebracht. Sein Buch „Der SS-Staat" fand weiteste Verbreitung. Darin lesen wir unter der Überschrift „Die Strafen im Konzentrationslager":

„Zeitweise hat man die Häftlinge gezwungen, selbst die Prügelstrafe an ihren Kameraden zu vollziehen... Die Prozedur erfolgte meist vor der gesamten Belegschaft des KL am Abend auf dem Appellplatz. Der Bock wurde von vier Mann wie ein Thronsessel hocherhoben herangetragen und auf einen großen Steinhaufen gestellt, den der Delinquent... zu erklettern hatte. Durch den Lautsprecher wurden der Name, der angebliche Strafgrund und das Strafausmaß in der rüdesten Form bekannt gegeben."[189]

Und alle schwiegen? Kogon: „Im Frühjahr 1941 ereignete sich in Buchenwald der unerhörte Ausnahmefall, daß ein Häftling es wagte, gegen derartige Maßnahmen der SS vorzugehen."[190] Wie nicht anders zu erwarten, mußte er dafür mit dem Leben bezahlen.

Einen ähnlichen Fall schildert Kurt Grossmann: Der evangelische Pastor Schneider nahm im KZ Buchenwald seine Kopfbedeckung nicht ab, als die Hakenkreuzfahne gehißt wurde und das Kommando ertönte: „Mützen ab!" „Die Vergeltung war furchtbar" – wie es ausdrücklich heißt. Nach 13 Monaten erlag Schneider der grausamen Sonderbehandlung. Dem Lagerleiter soll er die Anklage ins Gesicht geschleudert haben: „Sie sind ein Mörder! Im Namen all meiner ermordeten Kameraden werde ich einst Anklage gegen Sie erheben vor Gottes Richterstuhl."[191]

Bei der Einlieferung ins Konzentrationslager Dachau wurde den Häftlingen unter Hohnlachen und Fußtritten gesagt: „Ihr seid vom deutschen Volk ausgestoßen, Ihr seid ehrlos und rechtlos: Ihr habt zu arbeiten oder zu verrecken,"[192] erinnert

---

188 Barkai, a.a.O., S. 364.
189 Kogon, Eugen: „Der SS-Staat. Das System der deutschen Konzentrationslager", Frankfurt am Main 1947, S. 104. Eine weitere bestürzende Schilderung der KZ-Martern, die für Tausende steht, bei Andreas-Friedrich, a.a.O., S. 37.
190 Kogon, a.a.O., S. 105.
191 Grossmann, a.a.O., S. 182 f.
192 Scheipers, Hermann: „Gratwanderungen. Priester unter zwei Diktaturen", Leipzig 2004, S. 35.

Strafappell im KZ Dachau 1939. Wer wagte es, auch nur einen Schritt aus der Reihe zu treten?

sich der katholische Geistliche Hermann Scheipers. Auch mit Blick auf die schweigenden Häftlinge wird es niemand wagen, Vorwürfe zu erheben, obwohl sie so gut wie alles taten, was ihnen anbefohlen wurde. Wer heute die KZ-Gedenkstätte Buchenwald aufsucht und sich dort führen läßt, erfährt – zunächst wohl nicht ganz ohne innere Empörung –, daß es Häftlinge waren, die das Lager erbauten. Sie haben also wissentlich gleichsam den Strick gedreht, der sie selbst jahrelang binden, nicht selten auch erdrosseln sollte. Geradezu willenlose Werkzeuge in den Händen von Menschenverächtern! Ein aus dem KZ Entlassener gesteht:

„Keine Spur von Märtyrerstolz war mehr in uns. Wir waren gebrochen und ekelten uns vor uns selber, daß wir noch am Leben waren… Wir hatten nur eines, eine ganz tiefe Angst vor dem, was hinter uns lag. Bloß nicht wieder zurückmüssen ins Lager."[193]

Ferner bleibt die moralisch hochrangige Frage nach den Erfolgsaussichten eines Protestes. Sie waren gleich Null. Wer kann unter diesen Umständen einen Protest verantworten? Kein jüdischer Zeitzeuge hat einen solchen Protest angemahnt, auch nur vermißt. Max Kirschner gab seinem 19 Jahre alten Sohn im November 1938 den Rat: „Tue, was immer sie Dir sagen. Leiste keinerlei Widerstand, selbst wenn du findest, daß es furchtbar, demütigend oder was auch immer ist – sie sind die Stärkeren."[194]

---

[193] Leuner, a.a.O., S.71. Siehe auch Frankl, Viktor Emil: „… trotzdem Ja zum Leben sagen", S. 16 ff.
[194] Kirschner, a.a.O., S. 160.

Deutschland war für die Gegner Hitlers zu einem großen Konzentrationslager geworden. Am Ende einer Auslandsreise sagte Hertha Nathorff zu ihrem Mann, wie oben schon zitiert: „nun geht es wieder ins Gefängnis". Ähnlich äußerte sich Wilhelm Leuschner in einer Botschaft an seine Gesinnungsgenossen: „Wir sind Gefangene in einem großen Zuchthaus. Zu rebellieren wäre genau so Selbstmord, als wenn Gefangene sich gegen ihre schwer bewaffneten Aufseher erheben würden."[195]

Der Vorwurf des Schweigens trifft viele, aber nicht alle. Dies ist zumindest zwischen den Zeilen aus einer Reihe von Anklagen herauszulesen. Doch wo sind die Ausnahmen? Davon ist, soweit ersichtlich, kaum irgendwo die Rede. Eine Ausnahme in den Augen vieler ist der Berliner Prälat Bernhard Lichtenberg. Zwar hat auch er nicht protestiert, aber laut vernehmbar für die jüdischen Opfer gebetet, so am 10. November 1938 in der katholischen Hauptkirche Berlins, in der St. Hedwigs Kathedrale[196]: „für die Priester in den Konzentrationslagern, für die Juden, für die Nichtarier", und er fügte hinzu: „Was gestern war, wissen wir. Was morgen ist, wissen wir nicht. Aber was heute geschehen ist, haben wir erlebt. Draußen brennt der Tempel. Das ist auch ein Gotteshaus."[197]

Prälat Lichtenberg wollte nicht Politik machen, sondern seine Pflicht als Seelsorger wahrnehmen – sei es gelegen oder ungelegen. In diesem Geist hat er noch Jahre weitergewirkt, weitergebetet, bis er von kirchenfremden Personen, die auf dem Bummel durch die Stadt zufällig seine Fürbitten hörten, denunziert wurde. Auf dem Weg ins Konzentrationslager starb er. Die katholische Kirche verehrt ihn als Seligen. Nach allem, was wir wissen, hat dieser als vorbildlich gefeierte Seelsorger niemals seine Gemeinde aufgefordert, gegen die Judenpolitik des Dritten Reiches zu protestieren – offenbar hat Lichtenberg, der selbst bereit war, sein Leben zu riskieren, gewußt, daß er kein Recht hatte, das Opfer des eigenen Lebens von anderen zu fordern. Wenn er diese Forderung nicht aufgestellt hat, wer gibt dann den Nachgeborenen, die diese Zeit nicht erlebt haben, das Recht, die damals Lebenden wegen ihres Schweigens schuldig zu sprechen?

Zur Ehre der Altäre erhoben wurde auch der Münchener Männerseelsorger Pater Rupert Mayer SJ. Wie kaum ein anderer Geistlicher hat er, der schwer kriegsbeschädigte Soldat des Ersten Weltkriegs, die nationalsozialistische Kirchenpolitik von der Kanzel herab angegriffen. Trotz wiederholter Verhaftungen ließ er sich nicht entmutigen. Während seines Aufenthalts im KZ Sachsenhausen, als akute Lebensge-

---

[195] Weisenborn, a.a.O., S. 289. Ähnlich äußerte sich der bekannte Schweizer Theologe Karl Barth (Weisenborn, a.a.O., S. 293): „Es fehlt dem Ausland einfach die Möglichkeit, sich vorzustellen, was ein Terror von solchem Ausmaße vermochte. Das ständige Bewußtsein, mit einem Fuß im Grabe zu stehen, mußte im Laufe der Jahre paralysierend wirken."

[196] „Kathedrale", seit Berlin Bischofssitz ist.

[197] Kock, Erich: „Er widerstand. Bernhard Lichtenberg", Berlin 1996, S. 137.

fahr bestand, einigte sich die Gestapo mit der kirchlichen Obrigkeit auf einen Kompromiß: Wenn Mayer nicht wieder predigt, sondern hinter den Mauern des Klosters Ettal bleibt, wird er aus dem KZ entlassen. Im August 1940 wurde er nach Ettal überstellt. Er hielt sich an diese Vereinbarung, auch wenn es ihm noch so schwer fiel. Trifft ihn irgendein Vorwurf? Bisher wurde offenbar keiner erhoben. Auch nicht das Schweigen ab Sommer 1940 wurde ihm zum Vorwurf gemacht, auch nicht, daß er seine Männer nicht zum Protest aufgefordert hat. Eher geschah das Gegenteil.

Das Predigtverbot und die Verhaftung Pater Mayers erregten das Volk so sehr, daß sich Kardinal Faulhaber, München, veranlaßt sah, eine auch im Ausland beachtete mutige Ansprache zu halten. Daraus einige Passagen, die es den Zuhörern nahelegten, von Demonstrationen und Protesten abzusehen:

> „Ich benutze diese erste feierliche Gelegenheit, um öffentlich zu erklären, mit welcher Bestürzung und Entrüstung, ja mit welcher Verbitterung die katholischen Männer von München die Verhaftung von Pater Rupert Mayer am 5. Juni [1939] vernommen haben und wie schwer die Fortdauer der Haft auf den Katholiken lastet... Ich habe Ihnen durch mein Ordinariat sagen lassen, Sie möchten ja bei aller Verehrung und Begeisterung für Ihren Präses, bei aller Trauer über seine Verhaftung von Kundgebungen auf der Straße absehen. Demonstrationen im alten Sinne des Wortes sind heute überwunden. Wir könnten der Staatspolizei keinen größeren Gefallen tun als dadurch, daß wir durch Kundgebungen ihr einen Anlaß böten, mit Gummiknüppeln und Verhaftungen, mit Ausstellungen und Entlassungen vorzugehen gegen die verhaßten Katholiken, die heute mehr gehaßt und verfolgt werden als die Bolschewiken... Es ist eine Zeit zum Schweigen... Wohl aber werdet ihr für Eueren Präses im Gefängnis beten... Vor Gott ist Zeit zum Reden.“[198]

Weder der Kardinal hat die Männer zum Protestieren aufgefordert noch Pater Mayer in der Zeit seiner Predigttätigkeit, obwohl beide so furchtlos aufgetreten sind. Wenn Männer der Kirche heute denjenigen, die sich damals, aus welchen Gründen auch immer, nicht in gleicher Weise bewährt haben, nicht bewähren konnten, aus dem Schweigen einen Anklagepunkt machen, so klagen sie, bei Licht betrachtet, die religiösen Autoritäten von damals an. Woher nehmen sie die Legitimation?

Alfred Delp, ein Jesuitenpater, zusammen mit Helmuth Moltke zum Tode verurteilt, notierte in sein Tagebuch: „Es war alles fertig, als er [Freisler] anfing. Ich rate allen meinen Mitbrüdern dringend ab, sich dahin zu begeben. Man ist dort kein Mensch, sondern ‚Objekt‘.“[199] Damit meinte er nicht, man solle einer Vorladung des Volksgerichtshofes nicht Folge leisten, sondern tunlichst alles vermeiden, was zu einem Strafverfahren führen könnte. Auch er hatte nicht öffentlich geredet, lauthals protestiert. Verdient auch er Tadel?

---

[198] Volk, Ludwig (Bearb.): „Akten deutscher Bischöfe über die Lage der Kirche 1933–1945, Bd. 4, 1936–1939“ Mainz 1985, S. 366 ff. Wie aus Aufzeichnungen meines Vaters zu ersehen ist, hat er schon 1937 an einer Demonstration zugunsten Mayers teilgenommen, ohne auf diese Weise irgendetwas zu erreichen. Einige wurden sogar verhaftet. Ich bin dem Kardinal zutiefst dankbar, daß er die Männer so nachdrücklich zur Besonnenheit ermahnte.

[199] Weisenborn, a.a.O., S. 384.

In Anne Franks Tagebuch findet sich ein kurzer Absatz, der gut hierher paßt:

> „Stundenlang könnte ich dir über das Elend, das der Krieg mit sich bringt, erzählen, aber das macht mich nur noch bedrückter. Es bleibt uns nichts anderes übrig, als so ruhig wie nur möglich das Ende dieser Misere abzuwarten. Die Juden warten, die Christen warten, der ganze Erdball wartet, und viele warten auf ihren Tod."[200]

Das waren die Existenzbedingungen der allermeisten Hitler-Gegner in seinem Machtbereich.

Wenn überhaupt noch eine Steigerung in der Argumentation möglich ist, so können wir sie einem Bericht aus Theresienstadt entnehmen. Ein von dort nach Auschwitz Deportierter konnte aus dem Vernichtungslager fliehen und kehrte nach Theresienstadt zurück, wo er einigen Mitgliedern des aus Juden zusammengesetzten „Ältestenrates" vom Massenmord in den Gaskammern berichtete. „Wir beschworen unsere engsten Freunde, strengstes Stillschweigen zu bewahren, denn die fürchterlichsten Folgen hätten beim Bekanntwerden dieser Nachricht entstehen können." Und der Kommentar dazu: „Da aus dem Wissen keine Konsequenzen gezogen werden konnten…, blieb nur die verzweifelte Hoffnung, die Politik der Kooperation mit der SS fortzuführen, um bis zur Befreiung möglichst vielen das Überleben zu ermöglichen."[201]

Ein 1938 bereits vertriebener Jude resümiert: „Es hat keinen öffentlichen Schrei der Empörung gegeben. Dem Fehlen allgemeiner Unterstützung entnahmen die Machthaber jedoch, daß es angebracht sein würde, ihre zukünftigen Gewaltakte möglichst geheimzuhalten."[202]

Was Protest anlangt, also Fehlanzeige. Aber ist das nichts, was wir seitens unserer Zeitzeugen über das Verhalten eines Großteils der deutschen Bevölkerung zu lesen bekommen haben, ein Text wie die Tagebucheintragung Jochen Kleppers vom 11. November 1938:

> „Auch das, was Hanni heute von dem Verhalten selbst der recht nationalsozialistischen Südender und Steglitzer von der Marineoffiziersfrau bis zu den Frauen im Bäckerladen, von den Männern am Zeitungsstand bis zum kleinen Nachbarn des – wohl letzten – jüdischen, demolierten Geschäftes hier zu sagen hat, bestätigt, daß man am deutschen Volke nach wie vor nicht zu verzweifeln braucht. Das Volk ist ein Trost, seine moralische Ohnmacht eine furchtbare Sorge."[203]

Ganz offenbar haben die meisten den Pogrom mißbilligt und die Opfer bedauert. Wenn diese Annahme den Tatsachen entspricht, dürfen wir dann gleichwohl unter Berücksichtigung all des oben Gesagten „den Frauen im Bäckerladen", „den

---

[200] Frank, a.a.O., S. 88 f.
[201] Heuberger, Georg (Hg.): „Leo Baeck. 1873–1956. Aus dem Stamm von Rabbinern", Frankfurt am Main 2001, S. 120.
[202] Leuner, a.a.O., S. 57.
[203] Klepper, a.a.O., S. 676.

Männern am Zeitungsstand" Vorhaltungen machen? Anläßlich der Naturkata-
strophe in Südostasien, ausgelöst durch eine Flutwelle am 26. Dezember 2004,
und angesichts des einmaligen Spendenaufkommens schreibt der jüdische Journalist Robert Goldmann aus New York: „Wir bringen ungeteiltes, leidenschaft-
liches Mitgefühl nur dann auf, wenn uns die Natur hilflos macht. Wenn es um
Verbrechen von Regierungen oder Terroristen geht, steht dem die Erwägung politischer Folgen im Weg."[204] Hat Goldmann mit seiner generalisierenden Annahme
recht? Falls ja, ist das in unseren Zeitzeugenberichten geschilderte Mitgefühl um
so bemerkenswerter.

2.3 „Die unbesungenen Helden"[205] der „stillen Hilfe"

Ab 1933

> „fand sich bald nicht einmal mehr das Minimum an Solidarität, Rechtsbewußtsein und Anstand,
> das im sozialen Leben einer so kultivierten Nation wie der deutschen und angesichts des hohen
> Assimilierungsgrads der deutschen Juden selbstverständlich hätte sein müssen… Die jüdische
> Realität bestand, auch im vergleichsweise privilegierten Fall Klemperers, aus fortschreitender
> Demütigung, Entrechtung, Verdrängung…"[206]

Diese Feststellung trifft Wolfgang Benz, der Leiter des Zentrums für Antisemitismusforschung. Dem letztzitierten Satz kann man nur vorbehaltlos zustimmen.
Doch er steht nicht im Widerspruch zu Klemperers so zahlreichen Einlassungen, die der Leser oben zur Kenntnis genommen hat. Die Schikanen, die Benz
anspricht, gehen von der politischen Führung aus. Sie werden vom Volk hingenommen wie zahlreiche andere Schikanen und Lasten, die das Dritte Reich mit
sich bringt: Wehrpflicht, Arbeitsdienst, Krieg, Not, Gefahr und nicht selten Tod,
Tod nächster Angehöriger und nicht selten den eigenen. Ein Kölner:

> „Unsere Wohnung war z. Zt. gegenüber der Synagoge in der Körnerstraße. Ich mußte mit ohn-
> mächtiger Wut miterleben, als dort Feuer gelegt wurde und die SA in einer Gaststätte Ecke Körner/
> Subbelrather Straße das Abbrennen beobachtete und steuerte. Aber eingreifen? Da waren wir zu
> schwach gegen. Wer schreibt schon gerne sein Todesurteil? Wie leid tat es uns, was die an den be-
> kannten Ärzten und kleinen Geschäftsleuten gemacht haben? Wir waren machtlos!"[207]

Darf man Hans Jüstel, der hier seine Ohnmacht glaubhaft bedauert, mangelnde
Solidarität vorhalten? Oder Christel Simon? Von ihr berichtet Lotte Strauss:

---

204 Robert Goldmann: „Nur das Unheil der Natur erweicht die Herzen", Frankfurter Allgemeine Zei-
       tung, 17.1.2005.
205 „Die unbesungenen Helden" lautet der Titel eines Buches von Kurt Grossmann. Es ist „den Men-
       schenfreunden gewidmet, die unter den größten Gefahren Menschlichkeit übten" (Grossmann
       a.a.O., S. 11).
206 Benz: „Die Juden", S. 478 f.
207 Matzerath a.a.O., S. 172 f.

„Simon fand, jeder Schritt würde nur sie und Herbert gefährden. Denn Hilfe, die Christen jüdischen Personen leisteten, stand unter schwerster Strafe, und sie würde auch die jüdische Frau gefährden, die sie in ihrer Wohnung… versteckte. Ich verstand ihre Absage."[208]

Jüstel und Simon repräsentieren wohl alle, die keine skrupellosen Antisemiten
waren. Schon 1934 klagte Der Stürmer: „Wie eine schleichende Krankheit wu-
chert wieder das von Feigheit, Unwissenheit und verweichlichter Erziehung ge-
nährte falsche deutsche Mitleid mit den ‚armen Juden' empor."[209]

Es bedarf keines Beweises, daß die Juden aus offenkundigen Gründen nicht weniger Angst hatten und deshalb erbetene Hilfe verweigerten. Strauss schildert sogar
eine Drohung mit Denunziation, „falls ich nicht unverzüglich die Wohnung
verließe. Ironischerweise handelte es sich bei der Person, die sie gerufen hätten,
mich verhaften zu lassen, um ‚Baby Mendelsohn', eine Beamtin der Jüdischen Gemeinde…"[210]

Auch eine Notiz von Anne Frank macht es verständlich, warum so viele zögerten,
Lebenshilfe zu leisten:

„Die Christen werfen den Juden vor, daß sie sich bei den Deutschen verplappern, daß sie ihre Helfer verraten, daß viele Christen durch die Schuld von Juden das schreckliche Los und die schreckliche Strafe von so vielen erleiden müssen. Das ist wahr. Aber sie müssen… auch die Kehrseite der
Medaille betrachten. Würden die Christen an unserer Stelle anders handeln?"[211]

In einer seiner berüchtigten Ansprachen beklagte Himmler die Allgegenwart des
„anständigen Juden":

„Der Satz ‚Die Juden müssen ausgerottet werden' mit seinen wenigen Worten, meine Herren, ist
leicht ausgesprochen. Für den, der durchführen muß, was er fordert, ist es das Allerhärteste und
Schwerste, was es gibt… bedenken Sie aber selbst, wie viele – auch Parteigenossen – ihr berühm-
tes Gesuch an mich oder irgendeine Stelle gerichtet haben, in dem es hieß, daß bloß der Soundso
ein anständiger Jude sei, dem man nichts tun dürfe. Ich wage zu behaupten, daß es nach der Anzahl der Gesuche und der Anzahl der Meinungen in Deutschland mehr anständige Juden gegeben
hat als überhaupt nominell vorhanden waren."[212]

Diese für ihn so betrübliche Erkenntnis wiederholt er nochmals, um ihre Absur-
dität zu unterstreichen. Was die Zahl anlangt, so hat Himmler sicher maßlos übertrieben. Aber hätte er den „anständigen Juden" überhaupt thematisiert, wenn er
nicht immer wieder in Bittgesuchen aufgetaucht wäre? Darf man jenen, die auf
diese Weise „ihrem" anständigen Juden beistehen wollten, Gleichgültigkeit vorwerfen?

---

[208] Strauss, a.a.O. S. 75.
[209] RM: „Falsches Mitleid", Der Stürmer 3/1934.
[210] Strauss, a.a.O., S. 87.
[211] Frank, a.a.O., S. 284.
[212] Smith; Peterson, a.a.O., S. 169.

Das freundliche Verhalten und die Hilfsbereitschaft, die nicht nur Klemperer, sondern Dutzende anderer höchst glaubwürdig beschreiben, dürfen nicht, weil sie Deutsche in ein positives Licht tauchen, hinweggewischt werden.

Unsere Zeitzeugin Else Behrend-Rosenfeld, aus deren Erlebnisbericht „Ich stand nicht allein" schon ausführlich zitiert worden ist, kommt im Epilog zu dem Ergebnis:

> „Ich wußte, daß viele Deutsche keine Vorstellung von den Verbrechen hatten, die stattgefunden, nicht wußten, daß die Zahl ermordeter Juden, gläubiger Tatchristen und Sozialisten aller Schattierungen in die Millionen ging. Wieviel Unwissende es waren und wie viele unter ihnen nicht wissen wollten, weil das gefährlich war, wird man niemals feststellen können. Aber wir sollten nicht außer acht lassen, daß es, solange unsere Welt besteht, immer nur eine Minderheit wirklicher Helden gegeben hat, von deren Taten oft nur ein kleiner Kreis etwas erfuhr."[213]

Günter Ginzel ergänzt das Zitierte auf bemerkenswerte Weise:

> „Kaum ein Jude, der die Nazizeit überlebte, weiß nicht von ,anständigen Deutschen', ,guten Christen' und ,mutigen Menschen' zu berichten, die in der Verfolgungszeit halfen: Fast jeder hat während oder nach dem Novemberpogrom Bekannte oder ihm völlig Fremde getroffen, die spontan ihre Abscheu über das Geschehene zum Ausdruck brachten."

Von den Helfern und „Helden" soll nun die Rede sein. Daß es sie gab, steht außer Zweifel. Aber, so lautet die Frage, waren sie die ganz großen Ausnahmen? Worin konnte Hilfe bestehen, und wer war zu dieser Hilfe in der Lage? Inge Deutschkron, die uns schon mehrfach begegnet ist und die auch aus eigener Erfahrung spricht, klagt: „Bis heute weiß man viel zuwenig, ja fast nichts über sie" – und meint damit die mutigen Helden. Sie fährt fort: „Das deutsche Volk hat sie später nicht als die Helden gefeiert, die sie recht eigentlich gewesen sind."[214] Mit dieser Feststellung trifft sie voll ins Schwarze.

Es gab mannigfache Arten der Hilfe, angefangen mit dem freundlichen Blick, dem freundlichen Gruß bis hin zur Gewährung von Unterkunft und Verpflegung sowie der Fluchthilfe über die Grenze. Möglichkeiten dazwischen waren: das Platzangebot in der Bahn, die Fortsetzung der Freundschaft, die günstige Auslegung des „Rechts", die Weitergabe wichtiger Informationen, die Übereignung von Liebesgaben, die Abgabe von Lebensmitteln ohne Marken, die Annahme jüdischen Gutes zur Gratisverwahrung, um nur einige Arten zu erwähnen.

Vieles davon wurde bereits in den Zeitzeugenberichten veranschaulicht. Noch einiges zur Ergänzung und Abrundung.

Alfred Neumeyer über die Freundschaften:

---

213 Behrend-Rosenfeld, a.a.O., S. 264.
214 Deutschkron, „Israel", S. 9.

> „Wo sich also die Schlinge langsam enger und enger zusammenzog, verknüpften sich auch die menschlichen Bande der bedrängten Freunde enger. Nie haben wir die Gabe der Freundschaft so köstlich empfunden wie damals. Und da ich im Sommersemester 1934 vorübergehend ‚Zur weiteren Regelung' meiner Dozentur suspendiert wurde, so formulierte meine Frau… nicht ganz zu Unrecht: ‚Nie war Freundschaft so bewegend wie in der Hitlerzeit. Freunde strömten von allen Seiten zusammen. Heise hatte sein Amt in Lübeck als aufrechter Demokrat verloren, Guardini[215] bot Trost und Frieden der Seele.'"[216]

So geht es weiter fast eine Seite lang.

Ursula Kardorff erzählt von „Bärchen", einer Freundin:

> „In ihrem Haus am Savignyplatz, einen Stock über ihr, ist eine solche Judenwohnung. Sie wird immer wieder geleert, und immer wieder ziehen neue ein. Bärchen rüstet alle aus, so gut sie kann, mit Woll- und Eßsachen. Sie hat eine Organisation geschaffen. Erstaunlich, wie viele Leute ihr Geld und Nahrungsmittel zur Verfügung stellen, denen ich das im allgemeinen nicht zugetraut hätte."[217]

Richtig sicherlich auch, was sie auf der nächsten Seite schreibt: „Sonst Depression über die Ausrottung der Juden, gegen die die Masse der Bevölkerung allerdings gleichgültig bleibt." Ein Volontär äußert ihr gegenüber: „Was interessieren mich die Juden…" Antisemitismus! Wirklich? Der junge Mann fährt fort: „… ich denke nur an meinen Bruder bei Rshew, alles andere ist mir völlig gleichgültig."[218] – Die hier geäußerte Gleichgültigkeit gegenüber den Juden hatte also offenbar – wie wohl bei vielen anderen auch – keine antisemitischen Gründe. Nein, sie war durch den Krieg bedingt, in dem jeder sich selbst und seine Familie so erheblichen existenziellen Bedrohungen ausgesetzt sah, daß die Anteilnahme am Schicksal anderer, egal um wen es sich handelte, im Bewußtsein oft an den Rand gedrängt wurde.

Von einigen Juden, die als „U-Boote", also im Untergrund überlebten, war schon die Rede, so von Hans Rosenthal, vom Ehepaar Krakauer, von Else Behrend-Rosenfeld. Wie viele waren es überhaupt, die auf diese Weise der Vernichtung entgingen? Eine halbwegs zuverlässige Antwort darauf ist nicht möglich. Für Berlin liegen Zahlen vor: Laut Mitgliederverzeichnis der Jüdischen Gemeinde von 1947 hatten 1 379 zeitweise in der Illegalität gelebt. Die Zahl ist in Wirklichkeit höher, da ein Teil der Überlebenden zum Zeitpunkt der Erhebung (1947) nicht mehr dort wohnte. Ferner: Die christlichen „Nichtarier" waren nicht Mitglieder der jüdischen Gemeinde.

> „Fast jede(r) Überlebende war auf die Hilfe mehrerer Personen angewiesen, je nachdem, wie lange das Leben im Untergrund dauerte. Die Anzahl der Helfenden läßt sich aufgrund der stark variierenden Angaben bisher auf mehrere Tausend bzw. Zehntausend schätzen."[219]

---

[215] Romano Guardini, katholischer Theologe und Philosophieprofessor in Berlin.
[216] Neumeyer, a.a.O., S. 288.
[217] Kardorff, a.a.O., S. 51.
[218] Kardorff, a.a.O., S. 72.
[219] Schoppmann, a.a.O., S. 115.

Valerie Wolffenstein hat offenbar genau Buch geführt: „In den zwei Jahren und drei Monaten, während wir versteckt waren, mußte ich achtzehnmal umziehen."[220] Ein NS-Blockwart duldete nicht nur die verbotenen und verpönten Machenschaften seiner Frau, sondern teilte immer wieder seine kostbaren Zigaretten mit dem „U-Boot".[221] Heinz Davis Leuner schildert eine Vielzahl solcher „U-Boot"-Abenteuer.[222] In ihrer Entschädigungsakte erwähnt Edith Rosenthal acht Jahre nach ihrer Befreiung namentlich 26 ihrer 70 Helfer.[223]

Mit der Unterkunft war es nicht getan. Die Verfolgten benötigten Lebensmittel. Hatten die „privilegierten" Juden noch Anspruch auf Lebensmittelmarken, so standen die Flüchtenden gänzlich unversorgt da. Die Möglichkeiten der Herbergsleute waren infolge der eigenen Not sehr begrenzt. Also mußten zuverlässige Freunde und Bekannte eingeweiht werden. Offenbar nicht ohne Erfolg. Von den Lebensmittelhändlern war schon die Rede. Immer wieder finden sie in den Zeitzeugenberichten eine sehr positive Erwähnung. Joseph Levys Erinnerung, von der schon die Rede war, steht für viele:

> „Lieferanten von Lebensmitteln kamen heimlich... und brachten die Ware ins Haus, die man im Laden nicht mehr bei ihnen kaufen und holen konnte. Solche Beispiele könnte ich aus dem täglichen Erleben eine Menge erzählen. Das Gegenteil, die Verweigerung von Lieferungen, kam in den seltensten Ausnahmen vor."[224]

Auch die Zahl der Fluchthelfer ist beachtlich. Von manchen haben die Zeitzeugen berichtet. Fluchthilfe en gros leistete Georg Ferdinand Duckwitz als deutscher Diplomat in Kopenhagen. Er informierte den dänischen Widerstand über den bevorstehenden Abtransport der Juden nach Auschwitz, und ein Wunder geschah: „Alle Juden Dänemarks wurden nachts mit Fischerbooten nach Schweden in Sicherheit gebracht."[225] Während Duckwitz offenbar unentdeckt blieb, mußte der Feldwebel Anton Schmid seine Hilfe mit dem Leben bezahlen.

> „Im Zeitraum von wenigen Monaten, vom Spätsommer 1941 bis zum Januar 1942, hat er unglaubliche Heldentaten vollbracht. Er transportierte mit seinen Wehrmachts-Lastwagen, für die er selbst Marschbefehle ausstellte, bis zu dreihundert Juden aus Wilna nach Woronowo... Denn dort waren die Juden noch nicht so wie in Wilna von der Vernichtung bedroht. Schmid hat ihnen damit das Leben gerettet."[226]

Wer an der richtigen Stelle saß, wo über die zu Deportierenden entschieden wurde, konnte helfen, indem er sich zu der „Überzeugung" verführen ließ, der zu De-

---

220 Wolffenstein: „Erinnerungen", S. 88.
221 Mandelkern, Moritz: „In Our Hope", in: Boehm, a.a.O., S. 125.
222 Leuner, a.a.O., S. 112 ff.
223 Zahn, Christine: „Von einem Quartier zum nächsten", in: Benz (Hg.): „Überleben", a.a.O., S. 229 ff.; S. 237. Bei Michael Degen, a.a.O., sind es knapp 60 Jahre, die seit dem Leben im Untergrund bis zur Veröffentlichung vergangen sind.
224 Levy, a.a.O., S. 179.
225 Arno Lustiger: „Retter, die keiner kennt", Frankfurter Allgemeine Zeitung, 28.1.2004.
226 Arno Lustiger: „Feldwebel Anton Schmid", Frankfurter Allgemeine Zeitung, 3.6.2000.

portierende sei gar kein „Volljude", seine Mutter habe ihn außerehelich empfangen, weshalb er wieder von der Liste zu streichen sei. So wurde die „Arisierung" von Menschen betrieben, die andernfalls als Juden dem Tode geweiht gewesen wären. Die Soldaten Hans Calmeyer und Gerhard Wander wurden auf diese Weise zu Rettern niederländischer Juden.[227]

Die eben Genannten waren Juristen, ebenso wie der Kanzleramtsstaatssekretär unter Konrad Adenauer Hans Globke. Am 8. Juli 1963 eröffnete das Oberste Gericht der DDR gegen ihn ein Strafverfahren, in dem Rechtsanwalt Michael Landau aus Israel als „gesellschaftlicher Ankläger" erklärte: „Wir sehen in diesem Prozeß eine Fortsetzung des Eichmann-Prozesses, weil beide Angeklagte – auf verschiedene Art – die gleiche Schuld tragen."[228] Globke war zu Beginn der NS-Ära zunächst Oberregierungsrat im preußischen Innenministerium und später Ministerialrat im Reichsinnenministerium, zuständig für Namensänderungen und Personenstandsfragen. In dieser Eigenschaft verfaßte er mit Staatssekretär Wilhelm Stuckart einen Kommentar zur deutschen Rassengesetzgebung. Das machte ihn nach dem Kriege suspekt. Doch, wie schon der Chefankläger bei Kriegsverbrecherprozessen Robert Kempner feststellte, war sein Kommentar „für die sogenannten Mischlinge... günstig."

Durch seine Indiskretionen trug der Katholik Globke dazu bei, daß es nicht zu einer Zwangsauflösung der nach Verkündung der Nürnberger Gesetze weiterhin privilegierten Mischehen kam, die einen Zugriff auf die jüdischen Partner ermöglicht hätte. In dem oben zitierten Artikel, der die Arisierung der Juden in Amsterdam beschreibt, wird der niederländische Anwalt Joseph Michman mit den Worten angeführt: „Derjenige, der alle Juden retten wollte, rettete niemanden." Auf Globke abgewandelt lautet der Satz: Wer sich partout die Finger nicht schmutzig machen wollte, mußte sich entfernen, konnte auch nicht retten, was zu retten war. Eine Ausrede oder ein moralisches Dilemma, auf das es keine klare Antwort gibt? Globke schien dem geistigen Haupt der Verschwörer des 20. Juli 1944, Carl Goerdeler, so integer, daß er ihn mit einem Staatsamt betrauen wollte.[229]

Im April 2005 wurde Karl Plagge ein „Gerechter der Völker", eine Ehrung, die Yad Vashem, die Holocaust-Gedenkstätte in Israel, vergibt. Dabei war Plagge nicht nur Major der deutschen Wehrmacht, sondern auch seit 1931 Mitglied der NSDAP. Er leitete 1944 in Wilna den Heeres-Kraftfahrzeugpark und beschäftigte viele Juden als Facharbeiter, deren Kriegswichtigkeit er auch dann bescheinigte, wenn es nur darum gehen konnte, sie vor dem Abtransport zu bewahren.[230] Die Ehrung

---

227 Johannes Winter: „,Entjudung' durch ,Arisierung' verhindert", Das Parlament, 28. 6. 2004.
228 Rainer Blasius: „Versteckte Hand", Frankfurter Allgemeine Zeitung, 3.12.2003.
229 Rainer Blasius: „Versteckte Hand", Frankfurter Allgemeine Zeitung, 3.12.2003.
230 Jörg Bremer: „Israel ehrt den ,Schindler aus Darmstadt'", Frankfurter Allgemeine Zeitung, Rhein-Main-Ausgabe, 12.4.2005.

hat er wohlverdient. Und doch, wie wenige hatten eine Möglichkeit vergleichbar der seinen?

Es war eine stille Hilfe, die stille Helden leisteten. Wer sich damals seiner guten Taten gerühmt hätte, hätte sie über Nacht in Unheil für Helfer und Opfer verwandelt. In Ostpreußen hatte ein Angestellter der Forstverwaltung, Hermann Kurras, 13 flüchtige Juden in seinem abgelegenen Hause versteckt. 1944 machte er in einer Gaststätte unvorsichtige Bemerkungen. Die Polizei kam und deportierte die Juden. Kurras und seine Frau wurden hingerichtet. Schweigen wäre das Gebot der Stunde gewesen.[231]

Nach dem Krieg schwiegen die meisten Helfer, weil sie das große Unheil nicht hatten verhindern können und weil sie ihre Hilfe als Selbstverständlichkeit empfanden. Sie mögen an das Schriftwort gedacht haben: „Hütet euch, eure Gerechtigkeit vor den Menschen zur Schau zu stellen... Wenn du Almosen gibst, laß es also nicht vor dir hinausposaunen..., um von den Leuten gelobt zu werden."[232] Bei Papst Johannes XXIII. lautet diese Maxime der Bescheidenheit: „Heute, nur heute werde ich eine gute Tat vollbringen, und ich werde es niemandem erzählen."[233] Die Helden haben ihre Heldentaten mit ins Grab genommen. Freilich, ihre Kinder leben häufig noch und packen bei Gelegenheit ihre Erinnerungen aus.

Im Anschluß an einen Vortrag erzählt eine Frau aus ihrer Jugend. Ich bat sie, mir ihre Erinnerung in Schriftform zu überlassen. Hier Auszüge:

> „Meine Tante Maria F. war im 2. Weltkrieg Lehrerin an einer Volksschule in Warburg (NRW). Der Direktor des dortigen Gymnasiums war Herr Wirmer, Vater des Juristen Joseph Wirmer, der 1944 als Widerstandskämpfer nach dem mißlungenen Attentat des Grafen von Stauffenberg... hingerichtet wurde. Meine Tante wußte um die damaligen Geschehnisse und Konzentrationslager. Sie hat mit dafür gesorgt, daß alle jüdischen Familien Warburg und Deutschland verlassen konnten. Nur eine jüdische Familie wollte ihre Wohnung in Warburg nicht verlassen. Dieser Familie habe ich täglich in der Dämmerung ein Körbchen mit Eßwaren an das Kellerfenster gestellt, wobei ich mich recht vorsichtig verhielt, wie die Tante es mir aufgetragen hatte... Die Körbchen mit Eßwaren... waren wohl Spenden der Familie Peters, über deren Bäckerei die Wohnung meiner drei ledigen Tanten sich befand."[234]

Ähnliches hat man mir schon des öfteren beiläufig erzählt, so unlängst Brigitte S., die ich seit Jugendtagen kenne, und meine Schwester Gabriele Noss vor wenigen Jahren.[235] Der in New York ansässige Journalist Robert Goldmann schildert aus eigenem Erleben die Solidarität nicht nur des Polizisten Roeth, der zusammen mit einem SS-Mann Roberts Vater im Gefolge der Reichspogromnacht zu verhaften

---

[231] Carsten, a.a.O., S. 222.
[232] Mt 6,1-2.
[233] Dieter Voigt; Sabine Meck: „Gelassenheit. Geschichte und Bedeutung", Darmstadt 2005, S. 127.
[234] Brief im Archiv des Autors.
[235] Einzelheiten in Löw: „Die Schuld", S. 308 f. Die „Halbjüdin", Margot E., lebt in einem Münchener Seniorenheim.

hatte und sich zum Kurier zwischen dem Häftling und dessen Gattin entwickelte, sondern auch die Solidarität des Dienstmädchens Lisbeth, das die Häscher anschrie: „Geht heim, ihr schlechte Kerle, und laßt mer de Doktor in Ruh!" Goldmann, nach über 60 Jahren:

> „Roeth und Lisbeth riskierten viel, aber sie sahen es nicht als Risiko an. Sie handelten aus tief verwurzeltem Anstand. Nach dem Ende des Krieges, als meine Mutter sich erkenntlich zeigte, waren sie erstaunt. Sie fanden, sie hätten sich gar nicht verdient gemacht, als die Care-Pakete ankamen."[236]

Das war auch die Reaktion der beiden vorab Erwähnten.

Warum halfen nicht mehr? Zunächst: Wir wissen nicht, wie viele auf die eine oder andere Weise geholfen haben. Sicher haben längst nicht alle geholfen, die hätten helfen können. Und von denen, die geholfen haben, hätten bestimmt nicht wenige weit mehr helfen können. Als Helfer schieden von vornherein all jene aus, die Hitlers Judenpolitik betrieben, bejahten, sich zumindest stark beeinflussen ließen, aber auch die Egomanen, die nur *ein* Leid kannten, nämlich das eigene. Wer seit Jahrzehnten in einer Menschenrechtsorganisation mitarbeitet, kann ein Lied davon singen, wie wenige selbst von jenen zur aktiven Mitarbeit bereit sind, denen die Organisation, der sie ihre Freiheit verdanken, vorher geholfen hat. Gleichgültigkeit, Hartherzigkeit sind Laster, die die Menschheitsgeschichte von ihrem Beginn an begleiten. Pater Maximilian Kolbe, der in Auschwitz für einen anderen freiwillig in den Tod ging, ist nicht ein Alltagsmensch, sondern wahrhaftig ein Heiliger.

Mit Blick auf die Stigmatisierung der Juden und ihre totale Ausgrenzung kommt noch hinzu, daß ab Kriegsbeginn in der Regel die eigenen Belastungen ganz enorm waren und täglich noch zunahmen. Nahezu alle Männer waren fern der Heimat im Einsatz. Oder sie waren – wie ein Großteil der Frauen auch – zuhause dienstverpflichtet, bis zu zwölf Stunden am Tag, bis zu 72 Stunden in der Woche, ohne Rücksicht auf die Länge des Weges zur und von der Arbeitsstätte.[237] Dann kamen die Fliegerangriffe, die Verwüstungen, die Evakuierungen, die materiellen Nöte infolge der Zwangsbewirtschaftung.

Mußten wir Schulkinder während der Nacht einmal in den Luftschutzkeller, so begann der Unterricht zwei Stunden, bei zwei Unterbrechungen vier Stunden später. Bei drei fiel der Unterricht ganz aus. Der Hauptgrund für verweigerte oder unzulängliche Hilfe ist aber in der allgegenwärtigen Angst der Bevölkerung zu suchen. Zumindest jeder Erwachsene wußte, daß sich die Helfer in Lebensgefahr be-

---

[236] Robert B. Goldmann: „Kristallnacht vor 60 Jahren: Eine Lehre fürs Leben", Frankfurter Allgemeine Zeitung, 9.11.1998.
[237] Carsten, a.a.O., S. 249.

gaben. Ab Oktober 1941 war „Judenbegünstigung" ein Delikt, das aufgrund eines Erlasses des Reichssicherheitshauptamtes mit der Einweisung in ein Konzentrationslager auf mindestens drei Monate geahndet wurde. Der Aufenthalt dort konnte den Tod bedeuten. (Polen, die Juden halfen, wurden ohne weiteres mit dem Tode bestraft, häufig nicht nur die Helfer, sondern die ganze Familie, mitunter das ganze Dorf.[238]) Um so mehr Respekt, ja Bewunderung verdienen die Helfer. Inge Deutschkron bekannte offen: „Ich weiß nicht, ob ich den Mut gehabt hätte, das zu tun, was diese Deutschen für mich getan haben."[239]

Susanne Witte, eine katholische Fürsorgerin, nannte als wichtige Voraussetzung ihrer Hilfe die Tatsache, daß sie als alleinstehende Frau auf niemanden habe Rücksicht nehmen müssen: „Wer Angehörige hatte, Geschwister oder alte Eltern oder gar Kinder, konnte das ja nicht tun, das war unmöglich. Man konnte das wirklich nur, wenn man ganz allein war..."[240] Trotzdem taten es viele, die einen solchen Anhang hatten.

Die Journalistin Andreas-Friedrich, eine zweite Sophie Scholl, auch wenn sie ihr Engagement nicht mit dem Leben bezahlen mußte, resümiert ebenso nüchtern wie selbstbewußt:

> „Wir, die wir im elften Jahr unter Adolf Hitlers Herrschaft stehen, haben wenig Grund, uns zu rühmen. Aber wenn Menschen ihr Leben eingesetzt haben für ihre jüdischen Brüder, dann sind es deutsche Nichtjuden gewesen. Hunderte, Tausende, Zehntausende, die täglich und stündlich ihren Kopf riskierten für ein paar armselige Brotmarken, ein vorübergehendes Notquartier... Ertrotzt gegen alle Verbote, Gesetze und Propagandabefehle."[241]

Trude Maurer schreibt in ihrem Handbuchbeitrag „Weimarer Republik und Nationalsozialismus": „Insgesamt aber hatte die Hilfe eher Ausnahmecharakter."[242] Sie spricht nicht aus eigener Erfahrung. Sie stützt sich auf Veröffentlichungen und bietet als Beweis für die Richtigkeit ihrer Behauptung eine Fußnote, nämlich: „So für Ostwestfalen Meynert ‚Reichskristallnacht', S. 222". Doch im Literaturverzeichnis befindet sich kein solcher Titel. Und selbst wenn – Ostwestfalen ist wahrlich nicht repräsentativ für das ganze deutsche Reich. Von der „Reichskristallnacht" ist in einem anderen Buche Meynerts die Rede, wo er Interviews wiedergibt und dabei geradezu versucht, den jüdischen Gesprächspartnern negative Erfahrungen herauszulocken:

> „Meynert: ‚Wie kam das?'
> [Der jüdische Gesprächspartner, Wilhelm Ehrmann, nach dem Krieg Vorsitzender der jüdischen Gemeinde in Detmold]: ‚Anständige Nachbarn, anständige Leute. Sagen wir mal so: Richtig

---

[238] Siehe Nowak a.a.O., S. 186, 248 ff., 269.
[239] Samson Madievski: „Mutiger Retter. Zur Erinnerung an Otto Weidt", Mut 449/2005, S. 65.
[240] Schoppmann: „Rettung", S. 110.
[241] Andreas-Friedrich, a.a.O., S. 128 f.
[242] Maurer, a.a.O., S. 444.

zu fühlen, fing ich erst an nach der ‚Kristallnacht'. Also, wie wir aus der Schule geworfen wurden.'

Meynert: ‚Bevor wir darauf kommen, würde ich gerne wissen, als Ihnen das das erste Mal bewußt wurde, Sie waren Jude, und das war was Besonderes, und Sie wurden von den anderen gemieden und diskriminiert – wie haben Sie das empfunden?'

Ehrmann: ‚Wie man so als Kind empfindet – ich kann das heute gar nicht mehr so sagen. Es war auch nicht so schlimm. Um diese Zeit war es noch nicht so schlimm. Ich war Kind, ich war zur Zeit der ‚Kristallnacht' zehn Jahre alt.'

Meynert: ‚Hatten Sie bis zur ‚Kristallnacht' noch nichtjüdische Freunde?'

Ehrmann: ‚Ja! Auch hinterher. Das muß ich sagen, auch hinterher.'

Meynert: ‚Die haben sich menschlich tadellos verhalten?'

Ehrmann: ‚Tadellos. Die Nachbarjungen, auch das Dorf überhaupt.'"[243]

Von Joachim Meynert gibt es ferner den Titel „Was vor der ‚Endlösung' geschah". Und dort finden sich auf S. 222 zwei Schilderungen einschlägiger Begebenheiten, auf die Maurer offenbar Bezug nimmt: Sally und Rosa mußten, nur mit dem Nachthemd bekleidet, in der Pogromnacht fliehen. Zuerst wandten sie sich an einen Pastor, der jedoch Hilfe verweigerte. Dann flohen sie in ein katholisches Krankenhaus. „Und während draußen die rohen, heidnischen Instinkte wilde Orgien feierten, konnten Rosa und Sally sich ausruhen und wärmen in dieser stillen, kleinen Insel der Menschlichkeit."[244] Ein Beweis für meist verweigerte Hilfe?

Christopher Browning schreibt in den Schlußbetrachtungen seines Buches „Die Entfesselung der ‚Endlösung'":

„Von einer Minderheit von Parteiaktivisten abgesehen, waren die meisten Deutschen 1938 weder bereit noch willens, physische Gewalt gegen ihre jüdischen Nachbarn anzuwenden; gleichzeitig dachten sie aber auch nicht daran, ihnen zu Hilfe zu eilen."[245]

Ja, so war es sicherlich. Die Hilfe wurde nicht nachgetragen. Abgesehen von freundlichen Gesten erfolgte sie fast ausschließlich auf Bitten hin oder aufgrund einer erschütternden Begegnung oder in Ausübung eines Amtes, beispielsweise in der Caritas. Feldwebel Schmid, von dem oben schon die Rede war, schreibt kurz vor seiner Hinrichtung an seine Angehörigen: „Da ließ ich mich überreden… ich konnte nicht denken und half ihnen – was schlecht war von Gerichts wegen… Ich habe nur als Mensch gehandelt…"[246] Schmid war insofern nicht die große Ausnahme, sondern die Regel. Ist sein Verhalten deshalb nicht mehr vorbildlich?

Auch der barmherzige Samariter im Evangelium hält nicht Ausschau, wo er wohl helfen könne. Er stößt auf das Opfer, und sein Gewissen ist gefangen. Auf diese

---

[243] Meynert, Joachim; Mitschke, Gudrun: „Die letzten Augenzeugen zu hören. Interviews mit antisemitisch Verfolgten aus Ostwestfalen", Bielefeld 1998, S. 53.

[244] Meynert: „Endlösung", S. 222.

[245] Browning, a.a.O., S. 616.

[246] Stern, Fritz: „Am Grab des unbekannten Retters", in: Vogel, Thomas (Hg.): „Aufstand des Gewissens. Militärischer Widerstand gegen Hitler und das NS-Regime 1933–1945", Hamburg 2000, S. 511 ff.; S. 514 f.

Weise herausgefordert, zeigt er sich barmherzig.[247] Noch schöner, wenn er auf Suche gegangen wäre, um Hilfsmöglichkeiten zu erspähen. Aber bewegen wir uns mit solchen Erwartungen gegenüber unseren Mitmenschen nicht im Bereich ethischer Utopie? Wer von uns praktiziert diese Hilfe?

In unserer Nachbarschaft lebten keine Juden. In meinen Klassen war nie ein Jude, nur – ab Januar 1944 – ein Schwarzer, dessen Hautfarbe für uns Mitschüler überhaupt keine Rolle spielte. Er wurde in München-Pasing, wo sich die Schule befand, nicht Opfer von Rassisten, sondern eines Luftangriffs. Erst als meine Schwester Gabriele eine „Halbjüdin" kennenlernte und von der bei einem Bauern versteckten Mutter erfuhr, war bescheidene Hilfe mit Lebensmittelmarken möglich.

Wer unterlassene Hilfe beanstandet, soll sagen, wie sie hätte aussehen können. Nicht für einen unter zehn Erwachsenen gab es jene Möglichkeiten der Hilfe, die oben aufgezeigt wurden, abgesehen von einem freundlichen Blick, der auch mißverstanden werden konnte. Selbst ein Händedruck war ein Risiko für beide, das der Nichtjude dem ohnehin Verfolgten nicht aufbürden durfte. Wer hier konkret denkt, wird nachdenklich, ob der Nachweis mangelnder Solidarität wirklich schon geführt worden ist oder geführt werden kann.

Irma Dann schildert ihre Flucht aus Berlin:

> „Nach einer aufregenden Fahrt in Tirol angekommen, hatten wir durch ein tiefes Tal zu gehen, bis wir endlich das Haus dieser Familie erreichten [die ihnen, der Mutter und zwei Töchtern, als hilfsbereit bezeichnet worden war]. Die sonst großzügige und hilfsbereite Hausfrau bekam bei unserer Ankunft einen Nervenanfall, da gerade einen Tag vorher die Gestapo Haussuchung gehalten hatte … Nach einiger Zeit sagte sie mir, daß ich mich nach einem andern Platz umsehen müßte."[248]

Ein Fall verweigerter Solidarität? Wer wagt einen solchen Vorwurf? Wie oft hat sich ähnliches abgespielt?

Fassen wir zusammen: Die jüdischen Zeitzeugen bekunden vielfältigen Beistand durch eine beachtliche Zahl stummer Helfer. Sie waren stumm insofern, als sie ihre guten Taten nicht wie Orden und Ehrenzeichen zur Schau stellten, auch später nicht. Sie waren stumm, als man nach Auffassung vieler Nachgeborener hätte sprechen sollen. Doch ein lauter Protest hätte zur Folge gehabt, daß sie Nächstenliebe nicht mehr hätten praktizieren können. Das ist ein schwerwiegender Gesichtspunkt beim Abwägen des Für und Wider eines Protestes, der nach allen Erfahrungen nichts Positives bewirkte.

Jüdische Zeitzeugen bekunden aber auch, wie schwer Juden es teilweise hatten, bei anderen Juden Hilfsbereitschaft auszulösen. Karl Stern erinnert sich:

---

[247] Luk. 10,25.
[248] Grossmann, a.a.O., S. 189.

„Wir, die Mitglieder der jüdischen Jugendbewegung, gingen von Haus zu Haus, um bei den München jüdischen Familien Geld zur Unterstützung der Opfer des Pogroms [in der Ukraine Ende der zwanziger Jahre] zu sammeln. Im Hinblick auf spätere Ereignisse erinnere ich mich gut meiner Erfahrungen als Bittsteller. Die Ukraine schien für die meisten sehr weit entfernt und das entsetzliche Schicksal der dortigen Juden für recht viele ihrer Glaubensbrüder in München gänzlich fremd zu sein."[249]

Unter der bezeichnenden Überschrift „Retter, die keiner mehr kennt" schreibt Arno Lustiger:

„Sie bilden das unbezahlbar teure moralische Kapital des deutschen Volkes, mit dem aber sträflich nachlässig umgegangen wird. Diese ‚unbesungenen Helden' hat die furchterregende Brutalität des NS-Regimes nicht von ihren Rettungstaten abbringen können."[250]

Günther Ginzel ergänzt:

„Es gehört zu den unbegreiflichen Entwicklungen der deutschen Nachkriegsgeschichte, daß der häufig spontane Widerstand im Sinne einer lebensgefährlichen Hilfe für Juden... nicht systematisch erforscht wurde."[251]

Und noch eine dritte Stimme, Alfred Neumeyer: „Die Geschichte der deutschen Verbrechen ist inzwischen oft, die der Taten der Edlen noch nicht genügend geschrieben worden."[252] Als letzte soll die Widerstandskämpferin Ruth Andreas-Friedrich zu Worte kommen:

„Hunderte, Tausende, Zehntausende, die täglich und stündlich ihren Kopf riskierten für ein paar armselige Brotmarken, ein vorübergehendes Notquartier. Ein bißchen, wieder ein bißchen und nochmals ein bißchen. Abgerungen der eigenen Notdurft, erkämpft zwischen Bomben, Zwangsarbeit, Verkehrsbehinderung und persönlicher Einschränkung. Ertrotzt gegen alle Verbote, Gesetze und Propagandabefehle."[253]

Wir alle, die wir versucht sind, Anklage wegen unterlassener Hilfe zu erheben, müssen uns fragen lassen, wo unser Engagement bleibt, wenn vor unseren Augen Millionen ermordet werden.

„Seit Ende der Mobutu-Ära [1997] kamen im Kongo 3,8 Millionen Menschen ums Leben... Und diese historische Tragödie hat keinen Aufschrei hervorgerufen, sondern wurde von der Außenwelt weitgehend ignoriert, so daß man... von gezieltem Wegschauen sprechen muß"[254], – klagt ein Journalist.

---

[249] Stern: „Feuerwolke", S. 65.

[250] Arno Lustiger: „Retter, die keiner mehr kennt", Frankfurter Allgemeine Zeitung, 28.1.2004.

[251] Ginzel, Günther: „Jüdischer Alltag in Deutschland", Düsseldorf 1984, S. 239.

[252] Neumeyer, a.a.O., S.180. Mit der Reihe „Solidarität und Hilfe" des Zentrums für Antisemitismusforschung, Berlin, ist ein Anfang gemacht. Doch die Helfer sind heute fast alle tot, häufig auch schon ihre Kinder.

[253] Andreas-Friedrich, a.a.O., S. 128 f.

[254] Hans Christoph Buch: „Kollateralschaden Kongo", Frankfurter Allgemeine Zeitung, 6.6.2005.

3. Christen und Juden

Hat der Papst damals versagt? Haben die christlichen Kirchen, haben die Christen Deutschlands damals versagt? Auch insofern sind die Aussagen der jüdischen Zeitzeugen sehr aufschlußreich. Damit der Leser diese Erlebnisse besser in den Kontext der Zeitgeschichte einordnen kann, vorab einige grundlegende Fakten.

3.1 Die Kirchen und das „Dritte Reich"

Im April 2003 brachte „Der Spiegel" eine zeitgeschichtliche Abhandlung, betitelt: „Pakt zwischen Himmel und Hölle". Darin wird gleich zu Beginn ein Knallfrosch in Gestalt einer Frage gezündet: „Trägt die katholische Kirche eine Mitschuld am Holocaust?" Anlaß für die Themenwahl war die Öffnung weiterer Teile des Vatikanischen Geheimarchivs, und zwar Deutschland und die Jahre 1933–1939 betreffend.[255] Schon auf der nächsten Seite folgt die Antwort:

> „Es wird Jahre dauern, die Papiere vollständig zu durchforsten, aber bereits jetzt zeichnet sich ab, daß der Vatikan von den schlimmsten Verdächtigungen entlastet wird. Weder sympathisierten die Päpste mit den Nazis, noch war der Kirchenstaat Hort eines mörderischen Antisemitismus."[256]

Diese „sensationelle" Entdeckung war allen bekannt, die nicht Rolf Hochhuths „Stellvertreter" als zeitgeschichtliches Werk mißverstanden hatten oder von den Schülern des Dramatikers in „Geschichte" unterwiesen worden waren.[257] Schon im Rahmen der Nürnberger Kriegsverbrecherprozesse hatten die Richter aus den Reihen der Sieger verkündet: „Es ist zweifelsfrei erwiesen, daß das Nazi-Regime frühzeitig mit einem Verfolgungsfeldzug gegen die katholische Kirche, ihre Würdenträger, Priester, Nonnen und Gläubigen begann."[258] Warum sollten die Sieger – durch die Bank keine Katholiken – wider besseres Wissen einen solchen Gunsterweis machen?

Der Konflikt zwischen Kirche und NSDAP war vorprogrammiert. Darwinismus, Rassismus, Nationalismus stehen in unversöhnlichem Gegensatz zum theono-

---

[255] Die Öffnung geht auf den ausdrücklichen Wunsch von Johannes Paul II. zurück und steht in unmittelbarem Zusammenhang mit den Auseinandersetzungen um den Seligsprechungsprozeß für Pius XII.

[256] Gerhard Besier, Klaus Wiegrefe: „Pakt zwischen Himmel und Hölle", DER SPIEGEL 17/2003, S. 64f. Ziemlich zeitgleich heißt es in der Frankfurter Allgemeinen Zeitung (Thomas Brechenmacher: „Im Widerspruch zum göttlichen Recht", 14.10.2003): „Der Heilige Stuhl, sein maßgeblicher Politiker, der Papst des Zweiten Weltkrieges, stand dem Nationalsozialismus kompromißlos ablehnend gegenüber und trat für die verfolgten Juden ein. Das macht Pacelli noch längst nicht zum ‚Papst der Juden', wie ein italienischer Journalist jüngst euphorisch schrieb; allerdings dürfte es an der Zeit sein, sich vom Zerrbild des ‚Hitlerpapstes' und Antisemiten Pacelli endgültig zu verabschieden."

[257] Noch in Heft 46/1999 brachte DER SPIEGEL einen Artikel mit der Überschrift „Hitlers Papst".

[258] C. H. Türck (Hg.): „Das Urteil im Wilhelmstraßen-Prozeß", München 1950, S. 105.

men Universalismus ebenso wie zum Hauptgebot der Nächstenliebe. Daher ächtete die katholische Kirche die Partei Hitlers für jedermann wahrnehmbar, sobald sie durch das Votum der Wähler zu einer beachtlichen politischen Kraft aufgestiegen war. Im August 1932 erließ die gesamtdeutsche Fuldaer Bischofskonferenz „Richtlinien" die NSDAP betreffend:

> „Sämtliche Ordinariate haben die Zugehörigkeit zu der Partei für unerlaubt erklärt, weil 1. Teile des offiziellen Programms derselben, so wie sie lauten und wie sie ohne Umdeutung verstanden werden müssen, Irrlehren enthalten, 2. weil die Kundgebungen zahlreicher führender Vertreter und Publizisten der Partei glaubensfeindlichen Charakter, namentlich feindliche Stellung zu grundsätzlichen Lehren und Forderungen der katholischen Kirche enthalten..."[259]

Der sogenannte politische Katholizismus teilte selbstverständlich diese entschiedene Haltung, die Mißbilligung des Antisemitismus eingeschlossen. Daher nimmt es nicht wunder, daß Reichskanzler Heinrich Brüning, Zentrum, so großes Ansehen gerade in jüdischen Kreisen genoß, was die oben zitierten jüdischen Stimmen bestätigen,[260] und immer mehr Juden die katholischen Parteien, Zentrum und Bayerische Volkspartei, wählten.[261]

Daß es auch im katholischen Lager Irrlichter und „Brückenbauer" gegeben hat, darf nicht unerwähnt bleiben. Doch sie waren nicht tonangebend, auch nicht organisiert und verfügten über keine Institutionen, selbst wenn sie sich in katholischen Organen gelegentlich vernehmbar machen konnten.

Anders die Situation im Bereich der evangelischen Kirche. Klaus Scholder hat sich ausführlich mit der Einstellung der evangelischen Christen zum Nationalsozialismus befaßt:

> „Die Diskussion um den Nationalsozialismus dauerte das ganze Jahr 1931 und auch im Jahr 1932 unvermindert fort. Sie verlief auch weiterhin so widersprüchlich und ungeordnet, wie sie nach den Septemberwahlen 1930 begonnen hatte."[262]

Wichtig erscheint die Feststellung, daß der Kampf gegen die Kirchen – anders als der Kampf gegen die Juden – keinen Programmpunkt der NSDAP bildete, auch wenn das programmatische Bekenntnis „zum Sittlichkeits- und Moralgefühl der germanischen Rasse" und die Bejahung eines „positiven Christentums"[263] einen weiten Raum für Spekulationen und Befürchtungen öffnete. Kaum saß Hitler fest im Sattel, gab er in seiner Regierungserklärung vom 23. März 1933 Zusicherungen, die bei vielen Hoffnungen weckten:

---

[259] Stasiewski, a.a.O., Bd. 1, S. 843 f.
[260] Siehe z.B. Feuchtwanger, Fromm, Hauser, Klemperer u.a.
[261] Falter, Jürgen W.: „Hitlers Wähler", München 1991.
[262] Scholder, Klaus: „Die Kirchen und das Dritte Reich Band 1 Vorgeschichte und Zeit der Illusionen 1918–1934", Frankfurt am Main 1986, S. 180.
[263] Art. 24.

„Wir wollen aber auch alle wirklich lebendigen Kräfte des Volkes als die tragenden Faktoren der deutschen Zukunft erfassen, wollen uns redlich bemühen, diejenigen zusammenzufügen, die eines guten Willens sind ...

Die nationale Regierung sieht in den beiden christlichen Konfessionen wichtigste Faktoren der Erhaltung unseres Volkstums ... Sie wird allen anderen Konfessionen in objektiver Gerechtigkeit gegenübertreten. Sie kann aber nicht dulden, daß die Zugehörigkeit zu einer bestimmten Konfession oder einer bestimmten Rasse eine Entbindung von allgemeinen gesetzlichen Verpflichtungen sein könnte ...“

3.2 Die Kirchen und die Juden in der ersten Hälfte des 20. Jahrhunderts

Der Kampf gegen die Kirchen, zunächst die katholische, dann auch die Bekennende (evangelische) Kirche wurde hauptsächlich durch die Weigerung der Geistlichkeit ausgelöst, den ideologisch bedingten Kampf gegen „Minderwertige" schweigend zu tolerieren oder gar gutzuheißen.

„Die Kirche und die Juden" ist ein Thema, das 2000 Jahre umfaßt. Jede der beiden Einheiten nahm für sich in Anspruch, Volk Gottes zu sein. Daher gab es von Anfang an Rivalität, Animosität und Verfolgung, deren Intensität erheblich schwankte und deren Stoßrichtung von den Machtverhältnissen abhing. Am Ende seiner tiefschürfenden Untersuchung des Verhältnisses von Papst und Juden in den letzten Jahrhunderten kommt Thomas Brechenmacher zu dem Befund: „Daß freilich der Antisemitismus als gewalttätige diskriminatorisch-rassistische Ideologie mit der Lehre der Kirche nichts gemein haben konnte und durfte, zweifelten die Päpste und die führenden Häupter der Kurie nie an."[264]

Im folgenden soll nur die jüngste Vergangenheit kurz skizziert werden. Noch im 19. Jahrhundert finden wir zahlreiche Verlautbarungen kirchlicher Stellen, die allzu rasch unerfreuliche Zeiterscheinungen anderen, eben auch „den" Juden anlasteten. Doch diese Stimmen gewannen nicht an Gewicht. Mit Beginn des 20. Jahrhunderts verstummen sie nahezu, so daß gegenseitiger Respekt aufkeimte. Der 1917 veröffentlichte „Codex iuris canonici" enthielt die judenfeindlichen Bestimmungen des bis dahin geltenden Kirchenrechts nicht mehr.[265]

1928 verbot das Heilige Offizium – die heutige Glaubenskongregation – eine innerkirchliche Organisation namens „Freunde Israels".[266] (Einer ihrer Förderer war der Münchner Kardinal Faulhaber.) Um Mißdeutungen von vornherein entgegenzutreten, kam es zu der Verlautbarung:

---

[264] Brechenmacher, Thomas: „Das Ende der doppelten Schutzherrschaft. Der Heilige Stuhl und die Juden am Übergang zur Moderne (1775–1870)", Stuttgart 2004, S. 464.

[265] Wittstadt, Klaus: „Die katholische Kirche und die Juden. Ein Überblick", in: Jaspert, Bernd (Hg.): „Erinnern – Verstehen – Versöhnen. Kirche und Juden in Hessen 1933–1945", Evangelischer Presseverband, Kassel 1992, S. 59 ff.; S. 76.

[266] Offenbar wurde eine Steuerung von außen vermutet.

> „Von dieser Liebe bewogen, nahm der Apostolische Stuhl das jüdische Volk gegen ungerechte Verfolgungen in Schutz, und wie er allen Neid und alle Eifersucht zwischen den Völkern verurteilt, so verdammt und verurteilt er auch aufs schärfste den Haß gegen das einst von Gott auserwählte Volk, jenen Haß nämlich, den man allgemein heute mit dem Namen ‚Antisemitismus‘ zu bezeichnen pflegt."[267]

Geistliche publizierten in jüdischen Zeitungen, so der Münchner Kaplan F. Rödel in dem Blatt des Centralvereins deutscher Staatsbürger jüdischen Glaubens in einem Leitartikel am 5. November 1926 unter der Überschrift: „Du sollst kein falsches Zeugnis geben!" Darin nimmt er die Juden gegen Angriffe seitens des Parteiorgans der NSDAP „Völkischer Beobachter" in Schutz.[268]

Als Hitler, der fanatische Antisemit, Reichskanzler wurde, war der Konflikt zwischen katholischer Kirche und Nationalsozialismus unvermeidlich. Dabei spielte die Judenverfolgung keine geringe Rolle. Auch wenn sie nicht direkt beim Namen genannt wurde, Freund und Feind verstanden. Schon am 4. April 1933 sah sich Kardinalstaatssekretär Pacelli veranlaßt, Nuntius Orsenigo in Berlin Möglichkeiten erkunden zu lassen, gegen die „antisemitischen Exzesse" in Deutschland zu intervenieren. Antwort des Nuntius: Der Bischof von Berlin werde versuchen, der deutschen Regierung die von der „carità universale" bewegten Wünsche der katholischen Kirche nahezubringen. Am 9. April veröffentlichte die deutsche Presse eine Erklärung mehrerer Bischöfe, in der höchste Besorgnis über das Schicksal aller vom „Gesetz zur Wiederherstellung des Berufsbeamtentums" Betroffenen, der Juden wie Nichtjuden, zum Ausdruck kam. Im Begleitschreiben zur Mitteilung heißt es:

> „Leider akzeptiert und billigt die gesamte Regierung das antisemitische Prinzip, und diese Tatsache wird leider wie ein Schandmal der Niederträchtigkeit auf den ersten Seiten der Geschichte des deutschen Nationalsozialismus – die ja nicht ohne Verdienste ist[269] – haften bleiben."[270]

Hitler war noch kein Jahr im Sattel, da predigte an den vier Adventssonntagen und am Silvesterabend 1933 der Münchener Kardinal Faulhaber in der größten Kirche der Stadt über „Judentum, Christentum, Germanentum", eine regelrechte Herausforderung an die neuen Machthaber. Der Andrang war so gewaltig, daß Übertragungen in andere Kirchen erfolgen mußten. Von den rassistischen Exzessen war zwar nicht ausdrücklich die Rede. Aber alle Hörer, auch die von der Gestapo, verstanden:

> „Erstens darf die Liebe zur eigenen Rasse in der Kehrseite niemals Haß gegen andere Völker werden... Rasse ist Verbundenheit mit dem Volk, Christentum ist zunächst Verbundenheit mit Gott. Rasse ist völkische Geschlossenheit und Abgeschlossenheit, Christentum ist weltweite Heilsbotschaft an alle Völker... Wir dürfen niemals vergessen: Wir sind nicht mit deutschem Blut er-

---

267 Konrad Repgen: „Die Sprache jener Zeit beachten", Die Tagespost, 19.4.2003.
268 F. Rödel: „Du sollst kein falsches Zeugnis geben!", C.V.-Zeitung, 5.11.1926.
269 Gemeint ist sicher vor allem der entschlossene Kampf gegen den Kommunismus.
270 Thomas Brechenmacher: „Er war nicht stark...", Frankfurter Allgemeine Zeitung, 24.4.2003.

löst."[271] Und abschließend: „Wir lassen an der Stelle des Kreuzes keine Donareichen pflanzen."[272]

Allein die Tatsache, daß das dem Dauerbeschuß ausgesetzte Fundament des jüdischen Glaubens, die Thora, verteidigt und zugleich als Fundament auch des Christentums herausgestellt wurde, genügte, um die Verbreitung zu untersagen und den Kardinal als Judenfreund zu ächten. In der Nacht vom 27. auf den 28. Januar 1934 wurde der große Salon des Erzbischöflichen Palais beschossen. Wie kaum anders zu erwarten, konnten die Täter nie ermittelt werden.[273]

Auch andere Bischöfe meldeten sich mit lauter Stimme zu Wort, so der Münsteraner Graf von Galen am 29. Januar 1934:

> „Es greift die Fundamente der Religion und der gesamten Kultur an, wer das moralische Gesetz im Menschen zerstört. Das tun aber jene, die von der Sittlichkeit erklären, sie gälte nur insoweit für ein Volk, als sie die Rasse fördere. Offensichtlich wird dadurch die Rasse über die Sittlichkeit gestellt, das Blut über das Gesetz... Was wird nun die Folge sein, wenn man das sittliche Naturgesetz, das alle Menschen ohne Unterschied der Rassen und Klassen verpflichtet, zerstört..? Der Heilige Vater selbst antwortet darauf...:‚An die Stelle der Sittengebote, die zugleich mit dem Gottesglauben verblassen, tritt die brutale Gewalt, die jedes Recht mit Füßen tritt.'"[274]

Am 14. Mai 1934 verdeutlichte die päpstliche Kurie mit einem Promemoria erneut ihre Einschätzung des Rassismus in Deutschland:

> „Die Kirche weiß um die Rasse als biologische Tatsache und leugnet in gewissen, von unwissenschaftlichen und unhistorischen Übertreibungen sich fernhaltenden Grenzen die Lebenswerte und Kulturantriebe nicht, die in ihr ruhen. Sie weiß aber auch, daß die Verabsolutierung des Rassegedankens und vor allem seine Proklamation als Religionsersatz ein Irrweg ist, dessen Unheilsfrüchte nicht auf sich warten lassen."[275]

1937 erscheint „Mit Empfehlung des deutschen Gesamtepiskopates" ein „Handbuch der religiösen Gegenwartsfragen". Darin heißt es unter „Nation":

> „Letztlich bedeutet dieser übersteigerte, bloß auf Gewalt gestützte Nationalismus eine Verherrlichung der ungebändigten rohen Naturkräfte und führt zur Anschauung primitivster Kulturstufen, zuletzt aber auch zu deren Zustand zurück."[276]

Unter Rasse steht zu lesen:

> „Eine Rassenkunde und Rassenpflege, die die Rasse selbst zum höchsten Wert als Welt- und Lebensanschauung erheben würde und sich dadurch verleiten lassen sollte, das Christentum selbst anzutasten, wäre auf einem verhängnisvollen Irrweg. Und vorab schon: Alle werden darin einig sein, daß die Liebe zum eigenen Volk... sich niemals im Haß gegen anders zusammengesetzte Völker auswirken darf."[277]

---

271 Faulhaber: „Judentum", S.116 ff.
272 Faulhaber: „Judentum", S. 123.
273 Ausführlich dazu Faulhaber: „Akten", Bd. 1, S. 174 ff.
274 Galen, Bischof Clemens August Graf von: „Akten, Briefe und Predigten 1933–1946", 2 Bde. (bearbeitet von Peter Löffler), Mainz 1988, S. 68.
275 Albrecht, Dieter: „Der Notenwechsel zwischen dem Heiligen Stuhl und der deutschen Reichsregierung I", Mainz 1965, S. 79.
276 Gröber, Conrad (Hg.): „Handbuch der religiösen Gegenwartsfragen", Freiburg 1937, S. 439.
277 Gröber, a.a.O., S. 537.

Im selben Jahr ist es eine in allen Kirchen Deutschlands verlesene Enzyklika, die den unüberbrückbaren Gegensatz zwischen Kirche und NS-Ideologie deutlichst herausstellt. Die aufrüttelnden Eingangsworte lauten: „Mit brennender Sorge". Der Text ist die denkbar schärfste Abrechnung mit dem NS-Regime und seinem Rassismus:

> „Wer immer die Rasse oder das Volk oder den Staat oder die Staatsform, die Träger der Staatsgewalt oder andere Grundwerte menschlicher Gemeinschaftsgestaltung – die innerhalb der irdischen Ordnung einen wesentlichen und ehrengebietenden Platz behaupten – aus dieser ihrer irdischen Wertskala herauslöst, sie zur höchsten Norm aller, auch der religiösen Werte macht und sie mit Götzenkult vergöttert, der verkehrt und verfälscht die gottgeschaffene und gottbefohlene Ordnung der Dinge… Nur oberflächliche Geister können der Irrlehre verfallen, von einem nationalen Gott, von einer nationalen Religion zu sprechen…"

Unter der Überschrift „Reiner Christusglaube" werden ebenfalls „Blut und Rasse" in ihre Schranken gewiesen:

> „Der im Evangelium Jesu Christi erreichte Höhepunkt der Offenbarung ist verpflichtend für immer. Diese Offenbarung kennt keine Nachträge,… die gewisse Wortführer der Gegenwart aus dem sogenannten Mythos von Blut und Rasse herleiten wollen."

Die Ausführungen unter „Reiner Kirchenglaube" betonen die Gleichwertigkeit aller Menschen:

> „Unter ihrem (der Kirche) Kuppelbau ist Platz und Heimat für alle Völker und Sprachen, ist Raum für die Entfaltung aller von Gott dem Schöpfer und Erlöser in die Einzelnen und in die Volksgemeinschaften hineingelegten Eigenschaften, Vorzüge, Aufgaben und Berufungen."[278]

Die so Bloßgestellten schlugen heftigst zurück.[279] Sie hatten allen Grund, wenn man sich das Echo vergegenwärtigt. Ein neutraler Beobachter schildert:

> „Als die Enzyklika verlesen wurde, waren in manchen Orten am gleichen Tag dreimal die Kirchen gefüllt. Das sprach sich wie ein Lauffeuer herum, besonders aber die scharfen Kommentare der Pfarrer. Es herrschte eine Stimmung, als wenn wir vor einer Revolution stünden."[280]

Am 13. Juli 1937 sprach Kardinal Pacelli in der überfüllten Notre-Dame-Kathedrale der französischen Hauptstadt. Dabei kam er auf Deutschland und seine Bewohner zu sprechen, „jenes edle und mächtige Volk, das schlechte Hirten zu einer Vergötzung der Rasse verleiten möchte."[281]

Knapp ein Jahr später (13. April 1938) rief die päpstliche Studienkongregation auf Weisung des Papstes alle katholischen Universitäten und katholisch-theologischen Fakultäten zur Bekämpfung des Antisemitismus in Wort und Schrift auf. Die folgenden Thesen wurden ausdrücklich verworfen. Sie lauten in der Übersetzung der Deutschen Bischofskonferenz:

---

[278] Neuhäusler, Johann: „Kreuz und Hakenkreuz. Der Kampf des Nationalsozialismus gegen die katholische Kirche und der kirchliche Widerstand", München 1946 (2 Bde.), S. 35 ff.
[279] Löw: „Schuld", a.a.O., S. 58 ff.
[280] Sozialdemokratische Partei, a.a.O., Bd. 4, S. 507.
[281] Lapide, Pinchas E.: „Rom und die Juden", Freiburg 1968, S. 61.

„1. Die Menschenrassen unterscheiden sich durch ihre angeborenen, unveränderlichen Anlagen so sehr voneinander, daß die unterste Menschenrasse von der höchsten weiter absteht als von der höchsten Tierart.

2. Die Lebenskraft der Rasse und die Reinheit des Blutes müssen auf jede Weise bewahrt und gepflegt werden. Was zu diesem Zweck geschieht, ist ohne weiteres erlaubt.

3. Aus dem Blute, in dem die Rassenanlagen enthalten sind, gehen alle geistigen und sittlichen Eigenschaften als aus seiner hauptsächlichen Quelle hervor.

4. Hauptzweck der Erziehung ist die Entwicklung der Rassenanlage und Weckung der Liebe zur eigenen Rasse, weil sie den höchsten Wert darstellt.

5. Die Religion untersteht dem Gesetz der Rasse und ist ihr anzupassen.

6. Die erste Quelle und höchste Regel der gesamten Rechtsordnung ist der Rasseninstinkt...“[282]

Dieses Schreiben mit den zehn zurückzuweisenden Thesen ließ der Papst ausgerechnet am 3. Mai 1938 im „L'Osservatore Romano" veröffentlichen. Genau an diesem Tag traf Hitler zu einem Staatsbesuch in Rom ein, während sich der Papst, dem „in Rom die Luft unerträglich" sei, nach Castel Gandolfo zurückgezogen hatte. Er ließ darüber hinaus die vatikanischen Museen für die Tage des Führerbesuchs schließen und verbot das Hissen der nationalsozialistischen Flagge auf allen kirchlichen Gebäuden.[283]

In einer an Pilger gerichteten Ansprache äußerte Pius XI. im September 1938: „Der Antisemitismus ist eine abstoßende Bewegung, an der wir Christen keinen Anteil nehmen können... Geistlich sind wir Semiten."[284]

Der Bischof von Münster, Clemens August Graf von Galen war fest entschlossen, nach dem 9. November 1938 öffentlich zu protestieren. Allein die jüdischen Repräsentanten der Stadt haben ihn veranlaßt, davon Abstand zu nehmen, da sie noch schlimmere Rache befürchteten.[285]

Unser Zeitzeuge Jochen Klepper notierte am 22. November 1938, also im Rückblick auf den Pogrom: „Ungeheure Angriffe auf beide Kirchen in den prononcierten Parteiblättern – Angriffe, die es verstehen lassen, daß die Kirchen ohnmächtig im Politischen, keinen öffentlichen Schritt für die Judenchristen unternehmen."[286]

Am 10. Februar 1939 starb der Papst. Sein Nachfolger als Pius XII. war kein anderer als Pacelli. Zunächst stand die Erhaltung des Friedens ganz im Mittelpunkt seiner Bemühungen. „Die Erhaltung des Friedens steigerte sich bei Pius XII. zu

---

282 Volk: „Akten", S. 505 f. in lateinischer Sprache, S. 564 ff. in deutscher Sprache mit Kommentar.

283 Johannes Schwarte: „Schwere Gewissensentscheidung" (Lb), Frankfurter Allgemeine Zeitung, 26.5.2003.

284 Lill, Rudolf: „Katholizismus nach 1848", in: Rengstorf, Karl Heinrich; Kortzfleisch, Siegfried von: „Kirche und Synagoge. Handbuch zur Geschichte von Christen und Juden. Darstellung und Quellen", Bd. 2, Stuttgart 1970, S. 366.

285 Mussinghoff, Heinz: „Rassenwahn in Münster. Der Judenpogrom 1938 und der Bischof Clemens August Graf von Galen", Münster 1989, S. 15.

286 Klepper, a.a.O., S. 682.

einer wahren Obsession."[287] Doch seine Bemühungen scheiterten. Der Papst, so heißt es, habe befürchtet, ein flammender Protest gegen Hitlers Judenverfolgung würde den rasenden Hitler nicht von seinem infernalischen Vorhaben abbringen, sondern die Lage der Opfer noch verschlimmern und die Möglichkeiten stiller Hilfen verringern. Dennoch beendete er seine Weihnachtsansprache des Jahres 1942, nachdem er der gefallenen Soldaten, der Witwen und Waisen, der Flüchtlinge und Kriegsopfer gedacht hatte, mit einem Appell, den Frieden zu suchen:

> „Dieses Gelöbnis schuldet die Menschheit den Hunderttausenden, die ohne eigene Schuld manchmal nur wegen ihrer Nationalität oder der Abstammung dem Tode geweiht oder einer fortschreitenden Verelendung preisgegeben sind."[288]

Die deutschen Bischöfe meldeten sich immer wieder zu Wort, alle gemeinsam mit dem sogenannten Dekaloghirtenbrief vom 19. August 1943:

> „... Auch an jene ergeht der Ruf, welche sich einen Gott zurechtrichten nach ihrem eigenen Denken, Leben und Handeln oder einen eigenen Gott, der nur für ihre Nation und Rasse da ist ...
> Das Recht der Menschen auf Leib und Leben ... gründet im Rechte Gottes auf den Menschen ...
> Tötung ist in sich schlecht, auch wenn sie angeblich im Interesse des Gemeinwohls verübt würde: An schuld- und wehrlos Geistesschwachen ... an Menschen fremder Rassen und Abstammung."[289]

Es würde den Rahmen sprengen, alle einschlägigen Hirtenbriefe aufzulisten.[290]

Erwähnt sei nur *ein* Schreiben des Vorsitzenden der Deutschen Bischofskonferenz, des Breslauer Kardinals Bertram, an Heinrich Himmler vom 17. November 1943, in dem es heißt, die Bischöfe hätten wiederholt vereinzelt Mitteilungen erhalten, „nach denen die Lage der Inhaftierten hinsichtlich der Unterkunftsräume, der Ernährung und der Arbeitsbedingungen nicht nur als hart und drückend, sondern sogar als menschenunwürdig" zu bezeichnen sei. Das christliche Sittengesetz verpflichte „gegen Mitmenschen auch der fremden Rassen". Natürlich nannte er noch andere Gründe, von denen erwartet werden durfte, daß sie Himmler noch eher beeindrucken, so „den Ruf des deutschen Namens".[291]

Am 12. März 1944 hat der Kölner Erzbischof, Josef Frings, erneut in einer Predigt die Rassenpolitik angegriffen:

> „Wir benutzen die Gelegenheit, um im Sinne des Heiligen Vaters zu fordern, daß ... niemand seiner Güter oder gar seines Lebens beraubt werde, der unschuldig ist, etwa deshalb, weil er einer fremden Rasse angehört. Das kann nur als himmelschreiendes Unrecht bezeichnet werden."[292]

---

[287] Conzemius, Victor: „Schweizer Katholizismus 1933–1945. Eine Konfessionskultur zwischen Abkapselung und Solidarität", Zürich 2001, S. 28.

[288] Vatican, Actes et Documents Bd. 7/1973, S. 166.

[289] Nach Lothar Groppe: „Reichskristallnacht", S. 12.

[290] Siehe Löw: „Die Schuld", S. 76 ff.

[291] Hürten, Heinz: „Deutsche Katholiken 1918 bis 1945", Paderborn 1992, S. 517.

[292] Trippen, Norbert: „Josef Kardinal Frings (1887–1978), Bd. I, Sein Wirken für das Erzbistum Köln und für die Kirche in Deutschland", Paderborn 2003, S. 106.

Im Mai 2004 meldete die Presse, Frings' Nachfolger im Amt, der 1987 verstorbene Joseph Kardinal Höffner, sowie seine Schwester Helene seien in der Gedenkstätte Yad Vashem als „Gerechte unter den Völkern" ausgezeichnet worden. Joseph Höffner hatte im Jahre 1943 ein jüdisches Mädchen in seinem Pfarrhaus in Kail aufgenommen und später unter einem falschen Namen auf einem Bauernhof in Sicherheit gebracht. Helene Höffner habe im selben Jahr im elterlichen Haus in Horhausen einer Jüdin mit ihrem Mann Zuflucht geboten. Die Ehrung erfolgte 60 Jahre nach den guten Taten. 66 Jahre dauerte es (1938–2004), bis Prälat Lichtenberg der Titel des „Gerechten unter den Völkern" verliehen wurde, nicht minder lang bei Pfarrer August Ruf.[293] Werden noch weitere folgen?

Tatsache ist, daß es offiziell vier kirchliche Einrichtungen gab, die sich der gefährdeten „Volksfeinde" annahmen, der St. Raphaelsverein in Hamburg, der bis zu seiner Auflösung durch die Gestapo am 25. Juni 1941 „nichtarischen Katholiken" bei der Ausreise behilflich war.[294] 1935 errichtete Bischof Konrad Graf von Preysing das Hilfswerk beim Bischöflichen Ordinariat in Berlin, dessen Leitung in den Händen von Dompropst Lichtenberg lag.[295] Nach seiner Verhaftung führte Frau Dr. Margarete Sommer dieses Werk fort. Hierher zählten auch der Helferkreis für Juden in der Zentrale des Caritasverbandes der Diözese Freiburg mit Frau Dr. Luckner an der Spitze und die „Erzbischöfliche Hilfsstelle für nichtarische Katholiken" in Wien.[296] Die Einrichtungen wurden durch die Verhaftung von Mitarbeitern eingeschüchtert und behindert.

Eine deutliche Mehrheit der deutschen Protestanten stand den politischen Veränderungen 1933 nicht ablehnend gegenüber. Im Frühjahr 1933 scheiterte Wilhelm Freiherr von Pechmann, der erste gewählte Präsident der Bayerischen Landessynode, mit dem Versuch, für seine Position in der evangelischen Landeskirche Bayerns eine Mehrheit zu finden: „Wir bekennen uns ohne Unterschied der Abstammung zu allen Gliedern unserer Kirche, auch und in der heutigen Zeit gerade auch zu denjenigen Gliedern, die nicht oder nicht vollständig ,arischer' Abstammung sind."[297]

---

[293] Moll, Helmut (Hg. im Auftrag der Deutschen Bischofskonferenz): „Zeugen für Christus. Das deutsche Martyrologium des 20. Jahrhunderts", 2 Bde., Paderborn 2000, S. 216 ff.

[294] Siehe dazu Moll, a.a.O., S. 826 (P. Max Joseph Größer).

[295] Zu Lichtenberg, siehe Moll, a.a.O., S. 104 ff.

[296] Groppe, a.a.O.; Herzberg, Heinrich: „Dienst am höheren Gesetz. Dr. Margarete Sommer und das ,Hilfswerk beim Bischöflichen Ordinariat Berlin'", Berlin 2000; Roman Bleistein „Katholiken und Juden. Das Zeugnis von Gertrud Luckner", Stimmen der Zeit 1/2000 S. 67 ff.

[297] Senninger, Gerhard: „Glaubenszeugen oder Versager? Katholische Kirche und Nationalsozialismus. Fakten – Kritik – Würdigung", St. Ottilien 2003, S. 271. Pechmann wurde 1946 katholisch, vor allem wegen der unterschiedlichen Haltung beider Kirchen dem NS-System gegenüber.

Für Pastor Niemöller und seinen Anhang kam die Ernüchterung erst 1934.[298] Doch die rasch einsetzende Bevormundung, so die Ernennung des Königsberger Wehrkreispfarrers Ludwig Müller zu Hitlers Bevollmächtigtem, rief Kritiker auf den Plan. Ihnen gelang es, den Betheler Pfarrer Friedrich von Bodelschwingh zum ersten Reichsbischof zu machen, gegen den Widerstand der sogenannten „Deutschen Christen" und staatlicher Stellen. Aber der Erfolg der selbstbewußten Kräfte währte nicht lange. Die innerkirchlichen Wahlen vom 23. Juli 1933 ergaben in fast allen Landeskirchen einen hohen Sieg der Deutschen Christen, den sich Hitler gewünscht hatte. Die neue Kirchenleitung machte sich daran, Hitlers Judenpolitik auch im kirchlichen Raum Geltung zu verschaffen. Das war in so hohem Maße unvereinbar mit der christlichen Botschaft vom Heil für alle, daß der Widerspruch nicht ausbleiben konnte. Martin Niemöller veröffentlichte Anfang 1933 seine Sätze zur Arierfrage, in denen er den „Arierparagraphen" als für die Kirchen unannehmbar zurückwies. Gleichzeitig erklärte er, daß diese Haltung „von uns, die wir als Volk unter dem Einfluß des jüdischen Volkes schwer zu tragen gehabt haben, ein hohes Maß von Selbstverleugnung verlange."[299] Auch spätere Proteste von Persönlichkeiten der Bekennenden Kirche, wie sich die Abspaltung von den Deutschen Christen nannte, gegen Maßnahmen der Verfolgung wurden in der Regel dadurch entschärft, daß Verständnis für judenfeindliche Einstellung geäußert wurde. Das unterscheidet sie von den Verlautbarungen des Papstes und der katholischen Bischöfe, die auf derlei verzichteten. Ein weiterer Unterschied: Die Protestschreiben wurden fast ausnahmslos nur den Staatsorganen zur Kenntnis gebracht, nicht dem gläubigen Volk. Wenn von zirkulierenden Hirtenbriefen die Rede war oder ist, kamen sie aus dem katholischen Lager. Eine wichtige Ausnahme bildete das Wort der preußischen Bekenntnissynode vom 5. März 1935. Sie verurteilte die *rassisch-völkische Weltanschauung*, in der „Blut und Rasse, Volkstum, Ehre und Freiheit zum Abgott" erhoben würden.[300] Hunderte evangelischer Pfarrer wurden kurzzeitig verhaftet und so die Kanzelverkündigung behindert. Bemerkenswert ist, daß der Spalt, der die evangelische Kirche durchzog, von Region zu Region unterschiedlich verlief. In Bayern und Württemberg war die Bekennende Kirche tonangebend, in Thüringen und Mecklenburg die Deutsche Kirche. In den anderen Reichsteilen hielten sie sich die Waage.

Aus dem Jahre 1936 (28. Mai) datiert eine überaus mutige Denkschrift der Vorläufigen Leitung der Bekennenden Kirche „an den Führer und Reichskanzler":

---

[298] So trägt Band 2 von Klaus Scholder „Die Kirchen und das Dritte Reich", a.a.O., die Überschrift: „Das Jahr der Ernüchterung…"

[299] Norden, Günther van: „Widerstand im deutschen Protestantismus", in: Kleßmann, Christoph; Pingel, Falk (Hg.): „Gegner des Nationalsozialismus. Wissenschaftler und Widerstandskämpfer auf der Suche nach historischer Wirklichkeit", Frankfurt am Main 1980, S. 101 ff.; S. 107.

[300] Norden, a.a.O., S. 109.

„Wenn hier Blut, Rasse, Volkstum und Ehre den Rang von Ewigkeitswerten erhalten, so wird der evangelische Christ durch das erste Gebot gezwungen, diese Bewertung abzulehnen... Wenn den Christen im Rahmen der nationalsozialistischen Weltanschauung ein Antisemitismus aufgedrängt wird, der zum Judenhaß verpflichtet, so steht für ihn dagegen das christliche Gebot der Nächstenliebe."[301]

Von den Autoren wohl unbeabsichtigt, gelangte der Text ins Ausland, wo ihn die Presse mit anerkennenden Worten aufgriff. Die Folge war die Verhaftung des Bürochefs der VKL, Dr. Friedrich Weißler, und seine Verbringung ins Konzentrationslager Sachsenhausen, wo er am 19. Februar 1937 starb. Der Pogrom vom November 1938 führte in Württemberg zu der Aufforderung der Kirchlich-Theologischen Sozietät an Landesbischof Wurm, von allen Kanzeln des Landes gegen das Unrecht an den Juden zu protestieren. Am 6. Dezember tat er es gegenüber Reichsminister Gürtner und warnte, im berechtigten Kampf gegen das Judentum nicht die vertretbaren Grenzen zu überschreiten.

Doch fortan wurde sein Ton gegenüber den Mächtigen des Reiches immer eindeutiger. Am 9. Dezember 1941 wandte Wurm sich an Hitler persönlich und beklagte die sich steigernde Härte in der Behandlung der Nichtarier, was „nur der feindlichen Propaganda nützen könne".[302] Um Ostern 1943 tauchten „Münchner Laienbriefe" auf, die die Kirche aufforderten, dem Staat bei dem Versuch, das Judentum zu vernichten, „aufs äußerste zu widerstehen". Dieses Zeugnis habe öffentlich zu geschehen. Am 16. Juli 1943 verlangte Bischof Wurm von Hitler und der Reichsregierung, die Beachtung der „Grundsätze des Rechts und der Gerechtigkeit". Die „Vernichtungsmaßnahmen" stünden im schärfsten Widerspruch zu dem Gebote Gottes und verletzten das Fundament alles abendländischen Denkens und Lebens: „das gottgegebene Urrecht menschlichen Daseins und menschlicher Würde überhaupt."[303] Im Oktober 1943 äußerte sich noch einmal die Bekenntnissynode der altpreußischen Union mit einer Auslegung des 5. Gebotes:

„Begriffe wie ‚Ausmerzen', ‚Liquidieren' und ‚unwertes Leben' kennt die göttliche Ordnung nicht. Vernichtung von Menschen, lediglich weil sie... einer anderen Rasse angehören, ist keine Führung des Schwertes, das der Obrigkeit von Gott gegeben ist."[304]

Auch die Bekennende Kirche hat es nicht mit Worten bewenden lassen. Das Büro Grüber in Berlin half in den Jahren 1938 bis 1941 vielen Juden. Wie sehr die Einrichtung den Machthabern ein Dorn im Auge war, zeigt die Verhaftung von Pfarrer Heinrich Grüber Ende 1940 und seines Nachfolgers, des Pfarrers Sylten, Ende Februar 1941. Letzterer starb 1942 im Konzentrationslager Dachau.

Wie viele Juden insgesamt ihr Überleben solchen Einrichtungen und anderen kirchlichen Hilfsstellen verdanken, wird immer unbeantwortet bleiben. Auch der

---

[301] Norden, a.a.O., S. 110.
[302] Norden, a.a.O., S. 115.
[303] Norden, a.a.O., S. 116.
[304] Norden, a.a.O., S. 117.

Vorsitzende des Zentralrats der Juden in Deutschland, Paul Spiegel,[305] und seine Stellvertreterin, Charlotte Knobloch,[306] sowie die Eltern des ehemaligen Vizepräsidenten Michel Friedman[307] verdanken Christen ihr Überleben.

In meinem Buch „Die Schuld. Christen und Juden im Urteil der Nationalsozialisten..." habe ich die Auffassung Hitlers, seiner obersten Paladine, der obersten Partei- und Staatsorgane sowie der partei- und staatsamtlichen Publizistik, das Verhältnis der Christen zu den Juden betreffend, zusammengestellt. Wie in einem totalitären Staat nicht anders zu erwarten, stimmten alle mit der politischen Führung darin überein, daß die katholische Kirche, die bekennende evangelische Kirche und die ihnen verbundenen Gläubigen auf der Seite der Juden stehen und schon deshalb erhebliche Vorbehalte gegenüber der Weltanschauung des Dritten Reiches sowie seinen radikalen Methoden haben. Hitler, der Mephisto, verstand es freilich, seine kirchenfeindliche Einstellung mitunter zu tarnen. Aber im Kreise seiner Anhänger ließ er nicht die geringsten Zweifel, daß der letzte ernstzunehmende innenpolitische Gegner, die katholische Kirche, spätestens nach dem Endsieg zu liquidieren sei. Trefflich ausformuliert ist die parteiamtliche Sicht in einem Beitrag, den das Parteiorgan „Völkischer Beobachter" am 1. August 1938 veröffentlicht hat:

> „Der Vatikan hat die Rassenlehre von Anfang an abgelehnt. Teils deshalb, weil sie vom deutschen Nationalsozialismus zum erstenmal öffentlich verkündet wurde und weil dieser die ersten praktischen Schußfolgerungen aus der Erkenntnis gezogen hat; denn zum Nationalsozialismus stand der Vatikan in politischer Kampfstellung. Der Vatikan mußte die Rassenlehre aber auch ablehnen, weil sie seinem Dogma von der Gleichheit aller Menschen widerspricht, das wiederum eine Folge des katholischen Universalitätsanspruchs ist und das er, nebenbei bemerkt, mit Liberalen, Juden und Kommunisten teilt."[308]

Über den namhaftesten Repräsentanten der katholischen Kirche jener Jahre, den späteren Papst Pius XII., Eugenio Pacelli, heißt es in einer NS-Publikation:

> „Er kann es nicht verwinden, daß er nicht mehr über eine Stätte seiner glänzenden Wirksamkeit in gleicher Weise wie früher gebieten kann, und seine unglückliche Liebe zum Deutschland des Weimarer Systems verleitet ihn nur noch mehr, gegen die heutige Staatsauffassung anzukämpfen. Diesem Kampf wird auf katholischer Seite alles geopfert, und alle erreichbaren Kräfte werden gegen das Dritte Reich mobilisiert."[309]

---

[305] Willerich-Tocha, Margarete: „Geschichten erzählen – Geschichte erfahren. Interdisziplinäre didaktische Überlegungen zum Thema Holocaust und Drittes Reich in der Literatur", in: Geschichte in Wissenschaft und Unterricht 52, S. 732 ff.; S. 747.

[306] Ausführlich zu Knobloch Wetzel, Juliane: „Karriere nach der Rettung. Charlotte Knoblochs Weg zur Vizepräsidentin der Juden in Deutschland", in: Benz (Hg.): „Überleben", a.a.O., S. 301 ff.

[307] Die Friedmanns durch Oskar Schindler. Der war zwar aus der Sicht seiner Kirche kein „Vorzeigekatholik", aber er wußte, daß seine Kirche Hitlers Judenpolitik mißbilligt.

[308] „Völkischer Beobachter", 1.8.1938, Münchner Ausgabe.

[309] Zentralverlag der NSDAP (Hg.): „Männer um den Papst. Wer macht die Politik des Vatikans?", Berlin 1938, S. 11.

Bei solchen verbalen Attacken ist es nicht geblieben. Ab der Machtergreifung kam es zu zahlreichen Entlassungen angesehener Katholiken aus dem öffentlichen Dienst, u. a. Konrad Adenauers, Verhaftungen von Klerikern und Laien, Enteignungen von Klöstern und dergleichen mehr. 1984 erschien: „Priester unter Hitlers Terror. Eine biographische und statistische Erhebung". Die dritte Auflage, die 1996 auf den Markt kam, umfaßt 1 968 engbedruckte Seiten. Sie schildern die Zwangsmaßnahmen, die gegen 12 105 namentlich genannte Priester deutscher Diözesen während der NS-Ära ergriffen wurden. „Sie umfassen die gesamte Skala polizeistaatlicher Unterdrückung, angefangen bei den kleinen Schikanen des NS-Alltags über die zahllosen Verhöre durch Partei, Polizei und Gestapo bis hin zum Todesurteil durch den Volksgerichtshof."[310] 407 deutsche Priester kamen in ein Konzentrationslager, 107 von ihnen fanden dort den Tod, 63 weitere Priester wurden hingerichtet oder ermordet. Insgesamt wurden über 38 000 Strafmaßnahmen und mehr als 26 000 „Vergehen" ermittelt. Von den Zwangsmaßnahmen des NS-Regimes waren danach im ganzen Reich durchschnittlich gut ein Drittel des katholischen Weltklerus und ein Zehntel der Ordensleute betroffen. „Von den deutschen Geistlichen aller Konfessionen, die im KZ Dachau in Haft gewesen sind, waren 92 % katholische Priester."[311]

Das deutsche Martyrologium des 20. Jahrhunderts „Zeugen für Christus" nennt 21 Katholiken, deren (tödliches) Martyrium zumindest auch auf ihre Hilfsbereitschaft zugunsten von Juden zurückgeführt wird: Aloys Andritzki, Meinard Fortmann, Andreas Girkens, Willi Graf, Theodor Helten, P. Heribert Kluger, Richard Kuenzer, Bernhard Lichtenberg, Sr. Aloysia Löwenfels, P. Joseph Markötter, Rudolf Graf von Marogna-Redwitz, Lisamaria Meirowsky, Max Joseph Metzger, Mirjam Michaelis, Lieselott Neumark, Everhard Richarz, Br. Wolfgang Rosenbaum, August Ruf, Anna Maria Speckhahn, Maria Terwiel, Hubert Timmer. Näheres ist dem Werk „Zeugnis für Christus" zu entnehmen.[312] Evangelischerseits sind u. a. die Namen Friedrich Weißler und Werner Sylten hinzuzufügen. Auch sonst gilt mit gewissen Abstrichen das, was über den Kampf gegen die katholische Kirche gesagt worden ist, für die Bekennende Kirche und ihre treuen Anhänger.[313]

---

[310] Hehl, Ulrich von; Kösters, Christoph (Bearb.): „Priester unter Hitlers Terror. Eine biographische und statistische Erhebung", 2 Bde., Paderborn 1996, 4. ergänzte Auflage 1998, S. 74.

[311] Repgen, Konrad: „Katholizismus und Nationalsozialismus – Zeitgeschichtliche Interpretationen und Probleme", Mönchengladbach 1983, S. 14.

[312] Moll, a.a.O. Dort findet der Leser mit Hilfe des Personenregisters die Vitae der einzelnen.

[313] Broszat, Martin: „Der Staat Hitlers. Grundlegung und Entwicklung seiner inneren Verfassung", München 1969, S. 283: „Es war bezeichnend, daß es während der ganzen Zeit des Dritten Reiches in der Gestapo und im SD unter den Abteilungen für Gegnerbeobachtung und -bekämpfung (neben Judentum und Marxismus) stets ein Referat ‚Politischer Katholizismus' gegeben hat, während der protestantischen Kirche eine solche Einstufung zum grundsätzlichen, ideologisch bestimmten Gegner nicht zuteil wurde."

3.3 „Mal die Juden, mal die Katholiken" – Die Christen im Urteil der jüdischen Zeitzeugen

Am 6. August 1926 brachte die „C.V.-Zeitung", das Organ des Centralvereins deutscher Staatsbürger jüdischen Glaubens, einen Artikel unter der Überschrift „Papst Pius XI. und der Antisemitismus". Daraus einige Zeilen:

> „In der ‚C.V.-Zeitung' vom 23. Juli haben wir Äußerungen veröffentlicht, die der gegenwärtige Papst Pius XI. in Bezug auf die Juden getan hat. Der Papst sagte, daß er den Kampf gegen den Antisemitismus unterstütze, und wörtlich fügte er hinzu: ‚Es ist gegen das katholische Prinzip, die Juden zu verfolgen. Die Juden sind ein göttliches Volk, obgleich ihre höhere Intelligenz zu rationalistisch ist.' Wenn wir Juden sagen, wir sind dankbar für solche Worte, so könnte darin eine Herabminderung des Gewichtes dieses Ausspruches gefunden werden... Der Katholizismus wendet sich gegen den Antisemitismus; das ist keine neue Erscheinung. Andere Päpste haben den nämlichen Standpunkt eingenommen; Päpste und Kardinäle der Vergangenheit und hervorragende Katholiken des Laienstandes, wie noch bis in die neuere Zeit hinein Windhorst und Gröber im Deutschen Reichstag neben anderen."

In der Nummer vom 23. Juli befindet sich auf derselben Seite ein Beitrag mit der Überschrift: „Der Haß gegen die Religion. So arbeitet der ‚jüdische' Bolschewismus". Darin Klagen über Klagen: „Für die drei Millionen Juden in Rußland gibt es keine einzige Schule in Stadt und Land, in der das hebräische Wort in alter oder neuer Form sich laut an die Öffentlichkeit wagen dürfte..."

Nachdem Hitler Kanzler geworden war, gab es – gleichsam aus dem eigenen christlichen Lager – kritische jüdische Stimmen. Die wohl bekannteste jüdische Zeitzeugin zum Thema Christen und Juden ist Dr. Edith(a) Stein. Der Brief ist undatiert, aber das Begleitschreiben des Erzabtes von Beuron Raphael Walzer stammt vom 12. April 1933, was, zusammen mit dem Inhalt, dafür spricht, daß er wenige Tage vorher verfaßt worden ist. Obgleich katholische Ordensfrau (Karmelitin), wurde sie wegen ihrer jüdischen Abstammung am 2. August 1942 aus einem niederländischen Kloster zusammen mit ihrer Schwester sowie den beiden aus München stammenden Frauen Annemarie und Elfriede Goldschmidt deportiert und schon wenige Tage später in Auschwitz ermordet.

Ansatzweise ähnliche Empfindungen hat Jochen Klepper. Er notiert unter dem 8. März 1933:

> „Ich bin kein Antisemit, weil kein Gläubiger es sein kann. Ich bin kein Philosemit, weil kein Gläubiger es sein kann. – Aber ich glaube an das Geheimnis Gottes, das er im Judentum beschlossen hat; und deshalb kann ich nur darunter leiden, daß die Kirche die gegenwärtigen Vorgänge duldet. Ich ahne, was es heißt, ‚Knecht Gottes' zu sein."[314]

Anfang November 1935 meditiert Klepper in seinem Tagebuch:

> „Der Katholizismus ist mir manchmal wie eine letzte Vorstufe des Glaubens, in dem Gott den Menschen noch ihre Würde beläßt, den furchtbaren Blick auf die Unwürde des Menschen noch er-

---

[314] Klepper, a.a.O., S. 46 f.

Heiliger Vater !

Als ein Kind des jüdischen Volkes, das durch Gottes Gnad
seit elf Jahren ein Kind der katholischen Kirche ist, wage ich es,
vor dem Vater der Christenheit auszusprechen, was Millionen von
Deutschen bedrückt.

Seit Wochen sehen wir in Deutschland Taten geschehen,
die jeder Gerechtigkeit und Menschlichkeit - von Nächstenliebe gar
nicht zu reden - Hohn sprechen. Jahre hindurch haben die nationalsozialistischen Führer den Judenhass gepredigt. Nachdem sie jetzt
die Regierungsgewalt in ihre Hände gebracht und ihre Anhängerschaft
- darunter nachweislich verbrecherische Elemente - bewaffnet hatten
ist diese Saat des Hasses aufgegangen. Dass Ausschreitungen vorge-
kommen sind, wurde noch vor kurzem von der Regierung zugegeben. In
welchem Umfang, davon können wir uns kein Bild machen, weil die
öffentliche Meinung geknebelt ist. Aber nach dem zu urteilen, was
mir durch persönliche Beziehungen bekannt geworden ist, handelt es
sich keineswegs um vereinzelte Ausnahmefälle. Unter dem Druck der
Auslandsstimmen ist die Regierung zu „milderen" Methoden überge-
gangen. Sie hat die Parole ausgegeben, es solle „keinem Juden ein
Haar gekrümmt werden". Aber sie treibt durch ihre Boykotterklärung
- dadurch, dass sie den Menschen wirtschaftliche Existenz, bürger-
liche Ehre und ihr Vaterland nimmt - viele zur Verzweiflung: es
sind mir in der letzten Woche durch private Nachrichten 5 Fälle
von Selbstmord infolge dieser Anfeindungen bekannt geworden. Ich
bin überzeugt, dass es sich um eine allgemeine Erscheinung handelt,
die noch viele Opfer fordern wird. Man mag bedauern, dass die Un-
glücklichen nicht mehr inneren Halt haben, um ihr Schicksal zu
tragen. Aber die Verantwortung fällt doch zum grossen Teil auf die,
die sie so weit brachten. Und sie fällt auch auf die, die dazu
schweigen.

16

Faksimile – Auszüge aus dem Brief Edith Steins vom Frühjahr 1933 an Papst Pius XI.

Alles, was geschehen ist und noch täglich geschieht, geht von einer Regierung aus, die sich „christlich" nennt. Seit Wochen warten und hoffen nicht nur die Juden, sondern Tausende treuer Katholiken in Deutschland – und ich denke, in der ganzen Welt – darauf, dass die Kirche Christi ihre Stimme erhebe, um diesem Missbrauch des Namens Christi Einhalt zu tun. Ist nicht diese Vergötzung der Rasse und der Staatsgewalt, die täglich durch Rundfunk den Massen eingehämmert wird, eine offene Häresie? Ist nicht der Vernichtungskampf gegen das jüdische Blut eine Schmähung der allerheiligsten Menschheit unseres Erlösers, der allerseligsten Jungfrau und der Apostel? Steht nicht dies alles im äussersten Gegensatz zum Verhalten unseres Herrn und Heilands, der noch am Kreuz für seine Verfolger betete? Und ist es nicht ein schwarzer Flecken in der Chronik dieses Heiligen Jahres, das ein Jahr des Friedens und der Versöhnung werden sollte?

Wir alle, die wir treue Kinder der Kirche sind und die Verhältnisse in Deutschland mit offenen Augen betrachten, fürchten das Schlimmste für das Ansehen der Kirche, wenn das Schweigen noch länger anhält. Wir sind auch der Überzeugung, dass dieses Schweigen nicht imstande sein wird, auf die Dauer den Frieden mit der gegenwärtigen deutschen Regierung zu erkaufen. Der Kampf gegen den Katholizismus wird vorläufig noch in der Stille und in weniger brutalen Formen geführt wie gegen das Judentum, aber nicht weniger systematisch. Es wird nicht mehr lange dauern, dann wird in Deutschland kein Katholik mehr ein Amt haben, wenn er sich nicht dem neuen Kurs bedingungslos verschreibt.

Zu Füssen Eurer Heiligkeit, um den Apostolischen Segen bittend

Dr. Editha Stein
Dozentin am Deutschen Institut
für wissenschaftliche Pädagogik

Münster i/W.
Collegium Marianum

17

spart. Tatsächlich stehen viele Katholiken ethisch auch höher. Reinhold Schneider ist ein Mensch voll Würde."[315]

Am 5. November 1935 treffen sich Schneider und Klepper, in ganz Deutschland und darüber hinaus angesehene Publizisten religiös-mystischer Literatur. Sie verbindet die Ablehnung des Nationalsozialismus, die Zuneigung zu den verfolgten Juden. Die Notiz verrät zugleich die Distanz unter den Christen verschiedener Konfessionen, die man im Verhältnis von Christen zu Juden auf Antisemitismus zurückführen würde:

> „Reinhold Schneider kam zum Tee… Zum ersten Mal sprachen wir vom Katholizismus und Protestantismus, zum ersten Male sprach ich überhaupt mit einem Katholiken, und es war quälender, als alle Gespräche sonst schon für mich sind. Ein Katholik wie Schneider arbeitet in dem Gefühl der Vergeblichkeit vor Menschen und des Verdienstes vor Gott – wir Protestanten müssen unser Leben ertragen in dem Gefühl der Vergeblichkeit unserer Arbeit vor Menschen und der Verwerflichkeit vor Gott. Von Tag zu Tag trage ich schwerer daran."[316]

So sah es wohl nicht nur Jochen Klepper:

> „Im Nationalsozialismus und dem Judentum stehen sich zwei Gegner gegenüber, die beide Christus hassen. – Die Juden vor Pilatus: ‚Sein Blut komme über uns und unsere Kinder.' Ich klammere mich an Römer 11."[317]

An anderer Stelle schreibt Klepper:

> „10. Februar 1939… Der alte Papst ist gestorben: im Anblick welcher Ohnmacht des Vatikans! Sein letzter Konflikt mit der Welt war sein Kampf gegen die faschistisch-nationalsozialistischen Rassengesetze. So modern dieser Greis war: das Krankhafte moderner Wandlungen hat er stets sogleich erkannt."[318]

Einen Monat später heißt es bei Klepper:

> „3. März 1939… Nach einem Tage ist die Papstwahl beendet. Pacelli – mit den deutschen Verhältnissen besonders vertraut, in England, Frankreich und Amerika hochangesehen…"[319]

Des neuen Papstes größte Herausforderung: Erhaltung des Friedens. Klepper im August 1939:

> „Die Regierungszentren nicht nur Europas in Kriegserwartung. Friedensappell des Papstes, dessen Stimme vor der neuen Sprache, die geredet wird, verhallen muß."[320]

Im März 1942 kommt Klepper mehrmals auf die „immer weitergreifende Konversionsbewegung"[321] zu sprechen:

---

[315] Klepper, a.a.O., S. 306.
[316] Klepper, a.a.O., S. 307.
[317] Klepper, a.a.O., S. 572. Dort heißt es: „Ich frage also: Hat Gott sein Volk verstoßen? Keineswegs! Denn auch ich bin ein Israelit, ein Nachkomme Abrahams, aus dem Stamme Benjamin."
[318] Klepper, a.a.O., S. 723.
[319] Klepper, a.a.O., S. 731.
[320] Klepper, a.a.O., S. 792.
[321] Klepper, a.a.O., S. 1044.

„Auch in Österreich die Abwanderungswelle der „besten Protestanten" zum Katholizismus. Der Protestantismus wird immer schmerzhafter dezimiert."

Der nächste Satz verrät den Grund:

„Gleichzeitig fallen die politisch Ängstlichen und politisch Ehrgeizigen von ihm [dem Katholizismus] ab."[322]

Mit anderen Worten: Wer Geschlossenheit und Klarheit im Kampf gegen die Irrlehre des Nationalsozialismus suchte, fand sie deutlicher auf katholischer Seite.

„28. April 1942... Manchmal ist mir jetzt, als sei der einzige Halt und Kern dieses unglückseligen Europas allein wieder die Kirche, auch diese schuldbeladene, so oft versagende Kirche."[323]

Wie groß war die Zahl der religiös motivierten „Judenknechte", wie die Helfer von den Verfolgern genannt wurden?[324] Darauf wird es nie eine exakte Antwort geben. Höchst aufschlußreich ist, was unsere jüdischen Zeitzeugen über ihre Erfahrungen mit Christen zu berichten wissen. Davon war schon oben immer wieder beiläufig die Rede. Hier nun das unter diesem Gesichtspunkt Zusammengestellte:

Erich Leyens, der anläßlich des Boykotts am 1. April 1933 seine ordenbehangene Wehrmachtsuniform anzog und sich in seinem Geschäft mutig präsentierte, schildert seine Sympathisanten und fügt hinzu:

„Ein Nachbar aus der altangesehenen katholischen Familie Honnerbach rief die Leute zu sich herein, um ihnen ein Buch des Weseler Regiments 43 zu zeigen, aufgeschlagen auf einer Seite mit Bild und Bericht über mich."[325] „Es war die Zeit, in der General Ludendorff, der bewunderte Held des Weltkrieges, erklärt haben soll, er hasse das Christentum, weil es jüdisch sei und international und weil es in seiner Feigheit Frieden auf Erden wolle."[326]

„Überall und mit Erfolg wurde um die Massen mit glanzvollen Veranstaltungen und Paraden geworben. Es entstand eine Atmosphäre, in der sich gutgläubige Menschen überzeugen lassen konnten, neuen nationalen Werten zu folgen... Es wäre ein Fehler, aus alledem allgemeine Schlüsse zu ziehen. In ihrer Mehrheit haben alle Christen frevelhafte Ausschreitungen solcher Art mißbilligt, wenn auch nicht öffentlich."[327]

Damit stimmt Joseph Levy voll überein:

„Es darf nicht vergessen werden, daß das Verhalten eines großen, vielleicht des größten Teils der christlichen Bevölkerung der jüdischen gegenüber im ganzen freundlich, oft gütig und mitfühlend war. Nicht selten wurden Äußerungen der entschiedenen Mißbilligung, ja starker Ablehnung der behördlichen und parteilichen Maßnahmen uns und unseren Freunden gegenüber laut.[328]
Ich hatte... häufig mit einem christlichen Notar... zu tun... Als ich nach den Schreckenstagen des November zu ihm kam, erhob er sich von seinem Sitz, drückte mir herzlich die Hand und sagte be-

---

[322] Klepper, a.a.O., S. 1045.
[323] Klepper, a.a.O., S. 1059.
[324] Andere Bezeichnungen: „Judenfreund", „Weißer Jude".
[325] Leyens, a.a.O., S. 17.
[326] Leyens, a.a.O., S. 21.
[327] Leyens, a.a.O., S. 21.
[328] Levy: „Die guten und die bösen Deutschen", in: Limberg; Rübsaat, a.a.O., S. 178 ff.; S. 178.

wegt, mit offenem Blick zu mir: ‚Es liegt mir daran, ihnen und damit Ihren jüdischen Freunden meine herzliche Teilnahme und Sympathie zum Ausdruck zu bringen.' Als ich aber kurz vor meiner Auswanderung sein Büro betrat, um mir einige Abschriften… beglaubigen zu lassen, und ihm so zum Bewußtsein kam, daß auch ich zur Auswanderung gezwungen sei, da schloß er die Verbindungstür zu seinem Vorzimmer – da er seiner Sekretärin seine politische Auffassung verheimlichen mußte –, schlug mit der Faust auf seinen Schreibtisch und rief mit erhobener Stimme und mit rotem Kopf: ‚Diese Schufte, diese Gauner, diese Mordbrenner! Einen Mann wie Sie, den ich wahrhaftig als Ehrenmann kenne, aus seinem Vaterlande zu vertreiben! O, daß doch diese Zeit ein Ende nähme!'“[329]

Alfred Neumeyer schwärmt geradezu vom Kindermädchen, das 1934 die Arbeit aufnimmt, einem stolzen Bauernmädchen aus Oberschlesien:

„Sie wurde uns zum wirklichen Hausgenossen, und da wir alle dem katholischen Glauben angehörten, existierte auch eine Art von religiöser Gemeinschaft. Auf den Nationalsozialismus blickte sie nur mit Verachtung. Auch sie hat ihren Preis zahlen müssen, denn ihr Bruder, ein geistlicher Herr, ist später von den Schergen ermordet worden.“[330]

Karl Stern läßt die „Anständigen“ und die anderen Revue passieren:

„Doktor Marlinger war anständig; Doktor Lagally grüßte nicht mehr; eine Familie Gebhard war freundlich; die andern hatten aufgehört zu grüßen. Der Pfarrer, der früher nie gegrüßt hatte, tat dies jetzt ostentativ.“[331]

Stern belauscht zwei Juden:

„…der eine sagt zum andern: ‚Du hast es gut, du lebst in einer katholischen Gegend.'“[332]

Diese und andere Gespräche und Erlebnisse führen ihn zu der Überzeugung:

„Die Christen in München, die in der Nacht der Vernichtung für uns und mit uns gelitten hatten, mit denen ich zum ersten Male ein übernationales Israel erblickt hatte – sie scheinen mir zu winken, ich solle sie nicht verraten. In jenem Erlebnis lag eine Verpflichtung. Ich wußte, daß Pfarrer und Priester in Konzentrationslagern waren. Ich wußte, daß, trotz feiger Brutalität ringsum, kostbare Opfer gebracht wurden, im Namen Jesu von Nazareth… Opfertaten von jenen, die nicht im Fleisch zu uns gehörten.“[333]

Heinrich Liebrecht erzählt, wie es seiner Verlobten, die man offenbar der „Blutschande“ bezichtigt hatte, in den Fängen der Gestapo ergangen ist:

„Lies gestand nichts – sie hatte nichts zu gestehen. – Was warf man ihr vor? Vor fünf Jahren hatte sie eine Reisebekanntschaft gemacht, jenen Major Hiller, einen frommen Katholiken, einen erbitterten Nazigegner. ‚Hammonia‘, so hatte er sie genannt, Euch stehen böse Zeiten bevor. Du sollst es noch einmal gut haben, hier in unseren bayerischen Bergen. Und wie ein väterlicher Freund hatte er sie unter seinen Schutz genommen… Als der Krieg ausbrach, hat man Hiller von seinem Sommerurlaub weg verhaftet und nach Buchenwald gebracht. Man kannte seine Gesinnung. Er hatte nie damit hinter dem Berge gehalten.“[334]

---

[329] Levy: „Die… Deutschen“, S. 180 f.
[330] Neumeyer, a.a.O., S. 287.
[331] Stern: „Feuerwolke“, S. 147.
[332] Stern: „Feuerwolke“, S. 254.
[333] Stern: „Feuerwolke“, S. 256.
[334] Liebrecht, S. 21 ff.

Hiller war „Arier", Hammonia Jüdin.

In der Heiligen Nacht des Jahres 1939 macht sich Jochen Klepper beim Kirchgang bewußt:

> „Wie hat es die Christengemeinde gespürt – als in der Predigt das Wort fiel: ‚Er ist der Sohn einer jüdischen Mutter…'"[335]

Diese scheinbar beiläufige Äußerung des Priesters war eine mutige, aufrüttelnde Tat, ein direkter Angriff auf das Zentrum der geltenden Weltanschauung.

Als Max Schohls aus dem Lager Buchenwald nach Hause zurückkehrte,

> „war er tatsächlich so schwach, daß seine Frau ihn die Treppe hinauftrug und ins Bett legte. Sie rief den Hausarzt der Familie, einen Katholiken namens Dr. Wilhelm Hamel, der im Gegensatz zu vielen anderen nichtjüdischen Ärzten weiterhin jüdische Patienten behandelte."[336]

Ende 1938/Anfang 1939: Ruth Wassermann leidet an Blinddarmentzündung. Ihre Mutter ruft nach einem Arzt.

> „Aber der weigert sich, mich zu untersuchen – kurz angebunden sagte der Mann, er behandle keine jüdischen Kinder. Zum Schluß wurde ihr ein sehr, sehr alter Arzt empfohlen, der eigentlich schon lange nicht mehr arbeitete… Er stellte fest, daß ich auf der Stelle operiert werden müsse – mein Blinddarm sei kurz davor zu platzen. Trotzdem wollte kein Krankenhaus mich aufnehmen – als Jüdin… In Berlin gab es ein Krankenhaus, das von Nonnen geleitet wurde – und die haben mich nicht abgelehnt. Die Schwestern hatten einen jüdischen Arzt als Patienten getarnt und in ihrem Krankenhaus versteckt – und der war Chirurg! Mitten in der Nacht weckten sie ihn auf, damit er mich operiert. Während ich in der Narkose lag, durchsuchten SA-Männer auch dieses Krankenhaus, aber die Nonnen waren resolut und ließen niemanden in den Operationssaal. Wie mutig diese Frauen waren!"[337]

Um Nonnen geht es auch in der folgenden Schilderung: Else Behrend-Rosenfeld ist gläubige Jüdin. Sie muß von Icking im Isartal nach München Berg am Laim ins Judenhaus umziehen. Es war der beschlagnahmte Teil des Klosters der Barmherzigen Schwestern.

> „Ich war vor einigen Tagen [August 1941] bei der Gartenschwester, die mir versprach, uns an Gemüsen und Tomaten, ja auch an Obst zu liefern, was sie irgend könnte. Das ist eine ganz große Hilfe. Sie erzählte mir auch, daß das Kloster für den Winterbedarf alle Kohlarten, Rüben usw. bei bestimmten Gemüsebauern kauft und einmietet. Sie meinte, daß, wenn wir Interesse daran hätten, eine entsprechende Menge mehr besorgt und eingegraben werden könnte. Natürlich werden wir von diesem Vorschlag Gebrauch machen… Wir alle sind hier draußen wie von einem Druck befreit, der in der Stadt ständig auf uns lag. Nicht daß wir vergäßen…, aber der liebliche Garten, die schöne Kirche, die stets gleich freundlichen Gesichter der Nonnen, die nie ohne lächelnden Gruß an uns vorübergehen, und das wohltuende Bewußtsein, von ihnen nicht gehaßt und verachtet, sondern mit schwesterlicher Zuneigung betrachtet zu werden, bedeutet eine große Entlastung. Was für prachtvolle Menschen sind unter diesen Nonnen! Da ist die Oberin, klug und mit Verständnis für unsere Lage… Übrigens erklärte mir die Oberin, daß sie für diese Ver-

---

[335] Klepper, a.a.O., S. 834.
[336] Large: „Einwanderung", a.a.O., S. 176.
[337] Salewsky, a.a.O., S. 230.

pflegung keine Bezahlung nehmen wolle, ebenso verlange sie keine Lebensmittelmarken."[338]

16. November 1941, die Deportation steht bevor:

„Wie gut, daß es so viel zu tun gab; nachdem ich den einzelnen Frauen die schreckliche Eröffnung gemacht hatte, fühlte ich mich am Ende meiner Kräfte... Am späten Abend wurde ich gerufen, zwei Klosterschwestern wollten mich sprechen. Ich fand beide beladen mit zwei großen Säcken, der eine voll echten guten Kakaos (den es schon lange nicht mehr zu kaufen gibt, auch nicht auf Marken[339]), der andere voll mit feinem Zucker. Sie seien beauftragt von der Frau Oberin und der gesamten Schwesternschaft, dies als Zeichen ihres Mitfühlens mit uns allen zu überreichen. Außerdem sollten sie uns sagen, daß morgen ein besonderer Bittgottesdienst für die von uns Fortgehenden abgehalten würde. Wir sollten wissen, daß sie sich uns in unserem Leid schwesterlich verbunden fühlten.[340]

Vielen von uns ist es ähnlich gegangen wie dem Hauptlehrer, der damals zu mir sagte: ‚Ich war im Anfang unwillig, daß wir Juden gerade in ein Kloster eingeliefert wurden. Von meiner Kindheit an hatte ich eine Scheu und eine starke Abneigung, eine christliche Kirche zu betreten. Zuerst habe ich auch hier mit großer Überwindung kämpfen müssen, wenn ich mit der Oberin oder einer der Nonnen etwas zu besprechen hatte. Aber nach und nach hat sich das geändert. Ich sah, mit welcher schlichten und selbstverständlichen Hingabe sie ihre Arbeit machten, ich fühlte ihre Sympathie für uns, ihr Mitfühlen bei allem, was wir erduldeten, und ihre Hilfsbereitschaft. Ihre Güte und Freundlichkeit uns gegenüber nötigten mir zunächst Erstaunen und fast widerwillige Achtung, allmählich wachsende Zuneigung und die Erkenntnis ab, daß ich als orthodoxer Jude in engen, ja falschen Vorstellungen und Vorurteilen befangen war. Jetzt gehe ich öfters in ihre Kirche in dem Bewußtsein, daß ihr Gott auch unser Gott ist... Noch niemals zuvor habe ich so stark den Wunsch verspürt, mich vor Menschen in Ehrfurcht zu neigen, wie vor unseren Klosterschwestern.' Ich freute ich über dieses Geständnis, ich wußte, daß es vielen von unseren Heiminsassen ebenso gegangen war wie ihm. Für mich traf das nicht zu, Du weißt,[341] daß wir schon viel früher die Hilfe und Freundschaft frommer katholischer Menschen erfahren haben."[342]

Auch zugunsten der ihnen anvertrauten Geisteskranken hat sich diese Schwesternschaft der Vinzentinerinnen vorbildlich benommen, wie folgender Brief aus dem Kloster zeigt:

„An den Reichsverteidigungskommissar... Es ist nunmehr schon ein offenes Geheimnis, welches Los diese abtransportierten Kranken erwartet... Wenn Sie uns zusagen, uns unsere Pfleglinge... zu belassen, so sind wir bereit, bis zum Ende des Krieges... auf den staatlichen Beitrag zur Erhaltung der Kranken... zu verzichten... Sollte aber aus irgendeinem Grunde der Vorschlag nicht angenommen werden, so bitte ich Sie, nicht auf unsere Mithilfe beim Abholen und Transport der Kranken zu rechen."[343]

Rund ein Jahr nach dem ersten Eintrag die Barmherzigen Schwestern betreffend schreibt Else Behrend-Rosenfeld:

---

[338] Behrend-Rosenfeld, a.a.O., S. 113 ff.
[339] Man muß wissen, daß die Barmherzigen Schwestern zahlreiche Krankenhäuser (auch Lazarette) unterhielten (und unterhalten). Wenn der Kakao bei den Juden entdeckt worden wäre, so hätten die Schwestern mit harten Strafen wegen Unterschlagung und dergleichen rechnen müssen.
[340] Behrend-Rosenfeld, a.a.O., S. 128.
[341] Gemeint ist der Gatte.
[342] Behrend-Rosenfeld, a.a.O., S. 128 f.
[343] Weisenborn, a.a.O., S. 362 f.

„Was täte ich wohl ohne diese Hilfe! Ich kann ja nicht alles aufschreiben, was diese Menschen für uns tun, als sei es das Selbstverständlichste von der Welt, ohne je ein Aufhebens davon zu machen! Aber oft, wenn ich meine, ich könnte nicht weiter, ... dann genügt ein Blick auf die vorübergehenden Klosterfrauen, der mich wieder zurechtrückt und mich meine Niedergeschlagenheit überwinden läßt."[344]

Bei Lotte Strauss ist von Religion wenig die Rede, von der Kindheit abgesehen, als sie eine jüdische Schule besuchte, und späteren gelegentlichen Synagogenaufenthalten. Religion ist ihr offenbar kein Bedürfnis. Doch hält sie es mehrmals für angezeigt, das religiöse Motiv ihrer Helfer zu betonen:

„Sie war kürzlich Witwe geworden und hatte das Gefühl, fortsetzen zu müssen, was sie und ihr Mann gemeinsam begonnen hatten. Sie war tief religiös – eine gläubige Katholikin, die ihre christliche Überzeugung ernst nahm ... Sie tat Buße, indem sie jüdischen Menschen half, so gut sie eben konnte ..."[345]

Kurz vor der Schweizer Grenze findet sie Fluchthelfer in Gestalt des Ehepaars Höfler.

„Schließlich erklärte sie mir verlegen, daß es in ihrem kleinen Haus kein Zimmer mit einem zusätzlichen Sofa gebe ..., sie könne mir nur eine Hälfte ihres Ehebettes für die Nacht anbieten ... Ich suchte nach einer Erklärung für ihr außergewöhnliches Verhalten ... Früh am Morgen ... saß sie am Tisch, vor ihr die aufgeschlagene Bibel."[346]

(Höfler hat 28 Juden geholfen, illegal in die Schweiz zu gelangen. Einer der Schützlinge gab in einem Verhör den Namen des Helfers preis. Höfler wurde verhaftet. Erst durch die französischen Truppen erlangte er wieder die Freiheit.[347])

Von der schier unglaublichen Odyssee des Ehepaares Krakauer war schon die Rede.[348] Die lückenlose Hilfe, die ihm in zahlreichen evangelischen Pfarrhäusern in und um Berlin sowie in Württemberg über Jahre hinweg zuteil wurde, füllt ein Ruhmesblatt in der evangelischen Kirchengeschichte, das die Pastoren durch ihr vorbildliches christliches Verhalten gleichsam selbst geschrieben, aber in ihrer Bescheidenheit nicht selbst dokumentiert haben. Wäre den Krakauers etwas zugestoßen, wer wüßte heute noch darüber Bescheid? Das Licht, das damals entzündet wurde, verdient es, auf den Scheffel gestellt zu werden. Krakauer:

„...sie ließen uns erkennen, daß die Kreise, die sich durch ihre Taten gegen die Befehle des Diktators stellten, größer waren, als wir geahnt hatten."[349]

Die Erlebnisse der Erna Segal hätten vermutlich zu einem ähnlich dramatischen Bericht ausgebaut werden können wie das Schicksal des Ehepaares Krakauer.

---

[344] Behrend-Rosenfeld, a.a.O., S. 162.
[345] Strauss, a.a.O., S. 136.
[346] Strauss, a.a.O., S. 158 f.
[347] Strauss, a.a.O., S. 164.
[348] Siehe Teil I, Kapitel 5.3.
[349] Krakauer a.a.O., S. 124. Es soll nicht unerwähnt bleiben, daß auch vereinzelt Kritik laut wurde, die Christen hätten nicht immer uneigennützig gehandelt, sondern die „U-Boote" zur Arbeit herangezogen; siehe Wolfgang Benz in der Einführung zu Kosmala, a.a.O., S. 15 f.

Doch in den Aufzeichnungen, die im Januar 1956 in den USA veröffentlicht wurden, heißt es nur:

> „Ich lebte illegal mit meinem inzwischen leider verstorbenen Mann, meiner Tochter Gerda und meinem Sohn Manfred in Berlin und Umgebung: Es war sehr schwer, für vier Personen Unterkunft zu finden. Ich lernte Herrn Dr. Fritz Aub… kennen, klagte ihm mein Leid, und er brachte meinen Sohn ins Immakulatahaus nach Strausberg bei Berlin. Am nächsten Tage erfuhr ich zu meinem Entsetzen, daß die Gestapo mich suche; kurz entschlossen fuhr ich nach Strausberg und fand dort auch Unterkunft. Es war ein Kloster, in dem viele Kranke untergebracht waren. Wir waren einige Monate dort, auch eine andere Familie mit ihren beiden Kindern war zur selben Zeit dort untergebracht. Außer der Schwester Lioba und dem ehrwürdigen Pater Direktor wußte keiner um uns. Eines Tages kam der Befehl, daß das Kloster eine Liste der dort lebenden Personen der Polizei einzusenden habe. Wir waren sehr bestürzt und entschlossen, wegzugehen. Ich werde nie die Worte des Paters vergessen. Er sagte: ‚Wenn es der Herrgott will, daß ich in Ihr Schicksal verwickelt werde, dann möge sein Wille geschehen.‘
> Wir gingen dennoch. Es war 1943. Ich war ständig mit der Kirche in Verbindung. Wenn ich nicht mehr wußte wohin, flüchtete ich in die Kirche Petersburger Straße oder nach Strausberg. Ich erhielt oft Lebensmittelkarten von dort. Ich lernte durch diese Verbindung eine Gräfin von Norrman kennen, die in Berlin-Charlottenburg wohnte und drei Jahre ununterbrochen zwei jüdische Frauen beherbergt hatte. Auch sie half uns, wo sie nur konnte. Ebenso hochherzig war Schwester Steffana, die noch heute in der Hedwigskathedrale in Berlin tätig ist."[350]

Ausführlich schildert Marga Spiegel, wie sie, ihr Gatte und ihre Tochter dank der Hilfe von Geistlichen und Bauernfamilien im katholischen Münsterland die Verfolgung überlebten.

> „Welch gewaltiger Mut und welch tiefe Gläubigkeit muß die Menschen dort beseelt haben, daß sie meinem Mann, der wie ein Aussätziger zu ihnen kam und nicht wußte, wohin er sich verkriechen konnte, sofort einzutreten baten! Er schilderte ihnen seine furchtbare Lage. Da gab es für sie nur eine Antwort: ‚Wir lassen sie nicht untergehen!‘ Welche Tat – wer kann sie heute noch wirklich ermessen!?"[351]

Dennoch muß der Mann immer wieder weiterziehen, in den ersten zehn Monaten viermal.[352]

Nochmals Marga Spiegel:

> „Was ich aber bis an mein Lebensende nicht vergesse, das ist der beinahe überirdische Ausdruck, mit dem der Priester beim Verlassen des Klosters die Tür einer kargen Zelle öffnete und sagte: ‚Wenn alles schiefgeht und Sie nicht mehr ein noch aus wissen, verbergen wir Sie hier bei uns!‘ Ich bin unfähig, auch nur annähernd zu schildern, was das für mich bedeutete."[353]

Eine solche Zusage konnte der Prior nur geben, weil er wußte, daß alle Mitbrüder hinter ihm standen.

Schier grenzenlose Bewunderung verdient die Hilfe, die der Jüdin Felicia Nowak zuteil wurde, indem sie bei einem polnischen Bauern untertauchen konnte:

---

[350] Grossmann, a.a.O., S. 135 f.
[351] Spiegel, a.a.O., S. 110.
[352] Spiegel, a.a.O., S. 111.
[353] Spiegel, a.a.O., S. 134.

„Er verstand alles. Er wußte, was sie uns antaten. Mit einem tiefen Seufzer schilderte er, wie die Hitler-Schergen alle Dorfbewohner gezwungen hatten, ihre Pferdefuhrwerke abzuliefern, um Juden aus der benachbarten Stadt abzutransportieren.[354] [...]

Ein ganzes Dorf war in Brand gesteckt worden, weil sich eine jüdische Familie dort versteckt gehalten hatte. Die Beschützer wurden erschossen, andere Einwohner in Arbeitslager deportiert.[355] [...]

In den Büchern, die ich las, weckten vier Tugenden meine besondere Aufmerksamkeit:...Weisheit, Gerechtigkeit, Bescheidenheit und Mut. Ein Christ mußte ‚die Hungrigen nähren, die Durstigen laben, die Nackten kleiden, die Reisenden in seinem Haus willkommen heißen, den Gefangenen Mut machen, die Kranken besuchen und die Toten begraben‘. Alles, bis auf das Letzte, erfuhr ich am eigenen Leib. Mir wurde das Geschenk der Nächstenliebe zuteil und ich verdanke es dem Glauben der Menschen, die mich unter ihrem Dach aufgenommen hatten. Meine Gastgeber waren tief religiös...“[356]

Eric Stanley schreibt:

„Nach dem Kriege stellte sich nun heraus, daß mein Vetter durch Vermittlung der Katholikin Maria Weiß... unter Mitwirkung ihrer gesamten Verwandtschaft untertauchen konnte!“[357]

Katholisch war die Familie Ammann in München Freimann, wie Valerie Wolffenstein vermerkt. Dr. Ammann, Ingenieur bei BMW, hieß sie willkommen und sagte, er sei glücklich, daß er dazu beitragen könne, vor Hitler ein Leben zu retten:

„In the course of my submerged life I was their guest three more times, each time for several months. Whenever I did not know where to go I went to them and they always received me as if I were a member of the family. And it was a big family: they had six children.“[358]

Schon oben kam Irma Dann, die mit ihren Töchtern in Tirol überlebte, ausführlicher zu Wort. Dazu gehört, daß sie mehrmals die tiefreligiöse Einstellung ihrer Helfer unterstreicht. Hier nur drei Beispiele zur Veranschaulichung:

„Dies tat ihr leid und sie gab mir den Namen eines besonders guten, frommen Katholiken und Nazihassers...[359] [...]

Da sagte der Lehrer zu Gustl: ‚Schwöre auf diese Bibel, daß du es als Geheimnis behältst, was ich dir jetzt sagen werde. Ich weiß, was für ein guter und ergebener Katholik du bist und wie du Hitler und seine Nazis haßt...‘[360] [...]

Der Oberlehrer drückte ihm die rauhe Hand mit einem ‚Vergelt's Gott tausendmal‘. Der nächste Augenblick brachte eine Überraschung, als eine Gruppe SS-Leute mit einer Fahne vorbeimarschierte. Lehrer und Bauer waren mit wenigen Schritten in der Kirche drin, um zu vermeiden, die Nazifahne zu grüßen.“[361]

---

[354] Nowack, S. 248 f.
[355] Nowack, a.a.O., S. 269 f.
[356] Nowack, a.a.O., S. 277 f.
[357] Grossmann, a.a.O., S. 137.
[358] Boehm, a.a.O., S. 89: „Im Verlaufe meines verborgenen Lebens war ich noch dreimal ihr Gast, jedes Mal für mehrere Monate. Wann immer ich nicht wußte, wohin ich gehen könnte, ging ich zu ihnen, und sie nahmen mich immer auf, als ob ich ein Glied ihrer Familie wäre. Und es war eine große Familie. Sie hatten sechs Kinder.“
[359] Grossmann, a.a.O., S. 189.
[360] Grossmann, a.a.O., S. 191.
[361] Grossmann, a.a.O., S. 193.

Victor Klemperer, areligiös, wie er mehrmals bedauernd feststellt, versteht sich gut mit den Menschen, die sich als Christen zu erkennen geben. Wie selbstverständlich stehen sie auf seiner Seite, auf der Seite der Regimegegner und der Juden. Wieder übertrifft er alle anderen an greifbarer Anschaulichkeit und macht vieles verständlich, was gelehrte Bücher so nicht vermögen:

> „Heute traf ich [gemeint ist der 5. April 1934] ... Heiduschka, den Chemiker, alten Zentrumsmann und frommen Katholiken. Wir verstanden uns auf Anhieb ... Während wir sprachen, ging ein SA-Mann vorüber; wir schwiegen wie ängstliche Verschwörer."[362]

> „13. Juni 1934 ... Mit den Mädchen politisiere ich vorsichtig-unvorsichtig am Rande der Stunden. Beide stark antinationalsozialistisch ... Besonders die Heyne, Katholikin ... Sie sagte mir neulich: ‚die Führerin [des Arbeitslagers] las uns eine Art Katechismus vor: ‚Ich glaube an den Führer Adolf Hitler ... Ich glaube an Deutschlands Sendung ...' Das kann doch kein Katholik sagen.' – ... Scherners ... kamen ... unmittelbar vom Hochamt in der Hofkirche. Sein erstes Wort, vor der Begrüßung, unten am Gittertor strahlend: ‚Das geht nicht unter, das siegt, dem können sie nichts antun! Diese Fülle von Menschen, diese Hingegebenheit, dieser Glanz! Die Kirche, das Zentrum, Victor! ...'"[363]

> „Heute [3. April 1935] Kaplan Dr. Baum bei uns ... Baum ist vollkommen pessimistisch. Die Kirche vermeide Streit, solange sie könne ... Freilich gehe die Regierung neuerdings scharf gegen die Kirche vor – Verhaftungen ... Auch Baum, der als Geistlicher hinkommt, berichtete ... von ungemein überfüllten Gefängnissen."[364]

Am 21. Juli 1935:

> „Die Judenhetze und Pogromstimmung wächst Tag für Tag ... Es wächst auch der Kampf gegen Katholiken, ‚Staatsfeinde' reaktionärer und kommunistischer Richtung."[365]

Am 11. August:

> „Die Judenhetze ist so maßlos geworden, weit schlimmer als beim ersten Boykott ... Fast ebenso wilde Hetze gegen ‚politischen' Katholizismus, der sich mit der Kommune verbinde ..."[366]

> „Am 10. 10. wurde der Bischof von Meißen verhaftet. Wegen ‚Devisenverschiebung'. Darauf setzte ich eigentlich Hoffnung. Aber diese Regierung kann alles wagen ... Hingegen soll im Benno-Gymnasium ein katholischer Lehrer einem kleinen Juden ‚besondere Eignung für Gemeinschaft' nachgesagt haben."[367]

Am 2. Juli 1936:

> „Die Wenden [Teil der Bevölkerung Sachsens] sind alle gut katholisch, und also ist eine tröstliche Gemeinsamkeit der politischen Verzweiflung gegeben."[368]

---

362 Klemperer: „Tagebücher 1933–1934", S. 102.
363 Klemperer „Tagebücher 1933–1934", S. 110.
364 Klemperer: „Tagebücher 1935–1936", S. 20 f.
365 Klemperer: „Tagebücher 1935–1936", S. 39.
366 Klemperer: „Tagebücher 1935–1936", S. 42.
367 Klemperer: „Tagebücher 1935–1936", S. 54.
368 Klemperer: „Tagebücher 1935–1936", S. 108.

22. Mai 1937:

> „Mit dem verbotenen päpstlichen Hirtenbrief [vermutlich „Mit brennender Sorge“369] soll es ebenso sein, ,jeder‘ habe ihn schon gelesen.“370

Zehn Tage später, als Antwort auf die Enzyklika:

> „In den Zeitungen spielt heute schon wieder der Kampf gegen die katholische Kirche die größere Rolle.“371

Im neuen Jahr geht es weiter, wie das alte geendet hat:

> „Übrigens ist in den letzten Wochen der Antisemitismus wieder besonders im Vormarsch (das wechselt ab: mal die Juden, mal die Katholiken, mal die protestantischen Pfarrer)…“372

30. Juni 1938:

> „Maria Kube… besucht uns. Ein sanftes, bildhübsches, grundgutes Geschöpf. Sie war voll von sehr ruhig, geradezu innig, gar nicht pathetisch erzählten katholischen Affären: Vollkommene Märtyrerstimmung… Verhafteter Pfarrer, Pfarrer von der Kanzel gewiesen…“373

Der folgende Text überrascht, zeigt er doch glaubhaft, wie wenig auch gebildete „Arier“ und Hitlergegner über die Verfolgung der Juden Bescheid wußten. Die Rede ist vom Schwager einer Bekannten, der Ende September 1940 aus Köln kommend in Dresden zu Besuch weilte:

> „…sehr katholisch, päpstlichen Orden im Knopfloch, Schwester im Kloster, 33 gegangen worden. Ein ausgeglichener, ruhiger, gebildeter Mann, entschiedenster Gegner Hitlers… Hatte keine Ahnung von all den Beschränkungen der Nichtarier. Diese Ahnungslosigkeit sah ich gestern an anderer Stelle ebenso.“374

Als dieser Kölner gut ein Jahr später wieder kam, erzählte er,

> „wie der Bischof von Münster, Graf Galen, öffentlich gegen die Gestapo und die Tötung der Geistesschwachen als gegen ,Teufelseinrichtungen‘ gepredigt habe. Der Bischof sei unverhaftet geblieben mit der Begründung, ,man wolle keine Märtyrer schaffen‘, in Wahrheit, weil man ,es nicht gewagt‘ habe.“375

Daß die Furcht Hitlers vor der katholischen Bevölkerung doch nicht so groß war, wie das eben Zitierte vermuten läßt, kann der Mitteilung des Kölners entnommen werden:

> „Kätchen Sara las gestern abend einen Brief ihres Schwagers Voß (des Schulmannes und Katholiken) aus Köln vor. Ständige Klosterräumungen. Wie sei es möglich, die gläubige Bevölkerung in diesem Krieg, wo sie soviel leide, derart zu erbittern?“376

---

369 Siehe Kapitel 3.2.
370 Klemperer: „Tagebücher 1937–1939“, S. 29.
371 Klemperer: „Tagebücher 1937–1939“, S. 34.
372 Klemperer: „Tagebücher 1937–1939“, S. 71.
373 Klemperer: „Tagebücher 1937–1939“, S. 89.
374 Klemperer: „Tagebücher 1940–1941“, S. 49 f.
375 Klemperer: „Tagebücher 1940–1941“, S. 179.
376 Klemperer: „Tagebücher 1940–1941“, S. 148.

Klemperer resümiert die Rede Hitlers anläßlich der Kriegserklärung an die USA:

> „Den Schluß machte diesmal wieder (wie schon das letzte Mal gegen den Bischof von Münster) die Drohung nach innen, z. T. fast mit gleichen Worten: Wer sabotiert ... gleichviel unter welcher ‚Tarnung‘, der sterbe eines schimpflichen Todes.“[377]

> „18. Januar [1942] ... Zwischen Kreidl und mir heftige Debatte: Er war für weitgehende Versöhnung *nach* dem Umschwung, für christlichen Verzicht auf Rache, ich hingegen für Augen um Auge, Zähne um Zahn.“[378]

Dazu paßt ein Eintrag, der Monate später erfolgte:

> „Ich: wie man an diesem Versöhnungstag seinen Feinden vergeben solle? Er: ‚Das verlangt die jüdische Religion nicht. Das betreffende Gebet heißt: Versöhnung für alle Israeliten und ‚für den Fremden in unserer Mitte‘, also doch nur für den friedlichen Gast.‘ Ich: ‚Feindesliebe ist sittliche Gehirnerweichung.‘“[379]

Allein schon der Besitz eines Hirtenbriefes konnte die Deportation und damit den gewaltsamen Tod auslösen. Das offenbart nicht nur die Brutalität des Systems, sondern auch die Brisanz von Hirtenbriefen, die heute vielen kraftlos vorkommen.

Am 13. Juni kommt Klemperer auf Rosenbergs „Mythus“ zu sprechen:

> „Die Juden noch ungleich mißachteter als bei Chamberlain[380]: kein Volk, sondern ... eine parasitäre ‚Gegenrasse‘, die ausgetilgt, mindestens aus Europa vertrieben werden muß. Aber der Hauptstoß richtet sich wieder und wieder gegen die römische Kirche, gegen Papst und Jesuiten.“[381]

Victor und Eva Klemperer haben das Inferno des Bombenhagels auf Dresden am 13. Februar 1945 überlebt. Obdachlos sind sie auf der Flucht. Das gibt ihnen die Chance, sich eine neue Identität zuzulegen. Ohne Gelben Stern sind sie nun unterwegs Richtung Bayern:

> „Die Schwägerin Rothe ist stundenlang in der Wirtschaft tätig, ihr Mann, Arbeiter im Sägewerk irgendwo, sitzt abends hier und politisiert. Leidenschaftlich antinazistisch, katholisch, tschecho- und slawophil. Er hört mit Selbstverständlichkeit Radio Beromünster – das dürfe er, das sei ‚neutral‘ –, ‚es kostet den Kopf, Herr Rothe!‘“[382]

In Aichach vor München finden sie auf ihrer Odyssee Aufnahme bei Frau Steiner, der Gattin eines der engsten Vertrauten und Mitarbeiter von Fritz Gerlich.[383] Gerlich war ein profilierter Katholik und eines der ersten Mordopfer Hitlers (30. Juni 1934 KZ Dachau). Frau Steiner erzählt, wie oft ihr Mann,

---

[377] Klemperer: „Tagebücher 1940–1941“, S. 190.

[378] Klemperer: „Tagebücher 1942“, S. 13.

[379] Klemperer: „Tagebücher 1942“, S. 248.

[380] Houston Stewart Chamberlain (1855–1927) war einer der namhaftesten Rassenbiologen und Vertreter des modernen Antisemitismus.

[381] Klemperer: „Tagebücher 1942“, S. 128 f.

[382] Klemperer: „Tagebücher 1945“, S. 51.

[383] Von Johannes Steiner stammt das Buch: „Gerlich-Naab Prophetien wider das Dritte Reich“, München 1946, das ich von meinem Vater geerbt habe.

„wie oft sie beide Juden geholfen, Leute aufgenommen, verborgen, befördert hatten, die ohne Papiere waren..."[384]

Auch die Klemperers landen – wie Behrend-Rosenfeld – in München bei Barmherzigen Schwestern. Auch sie sind voll des Lobes:

„Die barmherzigen Schwestern... mit riesigen weißen Hauben und Schulterkragen – nahmen uns sehr freundlich auf, wir bekamen ein Glas Wein..."[385]

Und so geht es weiter:

„wunderbar aufgenommen. Wir bekommen... sprechen interessiert und sympathisch Politik, katholisch antinazistische natürlich... Das also war der zweite Wandertag, Sonntag, 27. Mai, Strecke Freising – Gammelsdorf..."[386]

Einmal plaudern wir lange mit einem alten Schlesier. Er erzählt, wie in seiner Heimat die Pfarrer einen verbotenen Hirtenbrief von der Kanzel verlesen haben: Die Gendarmen haben sich Blasen an die Füße gelaufen, um in allen Dörfern die Geistlichen zu warnen: ‚Wir werden von Regierungs wegen morgen um die und die Zeit in der Kirche sein – lest den Brief vorher oder laßt die Gefahrenstellen weg, wir dürfen nichts hören!'"[387]

In Schierling, kurz vor Regensburg, endet eine weitere Etappe:

„Wir fanden wieder einen guten Pfarrer... Ich weiß, daß wir sehr wohl aufgehoben und verpflegt wurden... und war zu Geldannahme nicht zu bewegen."[388]

Nachdenklich blickt Victor in die Zukunft:

„...alles ist absolut dunkel. Nur dies beides nicht, daß wir keine Gestapo und keine Bombe mehr zu fürchten haben, und dies ‚nur' ist doch so viel, daß wir eigentlich katholisch werden müßten."[389]

Am 14. April 1994 wird in den Briefkasten einer Bonner Pfarrei ein Blatt geworfen – ohne Angabe des Absenders. Die ersten Worte: „Liebe Pfarrangehörige von St. Elisabeth! Ich möchte mit diesem Brief nachträglich einem Menschen von großer Herzensgüte Dank sagen – Ihrem ehemaligen Herrn Pfarrer Dr. Custodis." Dann kommt Höchstpersönliches zur Sprache. Daran anschließend:

„In der Zeit des Nationalsozialismus hat Pfarrer Dr. Custodis vielen Menschen, die in Not und Bedrängnis waren, egal welchen Glaubens oder welcher Nation sie angehörten, geholfen. Im August 1941 wurden meine Eltern und ich in Schutzhaft genommen. Im Lager Köln-Müngersdorf besuchte uns Herr Dr. Custodis... Als wir vom Tod meiner Brüder erfuhren und mein Vater für wahnsinnig erklärt wurde, waren es Deutsche und Mitgefangene, die uns die Flucht ermöglichten. Zu Fuß, per Bahn und Lastwagen kamen wir in Bonn an. Pfarrer Dr. Custodis versteckte uns vier Monate und versorgte uns mit allem. Wie viele uns Essen nachts auf die Treppe stellten, ich weiß es nicht. Es war so gefährlich. Herr Dr. Custodis besuchte uns oft..."[390]

---

384 Klemperer: „Tagebücher 1945", S. 138.
385 Klemperer: „Tagebücher 1945", S. 157.
386 Klemperer: „Tagebücher 1945", S. 175.
387 Klemperer: „Tagebücher 1945", S. 179.
388 Klemperer: „Tagebücher 1945", S. 180.
389 Klemperer: „Tagebücher 1945", S. 139.
390 Faksimile im Besitz des Autors, zugesandt von Dr. Marie Theresa Pörzgen, Bonn, Tochter des Blutzeugen Heinrich Körner. Siehe Moll, a.a.O., 172 ff.

Der erste aus der Schar unserer Chronisten, die Deutschland verlassen mußten, ist, wie erinnerlich, Martin Hauser. Was er aus eigener Erfahrung als Soldat über das Ende der Hitlerherrschaft zu berichten weiß, bietet sich an als befreiender Brückenschlag vom Beginn hin zum Ende der Verfolgung:

> „5. Juli 1944 ... Vor zwei Tagen hatte ich ein wunderschönes Erlebnis: Durch einen guten Bekannten in einer der jüdischen Kompanien hatte ich Gelegenheit, nach Assisi zu fahren. Dort trafen wir eine Gruppe von ca. 50 Juden aus Jugoslawien, Österreich und Italien, die sich in ein kleines Konvent auf dem Berge geflüchtet hatten ... Dort lebte der Bischof von Assisi ... mit einer Anzahl Mönche, und dort hatten ca. 80 Personen, Männer, Frauen und Kinder – darunter die Hälfte Juden – Zuflucht gefunden. Die Mönche beschafften alles, von falschen Dokumenten bis zum Essen und Hilfe zur Flucht. Nur dank dieser Menschen konnte sich diese kleine Gruppe am Leben halten ... Mit Tränen in den Augen [erzählten sie] von den Hilfeleistungen dieser katholischen Priester unter Anleitung des Bischofs ... Am Schluß der Feier wurde dem Bischof eine Pergamentrolle überreicht – geschrieben mit Gold, Blau, Rot und Grün, in wunderbar verschnörkelten lateinischen Buchstaben, auf der in Italienisch eine Danksagung und alle Namen der Flüchtlinge handgeschrieben standen ... Es war ein kleines Entgelt für mein Leben in diesem Kriege als Jude und Soldat.“[391]

Welches Risiko die Mönche eingegangen waren, wird uns so recht bewußt, wenn wir uns das Schicksal der Kartäusermönche der Valsainte vergegenwärtigen. Auch sie hatten Flüchtlingen Unterschlupf gewährt. Deshalb wurden elf der Mönche erschossen, an erster Stelle der Prior, Pater Martin Binz. Ein Überlebender berichtet, daß einer der Mönche nach der Festnahme ausrief: Wenn sie uns töten, dann sagt, daß wir wahrhaftig aus Liebe den Entschluß zur Aufnahme faßten.[392]

Noch zwei jüdische Stimme von besonderem Gewicht: Albert Einstein bekannte schon Ende 1940:

> „Nur die katholische Kirche protestierte gegen den Angriff Hitlers auf die Freiheit. Bis dahin war ich nicht an der Kirche interessiert, doch heute empfinde ich große Bewunderung für die Kirche, die als einzige den Mut hatte, für geistige Wahrheit und sittliche Freiheit zu kämpfen.“[393]

Und Max Horkheimer als Resultat einer entsprechenden Studie: „Es stellte sich nämlich heraus, daß gläubige Katholiken die größte Bereitschaft zeigten, dem Verfolgten zu helfen.“[394]

3.4 „Sie predigen vom auserwählten Volk“ – Zusammenschau und Außenansichten

„Es darf nicht vergessen werden, daß das Verhalten eines großen, vielleicht des größten Teils der christlichen Bevölkerung der jüdischen gegenüber im ganzen freundlich, oft gütig und mitfühlend war“, so, wie schon zu Beginn des letzten Ka-

---

[391] Hauser, a.a.O., S. 168 f.
[392] Conzemius, a.a.O., S. 609.
[393] Lapide, a.a.O., S. 230.
[394] Nawratil, Heinz: „Der Kult mit der Schuld. Geschichte im Unterbewußtsein“, München 2002, S. 43.

pitels zitiert, Joseph Levy. Alles, was an sehr konkreten Bekundungen der Zeitzeugen hinzugekommen ist, hat dieses Urteil bestätigt. Und es ist sicherlich kein Zufall, daß die Juden die Religiosität vieler ihrer Helfer herausgestellt haben. Damit soll durchaus nicht gesagt sein, Areligiöse hätten nicht geholfen, jeder Christ hingegen habe seine Möglichkeiten ausgeschöpft.

Die Schilderungen Krakauers, Segals, Spiegels, Behrend-Rosenfelds, Danns und der anderen jüdischen Zeitzeugen stellen uns Menschen vor Augen, die geradezu Übermenschliches für zunächst Fremde gewagt und geleistet haben.

Wie viele haben es ihnen gleichgetan und – aus welchen Gründen auch immer – keine Erwähnung gefunden in den spärlichen Aufzeichnungen jene Tage betreffend? Wir wissen es nicht.

Wie viele hätten es ihnen gleichgetan, wären sie angesprochen worden und hätten sie die Voraussetzungen für effektive Hilfe gehabt? Wir wissen es nicht.

Die Höflers verdienen unsere vorbehaltlose Bewunderung. *Eine* Voraussetzung für ihre Beihilfe zur Flucht in 28 Fällen war, daß sie ganz nahe an der Schweizer Grenze wohnten. Das schmälert nicht ihr Verdienst. Doch war diese oder eine ähnliche Voraussetzung nicht bei einem Promille der Bevölkerung gegeben. Wie hätten die Höflers geholfen, helfen können, ohne die Grenznähe?

Die Bekundungen der Zeitzeugen sind ein Hohes Lied auf die Mönche und Nonnen, deren Nächstenliebe auf eine schwere Probe gestellt wurde. Soweit sie Erwähnung finden, haben sie vorbildlich bestanden.

Als jemand, der solche Heroen gekannt, selbst aber altersbedingt nicht auf diese Weise geprüft worden ist, kann ich mich nur tief verneigen und neidlos einräumen, daß ich selbst wohl nicht diese Kraft gehabt hätte. Haben sie nicht ihr Soll übererfüllt? So die Ammanns mit ihren sechs Kindern?

In einer Würdigung Heinz Drossels, „eines Gerechten unter den Völkern" nach jüdischem Urteil, heißt es: „Bei alledem spielte... die Verankerung schon des jungen Mannes in der Religion, in diesem Falle dem katholischen Glauben",[395] eine wichtige Rolle.

Durch die acht Tagebuchbände Klemperers zieht sich wie ein roter Faden die feste Überzeugung des Atheisten, daß der praktizierende Katholik ein Gegner des NS-Regimes sei und auf der Seite der Verfolgten stehe. Auch wenn es die anderen Zeugen nicht so oft und so deutlich sagen, Gegenteiliges ist nirgendwo bekundet. Daher wundert es nicht, daß mitunter neben den Juden als Verfolgten die Katho-

---

[395] Wolfram Wette: „Menschenfreund und Offizier", Frankfurter Allgemeine Zeitung, 11.11.2000.

liken, die Christen auftauchen, so bei Thomas Mann: „Juden- und Christenverfol-
gung".[396]

Diese Sicht findet ihre volle Bestätigung in den Aufzeichnungen der NSDAP und
des von ihr gelenkten Staates. Das voluminöse Werk „Die Juden in den geheimen
NS-Stimmungsberichten 1933–1945" ist insofern eine eindrucksvolle Dokumentation. 60 Urkunden stellen den Christen ein gutes Zeugnis aus, nur fünf bieten
Mitteilungen, die zu bedauern sind.[397] Zu letzteren zählt ein Bericht vom 4. September 1935, wonach „führende Männer der Bekenntnisfront nach vorliegenden
Äußerungen die Stellung des Staates zur Judenfrage grundsätzlich bejahen, aber
die Tendenz des ‚Stürmers' aus sittlich moralischen Grundsätzen ablehnen."[398]
Der Nachfolger des so klugen und mutigen Konrad von Preysing auf dem Eich-
stätter Bischofsstuhl, Michael Rackl, soll in seiner Weihnachtsansprache 1943 geäußert haben, „Hitler und Mussolini seien die Vollstrecker des Strafgerichts gegen
das von Gott verworfene Judenvolk."[399] Auch wenn damals wie heute namhafte
Juden die Verfolgung als Strafgericht Gottes gedeutet haben oder deuten,[400]
Rackls angebliche Auslassungen wären zu bedauern.[401]

Trotz solcher oder ähnlicher Entgleisungen bleibt die Bilanz überaus positiv, beginnend mit dem Gendarmeriebericht vom 24. Oktober 1934. Ihm ist zu entnehmen, daß der Geistliche Rat Friedrich in einer Predigt „von der Lieblosigkeit und
Uneinigkeit, vom Haß der Menschen und auch davon gesprochen [hat], wie gegenwärtig gegen die Juden vorgegangen wird."[402] Die Folge: Der Stadtrat von
Neustadt an der Saale hat dem Pfarrer das Ehrenbürgerrecht aberkannt.

So geht es weiter:

> „SD-Außenstelle Kochem Bericht für November 1938... Römischer Katholizismus... Die gegen
> die Juden durchgeführten Maßnahmen gaben der Kirche natürlich willkommenen Anlaß zu einer
> Gegenpropaganda, die in ganz versteckter und äußerlich harmloser Form durchgeführt wurde. In
> den Gottesdiensten des der Aktion folgenden Sonntages wurde in vielen Predigten von der Näch-
> stenliebe gesprochen, die bedingungslos sei...

---

[396] Mann, Thomas: „An die gesittete Welt. Politische Schriften und Reden im Exil", Frankfurt am Main
1968, S. 265. In einem Sopade-Bericht vom Januar 1936 (Sozialdemokratische Partei Deutschlands,
a.a.O., Bd. 3, S. 26) heißt es: „Der Kampf gegen Juden und Katholiken hat wieder nachgelassen."

[397] Es versteht sich von selbst, daß auch die Aufzählung der Entgleisungen nicht vollständig ist. So
heißt es in einem Leserbrief (Johannes Sticker, Rheinischer Merkur, 10.4.1998), die Kirchenzeitung für das Erzbistum Köln habe wenige Monate vor der „Reichskristallnacht" geschildert, „wie
jener geistige Hochmut, jener Egoismus gezüchtet wurde, der das Judenvolk allen übrigen Völkern
verdächtig und verhaßt macht."

[398] Kulka, a.a.O., S. 154.

[399] Kulka, a.a.O., S. 539

[400] Kulka, a.a.O., S. 476.

[401] Dabei soll nicht unerwähnt bleiben, daß auch die Fliegerangriffe als göttliches Strafgericht gedeutet wurden.

[402] Kulka, a.a.O., S. 90.

Wie in der katholischen, so gab in der evangelischen Kirche die Judenaktion Anlaß zu Stellungnahmen der Geistlichkeit, die in fast der gleichen Weise vor sich gingen. In den Predigten und Andachten wurde immer wieder über die christliche Nächstenliebe gesprochen, die bedingungslos ist… Dann wird tätige Juden-Hilfe geschildert und daß der Pastor dafür bestraft wurde: Scheiben eingeworfen, Körperverletzung."[403]

In einem SD-Jahresbericht für 1938 heißt es:

„Die Einstellung zur Judenfrage ließ auch in diesem Jahre bei weiten Kreisen der Bevölkerung noch viel zu wünschen übrig… Die Kirchen aller Richtungen zeigten ebenfalls keinerlei Verständnis für diese Maßnahmen und verurteilten im Besonderen das Abbrennen der Synagogen. Einige Pastoren gedachten sogar in Gebeten der armen verfolgten Juden."[404]

Dies sind, wie gesagt, drei aus sechzig Belegen der Dokumentation. Alle zusammen ergeben ein so beeindruckendes Bild, daß Zweifel an der Aussagekraft ausscheiden. Um so größer die Zweifel an der Richtigkeit des Vorwurfs, der christliche Antijudaismus habe dem rassischen Antisemitismus den Weg bereitet. Es darf angenommen werden, daß niemand tiefer in der Lehre seiner Kirche lebt als die Mönche und Nonnen. Wie bequem wäre es für sie gewesen, sich den Bitten von Juden zu verschließen, hätte die Lehre der Kirche dafür eine Grundlage geboten.

Kritisiert wurde schon ab 1933 von treuen Gefolgsleuten die Kirche selbst und ihr Oberhaupt, der Papst. Die Jüdin Edith Stein zählt – wie dargelegt – zu den Namhaftesten, die früh das Schweigen beklagt haben. Marga Spiegel, eine weitere jüdische Zeitzeugin, zitiert den Kapuzinerpater Venantius:

„Ich bin selbst der älteste Sohn von einem Bauernhof und wollte der Kirche und dem Guten dienen. Sehen Sie diesen Bart an! Er ist frühzeitig grau geworden, grau ob all der Vorwürfe, die ich mir mache. Hätten beizeiten mehr, als es geschah, führende Geistliche und hohe Persönlichkeiten ihre Stimme erhoben, hätten sie laut protestiert gegen das furchtbare Verbrechen, das an unseren jüdischen Schwestern und Brüdern verübt wurde, würde es vielleicht doch geholfen haben."[405]

Alice von Hildebrand weiß von einer Begegnung ihres Mannes mit Kardinal Pacelli 1935 im Vatikan. Gleich sei Dietrich, ihr Mann, auf die Nazi-Frage zu sprechen gekommen:

„Wissen Euer Eminenz, daß es in Deutschland einen Moment gegeben hat, wie er nur alle drei bis vier Jahrhunderte vorkommt – einen Moment, in dem (womöglich) Millionen von Protestanten und Sozialisten sich bekehrt hätten, wenn die Bischöfe in Deutschland ohne jeden Kompromiß dem Nationalsozialismus gegenüber ein ‚non possumus' [deutsch: ‚wir können nicht', vermutlich zu ergänzen: ‚schweigen'] gesprochen hätten…"[406]

Oben war von Pfarrer Dr. Custodis aus Bonn die Rede, der Juden auf vielfältige Weise geholfen hat. An ihn schrieb am 23. Februar 1946 Konrad Adenauer:

---

[403] Kulka, a.a.O., S. 326.
[404] Kulka, a.a.O., S. 365 f.
[405] Spiegel, a.a.O., S. 119.
[406] Hildebrand, Alice von: „Die Seele eines Löwen. Dietrich von Hildebrand", Düsseldorf 2003, S. 239 f.

„Nach meiner Meinung trägt das deutsche Volk und tragen auch die Bischöfe und der Klerus eine große Schuld an den Vorgängen in den Konzentrationslagern. Richtig ist, daß nachher vielleicht nicht viel mehr zu machen war. Die Schuld liegt früher." [407]

Man sollte sich die Urteile der eben Zitierten nicht leichtfertig zu eigen machen, ohne nach den Gründen für das damalige Verhalten zu fragen. Im gleichen Archivbestand, in dem sich das Schreiben Steins befindet, liegt eine Notiz des Münchener Kardinals, ziemlich zeitgleich verfaßt (10. April 1933):

„Eminenz! (gemeint ist Pacelli) An den Ministerpräsidenten von Bayern General von Epp habe ich im Namen der bayerischen Bischöfe die Bitte gerichtet, man möge den politischen Gefangenen, die sich in sogenannter Schutzhaft befinden, wenigstens den Familienvätern, einen Osterurlaub gewähren und überhaupt die Untersuchung beschleunigen, daß sie bald zu den Familien zurückkehren können… Ebenso habe ich im Namen der bayerischen Bischöfe die 2. Bitte vorgetragen, man möge den Bischöfen Erlaubnis geben, für diese Gefangenen in Schutzhaft, sei es in Zellen, sei es in den großen Lagern, wo gleich mehrere Tausend wie im Krieg konzentriert sind, eine Seelsorge einzurichten (gez. Faulhaber)."

Von wenigen Ausnahmen abgesehen waren diese Gefangenen keine Juden. Die rechtlose Unfreiheit Zehntausender NS-Gegner, landschaftlich bedingt wohl überwiegend Katholiken, wog nicht minder schwer als die von Stein geschilderten Übergriffe. Dennoch hielt der Papst seine Intervention nicht für opportun. Dafür gab es gute Gründe: so die Hoffnung, die revolutionären Übergriffe würden, schon um die Autorität des Staates zu gewährleisten, eingedämmt, die Hoffnung auf ein Reichskonkordat als Basis eines Modus vivendi, das Bewußtsein der eigenen Ohnmacht. Daß der Papst seinen Nuntius in Berlin um Rat fragte, ist schon zur Sprache gekommen.

Für Freund wie Feind war der Standort der Kirche klar. Zusammen mit den Schreiben Steins und Faulhabers werden Zuschriften verwahrt, die den Haß auf die Kirche wegen ihres Judenbeistandes dokumentieren, so:

„Und was tun römisch-katholische Welt- und Ordensgeistliche in deutschen Landen? Sie predigen und schreiben vom auserwählten Volke, das uns den göttlichen Heiland schenkte, dem der göttliche Heiland entstamme mit all seinen Aposteln. Oh ihr armen gottlosen, vernunftlosen katholischen Kleriker! Beschimpft den deutschen Christenmenschen als ‚braune Pest‘ und seid selber Liebediener und Büttel der Schlächter und Verächter der ganzen christlichen Menschheit und Kultur."[408]

Nochmals der oben zitierte Pater: „… hätten sie laut protestiert gegen das furchtbare Verbrechen, das an unseren jüdischen Schwestern und Brüdern verübt wurde, würde es vielleicht doch geholfen haben…" „Vielleicht", vielleicht aber auch nicht. Unter dem 27. Februar 1943 findet sich im Tagebuch der Anne Frank folgender Eintrag:

---

[407] Adenauer, Konrad: „Briefe 1945–1947", o.O., o. J., S. 172.
[408] Congreg. degli affari eccl. straordinari Germ. 643 fasc. 158.

„Jan hat den Hirtenbrief der Bischöfe an die Menschen in der Kirche für uns mitgebracht. Er war sehr schön und ermutigend geschrieben: ‚Bleibt nicht ruhig, Niederländer! Jeder kämpfe mit seinen eigenen Waffen für die Freiheit von Land, Volk und Religion! Helft, gebt, zögert nicht!‘ Das verkünden sie einfach von der Kanzel! Ob es hilft? Unseren Glaubensbrüdern bestimmt nicht."[409]

Längst weiß alle Welt, daß die innere Front gegen die Besatzungsmacht durch den Hirtenbrief nicht, zumindest nicht nennenswert gestärkt wurde. Sie weiß zugleich, daß die mutigen Worte eine furchtbare Strafaktion ausgelöst haben. Das Gespür und die Ahnung des dreizehnjährigen Mädchens müßten viele Kritiker beschämen, die da so tun, als sei der Protest das Gebot jeder Stunde, die probate Antwort gewesen. Edith Stein und ihre Schwester wurden Opfer der anschließenden Strafaktionen.[410] Zwar heißt es: „Sie und ihre Gefährtinnen erfuhren dies im Sammellager Westerbork und bejahten aus ganzem Herzen den Hirtenbrief der aus christlichem Gewissen heraus handelnden Bischöfe."[411] Doch andere sahen und sehen es anders,[412] und das ist nur zu verständlich, wenn man sich die Frage stellt, ob anderen auch dann ein Martyrium auferlegt werden darf, wenn die auslösende Maßnahme nur geringe Erfolgsaussichten verspricht. Verdienen die niederländischen Bischöfe wegen ihres Hirtenwortes Bewunderung oder Tadel? Der Mut ist bewundernswert. Doch kann man ihn gutheißen, wenn man die Folgen in Betracht zieht?

Wie ein Damoklesschwert schwebte die Gefahr einer gesetzlichen Zwangsscheidung aller Mischehen von „Ariern" mit Juden über dem Schicksal der „Fremdrassigen", die dann nicht länger privilegiert gewesen wären und mit dem Abtransport, mit der Vernichtung hätten rechnen müssen. Wäre es dazu gekommen und wäre eine Enzyklika oder ein Hirtenbrief ursächlich dafür gewesen, die Kirche säße längst auf der Anklagebank wegen Profilierungssucht zu Lasten anderer.[413]

Immer wieder spricht aus Klemperers Aufzeichnungen diese Angst, so aus der Eintragung vom 15. November 1942: „Das Gesetz über die Mischehen kommt am 30. 1. 1943 heraus… Ich ging sehr deprimiert."[414]

Die potentiellen Opfer wußten, daß Kritik an der nationalsozialistischen Judenverfolgung sich durchaus als kontraproduktiv erweisen konnte, indem sie u. U. zu noch schlimmeren Sanktionen führte, wie sie beispielsweise Goebbels in seiner

---

[409] Frank, a.a.O., S. 91.
[410] Näheres dazu Löw: „Die Schuld", a.a.O., S. 246 f.
[411] Moll, a.a.O., S. 895.
[412] Moossem, a.a.O. S. 258 f.
[413] Löwenthal, a.a.O., S. 35: „Es mag dem starken Druck der christlichen Kirchen, insbesondere der katholischen, die eine Ehe für unauflöslich hält, zuzuschreiben sein, daß Hitler vor dem Mittel der staatlich verordneten Zwangsscheidung zurückschreckte."
[414] Klemperer: „Tagebücher 1942", S. 274.

berüchtigten Sportpalastrede im Februar 1943 angekündigt hatte: „… sie [die Regierung Hitler] droht, mit den ‚drakonischsten und radikalsten Mitteln' gegen die an allem schuldigen Juden vorzugehen, wenn das Ausland nicht aufhöre, der Regierung Hitler um der Juden willen zu drohen."[415]

„Ausland", das war auch der Vatikan, dessen Verlautbarungen die Partei ohnehin längst als skandalös empfand. Mehrere Seiten füllt allein der Kommentar zur Weihnachtsansprache 1942 des Heiligen Vaters:

> „… In einer Weise wie noch nie zuvor lehnt der Papst eine Neuordnung auf nationalsozialistischer Grundlage ab. Die Rundfunkrede des Papstes ist ein Meisterstück kirchlicher Verfälschung und Unterhöhlung des Gedankengutes der nationalsozialistischen Weltanschauung… Alles, was dem Nationalsozialismus heilig ist, wird als Unwert und Verirrung bloßgestellt… Auf dem Gebiete der Rechtsordnung ist nicht die blut- und bodengebundene Volksgemeinschaft Ausgangs- und Zielpunkt, sondern das unveränderliche, ewig bestehende, in Gott begründete Naturrecht. Soll eine Rechtsordnung den Prinzipien der Kirche entsprechen, dann darf sie nicht auf natürlichen Grundwerten wie Volk, Blut und Boden, Rasse und Gemeinschaft beruhen… Die Christenheit wird aufgerufen, mit Kreuzfahrergesinnung die Fluten der Tages- und Zeitirrtümer zu überwinden. Hier fällt die Maske…
> Damit wird praktisch dem deutschen Volk ein Unrecht an den Polen und Juden vorgeworfen, und der Papst macht sich zum Fürsprecher und Vorkämpfer für diese wahrsten Kriegsverbrecher."[416]

Hirtenbriefe katholischer Bischöfe wurden ebenfalls genau registriert und nicht minder heftig kritisiert. Daher ist es nur zu verständlich, daß der Besitz eines Hirtenbriefes ähnlich scharf geahndet wurde wie das Abhören von Feindsendern. Für Juden bedeutete ihr Besitz meist den Tod. Immer wieder finden wir bei Klemperer Feststellungen wie:

> „… ein quidam Stern… vor etlichen Wochen verhaftet, weil bei Haussuchung ein Hirtenbrief gefunden. Polizeipräsidium Dresden – dann KZ – jetzt Urne zurückgekommen."[417]

Nur sechs Tage später:

> „Drei Leute waren vor längerer Zeit verhaftet worden, weil man einen feindlichen Hirtenbrief bei ihnen gefunden… Ein zweiter starb vor ein paar Tagen im KZ, ein dritter… erhängte sich gleich anfangs im Gefängnis."[418]

Die Juden, die „Judenknechte" und die Verfolger hatten damals offenbar unvergleichlich sensiblere Ohren als jene, die heute nicht müde werden, das Schweigen, das zu leise Reden der Kirchen und ihrer Amtswalter zu beklagen.

In den USA machten sich Regierung und Vertreter des American Jewish Committee schon 1933 darüber Gedanken, ob die Nationalsozialisten durch öffentliche Proteste positiv zu beeinflussen seien, und kamen zu einem ablehnenden Ergeb-

---

[415] Klemperer: „Tagebücher 1943", S. 35.
[416] Kulka, a.a.O., S. 511 f.
[417] Klemperer: „Tagebücher 1942", S. 20.
[418] Klemperer: „Tagebücher 1942", S. 24.

nis.[419] Large weist darauf hin, daß auch die wichtigsten jüdischen Organisationen in den Vereinigten Staaten, so schockiert sie über die Geschehnisse der „Reichskristallnacht" waren, sich für eine zurückhaltende Linie entschieden und es in ihrer öffentlichen Reaktion bei der Veranstaltung gemeinsamer Gottesdienste bewenden ließen..."[420]

Carl Friedrich Goerdeler, führend im Widerstand gegen Hitler, glaubte allen Ernstes, er könnte den „Führer" durch gute Argumente von seinem Irrweg abbringen. An diese trügerische Hoffnung, die keiner seiner Freunde teilte, erinnert, was Dietrich von Hildebrand zu wissen glaubte, nämlich daß es einen Moment in der jüngsten Geschichte gegeben habe, in der ein deutliches päpstliches Wort gleichsam schlagartig die religiösen Empfindungen von Millionen umgekrempelt hätte. Näheres, das Wann und Wie, erfahren wir nicht. Und es lohnt wohl auch nicht, darüber länger nachzudenken. Ähnlich ergeht es dem, der Adenauers immer wieder zitierten Tadel an Volk und Kirche überdenkt. Der spätere Bundeskanzler verrät nicht, wann schuldhaft gehandelt wurde, und keiner von denen, die sich um die Herausgabe seiner Briefe verdient gemacht haben, sieht sich in der Lage, für ihn diese Frage zu beantworten.[421] Bis zum 5. März 1933, dem Tag der ersten – und letzten halbwegs demokratischen – Reichstagswahl hat die katholische Kirche nach Kräften vor der Partei Hitlers gewarnt und die ihr Verbundenen von der braunen Verblendung abgehalten. Als aber die NSDAP aus diesen Wahlen gestärkt hervorgegangen war und Massenverhaftungen der politischen Gegner einsetzten, fehlte jegliche Basis, um Hitler die Macht zu entreißen. Gerade die Vita Adenauers verdeutlicht, daß mit ihm und seinesgleichen nicht mehr zu rechnen war. Diese Feststellung erfolgt ohne jeden Vorwurf. Doch sie entwertet den Schuldvorwurf des großen Mannes aus Rhöndorf, der damals gleich in jenes Kloster floh, dessen Mönche für den neuen Zeitgeist besonders aufgeschlossen waren und deshalb Adenauer besonderen Schutz boten, nach Maria Laach.[422] Auch „der alte Fuchs" hat Hitler falsch eingeschätzt, aus panischer Angst keinen Widerstand geleistet und die Männer des Widerstandes von der Tür gewiesen.[423]

---

[419] Large: „Einwanderung", S. 114 f.
[420] Large: „Einwanderung", S. 163.
[421] Von Adenauer stammt der Ausspruch (DIE ZEIT: Das Lexikon Bd. 1 „Adenauer"): „Et is sogar möglich, dat ich dat gesagt habe. Aber wenn ich dat so gesagt habe, dann hab ich et nicht so gemeint." Einer seiner Referenten, G. B., schrieb mir am 13.9.2003: „Mit Ihnen bin ich der Meinung, daß Adenauer hier gründlich irrt. Der Brief wurde im Februar 1946 geschrieben. Vielleicht hat Adenauer damals noch zu sehr an die ursprüngliche Regimefreundlichkeit von Abt Ildefons gedacht, von der er andererseits sehr profitiert hat. Ich möchte annehmen, daß er später seine Meinung geändert hat... Adenauer war immer bereit, hinzuzulernen, das habe ich bei verschiedenen Gelegenheiten beobachtet."
[422] Albert, Marcel: „Die Benediktinerabtei Maria Laach und der Nationalsozialismus", Paderborn 2004.
[423] Siehe Löw: „Schuld", S. 226 ff.

Dietrich von Hildebrand, der so mutig Hitler bekämpft hatte, wußte gleich nach dem 30. Januar 1933, daß er Deutschland verlassen mußte.[424] Denn er konnte nicht zu dem Unrechtssystem der Nationalsozialisten schweigen. Welch untadeliger Charakter! Und doch – wie vielen stand diese Möglichkeit offen, als Mittellosen, als Eltern mit Kindern, als Geistlichen, als Ernährern mit einem Arbeitsplatz in Deutschland? – Auch das sind Gesichtspunkte, die mitberücksichtigt werden müssen. Der Kapuzinerpater Ingbert Naab, der Mitstreiter von Fritz Gerlich, konnte 1933 sofort ins Elsaß zu seinen Ordensbrüdern fliehen und starb eines natürlichen Todes.

Nicht Victor Klemperer, sondern vermutlich ein entfernter Verwandter, nämlich Klemens von Klemperer, beklagt vom amerikanischen Northampton, Mass. aus, „daß im großen und ganzen die Kirchen, ja die Christen Deutschlands, nicht ihrer jüdischen Brüder Hüter waren."[425] An Idealen gemessen, trifft das sicherlich zu. Wer aber menschliche Maßstäbe anlegt, wird, wenn er die eben ausgebreiteten Fakten mitsprechen läßt, zögern, Klemens' Kritik zu akzeptieren. Eine Begründung seines strengen Urteils gegenüber den Christen liefert von Klemperer nicht.

Ganz anders hört sich das Kompliment des jüdischen Zeitzeugen Arthur Berg an, das er 1938 gleich nach der Emigration in Amsterdam zu Papier gebracht hat: „Alle Christen benahmen sich tadellos".[426] – Es darf dem harten Verdikt des Amerikaners, der über keinerlei eigene Erfahrungen verfügt, als Denkanstoß entgegengestellt werden, die Wahrheit in der Mitte zu suchen.

---

[424] Hildebrand, a.a.O., S. 198.

[425] Schmädeke, Jürgen; Steinbach, Peter (Hg.): „Der Widerstand gegen den Nationalsozialismus. Die deutsche Gesellschaft und der Widerstand gegen Hitler", München 1994, S. 1102.

[426] Heusler a.a.O. S. 156.

4. Der deutsche Widerstand und die Juden

Eugen Kogon (1903–1987), österreichischer Publizist und NS-Gegner, gleich nach dem Anschluß seines Landes verhaftet, von 1939 bis 1945 im Konzentrationslager Buchenwald interniert, schreibt:

> „Der in Deutschland geleistete Widerstand ist das Fundament der internationalen Gleichberechtigung für das ganze deutsche Volk. Die Hingerichteten sind stellvertretend für alle gestorben – wenn sich die Überlebenden zu ihnen bekennen."[427]

Was heißt „Widerstand"? Wer hat ihn geleistet? Welches waren die Motive? Welche Rolle spielte die Judenverfolgung für den Widerstand?

4.1 Erscheinungsformen des Widerstands

Irene Gut Opdyke, 1922 in einem polnischen Städtchen nur wenige Kilometer von der deutschen Grenze entfernt geboren, wird auf tragische Weise Opfer des Krieges, zuletzt als Zwangsarbeiterin für die deutsche Besatzungsmacht. Hausgehilfin eines deutschen Offiziers, kann sie Juden verstecken und anderen zur Flucht verhelfen. Sie überliefert eine Begebenheit in einer Kirche und gebraucht dabei das Wort Widerstand, wo der Mensch unserer Tage beim ersten Hören nichts Widerständliches wahrnimmt:

> „Der warme, ukrainische Akzent in der Stimme des Priesters hatte eine beruhigende Wirkung auf mich. Zunächst achtete ich gar nicht auf den Inhalt seiner Worte. Doch dann spitzte ich die Ohren, denn ich bemerkte, daß er die Gemeindeglieder in seiner Predigt ermutigte, den Nazis Widerstand zu leisten und den Juden zu helfen..., und an diejenigen zu denken, die nicht so glücklich sind wie wir', mahnte er mit seiner ruhigen Stimme. ,Unser Heiland sagt, daß wir unsere Hände nicht mit dem Blut Unschuldiger beflecken dürfen. Der Weg der Gerechtigkeit ist niemals einfach zu gehen...'"[428]

War das wirklich Aufforderung zum Widerstand und damit selbst Widerstand? Hat der Priester mehr gesagt, als Priester in Predigten zu sagen pflegen und zu sagen haben? Wer Widerstand verneint, weil der Priester nur seine Pflicht getan habe, handelt vorschnell, wenn er Irenes folgenden Satz unberücksichtigt läßt: „Dadurch nahm er das Risiko einer harten Bestrafung durch die Deutschen auf sich." Falls sich der Priester dieses Risikos bewußt war – es gibt keinen vernünftigen Grund, daran zu zweifeln –, so wirkte er nicht nur als Priester, sondern zugleich als Widerstandskämpfer.

Diese Episode zeigt die Spannbreite des Widerstandsbegriffes. Die Abgrenzung zu bloßer Mißbilligung und heimlicher Opposition dürfte häufig fragwürdig

---

[427] Weisenborn, a.a.O., S. 295.
[428] Gut Opdyke, a.a.O., S. 155.

sein. Eine eingehende Erörterung des Grenzverlaufes ist hier jedoch nicht geboten.[429]

Der eben geschilderte Vorgang spielte in Polen, wo die Besatzer besonders brutal durchgriffen. Doch prinzipielle Unterschiede zwischen dem Reich und den okkupierten Territorien gab es insofern nicht: Widerstand war hier wie da zu brechen, Widerständler waren unschädlich zu machen.

In seinem Standardwerk „Widerstand. Staatsstreich. Attentat" trifft Peter Hoffmann die Feststellung:

> „Die ordentlichen Gerichte allein verurteilten in nur sechs Jahren in politischen Verfahren 225 000 Menschen zu Freiheitsstrafen von insgesamt etwa 600 000 Jahren. Dazu wären die viel zahlreicheren, aber kaum berechenbaren Fälle zu zählen, in denen Verhaftete ohne Urteil in ein Konzentrationslager geworfen oder vorher schon durch polizeiliche Maßnahmen ums Leben gebracht wurden. Nach offiziellen Angaben sind zwischen 1933 und 1945 etwa 3 Millionen Deutsche zu irgendeiner Zeit, sei es für wenige Wochen, sei es während der ganzen zwölf Jahre, aus politischen Gründen in Konzentrationslagern oder Zuchthäusern gefangen gehalten worden, etwa 800 000 wegen aktiver Widerstandstätigkeit."[430]

Das ist eine so stattliche Zahl, daß es sich lohnt, dahinter ein Ausrufezeichen zu setzen. Die Zahl aller deutschen Widerständler ist jedoch sicherlich noch weit größer, da es den Staatsorganen nicht gelungen ist, alle in Wort und Tat aktiven Gegner des Regimes zu belangen. Halbwegs zuverlässige Schätzungen sind insofern kaum möglich.

Dem polnischen Priester ging es um alle Verfolgten, auch und gerade um die Juden. Welche Rolle spielten die Juden in den Motiven der Widerständler in Deutschland?

Der „Bund", eine Gruppe, die sich zwölf Jahre lang im Verborgenen behaupten konnte, bemühte sich um eine systematische Aufklärungs- und Demaskierungsarbeit durch planmäßige Hilfsaktionen für die Opfer des „Faschismus", besonders für die Juden.[431] In Breslau existierte eine Gruppe von Menschen, die sich der Opfer der Nürnberger Gesetze und der Kriegsgefangenen planmäßig annahm.[432] Im Urteil des Volksgerichts gegen die führenden Köpfe der „Europäischen Union" heißt es:

---

[429] Bei Hoffmann (Hoffmann, Peter: „Widerstand. Staatsstreich. Attentat. Der Kampf der Opposition gegen Hitler", München 1979, S. 37) lesen wir: „Viele leisteten Widerstand, indem sie nur an den vorgeschriebenen Tagen keine Hakenkreuzfahne an ihre Fahnenstange hängten, indem sie plötzlich fleißige Kirchgänger wurden oder indem sie jedes ‚Heil Hitler' geflissentlich überhörten. Viele verzichteten ausdrücklich auf Beförderung, um nicht der NSDAP beitreten zu müssen, oder sie versteckten Juden und andere Bedrängte… Andere traten in die Armee ein, um vor den Zudringlichkeiten oder Verfolgungen der Nationalsozialisten sicher zu sein und der Gestapo zu entgehen."

[430] Hoffmann: „Widerstand", S. 31 f. Siehe auch Weisenborn, a.a.O., S. 43.

[431] Weisenborn, a.a.O., S. 116.

[432] Weisenborn, a.a.O., S. 118.

„Wie schamlos die Gesinnung der Angeklagten ist, ergibt sich auch daraus, daß sie geradezu systematisch illegal lebende Juden unterstützten, ja sogar mästeten. Aber nicht nur das, sie verschafften ihnen sogar falsche Ausweise, die sie vor der Polizei tarnen sollten, als wären sie nicht Juden, sondern Deutsche."[433]

Wenn von Widerstand die Rede ist, verdienen auch Sozialdemokraten und Kommunisten Erwähnung, wobei nicht verschwiegen werden darf, daß viele Kommunisten mit Stalin sympathisierten, also ein totalitäres System durch ein anderes ersetzen wollten. Dem Widerstand der Marxisten galt von Anfang an das besondere Augenmerk der NS-Verfolgungsbehörden. Durch Unterwanderung gelang es schon in den ersten Jahren, die Netzwerke zu zerstören.[434] Äußerungen der genannten Kreise zur Judenverfolgung liegen offenbar nicht vor, die Sopade-Berichte, von denen schon die Rede war, ausgenommen. Viele verfolgte Juden betonen, daß ihre Helfer Sozialdemokraten oder Kommunisten waren.

Arnold Paucker stellt mit Blick auf die Juden in Deutschland zutreffend fest:

„Nur ein Irrsinniger kann nachträglich den Juden Vorhaltungen darüber machen, daß sie sich unter der NS-Diktatur nicht in militärische Abenteuer gestürzt hätten... Der antifaschistische Aktivismus hingegen wurde... überwiegend von jüdischen Jugendlichen getragen, die sich in erster Linie der deutschen Arbeiterbewegung und nicht der jüdischen Gemeinschaft verpflichtet fühlten..."[435]

Alle systemfeindlichen Aktionen, von denen die Rede war, verdienen unsere Bewunderung, so weit sie nicht die eine Diktatur durch eine andere ersetzen wollten. Doch wenn vom deutschen Widerstand die Rede ist, denken die meisten an jene weitverzweigte, Jahre überdauernde Verschwörung, die eine zwar kleine, aber reelle Chance hatte, Hitlers Tyrannei zu beenden.

4.2 Carl Goerdeler und Ludwig Beck – Reichskanzler und Reichspräsident in spe

Zu den zentralen Gestalten des deutschen Widerstandes zählt mit an erster Stelle Carl Goerdeler, der unermüdliche Antreiber, Mahner, Vordenker, „während des Krieges weithin als Führer der Widerstandsbewegung anerkannt."[436] Nach Gelingen des Attentats sollte er Reichskanzler werden.

Zunächst Mitglied der Deutschnationalen Volkspartei, war er ab 1930 Oberbürgermeister von Leipzig und blieb im Amt, bis 1936 gegen sein ausdrückliches Verbot das Mendelssohn-Bartholdy-Denkmal vor dem Leipziger Gewandhaus gestürzt wurde. Schon vorher hatte er an den antisemitischen Ausschreitungen

---

[433] Weisenborn, a.a.O., S. 200.
[434] Siehe Carsten, a.a.O.
[435] Paucker: „Widerstand" S. 301.
[436] Hoffmann: „Widerstand", S. 75.

deutlich Anstoß genommen. Nun aber war das Maß voll. Daraus geht hervor, daß
die Judenpolitik der Nationalsozialisten sein Denken und Handeln nachhaltig beeinflußt hat. In einer Denkschrift aus dem Jahre 1942 nimmt er zum Abtransport
von Juden aus Leipzig Stellung und klagt:

> „Abtransport von Leipzig unter unmenschlichen Bedingungen; die Morde werden nicht unge-
> sühnt bleiben; niemand sollte sich dem NS-Regime zur Verfügung stellen. Am 19. und 27. Januar
> wurden aus Leipzig wieder Juden abtransportiert… Mit welcher unmenschlichen Grausamkeit
> hier vorgegangen wird… Wie viele von den unglückseligen Menschen auf dem Transport ver-
> storben sind, weiß ich nicht… Grauen erfüllt die Seele… Mit den Traditionen der preußischen
> Geschichte und mit den Überlieferungen der Menschheitsgeschichte sind diese Untaten nicht in
> Übereinstimmung zu bringen. In bewußter Unmenschlichkeit und in Anhäufung ist aus der
> ganzen bisherigen Geschichte der Menschheit nichts ähnliches bekannt geworden. Vielleicht ist
> die Christenverfolgung unter Diocletian ähnlich gewesen. Von ihr spricht man heute noch mit
> Abscheu…"[437]

Und 1944 schreibt er:

> „Über die Ungeheuerlichkeit der planmäßig und bestialisch vollzogenen Ausrottung der Juden ist
> kein Wort zu verlieren…"[438]

Es kann keinen vernünftigen Zweifel daran geben, daß diese markerschütternden
Erfahrungen und Einsichten Motor seiner umstürzlerischen Aktivitäten gewesen
sind und ihm beim unermüdlichen Werben um weitere Verbündete zur Seite
standen. So nimmt es nicht wunder, daß dieses Thema im Entwurf einer „Regierungserklärung", die er zusammen mit Generaloberst Ludwig Beck verfaßte,
deutlich angesprochen wurde:

> „Zur Sicherung des Rechts und des Anstandes gehört die anständige Behandlung aller Menschen.
> Die Judenverfolgung, die sich in den unmenschlichsten und unbarmherzigsten, tief beschämen-
> den… Formen vollzogen hat, ist sofort eingestellt."[439]

Beck sollte nach gelungenem Attentat das Amt des Reichspräsidenten antreten.

4.3 Helmuth Graf von Moltke und der Kreisauer Kreis

Der Hausherr des Landsitzes Kreisau, Helmuth James Graf von Moltke, war zugleich die zentrale Gestalt des Kreisauer Kreises, der als Gemeinschaft von Freunden schon 1937 nachweisbar ist, auch wenn es kein Gründungsdatum gibt und
keine Mitglieder im vereinsrechtlichen Sinne. Er bestand aus ganz eigenständigen
Persönlichkeiten, deren gemeinsame Basis die Ablehnung der NS-Ideologie und
die Bereitschaft, auf ihre Überwindung hinzuarbeiten, bildeten. Zu den namhaftesten zählen außer Moltke: Peter Graf Yorck von Wartenburg, Horst von Ein-

---

[437] Gillmann, Sabine; Mommsen, Hans (Hg.): „Politische Schriften und Briefe Carl Friedrich Goerdelers Teil 2", München 2003, S. 846.

[438] Dipper, Christof: „Der Widerstand und die Juden", in: Schmädeke a.a.O., S. 598 ff.; S. 603.

[439] Schramm, Wilhelm Ritter von (Hg.): „Beck und Goerdeler. Gemeinschaftsdokumente für den
Frieden 1941–1944", München 1965, S. 235.

siedel, Carl Dietrich von Trotha, Adolf Reichwein, Hans Lukaschek, Carlo Mierendorff, Theo Haubach, Eugen Gerstenmaier, Augustin Rösch SJ, Alfred Delp SJ, Lothar König SJ und Julius Leber, also Katholiken und Protestanten, Vertreter der Marktwirtschaft und Sozialisten, Anhänger der Weimarer Republik und solche, die sie mit Skepsis betrachteten. Verbindungen bestanden auch zu Klaus Bonhoeffer, Hans von Dohnanyi,[440] Jakob Kaiser, Joseph Wirmer und Wilhelm Leuschner.[441] (Bonhoeffer, der evangelische Theologe, hat 1933 das katholische Zentrum gewählt. Er war in seiner Kirche einer der ersten, die gegen den Rassismus auftraten.[442])

Der Kreis tagte in Kreisau und an anderen Orten, so in Berlin. Da es keine Organe und keine Satzung gab, geht es nicht an, Verlautbarungen einzelner allen zuzurechnen. Gleichwohl erscheint es gerechtfertigt, die Verlautbarungen Moltkes als Bestandteil des Grundkonsenses anzunehmen.

Schon die überlieferten Briefe gewähren Einblick in Denken und Fühlen dieses Mannes, so der vom 20. November 1938:

> „Ich kehre in tiefer Besorgnis über Europas Zukunft nach Deutschland zurück… So hatte ich gleich sehr viel Arbeit damit, mich aufs Schlimmste gefaßt zu machen und vor allem Juden aus dem Land zu bringen."[443]

Knapp ein Jahr später:

> „In letzter Zeit… habe ich schlecht geschlafen, weil mich die Aufgaben zu sehr aufgeregt haben. Die Notwendigkeit, um Menschenleben kämpfen zu müssen, ist zwar erfreulich, aber wahnsinnig aufregend."[444]

Am 1. Juni 1940:

> „Wer, um sich den äußeren Frieden zu erhalten, schwarz weiß sein läßt und böse gut, der verdient den Frieden nicht, der steckt den Kopf in den Sand. Wer aber jeden Tag weiß, was gut ist und was böse, und daran nicht irre wird, wie groß auch der Triumph des Bösen zu sein scheint, der hat den ersten Stein zur Überwindung des Bösen gelegt."[445]

Immer wieder kommt er in seinen Briefen auf die Judenverfolgung zu sprechen, so auch in vier Schreiben vom November 1941:

> „Gestern war ich in einer Sitzung im AA wegen Judenverfolgung. Es war das erste Mal, daß ich dienstlich mit dieser Frage befaßt war. Ich habe gegen 24 Männer ganz einsam eine Verordnung angegriffen und im Augenblick auch aufgehalten."[446]

---

440 Im Einvernehmen mit seinen Vorgesetzten Hans Oster und Wilhelm Canaris hat er bedrohten Juden eine legale Einreise in die Schweiz ermöglicht.

441 Einige von ihnen haben die NS-Ära überlebt und in der jungen Bundesrepublik hohe Ämter bekleidet, so Lukaschek, Kaiser und Gerstenmaier.

442 Senninger, a.a.O., S. 284 f.

443 Moltke, Freya von; Balfour, Michael; Frisby, Julian: „Helmuth James von Moltke 1907–1945. Eine Welt der Zukunft", Stuttgart 1975, S. 88 f.

444 Moltke, a.a.O., S. 104.

445 Moltke, a.a.O., S. 126.

446 Moltke, a.a.O., S. 172 f.

Am nächsten Tag, 9. November:

> „Den Morgen habe ich heute mit einigen jüdischen Leuten verbracht, deren Dispositionen vor
> ihrer Deportation zu besprechen waren. In den letzten drei Tagen haben wieder etwa 10 000 die
> Aufforderung erhalten, sich bereitzuhalten."

Am 12. November:

> „Im Kampf für Juden und Russen, bzw. gegen die Verwilderung militärischen Denkens, habe ich
> so überraschende Fortschritte gemacht, daß ich von einer offenen Tür in die andere stürze..."[447]

17. November:

> „Den ganzen Tag habe ich wieder mit den Juden verbracht, habe tatsächlich alle Abteilungen des
> OKW in dieser Frage hinter mich gebracht... In zwei, drei Tagen werde ich also wohl wissen, ob
> ich auf dem beschränkten Gebiet nun wirklich einen Sieg errungen habe."[448]

Die Pläne für eine Nachkriegsordnung atmen ganz seinen Geist:

> „Die Regierung des Deutschen Reiches sieht im Christentum die Grundlage für die sittliche und
> religiöse Erneuerung unseres Volkes, für die Überwindung von Haß und Lüge, für den Neuaufbau
> der europäischen Völkergemeinschaft... Das zertretene Recht muß wieder aufgerichtet und zur
> Herrschaft über alle Ordnungen des menschlichen Lebens gebracht werden."[449]

Speziell zum Thema Juden heißt es in der „Ersten Weisung an die Landesverwe-
ser" vom 9. August 1943:

> „Alle Gesetze und Anordnungen, die Einzelne wegen ihrer Zugehörigkeit zu einer bestimmten
> Nation, Rasse oder Religion benachteiligen, sind nicht anzuwenden; darauf beruhende diskrimi-
> nierende Maßnahmen sind sofort aufzuheben."[450]

Erwähnung verdient auch Ulrich von Hassell, der zunächst als Minister des Äuße-
ren vorgesehen war. Später trat Graf Friedrich Werner von der Schulenburg an
seine Stelle, da er als ehemaliger deutscher Botschafter in Moskau über bessere
Verbindungen zu den dortigen Machthabern verfügte. Von Hassel, der keine Äm-
terrivalitäten aufkommen lassen wollte, bemühte sich, zwischen der Gruppe um
Goerdeler und dem Kreisauer Kreis zu vermitteln. Hier interessiert vor allem: Er
hat ein umfangreiches Tagebuch hinterlassen, das seine humane Einstellung den
Juden gegenüber beweist. Daraus einige Zeilen:

> „Ebenhausen, 25. 11. 38. Ich schreibe unter dem schwer lastenden Eindruck der niederträchtigen
> Judenverfolgung nach der Ermordung vom Raths... Es gibt wohl nichts Bittereres im Leben, als
> ausländische Angriffe auf das eigene Volk als berechtigt ansehen zu müssen. Übrigens unterschei-
> det man draußen ganz richtig zwischen dem wirklichen Volk und der Schicht, die diese Sache zu
> verantworten hat."[451]

---

[447] Moltke, a.a.O., S. 173.
[448] Moltke, a.a.O., S. 175. Wie es in der Anmerkung zum Zitat heißt, war dies nicht der Fall, da sich der
Oberkommandierende der Wehrmacht (OKW), Wilhelm Keitel, widersetzte.
[449] Moltke, a.a.O., S. 235.
[450] Schmädeke, a.a.O., S. 605.
[451] Hassell, Ulrich von: „Die Hassell-Tagebücher 1938–1944. Aufzeichnungen vom anderen Deutschland", Berlin 1988, S. 65 f.

Auch hierher gehören die folgenden Notizen:

> „Ebenhausen, 27. 11. 38. Bruckmann und Alex v. Müllers zum Tee hier. Das Entsetzen über die
> schamlose Judenverfolgung ist bei ihnen so groß wie bei allen anständigen Menschen. Durch und
> durch treue Nationalsozialisten, die in Dachau wohnen und bisher ‚durchgehalten‘ haben, sind
> nach Erzählungen Bs jetzt restlos erledigt... Unterhaltung... ergebnislos: ohne Macht hat man
> kein wirksames Mittel; einzige Folge wäre vielmehr Mundtotmachen oder Schlimmeres.“[452]

– Also die Einsicht auch hier anzutreffen, daß Protest nur Schlimmeres bewirken
würde.

4.4   Der militärische Widerstand um Graf von Stauffenberg

Es gab viele Versuche, Hitler mit Gewalt zu beseitigen. Dieses Ziel hat Oberst
Claus Schenk Graf von Stauffenberg am 20. Juli 1944 nur knapp verfehlt. Neben
ihm gab es Hunderte von Mittätern und Mitwissern. Das war unvermeidlich,
denn es sollte ja nicht nur Hitler getötet, sondern zugleich – wie bereits ausgeführt – die NS-Regierung gestürzt und ersetzt werden.

Im Denken von Beck und Goerdeler, von Moltke und den Kreisauern hat die Judenverfolgung von Anfang an eine maßgebliche Rolle gespielt. Trifft dies auch auf
die Männer des 20. Juli zu?

„Mehr als zwanzig der Verschwörer nannten der Gestapo oder dem Gericht die
Judenverfolgung als Motiv für ihre Beteiligung" – heißt es – mit entsprechenden
Nachweisen – in Peter Hoffmanns einschlägigem Standardwerk.[453] Da Anteilnahme am Los der Juden keinesfalls geeignet war, das Wohlwollen der Strafverfol-
gungsorgane zu wecken, erscheinen die angegebenen Motive durchaus glaubwürdig. Der Einwand liegt nahe: Was sind schon zwanzig aus einigen hundert oder
tausend?[454] Zumindest vor dem Volksgerichtshof hatte man kaum Gelegenheit,
die Motive für die Teilnahme am Attentat zu benennen. Der Vorsitzende verstand
es, mit einer Kanonade von Beschimpfungen alle Rechtfertigungsversuche zu
unterbinden. „Die Verhandlungsführung Freislers war mitunter so würdelos, daß
selbst die nationalsozialistischen Berichterstatter und der Justizminister Thierack
sich bei Bormann darüber beschwerten."[455]

Andererseits sind in sowjetischen Archiven bislang unbekannte Dokumente aufgetaucht, die belegen, daß namhafte Verschwörer wie Rudolf Freiherr von Gersdorff und Henning von Tresckow schon Monate, bevor sie sich zum Widerstand

---

452 Hassel, a.a.O., S. 67 f.
453 Hoffmann: „Widerstand“, S. 647.
454 Die Zahl der Verhafteten im Zusammenhang mit dem 20. Juli wird auf etwa 7 000 geschätzt. Tau-
      sende wurden hingerichtet (Kardorff, a.a.O., S. 215).
455 Hoffmann: „Widerstand“, S. 648.

entschlossen, von den Verbrechen an Juden wußten und sie dem Anschein nach billigten. War es wirklich ein beifälliges Nicken oder Camouflage? Gersdorff scheute sich nicht, in das Kriegstagebuch des Oberkommandos der Heeresgruppe zu schreiben:

> „Bei allen längeren Gesprächen mit Offizieren wurde ich, ohne darauf hingedeutet zu haben, nach den Judenerschießungen gefragt. Ich habe den Eindruck gewonnen, daß die Erschießungen der Juden, der Gefangenen und auch der Kommissare fast allgemein im Offizierskorps abgelehnt wird…"[sic][456]

Hier ist doch die eigene Einstellung deutlich herauszuhören!

Damit soll nicht gesagt sein, daß die oppositionellen Militärs von Anfang an dem „anderen Deutschland" angehörten. Sie waren meist Berufssoldaten, und in diesem Milieu waren antisemitische Vorbehalte Traditionsbestandteile. Auch Claus von Stauffenberg machte insofern keine Ausnahme. Noch im ersten Kriegsjahr schrieb der junge Oberleutnant aus Polen: „Die Bevölkerung ist ein unglaublicher Pöbel, sehr viele Juden und sehr viel Mischvolk."[457] Doch die Exzesse der Reichspogromnacht wurden scharf mißbilligt, und von den jüngeren Front- und Generalstabsoffizieren sind viele überhaupt erst „durch das Erlebnis von willkürlichen Massenerschießungen von Polen und Russen oder durch organisierte Mordaktionen an Juden in den Widerstand getrieben worden."[458]

Ursula Kardorff berichtet unter dem Datum 15. August 1943 von einem Gespräch mit Carl Hans Graf von Hardenberg, der vom Flugzeug aus Augenzeuge geworden war, wie eine lettische SS-Einheit Tausende Bewohner eines jüdischen Gettos ermordete: „‚Man muß bereit sein, alles zu opfern, sagte er, die Familie, den Besitz und die Ehre…' Er stellte sich die Frage, ob man Hitler allein umbringen müßte…"[459]

Eine für „das dritte Deutschland" – angesiedelt zwischen Hitlers Volk und seinen ständigen Gegnern – sicherlich nicht untypische Einzelfallstudie verdanken wir Wibke Bruhns. Diese „Geschichte einer Familie", so der Buchuntertitel, macht uns mit fanatischen Parteigängern Hitlers vertraut. Nach der Hinrichtung des Vaters im Zusammenhang mit dem 20. Juli 1944 notiert die Schwester der Autorin geradezu hymnisch in ihr Tagebuch: „Ich kann nicht von ihm lassen und von meinem Glauben an ihn, dem ich gedient habe und dienen wollte mein Leben lang." Gemeint ist Adolf Hitler. „So sehr gehöre ich dem an, der meinen Vater gemordet hat, daß noch kein klarer Gedanke gegen ihn aufzustehen gewagt hat."[460] Wenig

---

[456] Hoffmann: „Widerstand", S. 334 f.
[457] Matthias Lohre: „Das Attentat als moralische Dimension gegen die Machthaber", Parlament 21.6.2004.
[458] Dipper, a.a.O., S. 603.
[459] Kardorff, a.a.O., S. 101.
[460] Bruhns, Wibke: „Meines Vaters Land. Die Geschichte einer deutschen Familie", o.O. 2004, S. 19 f.

später dämmert die Vernunft: „Kampf und Vernichtung dem, der uns vernichtet hat, und wenn ich sterben soll, so will ich sterben im Kampf gegen Dich! Mörder meines Vaters!"[461]

Doch begeben wir uns kurz zurück ins Jahr 1933. Der Familienclan, in den die Autorin hineingeboren wurde, beschloß schon damals einen familieninternen „Arierparagraphen". Dieser sollte sicherstellen, daß ein Familienmitglied, das eine Ehe mit einem Nichtarier einging, ausschied. Freilich, die Vorbehalte gegen Juden waren nicht so stark, daß der Vater nicht einen „Halbjuden" über Jahre hinweg als „engsten Mitarbeiter" geschätzt und beschützt hätte. Bis nach dem Attentat kann der Papa seine schützende Hand über den „Mischling" halten. Auch unterhielt er Geschäftsbeziehungen zu Juden, solange das irgend möglich war, und unterließ jeden Versuch, sie zu übervorteilen.

Die Mutter erfaßte nach den Vorkommnissen des 9. November 1938 heller Zorn:

> „Synagogen werden angesteckt, die Geschäfte und Wohnungen von Juden völlig zerstört, wir hausen schlimmer als die Hunnen, man schämt sich, ein Deutscher zu sein, und das Ganze wird auch noch als spontane Handlung hingestellt… Es gab aber auch eine allgemeine Empörung in Deutschland selber. Das sind feige und unwürdige Kampfmethoden…"[462]

Worte, die an Deutlichkeit nichts zu wünschen übrig lassen. Schon den Boykott vom 1. April 1933 hatte sie ganz entschieden mißbilligt. Weitere Aufzeichnungen über die Judenverfolgung finden sich nicht. Warum? Nach dem Zitierten ist es geradezu ausgeschlossen, daß die im Vergleich zum Pogrom nicht minder brutalen Deportationen gleichgültig hingenommen wurden. Konnten die Juden der Nachbarschaft rechtzeitig Deutschland verlassen? Ob ja oder nein: Wer mit einer Hausdurchsuchung rechnen mußte, war gut beraten, alles Belastende zu beseitigen oder zu vermeiden. Der zweite Mann der dänischen Abwehr schreibt in seinen Erinnerungen, HG (Hans Georg Klamroth), so der Name des Vaters im Buche, habe die Dänen mehrfach vor Aktionen der Deutschen gewarnt und so die Abwehr in die Lage versetzt, ihre Widerstandsgruppen zu schützen.[463] War dieser Landesverrat – nach dem Buchstaben des Gesetzes – nicht Grund genug, den harmlosen Volksgenossen zu mimen?

Einige Tausend umfaßte der Kreis der Verschworenen. Millionen deutsche Männer taten in den Streitkräften Dienst. Stehen die Zahlen nicht in einem krassen Mißverhältnis? Es gilt zu bedenken, daß nur jene an ein Attentat denken konnten, die Zugang zum engsten Kreis um Hitler hatten. Das war nicht einer aus tausend. Nicht minder bedenkenswert ist die Tatsache, daß das Attentat nicht verraten

---

[461] Bruhns, a.a.O., S. 20.
[462] Bruhns, a.a.O., S. 280.
[463] Bruhns, a.a.O., S. 291.

wurde. Dabei war die Zahl der Mitwisser noch weit größer als die Zahl der Verschworenen. Zu ersteren zählte auch Feldmarschall Erwin Rommel. Eine fanatische Loyalität Hitler gegenüber kann also bei keinem von ihnen angenommen werden.

Die Gestapo kam bei ihren Vernehmungen im Anschluß an das Attentat zu der Ansicht, daß die Verschwörer „bei grundsätzlicher Bejahung des Antisemitismus die Methode seiner Durchführung ablehnten. Zum Teil werden dabei humanitäre Motive herausgestellt…"[464] Doch im weiteren Verlauf der Vernehmungen lautete das Urteil des Obersturmbannführers von Kielpinski, „die ganze innere Fremdheit" der Verschwörer „gegenüber den Ideen des Nationalsozialismus" komme „vor allem in der Stellung zur Judenfrage zum Ausdruck." Die Verhafteten „stehen … stur auf dem Standpunkt des liberalen Denkens, das den Juden grundsätzlich die gleiche Stellung zuerkennen will wie jedem Deutschen."[465] So pauschal ist dieses Urteil – leider – sicherlich nicht richtig.

4.5 Die „Weiße Rose"

Im Vorspann eines in der Presse abgedruckten Vortrages heißt es:

> „Die Münchner Studenten Hans und Sophie Scholl waren herausragende Figuren des deutschen Widerstands. Als Mitglieder der geheimen Organisation ‚Weiße Rose' versuchten sie durch Flugblattaktionen schon zur Tatzeit auf den Judenmord aufmerksam zu machen."[466]

Nicht alle Mitglieder der „Weißen Rose" gehörten von Anfang an zum „anderen Deutschland", um auf das oben Ausgeführte zurückzugreifen. Gerade Hans und Sophie Scholl konnten sich als Jugendliche zunächst für Hitler und seine Bewegung begeistern. Aber der Fundus an bürgerlich-christlichen Werten, der in den Familien vermittelt worden war, ließ die Verwerflichkeit des Nationalsozialismus immer deutlicher erkennen. In Hans reifte die Überzeugung, daß es mit Kritik allein nicht getan sei, und so fertigte er zusammen mit anderen, *insbesondere Professor Kurt Huber, Christoph Probst, Willi Graf und Alexander Schmorell*, eine Reihe von Flugblättern, deren letztes an die Kommilitonen appelliert: „Studentinnen! Studenten! Auf uns sieht das deutsche Volk!" Dem gehen die Sätze voraus:

> „Freiheit und Ehre! Zehn lange Jahre haben Hitler und seine Genossen die beiden herrlichen deutschen Worte bis zum Ekel ausgequetscht… Auch dem dümmsten Deutschen hat das furchtbare Blutbad die Augen geöffnet, das sie… in ganz Europa angerichtet haben und täglich neu anrichten."[467]

---

[464] Dipper, a.a.O., S. 610.
[465] Dipper, a.a.O., S. 610 f.
[466] N.N.: „Aufschrei des Gewissens im ausgestoßenen Volk", Frankfurter Allgemeine Zeitung, 24.2.2000.
[467] Informationen zur politischen Bildung: „Der deutsche Widerstand 1933-1945", Bonn 1974, S. 20.

Zu den im Blutbad Umgekommenen zählten aus der Sicht der Autoren die ermordeten Juden, die im zweiten Flugblatt ausdrücklich angesprochen werden:

> „Nicht über die Judenfrage wollen wir in diesem Blatte schreiben, keine Verteidigungsrede verfassen – nein, nur als Beispiel wollen wir die Tatsache kurz anführen, die Tatsache, daß seit der Eroberung Polens dreihunderttausend Juden in diesem Land auf bestialische Art ermordet worden sind. Hier sehen wir das fürchterlichste Verbrechen an der Würde des Menschen, ein Verbrechen, dem sich kein ähnliches in der ganzen Menschengeschichte an die Seite stellen kann. Auch die Juden sind doch Menschen – mag man sich zur Judenfrage stellen wie man will…"[468]

Die Geschwister Scholl und ihr Freundeskreis gelten als vorbildlich, und sie sind es auch. Doch hätten die anderen den Weg in den Widerstand gefunden, hätte Hans Scholl nicht die Initiative ergriffen? Er hat sie aufgebaut und mitgerissen, wie wir einer Äußerung entnehmen können: „Von dem Kreis, welchen ich hier zusammengebracht habe, wirst Du schon gehört haben."[469] Wer von den Teilnehmern hätte ohne Hans den Weg in den Widerstand gefunden? Wer hätte nicht alles mitgemacht, wäre er von Hans angesprochen worden? So hing die exemplarische Bewährung nicht selten von Zufällen ab.

4.6 Widerstand und christlicher Glaube

> „In der Rassenfrage hat sich die Kirche unzweideutig geäußert, und der Sicherheitsdienst der SS behauptete 1934, daß in diesem Komplex die päpstliche Stellungnahme einer Aufforderung zum Widerstand gegen die nationalsozialistische Staatsführung' gleichkomme",

so Heinz Hürten in „Selbstbehauptung und Widerstand der katholischen Kirche".[470]

Aktiver Widerstand gegen die Obrigkeit ist Sache der Kirchen nicht, auch wenn der namhafteste Kirchenlehrer, Thomas von Aquin, den Widerstand unter engen Voraussetzungen legitimierte. Zu eindeutig das Wort des Apostels Paulus: „Jedermann sei untertan der Obrigkeit, die Gewalt über ihn hat. Denn es ist keine Obrigkeit ohne von Gott."[471] Bis zu seinem Damaskus-Erlebnis war Paulus Rabbiner und auch als solcher Lehrer des „unverbrüchlichen jüdischen Grundsatzes": „Jedes Gesetz der Regierung ist für die Juden vorbehaltlos verbindlich."[472] Als das Christentum entstand, war die Staatsform des Römischen Reiches, zu dem Palästina gehörte, weder Demokratie noch Rechtsstaat. Man denke nur an die Hinrichtung Jesu. Die junge Christengemeinde mußte sich auf Despotie einstellen. Auch für später gilt, daß es sich keine öffentlich wirkende Gemeinschaft erlauben

---

[468] Scholl, Inge: „Die Weiße Rose", Frankfurt am Main 2003, S. 81.
[469] Prospekt der Ausstellung „Die Weiße Rose. Gesichter einer Freundschaft", Kulturinitiative Spuren e.V., München 2004.
[470] Hürten, a.a.O., S. 244.
[471] Römer 13,1.
[472] Siehe Feuchtwanger, a.a.O., S. 202 und Hecht, a.a.O., S. 71.

kann, in einem autoritären oder totalitären Staate das aktive Widerstandsrecht mit Blick auf die aktuellen Gegebenheiten zu vertreten. Allein die Weigerung, den Kaiser als *divus*, als göttlich zu verehren, hat in den ersten nachchristlichen Jahrhunderten Hekatomben von Märtyrern gefordert. Daher machten es Männer wie z.B. Franz Jägerstätter, der aus prinzipieller Ablehnung des Nationalsozialismus den Kriegsdienst mit der Waffe verweigerte und dafür die Todesstrafe in Kauf nahm, der Kirche nicht leicht.[473]

Doch die Widerständler wußten, auf wessen Seite das Herz der katholischen Kirche und mancher evangelischer Bischöfe schlug. Unter den Kreisauern waren mehrere Jesuiten, auch P. Augustinus Rösch, der Provinzial der Oberdeutschen Provinz. Helmuth James Graf von Moltke besuchte erstmals am 5. September 1941 den katholischen Bischof von Berlin, Konrad Graf von Preysing, jenen deutschen Bischof, mit dem der Papst in einem besonders engen Verhältnis stand.[474] Die Unterredung dauerte zweieinhalb Stunden.[475] In der Folgezeit kam es zu weiteren Begegnungen. Auch die Erzbischöfe von München und Freising, Freiburg und Köln wurden von den Kreisauern angesprochen. Als Kurier nach Rom fungierte ab Herbst 1939 der Münchner Rechtsanwalt Josef Müller, nach dem Kriege Mitbegründer der CSU.

> „Als Reserveoffizier zur Abwehr einberufen, unternahm er, getarnt mit einem offiziellen Auftrag, Ende September sogleich die erste von zahlreichen Sondierungsreisen nach Rom. Schon gegen Mitte Oktober konnte er berichten, daß der Papst grundsätzlich vermittlungsbereit sei."[476]

Diese Feststellung wird durch entsprechende Dokumente, die sich in den Archiven des britischen Foreign Office befinden, belegt. In zwei Audienzen am 11. Januar und am 7. Februar 1940 hat Pius den britischen Geschäftsträger Francis d'Arcy Osborne von den Plänen führender Wehrmachtsgeneräle, Hitler zu stürzen, unterrichtet. Pius bezeichnete es als seine Gewissenspflicht, die Informationen weiterzugeben.[477] Bis heute wurde nicht gewürdigt, welch großes Risiko Pius XII. damit der Kirche, speziell in Deutschland, aufbürdete. Eine Indiskretion, und eine noch weit massivere Kirchenverfolgung wäre für alle Nationalsozialisten und für viele deutsche Soldaten recht plausibel gewesen. Der Papst im Lager der Hoch- und Landesverräter! Zu dieser Einsicht kamen die führenden Nationalsozialisten allerspätestens nach dem 20. Juli 1944. Damals (29. November 1944) schrieb Kaltenbrunner, der Chef der Sicherheitspolizei und des SD an Reichsleiter Martin Bormann:

---

[473] Moll, a.a.O., S. 65 ff. (Michael Lerpscher), S. 72 ff.(Josef Ruf).
[474] Preysing erhielt von ihm während des Krieges mehr Briefe als jeder andere deutsche Bischof. Beide duzten sich.
[475] Moltke, a.a.O., S. 159.
[476] Vogel: „Militäropposition", a.a.O., S. 209.
[477] Thomas Brechenmacher: „Die Konspiration. Wie Papst Pius XII. den Widerstand gegen Hitler unterstützte", Frankfurter Allgemeine Zeitung, 7.8.2002.

„Canaris und Ostler unterhielten Verbindungen zum Papst durch den in die Abwehr eingebauten früheren Münchner Rechtsanwalt Dr. Josef Müller. Müller war durch Vermittlung eines Domkapitulars Neuhäusler aus München bei dem damaligen Kardinalstaatssekretär Pacelli eingeführt... worden."[478]

Klemens von Klemperer kommt in einem Beitrag, der sich mit der Frage der Motivation zum Widerstand befaßt, zu dem Ergebnis:

> „Die religiöse Motivation spielte ohne Zweifel eine wesentliche Rolle, besonders bei der konservativen Opposition. Bonhoeffer ist bestimmt in dieser Beziehung die hervorragende Figur. Doch wer dem Denken und Handeln Goerdelers, Trotts, Hans-Bernd von Haeftens, Moltkes, ja, des Sozialisten Theodor Haubach nachgeht, kann nicht um deren tief religiöse Einstellung umhin. Sie verstärkte sich wohl in allen Fällen im Laufe der schlimmen Zeit oder führte, wie im Falle Theodor von Haubachs, zur Konversion."[479]

Dann folgen Zitate, die das Gesagte unterstreichen. Das letzte verdanken wir der Mutter Adam von Trotts:

> „Ich glaube, daß der Kampf, in dem wir stehen, denkbar ernst ist... Nur durch Christus..., nur dadurch, daß wir Führer bekommen, die in seinem Geist und seiner Kraft wirken, kann es besser werden. Aber wenn es besser werden soll, dann müssen die, die an diese Ideen glauben, sich bis zum letzten dafür einsetzen... Dafür lohnt es sich zu kämpfen."[480]

Adams Antwort war die Hingabe seines Lebens im Kampf gegen die Mächte der Finsternis.

Inge Scholl über ihre Geschwister Hans und Sophie: „Bei dieser Rigorosität des Denkens spielte die Entdeckung des Christentums eine entscheidende Rolle. Sie vollzog sich bei meinen Geschwistern gleichzeitig mit der Entwicklung ihrer politischen Autonomie."[481] Christoph Probst ließ sich unmittelbar vor seiner Hinrichtung vom katholischen Gefängnisgeistlichen taufen.[482] „So läßt sich wohl festhalten, daß der deutsche Widerstand, christlicher Glaube und auch Kirche in vielfältiger Weise miteinander verzahnt waren."[483]

Das christlich geprägte Gewissen spielte eine große Rolle im oppositionellen Harnier-Kreis,[484] im Solf-Kreis unter Franz Sperr,[485] im Kölner Widerstandskreis unter Nikolaus Groß,[486] bei Bernhard Letterhaus[487] und im Widerstandskreis unter dem Würzburger Gutsherrn Karl Ludwig Freiherr von und zu Guttenberg.[488]

---

478   Peter, Karl: „Spiegelbild einer Verschwörung. Die Kaltenbrunner-Berichte an Bormann und Hitler über das Attentat", Stuttgart 1961, S. 509.
479   Klemperer, Klemens v.: „Sie gingen ihren Weg", in: Schmädecke, a.a.O., S. 1103 f.
480   Klemperer, Klemens v.: „Sie gingen ihren Weg", a.a.O., S. 1105.
481   Scholl, a.a.O., S. 101.
482   Scholl, a.a.O., S. 188. Moll, a.a.O., S. 423 ff.
483   Michael Kißener: „Widerstand und Glaube. Anmerkungen zur ‚Frömmigkeit' des deutschen Widerstands im Krieg" zur debatte 3/2005, S. 17.
484   Moll, a.a.O., S. 404 ff.
485   Moll, a.a.O., S. 425 ff.
486   Moll, a.a.O., S. 165 ff.
487   Moll, a.a.O., S. 306 ff.
488   Moll, a.a.O., S. 596 ff.

5. Das Ausland und die deutschen Juden

Was hat das Ausland in einem Buch zu suchen, das sich mit dem Verhältnis der Deutschen zu den Juden befaßt? Heinz David Leuner, einer der ersten Juden, die 1933 der neuen Regierung wegen Deutschland verließen, gibt Antwort: „Als die Regierung begann, jede Äußerung von Nonkonformismus niederzustampfen, drückten zahlreiche Deutsche die Hoffnung aus, andere Nationen würden solch einen Rückfall in den Absolutismus nicht dulden."[489]

Deutschland und die Deutschen stehen in enger Beziehung zum Ausland. Millionen Deutschstämmige haben außerhalb der Reichsgrenzen eine neue Heimat gefunden. Deutsche reisen ins Ausland, Ausländer halten sich in Deutschland auf, sei es als Touristen, sei es als Journalisten, als Diplomaten, als Geschäftsleute und anderes mehr. Deutsche hören Auslandssender und lesen Auslandspresse. Deutschland, mitten in Europa, unterhält diplomatische und wirtschaftliche Beziehungen zu weit über einhundert Staaten. Das war 1933 ähnlich wie heute. Deutschland war Mitglied des Völkerbundes und blieb Partner zahlreicher völkerrechtlicher Verträge. Die Entwicklung in Deutschland wurde auch außerhalb der Grenzen aufmerksam verfolgt, nicht zuletzt wegen der Flüchtlinge, die dort in wachsender Zahl auftraten. So hatten die Stimme und das Verhalten des Auslandes und der Ausländer durchaus im Reich Gewicht, wurden amtlich, offiziös und von vielen Privaten sorgfältig registriert und rezipiert.

5.1 Der demokratische Westen

Der eben zitierten Beobachtung Leuners geht der Satz voraus:

> „Ereignisse in Deutschland wie die diktatorischen Maßnahmen, die die Regierung ergriff, die systematische Unterdrückung jeder Kritik, der schamlose Judenhaß, die Ausschreitungen gegen alle Gegner erregten kaum mehr als ein Säuseln der Kritik im Ausland."[490]

Diese betrübliche Feststellung wird von den braunen Machthabern bestätigt. Unter der Überschrift „Zum gegenwärtigen Stand der Judenfrage" lieferte das Innenministerium Württemberg am 30. November 1933 einen Lagebericht, der höchst aufschlußreich ist und die (partei-) amtlichen Überlegungen zur sogenannten Judenfrage – systematisch aufbereitet – wiedergibt:

> „Die deutsche Judenfrage ist also, wenn auch nicht in aller Form, so doch tatsächlich von den ausländischen Regierungen als eine Frage der deutschen Innenpolitik anerkannt worden. In solchem Sinne ist nunmehr, von außen wie von innen her, die Forderung der deutschen Staatsführung durchgesetzt. Die Zeit des noch unentschiedenen Kampfes ist vorüber – es gibt keine Juden-‚frage' mehr im seitherigen Sinne, es gibt nur einen als Teil des Staatsprogrammes anerkannten Punkt…

---

[489] Leuner, a.a.O., S. 62.
[490] Leuner, a.a.O., S. 62.

Die Befriedigung des jüdischen Komplexes könnte in vier Richtungen versucht werden.

Einfachste und primitivste Lösung wäre die physische Ausrottung – Pogrome – ; sie hat als Mittel auszuscheiden…

Die zweite Lösung der – fortschreitenden – Assimilierung ist ausdrücklich als für Deutschland unmöglich erkannt worden…

Die dritte Möglichkeit der Verpflanzung der gesamten Judenschaft in andre Staaten, wie sie für andere völkische Minderheiten noch in neuester Zeit stattgefunden haben, – Türkei, Griechenland – ist in Anbetracht des zahlenmäßig hohen Standes der deutschen Judenschaft nicht ohne weiteres möglich und scheitert vor allem daran, daß – wie sich heute schon an dem Widerstand verschiedener Staaten gegen die Aufnahme der emigrierten Juden zeigt – kaum ein Land gewillt wäre, eine derartige großzügige Hintansetzung der eigenen nationalen Interessen vorzunehmen…

Die vierte Lösung ist die Zuweisung der deutschen Juden in eine besondere staatsbürgerliche Daseinsform, die der einer nationalen Minderheit ähnlich ist; und in dieser Richtung dürfte sich die Vollendung der Judenpolitik Deutschlands bewegen."[491]

In diesem Zusammenhang ist das Eingangsstatement von besonderem Gewicht, die Feststellung, daß die Judenpolitik des Reiches – wie auch die Unterdrückung aller Gegner – als innere Angelegenheit angesehen wird, in die sich das Ausland nicht einmischt.

Mit Bewunderung und Sorge verfolgten die Sieger des Ersten Weltkrieges Hitlers rasanten Aufstieg. Er zerriß den Versailler Vertrag, zelebrierte die Olympischen Spiele, beseitigte den Staat Österreich und ließ auf dem Nürnberger Parteitag 1938 seine Muskeln vor dem gesamten diplomatischen Korps spielen, ehe er Briten und Franzosen zwang, die dem Selbstbestimmungsrecht widerstreitenden Landinteressen der Tschechoslowakei auf dem Altar des Friedens zu opfern. Nun konnte er den im Reich verbliebenen, auf bessere Tage hoffenden Juden sein wahres Gesicht noch deutlicher zeigen. Da kam ihm die Ermordung vom Raths wie gelegen.

Am 4. Januar 1939 kürte das amerikanische Nachrichtenmagazin „Time" Hitler zum „Man of the Year" 1938, und wohl niemand zweifelte, daß er wie kein zweiter die Welt in den abgelaufenen zwölf Monaten bewegt hatte.

Gleich nach den Olympischen Spielen konnte in Deutschland der Druck auf die Gegner, die Juden vor allem, wieder erhöht werden. Die Einverleibung Österreichs im März 1938 tat ein übriges, um die Zahl der unfreiwilligen Auswanderer anschwellen zu lassen. Der amerikanische Präsidenten Roosevelt sah sich veranlaßt, eine Konferenz einzuberufen, auf der das Flüchtlingsproblem gelöst werden sollte.[492] Da sich die Schweiz mit Rücksicht auf den mächtigen Nachbarn im Nor-

---

[491] Kulka, S. 59 f. Der Bericht ist 84 Seiten lang, bietet eine Übersicht über die inneren Verhältnisse im Reich und behandelt die wichtigsten Gruppen der „Gegner" des Regimes, unter besonderer Bezugnahme auf die Kirchen.

[492] Ausführlich dazu Kieffer, Fritz: „Judenverfolgung in Deutschland – eine innere Angelegenheit? Internationale Reaktionen auf die Flüchtingsproblematik 1933–1939", Stuttgart 2002.

den weigerte, die Konferenz auszurichten, fand sie vom 6. bis 14. Juli im französischen Ort Évian am Genfer See, also vor den verschlossenen Toren der Eidgenossen, statt. Delegierte aus 32 Ländern nahmen daran teil, die jedoch alle bedauerten, den ausreisewilligen Juden keine Hilfe anbieten zu können. Jochen Klepper notierte am 23. August 1938 in sein Tagebuch: „Seit die Konferenz von Évian erwiesen hat, daß das Ausland den deutschen Juden nicht hilft, ist alles noch viel tragischer."[493] Denn die Nationalsozialisten triumphierten: Seht, niemand will sie!

Vier Wochen später ist es der Nürnberger Parteitag, der Goebbels zu der Tagebucheintragung veranlaßt: „Der Nürnberger Parteitag beherrscht die ganze deutsche und internationale Presse. Bis jetzt ist das Echo in der Welt sehr freundlich. Aber wohl mehr aus Angst als aus Liebe."[494] Diese Diagnose dürfte wohl richtig gewesen sein. Der nächste Streich ließ nicht lange auf sich warten, die Münchener Konferenz, die zur Abtretung des Sudetenlandes von der Tschechoslowakei führte. Nochmals Goebbels, am 1. Oktober 1938:

> „Das ganze Ausland schwimmt in Wonne. Das Wort ,Friede!' ist auf aller Lippen. Die Welt ist von einer rasenden Freude erfüllt. Deutschlands Prestige ist ungeheuerlich gewachsen. Jetzt sind wir wirklich wieder eine Weltmacht… Es war ein Sieg des Drucks, der Nerven und der Presse."[495]

Mit einer Weltmacht legt man sich nicht an, auch wenn sie noch so ungeheuerliche Verbrechen begeht. Dennoch haben die Schreibtischtäter den Pogrom vom 9. November als Ausbruch des Volkszorns deklariert, womit sowohl der anständige Bürger als auch das Ausland getäuscht werden sollten.

Eine andere, noch potentere Weltmacht als Deutschland waren schon damals die USA, „God's own country", das Land der Freiheit, das Land, das einen missionarischen Auftrag in sich verspürt. Seit vielen Jahren werden schwere Vorwürfe laut. Sie füllen dicke Bücher, so „Das unerwünschte Volk. Amerika und die Vernichtung der europäischen Juden"[496], „Staatsgeheimnisse. Die Verbrechen der Nazis – von den Alliierten toleriert"[497], „Nach dem Holocaust. Der Umgang mit dem Massenmord"[498], „Amerika und der Holocaust. Die verschwiegene Geschichte"[499], „Auswanderung abgelehnt. Wie eine deutsche Familie versuchte, den Nazis zu entkommen"[500].

---

[493] Klepper, a.a.O., S. 631.
[494] Goebbels, a.a.O., Teil 1 Bd. 6, S. 77.
[495] Goebbels, a.a.O., Teil 1 Bd. 6, S. 122.
[496] Wyman, David S.: „Das unerwünschte Volk. Amerika und die Vernichtung der europäischen Juden", Frankfurt am Main 2000
[497] Breitmann, Richard: „Staatsgeheimnisse. Die Verbrechen der Nazis – von den Alliierten toleriert", München 1999.
[498] Novick, Peter: „Nach dem Holocaust. Der Umgang mit dem Massenmord", Stuttgart 2001.
[499] Schweitzer, Eva: „Amerika und der Holocaust. Die verschwiegene Geschichte", München 2004, mit zahlreichen weiterführenden Literaturhinweisen.
[500] Large: „Einwanderung".

Eine Reihe plausibler Gründe kann unschwer aufgelistet werden, die Amerikas Zurückhaltung gegenüber Hitler-Deutschland bewirkten. Da ist zum einen der Isolationismus, der die Amerikaner ermahnt, sich nicht in die Angelegenheiten anderer Kontinente einzumischen (Monroe-Doktrin, 1823), der unrühmliche Abgang nach dem Sieg im Weltkrieg (Woodrow Wilson), die anscheinend demokratische Legitimation der in Deutschland Herrschenden, die engen wirtschaftlichen Beziehungen zwischen den USA und Deutschland, die demokratiefeindliche, mörderische Sowjetunion mit ihrer expansionistischen Ideologie, die eigene Geschichte der Vertreibung und fast vollständigen Vernichtung der Indianer, der lebendige Rassismus, wie ihn Präsident Theodor Roosevelt in seiner Schrift „Winning of the West" vertreten hat: „Es gäbe wahrscheinlich keinen Fortschritt auf der Welt, wenn nicht die Rassen, in deren Händen das Schicksal der Zeit liegt, sich mit Waffengewalt in fremden Ländern niedergelassen und die wilden und barbarischen Völker verdrängt hätten." Und in einem Brief: „... wenn es uns nicht gelingt, im Sinne der Theorie zu handeln, die davon ausgeht, daß bestimmte Völker anderen ‚überlegen' sind, ... werden Barbarentum und unzivilisierte Roheit den größten Teil der Welt beherrschen."[501]

Last but not least der Antisemitismus im eigenen Land (Henry Ford[502]). David Wyman, Professor für Geschichte in den USA, schreibt nach jahrelangen Recherchen:

> „Viele Amerikaner waren insbesondere gegen Juden voreingenommen und zeigten daher wenig Interesse an Hilfsmaßnahmen für deren europäische Glaubensbrüder. Nach dem Kriegseintritt der USA bestimmte der Antisemitismus weitgehend die Reaktion der Amerikaner auf den Völkermord in Europa. Hatte der amerikanische Antisemitismus bereits gegen Ende der dreißiger Jahre zugenommen, so verstärkte er sich ab Anfang der vierziger Jahre noch mehr. Seinen Höhepunkt erreichte er 1944."[503]

Dann wird dies anhand von Abstimmungsergebnissen und Berichten untermauert. Auch dem US-Präsidenten während der fraglichen Jahre, Franklin Delano Roosevelt, bleiben schwere Vorwürfe nicht erspart: Er hätte helfen können, hat es aber nicht getan. Richard Breitman, ebenfalls ein amerikanischer Historiker, fügt hinzu: Die mangelnde Bereitschaft, alle einschlägigen Archive nach so langer Zeit zugänglich zu machen, unterstreicht das schlechte Gewissen.[504]

---

[501] Beide Zitate aus Finkelstein, a.a.O., S. 116 f.
[502] Bereits 1922 erschien die 26. Auflage des 1921 in deutscher Sprache erschienenen Buches „Der internationale Jude", Leipzig. Im Vorwort des Verlages heißt es einleitend (S. 5): „Dieser Schrift wird in nicht ferner Zeit eine weltgeschichtliche Bedeutung zuerkannt werden. Noch vor einem Jahr durfte in den Vereinigten Staaten keine Zeitung ... wagen, das Wort ‚Jude' zu gebrauchen, außer in lobendem Sinne ..."
[503] Wyman, a.a.O., S. 16.
[504] Breitmann, a.a.O., S. 336.

Unsere Zeitzeugin Bella Fromm hatte die Ehre, dem neuen amerikanischen Botschafter William Dodd kurz nach der Ankunft in Deutschland vorgestellt zu werden. „Dodd stellte in Abrede, daß er beauftragt sei, für die Juden einzutreten"[505], notierte sie unter dem 13. Juli 1933 in ihr Tagebuch.

Wenn wir den Berichten der Auslands-Sozialdemokraten Glauben schenken, so spielte jedoch für die meisten Amerikaner die Judenverfolgung in Deutschland eine größere Rolle als alles sonstige Unrecht. So wird geklagt:

> „Wer aus Deutschland kommt und versucht, die Meinung der Amerikaner über Hitler zu erkunden, wird leicht ungeduldig, wenn er immer und immer wieder die Judenfrage als den Hauptanklagepunkt gegen Hitler hören muß. Auch wenn man die tiefe Ungerechtigkeit und Brutalität des Rassenhasses voll empfindet, ist doch kein Zweifel daran möglich, daß es ebenso abschreckende und dabei weltgeschichtlich wichtige Züge des deutschen Faschismus gibt."[506]

Diese Klage wird mehrmals wiederholt.

Breitman bedauert, wie erwähnt, die verschlossenen Archive in den USA, wörtlich: „Ich glaube, daß noch immer viel wichtiges Material in Amerika und sehr viel mehr in Großbritannien unter Verschluß ist."[507] Namhafte Engländer, darunter ein Thronprätendent, bekundeten Sympathien mit den neuen Machthabern in Deutschland. Bereits unter dem 10. Juli 1933 schrieb Bella Fromm in ihr Tagebuch:

> „Die Umwälzung greift sogar über die Grenzen unseres Landes hinaus. Leute wie [der britische Zeitungsverleger] Lord Roothmere treten für die Nazisache ein. ,Alte Weiber beiderlei Geschlechts jammern über die sogenannten Greuel im jetzigen Deutschland', schreibt er in seinem Londoner Blatt. ,Sie haben es vor zehn Jahren im Falle Italiens genauso gemacht. Kleine Übergriffe einzelner Nationalsozialisten sind von keinerlei Bedeutung gegenüber den Segnungen, die das neue Regime Deutschland gebracht hat.'"[508]

In einem Leitartikel zeigte die Londoner Times viel Verständnis für die Vorgänge jenseits des Kanals: „Hitler, was immer man von seinen Methoden denken mag, versucht redlich, revolutionäre Begeisterung in gemäßigte und aufbauende Bemühungen umzuformen..."[509] Der spätere Außenminister des Vereinigten Königreiches Lord Edward Halifax besuchte Hitler am 19. November 1937 auf dem Obersalzberg und bemerkte, daß er und andere Mitglieder der englischen Regierung sich bewußt seien, „daß der Führer nicht nur in Deutschland selbst Großes erreicht habe, sondern daß er auch durch die Vernichtung des Kommunismus im eigenen Lande diesem den Weg nach Westeuropa versperrt habe."[510] Helmuth Ja-

---

[505] Fromm, a.a.O., S. 139.
[506] Sozialdemokratische Partei Deutschlands, a.a.O., Bd. 3, S. 270.
[507] Breitmann: „Staatsgeheimnisse", S. 336.
[508] Fromm, a.a.O., S. 138.
[509] Leuner, a.a.O., S. 64.
[510] Erdmann, Karl Dietrich: „Der Zweite Weltkrieg", in: Gebhardt, Bruno: „Handbuch der deutschen Geschichte", München 1980, S. 27.

mes von Moltke notierte am 5. Oktober 1938: „In England ist eine wilde antisemitische Propaganda ausgebrochen; die ganze Beaverbrook Presse hat die Kampagne aufgegriffen und veröffentlicht jeden Tag einen Auszug aus Hitlers *Mein Kampf…*"[511]

Lord Londonderry bekannte in einem Brief an den Reichsaußenminister Joachim von Ribbentrop: „Wie ich Ihnen sagte, hege ich keine große Zuneigung für die Juden. Man kann ihre Teilnahme an den meisten internationalen Wirren nachweisen, die in den verschiedenen Ländern so viele Verheerungen angerichtet haben."[512]

Vorwürfe an die Adresse der Siegermächte werden auch jüdischerseits erhoben, so bei der Gedenkfeier anläßlich des sechzigsten Jahrestages der Befreiung des Vernichtungslagers Auschwitz am 28. Januar 2005 in Krakau, wo der Staatspräsident Israels, Mosche Katzav, die Alliierten tadelte, weil sie die Bahngleise zu den Lagern nicht bombardiert hatten.[513]

Frankreich fiel nicht aus diesem Rahmen. André François-Poncet beanstandete 1932 Brünings Politik, weil dieser keine Reparationen mehr zahlen wollte und auf Gleichberechtigung drängte. Zwei Jahre später war er von Hitler, vorsichtig gesagt, recht beeindruckt und befürwortete die deutsche Aufrüstung.[514] Ein amerikanischer Analyst sprach von „the known enthusiasm of the Ambassador for the National Socialist system"[515]. Der Botschafter war auch der Auffassung, daß „München" den Wert der Zusammenarbeit der großen Staaten bewiesen habe. Als François-Poncet seinen Posten in Berlin verließ, galt er als Hitlers Günstling unter den diplomatischen Auslandsvertretern.

Der Jude und Franzose Raymond Aron bekennt:

> „Es ist jedoch nicht daran zu zweifeln, daß gegen Ende der dreißiger Jahre die von jenseits des Rheins gekommenen Ideen sich auch in Frankreich verbreiteten; der Antisemitismus, der im vorigen Jahrhundert in Frankreich nicht weniger virulent gewesen war als in Deutschland, sah sich durch das Hitlersche Beispiel moralisch gestärkt und gewissermaßen legitimiert. Tief zerstritten war die Nation insbesondere über die Frage, welche Außenpolitik man angesichts des Dritten Reiches führen sollte."[516]

Das besiegte Frankreich wurde zum willfährigen Gehilfen bei der Épuration, bei der „Säuberung" des Landes von den Juden.

---

[511] Moltke, a.a.O., S. 87.
[512] Leuner, a.a.O., S. 64 f.
[513] Andreas Kilb: „Nicht verjährt", Frankfurter Allgemeine Zeitung, 29.1.2005.
[514] Ford, Franklin L.: „Three Observers", in: Craig: a.a.O., S. 420, S. 462.
[515] Ford, a.a.O., S. 464.
[516] Aron, a.a.O., S. 91.

Erwähnung verdient schließlich das Rote Kreuz. Bereits 1988 erschien eine Anklage des Schweizer Historikers Jean-Claude Favez: „Das Internationale Rote Kreuz und das Dritte Reich"[517]. Das IRK habe sich gegenüber den Verbrechen und den Verbrechern zu eng an seine eigenen Statuten und die Rot-Kreuz-Konventionen gehalten, zu lange seine eigenen Delegierten daran gehindert, für die bedrohten Juden tätig zu werden, zu sehr auf Abstimmung mit der schweizerischen Bundesregierung und deren Wunsch geachtet, Hitler nicht zu provozieren. Ob die Kritik den Gegebenheiten gerecht wird, ob effektivere Hilfe wirklich möglich gewesen wäre, bleibt eine offene Frage. Wer sich die Überlegungen des Komitees vergegenwärtigt, wie sie seine Verteidiger schildern, wird mit einer raschen Antwort zögern.

> „Die Sorge um die Einheit und die Universalität des Roten Kreuzes war auch der Grund dafür, daß sich das Internationale Komitee dem Antisemitismus im nationalsozialistischen Deutschland nicht von Anfang an widersetzte. Als das DRK den Ausschluß seiner jüdischen Mitglieder beschloß, erklärte der Sekretär…, zu ‚manchen Zeiten' sei es ratsamer, daß ‚Personen, die gewissen völkischen, politischen oder anderen Gruppen angehören, nicht in den lokalen Sektionen des Roten Kreuzes vertreten sind.'"[518]

Auf seine Kritik erhielt Favez vom Internationalen Roten Kreuz folgende Antwort:

> „Glauben Sie – im Lichte dessen, was uns heute bekannt ist, aber auch im Hinblick auf die damalige Einschätzung der nationalsozialistischen Entschlossenheit durch das IKRK –, daß dieser Appell in der geplanten Form die ‚Endlösung' in irgendeiner Weise hätte aufhalten können? Hat die Erklärung der Vereinten Nationen vom 17. Dezember 1942[519] auch nur das Geringste am Los der Verfolgten geändert? Wir bezweifeln die Wirksamkeit eines solchen Appells. Und dies unabhängig von dem Risiko, dessen sich das IKRK bewußt sein muß, die Hilfsmöglichkeiten für Millionen Kriegsgefangene zu gefährden…"[520]

---

[517] Favez, Jean-Claude: „Das Internationale Rote Kreuz und das Dritte Reich. War der Holocaust aufzuhalten?", München 1989.

[518] Riesenberger, Dieter: „Für Humanität in Krieg und Frieden", Göttingen 1992, S. 159.

[519] Das Dokument ist wenig bekannt. Es ist veröffentlicht in „Der Prozeß gegen die Hauptkriegsverbrecher vor dem Internationalen Militärgerichtshof", Nürnberg 1947, S. 396 f., wurde in London, Washington und Moskau gleichzeitig veröffentlicht und lautet: „Die Regierung von Belgien, der Tschechoslowakei, Luxemburg, den Niederlanden, Norwegen, Polen, Sowjetrußland, England, Amerika und Jugoslawien und auch der Französische Nationalausschuß sind auf zahlreiche Berichte aus Europa aufmerksam gemacht worden, daß die deutschen Behörden sich nicht damit zufrieden geben, den Angehörigen der jüdischen Rasse in allen den Gebieten, über die sich ihre barbarische Herrschaft ausdehnt, die elementarsten Menschenrechte abzusprechen, sondern nun dabei sind, Hitlers oft wiederholte Absicht, die Juden in Europa auszurotten, in die Wirklichkeit umzusetzen. Aus allen besetzten Ländern werden Juden unter furchtbaren Schrecken und Brutalität nach Osteuropa transportiert. In Polen, das zum Nazi-Hauptschlachthaus gemacht worden ist … Die Zahl der Opfer dieser blutigen Grausamkeiten wird auf viele Hunderttausende von absolut unschuldigen Männern, Frauen und Kindern geschätzt… Sie bestätigen nochmals ihren feierlichen Entschluß, zu versichern, daß die für die Verbrechen Verantwortlichen der Vergeltung nicht entgehen sollen."

[520] Favez, Jean-Claude: „Warum schwieg das Rote Kreuz? Eine internationale Organisation und das Dritte Reich", München 1994, S. 526.

Das „Dritte Reich" hatte zu verstehen gegeben, daß es nicht bereit sei, Kritik an seinen antisemitischen Maßnahmen hinzunehmen. Niemand ist in der Lage, die hypothetische Wirkung eines in den Statuten nicht vorgesehenen Protestes anzugeben. Als der Massenmord ruchbar wurde, watete Hitler bereits im Blute Unschuldiger. Und kein Abbruch des Genozids hätte das Übermaß der Schuld mindern können. Das wußte Hitler sehr genau. Im Jahre 1944 wurde dem Internationalen Komitee in Anerkennung seiner Hilfstätigkeit während des Krieges der Friedensnobelpreis zugesprochen.[521] Mit guten Gründen oder nicht?

Keinen Protest des Roten Kreuzes gab es auch gegen die Verbrechen Lenins und Stalins seit der Oktoberrevolution 1917. Als „Bollwerk gegen den Bolschewismus" wurde deshalb Hitler im Inland wie im Ausland geschätzt.

Was aus der UdSSR, dem „Paradies der Arbeiter und Bauern", an Meldungen heraussickerte, macht verständlich, warum selbst für Juden Hitler anfangs das kleinere Übel zu sein schien. Laut Heinsohns „Lexikon der Völkermorde" sollen im bolschewistischen Rußland und in der Sowjetunion zwischen 1917 und 1987 62 Millionen Menschen getötet worden sein,[522] ein nicht unbeträchtlicher Teil bereits vor 1933, so in der Ukraine durch vorsätzliches Verhungernlassen.[523] In der genannten Zahl von 62 Millionen sind die kriegsbedingten Toten nicht enthalten.

> „Alexander Jakowlew, früherer Weggefährte Gorbatschows und Chef der staatlichen Kommission für die Rehabilitierung von Opfern politischer Unterdrückung, sagte jetzt in Moskau, die Kommunisten hätten von der Oktoberrevolution bis zum Ende des Zweiten Weltkriegs etwa 32 Millionen Menschen umgebracht."[524]

Ob die genannten Zahlen in Einklang gebracht werden können, ist angesichts der unvorstellbaren Leichenberge ganz unerheblich. Sie waren geeignet, etwaige Hemmungen auf Seiten der braunen Machthaber gänzlich auszuräumen.

Jürgen Zimmerer, Historiker an der Universität von Coimbra, geht, ähnlich wie Hannah Arendt in ihrem Werk „Elemente und Ursprünge totaler Herrschaft"[525], der Frage nach: „Was vermag nun die Erforschung beispielsweise der Völkermorde in den Siedlerkolonien für das Verständnis der nationalsozialistischen Verbrechen zu leisten?" Seine Antwort, die er mit Arendt teilt, lautet:

> „Selbst die Ermordung der Juden, die sich auf Grund des Motivs... von anderen Genoziden abhebt, wäre wohl nicht möglich gewesen, wenn der ultimative Tabubruch, zu denken und danach

---

[521] Riesenberger, a.a.O., S. 167.

[522] Heinsohn, Gunnar: „Lexikon der Völkermorde", Reinbek 1998, S. 293.

[523] Courtois, Stéphane u. a. (Hg.): „Das Schwarzbuch des Kommunismus. Unterdrückung, Verbrechen und Terror", München 1998, S. 165.

[524] Hannes Stein: „Im Taumel der Zahlen", DIE WELT, 31.10.2001. Ebenda: „Nicht Armenier, Bosniaken, Juden, Tutsi oder Ukrainer waren somit die größte Gruppe, die im 20. Jahrhundert politischen Massenmorden zum Opfer fiel, sondern Eigentümer [Kapitalisten!] ..."

[525] Arendt, Hannah: „Elemente und Ursprünge totaler Herrschaft", Frankfurt am Main 1955.

zu handeln, daß andere Ethnien einfach vernichtet werden können, nicht schon früher erfolgt wäre.“[526]

Damit schlägt Zimmerer nicht nur einen Bogen zu den Opfern des Herero-Aufstandes, sondern auch zur Siedlungsgeschichte der USA, von deren fragwürdiger Legitimierung durch angesehene Präsidenten eingangs die Rede war. Er schlägt auch eine Brücke zu den Sklavenhaltergesellschaften der frühen Neuzeit und der Neuen Welt:

„Der Sklavenstatus war, nirgendwo drastischer als in den englischen Kolonien, ein nahezu unentrinnbares Verhängnis. Individuelle Freilassung, die Manumission, so kennzeichnend für Rom, aber auch für das portugiesische Brasilien, war ungemein selten, eine rassische Kastenordnung die zwangsläufige Folge... Über einer Masse von Schwarzen, die keine Bürger und noch nicht einmal Untertanen sein durften, thronte eine weiße Herrenkaste, die sich die Wohltaten der Freiheit gönnte.“[527]

Und was zur Verbreitung der Zivilisation rechtens ist, ist zur Beglückung der Welt durch die kommunistische Heilslehre billig.

In dem Buch „,Bystanders‘ to the Holocaust: A Re-evaluation“, also „,Zuschauer‘ des Holocaust: Eine Neubewertung“, werden die neutralen Staaten, die in relativer Sicherheit lebenden Juden, die besetzten Staaten und vor allem die Alliierten mit den gewöhnlichen Deutschen in einem Atemzug genannt,[528] was lange nicht üblich war. Die Herausgeber zitieren in der Einleitung beifällig Deborah Lipstadt: „Viele dieser Zuschauer haben fünfzig Jahre lang ihre Unschuld beteuert. Aber Historiker haben wiederholt nachgewiesen..., daß sie nicht unschuldig waren. Niemand, auch nicht die amerikanische Öffentlichkeit, war unwissend.“[529] Die Alliierten müssen sich sogar gefallen lassen, in die Nähe von Nazi-Komplizen gestellt zu werden. Die Schweiz und Schweden werden scharf kritisiert. Wenige halfen. Als Wunder der Humanität wird genannt, daß es überhaupt solche Helfer gegeben hat.

5.2 Die Ausländer im Reich

Wie erlebten die Ausländer, die in Deutschland eingehende Beobachtungen machen konnten, das „Dritte Reich“? Offenbar gibt es bisher keine einschlägige eingehende Untersuchung, auch nicht, was die Unterdrückung der Juden anlangt.

---

[526] Jürgen Zimmerer: „Das lange, das nicht beendete Jahrhundert der Völkermorde“, Frankfurter Allgemeine Zeitung, 20.1.2004.

[527] Osterhammel, Jürgen: „Sklaverei und die Zivilisation des Westens“, München (Carl Friedrich von Siemens Stiftung) 2000, S. 50. Sein Text beginnt mit den Worten: „ Sklaven gab es anderswo; es gab sie nicht in Deutschland. Die Deutschen nahmen sie aus der Ferne wahr.“

[528] Cesarani, David; Levine, Paul (Hg.): „,Bystanders‘ to the Holocaust: A Re-evaluation“, London 2002, S. 2.

[529] Cesarani, a.a.O., S. 2.

Die Beobachtungen nach der Pogromnacht wurden oben zusammengestellt.[530] Da die Ausländer aus neutralen oder politisch selbständigen Staaten relativ frei Aufzeichnungen machen konnten, kommt ihnen besondere Bedeutung zu. Es steht zu vermuten, daß sie für den Nationalisten Hitler weniger ansprechbar waren und über bessere Beurteilungsgrundlagen verfügten als der durchschnittliche Deutsche, der jedoch vom gewählten Thema her im Vordergrund steht.

Bereits 1938 brachte Denis de Montrouge, ein Französisch-Lektor in Frankfurt am Main, seine Aufzeichnungen aus den Jahren 1935 und 1936 in Frankreich auf den Markt. Er unterscheidet „mindestens drei sehr verschiedene Arten" von Juden: den kultivierten und liberalen einerseits, den Marxisten oder sogar Stalinisten andererseits. Die dritte Art entspreche dem Zerrbild der Nationalsozialisten: „Schmerbäuchig und mit Ringen an den Fingern, eine Zigarre im Mund – so verkörpern sie die allgemeine Vorstellung vom Typus des unverschämten Kapitalisten."[531] Rougemont unterläßt jede Quantifizierung, sonst wäre er sicherlich zu der Einsicht gekommen, daß die letzterwähnte Art zwar ins Auge sticht, aber nicht repräsentativ ist. Ganz unerwähnt bleibt die doch nicht geringe Zahl der orthodoxen Juden.

Frank-Rutger Hausmann hat dem Thema „Wie ausländische Besucher des Hitlerreiches die Entrechtung der Juden wahrnahmen" einen Aufsatz gewidmet und weitere Stimmen, die zu Hitlers Judenkritik die wünschenswerte Distanz vermissen ließen, zusammengestellt. Da ist der einflußreiche schwedische Literaturhistoriker Frederik Böök, der sogar auf die Auswahl der Nobelpreisträger Einfluß nehmen konnte. Nur wenige Tage nach der Reichspogromnacht veröffentlichte er im „Svenska Dagbladet" als Chefredakteur einen provokanten Artikel, in dem er forderte, daß „die Juden zur allgemeinen Befriedigung Deutschland verlassen" müßten, und legte dar, daß „zu diesem Zweck England und Frankreich die Pflicht hätten, an der Spitze der Kolonialmächte Land zur Verfügung zu stellen."[532]

Der finnische Schriftsteller und Generalintendant der Volksbühne in Helsinki, Arvi Kivimaa, bereiste im Herbst 1941 Deutschland. Angesichts der außenpolitischen Lage seines Landes war mit Kritik an den Zuständen im Gastland nicht zu rechnen. Seine „Reiseeindrücke eines finnischen Schriftstellers in Deutschland" berühren höchst peinlich:

> „Dieser schaffende Mensch ist der Germane, das Glied der herrschenden Rasse, die mit bedingungsloser Schroffheit vor allem den Juden aus dem deutschen Volkskörper ausgemerzt hat... Als Mitglied eines verachteten, niederen Volkstums gehen die Juden auf den Straßen Deutschlands

---

[530] Siehe Teil I, Kapitel 4.
[531] Rougemont, a.a.O., S. 27.
[532] Frank-Rutger Hausmann: „Aber trotzdem ging ich weiter", Frankfurter Allgemeine Zeitung, 22.3.2004.

und tragen als ihr Kreuz den gelben Stern. Sie sühnen gemeinsam die Sünden der Juden der Weimarer Republik."

Der Siebenbürger Romancier József Nyirö warf 1942 einen „Blick auf das kämpfende Deutschland", wie der Titel seines Buches lautet, und ertappte sich selbst, wie der amtliche Geist seine Schritte lenkte: An einem Laden das Schild: „Von Juden für Juden!" Als Ausländer fühlte er sich nicht angesprochen. „Aber trotzdem ging ich weiter. Es hielt mich etwas zurück. Etwas. Diese geheimnisvolle Macht, dieser unsichtbare Geist, der über dem Reich Wache steht."

Hausmanns Fazit lautet:

„Entweder zeigte die nationalsozialistische Propaganda, die einen grausamen Alltag begleitete und dadurch ihren realen Gehalt augenfällig machte, auch auf neutrale Gemüter Wirkung, oder aber der Antisemitismus war europaweit viel weiter verbreitet, als man später wahrhaben wollte."

Daß Ausländer – wie so viele Deutsche – für den Geist der neuen Machthaber ansprechbar waren, beweisen die Beobachtungen des amerikanischen Auslandskorrespondenten William Shirer, dem wir schon oben begegnet sind. Die Olympischen Spiele 1936 hatten eine betörende Wirkung. Er begleitete vier Diplomaten zu den reservierten Plätzen,

„von wo aus sie Hitler gut sehen konnten. Später schienen sie davon sehr beeindruckt zu sein. Ich fürchte, die Nazis hatten Erfolg mit ihrer Propaganda. Erstens haben sie die Spiele in einer nie zuvor erlebten Dimension veranstaltet, was die Athleten sehr beeindruckte. Zweitens haben die Nazis den allgemeinen Besuchern ... eine sehr gute Fassade vorgeführt. Ralph Barnes und ich wurden zu einem Treffen mit Amerikanern eingeladen. Sie äußerten ganz offen, daß sie von der ‚Organisation' der Nazis in günstiger Weise beeindruckt worden seien. Sie hatten mit Göring gesprochen, und dieser meinte, wir amerikanischen Korrespondenten verhielten uns gegenüber den Nazis unfair. ‚Hat er Ihnen von der Unterdrückung zum Beispiel der Kirche durch die Nazis etwas gesagt?' fragte ich: ‚Ja', versicherte einer der Männer, ‚und er machte uns klar, daß alles, was ihr Kerle über Religionsverfolgung hier schreibt, unwahr ist.'"[533]

5.3 Die Auslandsjuden und die deutschen Juden

In der Besprechung des Buches von Byran Mark Rigg „Hitlers jüdische Soldaten" nennt Eberhard Kolb schlagwortartig einige Fakten, die so nicht allgemein bekannt sein dürften. Mit Blick auf die deutschen Juden Anfang der dreißiger Jahre heißt es: „Die meisten fühlten sich als hundertprozentige Deutsche, manche waren sogar antisemitisch eingestellt, und viele wußten nicht einmal von ihrem jüdischen Erbe."[534] Da nimmt es nicht wunder, daß sie in Frankreich, obgleich vom amtlichen Deutschland zur Flucht veranlaßt oder vertrieben, auch von den Juden dort als Boches empfangen wurden. Victor Klemperer notierte am 5. Oktober 1935 in sein Tagebuch: „Kaufmann erzählte von der Abwehrstellung der französischen Juden gegen die deutsch-jüdischen Emigranten. Er sagte: Für sie seien wir die gefürchteten ‚Ostjuden'."[535]

---

533 Shirer, a.a.O., S. 60.
534 Eberhard Kolb: „In hohen und höchsten Rängen", Frankfurter Allgemeine Zeitung, 2.12.2003.
535 Klemperer: „Tagebücher 1935–1936", a.a.O., S. 52.

Ähnlich erging es sogar den jüdischen Kindern, die, von ihren Eltern getrennt, in England Aufnahme fanden.[536] Die Welt übertrug das Stigma der „Nazi-Deutschen" vielfach auch auf den aus Deutschland und Zentraleuropa geflüchteten Juden, beklagt Max Kreutzberger, der Direktor des Leo-Baeck-Instituts.[537]

> „Nicht weniger als 20 Prozent derjenigen amerikanischen Juden, die im Rahmen einer im Juli 1938 durchgeführten Umfrage zum Thema Einwanderung ihre Meinung äußerten, sprachen sich für eine strikte Politik der geschlossenen Tür aus"[538],

weiß David Clay Large mit Blick auf die Juden der USA zu berichten.

Wie war die Hilfsbereitschaft? Inge Deutschkron, unsere Zeitzeugin, schreibt dazu:

> „In ihrer Verzweiflung versuchten viele deutsche Juden bei jenen Hilfe zu finden, die selber vor wenigen Jahren ausgewandert waren und Berichten zufolge auch schon Fuß gefaßt hatten. Die müßten doch besser als jeder andere unsere Situation begreifen und wissen, wie dringend unsere Auswanderung geworden ist, so hieß es damals in vielen Gesprächen. Aber auch dort war oft nur wenig Verständnis zu finden."

Dann wird sie ganz konkret und zitiert einen Brief aus Brasilien: „Wir wollen noch ein zweites Geschäft einrichten; danach werden wir Eure Einreise nach hier beantragen." Deutschkron fährt fort: „Solch einen Brief – und es waren nicht wenige dieser Art, die damals in Deutschland eintrafen – empfanden die Empfänger wie Keulenschläge."[539]

Ruth Andreas-Friedrich wird ebenfalls ganz konkret:

> „Als wir Margot Rosenthals schwedischem Neffen, der fernab von Kriegsgraus und Nazijammer in Stockholm ein behagliches Leben lebt, die Not seiner Tante in brennenden Farben malten, ihn anflehten, alle Hebel in Bewegung zu setzen, sie hinüberzuholen, da antwortete er: ‚Die Verpflichtung, die ihr von mir verlangt, würde bedeuten, meine Tante bis zum Ende des Krieges zu ernähren'… Er mußte sie nicht auf die Straße setzen. Die SS hat ihm diese Arbeit abgenommen… Hat er ein Herz aus Stein? Im Gegenteil. Er ist der zärtlichste Ehemann, der liebevollste Vater. Und vielleicht empört er sich jeden Abend am Radio darüber, daß die Deutschen es nicht fertigbringen, Adolf Hitler abzusetzen… Wir, die wir im elften Jahr unter Hitlers Herrschaft stehen, haben wenig Grund, uns zu rühmen. Aber wenn Menschen ihr Leben eingesetzt haben für ihre jüdischen Brüder, dann sind es deutsche Nichtjuden gewesen."[540]

Ganz sicher ist das zu schroff formuliert. Die Hilfe aus dem Ausland zugunsten der Glaubensjuden war beachtlich. Dennoch wird der Vorwurf erhoben, so von Leon Weliczker Wells, die großen amerikanisch-jüdischen Organisationen hätten nichts zur Rettung der vom Holocaust bedrohten europäischen Juden unternommen: „Die Zionisten verfolgten bereits seit den dreißiger Jahren mit allem Nach-

---

[536] Salewsky, a.a.O., S. 124: „Bloody German! Das habe ich oft gehört."
[537] Herrmann, a.a.O., S. 4.
[538] Large: „Einwanderung", a.a.O., S. 118.
[539] Deutschkron, a.a.O., S. 46.
[540] Andreas-Friedrich, a.a.O., S. 128. Auch Max Schohl mußte Enttäuschungen erleben, wie Large („Einwanderung", S. 124 ff.) berichtet.

druck die Etablierung eines jüdischen Staates in Palästina, und an dieser absoluten Priorität sollte sich bis zum Endes des Zweiten Weltkrieges nichts ändern" –
heißt es im Klappentext seines Buches „Und sie machten Politik"[541].

---

[541] Wells, Leon Weliczker: „Und sie machten Politik. Die amerikanischen Zionisten und der Holocaust", München 1989.

6. Das „Vermächtnis des Holocaust"

„Mit dem Verlierer geht die Geschichte bekanntlich hart um, und die Wissenschaft verfährt mit ihm ungenerös und liebelos"[542], schreibt Arnold Paucker in einem Essay, der sich mit der Abwehr des Antisemitismus in den Jahren vor 1933 befaßt. Er trifft diese Feststellung also insbesondere zugunsten von abwehrbereiten Juden, die 1933 gleichsam die „Verlierer" waren. Aber die Feststellung ist ganz allgemein gehalten, so daß sie auch für das besiegte Deutschland und seine Bewohner Gültigkeit beansprucht gemäß dem Sprichwort: Der Sieger schreibt die Geschichte. Amnestie wird allen gewährt, die auf der Seite der Sieger gesündigt haben, und nur ihnen. Wer sich dieser Praxis nicht beugen will, sucht nach anderen Kriterien.

6.1 „Verpflichtung auf universell gültige Werte"

Als Israels Staatspräsident Moshe Katsav anläßlich des vierzigsten Jahrestages der Aufnahme diplomatischer Beziehungen zwischen seinem Land und der Bundesrepublik Deutschland in Berlin zu Bundestag und Bundesrat sprach, sagte er:

> „Die besonderen Beziehungen zwischen Deutschland und Israel basieren auf einem von Deutschland im Zweiten Weltkrieg ausgelösten weltweiten Erdbeben. Unsere beiden Völker haben völlig unterschiedliche Schlußfolgerungen daraus gezogen, die führten jedoch zu einer gemeinsamen Herausforderung – die Lehre der Shoa an die nächste Generation weiterzugeben."[543]

Doch welche ist das? Leon Wells, der uns oben schon begegnet ist, einer der jüdischen Zeitzeugen, wie durch ein Wunder der Vernichtung entkommen, plädiert für eine ethisch einwandfreie Basis, die nicht primär machtpolitisch bestimmt ist. Er warnt die Angehörigen seines Volkes davor, ihr Selbstverständnis auf die zionistische Ideologie zu gründen. Er beschwört sie, nicht die Geltung einer universell verbindlichen Wahrheit und Gerechtigkeit zugunsten der Verpflichtung auf einen partikularistischen jüdischen Nationalismus zu verwerfen:

> „Ich bin der Auffassung, daß die Verpflichtung auf universell gültige Werte, auf einen einzigen Maßstab für Wahrheit und Gerechtigkeit, das für alle Menschen verbindliche eigentliche moralische Vermächtnis des Holocaust ist."[544]

Dieses Vermächtnis legt er uns allen nachdrücklichst ans Herz:

> „Dies unseren Kindern zu vermitteln, ist die größte Ehre, die wir unseren Eltern und Lieben erweisen können, ... unseren jüdischen und nichtjüdischen Mitmenschen, die jenem götzendienerischen Partikularismus zum Opfer gefallen sind, der unter dem Namen Nationalsozialismus in die

---

[542] Paucker, Arnold: Zur Abwehr des Antisemitismus in Deutschland in den Jahren 1893 bis 1933 – Jüdischer Widerstand 1933 bis 1945", in: Jüdisches Museum der Stadt Wien (Hg.): „Die Macht der Bilder. Antisemitische Vorurteile und Mythen", Wien 1995 , S. 290 ff.; S. 290.

[543] Moshe Katsav: „Die deutsche Demokratie ist widerstandsfähig", Das Parlament 23/24 2005.

[544] Wells, a.a.O., S. 346 f.

Geschichte eingegangen ist. Sie mußten sterben, weil sich die Deutschen angesichts dieses dämonischen Nationalismus ihrer Verpflichtung gegenüber dem universellen Sittengesetz enthoben glaubten.“[545]

Für ein universelles Sittengesetz als Richtschnur des Handelns und Maßstab des Urteilens zu arbeiten ist Hauptmotiv auch dieses Buches.

Doch wie lauten die Normen des „universellen Sittengesetzes“? Was heißt „Wahrheit“, was „Gerechtigkeit“? Im folgenden soll über diese so zentralen Stichworte und Vorgaben nachgedacht werden.

Von einem universellen Sittengesetz ist heute weniger die Rede als vor fünfzig, sechzig, siebzig Jahren. Aber die Überzeugung, die dem Bekenntnis zum Sittengesetz zugrunde liegt, ist nach wie vor weit verbreitet und findet ihren Ausdruck u. a. in den diversen Menschenrechtserklärungen. Sie legen Zeugnis ab von der Annahme einer verbindlichen Werteordnung, die es den Mächtigen verwehrt, Widersprechendes in Recht zu verwandeln. Das höchste deutsche Strafgericht, der Bundesgerichtshof, spricht schlicht von „Gerechtigkeit“, wenn es das Unaufgebbare der Rechtsordnung zur Sprache bringt.[546] Leon Wells und guter rechtsphilosophischer Tradition folgend wird das eben Umschriebene hier weiter als Sittengesetz bezeichnet.

Seit Menschengedenken ist seine inhaltliche Bestimmung eine Streitfrage. Wer dem Vorwurf der Hybris und der Willkür entgehen will, eigene Ansicht über jahrhundertealte Erkenntnisse zu stellen, greift zurück auf jene Dokumente, die weithin Anerkennung und Wertschätzung genießen.

An erster Stelle verdient der Dekalog Erwähnung als die gemeinsame religiös-ethische Basis von Judentum und Christentum. Nach den Geboten, die den religiösen Kult zum Gegenstand haben, heißt es darin, auf das hier Relevante beschränkt:

> „Ehre deinen Vater und deine Mutter, damit du lange lebst in dem Land, das der Herr, dein Gott, dir gibt.
>   Du sollst nicht morden …
> Du sollst nicht falsch gegen deinen Nächsten aussagen.“[547]

Einige Sätze vorab lesen wir:

> „Bei denen, die mir feind sind, verfolge ich die Schuld der Väter an den Söhnen, an der dritten und vierten Generation; bei denen, die mich lieben und auf meine Gebote achten, erweise ich Tausenden meine Huld.“[548]

---

[545] Wells, a.a.O., S. 347.
[546] BGH Az. 5 StR 370/92.
[547] Ex 20,12 ff.
[548] Ex 20,5 f.

Gleich am Anfang der Schöpfungsgeschichte wird berichtet: *Dann sprach Gott: Laßt uns Menschen machen als unser Abbild, uns ähnlich.*[549]

Die christlichen Kirchen haben der Thora, wie der gläubige Jude „die fünf Bücher des Moses" nennt, nichts Wesentliches hinzugefügt, außer dem Gebot der Nächstenliebe bis hin zur Feindesliebe. Die christliche Ethik beschränkt sich also weitgehend auf eine Interpretation und Aktualisierung der zitierten Sätze, die vor rund 3000 Jahren erstmals aufgezeichnet worden sind. Während die Evangelischen über kein zentrales Lehramt verfügen und deshalb die Erläuterungen erheblich differieren, haben die Katholiken eine Stimme, die verbindliche Aussagen macht, die des Papstes. Wir finden sie insbesondere im „Katechismus der katholischen Kirche". Wer immer sein Gewissen prüfen oder schärfen, ein gerechtes Urteil fällen will, greift mit Gewinn zu dieser sorgfältigen Ausarbeitung.[550] Das taten sicherlich viele Christen in den Jahren, die den Gegenstand unserer Betrachtung bilden,[551] das hilft auch, die damals Lebenden frei von Willkür und Rachegefühlen zu beurteilen. Hier einige markante Sätze aus dem Katechismus:

> „Aufgrund seiner Freiheit ist der Mensch für seine Taten soweit verantwortlich, als sie willentlich sind… Die Anrechenbarkeit einer Tat und die Verantwortung für sie können durch Unkenntnis, Unachtsamkeit, Gewalt, Furcht, Gewohnheiten, übermäßige Affekte sowie weitere psychische oder gesellschaftliche Faktoren vermindert, ja sogar aufgehoben sein…[552]
> Die Sünde ist ein Wort, eine Tat oder ein Begehren im Widerspruch zum ewigen Gesetz."[553]

Die Ausführungen unter dem Stichwort „bewaffneter Widerstand" sind über den damit angesprochenen engen Bereich hinaus aufschlußreich, da sie dazu verpflichten, bei jedem riskanten Tun vielfältige Umstände zu berücksichtigen:

> „Bewaffneter Widerstand gegen Unterdrückung durch die staatliche Gewalt ist nur dann berechtigt, wenn gleichzeitig die folgenden Bedingungen erfüllt sind: (1) daß nach sicherem Wissen Grundrechte schwerwiegend und andauernd verletzt werden; (2) daß alle anderen Hilfsmittel erschöpft sind; (3) daß dadurch nicht noch schlimmere Unordnung entsteht; (4) daß begründete Aussicht auf Erfolg besteht und (5) daß vernünftigerweise keine besseren Lösungen abzusehen sind."[554]

Betonung verdient, daß von einer Berechtigung, aber nicht von einer Verpflichtung die Rede ist – wie beim Widerstandsrecht in Artikel 20 des Grundgesetzes.

Aus dem biblischen Gebot: „Du sollst nicht falsch gegen deinen Nächsten aussagen", wird geschlußfolgert: „Die Rücksicht auf den guten Ruf eines Menschen ver-

---

[549] Gen 1,26.
[550] Papst Johannes Paul II. mit Blick auf den „Katechismus der Katholischen Kirche" (Ecclesia Catholica, a.a.O., S. 31): Er ist „die Frucht einer sehr weit gespannten Zusammenarbeit: Er wurde in sechs Jahren intensiver Arbeit im Geist gewissenhafter Offenheit und engagierten Eifers erarbeitet".
[551] Damals mit Hilfe des früheren Katechismus oder entsprechender Lehrbücher.
[552] Ecclesia Catholica, a.a.O., S. 464.
[553] Ecclesia Catholica, a.a.O., S. 491.
[554] Ecclesia Catholica, a.a.O., S. 572.

bietet jede Haltung und jedes Wort, die ihn ungerechterweise schädigen könnten. Schuldig macht sich – des vermessenen Urteils, wer ohne ausreichende Beweise, und sei es auch nur stillschweigend, von einem Mitmenschen annimmt, er habe einen Fehltritt begangen [...][555]

Um nicht vermessen zu urteilen, soll jeder darauf bedacht sein, die Gedanken, Worte und Handlungen seines Nächsten soweit als möglich günstig zu beurteilen... Üble Nachrede und Verleumdung verletzen somit die Tugenden der Gerechtigkeit und der Liebe."[556]

Neben dem Dekalog ist die Allgemeine Erklärung der Menschenrechte, beschlossen am 10. Dezember 1948, ein Meilenstein auf dem Weg in eine humanere Welt. Einige Sätze aus der Präambel:

> „Da die Anerkennung der allen Mitgliedern der menschlichen Familie innewohnenden Würde und ihrer gleichen und unveräußerlichen Rechte die Grundlage der Freiheit, der Gerechtigkeit und des Friedens in der Welt bildet,
> da Verkennung und Mißachtung der Menschenrechte zu Akten der Barbarei führten... verkündet die Generalversammlung die vorliegende Allgemeine Erklärung der Menschenrechte...
>
> Art. 1 Alle Menschen sind frei und gleich an Würde und Rechten geboren...
>
> Art. 2
> 1. Jeder Mensch hat Anspruch auf die in dieser Erklärung verkündeten Rechte und Freiheiten, ohne irgendeine Unterscheidung, wie etwa nach Rasse, Farbe, Geschlecht, Sprache, Religion,... nationaler oder sozialer Herkunft...
> 2. ...
>
> Art. 6 Alle Menschen sind vor dem Gesetze gleich...
>
> Art. 11
> 1. Jeder Mensch, der einer strafbaren Handlung beschuldigt wird, ist so lange als unschuldig anzusehen, bis seine Schuld in einem öffentlichen Verfahren... gemäß dem Gesetz nachgewiesen ist."

Festen Boden hat auch der unter den Füßen, der sich auf die Aussagen des Grundgesetzes für die Bundesrepublik Deutschland vom 23. Mai 1949 stützt. Der Einwand liegt nahe, daß es sich dabei doch um deutsches Recht handle, das nicht mit dem „universellen Sittengesetz" in enge Verbindung gebracht werden dürfe. Aber die Mitglieder des Parlamentarischen Rates, die das Grundgesetz ausarbeiteten, dachten nicht daran, insofern neues Recht zu kreieren. Ihnen ging es darum, national wie international Bewährtes zu einer tragfähigen Einheit zusammenzufügen und feierlich zu bejahen, wie schon der erste Blick auf zentrale Aussagen beweist.

---

[555] Ecclesia Catholica, a.a.O., S. 622.
[556] Ecclesia Catholica, a.a.O., S. 623.

Artikel 1 mit seinem Bekenntnis zur unantastbaren Würde des Menschen, nicht des (deutschen) Volkes, macht anscheinend eine Ausnahme, als die Wortkombination „Würde des Menschen" noch in keine Verfassung eines anderen Staates Eingang gefunden hatte. Doch die Allgemeine Erklärung der Menschenrechte enthielt bereits, wie gezeigt, diese Neuerung. Hinzu kommt: Eine der Begründungen für die Bejahung der Würde des Menschen reicht zurück bis zu dem schon zitierten Bibeltext, wonach Gott den Menschen als sein Abbild geschaffen hat. Die profane Begründung für die Menschenwürde lautet: Der Mensch hat als einzige Kreatur die Fähigkeit zur sittlichen Selbstbestimmung, die Freiheit der Entscheidung zwischen Gut und Böse.

Artikel 1 Absatz 2 des Grundgesetzes enthält ein Bekenntnis zu den Menschenrechten und zur Gerechtigkeit. Artikel 2 thematisiert das Sittengesetz. Ein Kritiker könnte versucht sein, von Wiederholungen zu sprechen. Doch die so bemerkenswerten Gemeinsamkeiten unterstreichen einen Fundamentalkonsens abendländischer Ethik.

Wichtig für die Beurteilung des Verhaltens der Deutschen während der Jahre 1933–1945 ist ferner Artikel 20 Absatz 4. Er statuiert unter engen Voraussetzungen ein Widerstandsrecht und kann als Positivierung von bislang ungeschrieben Gültigem angesehen werden. Selbst dann bleibt als Faktum, daß, wie oben schon erwähnt, nur von einem Recht auf Widerstand und nicht von einer Pflicht die Rede ist, wieder in Übereinstimmung mit dem Katechismus.

Altehrwürdig und deshalb den Juristen auch in lateinischer Sprache gegenwärtig sind die Grundsätze, die Art. 103 Grundgesetz zur Voraussetzung eines rechtsstaatlichen Verfahrens macht:

> „Vor Gericht hat jedermann Anspruch auf rechtliches Gehör.
> Eine Tat kann nur bestraft werden, wenn die Strafbarkeit gesetzlich bestimmt war, bevor die Tat begangen wurde.
> Niemand darf wegen derselben Tat auf Grund der allgemeinen Strafgesetze mehrmals bestraft werden."

Die letzterwähnte Bestimmung wirkt darauf hin, daß Anschuldigungen ein Ende finden und der Rechtsfrieden wieder einkehrt. Noch wichtiger für eine Geschichtsbetrachtung anhand moralischer Prinzipien ist freilich der Grundsatz, daß Vorwürfe nur dann zu rechtfertigen sind, wenn der Täter bewußt gegen eine Norm verstoßen hat oder der Verstoß auf eine anlastbare Unkenntnis zurückzuführen ist. Daß sich das Gros der im Machtbereich Hitlers Lebenden nicht strafrechtlich schuldig gemacht hat, steht außer Zweifel. Wie groß war ihre moralische Schuld? Die einschlägigen Aussagen des Dekalogs wie des Katechismus geben, wie gezeigt, wenig her, was sie zur Hilfeleistung verpflichtet hätte, zumal wenn wir die Gesichtspunkte mitbedenken, die bei Prüfung des Widerstandsrechts zu berück-

sichtigen sind, so: „daß dadurch nicht noch schlimmere Unordnung entsteht"
(weitere Verhaftungen). Es bleibt das Gebot der Nächstenliebe. In Gesetzen und
Verträgen taucht sie nicht auf, aber in der Bibel:

> „Wer den anderen liebt, hat das Gesetz erfüllt. Denn die Gebote: Du sollst nicht die Ehe brechen,
> du sollst nicht töten … und alle anderen Gebote sind in dem einen Satz zusammengefaßt: Du sollst
> deinen Nächsten lieben wie dich selbst. Die Liebe tut dem Nächsten nichts Böses."[557]

Die christliche Ethik verpflichtet, dem in Not befindlichen Nächsten zu helfen.
Verpflichtet sie auch, nach in Not Befindlichen Ausschau zu halten, selbst unter
Gefahren? Das wurde bisher nicht ausformuliert und wäre wohl eine unrealisti-
sche Überforderung.

Allen erwähnten Dokumenten gemeinsam ist, daß sie sich an Individuen richten,
nicht an Völker, Rassen, Stämme und Religionsgemeinschaften. Der Einzelne hat
sich angesprochen zu fühlen und schließlich auch zu rechtfertigen. Dies ist eine
Feststellung von großem Gewicht. Davon soll im folgenden die Rede sein.

6.2 Kann es für die Deutschen eine spezielle Ethik geben?

In der Einleitung wurde der Vizepräsident des Zentralrates der Juden in Deutschland Salomon Korn mit seiner Ansicht zitiert, daß in Deutschland kaum „das Bewußtsein einer zwischen 1933 und 1945 verursachten tiefgreifenden kulturellen
und zivilisatorischen Selbstamputation [zu spüren sei]. Dazu hätte es eines Unrechtsbewußtseins der Deutschen nach Kriegsende bedurft".

Es wäre schlimm, wenn nach Bekanntwerden der Verbrechen eine nennenswerte
Zahl Deutscher den Unrechtsgehalt der Taten verkannt hätte, noch schlimmer,
wenn dies noch heute zuträfe.[558] Doch der Text setzt die Deutschen allgemein auf
die Anklagebank. Auch bei anderer Gelegenheit artikuliert Korn die „Schuld der
Deutschen am nationalsozialistischen Völkermord".[559] Manche sprechen von der
kollektiven Verantwortung, die die Deutschen treffe, wieder andere von „deutscher Schuld", vom „Land der Täter", vom „Tätervolk", alles moralische Vorhaltungen, adressiert an ein Kollektiv. Auf die oben zitierten Fundamentaldokumente
wird dabei in keiner Weise Bezug genommen. Der Grund dafür ist evident. Die
abendländische Ethik und die auf ihr basierenden Normen wenden sich, wie erwähnt, nicht an Kollektive, huldigen nicht dem Kollektivismus, sondern dem
Personalismus, sprechen den einzelnen Menschen an, und zwar, um nochmals die
Allgemeine Erklärung der Menschenrechte zu zitieren, „*da Verkennung und
Mißachtung der Menschenrechte zu Akten der Barbarei führten*". Zu diesen Men-

---

[557] Röm 13,8 ff.
[558] Verwiesen sei auf die oben (Teil I, Kapitel 5.4) wiedergegebenen Befragungsergebnisse.
[559] Salomon Korn: „Die Wut hinter der Maske", DIE ZEIT, 4.7.2002.

schenrechten, die der Abwehr der Barbarei dienen, zählt auch das Recht jedes Menschen, so lange als unschuldig angesehen zu werden, *„bis seine Schuld in einem öffentlichen Verfahren, in dem alle für seine Verteidigung nötigen Voraussetzungen gewährleistet waren, gemäß dem Gesetz nachgewiesen ist".* Wer dagegen verstößt, leistet „Akten der Barbarei" Vorschub. Nicht minder zu mißbilligen ist der affirmative Gebrauch des Wortes „Tätervolk". Daher ist es zu begrüßen, daß es als „Unwort des Jahres 2003" abgestempelt wurde.[560]

Im nächsten Absatz der Allgemeinen Erklärung (Art. 11 Abs. 2) wird in Übereinstimmung mit unserer Verfassung festgelegt: Nulla poena sine lege! Wörtlich heißt es: *„Niemand kann wegen einer Handlung oder Unterlassung verurteilt werden, die im Zeitpunkt, da sie erfolgt, auf Grund des nationalen oder internationalen Rechts nicht strafbar war."*

Dabei handelt es sich, auch wenn es vordergründig betrachtet nur um staatliches Bestrafen geht, um ein sittliches Gebot von hohem Rang. Wäre dem nicht so, hätte es nicht Eingang in die Rechtsordnung aller zivilisierten Staaten gefunden. Daher sollte die entsprechende Berücksichtigung für alle Moralisten, die ohne besondere Berufung über andere zu Gericht sitzen, eine Selbstverständlichkeit sein. Für einen anständigen Menschen sind „nur" moralische Verdikte nicht minder verletzend als staatliche Strafen. Doch die Unwerturteile, die über das vordergründig angesprochene Kollektiv den einzelnen Deutschen treffen, unterlassen es, wie schon erwähnt, eine der zitierten Texte als Basis der Argumentation zu benutzen. Dabei enthalten sie durchaus Aussagen, die im Zusammenhang mit den erhobenen Vorwürfen Aussagekraft besitzen. Das Alte Testament kennt nicht nur, wie aufgezeigt, die Bestrafung der Nachkommen, sondern auch massive Vorwürfe gegen Kollektive, insbesondere das Volk des Herrn, das jüdische Volk.[561] Aber derlei Vorstellungen gelten seit langem als antiquiert. Societas delinquere non potest, ein Kollektiv kann sich nicht schuldig machen, ist längst Ausdruck einer fortentwickelten Rechtsphilosophie.

Nicht minder wichtig ist: Wenn im Katechismus oder im Grundgesetz von „Verantwortung" die Rede ist, dann wird das Wort nicht als Synonym zu „Schuld" gebraucht, sondern als Verpflichtung, nach dem Rechten zu sehen, so in der Präambel des Grundgesetzes: *„Im Bewußtsein seiner Verantwortung vor Gott und den*

---

[560] www.unwortdesjahres.org-menue_frame.htm
[561] So Ezechiel (5,5 ff.): „So spricht Gott, der Herr: Das ist Jerusalem: ich habe es mitten unter die Völker und die Länder ringsum gesetzt. Aber es war böse und widersetzte sich meinen Rechtsvorschriften mehr als die Völker und meinen Gesetzen mehr als die Länder ringsum... Nun gehe ich gegen dich (Jerusalem) vor..." Jeremia (46,1 ff.): „Das Wort des Herrn gegen die Völker, das an den Propheten Jeremia erging:... Doch jener Tag ist ein Tag der Rache für den Herrn, den Gott der Heere; er rächt sich an seinen Gegnern. Da frißt das Schwert, wird satt und trunken von ihrem Blut..."

Menschen… hat sich das deutsche Volk… dieses Grundgesetz gegeben."[562] Im Katechismus heißt es ausdrücklich: „Die Sünde ist eine persönliche Handlung." Die aufschlußreiche Ergänzung lautet: „Wir haben aber auch eine Verantwortung für die Sünden anderer Menschen, wenn wir daran mitwirken, indem wir uns direkt und willentlich daran beteiligen…"[563] – Der deutsche Jurist spricht bei diesen Gegebenheiten von Mittäterschaft oder Beihilfe. Schließlich nochmals das Grundgesetz mit seiner alle anderen Aussagen überragenden Norm: „Die Würde des Menschen ist unantastbar", und der Verpflichtung, die gleich darauf folgt: „Sie zu achten und zu schützen ist Verpflichtung aller staatlichen Gewalt", das heißt, jedes Ministers und aller Gerichte.

Was folgt aus alledem für unsere Fragestellung? Moralische Vorwürfe gegen ein Kollektiv finden in den maßgeblichen Texten keine Basis. Die Widmung Perechodniks, dem Buch „Bin ich ein Mörder?" vorangestellt:

> „dem deutschen Sadismus
> der polnischen Niedertracht
> der jüdischen Feigheit"[564]

ist zwar angesichts seiner verzweifelten Situation verständlich, aber dennoch nicht gutzuheißen. Seine Pauschalvorwürfe sind ebensowenig geeignet, einer besseren Welt zu dienen wie sein Verlangen nach Rache. Rache an wem? An Kollektiven, gleichgültig ob der einzelne schuldig ist oder nicht?

6.3 Die Parole vom „guten Deutschen" und „schlechten Juden"

Unsere Zeitzeugin Marga Spiegel schildert das Einvernehmen mit ihren Helfern in allen politischen Fragen während ihres geheimen Aufenthalts bei ihnen. Das versteht sich fast von selbst. Auch Soldaten lernt sie bei dieser Gelegenheit kennen, „mit denen ich zwar nie über mein Geheimnis [Jüdin auf der Flucht] zu sprechen wagte, von denen ich aber glauben durfte, daß sie nichts von der Parole vom ‚guten Deutschen' und ‚schlechten Juden' hielten."[565]

Die Parole war in der NS-Ära Bestandteil der amtlichen Ideologie, von Hitler abgesegnet. Längst ist Hitler zur Unperson abgewertet, und das mit guten Gründen.

---

[562] Max Mannheimer an Schüler (a.a.O., Klappentext Rückseite): „Ihr seid nicht verantwortlich für das, was geschah. Aber daß es nicht wieder geschieht, dafür schon." Leider sagt er den Schülern nicht, was sie zu tun und was sie zu unterlassen haben, um der Verantwortung zu entsprechen.

[563] Ecclesia Catholica, a.a.O., S. 490.

[564] Perechodnik, Calel: „Bin ich ein Mörder? Das Testament eines jüdischen Ghetto-Polizisten", Lüneburg 1997, S.15. Im Original ist die Widmung abgekürzt. Da heißt es nur „T. Z." Die Buchstaben werden mit „der jüdischen Tragödie" übersetzt. Doch die besseren Gründe sprechen für „…Feigheit" (Karol Sauerland: „Die ermordete Seele", Frankfurter Allgemeine Zeitung, 22.3.2005).

[565] Spiegel, a.a.O., S. 141.

Um so mehr überrascht es, daß sein Manichäismus nach wie vor Gültigkeit beansprucht, wenn auch mit umgekehrtem Vorzeichen. Nun sind, wie zitiert, *die* Deutschen schuld an einem der größten Verbrechen der Menschheitsgeschichte. Wer sich aber nicht von Schlagworten übertölpeln läßt, wer die Menschen nimmt, wie er sie erfahren hat, wie sie ihm aus den Aufzeichnungen der Zeitzeugen entgegentreten, nimmt wahr, was geradezu selbstverständlich ist: Die Deutschen und die Juden sind Menschen wie du und ich – heute und damals gewesen. Allein die Tagebücher unseres Hauptzeugen beweisen dies zur Genüge. Daß es unter den „Ariern" Schreibtischmörder und willige Vollstrecker, also Täter, in großer Zahl gegeben hat, ist heute unbestritten, daneben viele Gleichgültige, Ängstliche, hilfsbereit Anteilnehmende.

Schon der Begriff „Täter" wirft Fragen auf. Eine weite Fassung des Begriffes könnte alle frühen Mitläufer Hitlers einbeziehen. Dann kommt man zu dem paradoxen Ergebnis, daß sich unter den „Tätern" auch namhafte Helfer der Juden und Opfer des NS-Regimes befinden. Oskar Schindler war viele Jahre Mitglied der NSDAP, was seinen späteren Aktionen genützt haben dürfte, und entwickelte sich gleichwohl zum großen Wohltäter, ja Lebensretter zahlreicher Juden. Auch Karl Plagge, der „Schindler aus Darmstadt", der Hunderte von Juden vor dem Tod bewahrt hat, war Mitglied der NSDAP.[566] Wilm Hosenfeld trat am 15. April 1933 in die SA ein und zwei Jahre später in die Partei. Gleichwohl beweisen seine Aufzeichnungen und Briefe aus Warschau, wie er Juden und Polen unter Einsatz seines Lebens geholfen hat.[567] Besonders nachdenklich stimmt die Vita des Hans Georg Klamroth, am 26. August 1944 wegen Hoch- und Landesverrats hingerichtet. Für die Hitlergegner waren er und seine Familie Teil jener deutschen Gesellschaft, die man tunlichst mied. Er war 1933 in die NSDAP eingetreten, sie 1937. Er war Mitglied der SS, sie war Ortsgruppenführerin der NS-Frauenschaft. „Wir singen Hitlerlieder mit Vater", schreibt die Mutter ins Tagebuch.[568]

Trotzdem waren die Klamroths, wie oben ausgeführt,[569] keine fanatischen Antisemiten, denn sie nahmen Anstoß an Hitlers Judenpolitik, die offenbar dazu beigetragen hat, daß Hans Georg in den Augen der Machthaber zum Verbrecher wurde. Sind die Klamroths und die anderen eben Erwähnten Täter oder Opfer oder beides?

Ohne daraus auch nur den geringsten Schuldvorwurf abzuleiten, verdient die Tatsache Berücksichtigung, daß sich die meisten Juden widerstandslos in den Staats-

---

[566] Jörg Bremer: „Israel ehrt den ‚Schindler aus Darmstadt'", Frankfurter Allgemeine Zeitung (Rhein-Main-Ausgabe), 12.4.2005.

[567] Hosenfeld, a.a.O., passim.

[568] Bruhns, a.a.O., S. 20.

[569] Siehe Teil II, Kapitel 4.4.

apparat einfügen ließen, so wie es die Machthaber wollten – aus Furcht oder in der
Hoffnung, anderen Verfolgten helfen zu können. Dürfen wir an diese Menschen
wegen ihrer „Rasse" andere Maßstäbe anlegen?

Am 8. Oktober 1940 notierte sich Chaim Kaplan einen „Jüdischen Witz":

> „Der Führer fragt Frank[570]: ‚Welche Übel und Mißgeschicke hast du über die Juden Polens
> gebracht?'
> ‚Ich entzog ihnen ihren Lebensunterhalt, ich beraubte sie ihrer Rechte…'
> Aber der Führer ist mit all diesen Maßnahmen nicht zufrieden. Daher fügt Frank hinzu: ‚Außer-
> dem habe ich Judenräte… errichtet.'
> Der Führer… lächelt Frank zu. ‚Du hast mit den Judenräten ins Schwarze getroffen…'"[571]

Schon damals hatten also die Juden erkannt, welch teuflisches Mittel die Instru-
mentalisierung eines Teiles der Juden bei der Umsetzung der Judenpolitik gewesen ist. Judenräte wurden überall im besetzten Europa von den braunen Machthabern eingerichtet, und diese „Räte" waren gezwungen, ihren Auftraggebern in
die Hände zu arbeiten.

> „Die SS überließ die alltägliche Verwaltung des Ghettos [Theresienstadt] der jüdischen Selbstver-
> waltung, dem ‚Ältestenrat' an der Spitze… Der Ältestenrat mußte mit völlig unzureichenden Mit-
> teln das gesamte Leben im Ghetto organisieren…[572] Dazu zählte auch die Zusammenstellung der
> Transporte nach Auschwitz…"[573]

Daneben gab es jüdische Soldaten (rund 150 000[574]), jüdische Spitzel, „Greifer",
Fahnder,[575] jüdische Gettopolizei und jüdische Sonderkommandos[576]. Daß manche von ihnen in Ausübung ihres Dienstes einen Übereifer entwickelten, um den
noch Mächtigeren zu gefallen, ist menschlich. Das alles ist unbestritten, so daß auf
Belege, Schilderungen und Konkretisierungen verzichtet werden kann.[577] Strittig
ist nur, ob Hannah Arendts Vermutung zutrifft:

---

[570] Hans Frank, Generalgouverneur von Polen.
[571] Kaplan: „Agonie", S. 243.
[572] Backhaus, Fritz: „‚Ein Experiment des Willens zum Bösen' – Überleben in Theresienstadt", in:
Heuberger a.a.O., S. 110 ff.; S. 115.
[573] Backhaus, a.a.O., S. 116.
[574] Rigg, Bryan Mark: „Hitlers jüdische Soldaten", Paderborn 2003.
[575] Am bekanntesten wurde „Stella". Dazu Herman-Friede, a.a.O., S. 125, 197.
[576] Yerushalmi a.a.O., S. 51: „Die jüdische Gettopolizei war zumeist wegen ihrer Brutalität berüchtigt.
Es gibt keinen Grund, irgend etwas davon zu ignorieren." Besonders aufschlußreich und zugleich
erschütternd sind die Aufzeichnungen des Gettopolizisten Perechodnik (a.a.O.). Siehe ferner
Friedler, Eric; Siebert, Barbara; Kilian, Andreas: „Zeugen aus der Todeszone. Das Jüdische Sonderkommando in Auschwitz", Lüneburg 2002 und Greif, Gideon: „‚Wir weinten tränenlos…' Augenzeugenberichte des jüdischen ‚Sonderkommandos' in Auschwitz", Frankfurt am Main 1999. Dort
heißt es im Klappentext: „Das Buch des israelischen Historikers Gideon Greif erregte bei seinem
Erscheinen im Jahre 1995 großes Aufsehen. Der Autor beschreibt die schreckliche ‚Arbeit' der
‚Sonderkommandos' in Auschwitz… Sie wurden gezwungen, die zum Tode verurteilten [Häft
linge] bis zur Gaskammer zu begleiten und dabei für einen ruhigen Ablauf zu sorgen, nach der Ver-
gasung die Leichen aus den Gaskammern zu schleppen… und danach die Asche zu beseitigen."
[577] Siehe Meyer, Beate: „Das unausweichliche Dilemma. Die Reichsvereinigung der Juden in Deutschland, die Deportationen und die untergetauchten Juden", in: Kosmala; Schoppmann, a.a.O., S. 273 ff.

> „Wäre das jüdische Volk wirklich unorganisiert und führerlos gewesen, so hätte die ‚Endlösung'
> ein furchtbares Chaos und ein unerhörtes Elend bedeutet, aber... die Gesamtzahl der Opfer hätte
> schwerlich die Zahl von viereinhalb bis sechs Millionen Menschen erreicht."[578]

Die Mitarbeit wurde entlohnt, wie der ehemalige Lagerinsasse Iwan Katz an
einem Beispiel demonstriert:

> „Als Entgelt für seine Mitbeteiligung an diesen Verbrechen blieb Abrahamsohn für seine Person
> von einem sonst auch für ihn vorgesehenen Abtransport in ein Vernichtungslager verschont. Da-
> neben aber bekam er von der Gestapo ein festes Gehalt von monatlich 160,- RM netto, freie Be-
> köstigung und vielfache Annehmlichkeiten..."[579]

Im Hochsommer 1939 hält sich Ruth Andreas-Friedrich in Paris auf. Was sie dort –
etwas enttäuscht und trübselig – in ihr Tagebuch schreibt, verdient es, mehrmals
gelesen und bedacht zu werden. Nach Begegnungen mit Freunden und Bekannten hält sie fest:

> „Nicht alle sind die alten geblieben während der längeren oder kürzeren Trennungszeit... Warum
> halten sie uns plötzlich für Nazianhänger? Nur weil wir nach Deutschland zurückkehren? Warum
> sagen sie ‚wir Juden', statt wie früher ‚wir Freunde' zu sagen? Waren wir nicht ihre Freunde, als wir
> ihnen halfen, hinauszukommen? Hitler hat die Rassentrennung erfunden. Sie selbst blasen in Hit-
> lers Horn, wenn auch sie sich zu seinen Unterscheidungen bekennen... Das ganze Unglück
> kommt von den Verallgemeinerungen. Alle Polen sind so..., alle Juden müssen so sein... Wenn
> wir uns das nicht abgewöhnen, kommen wir nie auf einen grünen Zweig."[580]

Keiner unserer Zeitzeugen leistet mit seinen Bekundungen dem Vorurteil Vorschub, die Juden seien die Guten und die Deutschen seien die Schlechten oder
umgekehrt. Die meisten von ihnen waren Deutsche und wollten Deutsche sein.
Hitler war mächtig und konnte Tatsachen schafften, aber nicht so mächtig, daß er
das Recht beliebig hätte verändern können. Das ist zumindest seit Kriegsende die
Auffassung aller, die sich dazu zu Worte melden. Die Juden, die aus Deutschland
deportiert und dann getötet wurden, starben als Deutsche, genauer als deutsche
Staatsangehörige, auch wenn der Grund für die Tötung selbstverständlich ein
ganz anderer, die „Rasse", war. Keiner von denen, die *die* Deutschen des Mordes
bezichtigen, hat bisher gesagt, wer genau diese Deutschen sind. Auch die NS-Opfer deutscher Staatsangehörigkeit? Gibt es Ausnahmen? Welche? Alles Fragen, auf
die es keine befriedigende Antwort gibt, wenn wir nicht die oben zitierten Dokumente der abendländischen Ethik als Maßstab zugrunde legen.

Wie ungeheuerlich pauschale Vorwürfe sind, wird wohl am schnellsten bewußt,
wenn andere Namen eingesetzt werden. Ein Verbrecher von ähnlichem Kaliber
wie Hitler war nahezu zeitgleich Stalin. Und doch würden es die meisten als unge-

---

[578] Arendt, Hannah: „Eichmann in Jerusalem. Ein Bericht über die Banalität des Bösen", München
1964, S. 162.
[579] Tausendfreund, Doris: „‚Jüdische Fahnder'. Verfolgte, Verfolger und Retter in einer Person", in:
Benz (Hg.): „Überleben", a.a.O., S. 239 ff.; S. 243.
[580] Andreas-Friedrich, a.a.O., S. 56 f.

heuerlich empfinden, wäre von „russischer Schuld" oder von der Verantwortung aller Russen angesichts der mehr als zwanzig Millionen Opfer die Rede. Rußland denkt nicht einmal daran, für die durch Stalin veranlaßten Verbrechen aufzukommen.[581] Welcher Staat kann nicht irgendwie mit schweren Verbrechen in Verbindung gebracht werden? Man denke nur an den Krieg der USA gegen den Irak 2003, für den nach Auffassung der UNO rechtfertigende Voraussetzungen gefehlt haben. Die USA standen nicht allein. Die Partner der USA sind hinlänglich bekannt. Auch die große Mehrheit der Juden Deutschlands stand auf der Seite der USA.[582] An der Spitze aller Verbrechen steht im deutschen Strafgesetzbuch der Angriffskrieg. Wird die Philosophie der „deutschen Schuld" externalisiert, stößt Schuld auf Schuld weltweit. Doch dem Fortschritt würde es sicherlich nicht dienen, käme es so zu wechselseitigen Vorwürfen der Angehörigen der jeweiligen Gemeinschaften.

Vorwürfe gegenüber Kollektiven sind nicht nur evident ungerecht, sondern auch kontraproduktiv, da sie das Bewußtsein der individuellen Verantwortung schmälern und zugleich dem Fatalismus Vorschub leisten: Das Verhängnis nimmt seinen Lauf nach der Logik: Ich kann es nicht verhindern. Also habe ich keine Chance, meiner Verantwortung gerecht zu werden, da mich die kollektive Verantwortung ohnehin in den Strudel zieht.

Hitler hat seine Schuld, seine „Verantwortung" mit ins Grab genommen. Hätte er sie vererbt, wie lange würde sie weitervererbt? Von Geschlecht zu Geschlecht in alle Ewigkeit? Da Kollektive nicht sterben, stellt sich diese Frage allen Vertretern der Kollektivschuldtheorie, der Theorie „kollektiver Verantwortung" der Deutschen. Doch eine Antwort wurde offenbar bis heute nicht gegeben. Wir Deutschen sollten uns auch auf dem Felde der Ethik hüten, einen deutschen Sonderweg gehen zu wollen, eine „deutsche Ethik" zu proklamieren, die nur auf Deutschland und die Deutschen anzuwenden ist. Am deutschen Wesen kann die Welt genesen! – wie viele früher zu sagen pflegten.

Am 9. November 1945 schrieb unser jüdischer Zeitzeuge Jakob Littner in die Einleitung seiner Erinnerungen:

> „Das Prinzip des Bösen hat seine Heimat nicht bei einem einzelnen Volk, wie dies eine falsche Propaganda predigt, eine Irrlehre, die auf die Menschen eine wahrhaft hypnotische Wirkung ausübte und durch die so viel Unglück über die Welt gekommen ist."[583]

Und Hans Habe, ein jüdischer Journalist: „Die Idee der Kollektivschuld widerspricht meiner religiösen Auffassung und meinem ganzen geistigen Gehabe. Kein

---

[581] Thomas Urban: „Stachel im Fleisch", Süddeutsche Zeitung, 17.9.2004.
[582] Michael Wolffsohn: „Wieder sind wir einsam geworden", Das Parlament, 31-32/03.
[583] Littner, a.a.O., S. 12.

auch nur halbwegs religiöser Mensch kann annehmen, daß es ein von Gott verlassenes Volk geben könnte… Der ganze Antisemitismus, der rassische insbesondere, basiert auf einer Kollektivschuldlüge…"[584]

Dies zu der Frage, ob sich Vorwürfe gegen Kollektive mit der abendländischen Ethik in Einklang bringen lassen.

6.4 „Für Wahrheit und Gerechtigkeit"

So lautet das bereits zitierte Vermächtnis Leon Wells'. Gleiches Recht für alle ist nach weitverbreiteter Ansicht ein Gebot der Gerechtigkeit. Von diesem gleichen Maßstab für die Menschen und Völker war eben die Rede. Nun einige Gedanken zu „Wahrheit". Das Bekenntnis zur Wahrheit verbietet jede Form der Lüge. Zur Wahrheit gehört die ganze Wahrheit. Halbe Wahrheit ist ganze Lüge. Wer bewußt Wesentliches unterschlägt, handelt unwahrhaftig. Wer mit zweierlei Maßstäben mißt, verstößt sowohl gegen die Wahrhaftigkeit als auch die Gerechtigkeit.[585]

In der seriösen geistigen, wissenschaftlichen Auseinandersetzung dürfen Tabus nicht geduldet werden, da sie der Wahrheitssuche im Wege stehen. Wer Tabus verordnet, hat Macht über andere und offenbar Angst davor, daß die volle Wirklichkeit erfaßt wird. Wer sich Tabus unterwirft, scheut die Sanktionen, die die Mißachtung zur Folge hat. Wer es nicht wagt, seine gewissenhaft erworbenen Erkenntnisse zu äußern, ist nicht frei. Bundespräsident Karl Carstens traf die Feststellung: „Kein Mensch auf der Welt ist freier als ein Bürger der Bundesrepublik Deutschland."[586] Gibt es also in Deutschland keine Tabus?

Es gibt sie! Das weiß jeder. Sie werden hinter vorgehaltener Hand thematisiert.

Wie paradox, ja makaber ist dieses Verhalten vor dem Hintergrund des Vorwurfs an die 1933 bis 1945 in einer Diktatur Lebenden, sie hätten geschwiegen, sie hätten nicht protestiert! Euripides in der griechischen Antike: „Nicht sagen zu dürfen, was man denkt, ist Sklavenlos."[587] Der angesehene Bonner Verfassungsrechtler Isensee konstatiert in seinem geistreichen Essay „Tabu im freiheitlichen Staat": „Deutschland ist besonders empfänglich für Tabus."[588] Leider sucht er nicht nach Antwort auf die Frage, wie Wissenschaft und Tabu zusammenpassen. Sollte es

---

[584] Habe, a.a.O., S. 472 f.
[585] Das habe ich zuerst in der Auseinandersetzung mit dem Marxismus ausgeführt (Löw: „Kann ein Christ Marxist sein?", München 1987, S. 69).
[586] Karl Carstens: „Demokratie und Vaterland", Gesellschaftspolitische Schriftenreihe des AGV Metall, Köln 1986, S. 9.
[587] Alfred Grunow: „Führende Worte", Bd. 3, Berlin 1963, S. 80.
[588] Isensee, Josef: „Tabu im freiheitlichen Staat. Jenseits und diesseits der Rationalität des Rechts", Paderborn 2003, S. 73.

wieder zu einer Diktatur in Deutschland kommen, der Gehorsam wiegt, so ist zu befürchten, nach wie vor mehr als Wahrhaftigkeit und Recht. Jeder scheut soziale Isolation. Auf dieser Schiene wirkt „political correctness". Das dürfte auch der Hauptgrund dafür sein, warum damals der Vandalismus und der Massenmord so reibungslos abgewickelt werden konnten. Ruth Andreas-Friedrich erinnert sich:

> „,Fertig!' ruft der Anführer, winkt mit den Augen, schultert eine Stange, und geschlossenen Zuges setzt sich das Trüppchen in Marsch. Rechts – links, rechts – links, o tausendmal geübter Gleichschritt! – bis zum ,Stillgestanden! – Halt!' vor den nächsten ,Juden'-Fenstern. Ist das ein Pogrom? Tobt hier spontane Volkswut... Nein und abermals nein! Aber wenn morgen jenen Fünfen der Befehl erteilt würde, sämtliche Schornsteinfeger Deutschlands mit Dreschflegeln zu erschlagen, sie würden hingehen und nicht einen übriglassen."[589]

Gehorsam gegenüber der Obrigkeit, Gehorsam auch gegenüber der herrschenden Meinung, zumal wenn beide konform gehen. „Bitte halten Sie diesen Brief streng vertraulich, ich möchte nicht als Antisemit angeklagt werden" – schreibt ein schlichter Mitbürger an einen namhaften Politiker am Ende eines ganz harmlosen Briefes.[590]

Ein Professor in einem Leserbrief: „Ein falsch verstandenes Wort, und schon kann man am Pranger stehen – chancenlos gegenüber der vermeintlich öffentlichen Meinung. Ein solches Risiko wird kaum ein Hochschullehrer eingehen"[591], – erst recht keiner, der noch auf feste Anstellung oder einen weiteren Ruf wartet. Daß es sich dabei nicht um Hirngespinste einzelner Deutscher handelt, verrät der französische Philosoph Alain Finkielkraut, 1949 als Kind osteuropäischer Juden geboren:

> „Mit dem Judentum war mir das schönste Geschenk zuteil geworden, das sich ein dem Völkermord nachgeborenes Kind erträumen konnte. Ich erbte ein Leid, das ich nicht erfuhr... Ohne mich einer Gefahr auszusetzen, hatte ich das Format eines Helden."[592]

Michael Wolffsohn, ein 1947 in Tel Aviv geborener jüdischer Deutscher, bringt es auf den Punkt:

> „Es ist nicht ironisch, auch nicht grotesk, eher tragisch und Ergebnis der deutschen Geschichte, daß dies heute eigentlich nicht nur ein Jude, aber fast nur ein Jude unverdächtig tun kann, gemeint ist die Identifizierung mit dem Lebens- und Liebenswerten in einem Land"[593],

– in seinem Land, in Deutschland. Den anderen, den Minderen, wird eine „Verantwortung" angelastet, die ihnen den Finger auf den Mund legt. „,Sie dürfen so etwas sagen', höre ich immer wieder – und kann es nicht mehr hören!" so Alfred Grosser, ein 1933 mit seinen Eltern aus Deutschland emigrierter Jude.[594]

---

[589] Andreas-Friedrich, a.a.O., S. 32 f.
[590] Der Briefschreiber, mir nicht näher bekannt, hat mir den Durchschlag seines Schreibens zukommen lassen.
[591] Heiner Muller-Merbach: „Zu gefährlich", Frankfurter Allgemeine Zeitung, 21.11.2003.
[592] Diekmann, Irene: „Das Wilkomirski-Syndrom", Zürich 2002, S. 29.
[593] Michael Wolffsohn: „Wachsam sein und Flagge zeigen", DIE WELT, 14.11.1992.
[594] Interview mit Alfred Grosser: „Dem Bürger wird die Wirklichkeit verheimlicht", Mut, Juli 2002.

Daß die Gerechtigkeit zu kurz kommt, wenn Historiographie selektiv betrieben wird, versteht sich von selbst, vor allem dann, wenn das Tabu Menschen belastet. Ein Tabu in einem Strafverfahren ist indiskutabel, solange rechtsstaatliche Bedingungen herrschen, anders im Dritten Reich, wo beispielsweise die Zustände in den Lagern nicht geschildert werden durften. Vor dem Forum des Weltgewissens sollten die Standards nicht niedriger sein als vor Gerichten, die diesen Namen verdienen.

Ein Tabu verletzt, wer den Völkermord an den Juden mit anderen Völkermorden gleichzeitig nennt oder gar vergleicht, obwohl sich doch die Vermutung aufdrängt, daß die Megaverbrechen „des 20. Jahrhunderts auf unheimliche Weise untereinander verbunden waren", wie es in einer Besprechung des Buches „Flammender Haß" heißt.[595] Wer Vergleiche mit der Shoa mißbilligt und gleichzeitig von einmalig spricht, widerspricht sich selbst, da eine solche Erkenntnis nur durch Vergleiche zu erzielen ist. „Vergleichen heißt denken. Vergleichen heißt historisch betrachten. Die Geste des Vergleichens – d. h. der Annäherung und Unterscheidung, der Konfrontation und Gegenüberstellung – ist die eigentliche Geste des Erkennens." Mit diesen Worten zitiert Stéphane Courtois, der Herausgeber von „Das Schwarzbuch des Kommunismus", seinen Kollegen Bernard-Henri Lévy und fügt hinzu:

> „Wer sich mit der von den Kommunisten ausgelösten Tragödie beschäftigt, muß deshalb andere Tragödien weder verheimlichen noch leugnen.[596] Auch bei der Erinnerung an die Opfer des Kommunismus ist man der Gerechtigkeit und der Gleichheit verpflichtet."[597] „Natürlich kann es den Kommunisten nur recht sein, wenn die jüdische Tragödie des 20. Jahrhunderts als Verbrechen der ganz besonderen Art hingestellt wird. Solange der Nationalsozialismus als das absolut Böse charakterisiert wird, werden die kommunistischen Untaten automatisch relativiert... Es ist schon eine seltsame Vorgehensweise, wenn man den Völkermord an den Juden benutzt, um in der Kategorie ‚Verbrechen gegen die Menschlichkeit' eine Hierarchie aufzubauen."[598]

Wie die Presse berichtet, weigert sich Israel, den ehemaligen Lagerkommandanten Salomon Morel an Polen auszuliefern. Morel hatte 1945/46 als Offizier der kommunistischen Geheimpolizei das Lager Schwientochlowitz geleitet, in dem etwa 1 500 Häftlinge ermordet wurden, an Seuchen starben oder verhungerten. In der Mehrzahl hatte es sich um deutsche Zivilisten, unter ihnen viele Frauen und Jugendliche, gehandelt. Als Grund für die Weigerung nennt Israel, mögliche Verfehlungen Morels müßten als Folge des Schicksals seiner Angehörigen, die Opfer des Holocaust geworden seien, gesehen werden.

---

[595] Michael Salewski: „Auf der Blutspur", Frankfurter Allgemeine Zeitung, 20.8.2004; siehe Naimark, Norman: „Flammender Haß. Ethnische Säuberungen im 20. Jahrhundert", München 2004.

[596] Courtois, a.a.O., S. 76 f.

[597] Courtois, a.a.O., S. 78.

[598] Courtois, a.a.O., S. 79.

Solche Schuldminderungsgründe müßte das Gericht bei Festsetzung der Strafe berücksichtigen. Hier drängt sich der Verdacht auf, daß derlei Schuld nach dem Willen der verantwortlichen Politiker Israels nicht Gegenstand eines Verfahrens werden soll, auf das die Welt blickt. So gerät sie rasch in Vergessenheit.

Vor zehn Jahren ließ der Münchner Piper-Verlag nach Antisemitismusvorwürfen das Buch „Auge um Auge" des jüdischen Publizisten John Sack einstampfen. Die zentrale Gestalt in ihm war der eben erwähnte Lagerkommandant. Heute schreibt die Süddeutsche Zeitung: „Die Vorwürfe erwiesen sich bald als haltlos."[599]

In jedwedem Verfahren, sogar vor dem Notar, dem Urkundsbeamten und dergleichen, gilt der Grundsatz, daß man nicht in eigener Sache Richter sein kann. Die Chancen, den wahren Sachverhalt zu ermitteln, wären beeinträchtigt. Besorgnis der Befangenheit wird vom Gesetz auch dann unterstellt, wenn Eltern oder Großeltern in den Streitgegenstand involviert sind. Waren die Eltern oder Großeltern schon vor 1933 in der NSDAP oder einer anderen NS-Formation, so standen sie der Hitlerbewegung sicherlich nahe, haben deren Partei vor 1933 gewählt. Ihre Abkömmlinge entsprechen, um nicht an die politische Erblast erinnert zu werden, besonders willig den Vorgaben des Zeitgeistes. Das ist menschlich betrachtet verständlich, gefährdet aber die Wahrhaftigkeit. Wenn sie sich in besonderer Weise als Ankläger des deutschen Volkes hervortun, so kommt der Verdacht auf, daß auf sie zutrifft, was Martin Walser in seiner umstrittenen Friedenspreisrede gesagt hat, nämlich daß die Intellektuellen, die uns die Schande vorhalten, „eine Sekunde lang der Illusion verfallen, sie hätten sich, weil sie wieder im grausamen Erinnerungsdienst gearbeitet haben, ein wenig entschuldigt, seien für einen Augenblick sogar näher bei den Opfern als bei den Tätern"[600]. Ein Revoluzzer, der 1969 in Algerien Arafats Vernichtungsaufruf gegen Israel bejubelt hat, muß ausnehmend willfährig sein, will er in seinem hohen politischen Amt das Wohlwollen des potenten Auslands finden. Auch das gilt es bei allen seinen Äußerungen zu bedenken.

Dem Tabu entspricht die Dialogverweigerung, und zwar sowohl im Kollegenkreis wie gegenüber Extremisten.

> „Unverblümt negieren die neuen Nationalsozialisten alles, was der Toleranz- und Pluralismusmaxime unserer angeblich rundum geläuterten deutschen Friedensgesellschaft heilig ist. Und siehe da: Statt ihnen selbstbewußt entgegenzutreten und sie mit Argumenten ins Stottern zu bringen, stockt den Demokraten vor Schreck und Empörung selbst der Atem",

schreibt Richard Herzinger in einem Essay.[601] 1968 suchte ich als junger akademischer Lehrer die Konfrontation mit den Achtundsechzigern und konnte schließ-

---

[599] Thomas Urban: „Israel lehnt Auslieferung ab", Süddeutsche Zeitung, 9./10.7.2005.
[600] Andreas Öhler: „Die Fähigkeit zu trauern", Rheinischer Merkur 4/2005.
[601] Richard Herzinger: „Ein Heil für die Demokratie", Süddeutsche Zeitung Magazin, 22.4.2005, S. 8.

lich die warnenden Kollegen überzeugen. Auch heute sollte das Gespräch mit den Irrlichtern gesucht werden. Doch die Wirklichkeit sieht ganz anders aus: Ausgrenzung ohne Angabe von konkreten Beweisen und ohne Bereitschaft, gemeinsam nach der historischen Wirklichkeit zu forschen. Nichts ist bisher geschehen, um das Wort des Bundespräsidenten in die Tat umzusetzen: „Wir müssen die politische Auseinandersetzung mit Rechtsextremisten und Antisemiten suchen und wir müssen sie offensiv führen."[602] Solche Auseinandersetzungen sind von vornherein zum Scheitern verurteilt, wenn sie mit Tabus belastet werden. Schon vor Jahrzehnten schrieb der französische Literat Denis de Rougemont: „Die blinden Antifaschisten sind Anhänger des Totalitarismus, ohne es zu wissen. Was ist das Bezeichnende jeder totalitären Mentalität? Die Weigerung zu diskutieren."[603] Er dachte wohl an das Sprichwort: „Si nous ne sommes pas discutables, nous ne sommes pas vrais" – wenn wir uns nicht in Frage stellen lassen, sind wir auch nicht wahr.

Von einem jüdischen NS-Opfer erhielt ich einen Anruf, warum ich das Buch „Der Mythos vom ‚jüdischen Bolschewismus'" positiv besprochen hätte. Die Antwort fiel leicht: Weil dies meiner Einschätzung entsprach. – „Aber die Belege sind doch aus dem Zusammenhang gerissen!" – „Vielleicht, aber das ist mir nicht aufgefallen. Bitte belehren Sie mich!" – Damit war das Gespräch zu Ende. Wer derlei Erfahrungen öfter macht – beliebt ist auch der Einwand, die andere Seite arbeite mit Klischees, die dann aber nicht benannt werden –, kann sich des Eindrucks kaum erwehren, daß ein vertiefter Dialog, ein Ringen um die rechte Erkenntnis, nicht erwünscht ist.

Ohne Mut, ohne Zivilcourage keine Wahrheit. Hitler soll gesagt haben, die Tötung von eineinhalb Millionen Armeniern während des letzten Krieges sei längst vergessen. Daß er Kenntnis von diesem Massenmord hatte, daran zu zweifeln gibt es nicht den geringsten Anlaß. Naheliegend, daß derlei Einsichten seine Judenpolitik mitbeeinflußt haben.

Wider das Vergessen! – ist in Deutschland eine eingängige Parole. Doch wie schwer taten sich die Deutschen mit der Erinnerung an das Verbrechen der Regierung des Osmanischen Reiches. Als bislang einziges Bundesland benannte Brandenburg das Massaker im Rahmenlehrplan für den Geschichtsunterricht der Klassen 9 und 10. Dann strich das Bildungsministerium den Passus auf Intervention türkischer Stellen.[604] Hätte die Welt unverzüglich gegen die Verbrechen der

---

[602] Marc-Dietrich Ohse: „Kein Tag zum Feiern", Deutschland Archiv 2/2005, S. 198.
[603] Rougemont, a.a.O., S. 115.
[604] Irina Repge: „Bosporus in Brandenburg?", DER SPIEGEL 5/2005, S. 42. Erfreulich, daß der Deutsche Bundestag in einem gemeinsamen Antrag aller Fraktionen im Juni 2005 – also rund 90 Jahre nach den Verbrechen – die Gedenkpraxis der Türkei mißbilligte. Nicht verschwiegen wurde dabei die unrühmliche Rolle des Deutschen Reiches.

Die Rede ist vom Mord an rund 100 000 Armeniern 1895/96. Die Weltöffentlichkeit hat daran kaum
Anstoß genommen, Leopold II. blieb angesehen.

Jungtürken, deren Idole Nation und Rasse waren, protestiert und das Andenken
an die Ermordeten bewahrt – wider das Vergessen! – Hitler wäre gewarnt gewesen. Schon 1903 gab es Appelle an Europas Gewissen zugunsten der Armenier.
Aber Europa hörte nicht.[605]

> „Der Staat Israel, zu dessen nationalen Minderheiten auch die Armenier zählen, hat jahrzehnte-
> lang, auch auf Druck der Türkei, jede öffentliche Beschäftigung mit dem armenischen Völker-
> mord unterbunden. Offizielle Politik der israelischen Regierung ist es nach wie vor, an Gedenk-
> zeremonien der armenischen Minderheit nicht teilzunehmen."[606]

Zurück nach Deutschland! Wird die Forderung nach Anerkennung des Mordes
an den Armeniern zu einer Conditio, zu einer Bedingung für weitere Gespräche
mit der Türkei?

Werner Blumenthal führt das jüdische Desaster der Jahre 1933–1945 insbesondere auf das gesellschaftliche und politische Umfeld zurück: „Vor dem Hintergrund einer für sie charakteristischen Geschichte fehlte es zu vielen Deutschen an

---

[605] Georg Brandes: „Apell an Europas Gewissen", Frankfurter Allgemeine Zeitung, 2.7.2005.
[606] Joseph Croitoru: „Der blinde Fleck", Frankfurter Allgemeine Zeitung, 19.3.1997.

Zivilcourage; sie waren gewissermaßen unmündig geblieben."[607] Ist insofern die Situation heute besser oder nicht noch schlimmer? Erinnert sei an die betrübliche Prognose Siegfried Neumanns: „Zivilcourage wird in Deutschland immer ein Fremdwort bleiben."[608] Liegt es an der Erziehung oder an der Furcht vor Sanktionen oder am Nationalcharakter? Als akademischer Lehrer wurde ich nicht selten bedauert, mich mit aufsässigen jungen Leuten herumschlagen zu müssen. „Oh, wenn Sie wüßten", war meine stereotype Antwort, „das Gegenteil ist der Fall. Die bringen doch kaum den Mund auf." Karl Sterns ethische Reflexionen münden in der Überzeugung: „...offensichtlich ist das Einzige, worauf es in dieser Welt ankommt, die Stärke der moralischen Überzeugungen."[609]

Ohne Klarheit keine Wahrheit. Klarheit im Denken und Reden hat zur Voraussetzung, daß möglichst keine Mißverständnisse über die Bedeutung der gebrauchten Worte bestehen. Ein Opfer schreibt: „Wir empfinden unser Überleben oft als Schuld, nicht als Glück."[610] Ein anderes: „Schuldig, weil ich überlebte."[611] Wenn wir derlei „Schuld"-Bekenntnisse lesen, sind wir geneigt, Mitleid mit den Opfern zu empfinden, deren Trauma nicht verheilt. Doch wo soll hier Schuld sein? Was kann man den beiden und ihresgleichen vorwerfen? Dieser Sprachgebrauch leistet der Verwirrung Vorschub. Der irreführende Gebrauch zentraler Begriffe beschränkt sich nicht auf „Schuld", ist, wie oben schon gezeigt, auch bei „Verantwortung", ferner bei „Verstrickung" und „Scham" an zahlreichen Texten nachzuweisen. Geschämt haben sich in der Regel nicht die Täter, sondern die Opfer und die ohnmächtigen „Zuschauer".

Beispiele für Überlegungen, die mehr verwirren als klären:

> „Wer macht sich schon Gedanken darüber, was wir dem polnischen Volk dadurch angetan haben, daß das NS-Regime Juden aus ganz Europa auf polnischem Boden vernichtet hat? Daß damit jeder Pole moralisch in die Judenvernichtung verstrickt wurde – egal ob er gleichgültig wegschaute, sich ohnmächtig fühlte oder sich für die Rettung von Juden einsetzte."[612]

Mit dieser Logik kann die ganze Welt als „moralisch verstrickt", das heißt „mitschuldig" bezeichnet werden, und der Wert der Aussage ist gleich null, relativiert die Schuld der eigentlichen Täter. Wenig überzeugend auch der Abschluß einer an sich gediegenen Untersuchung, die die Reaktion der deutschen Bevölkerung auf die Verfolgung der Juden zum Gegenstand hat:

> „Unterschiedliche Grade der moralischen Schuld und politischen Mitverantwortung können jedoch nicht darüber hinwegsehen lassen, daß sich die Nation als ganzes in eine Komplizenschaft

607 Blumenthal, a.a.O., S. 477.
608 Neumann, a.a.O., S. 11.
609 Stern: „Feuerwolke", S. 139. Im Original heißt es „war" statt „ist".
610 Lustiger, Arno: „Sing mit Schmerz und Zorn. Ein Leben für den Widerstand", Berlin 2004, S. 299.
611 Edgar Hilsenrath: „Schuldig, weil ich überlebte", DER SPIEGEL 15/2005, S. 170.
612 Theo Mechtenberg: „Getrennte Erinnerung", Deutschland Archiv 2/2005, S. 207.

verstrickte, die über den Generationenwechsel hinaus als ethische Herausforderung bestehen bleibt."[613]

Gerne wüßte man, ob es eine andere Nation gegeben hat oder gibt, auf die eine ähnliche Feststellung zutrifft. Oder handelt es sich um ein anschauliches Exempel für deutsche Sonderbehandlung?

Um Schuldige und Unschuldige in gleicher Weise einzufangen, eignen sich Sätze wie: „Die Mehrheit der deutschen Bevölkerung sowie der politischen, militärischen und wirtschaftlichen Elite trug diese Ideologie mit, unterstützte sie oder war zumindest zu ängstlich, um Widerstand zu leisten."[614] Darf man wirklich die Verbrecher mit den Ängstlichen auf eine Stufe stellen? Wer hat von Anfang an Widerstand geleistet? Wer von den Gegnern des NS-Regimes hatte keine Angst?

6.5 Patriotismus

Patriotismus ist Vaterlandsliebe. „Patria" heißt Vaterland. In „Patria" wie in „Vaterland" steckt „pater", „Vater". Vom Vater, von den Eltern ist, wie schon erwähnt, im altehrwürdigen Dekalog die Rede: „Ehre deinen Vater und deine Mutter, damit du lange lebst in dem Land, das der Herr, dein Gott, dir gibt."[615]

In einer aktuellen kirchenamtlichen Erläuterung dazu heißt es:

> „Ich lebe nicht für mich allein, sondern immer auch als Glied der Gemeinschaft: der Familie, der Gesellschaft, des Staates, der Kirche, der Menschheit. In jeder Gemeinschaft habe ich Rechte, aber auch Pflichten; denn jeder dieser Gemeinschaften verdanke ich sehr viel."[616]

Das war stets der Standpunkt der Kirche, das kann unschwer auch aus dem Text des Grundgesetzes herausgelesen werden, so aus dem Amtseid des Bundespräsidenten, des Bundeskanzlers und der Bundesminister, die sich dazu verpflichten (Art. 56), die Kraft dem Wohl des deutschen Volkes zu widmen, seinen Nutzen zu mehren und Schaden von ihm zu wenden.

Der Patriot spricht: Ich liebe das Vaterland mit seinen Stärken und Schwächen, mit seinen Verdiensten und seinem Versagen. Daß es für diese Liebe Grenzen gibt, moralische wie rechtliche, wurde oben schon angedeutet und sollte selbstverständlich sein. Auch sie finden sich ansatzweise in den Zehn Geboten, so dort, wo die Lüge zu Lasten anderer mißbilligt wird. Doch wer sich in Deutschland unter Berücksichtigung dieser Grenzen zum Vaterland, zum Patriotismus bekennt, zur

---

[613] Mommsen, Hans; Obst, Dieter: „Die Reaktion der deutschen Bevölkerung auf die Verfolgung der Juden 1933–1943", in: Mommsen, Hans; Willems, Susanne. „Herrschaftsalltag im Dritten Reich. Studien und Texte", Düsseldorf 1988, S. 374 ff.; S. 421.
[614] Kurt Kistler: „Auschwitz vergeht nicht", Süddeutsche Zeitung, 28.2.2005.
[615] Ex 20, 12.
[616] Bischöfe Deutschlands u.a. (Hg.): „Gotteslob", München 1975, S. 122.

Liebe zu Volk und Staat – anderswo eine Selbstverständlichkeit –, läuft Gefahr, in die rechte, die rechtsradikale Ecke gestellt zu werden. Dies ist ein psychopathologisches Phänomen, das von namhaften Persönlichkeiten beklagt wird, so von Bundespräsident Johannes Rau. Gleichsam als politisches Vermächtnis äußerte er kurz vor seinem Ausscheiden aus dem Amt: „Haben wir uns vielleicht selber inzwischen so schlecht geredet, daß wir uns nichts mehr zutrauen? Nähern wir uns nicht gelegentlich einer Art kollektiver Depression?"[617] Hans Maier, lange Jahre bayerischer Kultusminister und Vorsitzender des Zentralkomitees der deutschen Katholiken wird noch deutlicher:

> „Nein, es geht wirklich nicht um Nationalismus. Aber es geht um einen Rest des seit Jahren verhängnisvoll gestörten... deutschen Selbstbewußtseins. Unsere nationale Selbstverneinung, die manchmal geradezu neurotische Züge annimmt, unsere Unfähigkeit, die Probleme der Zukunft zu meistern, hängen nach meiner Meinung auch mit unterdrückten Wahrheiten, verdrängten Erfahrungen unserer Geschichte zusammen."[618]

Im Vorspann zu einem Essay mit dem Titel „Heimat" des Vorsitzenden der CDU Rheinland-Pfalz Christoph Böhr heißt es:

> „Die Liebe zum Vaterland ist für alle unsere Nachbarn eine Selbstverständlichkeit. Wir Deutsche aber zerbrechen uns den Kopf, ob man denn nicht nur Menschen, sondern auch sein Land lieben kann. So laufen wir Gefahr, unseren zivilen Glauben und auch unsere Maßstäbe zu verlieren."[619]

Einer der Gründe wurde schon in der Einleitung benannt, die Neigung vieler aus der Nachkriegsgeneration, einen Gemeinschaftsmord der Deutschen an den Juden zu unterstellen und die Kraftlosigkeit der noch lebenden Angeklagten, sich auf eine realistische Prüfung einzulassen. So kam es, daß der Träger des Friedenspreises des deutschen Buchhandels Amos Oz sagen konnte: „Ich glaube, die Israelis genießen es, ihren deutschen Besuchern Schuldgefühle zu vermitteln. Und ich glaube, die deutschen Besucher genießen es sehr, diese Schuldgefühle zu empfinden."[620] „Deutschland verrecke!" und „Nie wieder Deutschland!" waren Parolen, mit denen man sich sehen lassen konnte. Ihren Protagonisten hat das nicht geschadet. Im Gegenteil, sie machten nicht selten Karriere. Das amtliche Organ des Deutschen Bundestages, die Wochenzeitung Das Parlament, verwendet Sätze wie: „Solange sich die Deutschen ausschließlich als ‚Tätervolk' begriffen..."[621] und „Waren die Deutschen nur Täter...?"[622] Wer als junger Mensch derlei liest und sich aneignet, muß von diesem Volk angewidert sein. Er läuft Gefahr, daß seine emotionalen Wurzeln verdorren, ohne deshalb zum Kosmopoliten zu werden.

---

[617] Günter Bannas: „Raus Antidepressivum", Frankfurter Allgemeine Zeitung, 13.5.2004.
[618] Hans Maier: „Unterdrückte Wahrheiten werden giftig", Rheinischer Merkur 38/2003.
[619] Christoph Böhr: „Heimat", Frankfurter Allgemeine Zeitung, 26.3.2005.
[620] Seebacher-Brandt, Brigitte: „Die Linke und die Einheit", Berlin 1991, S. 18.
[621] Helga Hirsch: „Die Suche nach Ursachen...", Das Parlament, 2./9. Mai 2005. Darin auch der Satzanfang: „Mochten sich Westdeutsche nach 1968 nämlich auch in einem ‚Sündenstolz' eingerichtet haben..."
[622] Volker Koop: „Waren die Deutschen nur Täter...?", Das Parlament, 29.11.2004.

Andere Völker kultivieren ihre nationalen Mythen. Unser Ehrgeiz sollte es sein, um der Gerechtigkeit willen die deutsche Geschichte mit ihren Höhen und Tiefen darzustellen, auch unter Berücksichtigung der jüdischen Zeitzeugen, sei es gelegen oder ungelegen. Anläßlich der Entgegennahme des Nationalpreises der Deutschen Nationalstiftung empfahl der 1938 emigrierte Jude Fritz Stern am 17. Juni 2005 den Deutschen: „Mehr Nationalgefühl!" „Man spürt die Gefahr des unbehausten Nationalgefühls." Man dürfe es nicht den Rechtsradikalen überlassen.[623]

6.6 Kirchen und Juden heute

Am 2. April 2005 starb unter Anteilnahme aus aller Welt Papst Johannes Paul II. Wenige Tage später wurde sein Testament veröffentlicht. Darin nimmt er Abschied von den Gläubigen: „Ich danke allen. Alle bitte ich um Vergebung. Und ich bitte auch um Euer Gebet, damit die Barmherzigkeit Gottes sich als größer erweist als meine Schwäche..."[624] Eine demütige Bitte! Die Gläubigen, die ihn außergewöhnlich verehrten, werden wenig Anlaß sehen, ihm zu verzeihen, da sie nichts von Verfehlungen wissen. Doch wüßten sie gerne, ob er an Konkretes gedacht habe. Schon fünf Jahre vorher hat er einen bislang einmaligen Schritt getan und sieben Vergebungsbitten als Gebet vorgetragen, eine davon unter der Überschrift: „Schuldbekenntnis im Verhältnis zu Israel":

> „Gott unser Vater, du hast Abraham und seine Nachkommen auserwählt, deinen Namen zu den Völkern zu tragen. Wir sind zutiefst betrübt über das Verhalten aller, die im Laufe der Geschichte deine Söhne und Töchter leiden ließen. Wir bitten um Verzeihung und wollen uns dafür einsetzen, daß echte Brüderlichkeit herrsche mit dem Volk des Bundes..."

Als Vertreter der Kurie sprach vorab Kardinal Edward Cassidy: „Laß die Christen der Leiden gedenken, die dem Volk Israel in der Geschichte auferlegt wurden. Laß sie ihre Sünden anerkennen, die nicht wenige von ihnen gegen das Volk des Bundes... begangen haben..."[625]

Während diese Bitten nur aus knappen Sätzen bestehen, füllt das vom Vatikan im März 1998 herausgegebene Schreiben der Kommission für die religiösen Beziehungen zu den Juden über den Holocaust „Wir erinnern: Eine Reflexion über die Shoa" viele Seiten, die, von wenigen Passagen abgesehen, eine gediegene Schilderung und Auseinandersetzung mit dieser Katastrophe bieten. Schwer nachvollziehbar ist, wie schon in anderem Zusammenhang erwähnt, die Klage:

---

[623] N. N.: „Die Unbehausten. Fritz Stern: Mehr Nationalgefühl!", Süddeutsche Zeitung, 18./19.6.2005. Ziemlich zeitgleich äußert der tschechische Politologe Bohumil Doležal: „Nicht unantastbar", Frankfurter Allgemeine Zeitung, 28.6.2005): „Auch die Deutschen haben sich mit dem Zweiten Weltkrieg nicht wirklich auseinandergesetzt: Sie finden sich ab mit der Rolle des ewigen Prügelknaben. Doch eine spektakuläre Selbsterniedrigung zeugt noch nicht von wirklicher Reflexion."

[624] „„Ich bitte alle um Vergebung"", Süddeutsche Zeitung, 8.4.2005.

[625] „Mit reumütigem Herzen kehren wir zu Gott zurück", Die Tagespost, 14.3.2000.

> „Wir können nicht wissen, wie viele Christen in den von den nazistischen Mächten und ihren Verbündeten besetzten oder regierten Ländern mit Schrecken das Verschwinden ihrer jüdischen Nachbarn konstatierten, aber dennoch nicht stark genug waren, ihre Stimme zum Protest zu erheben … Wir bedauern zutiefst die Fehler und die Schuld dieser Söhne und Töchter der Kirche."[626]

Wenn es diese Schuld gäbe, würde sie doppelt schwer auf den Klerus zurückfallen, da offenbar kein Papst, kein Bischof, kein Priester die Gläubigen zu einem solchen Tun aufgefordert hat, im Gegenteil: Auch die Geistlichkeit hat nicht protestiert, und das aus guten Gründen. Soweit einzelne von ihnen aktiv wurden, haben sie Fürbitten gesprochen, zu Nächstenliebe aufgefordert, den Rassismus verurteilt. Mitte Mai 1945, also nur wenige Tage nach Kriegsende, schrieben Essener Geistliche an die Britische Militärregierung:

> „Daß unter diesen Umständen [viele katholische Priester in den Konzentrationslagern] unser Bischof uns weise Zurückhaltung und Vorsicht auf der Kanzel empfahl, um wenigstens die allernotwendigste Seelsorge aufrechtzuerhalten, dürfte wohl begründet gewesen sein."[627]

In „Wir erinnern" unterbleibt die Prüfung des Risikos und der Erfolgsaussichten, obwohl die christliche Ethik dazu auffordert. Das Risiko war gewaltig, die Erfolgsaussichten waren gleich null. Warum dazu kein Wort? Das Gebot: „Du sollst Vater und Mutter ehren", verpflichtet, unbegründete Vorwürfe abzuwehren, zumal sich die Eltern nicht mehr selbst verteidigen können.

Eine Glosse verdienen auch die folgenden Zeilen:

> „Sein Antisemitismus [der des nazistischen Staates] hatte seine Wurzeln außerhalb des Christentums, und es [das NS-Regime] zögerte nicht, sich bei der Verfolgung seiner Ziele der Kirche entgegenzustellen und ihre Mitglieder ebenfalls zu verfolgen. Aber man muß sich fragen, ob die Verfolgung der Juden durch den Nazismus nicht durch die antijüdischen Vorurteile in den Köpfen und Herzen einiger Christen begünstigt wurde. Machte vielleicht das antijüdische Ressentiment die Christen weniger sensibel oder sogar gleichgültig für die Verfolgungen, die der Nationalsozialismus nach seiner Machtergreifung gegen die Juden in Gang setzte?"[628]

Es fällt auf, daß zunächst von „einigen Christen" die Rede ist, dann von „den Christen", ohne daß die Ausdehnung des angesprochenen Personenkreises verständlich wird. Derlei Verallgemeinerungen sind immer höchst problematisch und begünstigen Kollektivurteile. Daß fast alle Christen mit kollektiven Vorurteilen infiziert waren, kann nicht bewiesen werden. Die mittelalterlichen Unterstellungen, wie Hostienschändung und Ritualmord, waren weitestgehend verblaßt. Was noch blieb und worauf immer wieder hingewiesen wird, ist der Text der Karfreitagsliturgie, in der seit 1570 bis 1959[629] von den „perfidi Judaei", von den „ungläubigen Juden" die Rede war, in der Übersetzung des Schott-Missales mit „treulosen Juden" wiedergegeben. Anders als bei den sonstigen Fürbitten unterblieb auch die

---

626 „Wir erinnern: Eine Reflexion über die Shoah", Die Tagespost, 19.3.1998, S. 5.
627 Volk: „Bischöfe", a.a.O., S. 491.
628 „Wir erinnern: Eine Reflexion über die Shoah", Die Tagespost, 19.3.1998, S. 5.
629 In diesem Jahr hat Johannes XXIII. den Text bereinigt.

Kniebeuge bei der Kreuzverehrung, da, gemäß der Schrift, Jesus von Juden mit gebeugten Knien verhöhnt worden sei. Beide Elemente zusammen bringen Vorbehalte gegen die gläubigen Juden zum Ausdruck. Hinzu kam der Vorwurf, *die* Juden hätten Jesu Tod bewirkt.

Dazu äußert heute der Katechismus:

> „Berücksichtigt man, wie geschichtlich verwickelt der Prozeß Jesu nach den Berichten der Evangelien ist und wie auch die persönliche Schuld der am Prozeß Hauptbeteiligten... sein mag, so darf man nicht die Gesamtheit der Juden von Jerusalem dafür verantwortlich machen – trotz des Schreiens einer manipulierten Menge..."[630]

Dieser vorsichtige Umgang mit dem Schuldvorwurf ist vorbildlich und sollte zur Selbstverständlichkeit werden, wann immer Dritte Belastendes zur Sprache kommt. Der Liturgietext, in dem von den „treulosen Juden" die Rede war, lautet nun: „Lasset uns auch beten für die Juden, zu denen Gott, unser Herr, zuerst gesprochen hat: Er bewahre sie in der Treue zu seinem Bund und in der Liebe zu seinem Namen..."

Was viel zu wenig Beachtung findet, ist die Tatsache, daß diese inzwischen beseitigten bedauerlichen Textstellen nur einmal im Jahr zur Verlesung kamen, meist in lateinischer Sprache, wohingegen die Kirchenlieder während der gesamten Fastenzeit gesungen wurden. Sie verdeutlichten, daß jeder Sünder teilhat an der Kreuzigung des Herrn. Aus dem Jahre 1656 stammt „O Haupt voll Blut und Wunden". Typisch die 4. Strophe: „Was du, Herr, hast erduldet, ist alles meine Last; ich, ich hab es verschuldet, was du getragen hast." Oder, aus dem Jahr 1630: „Was ist doch wohl die Ursach solcher Plagen? Ach, meine Sünden haben dich geschlagen. Ich, mein Herr Jesu, hab dies verschuldet, was du erduldet." Diese Lieder wurden während der NS-Ära in den Kirchen gesungen und werden es auch heute noch. Es macht heilsgeschichtlich betrachtet keinen Sinn, die Christen, die immer wieder ihre Unzulänglichkeit bekennen – siehe Papst –, von den Sünden, die zum Sühnetod Christi führten, freizusprechen. Daher ist entschieden zu widersprechen, wenn es in einem Artikel heißt: „moderne Theologie" würde hervorheben, „daß Jesus durch die Sünden der Menschheit und nicht etwa durch das Volk der Juden ans Kreuz geschlagen wurde."[631] Diese „moderne Theologie" ist auch die alte.

Das *öffentliche* Sündenbekenntnis eines sensiblen Gewissens ist nicht unproblematisch und kann von anderen dazu mißbraucht werden, selbstgefällig die Lastenverteilung zu verkennen. Aus dieser Einsicht heraus äußerte der Mainzer Bischof Albert Stohr bereits am 29. Juni 1945 in einem Hirtenbrief:

---

[630] Ecclesia Catholica, a.a.O., S. 184.
[631] Christian Geyer: „Subversiv", Frankfurter Allgemeine Zeitung, 3.11.1997.

> „Wir weigern uns nicht, vor Gott an unsere Brust zu schlagen wie der demütige Zöllner im Tempel und zu sagen: ‚Gott sei uns Armen gnädig.' Freilich haben wir auch so viel Selbstachtung, daß wir solches Schuldbewußtsein nicht in die Welt hinausschreien, zumal wir aus der Geschichte die Fragwürdigkeit menschlicher Urteile gelernt und höchst unerwünschte Wirkungen allgemeiner Schuldbekenntnisse erfahren haben."[632]

Dieser Text erinnert an Betrachtungen, die der jüdische Philosoph und Schriftsteller Theodor Lessing 1930 zu Papier gebracht hat:

> „Auf die Frage: ‚Warum liebt man uns nicht?' antwortete seit alters die jüdische Lehre: ‚Weil wir schuldig sind:' Es hat große jüdische Denker gegeben, die in dieser Formel: ‚Weil wir schuldig sind' und in dem Erlebnis der Kollektiv-Verschuldung und Kollektiv-Verantwortung des Volkes Israel den innersten Kern der jüdischen Lehre erblickten."[633]

Es lohnt sich, darüber nachzudenken, ob die Welt das richtige Sensorium für jüdische oder christliche Schuldbekenntnisse hat. Menschen, die Selbstbestimmung über alles schätzen und Sünde wie Schuld nur an Dritten wahrnehmen, könnten versucht sein anzunehmen, daß jene, die sich selbst anklagen, wohl in erschreckendem Maße gefehlt haben müssen.

Die Selbstbezichtigungen müßten Hand in Hand gehen mit mutiger Selbstverteidigung, zumindest mit der Verteidigung der verstorbenen Brüder und Schwestern, sonst könnte es sein, daß spätere Generationen dieses Schweigen unter dem Schutze der Meinungsfreiheit und rechtsstaatlicher Rechtspflege als Schuld unserer Zeit beklagen. Vorbildlich der Historiker und Spezialist für die Geschichte Italiens Rudolf Lill: „Daß Pius XII. zur Judenvernichtung geschwiegen habe, ist weniger als die halbe Wahrheit."[634] Die Frage kann nur lauten, ob er deutlicher hätte reden müssen. Die Antwort gibt das Ehepaar Wolfssohn: „Er konnte gar nicht mehr tun. Und alle haben ihm damals vertraut. Niemand von uns hat gewünscht, daß der Papst laut rede. Wir waren doch Flüchtlinge, und niemand, der auf der Flucht ist, wünscht, daß man mit dem Finger auf ihn zeigt."[635]

Die katholische Kirche müßte immer wieder herausstellen, daß von einem Schweigen angesichts der NS-Judenpolitik nicht die Rede sein kann. Ein fairer Disput dürfte nur die Frage zum Gegenstand haben, ob die Verantwortlichen noch häufiger und deutlicher hätten sprechen müssen.[636] Ein weiteres Beispiel:

Es ist heute die durchaus herrschende Ansicht, daß Hochhuths „Stellvertreter" dem Ansehen Pius' XII. enorm geschadet hat. Der Leiter der Kommission für

---

632 Abschrift im Archiv des Autors.

633 Lessing, Theodor: „Der jüdische Selbsthaß", München 1984 (Nachdruck aus dem Jahre 1930), S. 14 f.

634 Rudolf Lill: „Bewegend", Frankfurter Allgemeine Zeitung, 27.7.2005. Ebenso der amerikanische Rabbiner David Dalin, a.a.O.

635 Senninger, a.a.O., S.195.

636 Die einschlägigen Veröffentlichungen der Kommission für Zeitgeschichte (Reihe A: Quellen; Reihe B: Forschungen) sind ein bemerkenswerter Versuch, seriöse Forschung zu erleichtern. Angesichts des Umfanges und des hohen Preises der einzelnen Bände ist die Breitenwirkung gering.

Zeitgeschichte, Forschungsstelle Bonn, Karl-Joseph Hummel, faßt seine Einsicht in die Worte: „Mir ist kein anderes Beispiel bekannt, in dem es so nachhaltig gelungen wäre, ein bereits vorhandenes, stabil scheinendes Geschichtsbild durch dramatische Mittel in sein komplettes Gegenteil zu verändern."[637]

An neuen Erkenntnissen und Argumenten lag es nicht:

> „Die geschichtlichen Konstruktionen Hochhuths haben der historischen Kritik nicht standgehalten... Von bleibender geschichtlicher Bedeutung aber ist das Faktum, daß erhebliche Teile der Öffentlichkeit 1963 und später solche, in die Form dichterischer Fiktionen gekleidete Verleumdungen überhaupt als ernsthafte Thesen diskutieren und akzeptieren konnten",

so das Urteil des Historikers Konrad Repgen.[638] In Großbritannien wurde Hochhuth wegen Verleumdung, begangen durch sein Stück „Soldaten", zu einer hohen Geldstrafe verurteilt, weshalb er heute noch im britischen Fahndungsbuch steht.[639] Auch in Deutschland wäre eine Klage auf Unterlassung nicht ohne Aussicht auf Erfolg gewesen, wie der „Mephisto"-Beschluß des Bundesverfassungsgerichts zeigt.[640] Anstatt einer Klage seitens der Kirche erhielt Hochhuth von einer deutschen Katholischen Akademie die Gelegenheit, seine verleumderischen Angriffe zu wiederholen. Sogar in Bayern hat „Der Stellvertreter" offiziell Eingang in die Schulen gefunden mit verheerenden Auswirkungen, wie man sich unschwer vorstellen kann.[641] Von einem kirchlichen Protest gegen die Entscheidung des Ministerium war nirgendwo die Rede.[642] Wie würden andere Glaubensgemeinschaften protestieren, wenn derlei zu ihren Lasten geschähe, und ganz zu Recht!

Im Jahre 2002 legte Goldhagen nach. Der Pauschalangriff auf *die* Deutschen durch „Hitlers willige Vollstrecker" sollte nun durch einen Pauschalangriff auf *die* katholische Kirche fortgesetzt werden. Mit der Bitte um Besprechung sandte mir der Verlag den Umbruch des „Die katholische Kirche und der Holocaust" betitelten Buches. Schon das erste Durchblättern offenbarte einen eklatanten Fehler. Seite 237 zeigt eine Aufnahme. Darunter steht der Text: „Auf einer NS-Kundge-

---

[637] Karl-Joseph Hummel: „Widerstand? Anpassung? Versagen?", zur debatte 3/2005, S. 20.

[638] Repgen, Konrad: „Katholizismus und Nationalsozialismus – Zeitgeschichtliche Interpretationen und Probleme", Mönchengladbach 1983, S. 6.

[639] Heinz Ludwig Arnold: „Gegen das Getriebe", Frankfurter Allgemeine Zeitung, 28.5.2002.

[640] Der Erbe des berühmten Schauspielers und Intendanten Gustaf Gründgens erwirkte ein Verbot des Buches von Klaus Mann „Mephisto, Roman einer Karriere". Mann hatte mehrere, der Wirklichkeit nicht entsprechende Episoden eingefügt, die ehrenrührig waren und vom Leser möglicherweise für wahr gehalten wurden (Entscheidungen des Bundesverfassungsgerichts Bd. 30, S. 188 ff.).

[641] In „Wort & Co. 9 Sprachbuch für Gymnasien" heißt es zwar erläuternd: „...ein fiktiver, also erfundener, poetischer Text." Doch wird vorausgeschickt, es sei ein „dokumentarisches Theaterstück", das auf „umfangreiches authentisches Material" zurückgreift.

[642] Damit soll nicht gesagt sein, daß es keine Erwiderung kirchlicherseits gegeben habe; siehe u. a. Adolph, Walter: „Verfälschte Geschichte. Antwort an Rolf Hochhuth. Mit Dokumenten und authentischen Berichten", Berlin 1963.

bung in München marschiert Michael Kardinal Faulhaber durch ein Spalier von SA-Leuten."[643]

Richtig hätte es heißen müssen: Nuntius Cesare Orsenigo, der Doyen des Diplomatischen Korps, beim großen Festakt zum 1. Mai 1934.

Orsenigo ist nicht nur eine andere Person als Faulhaber, eine NS-Kundgebung ist auch ein anderer Anlaß als ein staatlicher Festakt, von dem sich der Wortführer der Auslandsvertreter in Deutschland nicht ohne Eklat fernhalten konnte. Die für den postmortalen Ehrenschutz Faulhabers Verantwortlichen ließen sich jedoch mit den gerichtlichen Schritten so lange Zeit, bis die erste Auflage des Buches ausgeliefert war. Die falsche, denunziatorische Unterschrift ist typisch für das ganze Buch. In einer Besprechung heißt es: „Würde man jeden sachlichen Fehler in diesem Buch mit 250 000 Euro ahnden, käme bei der dreistelligen Fehlerzahl eine hohe Millionenstrafe heraus."[644]

Es besteht weder Anlaß noch Raum, diese Fehler hier auszubreiten. Nur einer soll zur Veranschaulichung noch demonstriert werden, weil er gleich dreimal zugemutet wird: auf dem Umschlag, auf dem Buchrücken und auf Seite 194 dieselbe Abbildung:

[643] Goldhagen, Daniel Jonah: „Die katholische Kirche und der Holocaust. Eine Untersuchung über Schuld und Sühne", Berlin 2002, S. 237.

[644] Karl-Joseph Hummel: „Ein Kardinal marschiert nicht", Frankfurter Allgemeine Zeitung, 12.10.2002.

Im Buch steht darunter: „Ein katholisches Wegzeichen und ein antisemitisches Schild wachen 1935 einträchtig über ein fränkisches Dorf." Dem Betrachter drängt sich geradezu der Verdacht auf, daß es sich um eine Photomontage handelt. Wer deshalb das Bildarchiv Preußischer Kulturbesitz, von dem die Aufnahme stammt, anruft und fragt, um welches fränkische Dorf es sich handle, erhält die Antwort:

> „Unbekannt."
> „Wer ist der Photograph?" – „Unbekannt."
> „Sie sehen doch, daß es sich um eine Photomontage handelt!" – „Uns sind auch schon Bedenken gekommen."
> „Warum bieten Sie es dann an?" – „Weil es so begehrt ist!"[645]

Weil die Irreführung begehrt ist, wird dem Wunsche entsprochen. *Mundus vult decipi* – die Welt will betrogen werden. Lüge auf Verlangen. Auch Goldhagen ließ sich offenbar gerne bedienen.[646]

Goldhagen wurde – wie schon Hochhuth – von einer katholischen Akademie eingeladen, seine Injurien nun mündlich zu präsentieren. Dann Diskussion. Auch ich durfte auf dem Podium sitzen. Doch zunächst wurde ich auf Verlangen der an-

---

[645] So lauteten die mir erteilten Auskünfte.

[646] Die Vorlage zur Bildkomposition lieferte Elisabeth Langgässers Kurzgeschichte „Saisonbeginn", wo es heißt: „Man kam also überein, das Schild kurz vor dem Wegekreuz anzubringen." Sie hat jedoch die Geschichte in den Bergen angesiedelt. Von der Autorin heißt es: „Im Mittelpunkt ihrer stark von christlichen Überlegungen beeinflußten Werke steht das Problem von Schuld und Gnade."

deren Seite wieder ausgeladen. Ohne mein Zutun kam es zu Protesten, so daß ich erneut gebeten wurde – für drei Minuten! Sie wurden auf sechs ausgedehnt, mit dem mündlichen Vermerk, Goldhagen nicht mit seinen Fehlern zu konfrontieren. Mehr als ein unwürdiges Spektakel? Zumindest: Außer Spesen nicht viel gewesen. Das Gros der Besucher wollte die Hinrichtung der moralischen Autorität Kirche und hat sie beklatscht. Es wurde nicht um die rechte Erkenntnis gerungen. Wie sollte auch in dieser Atmosphäre und in der Kürze der Zeit!

Denen, die die Kirche verleumden, wird gleichsam auch noch die Kanzel zur Verfügung gestellt, ein Zeichen der Unterwürfigkeit, die weder der Wahrheit noch der Gerechtigkeit dient. Gewöhnung wird zum Gewohnheitsrecht. Da nimmt es nicht wunder, daß auch noch Papst Johannes Paul II. wenige Tage vor seinem Tod kritisiert wurde, weil er es in seinem Buch „Erinnerung und Identität" wagt, aller gewaltsam Getöteten zu gedenken, auch der noch nicht geborenen.[647] Als es 1945 die britische Besatzungsmacht unternahm, einen Hirtenbrief zu verändern, protestierten die Bischöfe ganz energisch und offenbar mit Erfolg.[648] Doch heute wird von ihnen fast alles geschluckt.

Was dem einfachen Laien bleibt, ist der Appell an die Verantwortlichen, sei es gelegen oder ungelegen, die Gebote zu verkünden: „Du sollst Vater und Mutter ehren! Du sollst kein falsches Zeugnis geben!"

In Max Krakauers Buch „Licht im Dunkel" stehen Pastoren und evangelische Pfarrhäuser ganz im Mittelpunkt der geschilderten Hilfen. Doch davon abgesehen findet die evangelische Kirche in den Zeitzeugenberichten kaum Erwähnung. Unser Hauptzeuge, Victor Klemperer, evangelisch getauft und in einer überwiegend evangelischen Region, in Dresden, lebend, bildet insofern keine Ausnahme. Die evangelische Kirche im Land Sachsen hat sich offenbar in der Auseinandersetzung mit dem Nationalsozialismus und seiner Judenpolitik nicht hervorgetan, während das vielfältige Lob, das Klemperer den Deutschen spendet, bei genauerer Betrachtung weit überwiegend der Bevölkerung Dresdens, also der Landeshauptstadt, gilt. Demgegenüber erklärt der erste Pfarrer der wiederaufgebauten Dresdner Frauenkirche anläßlich des Gedenkens an die Zerstörung der Stadt im Februar 1945 im Jahre 2005: „Dresden war keine unschuldige Stadt, sondern eine Nazistadt wie alle anderen."[649] Die Auseinandersetzung mit Klemperer könnte ihn vielleicht nachdenklich machen.

---

[647] Heinz-Joachim Fischer: „Das Golgotha der gegenwärtigen Welt", Frankfurter Allgemeine Zeitung, 6.4.2005.

[648] Hürten, a.a.O., S. 68.

[649] Otto Hofmann: „Holocaust und Abtreibung – Ein Vergleich", Lebendige Gemeinde Bayern, Mai 2005, S. 14.

Mit dieser Kollektivverurteilung steht der Pfarrer nicht allein. Kollektive Schuldzuweisungen an die eigene Adresse haben in der evangelischen Kirche seit Kriegsende Tradition. So heißt es in der „Erklärung der Evangelisch-Lutherischen Kirche in Bayern zum Thema ‚Christen und Juden‘" vom Herbst 1998:

> „Der Weg zu einer Erneuerung des Verhältnisses von Christen und Juden muß notwendigerweise
> über die Erkenntnis der Mitschuld der Christen an der Verfolgung und Vernichtung von Kindern,
> Frauen und Männern jüdischer Herkunft… führen."[650]

Es fehlt jede Präzisierung: Wer sind die Christen? Auch die heute Lebenden? Auch
die Judenchristen? Auch die Christen anderer Konfessionen, anderer Nationalitäten? Gibt es Ausnahmen und, falls ja, welche?

Angesichts dieser auf jede subtile Begründung verzichtenden Rigorosität stellt
sich die Frage, ob es sich die Verantwortlichen nicht zu leicht machen. Die Kollektivschuld, die man früher anderen angelastet hat, wird nun ohne Skrupel einem
neuen Kollektiv zugewiesen. So wird man auch in der Gegenwart dem Zeitgeist
gerecht. Daß es anders geht, bekunden die Autoren, wenn sie schreiben:

> „Entgegen der oft eingeübten Praxis muß jede pauschalisierende Gegenüberstellung von Juden
> tum… oder wesentlichen Inhalten der jüdischen Religion… zu der christlichen Botschaft aufge
> geben werden und einer sorgfältig differenzierenden Sichtweise weichen."[651]

Warum hier und nicht auch dort, wo Menschen ein Megaverbrechen zur Last gelegt wird?

6.7 War das Volk ein Trost? – Eine Zusammenfassung

„Das Volk ist ein Trost" lautet der Buchtitel. Hat der Chor der Zeugen diese Sicht
Jochen Kleppers bestätigt? „Volk" ist ein Kollektiv. Nur selten treffen Aussagen,
die über ein Kollektiv gemacht werden, auf alle einzelnen zu, die in ihrer Gesamtheit das Kollektiv bilden, man denke nur an die Urteilsformel: „Im Namen des
Volkes"; „Im Namen des deutschen Volkes."

Deshalb hätte ich nicht so formuliert. Aber der Satz stammt von einem hoch angesehenen Literaten – bis 1933 Mitarbeiter des „Vorwärts", des Zentralorgans der
SPD –, der mit einer Jüdin verheiratet war, die zwei jüdische Kinder mit in die Ehe
gebracht hatte. Mit Frau und Tochter Renerle – die andere Tochter war ausgewandert – wählte er den Freitod, weil er die Deportation Renerles nicht erleben wollte,
nicht ertragen konnte. Die von ihm getexteten Kirchenlieder werden noch heute
in evangelischen wie katholischen Gemeinden gesungen, so „Gott wohn in einem

---

[650] Breit, Dieter (Hg. im Auftrag des Präsidenten der Landessynode der Evangelisch-Lutherischen Kirche in Bayern): „Schuld und Verantwortung. Ein Wort der Kirche zum Verhältnis von Christen und
Juden", München 1999, S. 74.
[651] Breit, a.a.O., S. 76.

Lichte". Da erscheint es gerechtfertigt, sein „Das Volk ist ein Trost" als provokativen Anstoß zur Reflexion zu wählen, zumal sich auch Victor Klemperer und zahlreiche andere Juden fast wortgleich geäußert haben. Der denkbare Einwand, die Ermordeten konnten sich nicht äußern und ihre Erfahrungen schildern, vergißt, daß die Mehrheit der Juden, die 1933 in Deutschland lebten, der Vernichtung entgangen ist.[652]

Zum Volk, zum deutschen Volk zählten Hunderttausende, wenn nicht Millionen blinder, nicht selten brutaler Gefolgsleute des „Führers". Aber das Volk bestand aus weit über 60 Millionen. Die Zustimmung zu Hitler konnte sich auf einzelne Erfolge seiner Politik beschränken oder das große Ganze umfassen. Dazwischen gab es schier endlose Abstufungen, die, was das Ausmaß der Zustimmung anlangt, nie erfaßbar sein werden. Daneben stand das totale Nein zu Hitler von Anfang an, eben die stumme Haltung des anderen Deutschland.

Die Zeugenaussagen untermauern die Sicht der Jüdin Eva Reichmann, wissenschaftliche Mitarbeiterin des Zentralvereins deutscher Staatsbürger jüdischen Glaubens, mit Blick auf das Gros der Bevölkerung:

> „Die geringe Zahl spontaner Gewaltakte gegen Juden vor und selbst nach der nationalsozialistischen Machtergreifung sowie die durchschnittliche Zurückhaltung gegenüber Boykottparolen, deren Durchführung nicht gewaltsam erzwungen wurde, lassen Rückschlüsse auf den geringen Tiefgang der antisemitischen Stimmung selbst in diesen kritischen Jahren zu. Alle diese Feststellungen sind nicht absolut zu nehmen, sondern relativ zu der Ungeheuerlichkeit des aktiven Judenhasses, der nach der hemmungslosen Propaganda hätte erwartet werden müssen."[653]

Was die Haltung der Bevölkerung zum Pogrom vom November 1938 anlangt, so nehmen alle unverdächtigen Zeugen, die Juden wie die ausländischen Diplomaten und Journalisten, „vor allem ein Volk in tiefer Depression wahr. Jeder, der widersprechen wollte, hatte längst begriffen, daß er auf keinerlei Schutz durch Behörden, Gerichte oder Nachbarn hoffen durfte."[654]

Der Jude Heinz David Leuner ergänzt mit Blick auf die Stigmatisierung:

> „Wenn die Regierung gehofft hatte, den Menschen, die den Gelben Stern trugen, würde von seiten der Bevölkerung Hohn und Spott entgegenschlagen und sie von den Straßen vertreiben, so mißlang dieser Plan; zwar gab es einige Fanatiker..., aber weit mehr reagierten mit Ausdrücken des Mitleids und Erbarmens."[655]

---

[652] In der „Enzyklopädie des Holocaust" heißt es (siehe Gutman, Israel u. a. (Hg.): „Enzyklopädie des Holocaust. Die Verfolgung und Ermordung der europäischen Juden", 3 Bde., München o. J.: „Deutschland"): „Von den schätzungsweise 566 000 Juden..., die bei Hitlers Machtantritt in Deutschland gelebt hatten, wurden rund 200 000 Opfer der NS-Vernichtungspolitik."

[653] Reichmann, a.a.O., S. 288.

[654] Gillessen: „Die Benennung".

[655] Leuner, a.a.O., S. 88.

Die Urheber des Verbrechens sahen es ebenso. Erinnert sei an Goebbels' Klage gegenüber Hitler:

> „Die Einführung des Judensterns hat genau das Gegenteil von dem bewirkt, was erreicht werden sollte, mein Führer! Wir wollten die Juden aus der Volksgemeinschaft ausschließen. Aber die einfachen Menschen meiden sie nicht, im Gegenteil, sie zeigen überall Sympathie für sie. Dieses Volk ist einfach noch nicht reif und steckt voller Gefühlsduseleien!"[656]

— Da drängt sich doch die Frage auf, ob es wirklich abwegig war, wenn Klepper urteilte: „Das Volk ist ein Trost."

Gleichgültigkeit gegenüber dem furchtbaren Los anderer, ob Juden oder nicht, war sicherlich weit verbreitet – wie früher so noch heute. Doch wo es zu einer persönlichen Begegnung mit den Leidenden kam, wurde überraschend oft, auch unter Gefahr, Beistand geleistet. So werden die Lebensmittelhändler häufig als Helfer herausgestellt. Dies läßt Rückschlüsse auf die Allgemeinheit zu, deren einzelne Glieder mehrheitlich wohl ebenso geholfen hätten, wären sie angegangen worden und in der Lage gewesen, Beistand zu leisten. Oder was spricht dagegen?

Anders als der Boykott vom 1. April 1933, die Reichspogromnacht vom 9./10. November 1938, die Anweisung, den Judenstern ab dem 19. September 1941 zu tragen, war die Deportation ein Prozeß, der sich über viele Monate hinzog und meist tunlichst unter Ausschluß der Öffentlichkeit abgewickelt wurde. Die Auswanderung/Vertreibung, dann Deportation war wohl allgemein bekannt, aber Augenzeugen gab es sicherlich nicht mehr als einen aus einhundert. Von Beifall ist höchst selten die Rede, jedoch von Anteilnahme und – schwachen – Protesten, um sich nicht selbst allzusehr zu gefährden. So lautet das Fazit unter Berücksichtigung aller jüdischen und sonstigen Zeitzeugen: Die Mehrheit der Deutschen hat Hitlers brutale Judenpolitik nicht bejaht, auch viele jener Deutschen nicht, die ihm sonst reichlich Beifall gespendet haben.[657] Oder, um es mit den Worten eines Emigranten zu sagen, der es in den USA zu hohem Ansehen brachte: „Es gibt keinen Beweis, der belegt, daß die Mehrzahl der Deutschen von der Judenvernichtung wußte, und nichts in der deutschen Geschichte weist darauf hin, daß sie sie gebilligt hätten, falls sie es denn gewußt hätten."[658]

---

[656] Bankier, a.a.O., S. 175.

[657] Von Thomas Mann gibt es mehrere Beurteilungen des deutschen Volkes, die schwerlich in Einklang zu bringen sind. Im Mai 1943 äußerte er über BBC (abgedruckt in Scholl, a.a.O., S. 198): „Ich sage: Ehre den Völkern Europas! Und ich füge etwas hinzu, was im Augenblick manchem, der mich hört, befremdlich klingen mag: Ehre und Mitgefühl auch dem deutschen Volk! Die Lehre, daß man zwischen ihm und dem Nazitum nicht unterscheiden dürfe,… ist unhaltbar und wird sich nicht durchsetzen." Genau zwei Jahre später („Essays. Meine Zeit" Bd. 6 Frankfurt am Main 1997, S. 12): „Die Menschheit schaudert sich. Vor Deutschland? Ja, vor Deutschland."

[658] Blumenthal, a.a.O., S. 676.

Wer die „arischen" Deutschen als Kollektiv, mit Hitler an der Spitze, vor Augen hat, für den mag es angesichts der gigantischen Leichenberge der NS-Ära ein leichtes sein, alle diese Deutschen pauschal zu belasten, sie als „mitverantwortlich" anzuprangern. Wer sich aber auf die Zeitzeugenberichte einläßt, der begegnet Individuen aus Fleisch und Blut, Tätern und Mitläufern, aber auch Trauernden und Weinenden, Empörten und Hilfsbereiten. Dann ist es ihm kaum noch möglich, als ungeprüfter und unerfahrener Genießer eines freiheitlichen Rechtsstaates über die der Freiheit beraubten Menschen in Hitlers Machtbereich vorschnell den Stab zu brechen und so seiner moralischen Selbstgerechtigkeit zu frönen. Ist moralisch gerechtfertigt, wer auf andere mit den Fingern zeigt, ohne sich halbwegs sicher zu sein, daß er in gleicher Lage besser gehandelt hätte?

Gegen jene, die Leo Baeck aus diversen Gründen Vorhaltungen machen wollen, werden die „Sprüche der Väter" zitiert: „Beurteile deinen Nächsten nicht, bis du an seine Stelle gekommen." Diese „Sprüche der Väter" gelten für uns alle. Keiner von denen, die sich damals bewährt haben, hat Anklage erhoben. Wer von den Anklägern setzt sich heute in Wort und Tat für die weltweite Umsetzung der Menschenrechte ein?

Am 7. Mai 2005 veröffentlichte „Le Figaro" einen Artikel „60 ANS APRÈS LA CAPITULATION DE L'ALLEMAGNE – La culpabilité hante toujours les Allemands" – „60 Jahre nach der Kapitulation Deutschlands Das Schuldgefühl verfolgt die Deutschen (noch) immer".[659] Darin wird die Frage aufgeworfen, ob man den Deutschen trauen könne.

Solange es die in Deutschland herrschende Meinung unterläßt, eingedenk der Verpflichtung, die Würde des Menschen zu achten, jeden Schuldvorwurf, auch den gegenüber den eigenen Vorfahren, anhand der bewährten Kriterien gewissenhaft zu prüfen, bevor er zum unanfechtbaren Endurteil erhoben wird, scheint ein solches Vertrauen auf Sand gebaut.

Als später Zeitzeuge habe ich noch Individuen vor Augen: meinen Vater, meine Mutter, deren Eltern und Geschwister, die anderen Verwandten und Dutzende von Bekannten. Ich frage mich, wen von ihnen ich auch nur ansatzweise mit einem Megaverbrechen in Verbindung bringen darf, solange ich mich an die ethischen Vorgaben der Bibel und des Grundgesetzes halte, die, wie zitiert, lauten: „Ehre deinen Vater und deine Mutter." „Du sollst nicht falsch gegen deinen Nächsten aussagen." „Die Würde des Menschen ist unantastbar." Diese Gebote ver-

---

[659] Pierre Bocev: LE FIGARO, 7.5.2005.

pflichten, das zu tun, was dieses Buch versucht: den in bitteren Jahren Lebenden Gerechtigkeit zuteil werden zu lassen.[660]

6.8 Pro memoria – Ein Resümee

Die Zusammenschau aller Aufzeichnungen der in Deutschland lebenden Juden ergibt ein weitgehend übereinstimmendes Bild, das von anderen Quellen bestätigt wird:

1. Vor Hitlers Machtantritt waren die Juden weder in politischer noch in gesellschaftlicher oder religiöser Hinsicht eine Einheit. Ihre Ausgrenzung ab 1933 hat integrierend gewirkt.

2. Zwischen Juden und Nichtjuden gab es in Deutschland vor 1933 keine außergewöhnlichen Spannungen.

3. Immer mehr Juden fanden in der Gesellschaft Anerkennung. Ihr Einfluß auf Wirtschaft und Wissenschaft, Presse und Kultur war groß.

4. In den Schulen gab es so gut wie keine Diskriminierung, ab 1933 seitens der Lehrer und Schüler vereinzelt.

5. Hitler wurde nicht wegen seines Antisemitismus gewählt, sondern als „Retter in der Not".

6. Der Juden-Boykott vom 1. April 1933 war für die Veranstalter kein Erfolg.

7. Der Pogrom des Jahres 1938 wurde von der großen Mehrheit des deutschen Volkes mißbilligt.

8. Die Deportationen der Juden wurden kaum wahrgenommen.

9. Wer über das Schicksal der Deportierten Bescheid wußte, hat meist geschwiegen, ob Jude oder nicht.

---

[660] Die überaus mutige Journalistin Ursula von Kardorff empfand ähnlich, wie es in der Einführung zu ihren „Berliner Aufzeichnungen" (S. 22 f.) heißt: „In das Entsetzen und den Haß auf die Täter mischte sich ein verletztes Gerechtigkeitsempfinden darüber, daß nun alle Deutschen gleichermaßen für diese Schuld aufkommen sollten. Wie sollten die Außenstehenden ermessen können, was in all den Jahren wirklich in den Köpfen der Menschen vorgegangen war?" Kardorff selbst: „Als ob diese Leute auch nur einen blassen Schimmer von der deutschen Tragödie haben."
Sinngleich neueren Datums ein Leserbriefschreiber in der Frankfurter Allgemeine Zeitung (Fritz Süllwold, 17.11.2003): „Ältere Deutsche, die als Zeitgenossen und Normalbürger die nationalsozialistische Epoche bewußt erlebt haben, hegen in der Regel nicht die Vorstellung vom Holocaust als einem Gemeinschaftswerk des deutschen Volkes. Das hat nichts mit dem von Geschichtspolitikern gern benutzten Konstrukt der ‚Verdrängung' beziehungsweise mit Schuldabwehr, Selbstrechtfertigung oder Selbsttäuschung zu tun, sondern ist Ausfluß konkreter persönlicher Erfahrung."

10. Nicht einmal alle fanatischen Hitleranhänger und Antisemiten haben Hitlers Judenpolitik bejaht.

11. Alle Gegner des Regimes lebten in großer Angst. Niemand hat Protest gewagt.

12. Zehntausende haben – den Geboten des Staates zuwider – praktische Hilfe geleistet. Viele von ihnen wurden mit Freiheitsentzug bestraft. Manche haben dabei ihr Leben verloren.

13. Wo Begeisterung fehlte, haben Terror und Furcht den Staatsapparat funktionstüchtig gemacht und erhalten.

14. Aus allen Teilen des Reiches gibt es Berichte, wonach der verbotene Aufenthalt von Juden selbst dort nicht verraten wurde, wo viele heterogene Menschen darüber Bescheid wußten.

15. „Ein Volk, ein Reich, ein Führer" war eine Parole, die selbst von der NS-Führung nicht geglaubt wurde.

16. Das Volk stand mehrheitlich nicht hinter der NS-Regierung, auch wenn es einige innen- und außenpolitische Erfolge begeistert begrüßte.

17. Die amtlichen Spitzelberichte waren für die politischen Führer so unerfreulich, daß lange vor Kriegsende auf sie verzichtet wurde.

18. Die NS-Judenpolitik hat den deutschen Widerstand motiviert.

19. Christen nahmen besonderen Anteil am Los der Juden.

20. Das Gros der jüdischen Zeitzeugen hat der Mehrheit des deutschen Volkes ein gutes Zeugnis ausgestellt.

Literaturverzeichnis

Bücher und größere Aufsätze

Adam, Uwe Dietrich: „Zur Entstehung und Auswirkung des Reichsbürgergesetzes" in: Beilage zur Wochenzeitung Das Parlament B 48/85 vom 30. November 1985

Adenauer, Konrad: „Briefe 1945–1947", o.O. o. J.

Adolph, Walter: „Verfälschte Geschichte. Antwort an Rolf Hochhuth. Mit Dokumenten und authentischen Berichten", Berlin 1963

Akten der Reichskanzlei, siehe Hartmannsgruber

Albrecht, Dieter: „Der Notenwechsel zwischen dem Heiligen Stuhl und der deutschen Reichsregierung I", Mainz 1965

Albert, Marcel: „Die Benediktinerabtei Maria Laach und der Nationalsozialismus", Paderborn 2004

Aly, Götz: „Die vielfachen Tatbeiträge zum Mord an den europäischen Juden" Frankfurter Allgemeine Zeitung, 15.1.2002

ders.: „‚Hitlers Volksstaat'. Raub, Rassenkrieg und nationaler Sozialismus", Frankfurt am Main 2005

Andreas-Friedrich, Ruth: „Der Schattenmann. Aufzeichnungen 1938–1945", Frankfurt am Main 1986

Arendt, Hannah: „Eichmann in Jerusalem. Ein Bericht über die Banalität des Bösen", München 1964

dies.: „Elemente und Ursprünge totaler Herrschaft", Frankfurt am Main 1955.

Aron, Raymond: „Erkenntnis und Verantwortung – Lebenserinnerungen", München 1985

Backhaus, Fritz: „‚Ein Experiment des Willens zum Bösen' – Überleben in Theresienstadt", in: Heuberger a.a.O., S. 110 ff.

Bankier, David: „Die öffentliche Meinung im Hitler-Staat. Die ‚Endlösung' und die Deutschen. Eine Berichtigung", Berlin 1995

Barkai, Avraham: „‚Wehr dich!' Der Centralverein deutscher Staatsbürger jüdischen Glaubens (C.V.) 1893–1938", München 2002

Behrend-Rosenfeld, Else: „Ich stand nicht allein. Leben einer Jüdin in Deutschland 1933–1944", München 1988

Benz, Wolfgang: „Die Juden und die nationale Identität", in: Deutschland-Archiv 3/2004, S. 475

ders.: „Die deutschen Juden und der Nationalsozialismus 1933–1939", in: Beilage zur Wochenzeitung Das Parlament 43/88, S. 22 ff.

ders.: „Das Tagebuch der Hertha Nathorff. Berlin – New York. Aufzeichnungen 1933 bis 1945", München 1987

ders.: „Die Juden in Deutschland 1933–1945. Leben unter nationalsozialistischer Herrschaft", München 1988

ders.: „Überleben im Dritten Reich. Juden im Untergrund und ihre Helfer", München 2003

Benz, Wolfgang; Bergmann, Werner (Hg.): „Vorurteil und Völkermord. Entwicklungslinien des Antisemitismus", Bonn 1997

Blaschke, Olaf: „Katholizismus und Antisemitismus im Deutschen Kaiserreich", Göttingen 1997

Blasius, Dirk u.a. (Hg.): „Zerbrochene Geschichte. Leben und Selbstverständnis der Juden in Deutschland", Frankfurt am Main 1991

Blumenfeld, Kurt: „Erlebte Judenfrage. Ein Vierteljahrhundert deutscher Zionismus", Stuttgart 1962

Blumenthal, Werner Michael: „Die unsichtbare Mauer. Die dreihundertjährige Geschichte einer deutsch-jüdischen Familie", München 2000

Boberach, Heinz (Hg.): „Meldungen aus dem Reich. Die geheimen Lageberichte des Sicherheitsdienstes der SS 1938–1945", Herrsching 1984, 17 Bde. inklusive Registerband

Boehm, Eric H. (Hg.): „We Survived. Fourteen Histories of the Hidden and Hunted of Nazi Germany", Oxford 1985

Brechenmacher, Thomas: „Das Ende der doppelten Schutzherrschaft. Der Heilige Stuhl und die Juden am Übergang zur Moderne (1775–1870)", Stuttgart 2004

Breit, Dieter (Hg. im Auftrag des Präsidenten der Landessynode der Evangelisch-Lutherischen Kirche in Bayern): „Schuld und Verantwortung. Ein Wort der Kirche zum Verhältnis von Christen und Juden", München 1999

Breitmann, Richard: „Der Architekt der ‚Endlösung'. Himmler und die Vernichtung der europäischen Juden", Paderborn 1991 ders.: „Staatsgeheimnisse. Die Verbrechen der Nazis – von den Alliierten toleriert", München 1999

Broszat, Martin u.a. (Hg.): „Bayern in der NS-Zeit. Soziale Lage und politisches Verhalten der Bevölkerung im Spiegel vertraulicher Berichte", München 1977

ders.: „Der Staat Hitlers. Grundlegung und Entwicklung seiner inneren Verfassung", München 1969

Browning, Christopher: „Die Entfesselung der ‚Endlösung‘", Berlin 2003

Bruhns, Wibke: „Meines Vaters Land. Die Geschichte einer deutschen Familie", o.O. 2004

Buber, Martin: „Werke" Bd. 2, „Schriften zur Bibel", München 1964

Buchheim, Hans: „Anatomie des SS-Staates", 2 Bde., München 1979

Buchner, Franz: „Kamerad! Halt aus! Aus der Geschichte des Kreises Starnberg der NSDAP", München 1938

Carsten, Francis L.: „Widerstand gegen Hitler. Die deutschen Arbeiter und die Nazis", Frankfurt am Main 1996

Cesarani, David; Levine, Paul (Hg.): „‚Bystanders‘ to the Holocaust: A Re-evaluation", London 2002

Conzemius, Victor: „Schweizer Katholizismus 1933–1945. Eine Konfessionskultur zwischen Abkapselung und Solidarität", Zürich 2001

Courtois, Stéphane u. a. (Hg.): „Das Schwarzbuch des Kommunismus. Unterdrückung, Verbrechen und Terror", München 1998

ders.: „Schwarzbuch des Kommunismus. Unterdrückung, Verbrechen und Terror.", Bd. 2, München 2004

Craig, Gordon A; Gilbert, Felix (Hg.): „The Diplomats", New Jersey 1953

Dahm, Volker: „Das jüdische Buch im Dritten Reich", München 1993

Dalin, David: „The Myth of Hitler's Pope", Washington 2004

Degen, Michael: „Nicht alle waren Mörder. Eine Kindheit in Berlin", München 2001

Deutschkron, Inge: „Ich trug den gelben Stern", München 1985

Diekmann, Irene: „Das Wilkomirski-Syndrom", Zürich 2002

Dippel, John: „Die große Illusion. Warum deutsche Juden ihre Heimat nicht verlassen wollten", Weinheim 1997

Dipper, Christof: „Der Widerstand und die Juden", in: Schmädeke a.a.O., S. 598 ff.

Doerry, Martin: „‚Mein verwundertes Herz'. Das Leben der Lilli Jahn 1900–1944", Stuttgart 2002

Dörner, Bernward: „‚Heimtücke': Das Gesetz als Waffe. Kontrolle, Abschreckung und Verfolgung in Deutschland 1933–1945", Paderborn 1998

Drossel, Heinz: „Die Zeit der Füchse", Lahr 2000

Dunker, Ulrich: „Der Reichsbund jüdischer Frontsoldaten, 1919–1938", Düsseldorf 1977

Dürkefälden, Karl: „‚Schreiben, wie es wirklich war…' Die Aufzeichnungen Karl Dürkefäldens aus der Zeit des Nationalsozialismus", Niedersächsische Landeszentrale für politische Bildung, Hannover 1985

Ecclesia Catholica: „Katechismus der Katholischen Kirche" München 1993

Elbogen,Ismar; Sterling, Eleonore: „Die Geschichte der Juden in Deutschland", Frankfurt am Main 1988

Elkan, Wolf „Ich hätte Hitler auch gewählt'", in: Limberg; Rübsaat, a.a.O., S. 20 ff.

Erdmann, Karl Dietrich: „Der Zweite Weltkrieg", in: Gebhardt, Bruno: „Handbuch der deutschen Geschichte", München 1980

Falter, Jürgen W.: „Hitlers Wähler", München 1991

ders.: „Warum schwieg das Rote Kreuz? Eine internationale Organisation und das Dritte Reich", München 1994

Faulhaber, Michael von: „Judentum, Christentum, Germanentum", München o.J. (1934)

ders.: „Akten Kardinal Michael von Faulhabers 1917–1945, Bd. 1, 1917–1934" (bearbeitet von Ludwig Volk), Mainz 1975

Favez, Jean-Claude: „Das Internationale Rote Kreuz und das Dritte Reich. War der Holocaust aufzuhalten?", München 1989

Fest, Joachim C.: „Hitler", 2 Bde., Frankfurt am Main 1983

Feuchtwanger, Ludwig: „Gesammelte Aufsätze zur jüdischen Geschichte", Berlin 2003

Finkelstein, Norman; Birn, Ruth Bettina: „Eine Nation auf dem Prüfstand. Die Goldhagen-These und die historische Wahrheit", Hildesheim 1998

Fogelman, Eva: „‚Wir waren keine Helden.‘ Lebensretter im Angesicht des Holocaust. Motive, Geschichten, Hintergrund“, München 1998

Ford, Franklin L.: „Three Observers“, in: Craig: a.a.O., S. 420 ff.

Frank, Anne: „Anne Frank Tagebuch“, Frankfurt am Main 2001

Frankl, Viktor Emil: „… trotzdem Ja zum Leben sagen“

Frederickson, George M.: „Rassismus. Ein historischer Abriß“, Hamburg 2004

Friedländer, Saul: „Das Dritte Reich und die Juden. Die Jahre der Verfolgung 1933–1939“, München 1997

Friedler, Eric; Siebert, Barbara; Kilian, Andreas: „Zeugen aus der Todeszone. Das Jüdische Sonderkommando in Auschwitz“, Lüneburg 2002

Friedrich, Karin: „‚Er ist gemein zu unseren Freunden…‘ Das Rettungsnetz der Gruppe ‚Onkel Emil‘“, in: Benz (Hg.): „Überleben“, a.a.O., S. 97 ff.

Fromm, Bella: „Als Hitler mir die Hand küßte“, Berlin 1993

Galen, Bischof Clemens August Graf von: „Akten, Briefe und Predigten 1933–1946“, 2 Bde. (bearbeitet von Peter Löffler), Mainz 1988

Gay, Peter: „Meine deutsche Frage. Jugend in Berlin 1933–1939“, München 1999

Geisel, Eike; Broder, Henryk M. (Hg.): „Premiere und Pogrom. Der Jüdische Kulturbund 1933–1941. Texte und Bilder“, Berlin 1992

Gellately, Robert: „Hingeschaut und weggesehen. Hitler und sein Volk“, Lizenzausgabe für die Bundeszentrale für politische Bildung, Bonn 2004

Gillessen, Günther: „Die Benennung des Fürchterlichen. ‚Reichskristallnacht‘ oder Pogrom? Auswärtige Berichte“, Frankfurter Allgemeine Zeitung Nr. 259 III, 1999.

ders.: „Der organisierte Ausbruch des Hasses. Die ‚Reichskristallnacht‘ vor fünfzig Jahren“, Frankfurter Allgemeine Zeitung Nr. 259, 1988

Gillmann, Sabine; Mommsen, Hans (Hg.): „Politische Schriften und Briefe Carl Friedrich Goerdelers Teil 2“, München 2003

Ginzel, Günther: „Jüdischer Alltag in Deutschland“, Düsseldorf 1984

Giordano, Ralph: „Die zweite Schuld oder Von der Last Deutscher zu sein“, Hamburg 1987

Goebbels, Joseph: „Die Tagebücher von Joseph Goebbels“. Im Auftrag des Instituts für Zeitgeschichte herausgegeben von Elke Fröhlich, Teil I Aufzeichnungen 1923–1941, München 1993 ff.; Teil II Diktate 1941–1945, München 1995 ff.

Goerdeler, siehe Gillmann

Goldhagen, Daniel Jonah: „Die katholische Kirche und der Holocaust. Eine Untersuchung über Schuld und Sühne", Berlin 2002

ders.: „Hitlers willige Vollstrecker. Ganz gewöhnliche Deutsche und der Holocaust", Berlin 1996

Goldmann, Felix: „Vom Wesen des Antisemitismus", Berlin 1928

Gordon, Sarah: „Hitler, Germans and the ‚Jewish Question'", Princeton 1984

Gorschenek, Günter; Reimers, Stephan (Hg.): „Offene Wunden – brennende Fragen. Juden in Deutschland von 1938 bis heute", Frankfurt am Main 1989

Grab, Walter; Schoeps, Julius H. (Hg.): „Juden in der Weimarer Republik. Skizzen und Porträts", Darmstadt 1998

Graml, Hermann: „Zur Genesis der ‚Endlösung'", in: Pehle, a.a.O., S. 160 ff.

Greif, Gideon: „‚Wir weinten tränenlos…' Augenzeugenberichte des jüdischen ‚Sonderkommandos' in Auschwitz", Frankfurt am Main 1999

Gröber, Conrad (Hg.): „Handbuch der religiösen Gegenwartsfragen", Freiburg 1937

Groppe, Lothar: „Licht in der Nacht. Der selbstlose helfende Einsatz vieler Unbekannter in der Kirche für Juden", Theologisches Nr. 177 (Januar 1985) Spalte 6171 ff.

Groß, Alexander: „Gehorsame Kirche – ungehorsame Christen im Nationalsozialismus", Mainz 2000

Grosser, Alfred: „Ermordung der Menschheit. Der Genozid im Gedächtnis der Völker", München 1990

ders.: „Mein Deutschland", München 1996

Grossman, David: „Diesen Krieg kann keiner gewinnen", Tel Aviv 2003

Grossmann, Kurt: „Die unbesungenen Helden. Menschen in Deutschlands dunklen Tagen", Berlin 1961

Gruchmann, Lothar: „‚Blutschutzgesetz' und Justiz. Zu Entstehung und Auswirkung des Nürnberger Gesetzes vom 15. September 1935", in: Vierteljahreshefte für Zeitgeschichte 31 (1983), S. 418 ff.

Gruner, Wolf: „Der geschlossene Arbeitseinsatz deutscher Juden. Zur Zwangsarbeit als Element der Verfolgung 1938–1943", Berlin 1997

Gut Opdyke, Irene; Armstrong, Jennifer: „Wer ein Leben rettet… Eine wahre Geschichte aus dem Holocaust", München 1999

Gutman, Israel u. a. (Hg.): „Enzyklopädie des Holocaust. Die Verfolgung und Ermordung der europäischen Juden", 3 Bde., München o.J.

Habe, Hans: „Ich stelle mich", München 1986

Haffner, Sebastian: „Anmerkungen zu Hitler", München 1978

Hartmann, Christian: „Verbrecherischer Krieg – verbrecherische Wehrmacht?" in: Vierteljahreshefte für Zeitgeschichte 1 / 04

Hartmann, Christian; Hürter Johannes: „Die letzten 100 Tage des Zweiten Weltkriegs", München 2005

Hartmannsgruber, Friedrich (Bearb.): „Akten der Reichskanzlei. Regierung Hitler, Bd. II: 1934/35", München 1999

Hassell, Ulrich von: „Die Hassell-Tagebücher 1938–1944. Aufzeichnungen vom anderen Deutschland", Berlin 1988

Hauser, Martin: „Auf dem Heimweg. Aus dem Tagebuch eines deutschen Juden 1929–1945", Bonn 1975

Hecht, Cornelia: „Deutsche Juden und Antisemitismus in der Weimarer Republik", Bonn 2003

Hehl, Ulrich von; Kösters, Christoph (Bearb.): „Priester unter Hitlers Terror. Eine biographische und statistische Erhebung", 2 Bde., Paderborn 1996

Heid, Ludger; Schoeps, Julius H. (Hg.): „Juden in Deutschland. Von der Aufklärung bis zur Gegenwart. Ein Lesebuch", München 1994

Heinsohn, Gunnar: „Lexikon der Völkermorde", Reinbek 1998

Heppner, Ernest G.: „Fluchtort Shanghai. Erinnerungen 1938–1948", Bonn 1998

Herman-Friede, Eugen: „Für Freudensprünge keine Zeit. Erinnerungen an Illegalität und Aufbegehren 1942–1948", Berlin 2002

Herrmann, Klaus: „Das Dritte Reich und die deutsch-jüdischen Organisationen 1933–1934", Köln 1969

Herzberg, Heinrich: „Dienst am höheren Gesetz. Dr. Margarete Sommer und das ‚Hilfswerk beim Bischöflichen Ordinariat Berlin'", Berlin 2000

Heuberger, Georg (Hg.): „Leo Baeck. 1873–1956. Aus dem Stamm von Rabbinern", Frankfurt am Main 2001

Heusler, Andreas; Weger Tobias: „„Kristallnacht". Gewalt gegen die Münchner Juden im November 1938", München 1998

Hildebrand, Alice von: „Die Seele eines Löwen. Dietrich von Hildebrand", Düsseldorf 2003

Himmler, Heinrich: „Geheimreden 1933 bis 1945", siehe Smith; Peterson

Höhne, Heinz: „Die Zeit der Illusionen. Hitler und die Anfänge des Dritten Reiches 1933–1936", Düsseldorf 1933-1936

Höpfl, Bernhard: „Katholische Laien im nationalsozialistischen Bayern. Verweigerung und Widerstand zwischen 1933 und 1945", Paderborn 1997

Hoffmann, Peter: „Widerstand. Staatsstreich. Attentat. Der Kampf der Opposition gegen Hitler", München 1979

Hoffmann, Ruth: „Meine Freunde aus Davids Geschlecht", Berlin 1955

Hopp, Erich: „„Your Mother has twice given you Life"", in: Boehm a.a.O., S. 98 ff.

Horbach, Michael: „So überlebten sie den Holocaust. Zeugnisse der Menschlichkeit 1933–1945", München 1979

Horchem, Hans Jochen: „Kinder im Krieg. Kindheit und Jugend im Dritten Reich", Hamburg 2000

Hosenfeld, Wilm: „„Ich versuche jeden zu retten". Das Leben eines deutschen Offiziers in Briefen und Tagebüchern", München 2004

Hürten, Heinz: „Deutsche Katholiken 1918 bis 1945", Paderborn 1992

ders.: „Selbstbehauptung und Widerstand der katholischen Kirche", in: Schmädeke a.a.O., S. 240 ff.

Internationales Komitee vom Roten Kreuz: „Die Tätigkeit des IKRK zugunsten der in den Deutschen Konzentrationslagern inhaftierten Zivilpersonen (1939–1945)", o.O. 1985

Isensee, Josef: „Tabu im freiheitlichen Staat. Jenseits und diesseits der Rationalität des Rechts", Paderborn 2003

Jaene, Hans Dieter: „Wie wir Hitler fanden. Familiengeschichte für Spätgeborene", Berlin 1998

Jaspert, Bernd (Hg.): „Erinnern – Verstehen – Versöhnen. Kirche und Juden in Hessen 1933–1945", Evangelischer Presseverband, Kassel 1992

Jesse, Eckart: „Reichstagsbrand und Reichstagsbrandprozeß. Historische Ereignisse und ihre Deutung", in: Bayerische Landeszentrale für politische Bildungsarbeit (Hg.): „Die Anfänge der braunen Barbarei", München 2004, S. 173 ff.

Johnson, Eric A.: „Der nationalsozialistische Terror. Gestapo, Juden und gewöhnliche Deutsche", Berlin 2001

Joseph, Rolf: „Rags, Picklocks and Pliers", in: Boehm, a.a.O.

Jüdisches Museum der Stadt Wien (Hg.): „Die Macht der Bilder. Antisemitische Vorurteile und Mythen", Wien 1995

Kann, Robert A. (Hg.): „Erinnerungen von Valerie Wolffenstein", Salzburg 1981

Kaplan, Chaim: „Buch der Agonie. Das Warschauer Tagebuch", Frankfurt am Main 1967

Kaplan, Marion (Hg.): „Geschichte des jüdischen Alltags in Deutschland vom 17. Jahrhundert bis 1945", München 2003

Kardorff, Ursula von: „Berliner Aufzeichnungen 1942 bis 1945", München 1992

Kempner, Benedicta Maria: „Priester vor Hitlers Tribunalen", München 1996

Kershaw, Ian: „German Popular Opinion and the ‚Jewish Question', 1939–1943: Some further Reflections", in: Paucker (Hg.), a.a.O., S. 365

ders.: „German Popular Opinion during the ‚Final Solution': Information, Comprehension, Reactions", in: Aser Kohen (Hg.): „Comprehending the Holocaust", Frankfurt am Main 1988

Kettenacker, Lothar (Hg.): „Ein Volk von Opfern? Die neue Debatte um den Bombenkrieg 1940–1945", Berlin 2003

Kieffer, Fritz: „Judenverfolgung in Deutschland – eine innere Angelegenheit? Internationale Reaktionen auf die Flüchtingsproblematik 1933–1939", Stuttgart 2002

Kilius, Rosemarie: „Sei still, Kind! Adolf spricht. Gespräche mit Zeitzeuginnen", Leipzig 2000

Kirschner, Max: „‚Weinen hat seine Zeit, und Lachen hat seine Zeit'. Erinnerungen aus zwei Welten", Frankfurt am Main 2004

Klee, Ernst; Dressen, Willi; Riess, Volker (Hg.): „‚Schöne Zeiten'. Judenmord aus der Sicht der Täter und Gaffer", Frankfurt am Main 1988

Klemperer, Klemens von: „Sie gingen ihren Weg…", in: Schmädeke, a.a.O., S. 1097 ff.

Klemperer, Victor: „Curriculum vitae. Erinnerungen eines Philologen. 1881–1918", Berlin 1989

ders.: „Leben sammeln, nicht fragen wozu und warum. Tagebücher 1918–1924", Berlin 1996

ders.: „Leben sammeln, nicht fragen wozu und warum. Tagebücher 1925–1932", Berlin 1996

ders.: „Tagebücher 1933–1934", Berlin 1998 · „Tagebücher 1935–1936", Berlin 1998 · „Tagebücher 1937–1939", Berlin 1998 · „Tagebücher 1940–1941", Berlin 1998 · „Tagebücher 1942", Berlin 1998 · „Tagebücher 1943", Berlin 1998 · „Tagebücher 1944", Berlin 1998 · „Tagebücher 1945", Berlin 1998, alle: Walter Nowojski (Hg.) unter Mitarbeit von Hadwig Klemperer

Klepper, Jochen: „Unter dem Schatten deiner Flügel. Aus den Tagebüchern der Jahre 1932–1942", Stuttgart 1957

Kleßmann, Christoph; Pingel, Falk (Hg.): „Gegner des Nationalsozialismus. Wissenschaftler und Widerstandskämpfer auf der Suche nach historischer Wirklichkeit", Frankfurt am Main 1980

Klüger, Ruth: „Weiterleben. Eine Jugend", München 1992

Klugmann, Hermann: „Wiesenbronn wird antijüdisch", in: Limbach; Rübsaat, a.a.O., S.150 ff.

Knütter, Hans-Helmut: „Die Juden und die deutsche Linke in der Weimarer Republik 1918–1933", Düsseldorf 1971

Koch-Hillebrecht, Manfred: „Hitler. Ein Sohn des Krieges. Fronterlebnis und Weltbild", München 2003

Kock, Erich: „Er widerstand. Bernhard Lichtenberg", Berlin 1996

Kogon, Eugen: „Der SS-Staat. Das System der deutschen Konzentrationslager", Frankfurt am Main 1947

Korn, Salomon: „Die fragile Grundlage. Auf der Suche nach der deutsch-jüdischen ‚Normalität'", Berlin 2003

Kosmala, Beate; Schoppmann, Claudia (Hg.): „Überleben im Untergrund. Hilfe für Juden in Deutschland 1941–1945", Berlin 2002

Krakauer, Max: „Lichter im Dunkel. Flucht und Rettung eines jüdischen Ehepaares im Dritten Reich", Stuttgart 1979

Kulka, Otto Dov; Jäckel, Eberhard (Hg.): „Die Juden in den geheimen NS-Stimmungsberichten 1933–1945", Düsseldorf 2004

Lamm, Hans (Hg.): „Vergangene Tage. Jüdische Kultur in München", München 1982

Landau, Edwin: „„Für die standen wir in den Schützengräben"", in: Limberg; Rübsaat, a.a.O., S. 31 ff.

Landeshauptstadt München (Hg.): „Verdunkeltes München. Geschichtswettbewerb 1985/1986. Die nationalsozialistische Gewaltherrschaft, ihr Ende und ihre Folgen", München 1995

Lapide, Pinchas E.: „Rom und die Juden", Freiburg 1968

Laqueur, Walter: „Geboren in Deutschland", Berlin 2000

ders.: „Was niemand wissen wollte. Die Unterdrückung der Nachrichten über Hitlers ‚Endlösung'", Frankfurt am Main 1982

Large, David Clay: „Hitlers München. Aufstieg und Fall der Hauptstadt der Bewegung", München 1998

ders.: „Einwanderung abgelehnt. Wie eine deutsche Familie versuchte, den Nazis zu entkommen", München 2004

Lein, Hermann: „Als Innitzergardist in den Konzentrationslagern Dachau und Mauthausen", Wien 1997

Lessing, Theodor: „Der jüdische Selbsthaß", München 1984 (Nachdruck aus dem Jahre 1930)

Leugers, Antonia: „Gegen eine Mauer bischöflichen Schweigens. Der Ausschuß für Ordensangelegenheiten und seine Widerstandskonzeption 1941 bis 1945", Frankfurt am Main 1996

Leuner, Heinz David: „Gerettet vor dem Holocaust. Menschen die halfen", München 1979

Levy, Joseph: „Die vaterländische Gesinnung", in: Limberg; Rübsaat, a.a.O., S. 23 ff.

ders.: „Die guten und die bösen Deutschen", in: Limberg; Rübsaat, a.a.O., S. 178 ff.

Leyens, Erich; Andor, Lotte: „Die fremden Jahre. Erinnerungen an Deutschland", Frankfurt am Main 1991

Liebrecht, Heinrich F.: „„Nicht mitzuhassen, mitzulieben bin ich da'. Mein Weg durch die Hölle des Dritten Reiches", Freiburg i. B. 1990

Lill, Rudolf: „Katholizismus nach 1848", in: Rengstorf, a.a.O., S. 366

Limberg, Margarete; Rübsaat, Hubert (Hg.): „Sie durften nicht mehr Deutsche sein. Jüdischer Alltag in Selbstzeugnissen 1933–1938", Frankfurt am Main 1990

Littner, Jakob: „Mein Weg durch die Nacht", Berlin 2002

Löw, Konrad: „Die Schuld. Christen und Juden im Urteil der Nationalsozialisten und der Gegenwart", Gräfelfing 2003

ders.: „Im heiligen Jahr der Vergebung. Wider Tabu und Verteufelung der Juden", Osnabrück 1991

ders.: „Kann ein Christ Marxist sein?", München 1987

Löwenthal, Gerhard: „Ich bin geblieben. Erinnerungen", München 1987

Lucas, Eric: „Jüdisches Leben auf dem Lande. Eine Familienchronik", Frankfurt am Main 1991

Ludwig, Max: „Das Tagebuch des Hans O. Dokumente und Berichte über die Deportation und den Untergang der Heidelberger Juden", Heidelberg 1965

Luig, Klaus: „…weil er nicht arischer Abstammung ist. Jüdische Juristen in Köln während der NS-Zeit", Köln 2004

Lustiger, Arno: „Sing mit Schmerz und Zorn. Ein Leben für den Widerstand", Berlin 2004

Mandelkern, Moritz: „In Our Hope", in: Boehm, a.a.O.

Mann, Thomas: „An die gesittete Welt. Politische Schriften und Reden im Exil", Frankfurt am Main 1968

Mannheimer, Max: „Spätes Tagebuch. Theresienstadt – Auschwitz – Warschau – Dachau.", Zürich 2000

Maser, Werner: „Fälschung, Dichtung und Wahrheit über Hitler und Stalin", München 2004

ders.: „Hermann Göring. Hitlers janusköpfiger Paladin", Berlin 2000

Matzerath, Horst: „,…vergessen kann man die Zeit nicht, das ist nicht möglich…' Kölner erinnern sich an die Jahre 1929–1945", Köln 1985

Maurer, Trude: „Vom Alltag zum Ausnahmezustand: Juden in der Weimarer Republik und im Nationalsozialismus 1918–1945", in: Kaplan, a.a.O., S. 348 ff.

Meyer, Beate: „Das unausweichliche Dilemma. Die Reichsvereinigung der Juden in Deutschland, die Deportationen und die untergetauchten Juden", in: Kosmala; Schoppmann, a.a.O., S. 273 ff.

Meynert, Joachim: „Was vor der ‚Endlösung' geschah. Antisemitische Ausgrenzung und Verfolgung in Minden-Ravensberg 1933–1945", Münster 1988

Meynert, Joachim; Mitschke, Gudrun: „Die letzten Augenzeugen zu hören. Interviews mit antisemitisch Verfolgten aus Ostwestfalen", Bielefeld 1998

Mibberlin, Raffael: „Kesseltreiben gegen ‚Judenärzte'", in: Limbach; Rübsaat, a.a.O., S. 54 ff.

ders.: „Arier würden auch gerne ausreisen", in: Limbach; Rübsaat, a.a.O., S. 355 ff.

Militärgeschichtliches Forschungsamt, Potsdam: „Deutsche jüdische Soldaten. Von der Epoche der Emanzipation bis zum Zeitalter der Weltkriege", Hamburg 1996

Moll, Helmut (Hg. im Auftrag der Deutschen Bischofskonferenz): „Zeugen für Christus. Das deutsche Martyrologium des 20. Jahrhunderts", 2 Bde., Paderborn 2000

Moltke, Freya von; Balfour, Michael; Frisby, Julian: „Helmuth James von Moltke 1907–1945. Eine Welt der Zukunft", Stuttgart 1975

Mommsen, Hans; Willems, Susanne: „Herrschaftsalltag im Dritten Reich. Studien und Texte", Düsseldorf 1988

Mommsen, Hans; Obst, Dieter: „Die Reaktion der deutschen Bevölkerung auf die Verfolgung der Juden 1933–1943", in: Mommsen, a.a.O., S. 374 ff.

Moossem, Inge: „Das unselige Leben der seligen Edith Stein – eine dokumentarische Biographie", Frankfurt am Main 1987

München, siehe Landeshauptstadt München

Mussinghoff, Heinz: „Rassenwahn in Münster. Der Judenpogrom 1938 und der Bischof Clemens August Graf von Galen", Münster 1989

Naimark, Norman: „Flammender Haß. Ethnische Säuberungen im 20. Jahrhundert", München 2004

Nathorff, Hertha: „Das Tagebuch der Hertha Nathorff. Berlin – New York. Aufzeichnungen 1933 bis 1945", München 1987

Nawratil, Heinz: „Der Kult mit der Schuld. Geschichte im Unterbewußtsein", München 2002

Neuhäusler, Johann: „Kreuz und Hakenkreuz. Der Kampf des Nationalsozialismus gegen die katholische Kirche und der kirchliche Widerstand", München 1946.

Neumann, Siegfried: „Vom Kaiserhoch zur Austreibung. Aufzeichnungen aus dem Leben eines jüdischen Rechtsanwalts in Deutschland", Bonn 1978

Neumeyer, Alfred: „Lichter und Schatten. Eine Jugend in Deutschland", München 1967

Neiss, Marion: „Berlin Wielandstraße 18 – Ein ehrenwertes Haus", in: Benz (Hg.): „Überleben", a.a.O., S. 51 ff.

Niedersächsische Landeszentrale für politische Bildung (Hg.): „‚Schreiben, wie es wirklich war…' Die Aufzeichnungen Karl Dürkefäldens aus der Zeit des Nationalsozialismus", Hannover 1985

Norden, Günther van: „Widerstand im deutschen Protestantismus", in: Kleßmann, a.a.O., S. 101 ff.

Novick, Peter: „Nach dem Holocaust. Der Umgang mit dem Massenmord", Stuttgart 2001

Obst, Dieter: „Reichskristallnacht", Frankfurt am Main 1991

Oppenheimer, Moses: „Offener Brief an Herrn Adolph Stöcker", in: Heid; Schoeps, a.a.O., S. 191 ff.

Osterhammel, Jürgen: „Sklaverei und die Zivilisation des Westens", München 2000 (Carl Friedrich von Siemens Stiftung)

Paucker, Arnold (Hg.): „Die Juden im Nationalsozialistischen Deutschland 1933–1943", Tübingen 1986

ders.: „Zur Abwehr des Antisemitismus in Deutschland in den Jahren 1893 bis 1933 – Jüdischer Widerstand 1933 bis 1945", in: Jüdisches Museum, a.a.O., S. 290 ff.

Paul, Gerhard (Hg).: „Die Täter der Shoah. Fanatische Nationalsozialisten oder ganz normale Deutsche?", Göttingen 2002

Pehle, Walter H. (Hg.): „Der Judenpogrom 1938. Von der Reichskristallnacht zum Völkermord", Frankfurt am Main 1988

Perechodnik, Calel: „Bin ich ein Mörder? Das Testament eines jüdischen Ghetto-Polizisten", Lüneburg 1997

Peter, Karl: „Spiegelbild einer Verschwörung. Die Kaltenbrunner-Berichte an Bormann und Hitler über das Attentat", Stuttgart 1961

Ploetz, Carl: „Der Große Ploetz", Freiburg 2002

Pohl, Dieter: „Ukrainische Hilfskräfte beim Mord an den Juden", in: Paul, a.a.O., S. 205 ff.

Posener; Julius „Heimliche Erinnerungen. In Deutschland 1904–1933", München 2004

ders.: „In Deutschland 1945 bis 1946", Berlin 2001

Przyrembel, Alexandra: „,Rassenschande'. Reinheitsmythos und Vernichtungslegitimation im Nationalsozialismus", Göttingen 2003

Raddatz, Fritz (Hg.): „Summa iniuria oder Durfte der Papst schweigen?", Reinbek 1963

Rathenau, Walther: „Impressionen", Leipzig 1902

Reichmann, Eva: „Flucht in den Haß. Die Ursachen der deutschen Judenkatastrophe", Frankfurt am Main 1968

Reich-Ranicki, Marcel: „Mein Leben", Stuttgart 1999

Reiner, Max: „Der Weg zum Paria", in: Limbach; Rübsaat, a.a.O., S.153 ff.

Rengstorf, Karl Heinrich; Kortzfleisch, Siegfried von: „Kirche und Synagoge. Handbuch zur Geschichte von Christen und Juden. Darstellung und Quellen", Bd. 2, Stuttgart 1970

Repgen, Konrad: „Katholizismus und Nationalsozialismus – Zeitgeschichtliche Interpretationen und Probleme", Mönchengladbach 1983

Reuband, Karl-Heinz: „Zwischen Ignoranz, Wissen und Nicht-glauben-Wollen. Gerüchte über den Holocaust und ihre Diffusionsbedingungen in der deutschen Bevölkerung", in: Kosmala; Schoppmann (Hg.), a.a.O., S. 33 ff.

Richardi, Hans-Günter: „Schule der Gewalt. Das Konzentrationslager Dachau 1933–1934", München 1983

Riesenberger, Dieter: „Für Humanität in Krieg und Frieden", Göttingen 1992

Rigg, Bryan Mark: „Hitlers jüdische Soldaten", Paderborn 2003

Röhl, John C. G.: „Kaiser Wilhelm II. und der deutsche Antisemitismus", in: Benz; Bergmann, a.a.O., S. 252 ff.

Rohrbacher, Stefan: „Kaiserreich und Weimarer Republik – Horte innigster deutsch-jüdischer Symbiose?", Geschichte in Wissenschaft und Unterricht 92, S. 681 ff.

Rosenthal, Hans: „Zwei Leben in Deutschland", Bergisch Gladbach 1980

Rosh, Lea; Jäckel, Eberhard: „Der Tod ist ein Meister aus Deutschland", Düsseldorf 1973

Rougemont, Denis de: „Journals aus Deutschland 1935–1936", Wien 1998 (Erstveröffentlichung 1938)

Rürup, Reinhard: „Das Ende der Emanzipation", in: Paucker, a.a.O., S. 97 ff.

Salewsky, Anja: „‚Der olle Hitler soll sterben!' Erinnerungen an den jüdischen Kindertransport nach England", München 2001

Scheil, Stefan: „Die Entwicklung des politischen Antisemitismus in Deutschland…", Berlin 1999

Scheipers, Hermann: „Gratwanderungen. Priester unter zwei Diktaturen", Leipzig 2004

Schirrmacher, Frank (Hg.): „Die Walser-Bubis-Debatte. Eine Dokumentation", Frankfurt am Main 1999

Schmädeke, Jürgen; Steinbach, Peter (Hg.): „Der Widerstand gegen den Nationalsozialismus. Die deutsche Gesellschaft und der Widerstand gegen Hitler", München 1994

Schmalz-Jacobsen, Cornelia: „Zwei Bäume in Jerusalem. Ein Zeugnis außergewöhnlichen Mutes im Nationalsozialismus", München 2004

Schmidt, Margot: „Durchgestanden. Menschliches und Unmenschliches. Meine Erlebnisse unter den Rassegesetzen", Gräfelfing 2003

Schoenberner, Gerhard (Hg.): „Wir haben es gesehen. Augenzeugenberichte über Terror und Judenverfolgung im Dritten Reich", Hamburg 1962

Scholder, Klaus: „Die Kirchen und das Dritte Reich. Band 1: Vorgeschichte und Zeit der Illusionen 1918–1934", Frankfurt am Main 1986

ders.: „Die Kirchen und das Dritte Reich. Bd. 2: Das Jahr der Ernüchterung 1934 Barmen und Rom", Frankfurt am Main 1988

Scholem, Gershom: „Von Berlin nach Jerusalem. Jugenderinnerungen", Frankfurt am Main 1982

Scholl, Inge: „Die Weiße Rose", Frankfurt am Main 2003

Schoppmann, Claudia: „Rettung von Juden: ein kaum beachteter Widerstand von Frauen", in: Kosmala; Schoppmann „.a.a.O., S. 109 ff.

Schramm, Wilhelm Ritter von (Hg.): „Beck und Goerdeler. Gemeinschaftsdokumente für den Frieden 1941–1944", München 1965

Schumann, Peter: „Jüdische Deutsche im Kaiserreich und in der Weimarer Republik", Geschichte in Wissenschaft und Unterricht 92, S. 32 ff.

ders: „Erwiderung" (siehe Rohrbacher, a.a.O.), Geschichte in Wissenschaft und Unterricht 92, S. 688 f.

Schweitzer, Eva: „Amerika und der Holocaust. Die verschwiegene Geschichte", München 2004

Seebacher-Brandt, Brigitte: „Die Linke und die Einheit", Berlin 1991

Segal, Erna: „Aus Mietern wurden Feinde", in: Limbach; Rübsaat a.a.O., S. 143 ff.

Seligmann, Rafael: „Hitler. Die Deutschen und ihr Führer", München 2004

Semprun, Jorge; Wiesel, Elie: „Schweigen ist unmöglich", Frankfurt am Main 1995

Senninger, Gerhard: „Glaubenszeugen oder Versager? Katholische Kirche und Nationalsozialismus. Fakten – Kritik – Würdigung", St. Ottilien 2003

Shahak, Israel: „Nicht-Juden in einem jüdischen Staat. Eine Dokumentation", Bonn 1977

Shirer, William L.: „Berliner Tagebuch. Aufzeichnungen eines Auslandskorrespondenten 1934–1941", Leipzig 1995

Silbermann, Alphons: „Deutsche Juden oder jüdische Deutsche? Zur Identität der Juden in der Weimarer Republik", in: Grab; Schoeps, a.a.O., S. 347 ff.

Smith, Bradley F.; Peterson, Agnes F. (Hg.): „Heinrich Himmler Geheimreden 1933 bis 1945 und andere Ansprachen", Berlin 1974

Sozialdemokratische Partei Deutschlands (Hg.): „Deutschlandberichte der Sozialdemokratischen Partei Deutschlands (Sopade)", 7 Bände 1934–1940, Salzhausen 1982

SPD-Berichte, siehe Sozialdemokratische Partei Deutschlands

Spiegel, Marga: „Retter in der Nacht. Wie eine jüdische Familie im Münsterland überlebte", Münster 1999

SPIEGEL SPEZIAL „Juden und Deutsche", Hamburg 1992

Stasiewski, Bernhard (Bearb.): „Akten deutscher Bischöfe über die Lage der Kirche 1933–1945", Mainz, Bd. 1, 1968: 1933–1934; Bd. 2, 1976: 1934–1935; Bd. 3, 1979: 1935–1936

Stern, Fritz: „Am Grab des unbekannten Retters", in: Vogel, a.a.O., S. 511 ff.

Stern, Karl: „Die Feuerwolke", Salzburg 1954

Stoiber, Rudolf; Celovsky, Boris: „Stephanie von Hohenlohe. Sie liebte die Mächtigen der Welt", München 1988

Strauss, Lotte: „Über den grünen Hügeln. Erinnerungen an Deutschland", Berlin 1997

Süllwold, Fritz: „Deutsche Normalbürger 1933–1945. Erfahrungen, Einstellungen, Reaktionen", München 2001

Tausendfreund, Doris: „„Jüdische Fahnder'. Verfolgte, Verfolger und Retter in einer Person", in: Benz (Hg.): „Überleben", a.a.O., S. 239 ff.

Thamer, Hans-Ulrich: „Der deutsche Umgang mit dem Nationalsozialismus in der Nachkriegszeit", in: Bayerische Landeszentrale für politische Bildungsarbeit: „Geschichtsdeutungen im internationalen Vergleich", München 2003

Trippen, Norbert: „Josef Kardinal Frings (1887–1978), Bd. I, Sein Wirken für das Erzbistum Köln und für die Kirche in Deutschland", Paderborn 2003

Tuggelin, Hermann: „Prügel am Boykott-Tag", in: Limberg; Rübsaat, a.a.O., S. 28 ff.

Vogel, Thomas: „Die Militäropposition gegen das NS-Regime am Vorabend des Zweiten Weltkrieges und während der ersten Kriegsjahre (1939 bis 1941)", in: Vogel, a.a.O., S. 187

ders. (Hg.): „Aufstand des Gewissens. Militärischer Widerstand gegen Hitler und das NS-Regime 1933–1945", Hamburg 2000

Volk, Ludwig (Bearb.): „Akten deutscher Bischöfe über die Lage der Kirche 1933–1945, Bd. 4, 1936–1939" Mainz 1985

ders.: „Akten Kardinal Michael von Faulhaber 1917–1945, Bd. 1, 1917–1934", Mainz 1975

ders.: „Akten Kardinal Michael von Faulhaber 1917–1945, Bd. 2, 1935–1945", Mainz 1978

Walk, Joseph (Hg.): „Das Sonderrecht für die Juden im NS-Staat. Eine Sammlung der gesetzlichen Maßnahmen und Richtlinien – Inhalt und Bedeutung", Heidelberg 1981

Walter, Dirk: „Antisemitische Kriminalität und Gewalt. Judenfeindschaft in der Weimarer Republik", Bonn 1999

Wecht, Martin: „Jochen Klepper. Ein christlicher Schriftsteller im jüdischen Schicksal", Düsseldorf 1998

Wehler, Hans-Ulrich: „„Die Urkatastrophe'. Der Erste Weltkrieg als Auftakt und Vorbild für den Zweiten Weltkrieg", DER SPIEGEL 8/2004, S. 82 ff.

Weisenborn, Günther: „Der lautlose Aufstand. Bericht über die Widerstandsbewegung des deutschen Volkes 1933–1945", Frankfurt am Main 1974

Wells, Leon Weliczker: „Und sie machten Politik. Die amerikanischen Zionisten und der Holocaust", München 1989

Wetzel, Juliane: „Karriere nach der Rettung. Charlotte Knoblochs Weg zur Vizepräsidentin der Juden in Deutschland", in: Benz (Hg.): „Überleben", a.a.O., S. 301 ff.

Willerich-Tocha, Margarete: „Geschichten erzählen – Geschichte erfahren. Interdisziplinäre didaktische Überlegungen zum Thema Holocaust und Drittes Reich in der Literatur", in: Geschichte in Wissenschaft und Unterricht 52, S. 732 ff.

Wittstadt, Klaus: „Die katholische Kirche und die Juden. Ein Überblick", in: Jaspert, a.a.O., S. 59 ff.

Wolffenstein, Valerie: „Erinnerungen von Valerie Wolffenstein", Salzburg 1981

dies.: „Shadow of a Star", in: Boehm, Eric H. (Hg.): „We Survived. Fourteen Histories of the Hidden and Hunted of Nazi Germany", Oxford 1985

Wyman, David S.: „Das unerwünschte Volk. Amerika und die Vernichtung der europäischen Juden", Frankfurt am Main 2000

Zahn, Christine: „Von einem Quartier zum nächsten", in: Benz (Hg.): „Überleben", a.a.O., S. 229 ff.

Zámecnìik, Atanislav: „Das war Dachau", Luxemburg 2002

Zentralverlag der NSDAP (Hg.): „Männer um den Papst. Wer macht die Politik des Vatikans?", Berlin 1938

Personenregister

Sachregister